刘克庄文化研究

主　编：刘汉清
执行主编：金文亨
　　　　　李福生

福建省姓氏源流研究会刘氏委员会
福建省姓氏源流研究会刘氏委员会莆田分会　编

厦门大学出版社
XIAMEN UNIVERSITY PRESS
国家一级出版社
全国百佳图书出版单位

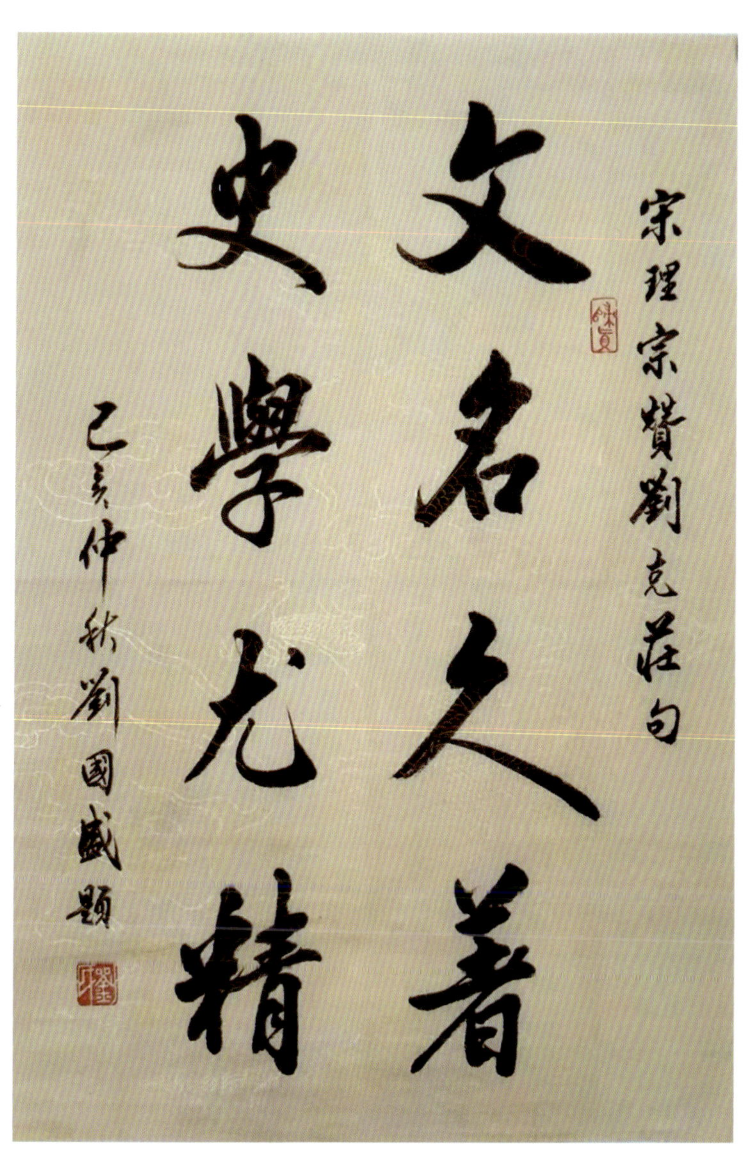

刘国盛　题词

刘玉祥 题词

序　　言

◇ 吴建华

刘克庄，宋兴化军莆田县人，出生于宋孝宗淳熙十四年（1187 年）。以“文名久著，史学尤精”赐同进士出身，官至权工部尚书。刘克庄是南宋继陆游、辛弃疾之后的著名爱国诗词名家，素有“文坛宗主”之称。

刘克庄出身于仕宦文学之家，祖父刘夙为绍兴进士，官秘书省正字、国史院编修等职，为理学创始人程颐的三传弟子。父刘弥正为淳熙进士，官至吏部侍郎。宋宁宗嘉定二年（1209 年），刘灼以祖父刘夙荫补将侍郎，更名克庄，任靖安县主簿。不久遵制丁父忧，服满，历任福州右司理参军。在李珏府中，因持论不合，为同僚所忌，以奉祠回籍闲居。后出任建阳县令，廉洁恤民，崇尚风教，“三年之内，圄空讼少，吾民不识水旱”，实现了“无愧于民”的许诺。离任时，“彩旗蔽路，送者达数十里”。其时，朝廷腐败、卖国苟安，刘克庄以诗给予无情的揭露。诗曰：“一片能教一断肠，可堪平彻更堆墙。飘如迁客来过岭，坠似骚人去赴湘。乱点莓苔多莫数，偶粘衣袖久犹香。东风谬掌花权柄，却忌孤高不主张。”

刘克庄是南宋后期著名的文学家，诗、文、词俱工，骈、散文皆擅长，而以诗词的成就和影响最大。同时，刘克庄又是南宋最有成就的诗词评论家。阮其山先生的《刘克庄生平事迹概述》一文对刘克庄的一生进行精辟分析，阐述刘克庄经历宋孝宗、光宗、宁宗、理宗、度宗五朝，四度立朝，五度罢官，在朝直言切谏，在外亦有政声。因其与贾似道的关系，以“晚节不终”未予立传，是有失公允的。

刘克庄为国为民的情怀，充溢于诗歌词赋之中，文章典籍，浩瀚如烟，流传下来的诗歌词赋超过 5000 首，数量之多仅次于陆游。刘克庄的诗歌词赋，处处彰显出“先天下之忧而忧，后天下之乐而乐”的爱国情怀，为后人所

赞赏。蔡天新教授对刘克庄忧国忧民情怀，做了精细的阐述。首先，与南宋王朝特殊的时代背景有关。南宋政治经济社会环境对刘克庄的从政理念产生深刻影响。其次，刘克庄忧国忧民情怀，还引发了一起轰动朝野的“落梅诗案”。再次，刘克庄经常通过诗歌词赋表达忧国忧民的从政理念。他并没有因“落梅诗案”而丧志，反而始终如一地坚持家国情仇的爱国情怀。

莆田市诗词学会会长郑世雄，在《忧国情怀何时休》一文中，剖析刘克庄诗词艺术的主色调。其体现在“四忧”中，一忧国土沦丧，二忧民生凋敝，三忧军队涣散，四忧报国无门。怀着对刘克庄无限崇敬的心情，敬步落梅诗韵一首：“风雨飘摇欲断肠，何堪泪眼对宫墙。遥闻鼓角来边塞，怅望江流出楚湘。梦碎难言心志苦，诗成再诵口唇香。梅花落尽离枝去，待向长空学隼张。”

郑靖岳的《刘克庄缘何而作〈沁园春·梦孚若〉》，记述刘克庄因诗案“幸然不识桃并柳，却被梅花累十年”，沉废多年而东山再起的刘克庄，面对人才凋零，感慨万千，挥毫记下梦中情景，因而创作了《沁园春·梦孚若》。

林祖泉对刘克庄的宦海人生，进行认真的探究。在中国古代文学史上，福建兴化军人刘克庄，因南宋江湖派领袖而闻名遐迩，时人称他为“一代宗工”。刘氏家族显赫，人才辈出，自两翁起家，三世登科第者八人、五入馆、一持橐。刘克庄一生宦海沉浮，六起六落，但他对祖国命运的关切，对民族前途的忧虑，对国土沦丧的悲愤以及对百姓疾苦的申诉，却始终痴心不改，至老不衰。

关于刘克庄与江湖诗派千丝万缕的关系，全文亨教授进行深层次的剖析和研究。刘克庄是从宋代兴化军莆田县走出去的，在文坛上有着重要地位和重大影响的历史人物。与以黄庭坚为领袖的北宋“江西诗派”并驾齐驱，享誉宋朝的文坛。淳祐六年（1246 年），理宗皇帝召见，赞扬他“文名久著，史学尤精”，特赐同进士出身，这是他人生第一个辉煌。刘克庄一生第二个辉煌，是他文学和史学上的贡献。刘克庄第三个辉煌，是在他的旗帜下，南宋时全国各地 160 多位诗人，形成一个文学团体，创作一批流传至今的诗歌，结集为《江湖诗集》，成为南宋时期最重要的文学遗产之一。黄黎强先生在《江湖诗派领袖刘克庄》一文写道：“由于刘克庄的诗作具有如此平实清新的格调和气息，所以，在大江南北很快就出现了大批诗人，步着他的风格，和他相唱酬，如敖陶孙、周文璞、赵师秀等人。有个书商、诗人陈起喜，爱他们的诗歌，就汇集了他们的作品，刊印了一本《江湖集》，广为售卖。所以，时人

把他们称为‘江湖诗派’。”

江湖诗派是一个以江湖游士为主体的诗人群体。属于这一诗派的江湖游士，则是由下层知识分子构成的社会阶层。江湖诗派的出现既是一种文学现象，也是一种社会现象。据专家统计，江湖诗派的成员，多达 138 人。这样一大批诗人风格各异，刘克庄又是江湖中人，且是江湖诗派的领袖。刘克庄可贵之处在于他的诗歌风格种类之丰富、文学思想之全面、文坛领袖之长久，是一般江湖诗人所没有的。宋代以文治国、重用士子，但对其思想控制却很严密。300 年间北宋有“乌台诗案”，南宋又有“江湖诗祸”，这一桩文字狱牵连不少人，南宋诗词大家刘克庄也牵涉其中。

从刘克庄的诗文，可以窥探其精神归宿。潘真进从刘克庄的长短句中，挖掘出忧国的潜意识，如抒发光复神州的豪情壮志和忧患情怀。刘克庄的词作具有鲜明的爱国思想，一是忧国愁己的强烈意识；二是感时伤世的愤懑情绪；三是吟风吟物的情感寄托；四是怀才不遇的人生感慨；五是愤世嫉俗的高洁气节；六是沉郁苍凉的雄浑风格。郭大卫在《略论刘克庄的思想渊源与学术根基》一文中，认为刘克庄是继南宋叶适、真德秀之后，执掌晚宋文坛的一代宗主。作者提出，要研究他的文学艺术、学术特点和诗学成就，必须从其思想渊源及学术根基等进行深入的研究，否则无法透彻了解其文学特色和其对历史的影响。刘克庄活跃于文坛的时候，正是道学由大盛而独尊的时期。林光朝学术，奠定了刘克庄思想的基调。一是对佛、道之非辩之如青天白昼：醇儒思想的确立。二是非无蚍蜉之撼、含沙之射，而未尝恨其人：忠恕思想的形成。三是“精粗融液，颠末贯穿”，不执一端的中庸思想的形成。

刘克庄亦官亦文，成就斐然。李福生的《略论刘克庄为官和文学成就的成因》一文，介绍了刘克庄一生既为官也为文。为官，官至权工部尚书、龙图阁学士；为文，是高产、高龄的诗人，一生有《后村先生大全集》196 卷传世，其中诗 5000 余首，词 200 首、诗话 4 卷、赋 1 卷、散文小品多篇。他是南宋最大的诗歌流派江湖诗派的领袖，与陆游、辛弃疾“三足鼎立”的爱国诗人。刘克庄一生政绩斐然、文学成就如此之高，作者认为有以下三个原因：一是家风亦官亦文的传统，影响了刘克庄的官德和文学创作。刘克庄的祖父刘夙与其弟刘朔入京应试，皆考中进士。祖父辈和父辈严格的家教、前辈的榜样，促使刘克庄的仕途生涯长达 60 年。同时，亦官亦文，文学创作独树一帜，笔触从兴化县走向全国。二是陆游、辛弃疾等爱国忧民思想和文学风格，影响

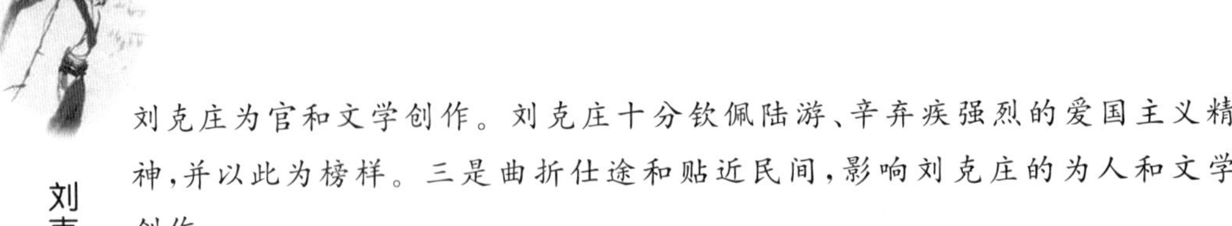

刘克庄为官和文学创作。刘克庄十分钦佩陆游、辛弃疾强烈的爱国主义精神，并以此为榜样。三是曲折仕途和贴近民间，影响刘克庄的为人和文学创作。

金立敏、潮水两位作者，对刘克庄的是非和功过、地位和影响，进行客观的评说。综观刘克庄的一生，他从政、为官，是有作为的，颇有政绩；为文，多产、高产，认为是和陆游、辛弃疾鼎立的三大家。刘克庄既关心国家命运、民族前途，又敢于揭露统治者的腐朽，同情百姓的疾苦。

作为莆田人，刘克庄对莆田文化的贡献可圈可点，他既是莆田文学的名片，更是兴化文史的丰碑。许元松的《刘克庄在莆田民间的历史定位及其影响》，叙述莆田民间对刘克庄高山仰止式的崇敬心情，以及刘克庄的丰功伟绩对当代莆田甚至于中国文坛带来的影响。陈春阳馆长深刻剖析刘克庄对莆仙文化的贡献，探讨刘克庄研究及莆仙文化品牌的意义与建议。莆田，人杰地灵，以厚重的历史文化积淀，孕育了一批又一批的杰出人物，刘克庄便是其中重要的一位。在这样的环境中，其文学对莆仙的科举文化、地域文化、宗教文化、民俗文化、文学艺术等诸方面，都做出突出的贡献。南宋文学家地域观念强，倾向于归老故园。刘克庄八十三年的生涯中，有近五十年时间，居住于莆田城内乌石山下后村，由此，其文学创作蕴含着莆仙文化丰富的内涵。

刘克庄不仅为莆仙文化的发展做出重大的贡献，同时，也是妈祖文化的见证者和传播者。翁卫平先生对刘克庄关于妈祖文化的作品，进行潜心的探究。在宋朝的 139 年里，因妈祖时时显灵，朝廷曾 13 次褒封，6 位皇帝连续六个朝代不停加封，对当时刘克庄的思想产生重要的影响。主要表现在几个方面：一是虔诚的妈祖敬仰者。刘克庄对妈祖非常敬仰。他认为妈祖一生做好事，救苦救难，成为神灵后又神通广大。二是宋代妈祖信俗重要的见证者。他认为家乡的妈祖信仰这一文化现象，是需要特别关注的，后悔自己没有及早来研究这一文化现象。三是宋代妈祖信仰的传播者。这种传播体现在两个方面，一是身体力行，亲自参与祭祀典礼。当时刘克庄任广东提举及转运使，曾亲自到妈祖庙拜谒，并留下《到任谒诸庙·谒圣妃庙》一诗。二是用诗词来讴歌妈祖。刘克庄的诗文折射出南宋时期莆田经济社会发展的状况。妈祖信仰这种文化现象，实际上是经济社会的客观反映。从刘克庄的诗文中，可以看到其文学现象背后的宋朝经济社会情况。

林仙久对刘克庄关于《白湖庙二十韵》妈祖信俗元素，进行精细的探析。

如白湖庙的来龙去脉，刘克庄对白湖庙会的热闹情景，对每年民众热烈而虔诚的祭祀妈祖信俗活动，写了《白湖庙二十韵》这首诗，用诗歌赞颂妈祖崇拜，描绘庙会习俗。

除了对妈祖文化的贡献外，刘克庄对南宋莆田杂剧百戏也颇有研究。方宝璋在《空巷无人一国狂》一文中，对南宋莆田杂剧百戏演出的普及程度，给予很高的褒扬。庙宇也是杂剧、百戏经常演出的地点。演出时，往往是临时搭台。南宋时期，莆田地区杂剧、百戏的形式多种多样。在刘克庄的诗词中，表现得淋漓尽致。莆仙戏闻名遐迩，迄今仍长盛不衰。笔者在莆田工作时，几乎每一个乡村都有一个戏台、一个民间剧团，极大地丰富了民众的业余文化生活。莆仙戏，为国家级非物质文化遗产，被誉为“宋元南戏活化石”，是福建五大剧种之一。

刘金林在《商兴戏盛人神乐》一文中，从“戏盛”中看出“商兴”，同时也印证了“海滨邹鲁”的文献名邦。莆仙沿海自古就是国内南北船运的黄金航道，莆仙的诸多港口，是“海上丝绸之路”的重要组成部分。

詹淑海笔下的《刘克庄与“一带一路”》，题目就很新颖，旨在宣传“一带一路”和“海丝文化”。刘克庄的诗歌描写祥应庙祭祀海神，祥应庙获朝廷赐封庙额的时间是公元1108年。妈祖最早获朝廷赐封庙额“顺济”的时间是公元1223年。到了宋代以后，由于宋、元、明、清历代皇帝对妈祖不断加封晋爵，才逐渐被集中到妈祖身上。久而久之，才逐渐被莆田人尤其是从事海上航运和贸易的人，奉为海上的保护神。

黄国华的《刘克庄与南宋法医学家宋慈》一文中，指出宋慈《洗冤集录》是世界上最早的法医专著，在国内，元、明、清以及至近现代的数百年间，此书是中国法官案头的必备书。宋慈官至广东经略安抚使，他四度出任法官，成为世界法医史上第一个留下系统著作的法医学专家。刘克庄在建阳任县令时，宋慈正好守父孝闲居在家，两人一见如故，交谊甚深。三十年后，刘克庄惊闻宋慈逝世的消息，为宋慈撰写《宋经略墓志铭》。

林龙锋在《刘克庄与林氏家世渊源》中，通过对刘克庄文集、墓志铭、祭文及相关的文献研究，梳理出刘克庄家族与林氏家族的渊源关系，特别是刘克庄祖母、母亲、妻子，均出于林氏名门望族，结合林氏源流，整理出刘氏与三宗林氏家族姻亲关系。在这种家教环境和生活氛围中，孕育出出类拔萃的一代文宗刘克庄。刘成沐的《刘克庄与别驾流芳》，简述刘克庄与入莆刘氏始祖刘韶的关系，别驾流芳显赫家族对他的影响，从而发扬优良家风、家

训，共创和谐社会。

李荔娜在《刘克庄诗文在莆田研学旅行中的育人价值》一文中写道，刘克庄被誉为南宋文坛领袖，是成就杰出的辛派著名爱国诗人。他一生经历了五个朝代，仕途坎坷，敢于直言诤谏，是南宋闻名的爱国主义者。由此，刘克庄的诗文具有现实的普世价值。同时，也可以进行爱国主义教育。

詹淑海在《刘克庄与贾似道》的文章中，对刘克庄的一生做出公正的评价，认为他刚正耿直、不畏强权，敢于犯颜直谏，传为美谈。然而他去世数百年后，竟然会因贾似道被《宋史》列入《奸臣传》，蒙受一次更大的冤案。刘克庄这次在朝前后也不过两年时间，如果仅凭刘克庄几篇应酬文章，就不问青红皂白，“以一时之爱憎为毁誉，而不考察其人之平素”，随随便便就把“抑蹈雄、邕之覆辙而不自觉”以及所谓“晚节不保”的帽子，强加在他的头上，未免有些荒谬。

刘克庄长期在莆田老家居住，所以在诗文中打下深深的地域印记。正如侯体健教授，在《刘克庄诗文中的地域印记及其精神归属》中所说的那样：刘克庄虽宦游一生，有近五十年是在家乡莆田度过的。这是一片养育他的土地，他的文学是在这里的传统中滋养出来的，因而也就天然地打上了莆田的印记。在刘克庄的一生中，莆田是他的“江湖之梦”，是一个具有象征性的空间，回到这个空间就意味着入世理想被放逐，且远离庙堂，它对应的是心态的隐逸、性格的疏狂，生活的主导绝不再是史事，而是诗文。

刘通在《刘克庄在建阳》一文中，对刘克庄知建阳县三年中的政绩，给予极高的评价：初辟朱子祠、宋慈史料存、吾民留饭碗、交游众贤士、宰县书判明、落梅诗案起、父老重情谊。刘克庄在知建阳的三年时间里，为建阳老百姓做了许多好事，深得建阳人民的爱戴。每次经过建阳，都留下《过建阳》的动人诗篇，与建阳人民留下深厚的情谊。

熊海英博士撰写的《刘克庄的“江湖社友”》一文，介绍以嘉定诗坛为中心的活动轨迹。尊奉刘克庄为宗主，只表明江湖诗人一方的态度，刘克庄回答道：“诗人满江湖”。文章阐述了刘克庄与戴复古、与“四灵”之赵师秀和翁卷、与同乡的赵庚夫和翁定、与高翥、与孙秀蕃、与曾极、与其他江湖社友的关系。明知这些诗人并非他青年时期的“江湖社友”，也非“昔日虚名”。刘克庄一再声明“脱籍已久，无暇作诗”，在自己与后来的江湖诗人之间，划清明显的界限。

王俊的《刘克庄精神境界研究及传承》一文，从三个方面着手。首先，阐述刘克庄一生的概貌。他为官清廉、满身正气、政才俱佳、深受好评。正如胡适先生在《白话文学史》所说,“刘克庄有悲壮的感情、高尚的见解,伟大的才气”。其次,刘克庄有崇高的精神境界。表现在以下几个方面:一是有爱国为民的情怀。他与王迈,被后人称赞为南宋时期,莆仙(莆田和仙游)的两位爱国诗人。二是有清正廉洁的品德。刘克庄入仕几十载,爱国爱民,忧国忧民,一生廉洁,两袖清风。三是耿直正气的胸怀,忠心坦荡,如同日月。四是勤奋成才的志向。大展抱负,为国为民,政绩斐然,政声颇佳。再次,刘克庄的精神传承。让刘克庄文化进校园、进社区、进企业,让刘克庄精神代代相传。

刘克庄咏史诗的春秋笔法,得到理学大师朱熹《春秋》经的家学渊源的影响,借此可见其深厚的史学素养、清新深远的诗歌风格,也得以彰显其史学与诗学高度结合的创作艺术。孟建煌、丁豫龙两位学者认为,分析并判定诗歌中风格艺术表现所受到的理论影响,可能会落入一种颇为主观的臆测。刘克庄创作咏史诗,是否确实运用了春秋笔法,历代的研究中少有这方面的论述和认定,因此本文乃是一种新的尝试。

方芳教授的《刘克庄的茶生活》一文,让我们领略了刘克庄的茶生活状态,也展现了宋代饮茶习俗的一个缩影。在他一生所创作的诗歌中,有24首是涉及茶生活的。宋代是饮茶的鼎盛时期,上至皇帝,下至百姓,嗜茶成风。宋代最为讲究的茶饮方式是点茶法,为皇帝和士大夫们所追捧,后来该方法传至日本,保留迄今。刘克庄还秘藏有蔡襄书写的《茶录》,乃无价之宝。

吴国柱的《从刘克庄书画题跋浅析其鉴赏水平及对后人的借鉴作用》一文,笔者把刘克庄所作题跋十三卷中有关书法墨宝、法帖鉴赏方面的题跋列举出来,让阅者、研究者更方便了解题跋的内容及相关的背景资料。

余学范的《刘克庄词的字频和押韵》一文指出,历来对后村词的评论,都是从文学的角度出发,该文则从字频、押韵方面加以分析。从修辞学角度出发,颇有研究的价值。这部文集,不仅是刘克庄诗词领域的造诣,也是他亦官亦文成就的探索;不仅是对莆仙文化的贡献,也是对妈祖文化传播的佐证。

刘克庄与梅花结下不解之缘,一生写了一百二十三首首咏梅诗、八阕咏梅词,可谓是自古以来咏梅最多的诗人。李国庭研究员在《刘克庄及其梅花诗》一文中写道:刘克庄对上层统治集团的腐败无能、排挞耿忠的误国做法,

进行了不屈斗争，以致仕途坎坷、九次被罢。他寄情于梅花，突出地反映了他的清真品格和不屈精神，联系他的斗争和挫折，玩赏这些咏梅诗，便可扼要了解他的精神品质、曲折道路和晚年教训。虽然他已被罢多年，但坚持梅花品格。在那样的时代，能基本做到耿直清忠、爱国关民就可谓是杰出人物了。人无完人，金无足赤，我们把他和他的梅花诗联系起来，可谓难能可贵。

莆仙籍的许多作家和诗人，写出大量讴歌刘克庄的散文与诗词，令人感佩不已。林春荣对刘克庄的一生，进行由表及里的剖析，对他的人格进行客观的评价。他的《刘克庄：在一首诗的远方》写得激情洋溢："我仿佛听见先生一如既往的愤怒与呐喊，那喊破了的喉咙、异常嘶哑的音质，就像骨断的声质；又像是划破了血管、血喷的音量。先生无牵无挂地奔跑在废墟之上，轻吟着那段青春留下的诗歌绝唱。"从某种意义上，命运是公平的，命运只能给刘克庄才华、诗歌，但不能给他权利、富贵，不能让他一个人独享人生美好的一切。因此，刘克庄一生在政治道路上的颠沛就合乎其性格与命运。

曾元沧的《落梅犹记刘克庄》，言简意赅，评说刘克庄《落梅》诗通篇不着一个"梅"字，却不仅刻画出梅花的品格和遭际，而且通过对落梅哀婉缠绵的吟叹，处处透露出诗人的心迹情感。

杨云鹏的《刘克庄咏赞》中写道：" 冷烟衰草动刚肠，笔走风雷念济匡。羞作婉柔闺阁句，崇同辛陆健雄章。一腔悲愤唯泣血，满腹才情长履霜。历览五朝孰评说？煌煌遗卷见苍黄。"

严光瑞在《赞诗人词家刘克庄风格》中写道："大量诗词爱国魂，散文评论节高深。唐风现实名家调，宋韵清新豪宕音。时事敢言怀社稷，民生择善恤贫民。学无休止忠心志，力作文追正直身。"

林双喜的《鹧鸪天·赞南宋爱国诗人刘克庄》，词曰："出语惊人自小昭，五车学富辨才超。硝烟血泪怜牵挂，家国情怀竞折腰。言激越，愿逍遥。熬煎权贵弄新潮。诗词气节留青史，文献名邦值得骄。"

刘成宁的《七律·读刘克庄评传感怀》曰："神州万载颂刘公，荫补为官奉赤衷。辛派词人吟雅仕，文坛领袖咏梅翁。落诗祸案迈长路，傲雪凌霜表尽忠。屡罢屡强刚毅汉，宗师风范万民崇。"《读刘克庄落梅诗感怀》曰："潜夫正直吐衷肠，从政吟哦致庙堂。一首梅诗遭嫁祸，十年官运枉夭殇。铮铮铁骨情怀笃，耿耿忠心辞赋扬。若是胸襟非旷敞，哪来孤峭写华章？"

关于学术史回顾，大陆方面有关刘克庄的相关学位论文研究虽起步较晚，但在投入研究者增多后，无论学位论文、书籍或是单篇论文数量都较台湾为多，名作辈出。潘是辉撰写的《台湾学界刘克庄研究的回顾与展望》一文，对一百年来刘克庄研究的状况进行详细的述评。特别是 1979 年台湾商务印书馆出版的四部丛刊，将刘克庄 196 卷本的《后村先生大全集》，以上海涵芬楼影印元刊本影印刊行，让台湾研究者自此得以更便利取得研究资料，使得台湾学界出现一阵研究刘克庄的热潮。

李国庭研究员所编写的《刘克庄年谱简编》，既是刘克庄一生的编年纪事，使人们窥见他从出生到 82 岁的人生里程，又是他一生坎坷艰难岁月的真实写照。李国庭先生编写这个年谱简编，可以为读者和研究人员起到导读的作用。从这方面来说，刘克庄年谱的编写，为刘克庄文化研究做出了可喜的贡献。

前　　言

莆田自唐代崛起后，至宋代(时称兴化军)，经济、教育、文化进入全面发展、繁荣，并走向辉煌的阶段。尤其令后人自豪的是，教育鼎盛，科举发达，文化灿烂，名臣硕儒辈出。宋代，兴化军涌现进士近千人，人物也大量涌现，并产生一批有全省、全国影响的重要人物，甚至全国一流的人物。如北宋名臣、著名书法家蔡襄，中国历史上八大史学家之一、与司马迁等齐名的郑樵，与辛弃疾、陆游"三足鼎立"的"江湖诗派"领袖刘克庄，与文天祥"隆名并峙"的民族英雄陈文龙等，可以说群星璀璨，光耀中华。他们的思想、业绩、精神遗产彪炳史册。宋代兴化人创造的文化，在福建省有着重要的地位，在全国也占有一席之地。

刘克庄是宋代从莆田县，从我们刘氏走出去的一位重要的历史人物，是宋代兴化英杰突出的代表。他既是一位政治人物，从知县到尚书，虽坎坷不平，却心系民生，造福一方，而且有风节，有着相当大的影响；又是一位多产高产的文学大家，诗、词、赋、文，成果累累，文化遗产丰厚，他的《后村先生大全集》和《后村别调》，丰富了古今人们的精神生活。几百年来，刘克庄也为刘氏留下珍贵的家训、家风，传承不断。

宋代，特别是南宋时，刘氏产生二十多位名人，被学者称为"科甲世家""文学家族"。这是我们刘氏，也是莆田的骄傲。其中，刘克庄留下的精神遗产和文化遗产，特别丰富，十分可贵。为了弘扬优秀的中华传统文化，宣传刘克庄，福建省姓氏源流研究会刘氏委员会、福建省姓氏源流研究会刘氏委员会莆田分会拟召开首届全国刘克庄学术研讨会，并于 2018 年 5 月起，邀请莆田本地和省内外学者，协助挖掘、整理、研究刘克庄精神遗产和文化遗产。复旦大学、武汉大学、厦门大学等高等院校和科研部门学者，以及台湾地区和莆田本地学者，热烈支持，在百忙中挤出时间，撰写出分量颇重的文章。这次征文，时间虽然短，研究成果却相当丰富，令我们感动不已。征集的六十多篇论文，从五个方面，即：一、刘克庄生平、业绩、思想；二、刘克庄诗、词、文；三、刘克庄与地域文化；四、刘克庄研究；五、当代作家眼中的刘克庄等，介绍刘克庄人生道路和艺术创作道路，使刘克庄爱国爱乡的精神、关心百姓的民本思想、勤奋坚韧的创作态度、以诚待人广交朋友的品格，以更加生动和具体的面貌呈现给学界。

为了使刘克庄的文化精神、励志创作的态度、良好的家风得以弘扬和传承，我们将学者辛勤的劳动成果结集成《刘克庄文化研究》一书，由厦门大学出版社正式出版。刘克庄研究方兴未艾，态势喜人。我们愿以此书，与学者们一道，共同推动刘克庄文化研究走向新的高潮。

刘汉清

2019 年 8 月 20 日

目 录

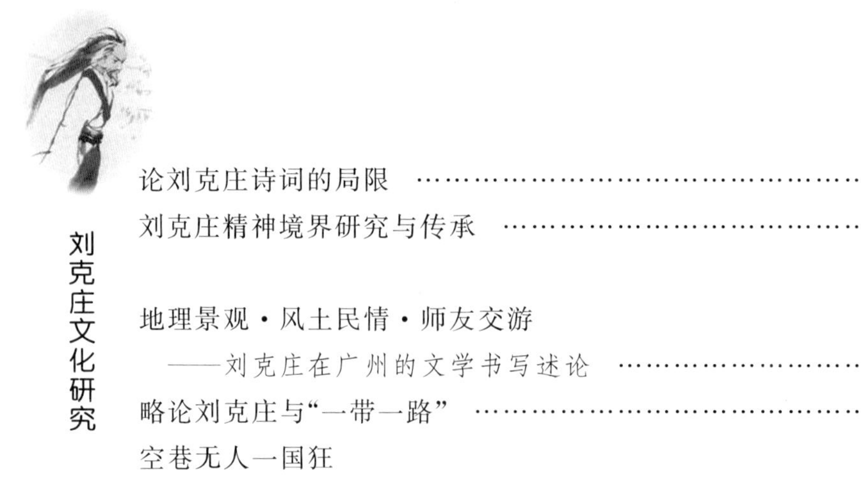

刘克庄生平事迹概述

◎ 阮其山

刘克庄(1187—1269),初名灼,字潜夫,号后村居士,宋兴化军莆田县人。生于宋孝宗淳熙十四年(1187年),以祖荫恩补将仕郎,以“文名久著,史学尤精”赐同进士出身,官至权工部尚书。刘克庄是南宋继陆游、辛弃疾之后的著名爱国诗词名家,有“文坛宗主”之称。

一、吏才初显　因诗落罪

刘克庄出身于仕宦文学之家,祖父刘夙为绍兴进士,官秘书省正字、国史院编修等职,为理学创始人程颐的三传弟子。父刘弥正为淳熙进士,官至吏部侍郎。刘克庄少有异质,日诵万言,为文立就,在国子监肄业时就以善于诗赋闻名。

宋宁宗嘉定二年(1209年),刘灼以祖父刘夙荫补将仕郎,更名克庄,任靖安县(今属江西)主簿。不久遵制丁父忧,服满,历任福州右司理参军、真州(治今江苏仪征)录事参军和江淮制置使李珏的幕僚。在李珏府中,因持论不合,为同僚所忌,以奉祠回籍闲居,曾一度赴桂林为广西经略安抚使胡榘的幕僚。

宋理宗宝庆元年(1225年),刘克庄出任建阳(今属福建)县令,到任后谒诸神庙,曰:“国家秩祀百神,选任群吏,凡以为民也。吏无愧于民,斯无愧于神矣;神有德于民,斯有德有吏矣。某与神皆当勉之。敢告。”以执政为民自勉。

据史志记载,该县原有义仓贮米四千石,以备荒年平抑粮价与赈灾用。

刘克庄到任之初，发现县里义仓仅存粮八百石，便多方筹款购粮三千石，使之恢复原有的储备规模以应急需，并特撰仓联曰："聊为吾民留饭碗，岂无来者续新灯？"警示后来者，被誉为"父母之心，仁人之言"。

刘克庄在任上廉洁恤民，崇尚风教，重修朱熹等名贤祠，"三年之内，圄（监狱）空讼少，吾民不识水旱"。实现了"无愧于民"的许诺，志称"庭无留讼，邑用有年"，以治邑政绩优异闻于朝。离任时，"彩旗蔽路，送者达数十里"。

由于朝廷腐败、卖国苟安，极力排挤朝内正直之士，摧残贤才良将，刘克庄作诗予以揭露。诗曰（《落梅》）：

一片能教一断肠，可堪平砌更堆墙。
飘如迁客来过岭，坠似骚人去赴湘。
乱点莓苔多莫数，偶粘衣袖久犹香。
东风谬掌花权柄，却忌孤高不主张。

该诗以梅花的飘零，隐喻历史上屈原、韩愈、柳宗元等饱学之士惨遭迫害的凄况，同时抒发自己怀才不遇的压抑心情。不意为此惹下了大祸。

时任宰相的史弥远，是个以降金乞和、擅权误国的秦桧式人物。其鹰犬蓄意曲解诗中尾联二句，罗织罪名，欲以"讪谤朝政"落罪于刘克庄。幸得宰执郑清之以"不应以言罪人"为其开脱，后改通判广东潮州。因政敌揪住落梅诗案不放，刘克庄终被弹劾落职，废弃达十年之久。这就是历史上有名的"落梅诗案"文字冤狱。耿正清忠的刘克庄，从此与梅花结下不解之缘，前后写了一百二十多首咏梅诗词，以梅花披雪斗寒的傲骨清格，寄情抒志。

二、四度立朝　侃侃论谏

宋理宗端平元年（1234 年），有旨都堂审察，刘克庄得以复官，除将作监主簿。理宗绍定六年（1233 年）末，起用通判吉州（今江西吉安），未及赴任。理宗端平元年（1234 年）正月，真德秀任福州知州、福建安抚使，刘克庄以将作监主簿任安抚使司参议官。同年六月，真德秀诏任户部尚书，刘克庄援例辞官，奉诏回京任将作监主簿，后改宗正寺主簿。

端平二年（1235 年）六月，刘克庄任枢密院编修官兼权吏部右郎官。在理宗召见时，抨击故相史弥远擅权误国，劝导理宗近君子、远小人。谏曰：

“服天下莫若公，今也失之私；镇天下莫若重，今也失之轻。二失不去，虽圣君贤相，不能以善治。”所谓“私”，指理宗宠幸贵戚；“轻”，指相权及法令不重。又言：“权臣坏朝纲、开边衅，兵骄楮（纸币）贱，贪饕侥倖之俗不可回。诸贤起而当之，天人来庆。愿坚凝初意，无使邪说摇正论。”因而得罪了史弥远的党羽。中书舍人吴泳因传闻刘克庄当初曾遏制他晋升之事，指使其弟御史吴昌裔攻击刘克庄，于是再次被罢官，降授宫观闲差。不久，又改知漳州（今属福建）州。宋理宗嘉熙元年（1237 年），改任袁州（今江西宜春）知州，御史蒋岘攻击刘克庄任枢密院编修时，与方大琮、王迈三人，抨击朝廷处理前皇位继承人济王赵竑的事欠妥，因而又改授宫观闲差，方、王二人也被贬降，时称“三贤”。

宋嘉熙三年（1239 年），李宗勉为相，刘克庄被提拔为江西、广东提举，升转运使。任上，廉洁从政，“奉给、例券，皆却不受”。又买田二百亩，以田租赡养来南方任官而丧归者。李宗勉死后，刘克庄又被免职，主管崇禧观。嘉熙四年（1240 年），出任江东提刑，访求民瘼，为民洗冤，惩办信州、南康（今江西上饶、南康）等地的贪官污吏，时论称快。

宋理宗淳祐元年（1241 年），诏令刘克庄回临安奏事，因受御史金渊攻击而罢召回之命，并再次降授宫观闲差。淳祐三年（1243 年），一度出任吏部侍右郎官，无奈又因濮斗南的攻击仍领宫观闲差。次年，起用为江东提举常平公事（一作提点刑狱），同年十一月，任将作监，改直华文阁。

理宗淳祐六年（1246 年），刘克庄以将作监赴行在奏事，连奏三劄，指斥朝廷任人之失、谋划之误，谏言应上法祖宗，使善类常合、言路常通。宋理宗以其“文名久著，史学尤精”，特赐同进士出身。数日内连除秘书少监、兼权国史编修、实录院检讨官、崇政殿说书、兼中书舍人等职。克庄轮对时坦言：“今日之忧，莫如国本未建”，援引甚详。

时右丞相史嵩之服阕，宋理宗令刘克庄起草史嵩之致仕制词。克庄奏曰：“嵩之有无父之罪四，无君之罪七。旧相致仕，合有诰词，今臣行嵩之之词，未知为褒为贬？且不知合带何官奉祠？”理宗旨授以观文殿大学士致仕，克庄复谏曰：“嵩之忠孝两亏，所授职名乃与元勋重德无异。乞止任命，止守本封永国公致仕。”理宗不得已收回前命；而克庄却以“不合奏审、直实欺君”再次被诬劾罢职。时人称，刘克庄“在省七十余日，草七十制，士大夫争相传诵，以为前无古人”。

宋理宗淳祐七年（1247 年），刘克庄出知漳州，又改主明道宫。淳祐八年

(1248年),授福建提刑,旋因丁母忧去职。十一年(1251年),刘克庄服制刚毕,宋理宗下旨催促归朝,授任秘书监兼太常少卿、直学士院,后又任崇文殿说书、史馆同修撰、起居舍人、侍讲等职。任上,一如既往,直言切谏,侃侃而论。刘克庄尝为邑人、著作郎兼右正言方大琮,作贺寿词《念奴娇》云:"须信谄语尤甘,忠言最苦,橄榄何如蜜。……年年岁岁,大家同作真率。"以为共勉。

时内臣、近侍干预朝政,事多由内出。刘克庄谏曰:"祖宗盛时,内降(帝王直接降旨命官)绝少。今中外除授,不由大臣启拟(提议),求者、予者、奉行者,习以为常,臣窃惜之。"在起居舍人任上,认为史宇之受任工部侍郎不称职,力奏不草答诏。在崇政殿说书任上,一次为宋理宗说书时,进讲吕后擅权、秦桧阴谋等史事,指出:"秦桧挟虏自重,高宗始欲和议之坚,举国以听。然大柄一失,不可复收。(高宗)甚眷(赵)鼎、(张)浚,而鼎、浚不得不贬;甚眷(韩)世忠、(张)浚,而世忠、浚不得不罢;甚眷(岳)飞,而飞不得不诛;甚恶(秦)熺,而熺为执政。"规劝理宗吸取用人大权旁落的历史教训。

刘克庄又纵论国内外形势,批评朝政,认为蒙古军攻占四川,致使"五十四州遂成荡覆,岂非外重而不能御,内虚而无以守",以至受到御史郑发的攻击。次年正月,出为建宁(今属福建)知府兼福建路转运副使。郑发认为责轻而再次论奏,同年六月,再次以宫观回乡闲居。

宋理宗开庆元年(1259年),贾似道在鄂州(今湖北武汉市)暗中向蒙古军乞降求和,而以战胜蒙古军闻奏,理宗"以其有再造功,以少傅、右丞召入朝"。举国上下不知道贾似道乞降求和的真实情况。宋理宗景定元年(1260年),贾似道再相,刘克庄因与贾涉、贾似道父子有旧交,连进贺启。由于贾似道的荐引,再次入朝,以起居郎兼权中书舍人,随后又升为兵部侍郎兼中书舍人、直学士院。次年升为权工部尚书仍兼两制,担负起草诏书,日夜为草诏而忙碌。但不忘提醒宋理宗致力于国家大事,不要将主要精力放在崇尚理学排斥异己之上,"勿以清谈废务、浮文妨要"。"先急政要务,(后)薄物细故。臣虽老悖,一念忧爱,狂言望择"。刘克庄的忠君报国精神至老不变。

当群臣对时相贾似道歌功颂德时,不明真相的刘克庄也参与其中,因此受到后人的责难。理宗景定二年(1261年)八月,回朝不到一年的刘克庄急流勇退,请求致仕,也许是对贾似道的真面目有所认识而决定的。同年以宝章阁学士出知建宁府(今福建建瓯),实际是告老还乡,"优游觞咏",不多过问府事。理宗景定五年(1264年)秋,以目疾(白内障)乞退,遂以焕章阁学士

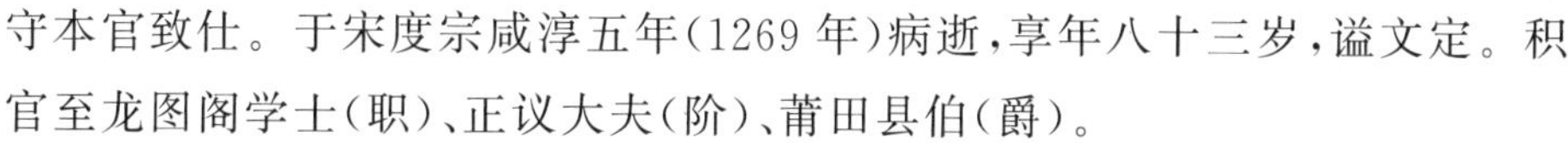
守本官致仕。于宋度宗咸淳五年(1269 年)病逝,享年八十三岁,谥文定。积官至龙图阁学士(职)、正议大夫(阶)、莆田县伯(爵)。

三、文坛宗主　众体兼备

刘克庄是南宋后期的著名文学家,诗、文、词俱工,骈、散文皆擅长,而以诗词的成就和影响最大。他的诗词流播海内,有“南宋文坛宗主”之称。时人称他“自少至老,使言诗者宗焉,言文者宗焉,言四六者宗焉”。理宗赞扬他“赋典丽而诗清新,记腴赡而序简古”。

林希逸认为刘克庄的诗,“虽众作而自为一宗,文不主于一家而兼备众体。摹写之笔工妙,援据之论精详。其错综也严,其寄兴也远。或春容而多态,或峭拔以为奇。融贯古今,自入炉鞴(古时鼓风吹火的革囊)。有《穀梁》之洁,而寓《离骚》之幽;有(司马)相如之丽,而得退之(韩愈)之正。霜明玉莹,虎跃龙骧,闳肆瑰奇,超迈特立。千载而下,必与欧梅六子并行,当为中兴一大家数也”。又称他“得文名最早,排觝于时亦最甚”。克庄因《落梅》诗案罢职时,“身虽诎而文日传,时从数千里外,有能道其名而诵其诗,语以为今人率不信,亦知公之诗名久而传者远矣”。“掖垣诸稿,脍炙于人,好文者至相传写以相遗”。[①]

刘克庄是位多产作家,作诗约四千五百首,数量之多在宋代仅次于陆游,是南宋江湖诗派中最著名的。他处于南宋末年危亡之际,爱国之情溢为诗词,“忧时原是诗人职,莫怪吟中感慨多”,正是他的自我表白。在《梦丰宅之》诗中,称颂爱国人士“老犹奋笔排和议,病尚登陴募救兵”,“残胡仍在王师老,宝剑虽埋愤不平”。亦是他的自我写照。

刘克庄是南宋后期最有成就的豪放派词人。他推崇爱国词人辛弃疾,称赞辛词“横绝六合,扫空万古,自有苍生以来所无”。刘克庄与辛弃疾的词风相似,充满爱国主义与忧国情怀,如《沁园春・梦孚石》词:“叹年光过尽,功名未立;书生老去,机会方来……披衣起,但凄凉感旧,慷慨生哀。”反映抗金的《贺新郎》词,惊呼国势危急,“国脉微如缕”,激励友人投笔从戎,“闻说

---

① 刘克庄:《后村集・后村居士集原序》。

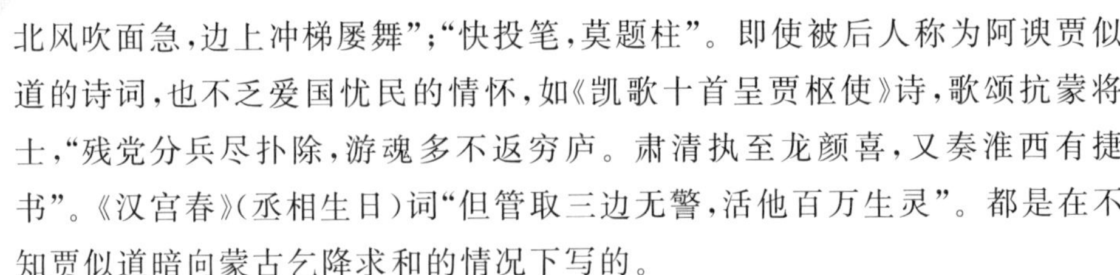

北风吹面急，边上冲梯屡舞”；“快投笔，莫题柱”。即使被后人称为阿谀贾似道的诗词，也不乏爱国忧民的情怀，如《凯歌十首呈贾枢使》诗，歌颂抗蒙将士，“残党分兵尽扑除，游魂多不返穷庐。肃清执至龙颜喜，又奏淮西有捷书”。《汉宫春》（丞相生日）词“但管取三边无警，活他百万生灵”。都是在不知贾似道暗向蒙古乞降求和的情况下写的。

刘克庄又是南宋最有成就的诗词评论家，所著《后村诗话》，论诗兼而评词，“论诗则具有条理”，“采摘菁华，品题优劣”，见解独到精当，远在南宋诸家诗话之上。所作《刻楮集序》曰：“初余由放翁（陆游）入，后喜诚斋（杨万里），又兼取东都、南渡江西诸老，上及于唐人大小家数。”《跋真仁夫诗》曰：“繁浓不如简淡，直肆不如微婉，重而浊不如轻而清，实而晦不如虚而明，不易之论也。”由此略见其取法范围及审美好尚。

刘克庄的著作，《四库全书》收录《后村集》五十卷；商务印书馆影印本《后村先生大全集》收录其诗、文、词、诗话及附录等共一百九十六卷。

刘克庄一生经历宋孝宗、光宗、宁宗、理宗、度宗五朝，四度立朝，五度罢官，在朝直言切谏，在外亦有政声。他学问充积，“学贯古今，文追骚雅”，尤长于吏事，守官举职不负所知。明代名臣邑人彭韶评价刘克庄一生功过是非时，指出：“先生志经济，尤善吏能，而为文名所掩，不及尽用。后遇似道当国，贪收德望，以慰人心，乃位八座（尚书），岂蹈蔡氏（京）用龟山（杨时）之故智耶？”认为“莆地偏小，至宋始成郡，而文献特盛。忠惠（蔡襄）、文节（林光朝）、正献（陈俊卿）三五公为之冠冕，最后后村刘先生起而继之，文章流布，事业兼备，论者谓三五公而下一人而已”。[①]《宋史》或因其与贾似道的关系，以所谓“晚节不终”未予立传，是有失公允的。

① （明）彭韶：《彭惠安集》。

论刘克庄忧国忧民之诗人情怀

◇ 蔡天新

南宋豪放派诗人刘克庄，仕途坎坷，几起几落，但其忧国忧民的诗人情怀始终如一。一方面，南宋末期国运日衰、内忧外患的现实，激发了刘克庄“国家兴亡、匹夫有责”的爱国之心。另一方面，刘克庄长期在地方为官，目睹广大百姓生活的艰难境况，其忧国忧民情怀逐渐演变成关注民生的从政理念。加之刘克庄官运不济，仕途曲折，于是将家国情仇充溢于诗歌词赋之中，留下了许多丰富多彩的文学作品，赢得了一代文坛宗主的美称。

刘克庄(1187—1269)，字潜夫，号后村，南宋豪放派诗人，自宋宁宗嘉定二年(1209 年)恩补将仕郎起，先后从政 60 年，最高职务权工部尚书兼侍读，特授龙图阁学士。他一生刚正不阿，不畏权贵，仕途坎坷，几经沉浮，五次贬官，九次遭挫，为国为民，忙碌终身。更难能可贵的是，他身处逆境，孜孜不倦，遨游书海，笔耕不辍，留下了许多脍炙人口的诗歌词赋和不少感人肺腑的文学作品，赢得了一代文坛宗主的称号。他流传后世的主要作品有《四部丛刊》影印旧钞本《后村先生大全集》，包括诗 48 卷，赋 1 卷，文 125 卷，诗话 14 卷，长短句 5 卷，附录 3 卷，共计 196 卷。另有清康熙年间姚培谦印刻的《后村诗话》《宋六十名家词》《彊村丛书》等单行本和《后村别调》1 卷、《后村长短句》5 卷。刘克庄生前文学作品数量众多，题材广泛，上至国家大事，下至平民百姓生活，涉及政治、经济、文化、军事、社会生活等方方面面。他的作品情感丰富，中刚外柔，气劲辞婉，雅俗共赏，“有悲壮的感情，高尚的见解，伟大的才气”[①]。

① 胡适著:《白话文学史》，古文学网，http://www.guwenxue.org/article_43477.html。

一、忧国忧民情怀充溢于诗歌词赋之中

刘克庄虽然仕途曲折，但始终保持中国古代诗人那种家国情仇的浪漫情怀。他才华洋溢、满腹经纶，诗歌词赋、浩如烟海。据不完全统计，刘克庄生平的散文、手记、辞赋、纪实文学和时事评论等作品数不胜数，文章典籍，浩瀚如海，仅流传下来的诗歌词赋就超过了5000首，数量之多仅次于陆游。更难能可贵的是，刘克庄的诗歌辞赋处处流露出“先天下之忧而忧，后天下之乐而乐”的爱国情怀，其忧国忧民情怀为后人所赞赏。

首先，刘克庄忧国忧民情怀与南宋王朝特殊的时代背景有关。一方面，南宋政治经济社会环境对刘克庄的从政理念产生了深刻影响。南宋末年，朝廷腐败，国运日衰，内忧外患，民不聊生，蒙军虎视眈眈，百姓流离失所，南宋政权摇摇欲坠，忧国忧民情绪弥漫朝野。在“国脉微如缕”的时代大背景下，青年刘克庄关心国家前途命运，关注前方将士抗敌战况，心系民族存亡，其作品大多以政治时事和百姓生活为题材，体现了诗人爱国爱民之心和忧国忧民之情。如宋嘉定元年(1208年)，朝廷向金兵乞降求和，签订了《嘉定和议》，赔偿“犒军银”300万两，加大了百姓税赋负担。尚未入仕的刘克庄就表示强烈不满，撰写了《戊辰即事》一诗：“诗人安得有青衫，今岁和戎百万缣。从此西湖休插柳，剩栽桑树养吴蚕。”[①]他以家贫没有青衫这一小事，影射朝廷战败求和、割地赔款给人民带来了繁重的经济负担和苦难，讽刺统治者无能、腐朽和屈辱，欺压百姓政出多门，而抵抗外敌入侵却束手无策。进入仕途之后，刘克庄秉承古人“国家兴亡、匹夫有责”的从政理念，非常关心国家大事，着力为民排忧解难。在刘克庄的诗歌词赋之中，有相当一部分作品是以边境战事为题材。如“新来边报犹飞羽，问诸公、可无良策，少宽明主”[②]。“国脉微如缕，问长缨、何时入手，缚将戎主”[③]。“但愿王师，早浮颉利，早禽长狄。便太平无事，卖薪沽酒，骑牛腰笛”[④]。“一句殷勤牢记取，在

---

① 詹淑海编著：《刘克庄》，福州：福建人民出版社，2017年，第12页。
② 詹淑海编著：《刘克庄》，福州：福建人民出版社，2017年，第81页。
③ 詹淑海编著：《刘克庄》，福州：福建人民出版社，2017年，第81页。
④ 詹淑海编著：《刘克庄》，福州：福建人民出版社，2017年，第81页。

朝廷、最好略西事。何必向，玉关外”[1]……刘克庄有不少诗词看似在咏花赏景，好像是风花雪月之作品，但实际上借喻花草与情景来表达作者的忧国忧民情怀，抨击国破家亡、朝纲不振和贪官庸政的现实。如《昭君怨·牡丹》词：“曾看洛阳旧谱，只许姚黄独步。若比广陵花，太亏他。旧日王侯园圃，今日荆榛狐兔。君莫说中州，怕花悉。”[2]如果仅从词句字面理解，刘克庄似乎在咏花，其实是借咏南北两种名花的不同际遇，表达自己对北方被占领土的黍离哀痛，名为惜花，实为惜中州，诗人借对扬花和洛花的褒贬，表达对北宋旧都的哀怨心情。晚年的刘克庄，家国情仇更浓，且大多以诗词的形式进行表露。如《沁园春·梦孚石》：“叹年光过尽，功名未立；书生老去，机会方来”；“披衣起，但凄凉感旧，慷慨生哀。”既表达了刘克庄壮志未酬的悲痛心情，又体现了诗人报国无门的复杂心理。他一生坎坷，历经磨难，老骥伏枥，壮志不已。他在《梦丰宅之》一诗中写道：“一别茫茫隔九京，梦中慷慨语如生。老犹奋笔排和议，病尚登陴募球兵。天夺伟人关气数，时无好汉共功名。残胡仍在王师老，宝剑虽埋愤未平。”[3]即使已是年过花甲，但刘克庄仍然十分关注边境战事，经常彻夜不眠，寝食难安，忧国忧民之情怀初心不改。另一方面，南宋抗金将领、诗人辛弃疾的爱国思想对刘克庄的忧国忧民情怀也有较大的影响。刘克庄非常崇拜辛弃疾豪放、豁达和大气的诗词风格，更喜欢他立马横刀、驰骋战场的将相风度，后人称刘克庄诗词为辛派风格，其实不无道理。刘克庄的诗歌词赋和文章典籍多以国家前途命运、边境战事安危和百姓生活为题材，表现出大江东去、慷慨激昂的爱国热情，与辛弃疾的诗词风格有许多相似之处。如刘克庄《满江红·夜雨凉甚，忽动从戎之兴》词，被后人誉为辛派诗词的代表作之一。词中展现出金戈铁马、腥风血雨的历史画面，如“金甲琱戈，记当日辕门初立。磨盾鼻，一挥千纸，龙蛇犹湿。铁马晓嘶营壁冷，楼船夜渡风涛急。有谁怜、猿臂故将军，天无级？平戎策，从军什；零落尽，慵收拾。把《茶经》《香传》，时时温习。生怕客谈榆塞事，且教儿诵《花间集》。叹臣之壮也不如人，今何及！”[4]诗的上片从正面着笔，从“金甲琱戈”到“楼船夜渡风涛急”，回忆昔日军营生活，壮怀激烈，酣畅

① 詹淑海编著：《刘克庄》，福州：福建人民出版社，2017年，第81页。

② 詹淑海编著：《刘克庄》，福州：福建人民出版社，2017年，第86页。

③ 中华文本库网，http://www.chinadmd.com.

④ 古诗网，https://so.gushiwen.org/view_61085.aspx。

淋漓，风格豪迈雄健。特别是“铁马晓嘶营壁冷，楼船夜渡风涛急”诗句，描写夜里狂风呼啸，怒涛奔腾，高大的战船正在抢渡；黎明时分，寒气侵人，披着铁甲的战马飞蹄嘶鸣，奔赴战场。诗句宏伟，气势磅礴，生动地描绘了金兵南犯和宋军抗御外侵的惊心动魄场景，与辛派诗词风格极其相似。而词的下片使用反笔，借古讽今，风格掩抑沉郁，表现出江湖派的风格。尤其是采用鲜明对比的手法，极富感染力，虽然有些牢骚怪语，但以嬉笑写愤激，故作旷达，心中不平之气充溢诗词的字里行间，颇具特色。从表面上看，诗人已抛开“武略”，课读《茶经》，与客不谈边事，教儿但诵《花间》，吟风赏月，似乎欲将生命的热量在时间里消磨殆尽。但从词序却可看出，风风雨雨，一草一木，皆触动诗人的忧国忧民之心。同时，诗词中所用的口吻，虽闲淡委婉，却深刻揭示了那一代人报国无门的无奈与痛苦。还有《满江红·和王实之韵送郑伯昌》，刘克庄以“怪雨盲风，留不住江边行色”为开头，描述了友人报国心切，冒着狂风暴雨前行的匆匆步伐。词的最后以“有狂谈欲吐且休休，惊邻壁”为结尾，通过现实与理想尖锐冲突来结束，内容前后照映，与辛弃疾《鹧鸪天·送人》“江头未是风波恶，别有人间行路难”的诗句如出一辙，极富想象力和感染力。同时，刘克庄对辛弃疾的诗词风格也非常欣赏，他评价辛词风格与其人其事一样，有大将风范，达到了“大声鞺鞳，小声铿鍧，横绝六合，扫空万古，自有苍生以来所无”的境地，即在时间空间（万古）和上下东西南北（六合）等方面，气势磅礴，横扫一切，豁达豪迈、胸襟开阔。他经常模仿辛弃疾诗词风格，以文学作品为武器，抨击时政，批评权臣，表达蕴藏自己心灵深处的家国情仇。如在《贺新郎》一词中，刘克庄面对“满城风雨近重阳”，心乱如麻，愁思似织。回想自己因《落梅》一诗遭权臣忌恨，感慨人生“梦得因桃却左迁，长源为柳忤当权。幸然不识桃并柳，也被梅花累十年”。[①] 叹惜自己仍是一介书生，因落梅诗案，落难一生，如今垂垂老矣，但忧国忧民之心尚存。遥望“秋天鸿雁南来，明春仍然北去”，“闻说北风吹面急，边上冲梯屡舞”，但北上恢复神州的大业遥望无期，夕阳西下，国势危殆，诗人痛心不已。他呼吁有志之士“快投笔，莫题柱”，投笔从戎，保家卫国，其爱国忧民之心天地可鉴。然而，由于南宋后期，朝纲混乱，奸臣当道，大道不公，贪墨成风，而刘克庄位卑言轻，其政治主张始终没能引起朝廷的重视，怏怏不乐，郁郁寡

① 詹淑海编著：《刘克庄》，福州：福建人民出版社，2017 年，第 35 页。

欢,只好将忧国忧民情怀蕴溢于诗歌词赋之中。“忧时原是诗人职,莫怪吟中感慨多”,是刘克庄晚年心情的真实写照。

其次,刘克庄忧国忧民情怀还引发了一起轰动朝野的“落梅诗案”。刘克庄一生酷爱梅花,撰写了许多歌颂梅花、赞美梅花的诗词。他尊崇梅花孤高冷艳、不畏严寒的抗争精神,赞赏梅花“称其美无媚悦之谤,与之厚无附丽之嫌”的高贵品格,并与梅花结下“不解之‘冤’”。宋理宗宝庆元年(1225年),刘克庄知建阳县时,有感而发,撰写了《落梅》诗:“一片能教一断肠,可堪平砌更堆墙。飘如迁客来过岭,坠似骚人去赴湘。乱点莓苔多莫数,偶粘衣袖久犹香。东风谬掌花权柄,却忌孤高不主张。”[①]他借喻梅花被“东风”吹落满地的残败情景,抒发自己被贬偏僻山区的凄凉境地,通过感慨“迁客”“骚人”的坎坷人生,重新思考现实社会和自己的人生追求。诗中的“迁客”“骚人”不仅指韩愈和屈原等人,而是泛指历史上一切怀才不遇、仕途坎坷的有志之士,当然也包括诗人自己。诗中的“东风”表面上是指责古代神话传说中掌管春天的“神东君”。[②] 实际上是把权臣史弥远及其朋党比作摧残梅花的罪魁祸首,认为出现这种状况根本原因是“东风”忌妒梅花的孤傲高洁,“无意苦争春,一任群芳妒”[③]。特别是最后两句诗,“乱点莓苔多莫数,偶粘衣袖久犹香”与陆游“零落成泥碾作尘,只有香如故”有着异曲同工之妙。诗的原意是说尽管落梅零落成泥,但香气依然经久不息。《落梅》诗旨在赞赏“迁客”“骚人”的民族气节,也为自己的被贬和不得志而感慨,用笔委婉,言近旨远,并无诽谤朝廷之意。况且,中国古代有不少诗人都“借花卉以发骚人墨客之豪,托闺怨以寓放臣逐子之感”,本无可厚非。但在奸臣当道、朋党横行的南宋末期,刘克庄却因此招来了横祸。南宋言官梁成大、李知孝等人,捕风捉影,趁机诬陷刘克庄以《落梅》诗“谤讪当国”,抨击朝政,呈奏弹劾。南宋权臣史弥远也借机打击异己,拟将刘克庄“议下大理逮治”。幸好南宋名臣郑清之欣赏刘克庄的才华,极力为其辩解,建议“不宜以语罪人”,才使刘克庄幸免于难。但这桩“落梅诗案”缠绕了刘克庄一生,以后屡次贬官,背后都有“落梅诗案”的影子。刘克庄忧国忧民的爱国情怀,虽然为他的

---

① 詹淑海编著:《刘克庄》,福州:福建人民出版社,2017年,第32页。

② 陆游《落梅》词:“雪虐风饕愈凛然,花中气节最高坚。过时自合飘零去,耻向东君更乞怜。”

③ 毛泽东词《卜算子·咏梅》,人民网,http://cpc.people.com.cn.

诗词歌赋增添了许多魅力，但也给自己的仕途造成了莫大影响。

再次，刘克庄经常通过诗歌词赋表达忧国忧民的从政理念。刘克庄并没有因"落梅诗案"而丧志，且始终如一地坚持家国情仇的爱国情怀。他在《黄巢战场》诗中写道："不是朱三能跋扈，却缘郑五欠经纶。"诗中的"朱三"是指唐末篡唐夺位的梁太祖朱温，因为姓朱，排行老三，故人们称其"朱三"。"郑五"则是泛指唐末和宋代一些误国误民的庸官，如唐代宰相崔胤、唐末大臣柳璨和唐昭宗吏部尚书杨涉，以及后梁宰相张文蔚等，讽刺那些附炎趋势、贪生怕死和毫无气节的朝廷命官。这本是诗人忧国忧民从政理念的一种情感抒发，批评庸官懒政其实也是爱国爱民思想的一种表达方法，并非私心杂念，却被南宋权相史弥远及其朋党所对号入座。理宗绍定四年(1231年)，刘克庄起通判潮州时，言官赵至道重提"落梅诗案"，呈折弹劾刘克庄，再次被贬官，史称"毒由梁、李也"。还有南宋末期，元军入侵，边境告急，刘克庄撰写了《长相思·惜梅》一词，表面上看是在叹惜梅花凋谢，而实际上是借喻梅花开放与凋谢的实境，表达自己对朝廷重用庸才和懒政的担忧。《惜梅》上片专门描写梅花盛开与凋谢的情景，而下片则笔锋一转，引出了"角声吹。笛声吹。吹了南枝吹北枝。明朝成雪飞"。警告国人，边境危急，宋城如卵，一击则破，但"商女不知亡国恨"，偏安江南的朝中大臣，灯红酒绿，纸醉金迷，谁能承担起收复中原的历史重任？刘克庄的《惜梅》诗，既反映他忧国忧民的复杂心情，又表现出诗人爱国为民的朴素情怀。还有在《忆秦娥·梅谢了》词中，刘克庄也是借喻梅花的凋谢现象，表露了自己忧国忧民的情怀。他在词中写道："梅谢了，塞垣冻解鸿归早。鸿归早，凭伊问讯，大梁遗老。浙河西面边声悄，淮河北去炊烟少。炊烟少。宣和宫殿，冷烟衰草。"意思是说北方边塞的冰雪已经融化，前线防务荒疏、边声悄寂，金人占领的淮河以北，人烟稀少。曾经繁华奢靡的宣和宫殿，现在衰草遍地，尘烟缭绕，表现了诗人对北宋旧都的无限怀念。而在《玉楼春》一词中，刘克庄还提出了"男儿西北有神州"的豪言壮志，慷慨陈词，告诫人们，大丈夫生当国家危难之秋，应以收复中原为己任。特别是《汉宫春》词："但管取三边无警，活他百万生灵"，更体现了诗人忧国忧民之情怀。此类例子，不胜枚举，刘克庄的大量作品都蕴含着爱国爱民的家国情怀，给后人留下了宝贵的精神财富。

二、始终将忧国忧民情怀贯穿于从政实践之中

刘克庄从政一生，大多时间在地方为官，经常与社会最底层的贫民百姓打交道，亲身体验民间疾苦，感同身受普罗大众的生活之不易，生存之艰难，这也是他能够坚持爱国为民从政理念的重要动力和保持忧国忧民诗人情怀的不竭源泉。认真分析刘克庄的文学作品，其中有不少诗歌词赋是以宋代农村百姓生活为题材，处处体现了诗人的爱国爱民之心。

首先，刘克庄的忧国忧民情怀逐渐演变成为体察民情、关注民生的仕途实践。刘克庄出仕之初，就因忧国忧民言论而被贬闽北山区任职，先后辗转建阳、潮州、吉州、漳州、袁州、江西、广东等地方为官，从主簿、知县、通判起任，直至知州、提举、侍郎官、秘书少监、实录院检讨官，最后官至工部尚书。他一生中大多数时间是在山区边陲贫困地区任职，经常接触平民布衣，耳濡目染广大百姓生存之艰难，故才有众多反映民生的文学作品。这些来源于现实的文学作品题材，既是刘克庄保持家国情仇的源源动力，又使其诗歌词赋更具有感情真实、朴实无华和情节生动等特点。如刘克庄任建阳知县时，斥资三千緡，增籴赈粜仓二千斛，解决了当地百姓的灾年饥荒，实现“邑用有年”“吾民不识旱”。刘克庄虽然出身官宦世家，但对百姓疾苦非常同情，用“心中有百姓”来评价一点都不过分。如他的《卖炭图》诗也写道：“尽爱炉中兽，谁怜窑下人。”真实反映了山区百姓为了生存而辛勤劳作的情景，讽刺封建统治者不懂民间疾苦，奢侈骄横，高高在上，空谈误国，其诗词具有很强的现实性意义。还有《北来人》诗也是刘克庄抒发忧国忧民情怀的代表作：“试说东都事，添人白发多。寝园残石马，废殿泣铜驼。胡运占难久，边情听易讹。凄凉旧京女，妆髻尚宣和。十口同离仳，今成独雁飞。饥锄荒寺菜，贫着陷蕃衣。甲第歌钟沸，沙场探骑稀。老身闽地死，不见翠銮归。”[①]刘克庄运用对仗、拟人等手法，描述昔日北宋的皇家陵园和华丽宫殿已经变成荒凉残破的废墟，抒发南宋百姓的亡国之痛、流浪之苦。《北来人》以主人公一家人亡国的前后境遇做对比，叙说亡国奴流离颠沛之情形，讽刺朝廷权贵歌舞

① 詹淑海编著：《刘克庄》，福州：福建人民出版社，2017 年，第 13 页。

宴饮、不问军情之现状，批评朝中权贵误国害民的不良国策。还有刘克庄《郊行》一诗也是以百姓生活为题材："一雨饯残热，忻然思杖藜。野田沙鹳立，古木庙鸦啼。失仆行迷路，逢樵负过溪。独游吾有趣，何必问栖栖。"描写诗人到郊外视察民情时，看见乡村蚕农辛劳忙碌却不得温饱，非常同情蚕农的困难境遇。特别是最后一句诗，以反诘作结语，含蓄凝练，发人深思，更体现诗人忧国忧民之情怀。据史书载，理宗淳祐三年(1243 年)，朝廷重起刘克庄为江东提刑后。在任期间，他"一意访求民瘼，泽物洗冤，劾广信贪守，黥南康黠胥"，组织民众发展生产，改善百姓生活，减轻民众赋税负担，平反冤假错案，惩治贪官污吏，做了大量卓有成效的工作，深受当地百姓好评，但却受濮斗南等人的攻击，被贬为负责宫庙事务的闲官。淳祐四年(1244 年)，朝廷起用刘克庄充江东提举。同年十一月，改任将作监，负责宫室、宗庙、陵寝等公共土木建筑事务。但因"岁旱民饥，艰于择代"，刘克庄为官一任，造福一方，深得当地百姓信任，于是朝廷决定继续留任他为地方官。刘克庄不辱使命，组织百姓减灾赈灾，与当地民众共度灾荒，得到朝野一致好评。刘克庄的文学作品从表面上看，似乎是在写作者的感想或境遇，而实际上却表现了诗人对民间疾苦的同情。如刘克庄的《清平乐》词："风高浪快，万里骑蟾背。曾识姮娥真体态，素面原无粉黛。游银阙珠宫，俯看积气蒙蒙。醉里偶摇桂树，人间唤作凉风。"诗人幻想骑上蟾蜍，乘风破浪，飞行万里，前往月宫。而当他从珠光灿烂、银碧辉煌的月宫中鸟瞰人间时，到处都是层层云雾，一片迷茫。寓意了诗人身居月宫之中，仍然惦记民间疾苦，体现了刘克庄心中始终装有百姓的家国情怀。还有《运粮行》《筑城行》《苦寒行》《军中乐》《国殇行》《开壕行》等诗词，都是以"税赋之重""征役之苦""生存之难""百姓之辛"为主题，讲述南宋民间疾苦，反映百姓生活困境，内容贴近现实，贴近民生，感人至深，催人泪下，既反映了南宋末期的社会状况，又表露了刘克庄忧国忧民之情怀。

其次，刘克庄忧国忧民情怀导致其仕途坎坷和人生变故。刘克庄自从"落梅诗案"起，屡遭罢黜，仕途坎坷曲折，如追究其源头与其忧国忧民情怀不无关系。刘克庄几次贬官，朝廷都以"落梅诗案"说辞。如端平二年(1235年)，时任中书舍人的刘克庄第一次应召"轮对"[①]。初生牛犊不怕虎，他就史

---

① 宋代一种议政制度。即皇帝不定时轮流召见群臣就朝政时弊与缺失当面进行评议和辩论。

弥远浊乱朝政、朋党群起、朝纲败坏、边防松弛、经济恶化、任用庸人等问题，向朝廷提出批评与建议，并就“人皆不敢言”的济五竑冤案平反问题谈了自己的看法。刘克庄直言不讳，大胆建言，虽然得到朝中忠义大臣的赞赏，却得罪了一些朝中权贵，加上“落梅诗案”，不久就被弹劾罢官。理宗淳祐三年(1243年)，朝廷拟授刘克庄为右侍郎官，就在他应召即将赴任之时，又被摊史嵩之的党羽侍御史金渊以“清望自拟”而弹劾罢官，贬为主管崇禧观的闲职。理宗淳祐六年(1246年)，朝廷再度起用刘克庄，理宗以其“文名久著，史学尤精”，赐同进士出身，秘书少监，兼国史院编修、实录院检讨官。只要他顺从皇帝的意思办事，可以说前途无限、繁花似锦。然而，当时皇帝准备重新起用史弥远之子史嵩之为相，却遭到朝中大臣的强烈反对，刘克庄也是持反对态度。于是，理宗采取折衷办法，依史嵩之所奏，拟诏其守金紫光禄大夫、观文殿大学士、永国公致仕，并令时任中书舍人的刘克庄制词。刘克庄认为史嵩之有“无父之罪四”“无君之罪七”，不配以观文殿大学士致仕，立即上书理宗皇帝，请求罢免史嵩之之职。理宗皇帝没有采纳刘克庄所奏，仍令他“可依已降御笔，依自陈致仕，体此日下降制，仍具依应奏闻”。但刘克庄坚持原则，依然不肯拟诏。皇帝责备刘克庄说：“史嵩之除职致仕，卿既已遵承，又复入奏。”敦促刘克庄“可依已降批谕，日下行词”。他还是以“词臣命词，须合典故”为由，拒绝拟诏。[1] 理宗皇帝见刘克庄三番五次违抗圣意，心中不悦，因朝中大臣大多持反对意见，只好作罢。事后不久，时监察御史黄师雍和殿中侍御史章琰等，投皇帝所好，以“临事失身犯议”“买直欺君”等罪名进行弹劾，刘克庄再次贬官。但刘克庄心中荡然，为国为民，并无私心，历史自有评说。况且，对他而言贬官也是家常便饭，早已习以为常。淳祐十一年(1251年)初，朝廷再次起用刘克庄，委任其秘书监兼太常少卿、直学士院。他不负众望，本着爱国为民之心，向皇帝提出了众多建议，涉及朝中歪风邪气、边境战事安危、百姓赋税改革等问题，但均没得到朝廷的采纳。刘克庄深感失望，又无可奈何，感慨叹道：“千辛万苦唤得来，又向那边去。”虽然屡遭挫折，但刘克庄忧国忧民之心始终不改，值得安慰的是职务却不断提升。不久，理宗委任刘克庄为起居舍人、兼侍读。然而，好景不长，蒙古军入侵四川，刘克庄向皇帝呈奏，边境危急不解决，“五十四州遂成荡覆，岂非外重而

---

① 詹淑海编著：《刘克庄》，福州：福建人民出版社，2017年，第49页。

不能御，内虚而无以守”。结果又被御史郑发以“观望畏敌”为罪名，加以弹劾，并重提“落梅诗案”。理宗皇帝虽然没有直接罢免刘克庄官职，却应其请求“除职予郡”，贬往福建任职。由于刘克庄生性耿直，刚正不阿，时常仗义执言，抨击时弊，弹劾权臣，得罪了不少权贵人物。虽然几次入朝为官，但始终没能进入朝廷的权利中心。直到景定三年(1262 年)，朝廷才再次起用刘克庄，权工部尚书、兼侍讲。刘克庄根本没有想到，年逾古稀，竟然再召入朝为官，老骥伏枥，继续为国家安危而奔波。度宗咸淳四年(1268 年)，由于刘克庄忍辱负重、任劳任怨，朝中大臣，有目共睹，理宗皇帝特授龙图阁学士，以资奖励。但刘克庄已经 82 岁了，风烛残年，疾病缠身，于次年病逝在工作岗位上，“鞠躬尽瘁，死而后已”。

总之，坎坷的仕途，给刘克庄增加了丰富的阅历；痛苦的磨难，反而让他有更多时间提升自己的学识；多次贬官，为他提供了长期与平民百姓接触的机会；曲折的人生，充实了他诗歌词赋的题材；长期的闲职，提供了刘克庄创作更多文学作品的时间；坎坷曲折的人生经历和忧国忧民的诗人情怀，造就了刘克庄一代文坛宗主的历史地位。然而，“人间自有公平在”，尽管刘克庄命运不济、仕途坎坷，其忧国忧民情怀和关注民生从政理念，不但备受后人所赞赏，也得到朝廷的肯定，理宗皇帝高度评价刘克庄：“知卿爱君忧国，至老不衰，所以欲得相见。”①

---

① 詹淑海编著:《刘克庄》，福州:福建人民出版社，2017 年，第 48 页。

忧国情怀何时休

——浅谈刘克庄诗词艺术的主色调

◇ 郑世雄

刘克庄，字潜夫，号后村居士，宋孝宗淳熙十四年(1187 年)生于莆田望族之家，卒于度宗咸淳五年(1269 年)，享年 83 岁。后村先生乃高洁饱学之士，素有满腔报国之志，兼怀一身才学之气。他从 23 岁以荫补官起步，历任主簿、县令、编修、通判、太守、提举、提刑、中书舍人、知府、转运副使、兵部尚书、工部尚书，直至龙图阁直学士。然而由于身处山河破碎风雨飘摇的南宋中晚期，刘克庄走上了一条艰辛坎坷的人生道路，在奸权当道的宦海生涯中，屡遭陷害贬黜。

与仕途曲折多舛相比，刘克庄在文学上的辉煌成就，确立了他在宋代文坛上的耀眼地位，获得了“与放翁、稼轩犹鼎三足”的崇高评价。他一生著述极丰，宋理宗夸他“文名久著，史学尤精”。现存《后村先生大全集》196 卷，其中诗 48 卷 5000 多首，词 5 卷 258 首。他的诗词以爱国豪放著称，早年追江湖诗派，晚年趋向江西诗派，其风格与刘过、刘辰翁并称辛派词人“三刘”。由于国势日渐衰微和个人抱负难以施展，他诗词中的爱国思想多表现为忧国情怀。

(一)忧国土沦丧

刘克庄诗词的代表作是《贺新郎·送陈真州子华》，当时刘克庄为建阳县令，陈子华是刘克庄好友，任江苏仪征知州，路过建阳，刘置酒招待作此词送别。全词是：

北望神州路，试平章，这场公事，怎生分付？记得太行山百万，曾入宗爷驾驭。今把作握蛇骑虎。君去京东豪杰喜，想投戈下拜真吾父。谈笑里，定齐鲁。

两河萧瑟惟狐兔。问当年、祖生去后，有人来否？多少新亭挥泪客，谁梦中原块土？算事业须由人做，应笑书生心胆怯，向车中、闭置如新妇。空目送，塞鸿去。

刘克庄当时 36 岁，正值壮年，为国运衰败痛心不已，借词作一吐心中块垒。上阙从北望沦陷的国土入题，想到这场关乎国家命运的战争将如何结局，联系太行山区百万农民武装归入抗金名将宗泽帐下。这本是一件好事，朝廷却不予重视，视若握蛇骑虎一般危险和难受。劝陈子华不要辜负京东百姓厚望，学习唐代大将郭子仪仅带领数十骑突入敌营，使敌官兵跪拜投降，称郭子仪“真吾父也”，在谈笑之间平定了齐鲁战局。下阙以两河国土丢失造成萧瑟不堪，用东晋祖逖领兵破敌的历史拷问如今不用人才，任凭怯弱无用的书生如车中新娘子般不敢露面，只好眼睁睁看着栋梁之材的“塞鸿”流失。

宋代初建时，皇帝励精图治，政治清明，经济强大，一派太平盛世景象。到了北宋后期，腐败之风滋生蔓延，国力日衰，金人乘机南侵，北方领土大片丢失，以至被迫迁都临安，国势一蹶不振。刘克庄这首贺新郎词生动叙述了这段历史。而对于造成国土沦陷的深层原因，刘克庄在《赠防江卒六首》中做了揭露和剖析。其中第六首绝句是这样写的：

一炬曹瞒仅脱身，谢郎棋畔走苻秦。
年年拈起防江字，地下诸贤会笑人。

短短四句，边用典边议论，第一句用赤壁之战证明只要树立敢打必胜信心，吴蜀虽弱，却可战胜号称有 83 万的曹魏兵马，第二句用淝水之战为例，证明战略决策正确，东晋宰相谢安仅用 8 万兵力，仍然打败了号称百万之众的前秦苻坚军队，这两例都是北方强敌南侵，处于防守的一方敢打敢拼而取得胜利。诗的后两句说当前朝廷虽然年年加固江防工事，但由于卖国投降派当权，主和声音压倒主战声音，所以军无良将，兵无斗志，每战必败。这样的话，当年的周瑜、谢安倘若地下有知，也会笑掉大牙。

（二）忧民生凋敝

刘克庄一生关心民瘼，同情民众疾苦，特别是战乱造成的苦难生活。他早在 20 岁时创作了《北来人二首》，以北方人从金人统治下南逃口述的语气诉说沦陷区人民的悲惨遭遇。

第一首是：

试说东都事，添人白发多。寝园残石马，废殿泣铜驼。

胡运占难久，边情听易讹。凄凉旧京女，妆髻尚宣和。

诗中首联描述宋都城汴梁被占后人们忧伤而致白发频添。颔联用“残石马”和“泣铜驼”表达帝陵失守而荒芜衰败，使先帝在九泉之下还蒙受屈辱。颈联则用强烈对比反映国人坚信敌人难以久占，希望关于边境丢失的消息只是讹传而已。尾联写京师妇女虽然境况凄凉仍保持着旧日的时尚装束，爱国之心从未改变。

第二首是：

十口同离仳，今成独雁飞。饥锄荒寺菜，贫著陷蕃衣。

甲第歌钟沸，沙场探骑稀。老身闽地死，不见翠銮归。

这首比上一首更加悲惨，以北来人身份叙述一家十口逃难南方，在战祸中亲人相继丧命，只剩孤身一人，勉强住在荒庙里种菜糊口度日，身上还穿着离家时的金人衣服。而在南方看到当权者歌舞升平纸醉金迷，没有一丝重振山河的图强之举，想到自己将老死闽地，心中是何等哀痛欲绝。

以上两首反映的是从北方沦陷区背井离乡的北来人逃难生活，那么南方富庶之地民众的生活又如何呢？刘克庄在另一首诗中选取特定历史镜头。

《戊辰即事》：

诗人安得有青衫？今岁和戎百万缣。

从此西湖休插柳，剩栽桑树养吴蚕。

公元1206年宋将韩侂胄出兵攻金失败而归，宁宗皇帝为了乞和就把韩杀了，把头颅送往金廷，签下屈辱的《戊辰和议》，规定宋朝每年向金邦增纳白银三十万两，细绢三十万匹。青衫是当时读书人穿的一种衣服，和议之后，细绢进贡金廷，连文人都穿不上青衫了，何妨普通百姓。诗的后两句语含讥讽，说今后干脆西湖一带全部栽上桑树好了，养蚕织绢，除了纳贡金廷外，剩余的我们这些寒士也许还能分一点做青衫呢。全诗仅在青衫二字入题，活生生道出了丧权辱国后黎民百姓的苦难日子。

(三)忧军队涣散

刘克庄眼看大好河山被金人蚕食侵夺，多么希望能有岳飞那样的队伍出现，杀敌卫国。可是他看到的军队却是想象不到的乱象。他在下面这首排律诗中表达了对军防边情的深深担忧。

《军中乐》：

行营面面设刁斗，帐门深深万人守。
将军贵重不据鞍，夜夜发兵防隘口。
自言虏畏不敢犯，射麋捕鹿来行酒。
更阑酒醒山月落，彩缣百段支女乐。
谁知营中血战人，无钱得合金疮药。

诗的前八句生动具体地描绘了营帐的战地氛围：帐篷内处处设防保护将军，但将军却轻松自如，毫无敌情观念，仍然捕猎饮酒，整夜沉醉，不惜耗资赏赐给歌伎舞女。与军官们斗志松懈，毫无责任心相比，诗的最后两句急转直下，可怜的士兵浑身战伤，却没有钱买药医治。整首诗表达了诗人对军官腐败的愤慨，对士兵命运的同情，对国防衰败的忧虑。

如果说《军中乐》反映的是军队中官兵不平等削弱了战斗力，那么另一首《苦寒行》，则从关乎国家生死存亡的更大时空上描述了当时的边防情况。

《苦寒行》：

十月边头风色恶，官军身上衣裘薄。
押衣敕使来不来？夜长甲冷睡难着。
长安城中多热官，朱门日高未启关。
重重帏箔施屏山，中酒不知屏外寒。

你看，十月边疆气候已经很恶劣了，边防战士却衣襟单薄，不知道负责后勤供给的押衣使者来不来，冻得睡不着。与边防战士艰难处境形成鲜明对比的是，那些养尊处优的京城高官日上三竿依然朱门紧闭，在层层的暖帘屏风里面酒足饭饱，哪里还顾及屋外的寒冷。这就从制度层面揭示了为什么堂堂的大宋王朝面对北方小国却毫无抵抗能力。如此，大宋的败亡自然是厄运难逃。

（四）忧报国无门

刘克庄对辛弃疾爱国精神崇敬有加。他年轻时曾经在军队里做些起草文书之类的工作，但不受重用，未有军功，为此而抱憾不已。他在一首《满江红》里流露了这种情绪：

金甲琱戈，记当日辕门初立。磨盾鼻，一挥千纸，龙蛇犹湿。铁马晓嘶营壁冷，楼船夜渡风涛急。有谁怜猿臂故将军，无功级？

平戎策，从军什，零落尽，慵收拾。把《茶经》《香传》，时时温习。生怕客谈榆塞事，且教儿诵《花间集》。叹臣之壮也不如人，今何及？

词的上阕回顾自己早年从军，以盾牌为砚，书写军务文案如龙蛇飞舞，一挥而就。可是在金戈铁马的战场上无用武之地，就像汉代名将李广有功而不得封侯一样遗憾。下阕说自己虽有平定河山的宏伟谋略，但不被上峰器重，连所写的诗词作品也任其零落不去整理，只看看茶经之类闲书打发日子。客人来访，也怕谈及边塞之事，有空教孩子朗读花间集一类言情小说。并自比春秋时期郑国烛之武被郑文公弃置不用的处境，唯有仰天慨叹而已。

说到报国无门，就不得不提“落梅诗案”。在宋宁宗嘉定年间，刘克庄任建阳县令时，写了一首《落梅》：

一片能教一断肠，可堪平砌更堆墙。
飘如迁客来过岭，坠似骚人去赴湘。
乱点莓苔多莫数，偶粘衣袖久犹香。
东风谬掌花权柄，却忌孤高不主张。

诗一开头就描绘了一幅凄凉衰败的落梅景象，梅花片片落下，堆满墙角，让人断肠。颔联由落梅想到唐代韩愈被贬岭南、柳宗元被贬永州的遭遇，借梅花对历史上受到不公平对待的有志之士给予同情和赞美。颈联对落梅的结局做进一步铺陈和评论，一方面梅花下落溶化与泥土为伴，让人同情叹惋，但另一方面梅花香气经久不减的高洁品格却令人无限景仰。尾联在充分刻画落梅悲惨遭遇的基础上，笔锋一转，直指嫉贤妒能、压制打击人才的当权者，表达了广大贤人志士的不平心声。借梅讽时的落梅诗遭到朝廷中奸佞小人的诬陷，此后，落梅诗案如同枷锁上身，使刘克庄长期处在受排挤打击的阴影之中。

行文至此，怀着对刘克庄无限崇敬的心情，敬步落梅诗韵试和一首如下：

风雨飘摇欲断肠，何堪泪眼对宫墙。
遥闻笳鼓惊边塞，怅望江流出楚湘。
梦碎难言心志苦，诗成再诵口唇香。
梅花落尽离枝去，待向长空学隼张。

“一代宗工”刘克庄的宦海人生

◇ 林祖泉

在中国古代文学史上，福建兴化军（今莆田市）人刘克庄因是南宋江湖诗派的领袖而著名，宋理宗称赞其“文名久著，史学尤精”[①]。他一生经历了孝宗、光宗、宁宗、理宗、度宗五朝，任过地方官，也任过朝官。虽宦海沉浮，六起六落，但他对祖国命运的关切，对民族前途的忧虑，对国土沦丧的悲愤以及对百姓疾苦的申诉，却始终痴心不改，至老不衰。时人称他为“一代宗工”[②]。

一、家族显赫

刘克庄（1187—1269），小名镇，学名灼，字潜夫，号后村居士，兴化军莆田县城北后村（今属莆田市荔城区）人。“少有异质，日诵万言，为文立就”[③]。“幼颖异，出语惊人，书过目辄成诵，为文未尝起草，弱冠以词赋魁”[④]。他生书香门第，长官宦之家。刘氏家族显赫，人才辈出。正如《后村大全集》所云：“刘氏自两翁（刘夙、刘朔）起家，三世登科第者八人（刘夙、刘朔、刘弥正、刘起晦、刘起世、刘宬、刘希仁、刘希道），五入馆（刘夙、刘朔、刘弥正、刘克庄、刘希仁），一持橐（刘弥邵）。”

① （明）弘治《兴化府志》卷三十八，人物列传五。

② （宋）刘克庄：《后村大全集》卷一百九十五，《墓志铭》。

③ （明）弘治《兴化府志》卷三十八，人物列传五。

④ （宋）刘克庄：《后村大全集》卷一百九十五，《墓志铭》。

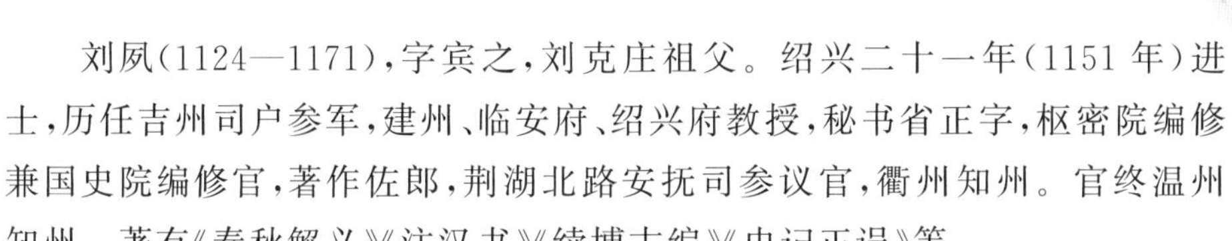

刘夙(1124—1171),字宾之,刘克庄祖父。绍兴二十一年(1151年)进士,历任吉州司户参军,建州、临安府、绍兴府教授,秘书省正字,枢密院编修兼国史院编修官,著作佐郎,荆湖北路安抚司参议官,衢州知州。官终温州知州。著有《春秋解义》《注汉书》《续博古编》《史记正误》等。

刘弥正(1157—1213),字退翁,号退斋,刘夙长子,刘克庄父亲。淳熙八年(1181年)进士,历任潮州司户参军,监镇江府榷货务茶场,临川知县、太常寺主簿,枢密院编修官,太常丞兼左曹郎官,提举转运淮东,吏部员外郎兼考功右司,左司郎中,太常少卿、国史院编修,起居舍人。官终吏部侍郎。著有《退斋遗稿》《奏议》等。

刘克逊(1189—1246),字无竞,号西墅,刘克庄之弟。以父荫补承务郎,历任海口镇监、沙县丞、古田县令,江西安抚司干官,临安府通判,邵武知军,潮州、泉州知州,提举福建市舶司,太府寺丞。官终工部郎官。

刘克刚(1199—1254),字处和,刘克庄二弟。以父遗表恩入仕,历任长溪东尉、潮州推官、泉州录事参军,通直郎、沙县知县,静江府通判,监左藏西库,文思院提辖,福州、新州、循州知州,福建安抚司参议官。官终惠州知州。《广东通志》评他:“清约多才,修弊起废,以病卒于官,人士思之。”

刘克永(1207—1262),字子修,刘克庄三弟。他幼自聪慧,入小学诵诗解其义,长益勤奋自励,然郡试辄不利,挫于场屋,慨然废举子业。退而求志,于所居后陇之西辟一小斋,斋中空无他物,惟藏书如山,日夕卧起枕籍于斋中。读书之余,著有诗集《刻楮集》存世。

刘弥邵(1165—1246),字寿翁,号习静,刘夙季子,刘弥正之弟,刘克庄叔父。“一持橐”者,即没有任何功名和爵位的人,刘弥邵是也。著有《易稿》《汉考》《读书日记》《小记》《杜诗补注》等。

刘宬(1195—1247),字孟容,刘夙之孙,刘弥邵之子,刘克庄堂弟。宝庆二年(1226年)进士,历任罗源、青田知县。官终宣教郎、古田知县。著有《易稿》《汉考》等。《兴化府志》评他:“居官能以儒饰吏事,而于厚风俗、崇教化,尤加之于意,故所至皆有治绩云。”

刘朔(1127—1170),字复之,刘夙之弟,刘克庄叔祖父。绍兴三十年(1160年)甲科进士,历任温州司户参军,宣议郎、福清知县,秘书省正字。官终福建安抚司参议官,著有《易占》《图经注》《唐书注》等。《兴化府志》载:“(刘)朔与其兄(刘)夙皆为时望所推。夙挺特,不以色假人,朔则济以和易。至于轻禄位而重出处,厚名义而薄势利,尽言于朝,尽心于官,饬廉隅,公是

非，殆不相让云。”

刘起晦(1162—1205)，字建翁，刘朔长子，刘克庄堂叔父。淳熙五年(1178年)进士，历任福清县主簿，监建康府榷货务，贵溪知县，江西安抚司机宜，秘书省正字兼益王府教授。《宋元学案》载：“蔚有时望，识者谓其材行不忝于其父云。”

刘希醇(1185—?)，字孟传，刘朔之孙，刘起晦之子，刘克庄叔堂兄。官至枢密院编修官。

刘起世，刘朔次子，刘起晦之弟，刘克庄堂叔父。庆元二年(1196年)进士，官至迪功郎、广东海南县尉，赠正议大夫。

刘希道(? —1221)，字志学，刘朔之孙，刘起世长子，刘克庄叔堂兄。嘉定十三年(1220年)进士，次年即卒。

刘希仁(1187—1272)，字居厚，刘朔之孙，刘起世次子，刘希道之弟，刘克庄叔堂兄。嘉定四年(1211年)进士，历任建阳县簿，古田、安吉知县，监左藏西库，镇江、临安府通判，文思院提辖，司农簿、丞，秘书郎，南剑州知州，江东提举，湖南提刑兼转运判官、兼摄府事，潮州知州，户部郎官，司封郎中，泉州知州，淮东运判，直秘阁。官终中大夫。

刘希谦，号免庵，刘朔之孙，刘起元之子。官至秘书少监。

二、宦海沉浮

刘克庄一生经历了孝宗、光宗、宁宗、理宗、度宗五朝，任过地方官，也任过朝官。虽宦海沉浮，六起六落，但他对祖国命运的关切，对民族前途的忧虑，对国土沦丧的悲愤以及对百姓疾苦的申诉，却始终痴心不改，至老不衰。

嘉定二年(1209年)，后村以郊恩补将仕郎，调靖安(今江西靖安)簿。嘉定九年(1216年)春，他赴真州(今属江苏仪征)任录事参军。次年二月，被江淮制置使李珏召入幕僚。当时正是南宋王朝与金国两度签订和约，遭受屈辱，而蒙古贵族崛起于漠北，野心勃勃，企图攻金谋宋的年代。可是朝廷的统治者却昏庸透顶，士大夫多沉醉于西湖歌舞，偏安一隅。刘克庄初入仕途，但早怀报国之心，有从军立功壮志。因此，他指点关河，驰骋疆场，为帅司诸贤中的得力干员。然而，权重谋疏的制帅李珏却没能采纳他“抽减极边戍兵，使屯攻边，以壮根本”[1]的策略主张，贸然出击，致使金兵围困滁州，饮马长江，遭受重大损失。为此，他等滁州围解之后毅然辞幕归里，获准返回原籍“主南岳祠明道宫”。

嘉定十二年(1219年)三月，刘克庄怀着报国无门的郁闷心情怅然离幕归里。多年以后，他仍为壮志未酬而耿耿于怀，每念及此尤感慨万千。正如他在《贺新郎·实之三和有忧边之语，走笔答之》中所写道：“同脉微如缕，问长缨何时入手，缚住戎主？”拳拳报国之心溢于言表。

宝庆元年(1225年)，克庄以宣教郎知建阳(今福建建阳)县。在任职的三年间，他体恤民情，政绩优异，曾出现“圄空讼少，吾民不识水旱”的景象。然而，时值奸相史弥远把持朝政，培植亲信，罗织罪名排斥异己，大批贤臣志士有志难伸，甚至受到打击迫害。最典型的例子就是宝庆三年(1227年)九月，史弥远党羽李知孝、梁成大和莫泽以刘克庄《落梅》诗中有“东风谬掌花权柄，却忌孤高不主张”[2]之句，诬陷其诮诋权相史弥远，并“以谤讪摭其罪”[3]。幸亏福建同乡、签书枢密院事郑清之的竭力辩释，谓文字不可罪人、明时不可杀士，才使他幸免于这场“文字狱”，但最终还是被罢官。这个未成立的冤案却在此后一再被重新提起，使刘克庄屡起屡废，仕途深受影响。

当建阳百姓得知刘县令要遣返乡籍时，扶老携幼涌上街头，送者达数里。绍定六年(1233年)十月，奸相史弥远病死，诗禁才解除。在家闲居的刘克庄高兴之余作了一首《病后访梅九绝》之一云：“梦得因桃却左迁，长源为柳忤当权。幸然不识桃并柳，却被梅花累十年。”[4]以诗来表达自己因“咏梅获罪”的愤慨。

端平元年(1234年)，理宗皇帝亲政，重新起用真德秀等一大批曾遭受贬斥的官员。九月，刘克庄因老师真德秀的推荐，被授以宗正簿北上京城临安(今浙江杭州)为官，这是他第一次入朝。次年，刘克庄除枢密院编修官，兼权侍右郎官。七月，在首次轮对中，面对皇上和满朝文武官员，他慷慨陈词：“服天下莫若公，今失之私；镇天下莫若重，今失之轻。”又直陈弊政：“权臣坏朝纲，开边衅，兵骄楮贱、贪饕侥倖之俗不可回。诸贤起而当之，天人未应，

---

① (宋)刘克庄：《后村大全集》卷一百二十八。

② (宋)刘克庄：《后村大全集》卷三。

③ (明)弘治《兴化府志》卷三十八，人物列传五。

④ (宋)刘克庄：《后村大全集》卷十。

愿坚凝初意，无使邪说摇正论。”同时，痛言“苕川之事，出于迫胁，向止议其罪，不原其情；近虽复其爵，未雪其冤”，就“苕川之复”济王竑招冤一案提出谏言。[①] 为此，刘克庄遭宰相魏了翁嫉恨，指使吴昌裔上疏弹劾，刘克庄再次被罢官，返回原籍主管玉局观，是年他已50岁了。

嘉熙元年(1237年)春，刘克庄重新起用，改知袁州(今江西宜春)。任上，他礼贤下士，宽以待民，颇有政声，深受当地百姓的拥护。“公在郡，一以崇风化、肃纲纪、防故家、礼名贤为先务，因宽得众，郡以最闻殿中”[②]。可是仅数月，又被殿中侍御史蒋岘以“莫须有”的罪名对他进行弹劾，与邑人方大琮、王迈同日被罢官。对于袁州革职，刘克庄愤愤不平。他在《一剪梅·袁州解即》写道：“陌上行人怪府公，还是诗穷，还是文穷。下车上马太匆匆，来是春风，去是秋风。”[③]词人以自嘲的口气叙述袁州任上两袖清风，来去匆匆的经历，同时抒发自己仕途坎坷的无奈与不公。罢官离任，仕途遭挫，本是宦海浮沉中令人不快之事，何况刘克庄此次是第三次被罢黜。但他这首罢官之作却实在写得潇洒轻松。

嘉熙三年(1239年)，刘克庄擢江西提举常平公事；同年改任广东提举常平公事。任职期间，他“一意访求民瘼，泽物洗冤，效广信贪守，黥南康黜胥皆有奥扰者，公论称快”[④]。次年，他升任广东转运使兼市舶使。在粤两年时间，刘克庄“奉给、例券，皆却不受。买田二百亩，以赡仕于南而以丧归者”[⑤]。给那些身受不幸，经济陷入困境的清廉官员以一定的经济资助。为此，“南人刻石纪之”。然而没有想到，御史金渊以“清望自拟，恃才自炫”为由，诬陷其沽名钓誉，不久再遭罢黜。

淳祐六年(1246年)八月，理宗皇帝赏识他的才气，特赐同进士出身，除秘书少监兼国史院编修官、崇政殿说书、暂兼中书舍人。十一月，权相史嵩之请归祠服阙，也就是请求退休。理宗“御笔除职予祠，令克庄行词”[⑥]。史嵩之从嘉熙三年(1239年)为相，前后8年，上蒙蔽君主，下抑塞群臣，奸权误

---

① (宋)刘克庄：《后村大全集》卷十。

② (宋)林希逸：《竹溪鬳斋十一藁续集》卷二十三，《后村先生刘公行状》。

③ 欧阳代发：《刘克庄词新释辑评》，北京：中国书店，2001年，第24页。

④ (宋)林希逸：《竹溪鬳斋十一藁续集》卷二十三，《后村先生刘公行状》。

⑤ (明)弘治《兴化府志》卷三十八，人物列传五。

⑥ (明)弘治《兴化府志》卷三十八，人物列传五。

国，实为大恶。刘克庄曾经弹劾过其误国罪行，如今面对皇帝，依然刚正不阿，拒绝为史嵩之草制诰词。他在上疏中说：“嵩之有无父之罪四，无君之罪七，旧相致仕，合有诰词，今臣行嵩之之词，未知为褒为贬。”[①]尽管皇上再三规劝，但克庄还是坚持到底，始终不为其作制。结果可想而知，殿中侍御史章琰以“不合奏审，直实欺君”为理由，上疏弹劾，刘克庄第五次被罢官。

淳祐十一年（1251年），刘克庄被召进京，先后任秘书监兼太常少卿，直学士院，兼崇政殿说书，史馆同修撰，起居舍人和侍讲。后来因为极力阻止史宇之担任工部侍郎，被御史“郑发疏褫职，寝新命，提举明道宫”[②]。

景定元年（1260年），理宗重新起用刘克庄，历任秘书监，起居郎兼权中书舍人，直学士院，史馆同修撰，兵部侍郎兼中书舍人，权工部尚书兼侍讲。景定五年（1264年），刘克庄“除焕章阁学士，守本官致仕”[③]。咸淳五年（1269年）正月二十九日卒，年八十三，赠银青光禄大夫，谥文定。

一代文宗悲逝，百姓为之恸哭，不少士大夫和旧交不远千里临奠吊唁致哀。据史料记载，刘克庄卒后，“莆之士大夫皆挥泪以相吊，有方敛而往枕尸以哭者，有既殡而往拊棺以哭者，莫不尽哀。又数日，则泉南之南，闽北之北，吊唁往来，交驰于道。又数月，则四方交旧与凡得铭得序得跋得诗之友，不远千百里而来。力不能来，亦以书至，盖不知其几？皆曰：斯文无所宗主矣，吾侪无所质正矣，后进无所定价矣。茫茫宇宙，人物何限，其能擅一世盛名，自少至老，使言诗者宗焉，言文者宗焉，言四六者宗焉。虽前乎耆旧后乎秀杰之士，亦莫不退逊而推先，卒至见知于人主者，古今能几人哉！公虽得名得寿得禄，而爱公者犹以用公未尽为恨，是岂私所好耶！吁！若公者，可谓千载之士矣！”[④]由此可见，刘克庄在当时的巨大影响，也可看出其作为文化领袖的崇高地位。

尽管刘克庄一生官途坎坷、屡遭挫折，但这不仅磨炼他的思想和意志，而且开拓他诗词创作的广阔天地。他给后人留下传世之作《后村先生大全集》一百九十六卷，其中诗四千五百余首，词二百余阙，诗话四卷。

① （明）弘治《兴化府志》卷三十八，人物列传五。

② （明）弘治《兴化府志》卷三十八，人物列传五。

③ （明）弘治《兴化府志》卷三十八，人物列传五。

④ （宋）林希逸：《竹溪鬳斋十一藁续集》卷二十三，《后村先生刘公行状》。

三、江湖诗派

南宋后期，诗坛上激昂悲壮的爱国声音逐渐减弱，而吟风弄月、应酬赠答之作则日益流行。代表当时诗坛动向的，是所谓“永嘉四灵”和江湖诗派。

“永嘉四灵”是指南宋绍熙年间(1190—1194 年)永嘉(今属浙江温州)地区的四位诗人：徐照，字灵晖；徐玑，字灵渊；赵师秀，字灵秀；翁卷，字灵舒。各人的字中都带有一个“灵”字。他们不满江西诗派的诗风，推重晚唐贾岛和姚合的诗体，且以五律为主要诗体。虽然诗歌内容以抒发个人情感、吟咏田园为主，很少反映现实社会，但“四灵”的创作，为诗坛注入一股清新的气息，受到同时代一大批江湖诗人的推崇和效法。江湖诗人以杭州书商陈起刻印《江湖集》诗集而得名。在他的周围，吸引了一批江湖诗人，进一步促进了江湖诗风的普及。而在江湖诗人不断扩展活动规模之时，更出现了一位领袖人物——刘克庄。

潜夫的诗初学晚唐，颇受“四灵”的影响，后倾向陆游，自成一家。在江湖诗人中，刘克庄不仅创作成就最高，而且还有着丰富而深刻的创作理论。他喜欢指导青年，奖掖后进，因而受到许多人的追捧。同时，他又不满足于对“四灵”亦步亦趋，而是带动一批江湖诗人，开拓创作领域，使得江湖诗风不断得到深化。这样，以“四灵”为先驱，以陈起为声气联络，以刘克庄为领袖的江湖诗派，便正式以一个群体的面目出现，成为南宋中后期诗坛的重要力量。

江湖诗派是一个以江湖游士为主体的诗人群体。属于这一诗派的江湖游士，则是由下层知识分子构成的社会阶层。江湖诗派的出现既是一种文学现象，也是一种社会现象。据专家统计，江湖诗派的成员，多达 138 人。[①]这样一大批诗人，是在宋代的政治、经济状况进一步恶化，文化思想发生较大变化的背景中产生出来的一个特定的社会阶层，在文化史上，也常被称为江湖游士或江湖谒客。江湖诗人因社会地位低下、有不少生活恶习、诗格纤狭卑陋而遭后人所不齿，刘克庄又是江湖中人，且是江湖诗派的领袖。因为

① 张宏生：《江湖诗派研究》附录，北京：中华书局，1995 年。

有这种因缘，所以人们的思维定式是：只要是江湖派诗人，其成就必定不高。其实，刘潜夫的可贵之处就在于他能够看出江湖诗派的局限，并以其理论对当时诗坛产生了相当的影响，有不少忧国爱民的作品传世。

同时，克庄有很多超越江湖派的地方。首先，他的社会地位远不是江湖派诗人所能比肩的，他祖上几代为官，他自己也是很早做地方官，后又长期做朝官，阅历丰富，见识会大不一样。其次，他没有江湖派中人那些诸如乞讨、投靠、要挟等生活恶习，这种不同取决于他与江湖派众人的社会地位之悬殊。再次，他的诗歌风格无江湖诗恶习，在当时就以"建大将旗鼓语"著称。即使有缺陷，也是后人所言稍显粗豪，而非江湖之纤弱。最后，他的诗学思想中不少观点是有意针对江湖派诗人的弊端而发。至于他的作品种类之丰富、文学思想之全面、文坛领袖地位之长久更是一般江湖诗人所没有的。

南宋最大的诗派是江湖派，宋代以前的任何诗派都没有江湖派那样庞大的作家队伍，而且活动时间长达半个多世纪。刘克庄作为江湖派的领袖和最有号召力的人物，和江湖派诗人一起带来中国诗坛的变化：一是发展到江湖诗派时，中国诗歌创作才真正算走向普及化、作家身份下层化。以往诗坛虽也有少量平民诗人，但有地位的士大夫诗人居多。大量读书人被沦为社会底层，在宋代末年是最为突出的。二是由以往诗歌的关心群体变为关心个体，由以往的关心天下到关心天下兼及关心自身，由关注政治变为关注个体生命，由关注身外变为关注内心世界，总之，由政教性变为文学性。

刘克庄一生写下5000多首诗，数量之多在宋代仅次于陆游。他的诗，最应引起注意的是那些不忘北宋故国，不忘收复失地的诗篇。他在世时，诗文就有很高的声誉，正如江湖诗派另一重要诗人戴复古《寄刘潜夫》所云："八斗文章用有余，数车声誉满江湖。"他去世后，洪天锡在《后村先生墓志铭》中写道："江湖士友，为四六及五七言，往往祖后村氏。于是前、后、续、新四集二百卷，流布海内，岿然为一代宗工。"[①]清代闽人叶矫然《龙性堂诗话》续集赞道："南宋人诗，放翁、诚斋、后村三家相当。"[②]由此可见，刘克庄在南宋诗坛地位之重要。

---

① (宋)刘克庄：《后村大全集》卷一百九十五，《墓志铭》。

② (清)叶矫然：《龙性堂诗话》续集，清稿本。

四、江湖诗祸

宋代以文治国，重用士子，但同时对文人士子的思想控制却非常严密。有宋一代，文祸迭起，300年间北宋有“乌台诗案”，南宋又有“江湖诗祸”，这一桩桩文字狱牵进去不少人，其中就有南宋著名的诗词大家刘克庄。

刘克庄不仅名列江湖派，而且是这一诗派的重要人物。江湖诗派是宋代最大的一个诗歌流派，江湖诗人又大多数是政治上失意或没有地位、浪迹江湖、隐遁山林的文人。从政治地位上说，刘克庄是很特别的。

江湖诗祸的直接起因是济王废立之事。那是嘉定十七年（1224年）八月，宋宁宗病死，权臣史弥远便伪造宁宗遗诏，“遂矫诏废竑为济王，立昀为皇子，即帝位”。为了说明赵昀即位的“合法性”，史弥远宣称：宁宗去世前，即已“诏以贵诚为皇子，改赐名昀”。赵昀即位，是为宋理宗。宝庆元年（1225年）正月，“湖州盗潘壬、潘丙、潘甫谋立济王竑，竑闻变，匿水窦中，盗得之，拥至州治，以黄袍加其身。……竑乃遣王元春告于朝而率州兵诛贼。弥远奏遣殿司将彭任讨之，至则盗平，又遣其客秦天赐托宣医治竑疾，谕旨逼竑死，寻诏贬为巴陵郡公”。[①]

史弥远擅权废立，谋害济王的行径，激起了朝臣的不满和反对。济王死后不久，真德秀、邓若水、胡梦昱、魏了翁等人上奏指斥史弥远。面对这种情况，史弥远指使时人称为“三凶”的言官李知孝、梁成大和莫泽对他们相继进行弹劾，接着罢官，一时“名人贤士，排斥殆尽”[②]。

就在朝廷上下对史弥远的一片讨伐声中，以及史弥远大肆迫害富有正义感的朝臣之时，一部由杭州书商陈起编集刊刻的，反映早期江湖诗派创作成就的大型诗歌总集《江湖集》问世了。据罗大经《鹤林玉露》、周密《齐东野语》、方回《瀛奎律髓》等材料记载，这部集子中收有刘克庄《黄巢战场》《落梅》二诗，曾极《春》诗，以及陈起的一首诗（或作敖陶孙诗），言官以为它们“指巴陵及史丞相”，“哀济南邸而诮弥远”，因此，曾极、陈起、敖陶孙等人或被流配，或被贬斥。刘克庄本来也逃脱不了“押归听读”的命运，只是因为福

---

① （元）脱脱：《宋史·理宗本纪》，北京：中华书局，1985年。

② （清）毕沅：《续资治通鉴》卷一百六十三，北京：中华书局，1957年。

建同乡、签书枢密院事郑清之从中说情，才使他幸免于这场“文字狱”。

其实，这一事件完全是个冤案，我们不妨看一下获罪的《落梅》诗：“一片能教一断肠，可勘平砌更堆墙。飘如迁客来过岭，坠似骚人去赴湘。乱点莓苔多莫数，偶粘衣袖久犹香。东风谬掌花权柄，却忌孤高不主张。”这首诗，据方回说，写于嘉定十三年(1220年)，[①]与发生在宝庆元年(1225年)的济王之事根本没有直接关系。言官李知孝等人的诬陷，完全是出于政治斗争的需要，同时也有个人私怨的因素。

据叶适的《故吏部侍郎刘公(弥正)墓志铭》记载，当开禧北伐之际，刘克庄父弥正“始入朝，兵祸起有萌。擅国者名使议铁钱，实以边事付之”。可见，刘弥正是开禧北伐的支持者，并受到韩侂胄的信任。后史弥远矫诏诛韩，执掌朝政，韩的支持者自然要受到排斥。刘克庄虽然是新进晚辈，但由于这一层关系，史弥远不免要将其视为异己。因此，他的活动引起了特别的注意，也是合乎情理的。然而，这个未能成立的冤案却在此后的几十年间，一直被重新提起，使诗祸的余波绵绵不绝，也使刘克庄的仕途深受影响，屡起屡废。

端平元年(1234年)，刘克庄作《病后访梅九绝》，第一首说：“梦得因桃却左迁，长源为柳忤当权。幸然不识桃并柳，却被梅花累十年。”宝庆元年至端平元年，刚好十年。绍定元年(1228年)，刘克庄解任建阳，次年通判潮州，甫上任，李知孝与梁成大即指使御史赵至道“以嘲咏谤讪”之罪名弹劾他，以此论罢，主管仙都观。由此可见，史弥远对宝庆元年刘克庄侥幸得免还是耿耿于怀的。一直到绍定六年(1233年)史弥远病死，刘克庄都是郁郁不得志。所谓“累十年”，正是刘克庄的真实处境。

嘉熙元年(1237年)，因老师真德秀的推荐，刘克庄知袁州。这年六月，临安大火，连烧民房50余家。朝野上下多人上书指出这场大火乃是济王含冤所致。这显然又触动最高统治者的那根最敏感的神经。于是，侍御史蒋岘以“鼓煽异论”的罪名，弹劾刘克庄等人，结果又遭罢职。15年后，又有人重提梅花的旧话，攻击刘克庄。淳祐十一年(1251年)十月，刘克庄迁起居舍人兼侍讲。在向理宗皇帝讲故事时，他历叙抗蒙战争的历史教训，认为必须先求固本，不可轻率用兵。这一见解，被言官郑发说成有畏敌意，因而受到

---

① (宋)方回：《瀛奎律髓》卷二十。

外放的处分。郑发论刘克庄观望畏进，是非曲直姑且不论，但他在弹劾刘克庄之时，偏偏又指出梅花旧话。即使刘克庄在《落梅》一诗中真有“哀济邸”之意，也与抗蒙之事毫无关系。郑发将二事并提，无非是想告诉宋理宗，刘克庄这个人并不忠诚。历史无情，20多年后，江湖诗祸的余波仍在，这也是一代文宗刘克庄所始料不及的。

学贯古今文追骚雅　爱君忧国至老不衰

——略论宋代工部尚书刘克庄

◇ 黄祖绪

刘克庄生于南宋，历孝宗、光宗、宁宗、理宗、度宗五朝。家学渊源培养其耿直秉性和横溢才华；莆林交往造就其宏伟理想和忠信官德。及以荫入仕，自是居官勤敏，著有能声，不愧为南宋一代爱国名臣，又是学贯古今，文追骚雅之一代文宗。其学问充积，长于吏事，而为文名所胜，尤擅诗词。“后村与放翁、稼轩犹鼎三足”。尽管仕途坎坷，屡遭打击，犹“素坚冰孽心，洁立保贤贞”，勇于直面现实，敢于鞭笞邪恶，矢志弘扬正义，有老杜情怀。纵观克庄一生人品、德操、节义、吏能、赢得理宗嘉其“爱君忧国，至老不衰”之好评。

刘灼(即克庄)，小名镇，字潜夫，号后村，宋孝宗淳熙十四年(1187 年)生，莆阳清平里乌石山后陇人。灼为刘氏入莆始祖、唐代宗朝泉郡别驾刘韶十九世孙。其祖父夙，字宾之，少与弟朔同师事邑人理学大师林艾轩，举南省第二人赋魁。绍兴二十一年(1151 年)，夙擢赵逵榜进士，知温州，乾道七年(1171 年)五月卒，秘书监周必大率士子缟素吊于艾轩门。吕祖谦吊诗云：“诸老收身尽，佳城又至公，苍天那可问，吾道竟成穷。旌卷莆田雨，萧横雪水风。今年襟上泪，三滴万夫雄。”艾轩答士子慰吊书云：“宾之爱君，均于爱亲，忧国切于忧身，古有遗直，今难其人。”夙著有《奏议》一卷，《史记正误》二卷，《奏讲》一卷。夙弟朔，少读《易》，治《春秋》，与兄齐名，为时望所推重，人称“二刘”。朔继兄魁南省，又号大小省元，累官福建安抚司参议官。夙挺持无假借，朔则济议和易，至于轻禄位，重出处，厚名义，薄势利，盖不相让云。

夙育三子：长子弥正，次子弥棠，三子弥邵。灼生父，字退翁，号退斋，淳熙八年(1181 年)擢黄由榜进士，官终吏部侍郎，累赠少师，尝为朱熹定谥曰“文”。时韩侂胄为相，兵祸已萌，欲使如两淮议铁钱，实为付之边事。弥正

察访两淮还言:“无故先发,天理不顺;不豫轻举,人谋不从。”侂胄怒而抑之,然弥正性挺直,敢忤权贵,有声于外,林侣之建临川三贤祠于学宫,以祀黄勉斋、文丞相、而弥正与焉!其弟弥邵,字寿翁,素性狷介,勤学不辍,晨夕抄纂、考论,断制义理,一以洙泗,关洛为宗,是一位大评论家,有《易稿》《汉考》《深衣问辨》《杜诗补注》诸书存世,弥邵卒年八十二,学者称习静先生。

弥正传四子:灼(克庄)、克逊、克刚、克永,诸兄弟生书香门第,长官宦世家。灼“少有异质,日诵万言,援笔立就”。在这藏书绝富的家庭环境中,面对严于仕进的学习氛围,父辈博大精深的文化教养,浓郁的儒理与文学熏陶,再辅以禀赋极佳的思索感悟,潜移默化,逐渐造就了一代骄子之雄才大略。灼“小时独步词场,引弦百发无虚矢”。其忆往之作《乌石山》诗云:“儿时逃学频来此,一一重寻尽有踪,因漉戏鱼群下水,缘敲响石斗登峰。熟知旧事惟邻叟,催去韶华是暮钟。毕竟世间何物寿,寺前雷仆百年松。”灼在诗中表达了自己对孩提时代的热切向往,那热爱大自然,淘气活泼的热血稚童形象跃然纸上!弥正尝为临川令,灼髫龄即随父任受庭训,其《赴桂幕发临川》诗云:“始宁卯角来,家君绾铜墨。”宁宗开禧二年(1206 年),灼“弱冠以词赋魁胄监,入上庠”。

嘉定二年己巳(1209 年),灼年二十三,郊恩,以祖夙荫奏补将仕郎,更名克庄,调任靖安簿,帅漕争檄置幕下。是年,与福清县林直秘阁瑑之女林节结婚。俄丁少师(弥正)艰,守制居家。嘉定五年(1212 年)制终,注官福州右司理参军,真州录事。江淮制置使李珏镇金陵,召入军幕。李珏谋进取,克庄有从军立功壮志,但因持论不合,主谋者忌之而求南归。嘉定十二年(1219 年)奉南岳祠,其《蒙恩赐监南岳》诗云:“久向嫖姚乞退闲,今朝准敕放生还。人欺解罢青油幕,帝遣监临紫盖山。”终因报国无门,旋归故里闲居。

嘉定十五年(1222 年),胡槻经略广西,召入桂幕,克庄过起一段戎马生涯。桂之灵山秀水,风景特异,克庄日与胡帅唱酬,诗可成集。大诗人叶适读其诗,《题刘潜夫南岳诗稿》谓其“涉历老练,布置阔远,建大将旗鼓,非子孰当!”赵履常称其散语“与水心相上下”。游果山评其《杂咏》二百首云:“皆史断也。”后胡槻升迁,克庄《辞桂帅辟书作》:“旧时檄笔今焚弃,孤负黄金百尺台。”翌年除夕,克庄归莆阳。刚好真德秀回乡,克庄师事之,所得于父师之教者不浅,时年三十七,已蔚然为文章家。真德秀更以“学贯古今,文追骚雅”推许克庄。

理宗宝庆二年(1226 年),克庄年四十,改宣教郎,知建阳县。任上三年,体恤民情，“庭无留讼”，兴学施教，做了不少好事。从其题“义仓”联云：“聊为吾民留碗饭，岂无来者继心灯。”可知其功德无量。绍定元年(1228 年)，与其朝夕相处，持家有道，相夫教子，事亲甚孝，艰苦备尝，贤惠犹加之林夫人积劳成疾，殁于建阳官廨。克庄中年丧妻，任满扶灵柩归里卜葬，自书其妻《宋林孺人墓志铭》，“既讣，乡之贤士大夫皆唁余曰：孝敬慈顺，可为内则者今亡矣！君讳节，封孺人，生于庚戌(1130 年)十一月十七日亥时，殁于戊子(1168 年)七月六日辰时，年三十九。明年小祥之翌日壬申，葬于寿溪西刘之原。……”(见刘尚文《莆阳金石初编》)。作悼亡妻《风入松》词二首。克庄与林节，结发为夫妻，恩爱两不疑，“三秋方一日，少别比千年”，而今生离死别，自己“愿为西南风，长逝入君怀”。此时，克庄的岳父林景良，因痛失独生爱女(林节)而卒，享年七十一岁。克庄与景良的翁婿关系极佳，《后村先生大全集》卷七七《通鉴记纂·序》载：“克庄成婚后，岁一诣林公(景良)。至必留，久者或数月，无一饭不相陪。”景良卒后，克庄怀着无限悲痛的心情，为岳父撰挽诗，行状及墓志铭。

克庄官建阳令，不以死生祸福累其心，其《落梅》诗云：“一片能教一断肠，可堪平砌更堆墙。飘如迁客来过岭，坠似骚人去赴湘。乱点莓苔多莫数，偶粘衣袖久犹香。东风谬掌花权柄，却忌孤高不主张。”御史李知孝、梁成大摘其“东风谬掌花权柄，却忌孤高不主张”句，大笺其“讪谤当国”，触怒权相史弥远，将遭不测，多亏福建同乡右相郑清之为之辩解，谓“文字不可罪人，明时不可杀士”，乃改克庄通判潮州。以赵至道复劾，克庄改主管仙都观，旋罢官归里，奉祠在籍，这就是刘克庄遭遇“江湖诗祸”，“一闭幽堂十九年，万松手种已参天”。

绍定六年(1233 年)，起克庄通判吉州。端平元年(1234 年)春，有旨都堂省察，真德秀帅闽任安抚使，以机幕辟，克庄除将作簿，兼帅司参议官。夏，真公改镇温陵，克庄归里。其时弥远死，诗禁始解。克庄撰《病后访梅》诗云：“梦得因桃却左迁，长源为柳忤当权。幸然不识桃并柳，也被梅花累十年。”逾月，召赴京任宗正寺主簿，以直言敢谏闻名，班对极言：“服天下莫若公，今失之私；镇天下莫若重，今失之轻。”又言“柄臣反易纲常，变乱邪正。与其徒擢取陛下之富贵而去，独留大弊极坏之朝纲。……遂使陛下疑君子之无效意，小人之有才。宣和、靖康之祸，此陛下商鉴也”。疏出，大臣魏了翁、游似击节曰：“二刘(夙、朔)后有此佳儿。”克庄一生崇尚理学、谦恭心仪师事真德秀，二人交谊甚笃，亲贤学问，所以长德也。

端平二年(1235年)六月,克庄除枢密院编修官,兼权侍右郎官,拳拳于济王茗川之狱,虽复其爵,未雪其冤,皆人所难言。翌年,以吴昌裔疏劾,克庄主管玉局观,寻除知漳州。嘉熙元年(1237年),克庄年五十一,改知袁州、旋坐先言济王事,又遭殿中侍御史蒋岘劾其“妄论朝纲”,与邑人方大琮、王迈同罢。其愤作《一剪梅·袁州解印》词云:“陌上行人怪府公,还是时穷?还是诗穷?下车上马太匆匆,来是春风,去是秋风。”常言道:“苍蝇间黑白,谗巧令亲疏。”克庄以词倾诉自己心中的愤懑,面对奸佞之徒,“气血之怒不可有,理义之怒不可无”。旋除云台观。

嘉熙三年(1239年),李宗勉为左丞相兼枢密使,任上守法度,抑侥幸,时人誉为“公清之相”。其荐克庄提举广东转运使兼广州市舶使,宽荷砦,严篚篚,节漕计,助边屯,施政有方。例券皆却不受,买田二百亩为南仕归丧之费。其《辞学祝文》云:“某使南粤无善状,然田里疾苦,察之熟矣。蒙恩召对,将以目击身履者归奏天子,庶几不辱君命之义。”其爱君忧国,一心为民,但得贞心能不改,纵令移植亦何妨。淳祐元年(1241年),侍御史金渊竟以“清望自拟,恃才自炫”诬劾克庄,遂贬主管崇禧观。

淳祐三年(1243年),克庄年五十七,元旦除右侍郎官,以濮斗南疏罢,仍主崇禧观。翌年秋,授江东提点刑狱。十一月,除将作监,未几,改直华文阁。克庄《甲辰春日》云:“使者召归才四辈,臣之得罪又三年。”《谒庙祝文》云:“上不以某为腐生,擢领臬事。”理宗召廷对,克庄上疏三札,首论史嵩之,次荐遗直之臣,理宗读疏未竟,问曰:“未召者谁?”对曰:“从臣则有王遂、徐清贤、方大琮;庶僚如汤中,潘牧不幸已殁,存者黄自然、王迈耳。”大为理宗嘉纳。

淳祐六年(1246年),克庄年六十。四月,令赴行在奏事,以母老乞归,理宗不许,语慰曰:“朕知卿文名,有史学,行将锡第任修纂矣。”道除太府少卿。既至,面又三劄,理宗恩宠之,赞其“文名久著,史学尤精”。特赐同进士出身,除秘书少监,令与尤焴同任史事。次日兼权国史院编修、实录院检讨官。又三日,兼崇政殿说书,暂兼中书舍人。十一月,当时拥立理宗即位,主持废济王竑而官拜太师的史弥远,独居相位达九年,任内专擅权政,当月死去。因史嵩之服阕,职除予祠,克庄不为行词,且奏曰:“嵩之有无父之罪四,无君之罪七,臣行嵩之诰词,未知为褒为贬,且不知合带何官奉祠?”已而,有旨授嵩之观文殿大学士致仕,克庄复谏:“嵩之忠孝两亏,所授职名乃与元勋重德无异,乞止任命,止守本封永国公致仕。”遂与同官复奏,面对谏臣直谏抗言,理宗不得已，夺回嵩之任命。善耍两面派手法的殿中侍御史章琰趁机攻击嵩之，继而又诬劾克庄“不合奏审，直实欺君”罪，克庄被黜归，再除崇禧观。腊月二十四日去国，“在省八十日，草七十制，士大夫以为前无古人”。

淳祐七年，克庄除直宝文阁，知漳州，改直龙图阁，主管明道宫。翌年除宗正少卿，寻依旧职，知漳州，就除秘书阁修撰，福建提刑，以便养亲。甫及月，丁内艰，魏国享年八十八，克庄守制居家。《己酉祭母文》云：“去秋禋霈，吾母自魏封齐，纶言及门，已不复见。”淳祐十年（1250 年），克庄年六十四，十二月，除秘书监，除太常少卿，直学士院，兼崇政殿说书，史馆同修撰。时事多内出，党争激烈，士大夫多清谈误国。克庄立朝侃侃而论，言忤当国，益落落难合，六上疏乞归，皆不许。寻除起居舍人兼侍讲，进言愈越激切。史宇之授官工部侍郎，克庄不草制。

淳祐十二年（1252 年），除右文殿修撰知建宁府，改福建转运副使，克庄发愤于前疏不纳，再疏论之，以郑发疏被免职，寝命提举明道宫，后奉祠在籍，居莆阳赋闲八年。其《示儿》诗云：“瓜李村边一亩宫、闭门不复问穷通。生羞奏技伶人里，死怕标名狎客中。讲学有谁明太极，吟诗无路和熏风。身今去老空追悔，但祝吾儿勿似翁。”真是人世几回伤往事，心形依旧枕寒流。克庄优游田里，与诸友觞咏唱和，抒其悒郁不平之气。

景定元年（1260 年），克庄年七十四，其时贾似道还朝为相。六月，诏令克庄赴京复职，其《行期》诗云：“暮年怕与家山别，门外弓旌莫苦催。”李国庭《刘克庄年谱简编（续）》云：“克庄返朝既非魏了翁（已死）提携，也非贾似道荐举，根本上说是理宗念其老臣，欣赏其文才史学。”其时理宗见似道还朝，思念克庄，“念其老臣”，克庄晚年上疏或论对直言敢谏，至老愈甚，敢犯龙颜，愈显其忠心。理宗爱克庄之才，认为克庄是当之无愧的“宗主”，不仅熟悉远古近古之典，而且精熟唐典及当朝之典，故叹其“史学尤精”，所以决意任命克庄作史官：“朕知卿……有史学……仍责修纂。”至京，六月，除秘书监，道除起居郎，兼权中书舍人。十一月，除兵部侍郎，直学士院。

邑人朝奉郎林大鼎传子光世，少负轶才，不屑场屋，去而客江湖，又去而游边。淮东漕黄汉章上其所著《易镜》，理宗览而惊异，以为先儒所未发，诏汉章津送光世赴阙，由布衣擢为史馆检阅，迁校勘。《馆阁续录》则载：“其淳祐十一年（1251 年）以《易》学召赴阙，充秘书省检校文字，十二年（1252 年）教授常州，文字职事如旧。”开庆元年（1259 年），光世以都官郎中召。蒙古兵日逼，已据白鹿矶，烽照甘泉，光世入对曰：“臣誓不与贼俱生。”理宗使衔命

趣宣抚使，光世即军中宣读理宗诏书，宋军人人殊死战，虏之已渡未渡者皆死，遂一洗塞氛，再造江表，光世与有劳焉。光世进秩将作监，擢提举浙东常平茶盐。时中外庶定，光世上《景定嘉言》二十篇，诏下后省看详。其时克庄适待罪词掖，奏光世所言大补益治体，小箴切时弊，文字简洁条鬯，贯穿古今，上嘉纳。

景定元年(1260年)，被论，俄去而食祠。起牧洪都，未上而销印。克庄视世之仕者鲜不以得失为欣戚，而光世或仕或止，几无微见言面。考《后村先生大全集》卷六十六《林光世司农少卿》载："先朝虽重科目，然时有特起之士，如王昭素、徐复(字复之)、常秩(字夷甫)、韩驹(字子苍)之流，或以经术，或以文字，皆得之于科目之外，奋布衣，致通显，朕甚慕之。尔始以《易》学进，及试之以言则辨丽而博，授之以政则果艺而达。由史属至郎监，由牧守而至部刺史，若素官然。近览奏篇，明王体而通世务，切当朕心。锡之科第，擢之卿少，出于独断，不世之遇也。必靖共正直，必据依名节，以副朕度越拘挛，选择而使之意。可。"景定二年(1261年)，理宗特赐光世进士出身，又别赐宸翰奖谕云："忧爱出乎忠忱，词藻根于学力，与杨万里(字廷秀)《千虑策》相颉颃。"尧言播告，朝野歆艳，召拜司农少卿，兼史。垂上津要矣。

未几，光世归莆阳，即家作忠爱堂，学力斋，所题二扁亦理宗奎画也(按：考李治《敬斋古今黈》载："世以秘监为奎府，御书为奎画，谓奎宿主文章也。故宋有奎文阁、宝奎楼之称。")光世又倾赐金买山治墅，再作水村堂三间于城南水亭村之岋峙山，堂成，理宗又亲灑奎画，作《水村》二大字以赐，光世既北面稽首跽受，乃撰日揭扁，大会里人以落之，特授简于挚友克庄，俾识其事。邑人若往而不返者，光世言曰："吾苦学精思，世莫知我，上(理宗)不次拔擢至此，然不获吾用，吾负吾君，昔有上书愿击匈奴者，愿请缨系南粤者。吾老矣，惟有羹墙见尧，富寿祝尧，耕鑿歌尧而已。"克庄闻其言而壮之。

光世以水村堂落成大宴宾客，诗酒以娱，克庄借助酒兴，撰《席间次水村主人韻》诗云："游人似蚁磨边旋，惊怪壶中有别天。铁画谁如奎画妙，锦湖赛过鉴湖贤。悬知星照岩光濑，不管江通鲁望田。昭代未应无狗监，诵公新作冕旒前。"克庄解印家居，过着退隐悠闲的生活，且喜以书、词、诗、酒自娱长啸，放达自适，多与光世、希逸(字肃翁)往来唱酬。如其撰《锦湖新亭告成宸翰大书水村二字以落之二诗辄附贺客之后》诗云："暂辞玉笋春犹浓，朝野皆知不世逢。贺老曾求湖一曲，希夷亦乞华三峰。风衔奎墨飞华扁，虎拜觚稜折御封。帝以此翁深《易》学，除官壹似郑司农。"其二诗云："自说秋豪尽帝恩，煌煌曦画照乾坤。偶留佳客常投辖，怕碍游人不设门。枕麴先生传醉种，咏梅处士有诗孙。何须更羡东西陕，君管南村我北村。”

克庄少有大志，忧国忧民，而今退隐家居，心境虽非孤寂，但其浮沉官场，几起几落，完全受到朝廷权臣摆布，回首平生也实如傀儡登场，南柯一梦。故今日友人宴饮，席间诗酒次韻，不免狂放超脱，流露出自己内心的苦涩郁懑！读者可从笔者累引克庄所作《二和》《三和》《四和》《五和》共八首诗中，窥其难以忘怀世事，看透仕途之情，实却难消仕进之心。

《二和》诗云：“主人卜画众懽浓，今孟尝君岂易逢。涨水已堪航别港，宿云何必帽前峰。三千客各闻风至，一曲湖胜裂地封。小试此翁开济手，不妨行乐不妨农。”“四傍山色青环郭，八面波光练抹坤。天造居然成别墅，帝招未肯入修门。爱莲岂欲希周子，起蕝终难滞叔孙。介甫争墩人已笑，老夫安敢又争村。”

《三和》诗云：“野色湖光淡复浓，阿香神爻巧相逢。金篦莫辨烟中树，蜡屐难登海上峰。帝眷驿驰丹诏问，客归亭有白云封。边无牧马村无犬，击壤何妨作老农。”“击磬何须入于海，括囊未免取诸坤。寻盟今已白鸥社，待诏昔曾金马门。鱼戏罕逢同队子，鸡窠会见二毛孙。两翁未易分优劣，一乐山村一水村。”

《四和》诗云：“鲸吸仙人饮兴浓，尤嫌恶客懒相逢。逆风弱水三万里，梦雨高唐十二峰。诗派相邀容入社，酒泉虽远愿移封。葑田毕竟胜高仰，犹可躬耕佐大农。”“临渊细味心亨坎，卜筑先占地势坤。说《易》何妨遇于野，谈玄亦入妙之门。赐金莫惜娱宾客，堆笏犹堪遗子孙。不比酸寒杜陵老，破茅草屋傍江村。”

《五和》诗云：“雾扫山如泼黛浓，一开口笑古难逢。斩新种柳辋川水，火急移莲玉井峰。甚爱名花当辇致，远求佳果莫函封。人生惟有田园乐，未可轻将仕易农。”“江湖浩渺常存阙，云汉昭回妙阐坤。妓或携来安石墅，客谁畔去翟公门？戴花老岂非同姓，拾穗翁犹有远孙。杀马毁车吾耄矣，尚堪扶杖过邻村。”

光世所筑水村堂之西，其三世松槚参天，傍有祭田，皆删定公霆经画。其下众水汇而为湖，环而居者数百家。湖溉田数千亩，为斗门，水旱听民启闭。光世以昭回之光下烛是堂，非衣冠不敢登。稍东为镜湖亭，可坐数十人，四壁空洞，不设户牖，樵儿牧子桑女艳妇来往游息，光世野服杖藜与之同乐。亭东西北诸峰迴环如画，壶山朝揖其前，风月佳时，水光山色不减杭、越。光世尝对克庄言其幼时闻守冢者夸人云:“我林莱、林邵子孙。”时犹未晓其语,后入馆阁阅永嘉四溪林氏家谱,言林群晋太元中为郡大中正,世居屿峙山,林莱、林邵其后也,乃知自晋已有此山。克庄为光世所书“水村游钓”碣,光世亲手立于水村堂之侧。后亭废碣亡。[按:到了清康熙间(1662—1722 年),其裔孙公蕴始得之于下林人家。改竖于四忠义祠。惜乎后村手书墨迹今已亡有,唯此碣独存,碣右款为邻舍翁刘克庄书,左款为前郡守竹溪林希逸立。希逸者,字肃翁,淳祐八年(1248 年)知兴化军也。咸丰、同治间(1851—1874 年),祠亦废,碣始断为二,失其下半,今存橄榄巷刘祠内。(见陈衍《福建通志》金石志·石十一)]

克庄尝为光世家族撰《林氏一门忠义祠堂》:“是生监丞光世,由布衣以《易》学被遇明主,列史属,擢朝绅,奏事殿上,玉音叹奖。君不以身之遭逢为喜,而以先世之未褒崇为大欠阙。其子太学生必卿亦诣阙自言。先是,宝庆中(1226 年),礼部以诏书下本郡立祠给田,郡不即与。至是申前诏,闽帅□公严之、郡守宋公遇各助金而成祠,享以废刹田斛。祠在朱紫坊旧宅,百年乔木存焉。主客(冲之)之后中微,析以售人,帅命以帑金代偿,光世曰:‘重费公家,可乎?’以私钱千二百余缗以赎,又尽赎傍地。……昔韩退之谓甄济固当书,逢能标白其先人,亦当牵联得书,余谓主客父子(冲之与郁)一死于虏,一死于贼,大蓬兄弟(震、霆)皆死于权臣,无愧于济矣,君(光世)昭揭先美以诏来裔,无愧于逢矣,于法皆当书。”(见《后村先生大全集》卷之九十一)

克庄云:“若君己未之召,国家危急,虽三板之城而不敢失高共之礼。壬戌之去,癸亥、甲子之处山林深密,虽一饭之顷而未尝忘杜陵之心,岂非家学世德;有本者如是欤!”《宋集传播考论》中记述《宋人撰述流传高丽,朝鲜两朝考略》载:“《水村易镜》一卷,《涧松文库汉籍目录》著录有清《通志堂经解》本。藏书阁亦存此书。四库馆臣以之入存目。”据此可知,光世之作已流传海外,影响颇大。

值得一提的是,刘克庄与林氏一门深交不止于此,刘氏之姻亲,如克庄的娘舅林及之(克庄母太淑人为其从姊)、表兄林友仁(其先母为克庄姑),他们孝谨自持的为人对克庄的成长有所影响。而在学术上对克庄的影响多表现在文学上,这从林彬之、林深之、林秀发、林光朝、林德遇的学问所长也可以看出对克庄的影响,更从克庄《挽林韶州》可知。克庄好友林兴宗(字景复)以父荫补官,调泉州节度推官。李全叛,兴宗流落海州胶西、青社十余年,采梠拾橡以充饥,或卖卜教小童自给,家人不知其存亡,母妻忧以死。淳祐中(1246—1247 年)赵葵在淮阃,遣间物色,得之,葵验其县印,告身如故,奏旌擢以励臣节。兴宗豪爽磊落,嗜义轻财,例应转秩受赏,皆耻自言,喜为诗,万死一生中,兵火不废篇什、自号全璧,著有《全璧集》存世,其对克庄影响颇大。林氏子弟几乎都"素有能赋声",故中书舍人林希逸云:"中兴百年,言词赋者,以莆为首。"

景定三年(1262 年),克庄权工部尚书兼侍讲,屡为理宗器重。可是克庄却无心为官,多次乞辞,连写辞职报告,如其《庚申乞休致申省状》《庚申辞免除秘书监》、《辞免除起居郎奏状·庚申》《辞免兼权中舍奏状》《辞免权兵侍兼直院兼中书奏状·庚申十一月》《辞免兼史馆同修撰奏状·庚申十二月》。可见克庄无意为官,才多次请求辞职,其态度之坚决,绝非几句客套话可比,只是理宗强留不放,无法致仕。这对许多后人垢污克庄谄媚似道以升官的妄言,岂不是不攻自破吗?理宗慰其:"爱君忧国,至老不衰。"然克庄再以年老坚乞纳禄。八月,除焕章阁学士,守本官致仕,进封莆田县开国子。克庄晚岁居作者家乡"状元故里"延寿村西刘"樗庵",尝自撰楹联云:"欲竭吏能,恐圣门之鸣鼓;每嗟民力,至叔世而张弓。"(见《齐东野语》)。

度宗咸淳元年(1265 年),克庄年七十九,其《目眚》云:"一秋窗下少书声,目眚缠绵久未平。"郊恩进封克庄莆田县开国伯。咸淳四年(1268 年),克庄年八十二,度宗御笔亲批:"刘克庄谢事先朝,年事俱高,特除龙图阁学士,仍旧致仕。"咸淳五年正月二十九日,克庄卒于延寿村居第,年八十三。遗奏上,赠银青光禄大夫,谥文定。秘书少监、福清县开国男林希逸撰《后村先生刘公行状》,刑部尚书洪天锡撰《后村先生墓志铭》,朝廷赐葬墓筑在笔者家乡延寿村马坑山西刘,今存墓碣刻"宋工部尚书赠少师谥文定后村刘公墓",上款"万历戊子冬",下款"裔孙元桂重修"。

克庄一生,历孝宗、光宗、宁宗、理宗、度宗五朝,可谓贯穿南宋后半期。潜夫性耿直,才华横溢,居官清正,忧国忧民,早有文名,晚岁益著,既是南宋一代的爱国名臣,又是学贯古今的一代文宗。尝两度起草诏书,凡大诏必曰:"非克庄不可。"其学问充积,长于吏事,而为文名所胜,尤擅诗词。著有《后村先生大全集》一百九十六卷行于世,特开列如下,以飨读者:卷一至卷四十八诗;卷四十九赋;卷五十油幕笺奏;卷五十一至卷五十二奏议;卷五十三至卷五十九内制;卷六十至卷七十五外制;卷七十六至卷七十八奏申状;卷七十九广盐江臬二司申奏状;卷八十至卷八十一掖垣缴驳;卷八十二至卷八十三玉牒初草;卷八十四至卷八十五商书讲义、论语讲义、周礼讲义;卷八

十六至卷八十七进故事；卷八十八至卷九十三记；卷九十四至卷九十八序；卷九十九至卷一百十一题跋；卷一百十二字说(杂记附)；卷一百十三至卷一百十五表牋；卷一百十六至卷一百二十四启；卷一百二十五至卷一百二十六杂启；卷一百二十七上梁文乐语(四友除授制附)；卷一百二十八至卷一百三十四书；卷一百三十五祝文；卷一百三十六至卷一百四十祭文；卷一百四十一至卷一百四十七神道碑；卷一百四十八至卷一百六十五墓志铭；卷一百六十六至卷一百七十行状；卷一百七十一疏；卷一百七十二青辞；卷一百七十三至卷一百八十六诗话；卷一百八十七至卷一百九十一长短句；卷一百九十二至卷一百九十三书判；卷一百九十四行述；卷一百九十五墓志铭；卷一百九十六谥议。

刘克庄一生著述甚丰，他是南宋杰出的诗人、词人、学者、文学家。其诗初学“四灵”，后又学晚唐姚合、贾岛、许浑、王建等，与江湖诗人戴复古、敖陶孙交往，眼界渐宽。转而推崇陆游、辛弃疾，其后又转而学习杨万里诗风，诗作质朴清新，词作更胜其诗，豪放雄浑。理宗语其“赋典丽而诗清新，记腴赡而序简古，片言只字，据经按史，谓非有裨于缉熙顾问可乎！”(见林希逸《后村行状》)。同代词人吴泳称赞克庄之词是：“力能笔走风雷，人道是闽乡老方回。把崇天普地，层胸荡出；横今竖古，信手拈来，使翰墨场，著伏波老，上马犹堪矍铄哉……”真德秀赞刘克庄：“当今词人，惟赵某、刘某(即指克庄)。”《宋诗精华录》评其：“后村诗名颇大，专攻近律，写景言情论事无一习见语，绝句尤不落俗套。”明彭韶《祠堂记》曰：“维莆至宋，文献特盛，蔡忠惠、林文节、陈正献三五公为冠冕，最后先生起而继之，文章流布，事业兼备，论者谓三五公而下，一人而已。贾似道当国，贪收德望，以慰人心，公为之出，盖贾蹈蔡氏用龟山之故智云。”《八闽通志》评其“通古今、熟典故，最为真(德秀)洪(天锡)诸君子所知”。杨慎称克庄“壮语足以立懦”。毛晋夸其“雄力足以排奡”。清《四库全书总目》云：“文体雅洁，较胜其诗。”冯煦在《宋六十一家词选例言》中云：“后村与放翁、稼轩犹鼎三足，其生于南渡，拳拳君国，似放翁；志在有为，不欲以词人自域似稼轩。”郑王臣《莆风清籁集》评：“其诗词清而腴，旨近而远，山谷之奇峭，石湖之温润，剑南之俊逸，诚斋之雄健，兼而有之，洋洋乎盈耳哉！”陈廷焯亦称：“沈痛激烈，几欲敲碎唾壶。”刘熙载云：“后村词，旨正而语有致。”在辛派词人中，刘克庄、刘过、刘辰翁并称“三刘”，而以刘克庄成就最高。近人俞陛云评曰：“笔锋犀利，若并刀剪水；节音高亢，若霜夜鸣笳，临风高咏，千载下如闻叹息声也。”周颐则谓“刘潜夫语真质可喜”。故“论者谓江西苦于丽而冗，莆阳（克庄）得其法而能瘦、能淡、能不拘对，又能变化而活动，盖虽会众作，而自为一宗者也”。

“素坚冰孽心，洁立保贤贞”。考《宋史》为什么不予刘克庄立传，可能认为刘克庄与贾似道的关系而“晚节有污”，故不立传。对于刘克庄的评价也有不同的声音，清代学者王士祯最早以“右谀词谄语，连章累牍，岂真以似道为伊周武乡之比哉，抑蹈（扬）雄、（蔡）邕之覆辙而不自觉耶？”其以此语攻击克庄，妄下定论，后人多附其言，垢污克庄晚节不保，这是否构成了克庄晚年洗不清之污点？近代专家学者王明见对《刘克庄贺贾之作新论》颇有见地，他考察“谄语”所产生的历史背景，认为当时如此赞美贾似道并非刘克庄一人，满朝文武大臣甚至皇上（度宗）都有相同的论语。《宋史》贾似道本传云：“理宗崩，度宗又其所立，每朝必答拜，称之曰‘师臣’，而不名，朝臣皆称之‘周公’。”《贾似道传》载：“命入朝不拜。朝退，帝必起避席，目送之出殿堂始坐，继又令十日一入朝。”总之，盛赞，强留，遇礼是满朝君臣谄媚贾似道的“三部曲”，因其时似道误国之奸情尚未败露，他又长期耍弄阴谋家“高明”手腕来欺骗天下，以致赢得了权倾天下，个人威望达到登峰造极的地步。

林希逸《后村先生刘公行状》云：“公早受知忠肃贾公（涉），辨章（似道）尤相亲敬。”原来是为父亲的世交，贾似道才敬重刘克庄。“辨章师相尤奇公之文，每得公所作，必令吏录之。”今人程章灿考证：“似道荐其复出亦不无爱重文才用其所长之意。”确与事实相符。程章灿又云：“似道势位日隆，权倾朝野，克庄则已致仕里居。”这是一个准确的推论。咸淳六年（1270 年），似道入朝不拜，而克庄却在咸淳五年（1269 年）已逝世，况且克庄致仕里居是在景定五年（1264 年）开始，距咸淳五年，中间已达六年之久，身处莆阳穷乡僻壤，这位年迈目眚的老尚书，对贾似道的专权误国，根本无法了解，也没有与他交往，当然谈不上谄媚之作。

王士祯只是死抠刘、贾的表面现象而不放，而无视刘克庄对待其他权奸的一贯态度，历史上权奸佞倖被刘克庄一概骂倒的不计其数，就宋代而言，如蔡确、章惇、秦桧、丁大全……比比皆是。可惜王士祯之后许多学者却拾人牙慧，说什么“刘克庄为升官而喜欢巴结权奸，那为什么又与史相作如此反复尖锐的较量，以致断送自己的前程呢？”今人研究刘克庄之专家王明见博士在《刘克庄与中国诗学》一书中云：“我们对古人的批评，应该遵循‘知人论世’的原则，结论应下在充分地占有详尽考索资料的基础上，正因为如此，对刘克庄词中谄语的批评，就应该实事求是，不能人云亦云，以讹传讹，厚诬古人而添一重冤案。”向以鲜《超越江湖的诗人——后村研究》、复旦大学博士生王述尧《历史的天空——略论贾似道及其与刘克庄的关系》、孙克宽《刘后村的家世与交游》及《晚宋政争中之刘后村》，是研究刘克庄的四篇重要文章。尤其是从晚宋政治斗争的角度看待刘克庄其人其事，重点考察了刘后村与史嵩之、郑清之、贾似道的关系，运用史料澄清了后村生平中的一些疑点问题，给予克庄公正的评价，很有参考价值。有人说贾似道荐克庄出山，实为理宗出之主意。学者陈祥耀认为：“刘克庄年高七十四而四入朝，的确是理宗本人极其器重的结果，决非贾似道举荐的，不是刘克庄需要去巴结贾似道，倒是贾似道需要笼络理宗如此器重的老臣刘克庄。”其结论是：“仅凭一般交往和几篇失误文字。就说他和贾结交，晚节有污点，实在是表浅之论，冤枉了作古数百年的爱国学者刘克庄。”其对克庄恭执父执之礼，目的是为自己撑腰撑台计也，克庄之致贺诸启、颂扬之语，体例则然也。纵观刘克庄一生的人品、德操、节义，对理宗嘉其“爱君忧国，至老不衰”，才是最公正的评价。

刘克庄一生，仕途坎坷，屡遭打击，然犹不改初衷，心忧国事，悲天悯人，敢于直面现实，敢于鞭笞邪恶，有老杜情怀，“忧时原是诗人职，莫怪吟中感慨多”。其生平事迹可见《后村先生大全集》，《宋元学案》卷四十七，《宋史翼》卷二十九，郑岳《莆阳文献》列传二十七，《闽书》卷之一百七，《嘉靖建阳县志》卷二、卷六，《隆庆仪真县志》，《正德袁州府志》，《万历粤大记》，姚旅《露书》卷之七，《莆风清籁集》卷六，《书史会要》，《莆田西刘刘氏族谱》，《民国福建省志》，《莆田市志》卷四十四，《刘克庄词新释辑评》，《福建历代作家评传》，《南禅室集》，《中国文学大辞典》，《刘克庄年谱》，王明见《刘克庄与中国诗学》，王毅德《宋人传记资料索引》第五册。

参考文献

[1]刘克庄：《刘克庄集笺校》，北京：中华书局，2011 年。

[2]林希逸撰：《竹溪鬳斋十一稿续集》，四库别集。

[3]王应山撰：《闽大记》，北京：中国社会科学出版社，2005 年。

[4]黄仲昭纂：《八闽通志》，福州：福建人民出版社，1990 年。

[5]周瑛、黄仲昭：《弘治兴化府志》，福州：福建人民出版社，2007 年。

[6]何乔远编撰：《闽书》，福州：福建人民出版社，1994 年。

[7]郑岳编：《莆阳文献》，福建省图书馆存。

[8]姚旅：《露书》，福州：福建人民出版社，2008 年。

[9]黄宗羲撰:《宋元学案》,北京:中华书局,1960年。

[10]陆心源辑撰:《宋史翼》,北京:中华书局,1967年。

[11]马继科、朱凌纂:《嘉靖建阳县志》,复印本,1980年。

[12]李文、陈国光等纂,申嘉瑞修:《隆庆仪真县志》,上海:上海古籍出版社,1963年。

[13]严嵩、徐琏编:《正德袁州府志》,上海:上海古籍出版社,1990年。

[14]郭棐纂:《万历粤大记》,北京:书目文献出版社,1963年。

[15]厉鹗辑撰:《宋诗纪事》,上海:上海古籍出版社,2008年。

[16]李清馥撰:《闽中理学渊源考》,南京:凤凰出版社,2011年。

[17]郑方坤编辑:《八闽诗话》,福州:福建人民出版社,2006年。

[18]林麟焻纂:康熙《兴化府莆田县志》,莆田市图书馆存。

[19]廖必琦纂:乾隆《兴化府莆田县志》,莆田市图书馆存。

[20]郑王臣撰:《莆风清籁集》,北京:中国文史出版社,2012年。

[21]张琴纂:民国《莆田县志》,莆田市图书馆存。

[22]沈瑜庆、陈衍纂:民国《福建通志》,北京:方志出版社,2016年。

[23]宋湖民:《南禅室集》,莆田:莆田市政协文史办公室编印,1999年。

[24]朱维幹:《莆田县简志》,北京:方志出版社,2005年。

[25]郭绍虞:《宋诗话考·后村诗话》,北京:中华书局,1979年。

[26]冯煦:《唐宋名家词选》,上海:上海古籍出版社,1980年。

[27]钱仲联、傅璇琮、王运熙等主编:《中国文学大辞典》,上海:上海辞书出版社,2000年。

[28]王德毅撰:《宋人传记资料索引》。

[29]张撝之、沈起炜、刘德重主编:《中国历代人名大辞典》,郑州:中州古籍出版社,1999年。

[30]郑天挺、吴泽、杨志玖主编:《中国历史大辞典》,上海:上海辞书出版社,2007年。

[31]《莆田西刘刘氏族谱》,莆田市图书馆存。

[32]张荃编:《刘后村先生年谱》,《之江学报》第一卷第三期,华东师范大学存。

[33]李国庭编:《刘克庄年谱简编》,福建省图书馆存。

[34]程章灿编著:《刘克庄年谱》,贵阳:贵州人民出版社,1993年。

[35]福建炎黄文化研究会主编:《莆仙文化研究》,福州:海峡文艺出版社,2003年。

[36]郑宝谦主编:《福建省旧方志综录》,福州:福建人民出版社,2010年。

[37]长城金紫林氏族谱编修委员会编:《晋安林莆田长城金紫族谱》,2006年。

[38]九牧林氏联谊委员会编:《唐九牧林氏长房族谱》,2012年。

[39]莆田林氏委员会编:《莆田林氏谱牒》,2015年。

[40]莆田市地方志编纂委员会编:《莆田市志》,北京:方志出版社,2001年。

[41]莆田县地方志编纂委员会编:《莆田县志》,北京:中华书局,1994年。

[42]王明见:《刘克庄与中国诗学》,成都:巴蜀书社,2004年。

[43]向以鲜:《超越江湖的诗人——后村研究》,成都:巴蜀书社,1995 年。

[44]王述尧:《历史的天空——略论贾似道及其与刘克庄的关系》,《兰州学刊》2004 年第 3 期。

[45]王述尧:《刘克庄研究综述》,《古典文学知识》2004 年第 4 期。

[46]孙克宽;《刘后村的家世与交游——刘后村与晚宋政治之一》,《大陆杂志》1961 年第 12 期。

[47]孙克宽:《晚宋政争中的之刘后村——刘后村与晚宋政治之二》,《大陆杂志》1961 年第 7、8 期。

[48]孙克宽:《晚宋诗人刘克庄补传初稿》,《东海学报》1961 年第 1 期。

[49]孙克宽:《刘后村诗学评述》,《东海学报》1965 年第 1 期。

[50]张宏生:《“江湖诗祸”的产生及其影响》,《文史知识》1990 年第 12 期。

[51]邓红梅、侯方元:《南宋词研究史稿》,济南:齐鲁书社,2007 年。

[52]王宇:《刘克庄与南宋学术》,北京:中华书局,2007 年。

[53]欧阳代发、王兆鹏编著:《刘克庄词新释辑评》,北京:中国书店,2001 年。

[54]侯体健:《刘克庄的文学世界——晚宋文学生态的一种考察》,上海:复旦大学出版社,2013 年。

诗词巨匠 一代名贤

——南宋爱国诗词家刘克庄刍议

◇ 林洪国 林爱菁

刘克庄，号后村，南宋时期爱国诗词家，学识渊博，一生著述颇丰，文名、史学久著，有口皆碑，在中国文学史上占有重要地位。其传世遗著《后村先生大全集》196卷(含诗五千余首，词二百余阕，诗话四卷、散文多篇)，成为中国文学宝库中的一份珍贵文化遗产。特别是大量悲壮激昂的爱国诗词，深为后人所传颂。他刻苦治学的态度和爱国主义思想，堪称一代楷模，对莆田“文献名邦”的形成，贡献卓著。

本文采用文献资料法，比较分析法，就刘克庄的家世生平、诗词风格、文学成就、历史地位进行综述、剖析，期望以此缅怀他的功绩，进一步激发人们的爱国爱乡热情，奋发有为，砥砺奋进，为建设新时代中国特色社会主义，构建美丽莆田，做出积极的贡献。

南宋后期，在统治集团日趋腐朽，战火绵延，民族危难的时候，出现了许多忧国忧民的文坛巨星，其中有一位深受后人敬仰、诗吟词赋光彩照人的爱国诗词家，他就是莆田的刘克庄。

刘克庄，字潜夫，号后村，生于宋孝宗淳熙十四年(1187年)，卒于度宗咸淳五年(1269年)，享年八十三岁。他的故居在莆田城北教场坡附近(今九五医院内)，曾存清光绪年间重建的“刘克庄故里”坊门一座，因沧桑变故，已荡然无存。其墓葬在今莆田市北郊的延寿、畅林村交界的“马坑山”，墓碣尚存。

刘克庄学识渊博，一生著述颇丰。特别是大量的悲壮激昂的爱国诗词，一向为人们所赞颂。其传世遗著《后村先生大全集》196卷(包括诗五千余首，词二百余阕，诗话四卷，散文多篇)，凝注了他的一生心血，成为中国文学宝库的一份珍贵的文化遗产。现就刘克庄的家世生平、诗词风格、文学地位

和历史影响进行综述。

一、家世生平

据考，刘克庄出身于文章世家。其祖父刘夙，字宾之，曾从学著名理学家林光朝（光朝字谦之，号艾轩，时称“南夫子”，著作《艾轩集》被收入《四库全书》），登绍兴三十一年进士，官著作郎，著有《春秋讲义》一卷，《史记正误》二卷，《刘著作奏议》一卷等。克庄父弥正，为夙之长子。他“幼率诸弟攻苦辑故业，贫不能具膏火，旁妪夜绩，光射公牖，辄书就之”。（见《退斋遗稿》）刻苦治学精神，可见一斑。他于淳熙八年（1181年），登进士第。一生正直，官终吏部侍郎，而家境依旧清贫。他在任上，曾有许多利国利民的建议，均被当时的权相韩侂胄所搁置。著有《刘侍郎奏议》五卷和《退斋遗稿》等。

刘克庄就是在这样的家庭环境中逐渐成长起来的。由于家教的熏陶，他自幼聪敏过人，能日诵万言，过目不忘，出语惊人。他自宁宗开禧二年（1206年），“弱冠以词赋魁胄监，入上痒”（见《后村先生墓志铭》）后，又于嘉定己巳年（1209年），以门功补将仕郎，官安靖主簿、真州录事。当时，正是南宋王朝与金国两度签订和约，遭受屈辱，而蒙古贵族正崛起于漠北，野心勃勃，企图攻金谋宋的年代。但南宋朝廷的统治者却昏庸透顶，士大夫多沉醉于西湖歌舞，偏安一隅。刘克庄虽初入仕途，但早怀忧患，满腔忠愤，与方信孺（孚若）、王迈（实之）等爱国志士结为至交，思图报国。可是，空有一腔热血，终皆抑郁不得志。

宁宗嘉定十七年（1224年），刘克庄改官宣教郎、建阳县令。任职三年期间，廉洁恤民，首崇风教，政绩昭著。在“圄空讼少，吾民不识水旱”的治下，补赈籴仓五千斛，救民饥馑。离任时，彩旗蔽路，送者达数十里。

刘克庄对官中陋习，深恶痛绝；对人民疾苦以及边防的生产非常关注。嘉熙四年（1240年），已经五十四岁的他，在任广东提举时，转漕运兼市舶使，“严篚苞，节漕计，市进千头助边屯，捐例卷置田二百亩”。关心民瘼，清理积压狱案，为百姓办了不少的实事、好事。为此，“南人曾勒石以记”。任江东提刑时，狱案千纸，一阅尽得其情，时称才吏。重臣郑清之赞“潜夫真才吏，为文名所胜，故人不尽知之”。

刘克庄为官忠耿正直，不畏权贵，敢于直抒胸怀。任太府少卿时，首劾史嵩之的误国罪行，疏言“嵩之以借助灭残金为战，以厚币奉倂螽为和，以清野蹙国为守，实未尝战，实未尝和，实不能守。而自负和战守之，迭执和战守之权”。无情地鞭挞了权奸的祸国行为。他于入对皇帝时言“禁中排当太密，湖山舟艭太盛”和“国以危惧存，以佚乐亡，愿陛下毋忘胡马饮江，大臣毋忘入峡时，毋忘汉阳舟中与白鹿矶对”等，痛切时弊，爱国忠忱，溢于言表。理宗亦深受感动，赞其“爱君忧国，至老不衰”。晚年在中书省，词命慎委，寒暑无间，常夜值坐至四鼓。八十日内，草七十制，学士大夫争相传诵，以为前无古人。

刘克庄从二十三岁起入仕，宦途坎坷，屡遭波折，五起五落。这不仅磨炼了他的思想和意志，而且也开拓了他诗词创作的广阔天地。正如他在《贺新郎》词中所感慨描述的，“放逐身蓝缕，被门前群鸥戏狎，见推盟主。若比士师三黜，老子多他两度……”据记载：他第一次遭贬是嘉定十二年（1219年）初。他时在李钰幕下，因建议“抽减极边戍兵，使屯次边，以壮根本”而开罪李钰，最后归主南岳祠。第二次被罢黜是理宗绍定元年（1228 年）知建阳时，他因《梅花诗》中有“东皇谬掌花权柄，却忌孤高不主张”句，以及“不是朱三能跋扈，却缘郑五欠经纶”之词，为方知孝等诬陷，触忤权相史弥远，以“讪谤当国”获罪。幸赖郑清之竭力保奏，才免逮治。这是继北宋蔡确、苏轼之后的南宋一大诗案之祸。“梦得因桃数左迁，长源为柳忤当权。幸然不识桃并柳，却被梅花累十年”（《病后访梅》）。直到史弥远死去，诗禁方解。理宗端平二年（1235 年），刘克庄任枢密院编修官兼侍右郎官时，又被吴昌裔疏劾而第三次罢归。嘉熙元年（1237 年）春，年五十一岁的刘克庄在知袁州时到郡视事才数月，蒋岘以莫须有的罪名对他弹劾，使其与方大琮、王迈一起被罢官。这是他宦海中的第四次遭黜。刘克庄第五次罢官的时间是淳祐元年（1241 年）。当时，他提举广东，被御史金渊以“清望自拟，恃才自炫”因罢其诏命而归主崇禧观。

刘克庄早岁受业于名儒真德秀，并以“学贯古今，文追骚雅”而为真所赏识和荐举。他文名、史学久著，颇有政绩。淳祐六年（1246 年）八月，朝廷特赐其同进士出身，除秘书少监，兼国史编修官。十月，又兼中书舍人。咸淳元年，进封莆田县开国伯，加三百户食禄。四年，以八十二岁高龄，除龙图阁学士，依旧致仕。次年正月二十九日，不幸病故。他死后十年，即公元 1276 年春天，南宋的国都临安（今杭州）沦于元人之手，赵宋王朝在屈辱投降中结束了自己的统治。

刘克庄一生，政治上的一再挫折，生活上的长期实践磨炼，成了他诗词创作的基石。

二、诗风词韵

刘克庄才华横溢，是一位创作力非常旺盛的多产作家。他辛勤笔耕，诗、词、散文作品都非常丰富。

他的诗"溶合晚唐姚合、贾岛、许浑等家为一体，亦有专学李贺而精妙的"(见中科院文学研究所编著的《中国文学史·2》)。魏庆之评后村古乐府《齐人少翁招魂歌》等篇在李长吉集中亦不多见。足见他对唐代名家诗是从多方面学习的。他的诗作，也继承了南宋前期的爱国诗人陆游的风格，反映现实，雄伟豪放，具有较高的艺术性。在大量的诗篇中，同时有着一个鲜明的特色，这就是爱国爱民。他对祖国命运的关切，对民族前途的忧虑，对南宋君臣偷安昏愦的讽喻，对国土沦丧的慨愤，对乱世人民身受征敛之苦的申诉，无不跃然纸上，数量亦多。如：《北来人》"试说京都事，添人百发多。寝园残石马，废殿泣铜驼。……凄凉旧京女，妆髻尚宣和"。把金占领区破败冷落的景况和南宋统治者文恬武嬉、民生凋敝的社会现实和对统治集团苟安淫乐的愤慨表现得淋漓尽致。爱国感情贯穿其中。又如七律《瓜州城》中的"……书生空抱闻鸡志，故老能言饮马年。惭愧戍兵身手健，箔楼各占一间眠"，则引用了晋祖逖的典故和"胡马窥江"的史实，抒写国仇未报，壮志难伸的愤慨。

"诗人安得有春衫？今岁和戎百万缣。从此西湖休杆柳，剩栽桑树养吴蚕。"《戊辰即事》则无情地控诉了南宋统治者纳币议和给百姓带来的困苦。全诗声调哀怨凄切，读来令人心悲。他非常痛恨那些把自己的享乐建筑在人民痛苦上的达官显贵。《筑城行》中的"天寒日短工役急，白棒呵责如风雨"，《开濠行》的"前人筑城官已高，后人下车来开濠……役夫大半化为鬼，传闻又起旁县夫"和《运粮行》《苦寒行》《国殇行》《军中乐》等组成的诗群，都"显事立意，萃章显志"，进行了大胆的揭露。真实地反映了南宋后期政治黑暗，战祸频繁，民不聊生的时代面貌。是一束思想内容和艺术表现都明显受唐代新乐府影响，为人民呼喊的优秀诗篇。

刘克庄除了大量的充满爱国主义感情的诗篇以外，还有很多脍炙人口，别具风采的作品。这些诗作，或抒发生活中的感情；或描写身边的景物。有的清新俊雅，有的自然圆活。如：《久客》的"久客长安市，人情簿似云"，《久旱即事》的"阳鸟下饮百川空……岂是长官浑忘却，水车声不到城中"，都是"信手拈来，毫不费力似的"。都具有很强的感染力和社会意义。叶梦得称其诗"可建大将旗鼓"。游果山评其《杂咏》二百首，一首虽只二十个字，"皆史断也"。对刘克庄的评价极高。

南宋是民族矛盾特别尖锐的时代，但孕育了岳飞、辛弃疾、陆游等一大批爱国词人。刘克庄继承了辛弃疾的词学革新精神，创作思想脉络和风格与辛弃疾的词学一脉相传。同时，他又发展了词的散文化、议论化特点，其题材广泛，反映面广阔，具有一定的思想容量和艺术表现力，在词学上可谓独具匠心。真德秀赞，"当今词人，惟赵某刘某"（见林希逸《后村先生刘公行状》）。这个"刘某"即刘克庄。清冯梦华在《宋六十一家词选例言》中评"后村词与放翁、稼轩犹鼎三足"，实不为过。

民族立场和政治态度，对刘克庄的生活和创作具有决定性的影响。他在自己艰难的处境中，仍十分关心国运的安危，志在有为。他在《贺新郎·跋唐伯玉奏议》下阕中写道："新来边报犹飞羽，问诸公可无长策，少宽明主？攀槛朱云头雪白，流落如今底处？但一片丹心如故。赖有越台堪眺望，那中原莫已平安否？风色恶，海天暮。"好一个"一片丹心如故"。尽管他的前程一直充满坎坷，生活道路充满艰辛，但他对祖国，对民族的前途总是非常关注，至老不渝。

他认为要恢复中原，必须发动民众，组织义军。在《送陈真州子华》词中，他激情地呼唤"北望神州路，试平章这场公事，怎生分付？记得太行山百万，曾入宗爷驾驭。今把作握蛇骑虎，君去京华豪杰喜。想投戈下拜真吾父。谈笑里，定齐鲁。两河萧瑟唯狐兔，问当年祖生去后，有人来否？多少新亭挥泪客，谁梦中原块土？算事业须由人做……"这是代表他报国雄心的一首词，也是他对当时残破危亡的国家唱出的慷慨心声。读后令人壮怀激越，热血沸腾。

他重视义军，满怀必胜信心。在《实之三和有忧边之语，走笔答之》一词中，又写道："国脉微如缕，问长缨何时入手，缚将戎主？未必人间无好汉，谁与宽些尺度，试看取当年韩五，岂有谷城付援，也不曾遇骊山母。谈笑起，两河路。闻道北风吹面急，边上冲梯屡舞，君莫道投鞭虚语。自古一贤能制敌，有金汤便可无张许，快投笔，莫题柱。"使人感到的都是热烈跳动的爱国

激情和壮志未酬的愤语。又如《沁园春·梦孚若》的"天下英雄，使君与操，余子谁堪共酒怀？车千辆，载燕南赵北、剑客奇才，饮酣画鼓如雷，谁信被晨鸡轻唤回。叹年光过尽，功名未立；书生老去，机会方来，使李将军遇高皇帝，万户侯岂足道哉！披衣起，但凄凉感旧，慷慨生哀。"面对理宗既非中兴之主，诸臣更少如李纲之辈，安得不使词人"凄凉感旧，慷慨生哀"。词中生动而夸张的描述与想象，使刘克庄的豪放词风得到了鲜明的体现。

刘克庄的词作除了具有豪迈奔放、悲壮激越的特质外，也不乏婉约、清丽等风格的作品。如：《风入松·癸卯至石唐追和十五年前韵》把对故妻的思念写得情深意切，缠绵悱恻；《清平乐·五月十五夜玩月》给人以清新、隽永的感觉；《玉楼春·戏林推》中："年年跃马长安市，客舍似家家似寄。青钱换酒日无何，红烛呼卢宵不寐。易挑锦妇机中字，难得玉人心下事。男儿西北有神州，莫滴水西桥畔泪。"含蓄、幽默，堪称劝世佳作。多种艺术风格的渗透，构成了多姿多彩的意境，使刘克庄的每一词作都富有生活情趣和生活气息。

善于用典是刘克庄的又一特色。无论是经史或稗官小说、掌故，他都可以信手拈来，一任所为，自然成趣。这种修为是与词人的丰富学识分不开的。

刘克庄词作的艺术手法是多侧面、多形式的。无论内容上和艺术表现上，都丰富而多彩。总之，他的词可用"活""雅""俗""细"来加以概括。

与此同时，刘克庄还是个书法艺术家。明洪武年间的《书史会要》称："书迹亦佳。"其行楷娟秀雅逸，存世墨韵有题跋、崖刻、石碣、墓志铭等。如：《方孚若家藏　刘克庄观》的行楷题跋；仙游蜚山的"大飞书院"的摩崖诗刻；三清殿内的《水村游钓》石碣；为其夫人亲书的《有宋林孺人墓志铭》和《宋刘君审渊墓志铭》等，弥足珍贵，是研究刘克庄书法艺术的文物资料。

三、历史地位

刘克庄不仅是我国历史上一位著名的爱国诗词家，而且也可以说是南宋后期政坛上的一位贤臣。他一生热爱祖国，居心正直，意志坚强，忠于职守，居官廉洁，勤政爱民，泽惠百姓，业绩昭著，深为学者所景仰，后人所传颂。特别是他的爱国主义思想，不仅在当时有极大的影响力、感染力和推动力，而且，在八百多年以后的今天，乃对于激发人们的爱国爱乡热情，奋发图强，开拓进取，完成祖国的统一大业，建设有中国特色的社会主义宏伟目标也同样有着一定的积极影响。诚然，由于时代与阶级的局限，他思想也难免留下阶级烙印。但我们不能超越历史的时空，苛求于古人。他的思想品德，是值得人们永远缅怀和纪念的。

刘克庄一生与诗词相伴，文名、史学久著，学识、才华、造诣有口皆碑，在中国文学史上占有重要的地位。他的诗词作品，是光辉灿烂的中国历史文化中的一丛鲜艳的奇葩，是我们认识和研究南宋后期政治、文化历史的不容忽视的。特别是他对宋词的发展，有着不可磨灭的突出贡献。

“木兰溪畔，历历文星现。更有后村磨穿铁砚，千纸诗词灿烂”。刘克庄刻苦治学态度和勤奋创作精神，堪称一代楷模。受其影响的莆田人，勤学苦读，蔚成风气，代代传承，名人辈出。他为莆田“文献名邦”的形成，多有建树，贡献卓著。

壮哉，一代名贤！伟哉，刘克庄！

从长短句中窥探刘后村的忧国潜意识[①]

◇ 潘真进

刘克庄的爱国精神，在后村长短句中经常表现为忧国基调。本文从六个方面来多角度地分析刘后村词作的主要内容，稍带点及词作的艺术表现手法。根据他的词作题材分析，结合写作背景，梳理出后村长短句的六个点：一、忧国愁己的强烈意识；二、感时伤世的愤懑情绪；三、吟风咏物的情感寄托；四、怀才不遇的人生感慨；五、愤世嫉俗的高洁气节；六、沉郁苍凉的雄浑风格。每节重点评析一两首词作，以点带面地展示刘后村词作的思想内容之忧国情怀。

刘克庄(1187—1269)，初名灼，字潜夫，号后村。福建莆田人。在南宋后期，刘后村是创作数量最多的诗人之一，也是豪放派中最有成就的一位词人。在南宋词坛上，他被称为是与陆游、辛弃疾“三足鼎立”的爱国诗人，他和刘过、刘辰翁并称“三刘”。于是，他在南宋文学史上占有重要地位，是有重要影响的文学家。《后村先生大全集》卷一八七至一九一的长短句，共存258首，另有《全宋词存词目》6首。词集有毛晋汲古阁本《宋六十名家词》《后村别调》1卷、《后村居士诗余》、朱孝臧《彊村丛书》本《后村长短句》5卷等。上海古籍出版社2012年版等的钱仲联笺注的《后村词笺注》4卷共选300首。

刘后村的词作，有意识继承效法辛弃疾。他的词作中最有特色和成就的是那些忧国伤时、愤世嫉俗的词章。如在《贺新郎·九日》中，他流着“白

① 长短句是词的别名。刘后村即刘克庄。忧国潜意识是指刘后村的词作中所表现或潜在的思想感情。本文主要是从刘后村的词作里解读出他的忧国意识，不涉及他的诗作和其他文体。

发书生神州泪”，希望神州早日光复，禹甸重新一统；在《六州歌头·有客赠牡丹》中，“一直京华隔，问姚魏，竟何如？多应是。彩云散，劫灰余”，看到牡丹初开，就立刻想到洛阳故国；在《忆秦娥·梅谢了》中，“鸿早归，凭伊问讯大梁遗老”，梅花谢了，他又想到沦陷区的故人；在《摸鱼儿·怪新年倚楼看镜》中，“凝望久，怆故国，百年陵阙谁回首”，对镜凝眸，看到的不仅自己衰颜，更有不堪回首的故国；在《贺新郎·席上闻歌有感》中，他对当时词坛上征歌逐酒的绮靡词风公开表示不满，表示“粗识国风关雎乱，羞学流莺百啭，总不涉闺情春怨”。他的《玉楼春》，更是为人称道之作：

年年跃马长安市，客舍似家家似寄。青钱换酒日无何，红烛呼庐宵不寐。易挑锦妇机中字，难得玉人心下事。男儿西北有神州，莫滴水西桥畔泪。

词中的裘马轻狂既是词人早年生活的写照，更是今日梦醒时分的惕然自励。词人以“卒章显其志”的手法将爱国之情显露出来。

刘后村所写的长短句最突出的主题是忧国情怀。如抒发光复神州的豪情壮志和忧患意识，尤其是在一些酬唱送别之作中，能尽情显露这种爱国思想。如在《贺新郎·国脉微如缕》中，就是鼓励友人投笔从戎，挽救国难的慷慨之作。词的最后写道：“自古一贤能制难，有金汤，便可无张许？快投笔，莫题柱。”他的代表作《贺新郎·送陈真州子华》，更是慷慨激昂、警顽起懦之作：

北望神州路，试平章这场公事，怎生分付？记得太行山百万，曾入宗爷驾驭。今把作握蛇骑虎。君去京东豪杰喜，想投戈下拜真吾父。谈笑里，定齐鲁。两河萧瑟惟狐兔。问当年，祖生去后，有人来否？多少新亭挥泪客，谁梦中原块土。算事业须由人做，应笑书生心胆怯，向车中、闭置如新妇。空目送，塞鸿去。

词中对中原陆沉痛心疾首，希望程子华此番上任能团结京东一代忠勇义兵，平定齐鲁。全词意气风发，杨慎在《词品》中认为，此词“壮语可以起懦”。由于时代和人事的错迕，刘后村的恢复之志根本无法实现，因此词中常有怀才不遇、光阴虚度的人生感慨，这种情绪在《沁园春·梦孚若》《沁园春·答九华叶贤良》中也有体现。虽然他的词作风格豪迈奔放，雄健疏宕，但在粗犷中也清切婉丽。如咏海棠的《卜算子》、咏舞女的《清平乐》等词。他的词作既大量用典，也多用议论，且以文为词，显露才气。

他经常用同一词牌连续写了很多首，有“和”的，如《汉宫春》四和、《念奴

娇》六和，《沁园春》十和等，有更多“又”，如《满江红》《贺新郎》《鹧鸪天》《水龙吟》《解连环》等等。从2012年版的《后村词笺注》中可以统计出，写最多的词牌有《贺新郎》43首，《满江红》30首，《沁园春》25首，《念奴娇》19首，《水龙吟》16首，《鹊桥仙》12首等等，其他词牌都是10首以下的。刘后村的词作虽然不比诗作多，有记载填词的年份每年不及10首，词作也是晚年比中年多，根据1993年贵州人民出版社出版的程章灿的《刘克庄年谱》记载，最多的一年是他80岁的1266年，有17首词作。但是他的词句里蕴含着忧国的潜在意识，譬如运用典故、选择字眼、巧取意象、凭借唱和、迎送友人等，艺术地表现他的词作意境，深刻地寄托了他的忧国情怀。

一、忧国愁己的强烈意识

刘后村词作爱国思想表现得很鲜明，如他的代表作之一《满江红》之“夜雨凉甚，忽动从戎之兴”：

金甲琱戈，记当日辕门初立。磨盾鼻，一挥千纸，龙蛇犹湿。铁马晓嘶营壁冷，楼船夜渡风涛急。有谁怜、猿臂故将军，天无级？

平戎策，从军什，零落尽，慵收拾。把《茶经》《香传》，时时温习。生怕客谈榆塞事，且教儿诵《花间集》。叹臣之壮也不如人，今何及！

这首词，运用强烈的对比手法，渲染爱国的忧患意识。上片写过去，正面着笔，豪迈雄健；下片写现在，纯用反笔，掩抑沉郁。全词意境开阔，风格雄浑，结构严密而变化莫测，脉络分明而错综交织，慷慨而不消沉，悲壮而不衰颓，充满积极的爱国之情。

词一开头就鲜明突兀地展现出自己初参军幕时的兴奋神情，以及种种激动人心的场面。“金甲琱戈，记当日辕门初立”。此句可以这样理解：“记当日金甲琱戈，初立辕门。”词作是为了突出“金甲琱戈”的雄姿而放在句首。辕门初开，铁甲琱戈，多么精神抖擞，气宇轩昂！“磨盾鼻，一挥千纸，龙蛇犹湿”，在盾牌鼻纽上磨墨，显示出其时紧急的军情和他的纵横才气，起草军事文书运笔如飞，挥洒之间，千纸立就，且如龙蛇走势的字迹，形象地刻画出守护国家疆土的军营生活情景。接着又生动地描绘出金兵南犯和宋军抗御的惊心动魄场景：“铁马晓嘶营壁冷，楼船夜渡风涛急。”寒气侵人的黎明，披着铁甲的战马已嘶鸣起来，奔赴战场；狂风呼啸的黑夜，怒涛奔腾，高大战船正

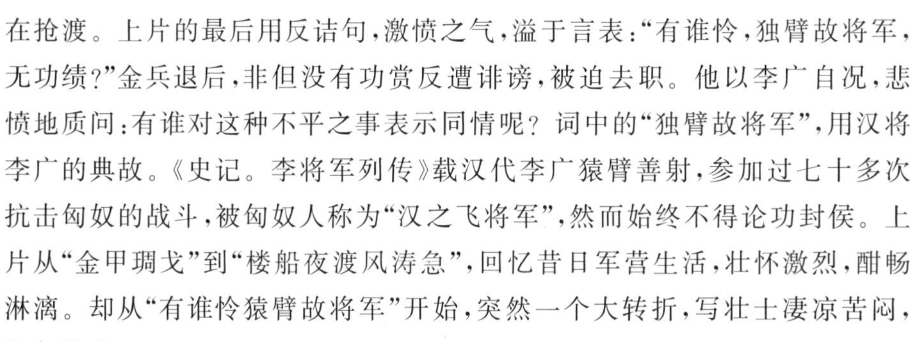

在抢渡。上片的最后用反诘句，激愤之气，溢于言表："有谁怜，独臂故将军，无功绩？"金兵退后，非但没有功赏反遭诽谤，被迫去职。他以李广自况，悲愤地质问：有谁对这种不平之事表示同情呢？词中的"独臂故将军"，用汉将李广的典故。《史记。李将军列传》载汉代李广猿臂善射，参加过七十多次抗击匈奴的战斗，被匈奴人称为"汉之飞将军"，然而始终不得论功封侯。上片从"金甲琱戈"到"楼船夜渡风涛急"，回忆昔日军营生活，壮怀激烈，酣畅淋漓。却从"有谁怜猿臂故将军"开始，突然一个大转折，写壮士凄凉苦闷，抑郁忧患。

词作的下片用一系列反笔倾诉了报国无门、英雄闲老的郁闷情怀。不管是"平戎策"还是"从军什"，既然已被削职，留着又有何用？只好任它散失殆尽，懒得收拾了。国难仍在，自己却无事可做，只得将《茶经》《天香传》之类的读物，拿来"时时温习"，消磨岁月。为什么"生怕客谈榆塞事"呢？因为当时南宋边防形势越来越严重，而统治者仍然醉生梦死，爱国之士请缨无路，谈论及此，徒生悲切。只好拿《花间集》词来教下一代。面对理想与现实之间尖锐的矛盾冲突，词人悲观到了极点。尤其是末句："叹臣之壮也不如人，今何及！"借古人之言以说己心，更是满腹牢骚，一腔激愤。下片故意用牢骚语，以嬉笑写愤激，故作旷达，字里行间充溢不平之气。词人写自己抛开"武略"，只读闲书，与客不谈边防事，教儿但诵吟风赏月的《花间集》，似乎甘愿将生命的热力消磨殆尽，其实是表现内心痛苦之情。词的下片虽闲淡委婉，却更深刻地揭示那时英雄报国无门的一腔悲愤。

表达忧国愁己的词作在刘后村的长短句作品里占很大比例。如《贺新郎·实之三和有忧边之语，走笔答之》，这首词字里行间洋溢着济世救国的激情和宏伟志向，却潜藏着忧国和愁己的情怀。"忧国"的词句："国脉微如缕。问长缨何时入手，缚将戎主？未必人间无好汉，谁与宽些尺度？""国脉微如缕"，说明国家的命脉，实在已经衰微不堪。于是发一声问：不知何时才能请得长缨，将敌方首领擒缚！当时蒙古贵族屡屡攻宋，南宋王朝危在旦夕，但统治者却不思进取，麻木不仁。这三句尽情表达了作者的铮铮有声的爱国热忱。该词作下片头三句却表现出"愁己"来："少时棋柝曾联句。叹而今登楼揽镜，事机频误。"联系到自己的遭遇，表达报国从军的夙愿。登楼远望，揽镜自照，伤感一事无成，痛心国势日非，怎能不愁肠百转、感慨万千！一声长叹，将那长期以来怀才不遇、屡屡丧失杀敌报国之机的心情，尽数迸发了出来。诸如此类既借典妙用又能抒发忧国的词句甚多。如《沁园春·

维扬作》:“辽鹤重来,不见繁华,只见凋残。”“君记取,向中州差乐,塞地无欢。”等等。

二、感时伤世的愤懑情绪

感时伤世的愤懑情绪也在刘后村长短句中常常表露。如《忆秦娥》:

梅谢了,塞垣冻解鸿归早。鸿归早,凭伊问讯,大梁遗老。

浙河西面边声悄,淮河北去炊烟少。炊烟少,宣和宫殿,冷烟衰草。

北宋灭亡,中原沦丧,人民生活在异族的铁蹄之下。这对生活在南北宋之交和南宋时代的文人士大夫心灵造成了巨大震撼,并成为他们在诗词中反复吟咏的主题。刘后村这首词就是这样,他通过鸿雁北归,问候北方人民,遥想中原的残破景象,表达出渴望统一的强烈愿望和感时伤世的愤懑情绪。

“梅谢了,塞垣冻解鸿归早”。江南梅花凋谢了,万物逐渐复苏。北方边塞地区也应该冰融冻解。南来过冬的鸿雁正及早地归去。词句别开生面,委托北去的鸿雁,带口讯向长期处于金人统治下的宋遗民进行慰问。“鸿归早,凭伊问讯,大梁遗老”。大梁,是指北宋首都汴京。遗老,年老的遗民。词人托鸿雁向他们问候,是表示对他们处境的关心,是对他们抗争的声援,同时也表达了南方爱国志士对北方骨肉同胞的思念之情。然而,何时才能完成统一大业呢?这就是有愤懑情绪却无言可说的词句留白。

词的下片,想象翅膀随着鸿雁的北去而飞翔,展现出大好山河的祖国如今残破冷落、人民流散、田园宫室荒芜的景象。“浙河西面边声悄,淮河北去炊烟少”。浙河西面,指浙江西路,包括镇江一带即当时接近宋、金分界(淮河)的前线之地。地处边防,却悄寂无声,反映南宋当局的苟且偷安,防务废弛,当然更谈不上恢复的准备。淮河以北,是金人占领的地区。炊烟少,指在战争破坏和被金人奴役掠夺之下,人烟稀少,一片荒凉。既揭示民众的苦难生活,更是对时世的感伤。最后两句,感情浓烈而深沉:“宣和宫殿,冷烟衰草。”北宋末年统治者大兴宫殿,穷奢极欲,导致金人的入犯无力抵御,结局是身为俘虏,生灵涂炭,而逃到南方的赵宋统治集团,则又在西子湖畔营造起安乐窝,在那里醉生梦死,将祖宗故国抛在脑后。刘后村借鸿雁为题展示了北宋宫殿的凄凉景色,抒发出故宫黍离、国家衰亡的悲愤,也是对南宋当局的强烈指责。既抒发物是人非的感慨，也抒发是物也非、人也非的更为深沉的情绪慨叹。

刘后村还有两首同调同题的词作：《清平乐·五月十五夜玩月》，都是借"玩月"来抒发伤世感时的情绪。表面上看只是写月亮，其实潜藏着忧患意识。如"消得几多风露，变教人世清凉"。还需花费多少风露，才能驱散炎暑，换得人间的清凉呢？联系南宋后期统治者偏安江左，沉湎声色，置人民于水深火热而不顾的社会现实，表现出词人忧国忧民的情怀。他的素有拯世济民之志，其寄希望于人间的，当不只是自然界季节的代序，而应该是一个理想的清平世界的出现。全词由天上想到人间，对比之中似寓感慨。另一首的末句是"醉里偶摇桂树，人间唤作凉风"。所描写的只是醉中偶然摇动月中的桂树，便对人间产生意外的好影响。该词写身到月宫远离人间的时候，还是忘不了人间的炎热，希望为他们起一阵凉风。表达忧国忧民关心民生疾苦，也寄托对时世感伤的情绪，并不只是描写遨游月宫的幻想。

诸如这样感时伤世的忧愁词句还有《六州歌头·客赠牡丹》中"多应是，彩云散，劫灰余。野鹿衔将花去，休回首、河洛丘墟。漫伤春吊古，梦绕汉唐都。歌罢欷歔"。《水调歌头·客散循堤步月而作》句"落日几呼渡，佳夕每留关。有时来照清浅，鬓雪似潘安"。《水调歌头·解印有期戏作》中的"梦里偶然得意，醒后才堪发笑，蚁穴驾车还"，等等。

刘后村还经常选用一些能直接表现自己心情的字眼嵌在词句中。如用"寒冷"表示对时世的感受，如《浪淘沙》中"早岁类寒蛩，晚节遭逢"句，"且留晚节伴寒香""木老瀑泉寒""满腹贮清寒""面汗背芒寒""露冷玉箫寒""洞闭白云寒""风露夜深寒""衰病不禁寒""领客上高寒"等，还有用"凄凉"表现感时惆怅，如《沁园春·梦中作梅词》中末句"宁淡杀，不敢凭羌笛，告诉凄凉"、《水调歌头·寿胡详定》"云间笙鹤来下，人世变凄凉"、《祝英台近》首句"雨凄迷，风料峭，情绪被花恼"，另有"凄凉鼓缶情怀""满目凄清"等词句。

三、吟风咏物的情感寄托

不管是直接表露或是字眼暗示，刘后村都能把自己的忧国情怀抒发出来。但他有更多的词作是借着吟风咏物来寄托自己的情感的。如《摸鱼儿·海棠》：

甚春来，冷烟凄雨，朝朝迟了芳信。蓦然作暖晴三日，又觉万姝娇困。霜点鬓，潘令老，年年不带看花分。才情减尽。怅玉局飞仙，石湖绝笔，孤负这风韵。

倾城色，懊恼佳人薄命。墙头岑寂谁问？东风日暮无聊赖，吹得胭脂成粉。君细认，花共酒，古来二事天尤吝。年光去迅。漫绿叶成阴，青苔满地，做得异时恨。

这是一首借物言志的词作，借写海棠花而暗指自身经历。刘后村作为南宋后期的爱国志士，一向耿介刚直，却不为当政者所容，屡被罢官。仕途冷暖，于风雨如晦之时，感受更深。因此他眼中的海棠也就不纯然是海棠而融入词人的精魂，"似花还似非花"，他似乎与海棠花在情感深进行沟通。因为所咏的是海棠花，所以就用了与之有关的典故。由于苏轼和范成大这两位文豪都酷爱海棠并题写过脍炙人口的诗篇，其中"玉局"谓苏轼，"石湖"则是范成大的自号，"潘令"是自况。刘后村自比潘令，扣合海棠特征，淋漓尽致地抒发自己那一腔炽热的爱花、惜花之情。

此词先写天天翘首掐指相盼计日海棠花开而未得之焦虑，接着又把词人懊恼托出：海棠花也和那些薄命丽姝一样，空有倾国倾城的容貌，却遇不着爱赏卫护的人。词人感慨万端：名葩易萎。其中"东风日暮无聊赖，吹得胭脂成粉"，对于行将凋零之花的伤感，则不啻是向韶华转逝的空闺少妇一掬同情之泪了，暗喻忧国之情怀。有关海棠的词作他还有《满江红・海棠》的词句："时易过，春难占。欢事薄，才情欠。……更那堪，几阵夜来风，吹千点。"甚至在《卜算子・惜海棠》连续写了三首，其中有"风雨于花有底雠""做冷催教谢""暮见枝头少……雨洗风吹了""愁欲来无路"等词句。

又如《长相思・惜梅》："寒相催。暖相催。催了开时催谢时。丁宁花放迟。角声吹。笛声吹。吹了南枝吹北枝。明朝成雪飞。"写到花飞春去，就感伤不已，真是惜花兼又伤春。他从惜梅引申到伤时。说角声、笛声吹落了南枝梅花，又吹落了北枝。这里隐指危机存在于偏安江南之小朝廷。边境告急，城危如卵，谁又能承担起恢复中原的重任呢？

再如《昭君怨・牡丹》："曾看洛阳旧谱，只许姚黄独步。若比广陵花，太亏他。旧日王侯园圃，今日荆榛狐兔。君莫说中州，怕花愁。"刘后村写牡丹，不赞其雍容华贵，国色天香，却独辟蹊径，写牡丹的不幸命运，发之所未发，从而寄托词人忧国伤时之情。因北宋末年，徽钦二帝被虏北行，诸后妃相随，沦落金邦，词人念及此辱，无不愤慨感伤，他又痛感朝廷腐败，国势衰颓，报国无门，故托牡丹以发愤，抒其黍离之哀。这是对牡丹的同情，也是对朝廷当政者的怨愤。“旧日王侯园圃，今日荆榛狐兔”句，描绘了国破家亡后中州的惨象，同时，也形象地表明了牡丹的处境。山河破碎中的一片焦土，牡丹也就只剩下与荒烟衰草，荆榛狐兔相伴的命运了。“君莫说中州，怕花愁”蕴含着词人极为复杂而深沉的感情。怕人说中州的惨境，并非怯懦，却是更翻进一层，说明爱中州之深，言明光复中州之心的迫切，也说明未能渡江驱敌的惭恨心情。在堂堂男子汉空怀壮志、报国无门的南宋末年，作者那种不平静的心潮是不言而喻的。结句说“怕花愁”，实则是自己愁不堪忍。而词人采用曲折写法，不仅能表现出惜花的深厚情意，而且也能引读者进入境界，仿佛与牡丹相对，见其愁态，而不能无动于衷。

咏花寄托情感，在刘后村的词作中甚多。诸如《长相思・惜梅》《昭君怨・牡丹》《满江红・丹桂》等等。另有《卜算子・茉莉》句“相对炎官火伞中，便有清凉意”；《贺新郎・琼花》句“白发愧无渡江曲……新旧恨，两交错”等。咏物的词句也很多，如《念奴娇・木犀》中的“残英剩馥，明朝犹可同醉”。《八声甘州・雁》中的“未得云中消息，登望乡台了又登楼。江天阔，几行草字，字字含愁”。

四、怀才不遇的人生感慨

刘后村的忧国之心，离黍之哀，报国无门、怀才不遇的情绪常常通过他的词作中形象的描写，得到充分的表现。透彻抒发胸中的感慨的词作，如《贺新郎・九日》：

> 湛湛长空黑。更那堪、斜风细雨，乱愁如织。老眼平生空四海，赖有高楼百尺。看浩荡、千崖秋色。白发书生神州泪，尽凄凉、不向牛山滴。追往事，去无迹。
>
> 少年自负凌云笔。到而今、春华落尽，满怀萧瑟。常恨世人新意少，爱说南朝狂客。把破帽、年年拈出。若对黄花孤负酒，怕黄花、也笑人岑寂。鸿北去，日西匿。

此词题作“九日”，是重阳节登高抒怀之作。词中“白发书生神州泪”，直接慨叹自己的老迈和中原的沦陷，感情深厚，是典型的豪放与悲壮融合的词作。

上片写重阳节登高望远所引起的感喟。首三句先以“湛湛长空黑”用夸张的笔法表述心情的沉重，充满低沉的情调，烘托出胸中块垒。满天密布深黑的乌云，再加上阵阵斜风细雨，真是“满城风雨近重阳”，使人心乱如麻，愁思似织。接着四句是登高楼后触目伤怀。重阳本来是登高之佳节，由于风雨凄凄，只能登上高楼，放眼遥望千山万壑，浩荡秋色。由“浩荡”转为“凄凉”，并用齐景公牛山滴泪的典故，反衬自己由于感慨神州陆沉而滴下的忧国之泪，自己本是一介书生，如今垂垂老矣，但忧国之心尚在。个人受谤废黜并不介意，只有恢复神州，是他最大心愿。

下片承“白发书生”进行发挥，从今昔对比中发出了深沉的叹息，抒写自己少年时的豪情才气，并进一步突出如今的满怀家国之恨。词句之中仍然隐含着悲凉的情调。先说少年时代自负有下笔千言的才华，颇思有所作为，又叹息如今已是才华消尽，只余暮年萧瑟之感。“常恨”三句，结合九日登高题意，慨恨文士不顾国家多难，只想效法魏晋名士风流，遇到重阳节，总爱提东晋孟嘉落帽故事。“若对”两句，指包括自己在内的忧国志士，他们并不追慕魏晋风度，而是对“时事祇今堪痛哭”的现状感到忧心如焚而又无能为力。词意至此急转直下，在感愤之余，觉得自己既不能改变这种局面，际此佳节也只能赏黄花以遣怀。北上恢复神州的大业遥无实现之日，眼看白日西下，象征阒国势危殆，令人痛心；自己老眼平生，壮志难伸，亦只能长歌当哭，借酒浇愁。

有关“九日”登高的词写了好几首，还有对时节的敏感也很多首，仅仅写端午的词就有《满江红·端午》《贺新郎·端午》等。其中“有累臣泽畔，感时惆怅。纵使菖蒲生九节，争如白发长千丈。但浩然一笑独醒人，空悲壮”。这样的词句更是与屈原的情怀有过之而无不及。

刘后村的怀才不遇常常选择表现无奈的意象。如用“泪”字把悲伤宣泄：在《汉宫春·呈张别驾》中有“回首龙髯何在，漫共谈前事，泪洒桥山”、“对局含嚬，闻筝堕泪，围在愁城里”句，《水调歌头·和西外判宗湖楼韵》中的“绝唱新词寡和，堕泪旧碑无恙”句，另有“白发书生神州泪，尽凄凉、不向牛山滴”“不管州人堕泪”“应笑杀离筵粉泪啼”“太傅石碑堕泪”“洒泪西州”“暮年垂泪”“投老泪”等；用“暮”字或“衰”字表露年老无力而失望的心迹：如《摸鱼儿》“暮云千里伤心处，那更乱蝉疏柳”“而今衰飒，形骸百丑，情怀十拗”“朝过瑶台暮群玉”“翁道暮年惟只眼”“感慨桑榆暮景”“风色恶，海天暮”“暮年垂泪”“暮年怕杀”“吾衰矣”“叹暮年”“对暮云”“衰飒同蒲柳”等等。还

有对“落日”“夕阳”“衰老”等来表达，但总会从悲凉中淡然。

五、愤世嫉俗的高洁气节

刘后村是一个心怀天下、渴望为国立功的人。但在当时那个腐朽的时代里，他的仕途却充满了曲折。于是，他在词作中也经常表露出愤世嫉俗的情绪和高风亮节的品格。先看《一剪梅·袁州解印》：

陌上行人怪府公，还是诗穷，还是文穷？下车上马太匆匆，来是春风，去是秋风。

阶衔免得带兵农，嬉到昏钟，睡到斋钟。不消提岳与知宫，唤作山翁，唤作溪翁。

嘉熙元年(1237年)春，词人出使袁州，数月后即因火灾被劾罢官。他大为不服，写下这首词以示申说。词篇一开始即通过陌上行人对词人“下车上马太匆匆”的惊怪，使我们看出这次被解职是毫无道理的。“下车”“上马”其间相距不过数月，故云“太匆匆”。“诗穷”、“文穷”是诗使人穷、文使人穷的意思。行人们这样发问正说明城中父老对他革职的不解与不平，这从侧面肯定了作者在袁州并无失职，失火不是他的过错。既然人们对他这次解官只当是因为诗穷，因为文穷之故，换言之即非为政有失，则作者被排挤的真相不是昭然若揭了吗？作者借行人之口，巧妙地为自己的罢官做了申诉。“春风”、“秋风”两句点出时间，表明清白，暗指仕途沉浮无常。下半阕从作者方面立言，是对“行人”关切的回答。那意思是说：不要有什么奇怪，我自己倒落得个清闲。宋时，一般情况下知州兼任本州兵马钤辖和劝农使。知州的实职被夺，也就没有带兵、农的虚衔了，这是一种幽默的说法。“阶衔免得带兵农，嬉到昏钟，睡到斋钟。不消提岳与知宫，唤作山翁、唤作溪翁”这几句说既然当权者不给事干，那就只好从早玩到黑，从天黑睡到吃饭，作一个名副其实的“山翁”“溪翁”。不能跻身仕途就作浪迹山林的打算，这在封建时代是带有普遍性的现象。尽管如此，我们仍然不要忘了作者其实是用反语发泄牢骚。刘克庄绝不是一个甘心作山翁、溪翁的角色，作者在词中寓愤懑不平之气于谐谑闲适之中，一问一答，轻松而不流于浅露，亦客亦主，活泼而不失之含蓄，可以说在豪放粗犷的词风中较为独特。

再看他的《玉楼春·戏呈林节推乡兄》：

年年跃马长安市，客舍似家有似寄。青钱换酒日无何，红烛呼卢宵不寐。

易挑锦妇机中字，难得玉人心下事。男儿西北有神州，莫滴水西桥畔泪！

南宋国运衰颓，时势艰危，作者对此保持着清醒的认识，早已对饮酒狎妓没有心思，而林姓友人却在饮酒狎妓，所以作者为规劝林姓友人而写了这首词，希望能挽救自甘堕落的友人。他在其他词作中也提到过这位林姓朋友的狎妓纵欲生活，结末“男儿西北有神州，莫滴水西桥畔泪”，热情而严肃地呼唤林某从偎红倚翠中解脱出来，立志为收复中原建立一番功业。

这首词的情感格调是非常高的。词中充满着一种高扬的爱国主义激情，对声色犬马的糜烂生活极其不屑，让人读后击节佩赏。其艺术风格上的特色是：气劲辞婉，中刚外柔。作者对他这位朋友的荒于狎妓是非常惋惜的，从篇末二句一扬一抑的情感落差来看，甚至颇有点愠怒。但用来表达此种惋惜和愠怒的言语却十分委婉，心中激昂慷慨，笔下温厚和平，摧刚为柔达炉火纯青的地步。此词章法亦甚精巧，上片写人，下片致意，既各有所重，又相得益彰。作者从国家情势出发，对友人进行劝导：国家正处于战事不断的危难之时，大丈夫要心系国家，为平定战事出一份力。结尾一句顺势而出，呼唤友人从依红偎翠的生活中解脱出来，大丈夫要将志向放在收复中原、为国效力的事业上。

他的《木兰花慢・慢渔父词》咏“渔父”是借题发挥，以漫画式的笔法，小品文式的笔调，对社会现实进行政治讽刺。词中从头到尾都是在嘲弄一位妄想做姜太公第二的海滨钓叟，“世间久无是事”，分明是冲着当代乃至前世不知多少代以来一切高高在上、不思求贤的封建统治者们来的。以积极的浪漫主义的形式表现一定批判性的现实主义的内容。

六、沉郁苍凉的雄浑风格

刘后村也经常以慷慨悲歌，气若贯虹的笔调，将少年的意气与老年的悲慨结合起来，表现他沉郁苍凉的雄浑风格。如《沁园春・答九华叶贤良》：

一卷《阴符》二石硬弓，百斤宝刀。更术花骢喷，鸣鞭电抹；乌丝阑展，醉墨龙跳。牛角书生，虬鬚豪客，谈笑皆堪折简招。依稀记，曾请缨

系粤，草檄征辽。

当年目视云霄，谁信道、凄凉今折腰。怅燕然未勒，南归草草；长安不见，北望迢迢。老去胸中，有些磊块，歌罢犹须著酒浇。休休也，但帽鬓改，镜里颜凋。

叶贤良与作者为同乡，居莆田九华山。词作先描写自己年少时精通韬略，且武艺高强，并借喻所与交游者若非饱读诗书之士，便为行侠仗义之人。反映出主人公不仅仅是一介武夫，而是一个带有儒将风度的英雄。在南宋备受北方民族压迫之际，写出这样庄重之中饶有豪迈气概的雄壮词句，真有一股振聋发聩、警动人心的力量。"当年目视云霄"，表现了傲岸不羁的性格；"谁信道、凄凉今折腰"，慷慨悲怆，如闻叹息。"折腰"，反用陶渊明作彭泽令不肯为五斗米折腰事，暗指今日之不得志。上句回忆当年，下句慨叹今日，给人以强烈的对比感。后一句的前面冠以"谁信道"三字，更加强了愤懑不平的感情色彩。他以苍凉深沉的笔调抒写壮志未酬、英雄暮年的悲慨。既有华发苍颜的形象，又有满腔忧愤的形象，更有烈士暮年、壮心不已的形象。词之上片，慷慨而多气；词之下片，深邃而含悲。其中穿插多个典故，将其强烈的思想感情表达出来，撞击着读者的心扉。

同样写同乡挚友的还有《沁园春·梦孚若》：

何处相逢？登宝钗楼，访铜雀台。唤厨人斫就，东溟鲸脍；圉人呈罢，西极龙媒。天下英雄，使君与操，馀子谁堪共酒杯？车千乘，载燕南赵北，剑客奇才。

饮酣画鼓如雷，谁信被晨鸡轻唤回。叹年光过尽，功名未立；书生老去，机会方来。使李将军，遇高皇帝，万户侯何足道哉！披衣起，但凄凉感旧，慷慨生哀。

这首词采用虚实结合的手法，以梦境写思念的友人，将那种怀才不遇的愤懑之情，淋漓尽致地表达了出来。方孚若名信孺，是作者的同乡，又是志同道合的朋友。他在韩侂胄伐金失败以后，曾奉命使金，谈判媾和条件，驳回金人的苛刻要求，金帅以囚或杀相威胁，他始终不屈，置生死于度外。此词应系刘后村悼念之作。词的上片写的是梦境，词的下片写梦醒之后的现实景象。晨鸡无情地唤醒美梦，使作者不得不面对现实。梦境值得留恋，但实际生活的境遇却如此残酷无情："年光过尽，功名未立；书生老去，机会方来"。这是作者与方孚若共有的无奈叹息，但绝不是绝望悲鸣。作者还怀有强烈的愿望，幻想能像李广那样在国家多事之秋建功立业。挚友已乘鹤西

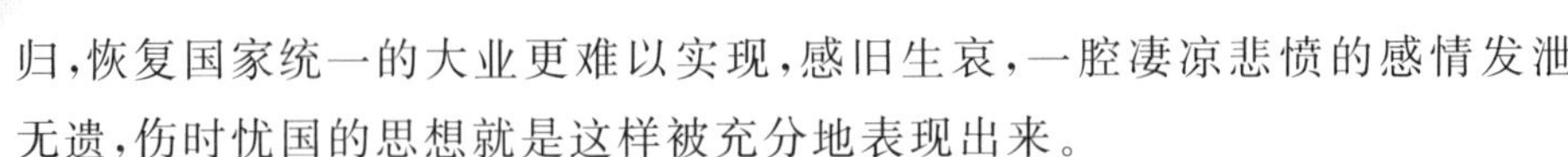

归，恢复国家统一的大业更难以实现，感旧生哀，一腔凄凉悲愤的感情发泄无遗，伤时忧国的思想就是这样被充分地表现出来。

作者巧妙地引用历史典故，做到虚实相彰，使主题思想表达得更加充分、深刻。这首词充分体现了作者“拳拳君国”和“志在有为”的气概，同时也抒发了作者壮志难酬的悲愤。

刘后村与同乡好友的唱和词作很多，尤其是与王迈有关的词，在他的长短句里占有一定数量。如《一剪梅·余赴广东实之夜饯于风亭》，是一首别具一格的告别词，描写了两位饱受压抑而又不甘屈服的狂士的离别，其饯别场面，表达了词人傲视世俗的耿介个性，是他主动向社会发动“攻击”的狂放表现。刘克庄与王实之在志士受压、报国无门的时代，将心头的积郁，化为激烈的言辞、不平常的“疏狂”行动。全词忧愤深沉、豪情激越，词句含蓄地暗示他们对时事的评论、理想的抒发，以及对忧愤的倾泻，豪爽、超迈，淋漓酣畅。还有如《贺新郎·实之三和有忧边之语，走笔答之》《临江仙·己酉和实之灯夕》《满江红·送王实之》《木兰花慢·寿王实之》等等，都能在词中借唱酬之作表达处于风雨飘摇的末世文人的凄凉悲哀的心态和沉郁苍凉的雄浑风格。

结　　语

刘后村作为一个关心祖国命运而又在政治上屡受打击的词人，他只有通过诗词来表达他的忧国情怀。他妙用典故来“夜窗和泪看舆图”，巧用意象来感慨“书生空抱闻鸡志”。他有不少长短句抒发忧时的孤愤，尤其是直接选用能表达自己悲壮的敏感字眼来抒发“忧时原是诗人职，莫怪吟中感慨多”。他痛心国土沦陷，悼惜大好河山遭受践踏破坏，同情遗民的悲伤，关怀战士的疾苦而向往于祖国的统一。对于南宋王朝依靠“岁币”换取苟安的妥协投降路线，他极为愤慨；对于文恬武嬉的腐败现象，他也做了深刻的揭露。值得注意的是他有几个系列的同词牌的词作，虽借用迎送唱和的形式，却反映了人民的痛苦辛酸与统治者的奢侈骄横，具有很强的现实性。他晚年的不少长短句更有苍凉悲壮感，他的很多词作虽然是应酬叠和之作，率尔成章，却能从中窥探出他的爱国潜意识。

略论刘克庄的思想渊源与文化根基

◎ 郭大卫

本文阐述并讨论南宋文坛宗主刘克庄的思想渊源、文化根基等。着重探讨刘克庄思想受大理学家朱熹的学术思想精髓之影响，再从历史传统上的儒学与道学方面，审视刘克庄人品风格及文化意义。从其身处于历史的“道学独尊”特殊背景，探索他的整个儒与道思想观念、从学经历、师承道路、成长途径、发展历程等等。从而进一步论述刘克庄在诗词创作中的文学精神世界和不凡的智慧人生。

刘克庄是继南宋叶适、真德秀之后，执掌晚宋文坛的一代宗主。我们研究他的文学艺术、学术特点和诗学成就，必须得从其思想渊源及文化根基等诸多方面进行深入研究，否则无法透彻了解他的文学特色和其对历史的影响。

南宋时，理学在朱熹去世后被立于学官，成为真正意义上的封建统治思想。嘉定初，史弥远利用“开禧北伐”战败之机，阴谋诛杀权臣韩侂胄而登上丞相宝座。同时也对以朱熹为首的道学采取了与韩截然相反的态度。史弥远上台后为了笼络人心，采取朱门弟子刘爚的建议起用道学人士。从那时直到南宋末年，朝廷尊崇道学的大局基本未变。那么随着理宗的登基，道学的地位得以巩固。宝庆三年(1227 年)，诏奖朱熹及所撰集注《大学》《论语》《孟子》《中庸》，发挥圣贤蕴奥，有补治道，特赠朱熹太师，追封信国公，改徽国。端平元年(1234 年)，诏进士何霆编类朱熹解注文字，有补经筵，授上文学。熹熙元年(1237 年)，诏以朱熹《通鉴纲目》下国子监，并进经筵。淳祐元年(1241 年)，诏以周敦颐、张载、程颐、程颢、朱熹并祀文庙，黜王安石从祀。同时九州大地处于学术文化繁荣时期。道学独尊的局面已然形成：“通天下读朱文公之书，尊文公之道，其始生之乡，侨居之理，宦游之邦，与乾淳诸老

盍簪倾盖、讲贯切磋之处，往往肖其像，庋其书，聚成学之士敬事而传习焉。”那么，理宗也由此获得了“理”这一庙号。孝宗帝对待学术思想一反高宗时打一派树一派的做法，允许各学派自由发展，创造了百家争鸣的文化学术环境。“诸儒彬彬辈出，正国家一昌明之会”，在中国学术史上占据着重要地位，且学风朴茂，文风淳实。理宗时期，学风流于浮夸矫狂，甚至佛、道等方外人士亦违其本旨而耽嗜名利，“江湖谒客”遍布社会各个领域。

刘克庄活跃于文坛之际，正是道学由大盛而独尊的时期。那么道学独尊的历史环境既是他诗学活动的前提，也是他不容回避的现实问题。一方面，他不可避免地处于主流文化的中心，在那其身处思想独尊的时代，很难想象，一个处于主流文化边缘的人能成为文坛的领袖人物。事实也是如此，他一生交游多为当时的名流大儒，中年前后还有师事晚宋道学代表真德秀的经历。这样的学术背景既奠定了他文坛宗主的地位，又使他的思想与诗学有意无意地以主流价值体系为参照。另一方面，道学独尊引发的种种现实问题，诸如士风的“饕墨”和学风的虚伪矫狂，也成为以斯文自任的刘克庄的忧患和批评的内容。晚宋有识之士在批评当时的士风学风时，经常会引用南宋政治最为清明、学术最为繁荣的乾淳时期作对比，以寄托他们的追求和理想。这一独特的历史背景和审视视角在刘克庄的思想行为和诗学批评中也得到了全方位的回应。他不仅在思想行为上与道学派大异其趣；与道学的空谈性理，贬抑事功，非诋史学相比，他热心政事，表现出卓越的吏才，精通史学，每欲引史鉴今，佐王之业；对道学之流弊也不乏直接的批评，而且在诗学思想上，也表现出与道学一脉迥异的感情色彩。如与当时道学代表真德秀的选诗分歧，以及反映在诗学批评上的折中与开放的特点等等。刘克庄的诗学批评无疑也应该包含他应对社会现实问题的思考，而且他虽以文学名家，却“志在有为，不欲以词人自域”。因此诗学批评或许也是他解决思想学术问题甚至现实问题的一个易于言说的语境。其然，诗人人品论与以往单纯论人品不同，能够真正把诗品与人品结合起来。“世教”“礼教”“美刺”等诗教观既反映了儒家诗教的演化，同时也超越其演化。“自然”美学观纠正了道家以来所形成的极端自然观，形成合理的人工与自然相互补充的自然美学思想。在风格学上，宋人以其丰富、明确、具体的风格理论，超越了前人单调、含混、笼统的风格意识。那么刘克庄又在全面兼容、合理轩轾、恰当适度上超越了其他宋人的学术品性。从这个意义上讲，刘克庄的诗学批评就不仅体现在文学与道学的冲突上，而很可能具有更深层次的思想学术

批评的价值与意义。

鉴于上述诸方面的研究分析，探究刘克庄的思想渊源及文化根基，通过厘清刘克庄与南宋学术各派别的关系，鲜明地凸显其思想底蕴和学术旨趣。同时结合晚宋道学独尊的特殊语境，最终揭示刘克庄诗学的本来面貌及其历史意义。循着这一思路探寻刘克庄的学术渊源，展现出来的正是一幅极为宏阔的南宋学术画卷。刘克庄所浸染者远不止同时代的名流大儒，也不止盛行于晚宋的程朱理学之一脉。他的学术源头正在南宋学术最为繁荣的乾道、淳熙年间。显然，淳熙学术中以郑樵史学、朱氏理学、永嘉事功学、陆氏心学、吕氏婺学与史学、五峰南轩湖湘学著称于世。与此同时，以林艾轩（林光朝）的理学和莆田方氏的文献学为一脉的学术史虽被忽略，但与刘克庄的关系更为密切，影响也更为深远。对刘克庄而言，他的精神核心的文化圈当然是他的家学和幼年师承——即著称于隆乾期间的艾轩理学与郑氏史学的熏陶、感染；其次是莆田地方的浓厚学术氛围，如林氏之文学、方氏之文献学、陈氏之经学等，对他一生文学思想的影响至为深远。

毋庸置疑，刘克庄家学和幼年师承对他个人思想渊源基础的影响之根深蒂固，这也是刘克庄学术底蕴的核心部分。他自称“艾轩弟子，湘乡门人”，正是对这一事实的最好概括表达。后来他虽然师事大儒真德秀，却将其学术源头锁定在家学和幼年师承的核心部分——莆田大理学林光朝、大史学家郑樵和陈氏经学等等。他们在文学上的造诣也颇为人称道，无疑的成为刘克庄早期学习的典范和一生追慕的楷模。被众学者称之为“南夫子”林光朝，是南渡后在东南倡导理学的开山人物。他自称“起家单远，为学阔流，有十上举子之劳，而两从公车之召”。也就是说，在南宋理学的文脉传承中，林光朝起到承前启后的重要作用。林光朝在外从师求教后返莆，开门收徒于黄石水南东井之“红泉义学”。刘克庄的祖父、叔祖率乡人师事之，南方学者皆师艾轩先生。在朱熹开门授徒发生影响以前，林光朝的理学是八闽地区影响最大的一支。林光朝虽然源出伊洛，但是思想和作为却似乎与程门弟子及后来的朱熹有些不同，他在坚持儒家义理的基础上，体现出博大宽容和素朴务实的思想态势，即“学通六经，旁贯百氏”。其一，他的思想直承《六经》，别无旁骛；其二，对儒，即家经典的诠释，采取开放包容的态度；其三，认为道存乎太虚，认可客观存在的万事万物包含了真理，体现了朴素的唯物观念，深刻地表现出“中庸”一面。刘克庄的祖父辈皆从师于林光朝，幼小的刘克庄必将得到家学，骨髓里接受家庭的传统教育，传承林光朝的学术

思想，乃是毫无疑问的。其间，刘克庄曾回忆：

> 二君生于丁丑，与余先君齐年，余敬事之。公私试必联案，炉亭客舍，夜语常达晓。凡故家遗俗逸事，诸老先生旧闻，所之入人肝脾，长人智识，余终身诵之不忘。非特笔砚间治丏膏馥而已。

文中“二君”是指刘克庄父亲刘弥正好友方其义和方阜鸣两位，他们又是刘克庄早年的师友。“故家遗俗逸事，诸老先生旧闻”。说的是莆田前辈人物的光辉历史，其中包括莆田的方氏、陈氏、郑氏和龚氏，还有周氏、黄氏等名门望族。殊不知，刘氏与林氏有姻缘关系，因此就不愁家学的失传或走样，也可以理解刘克庄的家学与其幼年师承在内容上是一致性。刘克庄的老师除了季叔刘弥邵之外，还有林成季、林简子、方泽孺、柯梦得、刘榘等。其中两位林氏乃是林艾轩的嫡传。

作为家学与幼年师承的主要内容，林光朝学术奠定了刘克庄思想基调。他的思想、行为、文章、诗学等对刘克庄的影响至为深远。这些都可以从刘克庄的辞章，尤其是诗文里可找到印迹。一是对佛道之非辨之如青天白昼，即醇儒思想的确立。艾轩的思想使刘克庄始终坚持儒家的伦理取向。同样，刘克庄对道教的态度也如出一辙。他在二首诗里表达了坚定的思想立场，诚为佐证。诗曰：

一

浪迹遍齐洲，曾从剑侠游。尚嫌秦政臭，肯要郅支头。
客礼朝三殿，儿嬉弄五侯。吾犹看不破，何况道家流。

二

世无仙则已，有必属斯人。丹熟将分友，云游每念亲。
小窗时读易，静室夜修真。符篆皆余事，题诗亦出尘。

二是非无蚍蜉之撼、含沙之射，而未尝恨其人：忠恕思想的形成。据载，林光朝主于仁恕、宽容博大的思想与言行对刘克庄亦影响至深。林氏的“推贤服善”受到刘克庄由衷的赞美。刘克庄在朝被冤枉，受排挤情况下，毅然以宽大的胸怀泰然处之。并且以同样的胸襟思想反映在他的诗学思想上，表现为兼容并蓄的批评原则，正如其诗作《圣贤》中所言：

圣贤自牧极卑谦，后学才高胆力兼。
悔赋不妨排贾谊，谤诗遂至劾陶潜。
取人最忌规模狭，绝物常因议论严。
君看国风三百首，小夫贱隶采何嫌。

三是“精粗融液，颠末贯穿”：不执一端的中庸思想的形成。林光朝以中庸为天下定理的思想在刘克庄的精神世界中也烙下了深深的印记。首先表现在他对《易》的融会贯通的理解，同时也表现在他的诗学方面。他说：“文学不可过清也，过清则肖乎癯，‘仁义之人，其言蔼如’，未尝癯也；不可过峻也，过峻则立乎独，‘德不孤，必有邻’，未尝独也。清峻不已，其幽必至于绝物，其远必至于遁世。”

四是“志在有为，不欲以词人自域”：积极入仕的人生道路的选择。林光朝“因仕行道”的作为和对日用常行的重视无疑也是刘克庄追慕的目标。其家族里的二刘可表一世的言论风节更对他产生了难以估量的激励作用，所以他选择的人生道路与道学派的讲廉退、尚隐逸迥异其趣。相反，表现出对政事的极大兴趣和卓越才能。在道学廉退之风盛行的社会环境下，这种不无自责的口气正是他热心政事，欲“因仕行道”，有所为于国家的心理写照。在刘克庄知建阳县时，他为了管理好一方政事，竟“平生嗜好，一切禁止，专习为吏”，而且处事有言，剖决如神，被誉为“真才吏，为文名所胜”。在他 54 年的仕宦生涯中，为官时间大约 14 年，先后四次被罢官，五次被阻新命。

五是“捻髭人尽嗤吾拙，歃血谁当豫此盟”：文学基础的奠定，林光朝对刘克庄最大的影响恐怕还是在文学上，其道德文章成为刘克庄早期学习的典范，也影响他一生文学观念和文学行为的重要因素。首先是诗风的摹仿，林光朝的七律诗颇有李商隐意韵，而刘克庄学诗大概也是从李商隐入手，但有着青出于蓝而胜于蓝的端倪。此外，还走上转益多师的途径，不断学习，精益求精，提升自己。当然，刘克庄本身治学极其严谨，励志成学，在文学实践中甚为重视文字的锻炼。他自称：“窗下残书千遍读，卷中一字几回更。捻髭人尽嗤吾拙，歃血谁当豫此盟。”其晚年犹云：“百年不觉皤双鬓，一字谁能断数髭。”追源溯流，这一切应始于林艾轩的文学主张和成就对他的深刻影响。

在刘克庄幼年师承中，湘乡先生（即郑厚）和林光朝也是同等重要的。说到郑厚亦必须说到其从弟郑樵，兄弟两人在史学修养上是等同的，有着共同的学术修养和造诣。郑樵的思想学术，也是刘克庄从学的重要组成部分。首先是郑氏的思想影响于刘克庄，因为郑氏学问渊博，尤长于《易》；其次是史家气魄感化了他，还有史家的宽容博大，物我同一的思想教化了他；再次“湘乡文律，如石鼓泥蟠”。郑氏的诗学思想主张，应该发乎真性情，另外要有兼容并包的文学诗美观，还得在对仗的工致之外，纵意用典，触手成篇，波澜壮阔,文脉共通,一气呵成。那么,刘克庄与郑氏学术的渊源关系密切。一是"余为童子时,方抄诵二郑遗文,欲与方驾"。可见,少年的刘克庄勤读于二郑诗文,还攻读欧阳修、曾巩、李泰伯等文学名家作品。此外,二郑也是刘克庄祖辈世交,学术上的濡染和认同社会更加深刻。二是"借异书,续微言":与郑氏后学的交往,就是郑寅和郑侨(状元)。众所周知,郑氏家学渊源,素以儒起家,以史名家,经史并重。那么郑侨"不言党,不私好恶""孝友端重";郑寅"端重博洽",皆是醇儒风范,深重地影响了刘克庄。其他的郑氏家族后裔之学者,也为刘克庄所看重称好,甚至还有许多郑氏文友至交,潜移默化,感染了刘克庄,力助他进步成长。反过来,二郑的学术对刘克庄的影响有根有梢。一方面,郑厚逸迈超群的文采成为刘克庄着力追摹的对象;郑厚对诗歌"哀乐之真,发乎情性"的认识也成为刘克庄一生倡导的诗学原则;郑厚兼容并蓄的诗美观在刘克庄的诗学思想也有相同的印现。另一方面,刘克庄不仅文学成就卓著,而且精于史学。郑樵的"稽古之勤,记诵之富",为学之实应该是激励他成就史学的最原始的动力,而郑樵宏大的史学著作也很可能是奠定了他"史学尤精"的学术基础。另外,郑樵"会通"的史学思想也可以在刘克庄讲求融会贯通的诗学理念中找到端倪。一句话,二郑的学术主要影响了刘克庄的道德精神和文学风范——诗学理念和史学修养。

当然,在莆田这个文化浓郁、人才辈出的地方,刘克庄何止拜受林光朝、郑厚及郑樵,还接受了林彬之、林秀发、林时、林德遇、林傅、林光世等林氏家族文人学士影响,不可胜书。同时,还有方信孺这位纵逸天才,奔放性情,凛然正气的著名学问家,深刻地影响着刘克庄。刘公在其《道中读方孚若题壁有感用其韵》诗中,对方信孺表达了一种英姿勃发的豪情和深厚的敬仰。诗云:

淮雪江风裂面寒,往来万里一征鞍。
三千客谩兽弹铗,十九人谁肯捧盘。
自古英才多顿挫,即今世运当艰难。
空余败壁龙蛇字,黄鹄高飞不复还。

刘克庄的方家诗友还有方大琮、方大东、方蒙仲、方公权、方清孙、方世京、方翥、方耒、方壬、方之泰、方审权、方濯等等,后来方氏与刘氏成为姻缘关系,其密切程度不可言喻。那么,堪称莆田第一大姓的陈氏家族,既是诗书世家,也是名门望族,出过榜眼陈俊卿,官居宰相;状元陈文龙及陈瓒(民

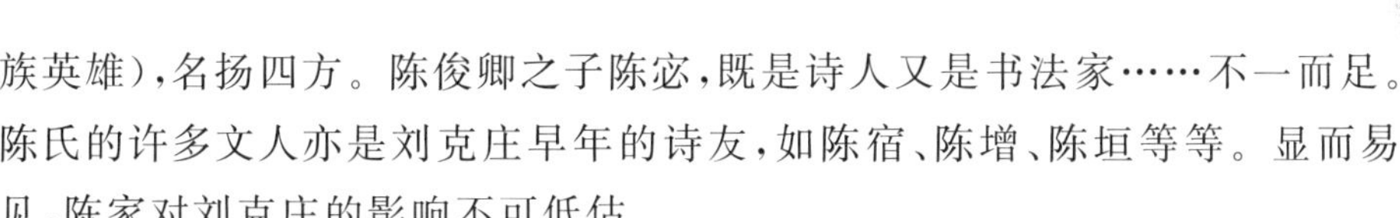

族英雄），名扬四方。陈俊卿之子陈宓，既是诗人又是书法家……不一而足。陈氏的许多文人亦是刘克庄早年的诗友，如陈宿、陈增、陈垣等等。显而易见，陈家对刘克庄的影响不可低估。

南宋历史上的“遍参”之宋代学术风气的一大特点，在这点上，刘克庄与他的同时代人一样，甚至以更为积极的思想态度和更为广泛的兴趣汲取其文化滋养，除了程朱理学之外，于南宋其他学术派别如永嘉事功学、陆氏心学、五峰南轩湘湖学、吕氏婺学等，刘克庄有着不同程度的泛观广接：“诸方善知识，亦颇遍参。”刘克庄祖父刘夙和叔祖刘朔曾二度为官温州，勤政爱民，颇得永嘉学者敬佩，与事功学派关系密切。特别是南宋浙东事功学派集大成者的叶适，刘克庄直接学习叶适文章。刘克庄称“余儿时见龙泉作陈仲石埋辞，爱其高雅如擅弓、穀梁、条畅如荀卿子，至老诵之不忘”。因为叶适“文章雄赡，才气奔逸”。之外，刘克庄亦推崇叶适的诗歌，尝言“水心（叶适）大儒，不可以诗论人，其赋《中塘梅林》……二篇兼阮、陶之高雅，沈、谢丽密，韦、柳之精深，一洗今古诗人寒俭之态矣”。叶适对刘克庄的奖掖推许奠定了他早期的文学地位。那么叶适的推重和期望必然对刘克庄产生了不可估量的激励作用，使他立志斯文。此番褒扬之推许也使刘克庄名声大振，为其后来执掌晚宋文盟奠定了坚定的精神基础。叶适卒，刘克庄有诗挽之。诗曰：“……空郡来陪哭，无人敢撰碑。纷纷门弟子，若个解称师。”与此同时，刘克庄还与叶适高足陈韡关系非同一般，两者取长补短，获益匪浅。从中进一步汲取叶氏的学术思想与文学精神。

刘克庄与陆氏门人也有往来，其自称“余生晚……不及见象山先生，识其高弟杨慈湖焉、袁洁斋焉”。转益多师，精益求精。其间，刘克庄还结识了江湖诗人曾极（北宋著名文学家曾巩侄孙），两人志同道合。交往之中曾氏对刘氏的影响主要在诗歌和博学两方面。同时，刘克庄与江西鄱阳汤氏一门四人关系甚笃。有诗为证：

忆昨桃包返故乡，意君束带侍明光。
一书似坐穷为祟，百计无如去最长。
蚁穴梦残何足记，蠖陵愿在莫须偿。
即今台阁多收召，定有名公雪孝章。

还有，刘克庄与妻兄林氏诸君有着密切的往来，或多或少产生了一定的影响。如林公遇、林瑑、林环、林公选、林公奕、林公水及林庆等，无论是在学识上，或且诗学上，尤其在诗文创作方面皆带有隐约之风，刘与林同一机杼。

总之，刘克庄好学深思，积学储宝，并且善于发现人才，广交天下有识之士，谦虚谨慎，不耻下问，学富五车，学究天人，学以致用，终成一代文学宗师——江湖诗派领袖。

众所周知，深受世人公认的朱熹学问精深，弟子甚众，除了莆田方氏与陈氏门中受学朱熹门下，刘克庄早年官游和中年在朝时期，也曾经结识了不少朱门高弟。此外，刘克庄与程朱理学一派有密切的交往。具体讲，刘克庄曾与朱熹嫡传黄榦、高弟杨楫、李方子、李燔、潘柄、陈孔硕、傅伯成等，尤其师事真德秀，还有真西山等影响甚深。因此说，刘克庄的学术思想是多元化的，其诗学根基也是儒与道相交融的，广纳四方优良之物，去粗存精。当然，少不了与莆田儒与文并重、醇实朴茂的学风影响密不可分。刘克庄的思想渊源、文学风格与文化根基，正好是莆田南宋时代的代表人物，且是南宋各学派学术旨趣的整合之集大成者——他的思想显然更倾向于“伦理的、社会的、情意的”传统儒家思想，并且试图以此为基础，展开对南宋各学派学术的兼收并蓄和融会贯通，成就了刘克庄的南宋文坛领袖的崇高地位。当然，亦影响了他的政治和品格思想。

试论刘克庄“取民易，予民难”的民本思想

◇ 周建昌

一、国难显忠臣

有宋一代，国弱而民穷，长期受到北方少数民族的侵扰，维护民族尊严和国家统一的战争接连不断，百姓长期处于贫弱而负重状态。可喜的是，儒者忠敬、民者孝义、武者勇毅，市民社会一直保持着较好的忠义文化和孝亲精神，思想上维持着较好的正量状态，国难显忠臣，族困出英豪，国家上下、民族百姓多能以天下为己任，“先天下之忧而忧，后天下之乐而乐”。天下处于兴亡之秋，国家上下众志成城，一致对外，这是一个国家和一个民族生存的根本保证。

刘克庄，作为南宋知名的文人、儒官、爱国诗人，我们从他所撰写的文章中也可以略见其有宋一代文人思想家固有的“正义”感和“爱国”之心！

二、强国先富民

国强当以民富为前提，民富则国强，民富则国富，国强则民强；反之，民弱则国弱，民穷则国穷，国穷则民弱。

国难当头，民当倾力以赴国难，不计生死，更不计财富，为国家和民族的生存而奉献自己的一切。国家和人民是一体之两面，相辅相成，缺一不可。

没有国家，民何以为生？没有人民，国何以能存？国是民之靠山，民是国之基础。人民是国家生存的基础，百姓是民族生存的前提。国之不存，民成亡国奴。国在则家在、民在、人在。

刘克庄诗云："令尹留方寸、吾民受一分"；"役民如犬马，国破作降俘"。

三、知稼穑之难

刘克庄关注民生，我们可在其诗作中略见一斑，比如刘克庄在其《谢奕楙除直宝谟阁知漳州》一文中说：

> 清漳佳郡，俗淳而事简。……庶乎知稼穑之难与民生之不易者……夫烈祖紫云楼之言及朕训廉戒贪之诏，尔盘杅几杖间，不可斯须离也。能如是，则毋负朕临遣之意。

我们在刘克庄替皇帝写的文章中，很容易看到了刘克庄的爱民之心：

（一）赞俗淳而事简

在《谢奕楙除直宝谟阁知漳州》一文中，刘克庄首先肯定了漳州环境和生态的美，同时又赞赏了漳州乡村习俗的"淳"和"简"，淳即朴实、忠厚、忠信，"简"即简朴、单纯、诚信。我们可以仔细地分析一下刘克庄所赞赏的漳州民风之"淳"与"简"。

《周易·乾·文言》："君子进德修业，忠信，所以进德也，修辞立其诚，所以居业也。"一个安详和谐、温馨幸福的乡村社会，先需要乡民百姓有较好的道德修养和自我约束力。而这又要以乡民百姓具有较高尚的德行和较好的道德意识为前提。

乡民们能严于律己，朴实而不欺，真诚而不虚，真心实意，坦诚相待，心怀善良，心胸坦荡。与人交往，"简"而不杂私心、恶意，"淳"而不藏祸心，待人以"淳"，实以待人；交人以"简"，真心相对，淳简立而社会和，百姓安，生活和谐，而民族、国家也才有希望。

（二）知民生之不易

文中述及百姓，多怀怜悯之心，"知稼穑之苦与民生之不易者"，待民如子，必先知民之苦，不知民苦，何以爱民如子。爱护百姓，必先知民之不易，

不知难，何以爱惜百姓。知难与不易，以民苦民难为心，是官吏能廉洁奉天，为百姓服务，照顾百姓利益的前提。

依宋明心学“心即理”思想，及王阳明所谓“吾性自足，不假外求”，或“吾性自足，向之求理于事物者误也”。以此评刘克庄之“知稼穑之苦”之心，则能清楚看到，刘克庄应先有“民本”之心，后，方有爱民、护民之语。无“心”，则“语”不出，“行”不至，爱民之念也无从谈起。

关于“心”，在《大学》“八目”中：格物、致知、诚意、正心、修身、齐家、治国、平天下。“正心”是后面“修齐治平”的前提，也是前面“格致诚正”的最终结果，“正心”是《大学》“八目”的关键。

刘克庄深知此“心”法，因此十分强调官吏得先“知”民之苦及不易，唯此方能做到为官“训廉戒贪”，造福一方，惠及大众，养成清官之德行。

（三）训廉戒贪

宋代自太祖赵匡胤就提倡“爱民”，对百姓负有“抚养”之责！在刘克庄文章中提到“紫云楼之言”，指的就是赵匡胤与赵普在紫云楼下的一对君臣对话：

> 宴近臣。紫云楼下，上因论及民事，谓赵普等曰：“愚下之民，虽不分菽麦，如藩侯不为抚养，务行苛虐，朕断不容之。”普对曰：“陛下爱民如此，尧舜之用心也。”

紫云楼也是宋朝廷开科取士时皇帝殿试的地方，据记载，乾德四年（996年）宋太祖亲试制科举人：

> 乾德四年五月二十七，帝于紫云楼下召陶穀、窦仪等同试贤良直言经学优深科郝益、姜涉等文理疏略，不应策问，赐酒遣之。

皇帝在紫云楼里，与在朝为官的和即将上任举人面叙谈心，疏论为官之道、行政之法、治民之术，而无论是道、法、还是术，都离不开“民心”。唐太宗之“民如水，君如舟，水可载舟，亦可覆舟”之论，时时提醒经五代更替而来的宋朝皇帝，民心向背，就是朝廷兴亡的晴雨表。

如何赢得民心，如何留住人心，一个最关键的就是为官一方，为民服务的“官员”，和执法一地，服务于“官”的“吏员”必须清正廉洁！不扰民、不侵民，更不能害民、整民、逼民，要待民如子，以“慈”待民，为官一方则有“抚养”一方百姓的责任，当爱护和保护百姓，如遇“苛虐”百姓，朝廷是定不能轻饶，当严法苛治。

宋代官吏廉洁自律，最典型的是开封府的包拯，他不仅自己铁面无私，奉公守法，刑不避亲，杀不避戚，而且还要求家人廉洁。包公还有“戒廉家训”，要求家人：

后世子孙仕官有犯赃滥者，不得放归本家。亡殁之后，不得葬于大茔之中。不从吾志，非吾子孙。

四、官为民母

刘克庄在另一篇《知漳州洪天锡除直宝谟阁依旧任》指出：

尔由前御史牧清漳，其未至也，皆以薄淮阳之疑。其既至也，躬细务而不流于清谈，举大纲而不事于小察。士曰：“吾得严师矣！”民曰：“吾得慈母矣。”

（一）民得慈母

刘克庄这段文字是对洪天锡的肯定，同时也表明刘克庄对“民得慈母”的民本思想。为官一域，当为民“慈母”，从这个名词中，我们可以清楚地看到，刘克庄心中，官对民应有的态度，即“慈”。

（二）士得严师

相对而言，文中刘克庄对“士”则以“严师”标题，对处于社会中上层的“士”人，则（1）先以“严”，从行为、道德、法律和思想等各方面予“士”以严格要求，进德不能放松！严格要求。（2）再则以引导以“师”，即教育、教导，从思想上、观念上，认识人指导、教育“士”，灌输给“士”人以正确的作为和理念。

五、取民易，予民难

刘克庄还有一篇关于漳州税法的文章：《漳州代输丁钱》，附全文如下：

民年二十至六十输丁钱，自五季始。罢之自祥符始，独漳、泉、兴化钱先折米，不克罢。蔡公襄、扈公籍踵使闽，俱条其害，议格不行。扈公

后相皇祐，竟奏减三郡所输有差。未几米复为钱。

端平元年，赵侯以夫建言："丁钱宜罢久矣，顾岁额万千缗，隶于漕，守不得专，而况民以全镪输，官以半楮发，此官不欲罢也。年甲付吏手，縻费等正钱，此吏不欲罢也。官吏规近获，民被长患，深可嗟闵。以夫尝会州家常赋外，有废刹租利钱，所入不下丁口之数，旧以充橐装篚实者。今朝廷大明好恶，表廉黜贪，贿道永绝，请以此钱为民代输。"安抚使真公某、大漕袁公某，闻而击节，上于朝曰："漳州此举可为分符守土者法。"诏可其奏。侯俾余记之。

余惟取民易，予民难。陈洪进创立之赋，循袭三百余年，中更贤牧守何啻数十公，而不能革，岂以为既取而不可复予欤？至侯乃本先贤遗意，去漳民痼疾，亦会天子方用儒相，力行仁政，而连帅、部使者皆以德选，故侯所请，朝奏而暮报也。使侯而不遇此时，虽请不得达，虽达不过下其事有司。彼桑大夫固不主贤良文学之议，而为观察使者，未必通阳城、元结之意，又不过非笑以为迂阔而已。夫因不必因之法，误也，然因之以至如此之久，余以是知取民之易也。革不容不革之弊，宜也，然革之必待如此之时，余以是知予民之难也。

始侯下车，邻寇猝至，四封告警，诸道之兵会于漳，调度繁兴，应之裕如，生禽其渠槛以献。劳赐吏士，费以千万，民不知敛，而犹有余力及斯事，然则世之谓郡县空乏不可复措手者，其果然欤？

这篇文章我们看到了刘克庄，忧民之所忧，苦民之所苦，体现出刘克庄"忧国忧民"的崇高情怀和"关怀百姓"的高尚品德。文中刘克庄对官吏的腐败的愤怒和对百姓疾苦的怜悯，溢于言表。

刘克庄分析了为什么"取民易"的原因。

(一)民不知敛

首先是"民不知敛，而犹有余力及斯事"。弱势的百姓，心善而不知"敛"，实亦无力反对，更无力抵抗。淳朴的百姓，对以其传统的对朝廷的信赖，对于官府的一切索取都是"有求必应"，守法如常，在自己力所能及，不至于影响到自己的生存的，仍有吃奶之"余力"的情况下，也都会如数缴币纳钱的。这是"取民易"的根本原因，即民风淳朴，民心善良，民德高尚。

管子曰：

故善者委施于民之所不足，操事于民之所有余。民有余则轻之，故

人君敛之以轻;民不足则重之,故人君散之以重。敛积之以轻,散行之以重,故君必有十倍之利,而财之横可得而平也。

大概意思是:善治国者总是在民间物资不足时,把库存的东西供应出去;而在民间物资有余时,把市场的商品收购起来。民间物资有余就要低价卖出,故君主应该以低价收购;民间物资不足就要高价买进,故君主应该以高价售出。用低价收购,用高价抛售,君主不但有十倍的盈利,而且物资财货的价格也可以得到调节后的稳定。

按管子的治国理念,知"敛"(即如何收敛财富,如何取富于民,求财于民的方法?)的应该是人君,即当权者、统治阶级。管子认为:人君与在取之于"民"的时候,必须根据"民"之"余"与"不足",权衡"敛"取。"民有"则可以比较大胆地"敛"取(收购民货,使民货得售出,不至于货贱而伤农),反之"民不足"时,则当反哺于"民","散"国财以使民"足"(即民求之不得,则愿高价求货,这时管子的治国之策,并非低价"赠"民,而是顺应自然,顺民之"重",即顺民愿"高价购买"之意,仍按市场供求货,开仓放货),以高价出货,以满足民之需,同时也能使国得"财富",这就是治国理财之"平"衡之道。

刘克庄在此文本中的"民不知敛",则从同情和怜悯百姓的角度,为百姓说话,赞扬百姓的善良和纯朴。"民"在与"君"(国家)交往中,"民"一直心存善意,心念国家,心忠于朝廷,信赖朝廷不害民,相信官府一定非到万不得已,不妄加"敛",民亦不知,地方官府竟会得用民对官之"信赖",不顾民苦,不知民瘼,"敛"民之财富。民一味相信"官府"的正确、理所应当和理所当然,而正是因"信"而每能在地方官府之"一呼"声中而"百应"之,此民之善而官之恶矣!刘克庄在此对善良的百姓的"怜爱"之心,"慈顾"之意,已溢于言表矣。由此亦足见刘克庄有"爱民"之初心及"忧民"之心念。

(二)官吏近获

在刘克庄心中,"取民易,予民难"的第二个原因就是"官吏规近获"!保持原来的"钱"有利可图,而贪利而不愿放弃旧规,此为官吏之不善,谋利而不爱民,谋私而害众。

官和吏在这个取之于民的"敛"(原本这是正常的国家税收行为,是百姓的义务,依法"敛"民,是正常的)钱中,都能从中得利。从官吏视角分析,官与吏都能从纳钱中渔利,能官与吏提供了官逼民交、吏强民纳的原动力,属于物质层面上的利益刺激,因此,官与吏在道德操守上,便让位于物质利益,于是就不顾百姓地疯狂敛取。这是促进官吏积极征收，使民不得不交的原因之一。而从百姓视角解释，受官与吏之强与逼，再加上百姓习惯性的对官信赖及对官府暴力的恐惧和守法、尊法的观念，触发了百姓对纳钱的应然、理然思维，最终形成“民易取”的“温馨”“和谐”“合作”“安定”的官民和平共处的大好局面。

在这个所谓“大好的”局面中，刘克庄看到了官与吏的贪婪和对百姓的暴敛，体谅到了百姓的困难和不易。从百姓、平民的视觉，替弱势的百姓、平民代言，申诉他们应有的利益，这种“爱民”之思想，应为“分符者守土者法”，也应为后世官吏学习的榜样，至今仍有非常现实的借鉴意义！值得万古称颂，万代传扬。

（三）镪全楮半

关于官吏近获，地方官吏为自己的一己私利而不顾百姓困难的原因。刘克庄在《漳州代输丁钱》一文中，有做具体的分析。

刘克家在文中引用了赵以夫的论述：“民以全镪输，官以半楮发，此官不欲罢也。年甲付吏手，縻费等正钱，此吏不欲罢也。”

在刘克庄的文章中，我们可以看到，漳、泉、兴化（莆仙）三地自五代陈洪进开征“输丁钱”以后的300多年间，历经数任有为的地方官争取，虽曾折米交纳，但这份属于百姓的“两税”之外的额外“负担”却未曾取消，有宋一朝仍一直保留征收而未废，即使是当朝（宋）其他各地相关制度已经取消的情况下，前述漳泉兴化等地的“输丁钱”仍然催征不变。

为什么“变不了”，刘克庄文中以为这与地方“大官”可以获得巨额的利益，“小吏”也一样可以从中获得不少的好处！即保留旧法能既对“官”有利，又对“吏”有益，大官和小吏都能得到好处。征收存在着巨大的利益，地方官吏们自然不可能主动或轻易在放弃。官吏的贪婪，不思民众疾苦，体会不到百姓的艰难，不以民心为心，所以“输丁钱”一直被保留下来。

“当官不为民做主，不如回家卖红薯”。刘克庄同样具有这种为官美德和忧国爱民的民本思想。

六、本先贤遗意

刘克庄在《漳州代输丁钱》一文中分析了来漳州为官的知府赵以夫为什么能在此时此刻免除源自前代（五代）已经保留了300多的输丁钱的原因。

（一）以“先贤”为本

一方官员，首先得有“爱民”之心，这是为政的前提和基础。“爱民”之应是官员的本意、起心动念的善心、为民请命的初心，非此无以为民除弊。赵以夫正因为能“本先贤遗意”，才有后续的善德、善政，为民排忧、替民解难。

古人以德治国，以法辅之，德治为先，法治辅之。为官一方，自然当以“德”为要，先从自身出发，以“先贤”为“本”，本立则末正，心正则行端，义正则事顺。官之一切行为的根本都在于为官者之“心”。“心”基以“贤”为基，以“贤”为本，以“贤”为指南。如果不能“本”以“贤”，则赵以夫不可能采取“去漳民痼疾”的行动。无起动之“心”，则无起动“行”。

（二）以“民痼”为心

“民”本思想，就是以民苦为苦，以民痼为痼，体察民瘼。官唯有心于民，再知民苦，方能真正解民于危难之中，为民急而急，为民难而难，进而先民之忧而忧，后民之乐而乐，以民为先，先民后官。不以官为本，而以民为本，官为民之用，民为官之本，当官当为民做主，当官当解民之疾。

（三）爱国诗人

刘克庄被后人称为“爱国诗人”，他的诗词在当时就以爱国与豪放艺术见称。

《贺新郎·送陈子华赴真州》是刘克庄写给他友人陈子华赴边抗金的词作，表现了他渴望收复中原的拳拳爱国之心：

> 北望神州路，试平章、这场公事，怎生分付？记得太行山百万，曾入宗爷驾驭。今把作握蛇骑虎。君去京东豪杰喜，想投戈下拜真吾父。谈笑里，定齐鲁。
>
> 两河萧瑟惟狐兔。问当年、祖生去后，有人来否？多少新亭挥泪

客，谁梦中原块土？算事业须由人做。应笑书生心胆怯，向车中、闭置如新妇。空目送，塞鸿去。

《沁园春·梦孚若》的上半部分写梦境，下半部分写梦醒后之悲切，表现了刘克庄报国之心和真诚伟大的爱国情怀：

何处相逢？登宝钗楼，访铜雀台。唤厨人斫就，东溟鲸脍；圉人呈罢，西极龙媒。天下英雄，使君与操，余子谁堪共酒杯？车千乘，载燕南赵北，剑客奇才。

饮酣画鼓如雷，谁信被晨鸡轻唤回。叹年光过尽，功名未立；书生老去，机会方来。使李将军，遇高皇帝，万户侯何足道哉！披衣起，但凄凉感旧，慷慨生哀。

《玉楼春·戏林推》前写都市生活，后劝莫忘"西北有神州"，心中有国，时刻记挂着北方大好河山和国家的兴亡：

年年跃马长安市，客舍似家家似寄。青钱换酒日无何，红烛呼卢宵不寐。

易挑锦妇机中字，难得玉人心下事。男儿西北有神州，莫滴水西桥畔泪。

七、天子仁政

刘克庄在《漳州代输丁钱》一文中，分析了知府赵以夫之所以能最后解决300多年来一直没能解决的漳州"输丁钱"的问题，除赵知府本人的本"先贤"和知"民痼"外，还有一个重要原因就是朝廷营造出来的大环境。

国家兴亡，一要靠百姓支持，自下而上；二要靠官吏爱民，居中勤力；但更重要的是第三条，即要靠朝廷，自上而下，以权、势向下推动，通过改革，改变、改善社会矛盾，解决社会问题，促进社会和谐。

朝廷，即国家的最高权力和领导机关，必须有明确而坚决的态度，即起"用儒相，力行仁政"，通过自上而下的人员调动实现权力和权利的重新分配，当然，这种变动，自然会使一大部分既得利益者的利益受到损害，产生较大的改革阻力，同时也会因为改变的效果不确定，使一部分官僚惧怕改革、害怕改变，从而选择保守、中立甚至倒退，以经验主义、稳定主义在现实中主张保持现状，维持不变。

朝廷仁政的力行，将极大地鼓励着地方官僚遵行朝廷政策，推动地方原有的不合理制度的变更和改变。刘克庄时代，正好朝廷推行仁政力度很大。以至于"连帅、部使者皆以德选"。德为先，因此德政得以推行。

而有朝廷的支持再加上地方官吏根据百姓需要而勇于改革，相关的治理主张便比较容易顺朝廷改变之潮流而得到支持，进而取得了改革的成功。

刘克庄在文中认为，如果没有朝廷"行仁政"，即"不遇此时"，没有遇到好时期、好皇帝。而地方官僚的改革或仁理(管理)，即使请示到朝廷，也无法到达皇帝之手，而即使到皇帝之手，也会因为皇帝不以为然，或不以为事，只可能"下其事有司"，即把相关事项交代下属去办而已，成不成，往往是不确定的。显然，刘克庄认为，无朝廷"仁政"则地方"仁政"是无法实现的，因此得不到朝廷的认可和支持。

八、因不必之法，误也

刘克庄指出："夫因不必因之法，误也；然恩之以至如此之久，余以为取民之易也。"在刘克庄心中，为什么先朝不善之"敛"，到本朝仍被坚持使用，首先如此"因法"是错误的，但是为什么如此之"误"敛，即能持续 300 多年，主要原因就是"取民之易也"。

刘克庄深刻地理解了百姓的善良和守法，对百姓没有任何抗拒地遵地方官吏之"敛"，深深地同情。就刘克庄的这篇文章而言，我们可以清楚地看到南宋漳州百姓是相当守法、忠诚和善良的。民不疑官，民信官而不疑，因此，官收即交，官取即予，官索即送，官要得输，官说啥给啥，官定啥是啥，多么善良的百姓啊！

综观中国的历史，也许正是自春秋战国时起形成的仁义礼智信的儒家思想的影响，处于底层的老百姓对于官府的索取几乎是有求必应的，"忠信""仁义"："忠"则指对上忠诚不疑；"信"则指对下守信不欺；"仁"则面向一般平民百姓，则以相亲相爱，相互扶持，互相帮助；若按墨家，其"爱"则更广，"兼爱"之义，则更扩大到社会全体，并不限于由亲而远，无有亲疏之异；"义"则用于社会群体，面对亲之外人群关系，中国人追求"最恰当的公平、公正、公义、公心、公德、公明"，大义可以灭亲，这就是平衡了近亲族与远社会群体之间的"公平"关系，为社会大众，构建了一个完整的、和谐的、温馨的、幸福

的大家庭、大社会、大天下！

刘克庄感叹百姓之善的同时，又转头对官之不善做了强烈的批评。从“取民易”角度，对官吏的“无耻”做了对照批判。这是刘克庄的“民本”思想，“爱民”观点，“亲民”观念，值得当代官员和管理者借鉴和学习。

九、革不容之革，宜也

刘克庄的思想是“与时偕行”的，随着时代和环境的改变，他是主张应该变革的。所以他主张改革。

然而有些显而易见的问题的改革，却被拖延了300年之久，刘克庄仍从“民本”角度出发，指出，这是官吏不能主动让利于民的缘故。

随着时代的变化，社会的变革是必然的，但是从古至今，改革的阻力总是巨大的，每一次的再小的改革都会面临既得利益者的阻碍。

在刘克庄眼里，某项理应变革的不合理社会制度，之所以变革不了，究其原因有二：一是受不利者太善良，没有形成必要的抵抗力量，因此，让一种不合理的制度一直保存着，未能自下而上的变革。实际上，一项不合适的制度的矛盾，如果激发到必须自下而上才能改变的时候，这个时候，就可能是一场旷日持久的“平民革命”（农民起义）或“帮派轮替”，这里流血和动荡就在所难免。二是受益者太贪心，不愿意让出多得的利益，贪得无厌，因此一直保持着不合理的制度存在。

一般情况下，这里的改变，如果能自上而下实行，则是朝廷明君善政时期，是自上而下的既得利益者的自愿让利，这是在统治者看到了社会问题并意识到社会不合理的情况下，做出的主动变革，这种变革一般是上层阶级一派对另一派的斗争，其结果往往是以一派胜而有派败而确定改革成功与否。

综观中国大历史，几乎大部分大规模自上而下的变革，无论成功与否，主持变革者都会受到巨大的冲突，甚至要付出生命，如先秦时期的商鞅、宋时的王安石，都一样，前者最后付出了生命，后者下场也不好。但可喜的是，所有的社会变革，就整体而言，却都推动了社会的进步，同时也给社会发展方向提供了实际有效的社会实验的经验，推动了社会的进步，在客观上都是值得赞扬的，包括王莽改制、袁世凯复辟帝制，也都在一定程度上给我们的社会发展和进步提供了反面的实践教材，某种意义上说，同样是有意义的。

十、丝毫要及民

刘克庄的民本思想，这其许多诗文作品中都有所体现。

《送方阜高赴衡州法掾》

仕不论高下，丝毫要及民。君其守三尺，古有活千人。
岳树侵云杪，江蓠满水滨。楚芳饥可荐，切莫叹清贫。

细细读一读这首诗，我们不得不感慨，在宋代莆仙籍高官中，相比于像北宋的蔡京，南宋的刘克庄的精神境界就高出许多，至少我们从刘克庄的诗文中看到了刘克庄高尚的"民"本思想和清廉心结。

刘克庄在诗中表达了，官无论大小、职位无论高低，既然出来当官就应该一点一滴，一丝一毫总想着老百姓，想到"民"，想到普罗大众，想到受你管辖、遵从官府的一般"民"众。刘克庄认为，当官不可以是为了发财，当官并不是求财，为官一方，应该造"富"百姓，造"福"百姓，即"及民"，而万万不可"叹清贫"，即不要埋怨当官没钱，当官"清贫"。应该说，在刘克庄眼里，当官"清贫"是正常的，如果能因功受赏，因此，得富，这才是意外之福。显示，在刘克庄眼中，当官只有造福一方百姓才是首要的，而为官者自身的私家贫与富，则不应该是为官者考量的问题，更不应该成为为官的目的。

《送真舍人帅江西八首》之八

身已为民与世疏，的无一步离村居。
昨朝出郭迟公至，废了窗间数叶书。

"身已为民与世疏"，这句诗，描述刘克庄全心全意为百姓着想的实际状态。为了百姓疾苦，他与世人疏远了，牺牲了个人的爱好和生活的乐趣，全身心地投入到"为民"服务的繁忙公务中去。"的无一步离村居"，勤于公务，一直就呆在小村庄里的居所里，一步也没离开过小村庄。拳拳"勤政""爱民"之为，跃然于诗文之中。

《田舍即事十首》(之二)

村落争看乌角巾，略谈北事向南人。
百年只有中州乐，世世无为塞下民。

"谈北事""中州乐"，"塞下民"，在这首诗里，我们仿佛看到范仲淹在《岳阳楼记》中的那句名言："居庙堂之高则忧其民，处江湖之远则忧其君。"刘克

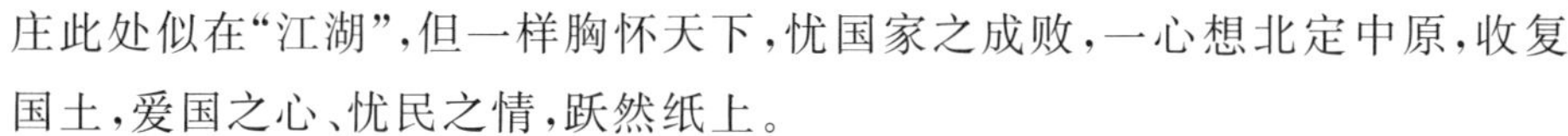

庄此处似在“江湖”，但一样胸怀天下，忧国家之成败，一心想北定中原，收复国土，爱国之心、忧民之情，跃然纸上。

《奏议召对札子》(二)

> 臣既妄议时务于前矣，深惟使事有当复于上者，其一曰：“恤贫民”。兵兴以来，濒江之人，困于和籴，困于军需，困于浮塩，困于抛买，困于招军……
>
> 臣愿陛下选拔帅守监司，常用明治乱知大体之人，守令循良者擢之，贪残者斥之。民心爱戴而不贰，则天命眷顾而不释矣。

刘克庄的“民本”思想，在其奏章中也能找到许多。上引刘克庄的奏议，就明确的主张朝廷应该充分的“恤贫民”。对民之“困”有充分的理解和感受，体现了刘克庄鲜明的“民本”思想和“爱民”观念。

《七言三首》(二)

古来春日宽书下，定有尧言发德音。
两向红云傍畔立，最知圣主爱民心。

“爱民心”，上至朝廷下到官吏，在行使任何管理措施的时候，都应该保持着“爱民”之心。唯此，朝廷以及地方官员的统治方能长治久安。刘克庄诗中，强调“德音”和“民心”，而德音是道德宣传和道德宣示，只有心中先“德”，口中才有可能发出“德音”，而行动也才有可能是“行善德”。民心身背，民是国家的基础，朝廷如果没有“爱民心”，则不可能行善政，而不行善的结果必定是国破朝亡。

刘克庄的“民本”思想的源流和脉络，源于传统的儒家“民为重”的传统观念。加上刘克庄出自民间，靠考科举，凭自己的才学赢得了官职，来自于民，仍不忘民之难，处处为民请命，替民说明，为民谋利，解民之难，其高尚的“为民”。刘克庄根深蒂固的“民本”思想，夹杂关他强烈的爱国情结，为刘克庄的“民本”思想增添了内容，也体现了刘克庄特有的爱国情结和爱民善念。

试评刘克庄

◇ 金立敏　潮　水

刘克庄是我国南宋时期一位重要的政治家、杰出的文学家，著名的诗、词作家，在南宋历史上留下深深印记的人物。

刘克庄，初名灼，字潜夫，号后村，宋孝宗淳熙十四年（1187年）出生于福建兴化军一个世代书香的家庭，咸淳五年（1269年），在家乡病逝。祖父刘夙，进士出身，曾知温州。父亲刘弥正，进士出身，曾任户部侍郎。刘夙父子以诗书文章著名，对刘克庄要求很严。刘克庄自幼酷爱读书，多年的苦读使他精通诗词，并显露出文学才华，正是"少时独步词场，引弦百发无虚矢"。刘克庄入仕于嘉定三年（1210年），入朝于端平元年（1234年）。在南宋的政治斗争中，他不肯趋炎附势，随波逐流，因而屡遭贬逐。景定元年（1260年），刘克庄再度入朝，并以焕章阁学士致仕，从而结束了长达五十多年的仕宦生涯。他在仕途中，文名颇著，又交游甚广，以诗文会友，上至宰相公卿，下至江湖诗友，成为南宋后期文坛宗主。

刘克庄一生经历孝宗、光宗、宁宗、理宗、度宗五朝，几乎贯穿于南宋整个中后期。综观刘克庄一生，他从政，为官，在青史上立德、立功、立言，也是有作为的，有政绩的；为文，也是多产、高产，且是高龄作家，后人称他和陆游、辛弃疾是南宋"三足鼎立"的诗词大家，可见他的文学成就之大。《后村先生大全集》就是他留给后人的重要文化遗产和精神遗产。

宋宁宗嘉定二年（1209年），二十三岁的刘灼由于祖荫补将仕郎，任江西隆兴府靖安县主簿，并改名克庄。他少怀大志，忧国忧民，时刻关怀着中原失地和被蹂躏的百姓。嘉定九年（1216年），30岁时赴江苏真州（仪征）任录事参军，积极从事抗金斗争。嘉定十一年（1218年），他当江淮制置使李珏的准遣（幕僚），向李珏建议整顿边防，调刘良军一部防守扬州，以防万一，但李珏没有采纳这一有远见的建议。结果金兵南下，扬州失守，金陵震动。嘉定十七年(1224 年)，刘克庄任宣教郎，知建阳县。在建阳，他关心民生，兴学施教，增加赈米。他在义仓门前大书一联："聊为尔民留饭碗，岂无来者续心灯。"福建安抚使真德秀赞颂他是"父母之心，仁人之言"。他还做到"庭无留讼"，颇有政绩。

刘克庄前半生所处的时代，宋金民族矛盾非常尖锐。他深切关注国家兴亡。好友陈子华赴真州任知州，他作词劝告陈子华到真州上任后，要学习祖逖、宗泽、岳飞，联合京东豪杰，共同抗金，收复失地，并热情鼓励好友"事业须由人做"，要勇往直前干一番事业。他谴责"新亭挥泪"的主和派官僚，曾作《落梅诗》以言其志："东风谬掌花权柄，却忌孤高不主张。"他因此而触怒了当朝宰相史弥远，被罢了官。

刘克庄晚年，即端平元年(1234 年)，宋蒙联合灭金，当攻克汴京的消息传回南宋时，举国欢腾，刘克庄为即将结束百余年分裂局面而振奋。他又与众不同，关心天下兴亡大事，关注形势的发展，对新兴的蒙古贵族有自己较为清醒的认识，对蒙古贵族将会南侵，对国家构成新的威胁，有着高度的警觉。

这一年，刘克庄任福建安抚使真德秀的参议官。同年秋天，经老师、好友真德秀(已升为户部尚书)推荐，进京任宗正主簿。他在《北来人》诗中写道："试说东都事，添来白发多。寝园残石马，废殿泣铜驼。胡运占难久，边情听易讹。凄凉旧京女，妆髻忧宣和。"他提醒当权者注意新的敌人，并予防备。次年，刘克庄任枢密院编修。他又作诗："不妨割肉喂豺狼，知约依然堕渺茫。未必与吾盟夹谷，且宜防彼劫平凉。"再次提醒当权者对蒙古贵族应加强戒备。

刘克庄爱国忠君，性格耿直，为官忠正，不随波逐流，不顾个人安危，敢于直言，向上建言献策。同僚敬佩，并赞颂他，说："不意二刘之后，有此佳儿"。结果，他却往往又得罪权贵，一次次被罢官。也因此，仕途多舛。

端平三年(1236 年)，刘克庄知漳州，继之知袁州。不久，又被免职。嘉熙三年(1239 年)，他任江西提举，继任广东提举，旋升转运副使，再任江东提刑。淳祐四年(1244 年)，他弹劾信州贪官污吏。淳祐六年，他五十九岁时，理宗接见。并赞扬刘克庄"文名久著，史学尤精"，特赐同进士出身。接着，他又调任秘书少监、国史院编修官、实录院检讨官、崇政殿说书官。由于他直言不讳，讲吕后擅权、秦桧阴谋等事，弹劾史弥远，与理宗争执，结果又被

罢官。第二年，朝廷又起用他知漳州、福建提刑。淳祐十一年(1251年)起，他先后任秘书监兼太常少师、直学士院、崇政殿说书、起居舍人、侍讲等。他曾多次向皇帝建议："国家以危惧存，以佚乐亡，臣愿陛下毋忘胡马饮江时，大臣无忘入陕，毋忘汉阳舟中与白鹿矶时，士大夫无以清谈废务，无以浮文妨要。"希望皇帝敬贤任才，力修内政，北伐恢复失地，统一祖国，并建议皇帝御驾亲征。但朝廷贪图奢华，苟安东南，他的建议未被采纳。他为官廉正，虽然得到当时人们的赞颂，却又被免职。

淳祐十二年(1252年)，刘克庄已六十六岁。从福建转运副使任上受谤被免职回乡。此后，他在家闲居八年。景定元年(1260年)，他七十四岁时，又被起用任兵部侍郎，兼中书舍人等职。景定三年(1262年)，除权工部尚书兼侍读。不久，知建宁州。

这期间，刘克庄仍然关注南宋、蒙元战事的发展变化，"暮年未敢忘忧国"。国家的安危一直牵动着刘克庄的心，他写有《又闻边报》四首、《即事十绝》、《北耗》、《蜀捷》、《观调发四首》、《淮捷一首》、《书事十首》、《寄陈澈计议二首》等诗，反映抗蒙战争的状况和与它有关的诸问题。景定五年(1264年)，七十八岁的刘克庄告老返乡。宋度宗咸淳五年(1264年)，刘克庄在家乡病逝，享年八十三岁。

刘克庄所处的时代正是南宋避地江南，屈辱苟安，汉族人民反抗金兵和蒙元南侵，要求恢复大好河山的时期。他在词作上师从陆游、辛弃疾，写了大量的诗、词、散文，风格豪放，爱国思想溢于诗文中。范文澜所著《中国通史》称他在词上继承辛派词人的豪放风格，是"南宋后期能独树一格的重要词人"。他的诗、词、散文收集在《后村先生大全集》和《后村别调》中，传于后世。其中有诗约5000首，词200多首，以及众多的散文。

刘克庄的诗、词、散文除了思想、艺术上追求外，还很有特色。刘克庄文学活动时间长，与社会上层和下层人士都有交往，交流广深，见多识广，多产、高产，且又高龄，可与陆游相对比。他的诗、词、散文创作特色，具体体现在以下三个方面：

一是刘克庄关心国家命运、民族前途，关怀沦陷区人民，主张抗金收复国土，统一祖国。他疾呼："男儿西北有神州，莫滴水西桥畔泪。""问长缨，何时入手，缚将戎主？""铁马晓嘶营壁冷，楼船夜渡风涛急。"充分反映了作者强烈的爱国思想。他在《贺新郎·送陈真州子华》中写道：

北望神州路，试平章，这场公事，怎生分付？记得太行山百万作，曾入宗爷驾驭。今把作握蛇骑虎。君去京东豪杰喜,想投戈下拜“真吾父”。笑谈里,定齐鲁。

两河萧瑟唯孤免。问当年祖生去后,有人来否?多少新亭挥泪客,谁梦中原块土?算事业须由人做。应笑书生心胆怯,向车中,闭置如新妇。空目送,归鸿去。

二是刘克庄揭露统治者腐朽,同情百姓疾苦。当时,南宋小朝廷偏安一隅,沉浸于歌舞酒色中。刘克庄在许多诗词中,对此做了鞭挞,并反映了百姓的疾苦。如《满江红·夜雨凉甚,忽动从戎之兴》中写道:“金甲琱戈,记当日,辕门初立,磨盾鼻,一挥千纸,龙蛇尤湿。铁马晓嘶营壁冷,楼船夜渡风涛急。”“有谁怜,猿臂故将军,无功级?”“平戎策,从军什,零落尽,慵收拾。把《茶经》、《香传》,时时温习。生怕客谈榆塞事,且教儿颂《花间集》,叹臣之壮也不如人,今何及。”统治者如此腐朽,作者只能空怀报国志。另有一诗写道:“将军贵重不据鞍,夜夜发兵防隘口。”“谁知营中血战人,无钱得合金疮药。”又如《长相思》写道:“烟凄凄,草凄凄。野火原烧头断碑,不如各姓谁。印累累,冢累累,千万人中几个归。荣华朝露晞。”他说:“昔之所谓富贵者,不过聚象犀珠玉之好,穷声色耳目之奉……至于吞噬千家之膏腴,在亘数路这阡陌,岁入号百万斛。则自开辟以来,未之有也。”他在劳农诗中又写道:“可怜老子扶凋邑,绝似吾民垦瘠田。……太平主相调元气,春在桑畦麦垄边。”可见当时百姓生活之苦及作者寄予的无限同情。

三是反映了刘克庄进步的文学主张,即评论诗文要“文德相符”,重诗人品格,重诗文内容。他认为只有诗人的高尚品德与诗歌的内容一致时,才能成为好诗。同时,他主张诗歌语言要“简澹”“委婉”“轻清”“虚明”。他还坚持创作中“比兴寄托”的手段,努力拓宽境界,追求表现上不拘一格,打破当时诗界千人一面的局面,形成独特的风格。

刘克庄一生爱国忧国,著述丰厚,是南宋时期诗词大家,是福建文学家中在全国文学成就和影响最大的一个。清代学者冯煦评他:“拳拳君国,似放翁;志在有为,不欲以词人自域,似稼轩。”

参考文献

1.(宋)刘克庄:《刘克庄集笺校》,北京:中华书局,2011年。

2.程章灿:《刘克庄年谱》,贵阳:贵州人民出版社,1993年。

3.金文亨、金立敏:《人物春秋》,厦门:厦门大学出版社,1999年。

刘克庄在建阳

◇刘　通

刘克庄(1187—1269),初名灼,字潜夫,号后村居士,福建莆田人。他出生在一个世宦之家,祖父刘夙登进士第,知温州。父亲刘弥正,登进士第,官至吏部侍郎。宋宁宗嘉定二年(1209年)他以荫补将仕郎,初仕靖安主簿、真州录事。后游幕于江浙闽广等地。十二年监南岳庙。宋理宗宝庆元年(1225年)秋知建阳县,政绩卓著。本文从初辟朱子祠、宋慈史料存、吾民留饭碗、交游众贤士、宰县书判明、落梅诗案起、父老重情谊等方面予以简要阐述,以缅怀先贤业绩,重温刘克庄与建阳人民的深情厚谊。

一、代拟文公谥　初辟朱子祠

刘克庄来建阳上任时,庆元党禁虽然解除,但其阴魂尚未散尽,邑人还不敢公开祭祀朱子。刘克庄到任后,前往瞻仰考亭朱熹故居,目睹败落的庭院,感叹一代名儒身后如此冷落,随即筹款率先把朱子当年讲学的"沧洲精舍"辟为"朱子祠"。刘克庄赴任三百天,新祠落成,栋宇焕然一新。他召集地方官员与名流雅士前往祭拜,并亲自书写祝文如下:

> 巍巍文公,宋之夫子。翼翼考亭,建之阙里。竹林萧萧,下有精庐。……

祝文中的"阙里",原指孔子讲学之地——山东曲阜阙里街。刘克庄认为,孔子是春秋战国时期的夫子,而朱子是宋代的夫子。为此他把考亭比作阙里,建阳被后人称之为"南闽阙里"即源于此。

刘克庄认为,朱子之所以成为先贤,是因为其"父兄师友厚之至也"。因此，他在建阳除了初辟朱子祠之外，还于县坊儒学兴建了“四君子祠”，表彰朱松、刘勉之、范如圭和魏掞之四位君子的业绩。[1]

其实，上述祝文中“文公”称号的来历，与刘克庄更是具有极其密切的关系。宋宁宗嘉定元年(1208 年)，宁宗皇帝以南宋理学家朱熹所倡导的理学“有德于朝”，要给朱熹特赐谥号，并令太常寺研究拟定谥号。当初，太常寺议定给朱熹的谥号为复谥“文忠”。而当时刚刚步入仕途的刘克庄认为，给朱熹定复谥“文忠”似是而非，不符合他生前的行为实际，应当重新予以复议。于是，他就为他时任高官的父亲代拟了一份奏章《侍讲朱公复谥议》上奏给朝廷，建议只要给朱熹定谥号“文”就可以了。

最终，宋宁宗皇帝力排众议采纳了刘克庄的意见，于宁宗嘉定二年(1209 年)特赐朱熹谥号为“文”，世称朱熹为“文公”即由此而来。刘克庄这位当时名不见经传的小人物立刻引起朝野的轰动。[2]

二、真门师兄弟　宋慈史料存

刘克庄在建阳任职期间，与后来成为世界法医学鼻祖的建阳人宋慈(字惠父，号自牧)友情甚笃。并成为浦城真德秀(西山先生)门下的师兄弟。

宋理宗宝庆元年(1225 年)冬，真德秀奉祠里居，正值刘克庄宰建阳，他特地去邻县浦城登门拜访，并以师事之，故此成为真门弟子。“讲学问政，一变至道。崇风教，表儒先，如古循吏”[3]。其时，刘克庄还派遣一位小吏王堪为西山先生服务。刘克庄于数年后赠予王堪一组七绝诗，其诗前小序足以为证：

> 余为建阳令，遣小吏王堪为西山翁之役，翁留之仙游山房招鹤亭之上，令抄道书，久之若有所悟，弃家不归。后六七年访余田间，敝裘跣足，真为道人矣！自言欲谒翁于桐城，作五诗送之。

宋慈则于早年读太学时，恰逢真德秀任太学博士，所以早就师事西山先

① 刘建：《大潭书》，北京：文物出版社，1994，第 230 页。

② 詹淑海：《刘克庄评传》，福州：海峡文艺出版社，2017 年，第 29～32 页。

③ 洪天赐：《后村先生墓志铭》，引自詹淑海：《刘克庄评传》，福州：海峡文艺出版社，2017 年，第 399 页。

生了。真德秀还盛赞宋慈的文章有源流，情感都是从心灵肺腑深处发出来的。[①] 因此，刘克庄与宋慈同为真门弟子。

宝庆三年(1227 年)，当宋慈受命前往江西剿匪时，刘克庄以建阳县令身份为宋慈置酒饯行，并作《满江红 · 送宋惠父入江西幕》二首，其一为：

满腹诗书，余事到、穰苴兵法。新受了、乌公书币，着鞭垂发。黄纸红旗喧道路，黑风青草空巢穴。向幼安、宣子顶头行，方奇特。

溪峒事，听侬说。龚遂外，无长策。便献俘非勇，纳降非怯。帐下健儿休尽锐，草间赤子俱求活。到崆峒、快寄凯歌来，宽离别。

诗人在词中表现出一种可贵的人道主义精神，不仅希望宋慈尽快平定叛乱。同时也奉劝宋兄“帐下健儿休尽锐，草间赤子俱求活”，不要残酷镇压起义的峒民，应采取招安纳降的措施，妥善处理好这件事，以表达对贫民境遇的同情和理解。

淳祐九年(1249 年)，宋慈病逝于广东任上，次年归葬建阳。宋理宗特赠朝议大夫，誉他为“中外分忧之臣”，并亲书墓门“慈字惠父，宋公之墓”。刘克庄于十年后应宋慈儿子之邀，根据自己掌握的宋氏情况和宋慈原部下李昴英所作的《自牧先生宋公行状》撰写了《宋经略墓志铭》，盛赞宋慈为官清廉、雪冤禁暴等丰功伟绩。他所撰写的这篇墓志铭，成为后世了解宋慈生平的最重要史料。[②]

三、吾民留饭碗　来者续心灯

刘克庄在建阳做的最得人心的一件事是重修并充实建阳义仓。他筹得资金 3000 余缗，在所存粮食不及原库容五分之一的状况下，增籴赈粜仓至 4000 余斛，解决了当地老百姓遭遇饥饿的难题。他同时在义仓大门两边亲笔书写了一副对联：

聊为吾民留饭碗，岂无来者续心灯。

刘克庄的老师浦城真西山德秀先生撰写了《建阳县复赈粜仓记》，并称赞他此副对联包含“父母之心，仁人之言”。同时还写道：“后之君子必有以

① 刘通：《宋慈与洗冤集录研究》，福州：海峡文艺出版社，2016 年，第 3 页。

② 刘通：《宋慈与洗冤集录研究》，福州：海峡文艺出版社，2016 年，第 121～126 页。

侯之心为心者，以似以续，虽至于无穷可也。”[①]呼吁后来为官者要真正担当起“续心灯”的责任与义务。

戴复古的《访古田刘无竞》中有“前说建阳宰，古田今似之”诗句，并小记道：“潜夫宰建阳有声，人言自有建阳无此宰”。看来此言一点不虚。

四、交游众贤士　山水赋诗文

刘克庄到任建阳后，立即遍访当地名贤诸老，深入了解本地的社情民意，虚心请教施政经验。刘克庄先后拜访过陈敬叟、刘子寰，并分别为他们的诗集写过序。刘克庄还与游九功交游，并多次去他的书斋“似山堂”考德问政。[②]

刘克庄宰建阳期间，还与建阳马氏、杨椿老、宋景高等人交往，留有诗作如《寄题建阳马氏晚香堂》《次韵寄题建阳马氏亦乐园》《赠建阳医士杨椿老二首》《寄题建阳宋景高友于堂》等。建阳蔡氏九儒之一的蔡久轩曾为宋景高作过《友于堂记》，可以互为印证。

刘克庄在建阳时，还与邑外的陈宓、刘相士等友人保持联系，有诗为证如《谢建阳宰刘潜夫寄酒(陈宓)》《赠崇安刘相士》。

刘克庄知建阳，多次去过下辖的麻沙和崇化(现称书坊乡)。他曾写了一首《崇化麻沙道中》七律诗，对崇化和麻沙两坊的山水风光倍加赞赏，并流露出打算在此归隐的想法。诗文如下：

经行爱此人烟好，面俯清溪背负山。
半艇何妨呼渡去，小桥不碍负薪还。
远闻清磬来林杪，忽有朱栏出竹间。
深处安知无隐者，卜邻容我设柴关。

2012 年夏末，笔者思念故乡麻沙时，曾步刘克庄诗韵，赋有拙诗一首——《七律・咏麻沙，用刘克庄〈崇化麻沙道中〉韵》：

麻阳流域发祥地，今古传奇山外山。
建本飘香随市去，淮山似玉聚财还。

---

① 真德秀：《建阳县复赈粜仓记》，引自(清)道光《建阳县志》，校注本，第 601～602 页。

② 詹湫海：《刘克庄评传》，福州：海峡文艺出版社，2017 年，第 68～69 页。

定夫立雪二程处，元定吟诗八景间。

于此吾身非异客，依依幽梦恋乡关。①

五、施政重教化　宰县书判明

刘克庄具备深厚的法律实践经验和儒家传统的民本精神。其相关司法活动表现出保障法意与人情相统一，惩恶护民与抑强扶弱相结合，维护和睦与保家息讼兼顾等原则，不仅是南宋时期优秀官员综合素质的集中反映，亦是中国传统法文化中的精华体现，其中的可贵之处对今日法治文明的建设依然可资借鉴。②

刘克庄知建阳期间，虽然主要以优秀的儒家传统文化教化民众，但遇到诉讼案例时，依然严肃对待，书判清明。《名公书判清明集》一书共收录刘克庄书判 22 篇，其中《争山妄指界至》一案发生在建阳县。③ 此案为建阳人俞行父、俞定国兄弟与傅三七争山之讼，县衙祖主簿出面干扰司法公证。刘克庄做出了“行父、定国恃豪富压小民，挟寄居抗官府，各勘杖一百，拘契入案……干人责戒厉状”的严厉惩处。

六、落梅诗案起　爱妻赴黄泉

南宋时，一部由杭州书商陈起编刻的，反映早期江湖诗派创作成就的大型诗歌总集《江湖集》问世。这部集子中收有刘克庄的《黄巢战场》《落梅》两首诗，还有曾极《春》诗等，其中《落梅》诗如下：

一片能教一断肠，可堪平砌更堆墙。

飘如迁客来过岭，坠似骚人去赴湘。

---

① 刘通：《似梦似真——麻阳斋诗词续集》，香港：华夏文化出版社，2016 年，第 47 页。

② 项磊、杨丽英：《论名公刘克庄与南宋司法文化》，《绍兴文理学院学报》2017 年第 6 期。

③ 中国社会科学院历史研究所宋辽金元史研究室点校：《名公书判清明集》，北京：中华书局，1987 年，第 157～159 页。

乱点莓苔多莫数，偶黏衣袖久犹香。

东风谬掌花权柄，却忌孤高不主张。

这首诗为刘克庄惹来了麻烦。其中“东风谬掌花权柄，却忌孤高不主张”两句，被谏官李知孝等人指控为“讪谤当国”，逐级递交弹劾状。结果曾极、陈起等人或被流配，或被贬斥。刘克庄正值建阳县令任上，本来也难以逃脱被贬，只是因为福建同乡、签书枢密院事郑清之从中说情，才使他幸免于“押归听读”的命运，但仍于绍定元年(1228 年)建阳令秩满时，被解任归莆田老家闲居。[①]

就在同年农历七月初六，刘克庄离任之前，他的爱妻林节在建阳病逝，终年 39 岁。他在《亡室墓志铭》中说：

余调建阳令，君已胃弱恶食，抵官，且愈矣，复感风痹，神色逾好，不类病人。余垂满，君若脾浅，饵岁丹黄芽百粒，不止。既亟，父老苆炬环匝县门，膜拜所谓佛者，为君祈安。既逝，邑人相吊如丧亲戚。既讣，乡之贤大夫皆言余曰：“孝敬慈顺，可为内则者，今亡矣。”

林氏孝敬慈顺，贤淑俭约，克庄为官，远近必俱。[②] 从林节病逝时，“邑人相吊如丧亲戚”来看，刘庄克与建阳人民的感情非同一般。

总之，刘克庄知建阳三年时间里，从初辟朱子祠、宋慈史料存、吾民留饭碗、宰县书判明等来看，委实为建阳人民做了许多大好事；但从落梅诗案起、爱妻赴黄泉方面来看，建阳又是他的伤心之地。刘克庄之后多次途经建阳，留下多首《过建阳》诗，每次都受到邑中父老乡亲的热情款待，得到“携扶伛偻拜车前”的礼遇。他曾说：“余去官久，每出其境，城廓村落，父老子弟必幡华迎饯，追随不至。晚罹艰棘，耆宿有赍粮行千里相吊者。”《过建阳》中有“愚公老矣痴如故，长把心灯望后贤”这样的诗句。由此可见，刘克庄一生都与建阳人民结下深厚的情谊。

---

① 林祖泉：《刘克庄与“江湖诗祸”》，《莆田文史》，莆田文化网，2017－12－1217997 A＋A。

② 程章灿：《刘克庄年谱》，贵阳：贵州人民出版社，1993 年，第 108～109 页。

刘克庄诗文中的地域印记及其精神归宿

◇ 侯体健

晚宋文学家刘克庄长期里居家乡莆田，其文学具有极强的地域印记。莆田作为实存空间，其本身隐性的人文传统与地域色彩潜移默化地影响着刘克庄的文学创作，他的作品在某种意义上甚至可称作“莆体”。作为象征空间，刘克庄又不断地赋予莆田以意义，也不断地向莆田索求意义，自然山水中的“乌石山”和“徐潭”象征意义的变化即反映出刘克庄心态转变的轨迹，是其精神之映射。而地域物产荔枝，也在刘克庄笔下成为一个独特的意象。刘克庄文学中的故乡、青春、放逐、归隐等主题在莆田不断地演绎，这影响到其诗文的题材选择、意象塑造、主题表达和风格形成。

地域环境与文学生成之间的关系，是古今中外先哲们共同关注的话题。相关论述蜂出不息，不胜枚举。地域对文学之影响，是文学研究者无法回避的问题，于宋犹然①。南宋文学家刘克庄出生于福建莆田（今福建省莆田市），这里是他面对的第一空间，这一生于斯、长于斯的空间赋予其气质，塑造其品格，影响其思维，刻画其记忆，乃其生命之根，对他的文学之影响尤为深刻。莆田的文化传统、风物山川、名胜古迹、习俗语音，或隐或显地影响着刘克庄的创作，这些因素与他的文学生成和精神嬗变之间形成了密切的关系，莆田在刘克庄的文学作品中呈现为一个复杂的空间。

① 宋代文学中的地域差异，可参看程民生：《宋代地域文化》第七章第一节，开封：河南大学出版社，1997 年。

一、"莆体"和"乌石山"：历史积淀与自然山川的双重印痕

刘克庄虽宦游一生，供职频变，然据其履历，八十三年生涯之中，有近五十年是在家乡莆田度过的。这是一片养育他的土地，他的文学是在这里的传统中滋养出来的，因而也就天然地打上了莆田的印记。莆田，自太平兴国四年（979年）始属福建路兴化军，太平兴国八年（983年）之后为军治所在，这里"山川清淑，风俗醇美，民生其间，率多秀异"[①]，负山阻海，干戈不动，弦歌相闻，谚云"三家两书堂"，具有良好的文化氛围。北宋兴化名人蔡襄说："每朝廷取士，率登第言之，举天下郡县，无有绝过吾郡县者。甚乎，其盛也哉！"[②]而据南宋李俊甫《莆阳比事》[③]卷一"前代名贤，皇朝进士"条载："莆阳登皇朝进士第者，自兴国八年王世则榜李欣始，至嘉定七年袁甫榜，正科已八百余人，特科已五百余人，新第者率题名于郡桂籍堂。"刘克庄《和潘侯劝驾韵》诗亦曰"唐季闽尤多进士，宋兴莆已四抡魁"[④]，足见莆田地区科举人才之辈出、人文气息之浓厚。在南宋科举考试经义与词赋并行的两大类中，莆田士人又以词赋最为闻名。刘克庄言"吾乡徐正字夤，唐末有能赋声，外国

---

① 见（宋）陈说：《莆阳比事序》，（宋）李俊甫：《莆阳比事》，宛委别藏本。

② （宋）蔡襄：《兴化军仙游县登第记序》，《蔡襄集》卷二十九，上海：上海古籍出版社，第509页。

③ 李俊甫为莆田人，《莆阳比事》七卷，约成于嘉定六年（1213年），刘克庄岳父林瑑有跋。所谓"莆阳"，据卷一"闽分八郡，莆有三邑"条，大抵指兴化军，包括但不限于莆田县，此外还有仙游、兴化二县。

④ 北京大学古文献研究所编：《全宋诗》，北京：北京大学出版社，1998年，第36437页。下文所涉宋人诗歌，若无特别说明，均据《全宋诗》，不再出注，仅列篇目与页码于文中。

皆颂其赋"[①]即已说明莆田词赋唐时早已闻名[②],北宋"闽士多好学而专用赋以应科举"[③]也是众所周知的,到南宋时,莆士以词赋中高第者仍不在少数,林大鼐、郑厚、黄公度、刘夙、刘朔,均是如此。直至元代文学家戴表元仍称扬"异方之精词赋者,莫如闽士"[④],可见词赋之盛,确是闽中源远流长的传统[⑤]。而从《莆阳比事》卷三"以诗名家,有文行世"条丰富的记载来看,可以毫不夸张地说,闽中莆田是一片文学的沃土。

南宋场屋之辞赋乃以律赋为要,在刘克庄的文集中甚至出现了"莆体"这一概念。刘克庄在《丁元有墓志铭》中有"天下声律尚莆体,莆体发源自丁氏"(《全宋文》第 331 册,第 198 页)之句,在《林实甫墓志铭》中也谈及林秀发"试别头赋擅场,考官疑'莆体',避乡嫌不敢取"(《全宋文》第 332 册,第 1 页)。律赋而专有"莆体",当是词赋在莆田繁盛而派生出来的地域色彩浓厚的文体。关于"莆体"的材料,大概由于"科举律赋不得预文章之数,虽工不足道也"[⑥]的缘故,我们已无法找到大量的莆人律赋比对考订,也就无法确定其具体的文风特色,但它是一种有莆田地域特色的文体则是可以肯定的。曾慥《类说》引《古今诗话》"闽士诗赋"条云:"真宗朝,试《天德清明赋》,有闽士破题云:'天道如何? 仰之弥高。'会考试亦闽人,遂中选。"[⑦]由于律赋讲究严格的八韵,此处闽士将"何"与"高"相押,若按"官韵"绳之,则极可能罢黜,但因考官亦闽人,偏袒而取之。由此,我们推测"莆体"律赋或亦在用韵上有以方音入韵之特点(这当然非其全部特点,仅是一端而已)。一般律赋都是押"官韵",所谓"官韵",在南宋大抵以《礼部韵略》为准,但"赋初入韵许用邻

① (宋)刘克庄:《文止戈为武赋四韵》,四川大学古籍所编:《全宋文》第 326 册,上海、合肥:上海辞书出版社、安徽教育出版社,2006 年,第 37 页。下文所引宋人文章,若无特别说明,均据《全宋文》,仅列篇目、册数、页码于文中。

② 除了徐夤外,另如被誉为晚唐律赋"两雄"(见李调元《赋话 · 新话》卷四)之一的黄滔亦为莆田人。

③ (宋)欧阳修:《端明殿学士蔡公墓志铭》,《欧阳修全集》(第二册),北京:中华书局,2001 年,第 521 页。此语南宋王偁《东都事略》、李焘《续资治通鉴长编》、陈均《皇朝编年纲目备要》均有提及,足见其接受之广。

④ (元)戴表元:《张君信诗序》,《剡源戴先生文集》卷八,《四部丛刊》初编本。

⑤ 详细论述可参陈庆元:《福建文学发展史》相关章节,福州:福建教育出版社,1996 年。

⑥ (金)王若虚:《滹南遗老集》卷三十七,《文辨》,《四部丛刊》初编本。

⑦ (宋)曾慥:《类说》卷五十六,文学古籍刊行社,1955 年,第 3704 页。

韵，引而有声相近而非邻韵者”依旧许用[①]，声相近者也在可入赋韵之列的规定给了方音入韵以方便。林秀发参加的“别头试”，本就是一种强调避嫌的考试类别，其作赋为“莆体”，极可能就是用方音押韵，给考官辨认出为莆人而罢黜不录。

推而广之，刘克庄虽亦循当时之官韵，但其韵文创作显然也摆脱不了这种地域方音的影响，惜今《后村先生大全集》赋之卷已残，所存无律赋，但通过刘克庄填词的用韵情况，我们可以确定其使用了方音押韵[②]。据今日对保留古音较好的莆仙戏音韵之调查，也能看到莆田方音相对官韵而言，的确很有其特点，如“割、肝、大、倚、债、何”六字，官韵显然各有所属，不可通押，但莆田方音是可通押的[③]。这种方音入韵，显然成为刘克庄韵文中挥之不去的地域印痕，是另一种意义上的“莆体”。

由上可知，刘克庄的文学是在莆田这个具有浓厚文学传统的环境中成长起来的，他的韵文创作在语音上更是有意无意地打上了莆田的烙印。莆田作为一个实存空间，以自己的历史传统与习俗语音影响着刘克庄的文学创作。与此相类，莆田的山川地理也时常出现在刘克庄的笔下，而且表现出复杂的内涵。

“闽越江山，莆阳为灵秀之最”，莆田为丘陵地带，多山多水，刘克庄所居在莆田城东北方向的乌石山下，这里是他的家族聚居之地。《莆阳比事》卷一“乌石官职，莆阳朱紫”条下有“义门乌石刘”，下注云：“省元夙、朔后，吏部侍郎弥正、正字起晦之族。”正是刘克庄的家族。据何乔远《闽书》卷二十三载：“乌石山，自太平山而东。旧在城东北……林与陈、方、黄、宋、刘、王、郑、李八家，居是山之下，簪缨不绝，莆人谓之九大姓。”[④]乌石山在刘克庄笔下，最开始只是代表故乡，用来引出怀乡之思，《乌石山》云“客子家山亦此峰，可堪投宿听疏钟”（《全宋诗》第 36141 页）诗歌写到别处的同名之山，就是这种情感的表达。刘克庄在回人寿诗之启中，也常常用“颂乌石岗边之诗”、“寻乌石岗边之路”来表示他与回启对象在居处附近的交游，这里的乌石山是一

---

① （宋）丁度：《附释文互注礼部韵略》附，《贡举条式》，文渊阁《四库全书》本。

② 详参陈鸿儒：《后村词韵杂谈》，《龙岩师专学报（社会科学版）》1989 年第 1 期。另如刘晓南《宋代福建诗人用韵所反映的十到十三世纪的闽方言若干特点》（载《语言研究》1998 年第 1 期）一文亦可参看。

③ 详参游汝杰主编：《地方戏曲音韵研究》，北京：商务印书馆，2006 年，第 436 页。

④ （明）何乔远：《闽书》（第一册），福州：福建人民出版社，1994 年，第 548 页。

种表示密切关系的背景。而后，乌石山则常为其回忆童年的载体，如七律《乌石山》(《全宋诗》第36150页)：

儿时逃学频来此，一一重寻尽有踪。
因漉戏鱼群下水，缘敲响石鬥登峰。
熟知旧事惟邻叟，催去韶华是暮钟。
毕竟世间何物寿，寺前雷仆百年松。

这首诗歌作于三十三岁时[①]，此时刘克庄因在李珏幕府得谤而归里监南岳祠，此诗表达的纯是一种追忆逝去年华的普通情感，尚未见特别之处。

与乌石山一样，莆田名岳——壶山(或称"壶公山")也常常是刘克庄笔下描述家乡的背景，如《与客登壶山绝顶》《次方武成壶山韵》等诗即是。同时，壶山也一样是伤逝主题的寄托物，如"眼中除却壶山外，多是新知少旧知"(《三月二十五日饮方校书园十绝》,《全宋诗》第36323页)之类。而萦绕壶山、穿城而过的延寿溪，大抵亦有此内涵。《寿溪》诗云"丱角钓游今白发，重寻陈迹不胜悲"(《全宋诗》第36267页)，《二月初七寿溪十绝》诗云"士不论穷达，离乡即可哀"、"城郭有时变，市朝回首非"(《全宋诗》第36446页)等等。在这里，山川对于刘克庄来说，无外乎"故乡"与"青春"两个主题。自然景物本身并未给刘克庄带来多少吟咏的冲动，但是山川永恒，人世变易。莆田的空间是不变的，人物却在更替，所以莆田山川总是刘克庄追忆逝去年华与怀念凋零故人的场地与背景。然而，这些对于刘克庄来说，其实并非最重要的。怀乡也好、伤逝也罢，这只是任何一个普通人都会有的寄情家乡山水的举动，莆田在"故乡"与"青春"的主题上，并没有特殊之处。譬如"青春"主题在临川也可以有。刘克庄十五岁时随父至临川，在这生活了三年，所以当他三十五岁再过临川时，亦不免发出"高年凋落尽，满眼少朋识"、"既生异县感，遂起故乡意"、"回思盛壮时，去矣复难得"(《发临川》,《全宋诗》第36204页)的感叹。但是，莆田又毕竟不同于少年之临川、不同于青年之金陵[②]，莆

---

① 相关诗文系年，若无特别说明，均据程章灿：《刘克庄年谱》，贵阳：贵州人民出版社，1993年。不一一出注。

② 刘克庄三十一岁在金陵入李珏江淮制置幕，上书论政、志在边陲，是其理想最为昂扬的时期，也是他后来常常提及之盛年往事。如《去春》："去春烽火照江边，曾草军书夕废眠。万里旌旗真属命，一丘耕钓且随缘。偶然谢客元非病，间亦寻僧不为禅。尚有惜花情味在，铜瓶终日玩芳妍。"这首诗作于他三十四岁，时归里近一年，诗即表现出伤逝之主题。

田对于刘克庄的特殊意义还需另外寻找。

二、从“乌石山”到“徐潭”：寄托江湖之梦的山水

随着刘克庄仕宦经历的丰富，各种曲折、打击和不尽人意接踵而至，莆田的山川也开始涂上另一层色彩。六十六岁的重阳节，刘克庄与子侄们再次登上乌石山。此前，他刚被御笔落职，从行在临安归乡，《送叶大明序》描述了他这时的状态（《全宋文》第 329 册，第 72 页）：

> 今蒙宽恩放归田里，睡至日高丈五，坐茂树，临钓矶，或抵暮忘返，而又束书不观，焚笔砚不为文，度人间至闲至佚无出余者，视向之且拜且立，且备顾问而费思索，其得失乘除何如哉！

刘克庄似乎看破了红尘，开始享受村居的生活，并在此时将理宗赐书的“后村”、“樗庵”两匾悬于新居之上。于是《壬子九日与群从子侄登乌石山用樊川韵》说：“垂髫登巘捷于飞，岁晚重来脚力微。壹死壹生群从少，某丘某水几人归。即今秉烛游清夜，自古无绳系夕晖。莫忆宫门谢时服，海图尚可补寒衣。”（《全宋诗》第 36377 页）乌石山依旧是常见的伤逝背景，但尾联却多出了一份“归去来”的意蕴。以至到八十岁时所吟“我已归寻乌石路，人谁肯顾雀罗门”（《又采荔一首》，《全宋诗》第 36639 页），更是将意思表达得清楚万分了：乌石山就意味着里居。由此，我们似乎窥见了莆田最重要的意义在于：在刘克庄的一生中，莆田是他的“江湖之梦”，是一个具有象征性的空间，回到这个空间就意味着入世理想被放逐，且远离庙堂，它对应的是心态的隐逸、性格的疏狂，生活的主导绝不再是吏事，而是诗文。这直接促成了他的诗歌中大量喜雨、苦旱、田园、村居等题材的出现，莆田在这些诗文中作为隐性的空间而存在，刘克庄通过大量的这些题材来表达内心复杂的感受，掩饰梦想破灭的痛楚，这才是文学家刘克庄心中最为深刻的莆田。莆田的山川风物，以这种形式直击刘克庄的心灵深处，让他痛后生出隐遁之心，却又在里居时露出不豫之色。

刘克庄最初是一个有着远大抱负的儒生，他不仅继承着理学“内圣”的一面，更追逐着儒家“外王”的理想。在国家危亡、战事频仍的时代，事业功名是青年刘克庄的追求，他坚定地说要“生拟弃家寻剑客，死当移家近骚人”（《南浦亭寄所思》，《全宋诗》第 36140 页），偶遇挫折时也感叹“闲有工夫忧世事,老无勋业惜年华”(《立春二首》,《全宋诗》第36153页),他不想只做一个动笔写小诗的书生,所以有“明时性学尤通显,却悔从初业小诗”(《偶赋》,《全宋诗》第36159页)之句。在刘克庄的骨子深处,也像他所崇拜的辛弃疾一样“始终把社会责任的完成、文化创造的建树和自我价值的实现融为一体,并以此作为终生奋斗的目标”①,但是命运并不掌握在他手中,频频得谤、屡屡落职之后,他只能无奈地感叹“早知不是封侯相,蓑笠何因肯出村”(《命拙》,《全宋诗》第36168页)。归乡里居似乎已成为他的宿命。他将这种理想枉然的积郁赋予乌石山,让乌石山成为“老无勋业”的见证,这里并没有李白“两看相不厌,惟有敬亭山”的默契,而只是一声叹息。

如果说乌石山的意义或多或少还有变化过程的话,那么徐潭一开始即以江湖隐逸的色彩出现在刘克庄笔下,让隐逸成为其晚年文学主题表达的重要表征。乌石山的意义是刘克庄赋予的,那是因为乌石山纯为自然山川,并无附加的历史,而徐潭则不同,徐潭本身即有着自己的历史内蕴,是人文传统与地理山川的结合物,是“区域的人文性文化”②。刘克庄不仅赋予徐潭新的意义,更需要从徐潭寻找意义,这让地域环境与文学精神之间形成了一种互动的亲切关系。

徐潭是延寿溪的一段,《闽书》卷二十四载:“延寿溪,溪自游洋发源,径莆田,潴延寿东入海。十里澄湛,无湍激声。一名绶溪,以其水绿如绶然。……又唐徐正字夤亦隐此溪。而宋吏部尚书徐铎亦家于此溪。有延寿桥,桥北有石微露者,夤钓矶也。有潭名徐潭,亦以夤故。”③徐潭因唐末徐夤而得名,徐夤是刘克庄的乡贤,以律赋魁天下。④ 徐夤的一生,从“涧底青松不染尘,未逢良匠竞谁分”到“何人买我安贫趣,百万黄金未可论”,大抵也经

① 见王水照:《苏、辛退居时期的心态平议》,《王水照自选集》,上海:上海教育出版社,2000年,第323页。

② 王水照指出:“环境对于学术文化、文学创作的影响,乃是不争的事实。而在构成环境的人文的、自然的或两种交融的诸要素中,区域的人文性文化对文学活动的影响常是最直接、最显著的。”见《北宋洛阳文人集团与地域环境的关系》一文,《王水照自选集》,上海:上海教育出版社,2000年,第154页。

③ (明)何乔远:《闽书》(第一册),福州:福建人民出版社,1994年,第577~578页。“正字”,原作“正宇”;“徐铎”,原作“许铎”,据文义改。

④ 关于徐夤的材料,傅璇琮主编《唐才子传校笺》(第四册)卷十论析详尽,可参。见傅璇琮主编:《唐才子传校笺》(第四册),卷十,北京:中华书局,1990年,第289~300页。

历了由待展抱负至归隐林下的心路历程。徐夤隐居莆田，而后有钓矶与徐潭之名胜，自然就让徐潭充满了隐逸之趣，这让归里赋闲，筑屋溪边的老年刘克庄找到了安抚心灵的寄托物，所谓"平生慕用徐先辈，异世溪边共一矶"(《诸公载酒贺余休致水村农卿有诗次韵》,《全宋诗》第36588页)。

淳祐三年(1243年)，主崇禧观的刘克庄里居莆田，五十七岁生日作《木兰花慢》词，这首词颇见刘克庄疏狂的心态，其中积郁不平的情感仍是主导，仍有一种等待再展抱负的幻想。词中有"儿时某丘某水，到如今老矣可樵渔"[①]之句，他说的"可樵渔"的"某丘某水"自然是泛指，这种泛指背后正隐约地体现出刘克庄并未有实际上的渔樵归隐活动，只能以"某丘某水"来表达心情。而当他淳祐九年前后[②]，选址徐潭，准备筑徐潭精舍时，原来寄托隐逸情怀的"某丘某水"，即刻有了具体的名称——徐潭，这也意味着刘克庄的"可樵渔"有了实际的行动。刘克庄诗词文中，直接描写徐潭的，有淳祐九年左右的《徐潭精舍上梁文》(《全宋文》第332册，第406页)，淳祐九年的《徐潭即事二首》《自和徐潭二首》(《全宋诗》第36371页)，宝祐六年的《志仁监簿示五言十五韵夸徐潭之胜次韵一首》(《全宋诗》第36521页)等，另外，与徐潭有关的"钓矶""樗庵"也多次出现。这些诗文，无一例外地指向"隐逸"主题。如"一生常寄人篱落，入手斯丘得自专""远游昔结四方缘，高卧今贪一壑专""有客埋腰冲许雪，无人洗耳涴吾泉""昔惭葵卫足，今喜叶归根""抽身脱胶扰，掩耳避啾喧"等句，都说明刘克庄在徐潭寻找到了足以抵抗出仕理想的力量，能够让他较为坦然地接受各种挫折之后的里居生活。这较之乌石山来说，已经从理想放逐的悲愤无奈，走向了归隐田园的怡然自适。换言之，莆田山水已经由乌石山的"放逐"主题，转向了徐潭的"隐逸"主题。

从"乌石山"到"徐潭"，是莆田山水"着我之色"的一种转变，也是青年刘克庄到老年刘克庄心态转变的缩影。这种转变，具体而言，又当以淳祐十二年为标志年。这一年后村新居建筑完成、徐潭精舍大概也整葺一新，此前刘

---

① 刘克庄著，钱仲联笺注，《后村词笺注》，1980年，第71页。下文所引刘词作均据此，仅列页码于文中。

② 刘克庄于淳祐九年所作《徐潭即事二首》有"一窗看设囊萤儿，四壁惟安梦蝶床"等句，已透露出其在徐潭有草堂，故精舍选址筹建，当在淳祐九年左右。淳祐十一年，刘克庄有《求宸翰奏札》云："去家三里有小精舍，山多古木，取庄周语曰樗庵，乞赐臣'樗庵'二大字。"(《全宋文》第327册，第331页)此"樗庵"即"徐潭精舍"。

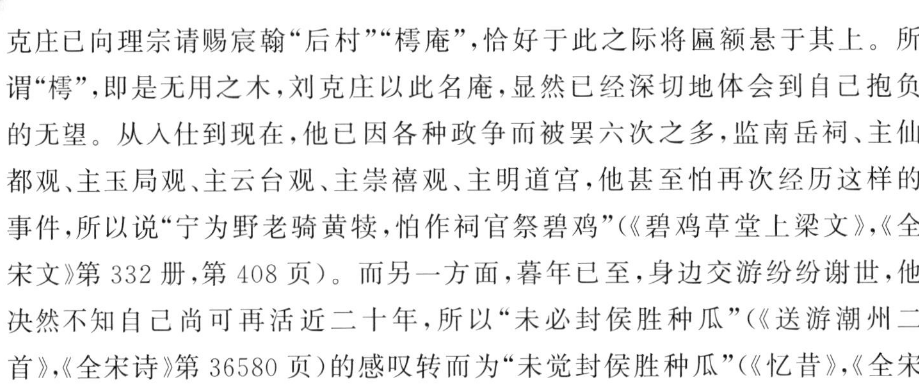

克庄已向理宗请赐宸翰“后村”“樗庵”，恰好于此之际将匾额悬于其上。所谓“樗”，即是无用之木，刘克庄以此名庵，显然已经深切地体会到自己抱负的无望。从入仕到现在，他已因各种政争而被罢六次之多，监南岳祠、主仙都观、主玉局观、主云台观、主崇禧观、主明道宫，他甚至怕再次经历这样的事件，所以说“宁为野老骑黄犊，怕作祠官祭碧鸡”（《碧鸡草堂上梁文》，《全宋文》第332册，第408页）。而另一方面，暮年已至，身边交游纷纷谢世，他决然不知自己尚可再活近二十年，所以“未必封侯胜种瓜”（《送游潮州二首》，《全宋诗》第36580页）的感叹转而为“未觉封侯胜种瓜”（《忆昔》，《全宋诗》第36672页）的觉悟，一字之差，却衬托出其心态的转变。

对于晚年刘克庄来说，徐潭是莆田山水中慰藉其心灵、影响其创作的代表。在莆田这个丘陵地带，“某丘某水”太多了，刘克庄选址在徐潭隐居，固然有其自然条件的限制，但更重要的还在于徐潭的历史内蕴与其自我心态的一种深度契合。由于这种深度契合发生在老年刘克庄身上，因而他不仅选择徐潭作为寄身之处，更是慎重地将其作为葬身之地。他在《徐潭草堂上梁文》中说“命乃在天，死便埋我”，八十岁所作《念奴娇·丙寅生日二和》词云“草堂绵蕝，百年栖托于此”（《后村词笺注》第191页），八十二岁所作《公论》诗云“前身定是徐先辈，延寿溪头了一生”（《全宋诗》第36678页），都表示他要将肉身托于徐潭，逝后其所葬也确是在徐潭之原。这种举动象征着莆田人文景观与刘克庄文学精神的融合，他在徐潭寻找到了寄托，也让徐潭增加了历史内涵。“徐潭住后村”[①]出现在后来文人对莆田名胜历史的书写之中，而清人翁方纲说“徐潭往迹徐刘阅，徐耶刘耶何分别”[②]，更是将刘克庄对徐潭的意义与徐寅作同等地位看待，刘克庄与莆田山水之间形成了一种深刻的内在联系。

---

① （清）孙枝蔚《溉堂集》后集卷三《为吴介兹题节霞阁》：“争墩不是先生事，只似徐潭住后村。”见《清人别集丛刊·溉堂集》（下），上海：上海古籍出版社影印本，1979年，第1356页。

② 见《复初斋诗集》卷十六，《徐潭结习图为筠楼侄赋》，《续修四库全书》本，第1454册，第499页。

三、荔枝：地域意象的典型

除了上文所论莆田山水之外，莆田的物产也在刘克庄的诗文中有广泛的反映，其中尤以荔枝内涵最为丰富，最具典型意义。福建荔枝闻名天下，《淳熙三山志·土俗类·物产》"果实"第一条即记载闽中荔枝之盛，其种类达二十八种之多。荔枝之于闽中，犹如牡丹之于洛阳，谢杰《荔支名记》曰："荔支者，果之牡丹也。牡丹盛洛下，洛人士珍而谱之，荔独盛闽，谱可闽士阙哉？"[①]荔枝对于当地文人之意义，足当重视。莆田今称"荔城"，莆田荔枝又是闽中最上品，而具体到刘克庄所居之乌石山下，则更是莆田之最矣。《方舆胜览》引《郡志》曰："莆田荔支为天下第一，乌石荔支为莆田第一。"[②]可谓褒扬之甚。类似的诗句，如宋代王十朋"莆中荔支胜闽中，乌石山前又不同"(《荔支七绝》，《全宋诗》第22920页)等，也有许多。至于宋人蔡襄《荔支谱》、明人徐𤊹《荔枝谱》亦多录乌石山下、延寿溪边诸种上等荔枝，如"陈紫""宋家香""状元红""皱玉"之类。刘克庄居于盛产荔枝之地，其生活自然就离不开荔枝。荔枝在他的物质世界与精神世界中，都占有重要地位。他对荔枝有一种特殊的感情，《左目》诗云："已盲犹赤痛，久不出鸡窠。丹荔曾遗毒，青灯亦一魔。抛书无味甚，节腹柰馋何。二癖依然在，徒劳问眼科。"(《全宋诗》第36607页)将荔枝与读书看成其一生中同等重要的癖好，另外他还曾花巨款购买好品种的荔枝树。[③] 在刘克庄的文学作品中，荔枝蕴含着鲜明的地域色彩和具体的时空指向。换言之，刘克庄笔下的荔枝是不同于中国传统诗文吟咏中的一般荔枝意象的，而是莆田当地实实在在的荔枝物象的心灵化，其所蕴含的意义多为现实衍生的，鲜为历史传承的，是"现实意

---

① (明)邓庆寀：《闽中荔支通谱》卷四，《四库全书存目丛书》本，子部第81册，第459页。

② (宋)祝穆：《方舆胜览》卷十三，北京：中华书局，2003年，第218页。

③ 《买陈紫》诗题下注云："癸亥冬用钱二十万买丹荔一株，旧券云陈紫也。乙丑夏着子，形魁梧而味甘滋，为赋是诗。"(见《全宋诗》第36609页)

象”，而非“历史意象”[①]。

荔枝进入文学作品，当自司马相如《上林赋》“答遝离支”始，之后陆续有荔枝诗、荔枝赋出现，此类诗赋多将其看作“异方风物”，咏叹其难见与珍奇，如王逸《荔枝赋》即是。至唐，因杨贵妃好荔枝而生出一段故事，文人们便将荔枝与政治联系在了一起，如杜牧《过华清宫》即是。明林古度《荔支通谱叙》云：“即杨贵妃一妇人女子，偶甘是物，而名为之益彰。自唐以后之谱荔者、赋咏荔者，又莫不借贵妃以为故实。”[②]由此，作为历史意象的荔枝，即有两条主要发展线索，即“异方风物”与“贵妃事件”。而后稍有演绎者，则“异方风物”转而为借荔枝喻怀才不遇，“贵妃事件”转而为借荔枝讽刺议论政事。这四类，可从明人邓庆寀《闽中荔支通谱》所录诸多“事类”“诗赋”中得到印证，其中与政事瓜葛者尤为文人津津乐道。刘克庄所写之荔枝，却并非仅此而已，他的荔枝意象多数时候是跳出此类传统的。荔枝作为历史意象淡出了刘克庄的视野，而作为现实意象则在诗文中凸显出来。这种凸显，主要表现在荔枝于刘克庄诗文中的“实指性”和“特喻性”。

所谓“实指性”即指向当下生活世界中的具体物象。历史意象是没有实指性的，比如刘克庄笔下的“辽鹤”（或“归鹤”），这个意象常常出现在表达沧桑变换之感时，它是从书面引申而来，是一种语典。辽鹤之所以不断出现，不是因为刘克庄真实地看到了作为动物的鹤，而仅是利用其背后所代表的历史意蕴。现实意象则不同，它是有实指性的。刘克庄写荔枝，并非荔枝的历史意蕴打动了他，亦非他的文学表达需要利用荔枝的历史意蕴，而是因为荔枝参与了他的现实生活，成为他与当地文人交往的媒介，酬唱的主题和表达思念的载体，并且“日餐丹荔”、“晨起采荔”表现出他平常生活的乐趣。刘克庄集中有40余首有关荔枝的诗歌，其中次韵唱和者即有《和南塘食荔叹》、《温陵太守赵右司惠诗求荔子适大风雨扫尽辄和二绝》、《表弟方时父寄荔子名草堂红若欲与吾家玉堂红争名者次韵谢之》、《次韵张秘丞皱玉诗》、《和南塘荔支五绝》等等，在这些诗歌中，荔枝的各类品种如“陈紫”“郎官红”“草堂红”“玉堂红”“皱玉”“法石白”“太仓红”等都成为吟咏的主题，朋友之

---

① 本文所言“现实意象”与“历史意象”并非严格的意象分类，而只是一种表述策略。本来我们也无法真正地将意象作出整体性的划分，正如陈植锷所言“诗人的创作千差万别，意象的创造千变万化，实际上很难有一种分类方法能将一切诗歌意象囊括无遗。”（见陈植锷著：《诗歌意象论》，北京：中国社会科学出版社，1990年，第144页。）

② 《闽中荔支通谱》，《四库全书存目丛书》本，子部第81册，第437页。

间就荔枝的色、香、味进行品评，对自家荔枝的种植生长状况进行绍介。“绝喜诗来相品藻，安知物有不遭逢”的写实性即已说明，这绝不是文人笔下的传统荔枝意象，而是交游生活必不可少的话题。刘克庄晚年与林希逸交情甚笃，一位住莆田，一位住福清，二人之间多有书信往来，其中《答林中书书》（《全宋文》第 329 册，第 41～42 页）400 馀字篇幅有泰半是议论荔枝的。与此相类，刘克庄《跋蔡忠惠帖》（《全宋文》第 329 册，第 308 页）言及其家藏有徐师闵《荔枝谱》碑本，也透露出刘克庄有收藏“荔枝谱”的兴趣。如此等等，均见荔枝作为莆田物产，借其特有的地域性，由此深入到刘克庄的当地交游生活之中，从而影响其文学主题的选择。

荔枝也常常出现在刘克庄赠送友人的诗歌中，这些诗中的荔枝，多有其具体的时空指向，如《送张应斗还番易》“蕉荔漫山雾雨繁，虬须客子悔南辕”（《全宋诗》第 36238 页）是以荔枝作为代表莆田的送别背景；《送项使君季约》“清斋灯火夕，闭合荔支时”（《全宋诗》第 36311 页）是以荔枝作为阴历五月送别的时间表达；《挽陈岩方隐君二首》“篘成昔喜同浮白，荔熟今悲自擘红”（《全宋诗》第 36591 页）中的荔枝则为睹物思人的载体。至于《寄方时父二首》“轻红入谱因人重，淡墨遗贤岂命悭。欧九玉堂在天上，不如杜二草堂安”（《全宋诗》第 36609 页）中自注云：“玉堂红，余家名荔。时父自名其家荔子为草堂红。”更是体现出荔枝在刘克庄诗文中的“实指性”。而另一方面，食荔采荔生活，则侧面呈现出刘克庄里居时的状态，尤有田园之趣。刘克庄专以“啖荔”“采荔”为题的诗歌，并不在少数，且有《采荔子十绝》《食早荔七首》等组诗，其中如“童子偷无怪，先生老尚馋。采时留绝顶，猿鸟要分甘”“树头栗鼠往来频，时遣髽童作傥巡。不是尚方要包贡，暮年赖此助精神”诸诗，都充满谐趣。

具有“实指性”的荔枝，指向的是实存空间莆田，这与前文所论莆田山水的“故乡”与“青春”主题有些类似，荔枝亦可看作只是寻常的故乡风物写入文学作品而已，并无特别意义。荔枝的特别意义仍然要归向“隐逸”主题，这即是刘克庄笔下荔枝的“特喻性”。

荔枝有其象喻意义，前文已经谈及，即由“异方风物”转而象喻怀才不遇、遭遇不公之类，如苏轼《食荔支二首》“日啖荔支三百颗，不辞长作岭南人”、惠洪《初至崖州吃荔枝》“天公见我流涎甚，遣向崖州吃荔枝”等诗句，都隐含一种旷达中的失意。因为荔枝多生长在南方边远地区，往往远离政治中心，所以生出近于“放逐”的寓意，大概也是顺理成章的。如陶弼《柑子堂》

"子厚才名甲有唐，谪官分得荔支乡"、李纲《画荔枝图》"南闽荔枝名四方，非因谪官那得尝"等等，也是如此。荔枝在贬谪文人那里早已与官场失意联系在一起。但是，贬谪之地常常不会是自己的家乡，这使得他们笔下荔枝的"放逐"意味就会非常浓厚，而刘克庄的里居虽有贬谪之意，却是回到家乡，荔枝意象所蕴含的多隐逸之趣而少放逐之悲。这种具有隐逸趣味的荔枝意象，与传统荔枝意象的内蕴相比，显然是具有特殊性的，即"特喻性"。

刘克庄七十岁所作《采荔子十绝》之一云"未知故山荔，何似首阳薇"（《全宋诗》第36455页），此时是刘克庄第六次罢黜后的第五年，他的心态已如前文论及徐潭时所言，真已生归隐之心了。他在这里将荔枝比作首阳之薇，其寓意是明显的。在刘克庄的一生中，吟咏的各种动植物十分繁多，但从来没有一种东西能像荔枝一样可以"首阳薇"相许，这是邈然高蹈的士人最看重的象喻之物，即便是刘克庄终生又爱又怕的梅花，也绝无此等地位。他在七十三岁作《荔厄一首》又云"不饶后村荔，如夺首阳薇"（《全宋诗》第36528页），从"未知……何似"的问句变为"不饶……如夺"的肯定，这里将荔枝看作隐逸象征物的情感应该说是愈为醇厚了。景定元年（1260年）上半年，七十四岁的刘克庄仍是奉祠里居状态，作《采荔二绝》云（《全宋诗》第36551页）：

日三百颗沃馋涎，肘后丹方勿浪传。
晚与放翁争旷达，荔枝颠向海棠颠。
思莼羹豉辞京洛，为海棠花客剑川。
帝悯后村翁老病，即家除拜荔枝仙。

"荔枝颠"与"荔枝仙"已是他对自我身份的一种定位，"颠"乃喻其酷爱荔枝的程度，"仙"则喻其当时的生存状态。七十九岁作《食早荔七首》云："向来唤做荔支颠，浪得颠名不记年。帝悯此翁颜色老，即家除拜荔支仙。"（《全宋诗》第36601页）再一次对这种带有戏谑性的人生定位作出表达。荔枝在刘克庄笔下的"特喻性"，正是建立在晚年刘克庄整体心态作出调整的基础上的。当刘克庄的人生理想已不在魏阙庙堂，而是回归寄托江湖之梦的莆田时，其中地域色彩浓重的物产——荔枝，才有别于传统"历史意象"的荔枝，成为刘克庄所独有的"现实意象"。

荔枝在刘克庄的诗文中之所以有"实指性"与"特喻性"，显然是因为荔枝在此不仅是艺术世界中的，也是经验世界中的。由于是经验世界中的，那么就必然与其自身的生存状态、思想轨迹纠结在一起，而荔枝的地域性也让刘克庄具有了拓展荔枝意象内涵的条件。倘若所居之地没有荔枝，大概也只能从书面中引申其意，作一些语典、事典用用，如此一来，刘克庄文学作品中的荔枝即成为传统荔枝意象中的成员，也就泯然众人矣。从这个意义上说，荔枝的象喻性意义远远大于其描述性意义，换言之，作为刘克庄笔下“现实意象”的荔枝，其“特喻性”意义胜过其“实指性”意义。因为，“特喻性”所对应的正是刘克庄心灵深处的，具有象征意义的莆田。

总之，莆田作为实存空间，其本身隐性的人文传统与地域色彩即已影响着刘克庄的文学创作，而作为象征空间，刘克庄又不断地赋予莆田以意义，也不断地向莆田索求意义，刘克庄文学中的“故乡”“青春”“放逐”“归隐”等主题在莆田不断地演绎，这种演绎对刘克庄的诗文在题材选择、意象塑造、主题表达、风格形成等方面产生了潜移默化的作用。可以说，莆田对刘克庄是由外而内的滋养、作用，而刘克庄对莆田则是由内而外的呈现、表达，他们之间相互勾连，共同丰富了彼此的内涵。从明代郑岳的《莆阳文献》，到清代郑王臣的《莆风清籁集》，我们也可以看到这一点。

刘克庄的“江湖社友”

——以嘉定诗坛为中心

◇ 熊海英

刘克庄“擅一世盛名，自少至老，使言诗者宗焉，言文者宗焉，言四六者宗焉”①，是宋代最后的文坛盟主。四库馆臣论及“江湖末派”时，特地明言其“以刘克庄为领袖”，②似乎他与这一诗人群体关系之密切，不同于一般泛泛而言的诗坛与盟主。

刘克庄曾言“自丱角走四方，江湖社友多所款接”③，可见少年时期就与江湖诗人交游。他诗名早著，据《墓志铭》云：“桂阃以准遣足其考，时《南岳稿》《油幕笺奏》初出，家有其书。叶公正则评公诗，许以大将旗鼓。”④《行状》云：“公归自桂林，迂道见南塘于三山，读公《南岳稿》，称觞赏不已。自此遂为文字交。”⑤刘克庄出入桂林是嘉定十四至十五年（1221—1222）间，此时其诗集已广泛流播。淳祐十年（1250）守制里居时作《梅花百咏》，江湖诗人多与唱和。据《跋徐贡士百梅诗》回忆：“余二十年前有百梅绝句，和者甚众。

① （宋）林希逸：《后村先生刘公行状》，刘克庄著，辛更儒校注：《刘克庄集笺校》卷一九四，北京：中华书局，2011 年，第 7548 页。

② （清）《钦定四库全书总目 · 梅屋集提要》，北京：中华书局，1997 年，第 2178 页。

③ （宋）刘克庄：《虞德求诗》，刘克庄著，辛更儒校注：《刘克庄集笺校》卷九八，北京：中华书局，2011 年，第 4131 页。

④ （宋）洪天锡：《刘克庄墓志铭》，刘克庄著，辛更儒校注：《刘克庄集笺校》卷一九五，北京：中华书局，2011 年，第 7568 页。

⑤ （宋）林希逸：《后村先生刘公行状》，刘克庄著，辛更儒校注：《刘克庄集笺校》卷一九四，北京：中华书局，2011 年，第 7548 页。

或缙绅先生、或江湖社友，体制各异。出而用世者，其言浏丽；处而求志者，其言高雅。”[①]即使退归乡里(宝祐四年)，“江湖社友犹以畴昔虚名相推让，虽屏居田里，载贽而来者，常堆案盈几，不能遍阅”[②]；又或致以殷勤问候：“江湖社友应相问，为说萧萧雪鬓新”[③]；“京洛饮徒烦借问，江湖社友谬推高”[④]。得享高寿的刘克庄，六十余年间交往的江湖诗人延续三个世代，不能胜数。

南宋后期的所谓“江湖诗人”的确推崇刘克庄。如邹登龙《寄呈后村刘编修》云：“众作纷纷等噪蝉，先生中律更钩玄。如开元可二三子，自晚唐来数百年。人竞宝藏南岳稿，商留金易后村编。倘今舐鼎随鸡犬，凡骨从今或可仙。”胡仲弓《王用和归从莆水寄呈后村》云：“江湖从学者，尽欲倚刘樯”；《悟枯崖将过莆城参访后村书此赠行》云：“吟单何日起，持钵倚刘樯”；吴龙翰奉刘克庄为师，《见刘后村先生》其三云：“诗瓢行脚半天下，多谢先生棒喝功”，《上刘后村书》呈诗求品题，《联句辨》有“瓣香”刘师之语；蒲寿宬有《投后村先生刘尚书》；此外朱南杰《学吟夜坐书怀》云：“挑灯看彻后村诗，忽尔憧憧百所思”；许棐《读南岳新稾》云：“细把刘郎诗读后，莺花虽好不须看”；武衍《刘后村被召》云：“细评南岳稿，远过后山诗”；薛嵎《云泉诗石隐通上人南游并谒刘后村》云：“所师郊与岛，知己又应难”；戴复古《寄后村刘潜夫三首》之一云：“朝廷不召李功甫，翰苑不着刘潜夫。天下文章无用处，奎星夜夜照江湖”；陈起《史记送后村刘秘监兼致欲见之悰》云：“忆昔西湖滨，别语请教条。嘱以马迁史，文贵细字雕”；周端臣《代上刘郎中》云：“诗从南岳吟逾老，名得西山荐益高”……容不赘举。故钱锺书先生《容安馆札记》则言：“后村才高位尊，实为江湖派宗主。”[⑤]

不过，尊奉刘克庄为宗主只表明江湖诗人一方的态度，刘克庄提到这一

---

① (宋)刘克庄著，辛更儒校注：《刘克庄集笺校》卷九八，北京：中华书局，2011 年，第 4137 页。

② (宋)刘克庄：《送谢昨》，刘克庄著，辛更儒校注：《刘克庄集笺校》卷九六，北京：中华书局，2011 年，第 4071 页。

③ (宋)刘克庄：《答括士李同二首》，刘克庄著，辛更儒校注：《刘克庄集笺校》卷二六，北京：中华书局，2011 年，第 1419 页。

④ (宋)刘克庄：《病起十首》其七，刘克庄著，辛更儒校注：《刘克庄集笺校》卷三五，北京：中华书局，2011 年，第 1864 页。

⑤ 钱锺书：《容安馆札记》，北京：商务印书馆，2003 年，第 996 页。

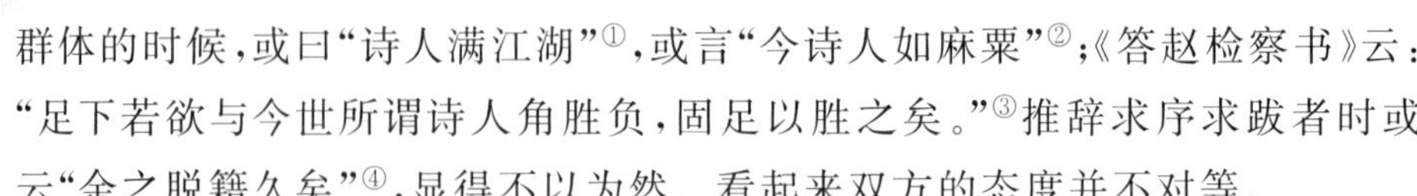

群体的时候，或曰“诗人满江湖”[①]，或言“今诗人如麻粟”[②]；《答赵检察书》云：“足下若欲与今世所谓诗人角胜负，固足以胜之矣。”[③]推辞求序求跋者时或云“余之脱籍久矣”[④]，显得不以为然。看起来双方的态度并不对等。

平心而言，刘克庄与江湖诗人的渊源的确深远，对江湖诗人的态度也很复杂；更重要的是，与刘克庄一生相伴随的江湖诗人群体本身是动态发展变化着的。由此带来诸多值得深究的问题，如究竟什么样的人属于江湖诗人？被指为江湖派领袖、宗主的刘克庄，到底与江湖诗人群体有何关联呢？笔者打算从最基本的事实开始着手清理：最初的江湖诗人是哪些？刘克庄跟他们的关系是怎样的？

大约在七十三至七十七岁期间，退居乡里的刘克庄受到戴复古侄孙戴颐的谒见，他带来戴复古的遗稿和自己的诗卷，希望得到刘克庄的题跋。这使刘克庄回想起年轻时与戴复古等诗朋结社交游的往事，《跋二戴诗卷》云：

> 余为仪真郡掾，始识戴石屏式之。后佐金陵阃幕，再见之。及归田里，式之来入闽，又见之。皆辱赠诗。式之名为大诗人，然平生不得一字力。皇皇然行路万里，悲欢感触一发于诗。其侄孙颐橐其遗稿示余。追念曩交式之，余年甫三十一，同时社友如赵紫芝、仲白、翁灵舒、孙季蕃、高九万皆与式之化为飞仙。余虽后死，然无与共谈旧事者矣。颐诗亦有石屏风骨，诸公多称之。昔礼乐有二戴，余谓诗亦有之。敬尊石屏曰大戴，颐曰小戴。[⑤]

刘克庄为真州录事参军是嘉定九年（1216 年），十年入李珏江淮制置使幕府（据程章灿《刘克庄年谱》），跋文提供了一份此期（1216—1218 年）交游“社友”的名单：戴复古、赵师秀、赵庚夫、翁卷、孙惟信和高翥。

嘉定十二年（1219 年），刘克庄监南岳庙，回乡闲居，与陈宓（1171—

---

① （宋）刘克庄：《毛震龙诗稿》，刘克庄著，辛更儒校注：《刘克庄集笺校》卷一〇九，北京：中华书局，2011 年，第 4539 页。

② （宋）刘克庄：《黄有容诗》，刘克庄著，辛更儒校注：《刘克庄集笺校》卷一一二，北京：中华书局，2011 年，第 4650 页。

③ （宋）刘克庄著，辛更儒校注：《刘克庄集笺校》卷一三四，北京：中华书局，2011 年，第 5384 页。

④ （宋）刘克庄：《李敏肤行卷》，刘克庄著，辛更儒校注：《刘克庄集笺校》卷一〇一，北京：中华书局，2011 年，第 4234 页。

⑤ （宋）刘克庄著，辛更儒校注：《刘克庄集笺校》卷一〇九，北京：中华书局，2011 年，第 4525 页。

1226)、方信孺(1177—1222)、翁定等同游。此时孙惟信亦依方信孺寓居莆田,故刘克庄集中卷二有《戏孙季蕃》《同孙季蕃游净居诸庵》等作。其他社友或亦曾到闽探访,如高翥有《同刘潜夫登乌石山望海有怀方孚若柯东海陈复斋旧游》,就是回忆此期游闽经历。

刘克庄有《何君墓志铭》涉及此期游从之事,云:

> 嘉定己卯,余归自江淮阃幕。里中耆旧尚多,相与饮予于复斋陈公(宓)之月楼。酒酣,陈公语余曰:吾近得一诗人。余曰:岂江湖社友乎?陈公曰:非也。翌日,余见陈公,复问诗人安在?君出揖,一黑瘦髯□□□□□□□□□□警策。余惊曰:君读书多,落笔工,逢掖中未易得见,乃着短后衣从事于辕门乎?君曰:何氏四世于此矣。……某幼嗜诗书,大父恐其不武,始捐书习驰射击刺之事,而旧读根皆已根着于心,至老不忘。遇感时伤事,忧愤激切,必于诗焉泄之。[①]

何君名伸,有子何谦,皆是诗人,与刘克庄同里,刘克庄有《跋何谦诗》。何伸任武职而嗜诗,与刘翰、潘柽相类。从此文可知,嘉定十二年(1219年)刘克庄所言"江湖社友"并不包括一般诗人,而有特定所指。

嘉定十七年(1224年)刘克庄入都改官,结识陈起,有诗《赠陈起》:

> 陈侯生长繁华地,却似芸居自沐熏。
> 炼句岂非林处士,鬻书莫是穆参军。
> 雨檐兀坐忘春去,雪屋清谈至夜分。
> 何日我闲君闭肆,扁舟同泛北山云。[②]

《南岳稿》旋刊入《江湖集》。理宗即位后,刘克庄知建阳县:"宝庆初元,余有民社之寄,平生嗜好一切禁止,专习为吏。勤苦三年,邑无阙事,而余成俗人矣。"[③]宝庆三年(1227年)"江湖诗祸"起,朝廷下诏禁诗,刘克庄坐废十年。笔者拟以宝庆三年(1227年)为下限,梳理刘克庄与数字江湖社友的交游行迹兼及创作情形,以见江湖诗人为主体的嘉定诗坛风貌。

---

① (宋)刘克庄著,辛更儒校注:《刘克庄集笺校》卷一五六,北京:中华书局,2011年,第6127页。

② (宋)刘克庄著,辛更儒校注:《刘克庄集笺校》卷七,北京:中华书局,2011年,第415页。

③ (宋)刘克庄:《陈敬叟集序》,刘克庄著,辛更儒校注:《刘克庄集笺校》卷九四,北京:中华书局,2011年,第3973页。

一、刘克庄与戴复古

戴复古一生多次出游，大概嘉定三年(1210年)到宝庆三年(1227年)是他激扬诗名的重要阶段。嘉定三年，戴复古携诗卷再往临安，干谒当世公卿、交接诗友名流。楼钥时任参知政事，为其诗卷作序(见弘治本《石屏诗集》卷首，楼钥序是诸序跋中最早的)，谓当时士人为应举而重文轻诗，戴复古之父独以诗自适，不为举子业。他主张"诗穷而后工"(参戴复古《辛未元日上楼参政攻愧斋先生》卷六)。戴复古还拜访了巩丰、杨万里之子杨长孺、胡铨孙胡榘(仲方)等。三年后，他又携新编诗卷前往武义，拜访奉祠居乡的巩丰(？—1217)。巩丰阅石屏诗"为之废睡，挑灯熟读。仍为摘句，犹未能尽"，并为其第二部诗卷作跋。本年(嘉定七年，1214年)起居舍人兼直学士院真德秀题戴复古诗卷云"戴君诗句高处不减孟浩然"。著作郎杨汝明也为戴复古诗集题跋："陶元亮责子不好纸笔，杜子美喜其子新知句律，诗人之眷眷于传业如此。式之再世昌其诗，东皋子可无愧矣。"获得朝中位居清要的士大夫交口赞誉，戴复古从而拥有了诗名。他有句云"白发半头惊岁月，虚名一日动公卿"(《春日二首呈黄子迈大卿》)，自谦中也有几分自矜。

戴复古往京城交游公卿、激扬诗名时，刘克庄刚刚补将仕郎调靖安簿(嘉定二年)。嘉定九年到十一年(1216—1218年)间，他们在真州初识，又在金陵聚首。作为已成名的诗人前辈，戴复古对青年俊彦刘克庄不吝称道，其《寄刘潜父》七绝云："八斗文章用有余，数车声誉满江湖。今年好献南郊赋，幕府文章有暇无。"自注"时在建康作制干，唐人诗'芳誉香名满数车'"。绍定二年(1229年)冬戴复古入闽，曾与刘克庄会面。其《寄后村刘潜夫》其三云：

客游仙里见君时，拥絮庵中共说诗。
别后故人知我否，年几八十病支离。

刘克庄绍定初年(1228年春—1232年冬)家居时有《送戴复古谒陈延平》，可能就是这次会面时所作：

仓部当今第一流，艰难有诏起分忧。
城危如卵支群盗，胆大于身蔽上游。
应是孔明亲治事，岂无子美可参谋。

君行必上辕门谒，为说披蓑弄钓舟。[①]

从诗意可知，戴复古将谒访“陈延平”，刘克庄为他作了类似介绍信的诗歌。《石屏诗集》卷首戴敏诗后附陈昉（字叔方）跋云：“绍定之己丑，叟来闽中，携其先人遗稿仅一篇一联耳，俾予题其后。”陈昉是永嘉人，绍定年间时为浦城令（1228—1232），他到任便强力治盗匪，赈饥荒，保境安民，与刘克庄描述相合。《南宋群贤小录》云：“永嘉之作唐诗者，四灵之后，则有陈叔方。”因为是浙东同乡又是诗人，所以戴复古前去谒访吧。

戴复古和刘克庄年龄相差二十岁，一个终身布衣，一个身在仕途，可考明具体时地的会面即上述三次，诗歌往来则存有数首。在共同的“社友”之外，他们的朋友圈也有一部分重叠，例如江西诗人宋自适、宋自逊兄弟，朝中官僚真德秀、赵以夫等，其他泛泛交游就数不胜数了。

二、刘克庄与“四灵”之赵师秀和翁卷

绍熙四年（1193），叶适（1150—1223）为门人徐玑之父作墓铭，然后到京城任职。次年冬由吏部员外郎升国子司业。庆元二年（1196 年）罹党禁，嘉泰二年（1202 年）“学禁”“党禁”驰，三年十一月除兵部侍郎。今“四灵”诗集中，徐玑（1162—1214）有《上叶侍郎十二韵》，赵师秀（1170—1219）有《叶侍郎寄芍药》等诗。“开禧北伐”失败后，叶适以“附韩侂胄用兵”罪名夺职奉祠。嘉定年间居家治学，著述教授。徐照（1160－1211）曾与同游，有《净光山四咏呈水心先生》。嘉定四年徐照卒，叶适为作墓志；七年徐玑卒，为作祭文、墓铭。十二年（1219 年）赵师秀卒，嘉定十六年（1223 年）叶适去世。故知叶适对“四灵”的提携揄扬和诗歌交游大约始于绍熙之初，持续到嘉定末年。

赵师秀是太祖八世孙，绍熙元年（1190 年）进士及第。他取得功名和拥有诗名时，刘克庄尚在总角之年。赵师秀去世后刘克庄方受叶适褒扬，许建大将旗鼓。从二人生平轨迹来看，能为诗友唱和的交叠时空绝少。刘克庄在《赵仲白墓志铭》中提到赵师秀曾与赵庚夫、潘柽论诗。戴复古也曾在平

① （宋）刘克庄著，辛更儒校注：《刘克庄集笺校》卷九，北京：中华书局，2011 年，第 508 页。

江府孟侍郎藏春园与赵师秀终日论诗(《哭赵紫芝》尾联“忆在藏春圃,花边细论诗”自注)。如果说1216—1218年期间,刘、赵曾为社友,则可能是在赵师秀寓居于西湖畔时,刘克庄曾往来临安;也可能赵师秀出游途经真州或金陵,恰逢其他诗朋而聚合酬唱。可以推想在这样的诗会中,他们不太可能是平交姿态,现在也没有唱酬之作留存。赵师秀去世后,刘克庄作挽诗《哭赵紫芝》云:

> 夺到斯人处,词林亦可悲。世间空有字,天下便无诗。
>
> 尽出香分妓,惟留砚付儿。伤心湖上冢,谁葬复谁碑。[①]

反映了当时在他心目中赵师秀作为一代诗坛领袖的地位。

然而刘克庄对于其他“江湖社友”的诗歌,始终予以赞赏之词,唯独对赵师秀的评价前后变化最大:

> 序翁定《瓜圃集》:近岁诗人,惟赵章泉五言有陶阮意,赵蹈中能为韦体。如永嘉诗人,极力驰骤,才望见贾岛、姚合之藩而已。余诗亦然。十年前始自厌之。[②]
>
> 序赵漕汝鐩《野谷集》:古人之诗大篇短章皆工。后人不能皆工,始以一联一句擅名。顷赵紫芝诸人尤尚五言律体。紫芝之言曰:一篇幸止有四十字,更增一字,吾末如之何矣。其言如此。以余所见,诗当由丰而入约,先约则不能丰矣。自广而趋狭,先狭则不能广矣。鸱鸮、七月,诗之宗祖,皆极其节奏变态而后止,顾一切束以四十字,可乎?[③]

序一大约作于绍定初年;序二作于嘉熙元年以后。在完成于宝祐四年(1256年)之前的《诗话后集》中,刘克庄对赵师秀的诗句也多有指摘,如:

> 李鴈湖悼亡云:一杯谩道愁能遣,几度醒来错唤君。然元稹已云:怪来醒后傍人泣,醉里时时错问君。此犹是暗合。若四灵“唐碑入宋稀”与唐人“隋柳入唐疏”之句则是明犯。[④]

---

① (宋)刘克庄著,辛更儒校注:《刘克庄集笺校》卷三,北京:中华书局,2011年,第195页。

② (宋)刘克庄著,辛更儒校注:《刘克庄集笺校》卷九四,北京:中华书局,2011年,第3975页。

③ (宋)刘克庄著,辛更儒校注:《刘克庄集笺校》卷九四,北京:中华书局,2011年,第3983页。

④ (宋)刘克庄著,辛更儒校注:《刘克庄集笺校》卷一七四,北京:中华书局,2011年,第6749页。

晚唐贾岛《送朱可久归越中》有"吴山侵越众，隋柳入唐稀"之句，刘克庄认为赵师秀的"潇水添湘阔，唐碑入宋稀"(《送徐道晖游湘水》)袭用了贾岛的句式。当赵师秀的句式被袭用时，刘克庄改变了评价的角度：

> 建人朱复之字几仲，多材艺，为诗有思致。初夏云："忽听夏禽三五弄，新红突过石榴枝"。秋日云："红蕖老去羞明镜，推让朱荣上蓼梢"。视赵紫芝"一树木犀供夜雨，清香移在菊花枝"之句，尤觉工致。①

待到老退归乡后(73—77岁之间)，刘克庄在《跋二戴诗卷》中称赵师秀为"社友"，其后跋《林子㬎》微示肯定，云：

> 近世理学兴而诗律壊，惟永嘉四灵复为言苦吟，过于郊岛，篇帙少而警策多，今皆亡矣。②

咸淳元年至四年(1265—1269年)作《诗话新集》，摘姚合五、七言联对，云：

> ……亡友赵紫芝选姚合、贾岛诗为《二妙集》，其诗语往往有与姚、贾相犯者。按贾太雕镌，姚差律熟，去韦、柳尚争等级。③

刘克庄认为贾岛过于雕镌，姚合易成格套。姚贾五律不及韦柳，而赵师秀止步于姚贾——这是刘克庄对赵师秀的最后评价。"四灵"诗一度风靡天下，其中翘楚赵师秀对于青年刘克庄而言，无疑是必须仰视的诗人领袖；赵师秀去世后的四十年间，刘克庄对赵师秀屡有酷评，直到年逾古稀才稍假辞色。在生命的尽头，终于平视之称为"亡友"。刘克庄对赵师秀评价的转变，当然与其诗歌取向、诗学观念的发展变化密切相关，从中也可窥见他作为诗人的自我价值评定、自我身份确立的心路历程，很有意义。

"四灵"中除了赵师秀，刘克庄还认识翁卷："永嘉多诗人，四灵之中，余仅识翁赵。四灵之外，余所不及识者多矣。"④翁卷似乎也是四处浪游、行踪不定的。戴复古有《湘中遇翁灵舒》云："天台山与雁荡邻，只隔中间一片云。

---

① (宋)刘克庄著，辛更儒校注：《刘克庄集笺校》卷一七五，北京：中华书局，2011年，第6756页。

② (宋)刘克庄著，辛更儒校注：《刘克庄集笺校》卷九八，北京：中华书局，2011年，第4139页。

③ (宋)刘克庄著，辛更儒校注：《刘克庄集笺校》卷一八四，北京：中华书局，2011年，第7031页。

④ (宋)刘克庄：《贾仲颖诗》，刘克庄著，辛更儒校注：《刘克庄集笺校》卷九四，北京：中华书局，2011年，第3985页。

一片云边不相识，三千里外却逢君。”刘克庄在1223—1224年冬春之际有诗《赠翁卷》：

非止擅唐风，尤于选体工。有时千载事，只在一联中。

世自轻前辈，天犹活此翁。江湖不相见，才见又西东。[①]

此时“四灵”唯存翁卷，刘克庄视之为前辈，又说已经不为世人看重。从结句可知他们甚少见面。或许是受叶适和赵汝谈的意见影响，刘克庄特地指出翁卷精于唐律之外，尤工选体。大概自从叶适在《徐道辉墓志铭》中惋惜“其不尚以年，不及臻乎开元、元和之盛”开始，十余年间，诗坛的风向已经在改变了。

三、刘克庄与同乡的赵庚夫和翁定

赵庚夫生平见于刘克庄所作《赵仲白墓志铭》：

仲白讳庚夫，宗室颍川郡王之后。……两试礼部不中，第用取应补官。久之不调，畿漕辟嘉兴府海塩县酒务。府公王舍人介檄权青龙镇。势家或为大商地，匿税巨万。仲白捕治之急，势家诬诉于外台，下吏鍜炼，成其罪，坐停官。王舍人抗论力争于朝，不报。

仲白既废，杜门苦学……从方士受水丹，心独神其术。谈禅尤高，朋友莫能诘难。其平生志业无所泄，一寓之诗。丛稿如山，和平冲澹之语，可咀而味；愤悱悲壮之词，可愕而怒；流离颠沛之作，可怨而泣。会中朝有知仲白前事冤者，得复元官。于是淮蜀交辟，而仲白死矣。

仲白性不妄交，与潘柽、赵师秀论诗，曾极论参同契，辄暗合。遇贵公张谳，广座命题，众宾方嚬呻营度，仲白已飞笔满轴，神色自得。盖其所挟高，未尝薪压人；而每出人上，故爱仲白者寖少，严而忌之者众矣。

仲白家贫，不屑治生。乌帽唐衣，自号山中翁。所居隙地才丈许，而花竹水石之玩皆备。古梅一株，终日吟啸其下。其归自海盐，新脱酷吏手，行李荡失，妻子奔踣蓝缕。犹以两夫舁一鹤自随。晚客京城，闻鹤死，惋惜不食，赋诗甚哀。其情致风味如此。呜呼，斯人不可复见矣。

---

① (宋)刘克庄著，辛更儒校注：《刘克庄集笺校》卷七，北京：中华书局，2011年，第416页。

予观昔之文人若相如、李白，世称薄命。……仲白才追昔人，会开禧嘉定间天下多事，三边用武，君相所急多材健功名之士，而山林特起之礼，其废已久。由是仲白阨穷终身。其文不达于天子，徒为闲人退士、衲僧羽客诵咏叹息之具而已。

仲白卒于嘉定已卯二月壬戌，年四十七。……及死，方公捐美榇殓之。仲白诗最多，自删取五百首。所著有周易老子注、山中客语、青裳集。予早知仲白，顾今学退才尽，铭其墓有媿色。至于附其家，教其孤，行其文字于世，方公责也。铭曰：万山四围，君藏于斯。所埋者骨，不埋者诗。后千百年，陵谷或夷。读君集者，必封崇之。①

墓铭之外，又有《祭赵仲白文》，《挽赵仲白二首》《与客送仲白葬回登石室》等作，此后还有《过永福精舍有怀仲白》等怀念之诗。盖因刘克庄与赵庚夫相识最早，《南林叶寺丞》②云：

我昔定交，诗境山中。又因二君，友万竹翁。共灯夜雨，联辔春风。
三贤如龙，乘云腾空。留我殿后，齿髪齠童。居谁晤言，出安适从。

诗境乃方信孺(1177—1222)，山中即赵庚夫(1173—1219)，皆与刘克庄同乡。交游之始才十三四岁，至二人辞世时交情已达二十年。赵庚夫有《道中逢潜夫》云“衣湿全无火，囊空各有诗”，可见二人志趣相投。刘克庄《送仲白》云：

官舍萧条苇盖檐，拾薪独有一长髯。
同来社友因饥瘦，远作参军得俸廉。
国士交情穷乃见，故人诗律晚方严。
中年各要身强健，别后寒衣切记添。③

诗中称赵庚夫为“社友”。程章灿《刘克庄年谱》定此诗作于嘉定九年(1216年)，刘克庄时在真州录事参军任。辛更儒则定为后村在江淮制置使幕府时作(嘉定十年前后)，二者时间相差不远，与《跋二戴诗卷》所言也吻

① (宋)刘克庄著，辛更儒校注：《刘克庄集笺校》卷一四八，北京：中华书局，2011年，第5825页。

② (宋)刘克庄著，辛更儒校注：《刘克庄集笺校》卷一四〇，北京：中华书局，2011年，第5591页。

③ (宋)刘克庄著，辛更儒校注：《刘克庄集笺校》卷一，北京：中华书局，2011年，第45页。

合。此后赵庚夫应聘往淮南，到官未久而卒。

赵庚夫与赵师秀皆宗室之后，嘉定间皆擅诗名，“紫芝仲白”并称，又同年而卒。相较于赵师秀，刘克庄在赵庚夫身后对其诗屡加称道，评价愈高。如，或咏杜鹃云：

自占高枝惜羽毛，声声却劝别人归。似有所讽。不若亡友赵仲白：君家自在剑山外，莫浪江南劝路人之句，尤微婉也。[①]

《跋山中别集》云：

始余请南塘选仲白诗，南塘更以属余，苦辞不获。南塘诗评素严，而余尤缚律，每去取一篇，常三往返然后定。有全篇皆善而为一字半句所累者，皆不录。故集止百篇。后十余年见南塘，持论稍宽，惟余缚律如故。又二十年，余益衰老，从时愿求仲白遗稿，熟复喟然而叹曰：“天乎！余之有罪也。盖国风骚选，不主一体，至沈谢始拘平仄，诗之变，诗之衰也。仲白之志，常欲归齐梁而返建安黄初，蜕晚唐而追开元大歷。于古体寓其高远，于大篇发其精博，于短韦穷其要妙。雪夜感兴等作，咄咄逼子昂太白。顾专取律体，而使仲白之高遠者、精博者皆不行于世；所谓要妙者，又多以小疵遗落，天乎！余之有罪也。”乃杂取百篇为别集，以志余过。凡仲白集外之弃余，皆它人卷中之警策也。初选余年三十三，再选六十八矣。[②]

在《赵仲白墓志铭》中，刘克庄提到赵庚夫生前曾手自删择，取五百首编为诗集。他去世后，赵汝谈和刘克庄即精择其律体百篇为一集，题为《山中集》。[③] 三十五年后，年近古稀的刘克庄又选赵庚夫诗百首为《山中别集》，不局限于律体，而尤重其古体长篇和精妙绝句。前后两集的增删升降之间，反映三十余年间诗歌风气以及刘克庄自己诗歌观念的转变。

翁定，字应叟，建安人，与赵庚夫和刘克庄是同乡。嘉定十二年(1219年)刘克庄监庙回乡时，有诗《赠翁定》云：

---

① (宋)刘克庄著，辛更儒校注：《刘克庄集笺校》卷一七六，北京：中华书局，2011年，第6826页。

② (宋)刘克庄著，辛更儒校注：《刘克庄集笺校》卷九六，北京：中华书局，2011年，第4054页。

③ 《山中集》已佚。《直斋书录解题》卷二〇，《山中集》：“莆田赵庚夫仲白撰。……刘潜夫……择其诗百篇，属赵南塘序而传之。”

相逢乍似生朋友，坐久方惊隔阔余。
遍问诸郎皆冠带，自言别业可樵渔。
住邻秦系曾居里，老读文公所著书，
十七年间如电瞥，君须我鬓两萧疏。[①]

翁定布衣居乡，颇有田屋产业。他年长于刘克庄，二人早年即相识。

刘克庄在莆田与翁定、孙惟信等观瀑游寺，往往唱和，有诗如："客诧瀑奇邀往看，僧夸寺僻约来游。何当与子分峰隐？饥嗅岩花渴饮流"[②]，方信孺是他们的金主，刘克庄《跋孚若赠翁应叟岁寒三友图》对此有所揭示：

孚若晚摈不用，赐金挥尽。嬖奴宠姬皆辞去。然好客愈笃，往往质笥衣，鬻厩马以续车鱼之费。后无可质鬻，客亦辞去，惟余与应叟一二人留其门，悲夫，尚忍言之！应叟归道城南，行西淙之下，谒新丘，登旧山，台倾池平，竹树枯死。余知其必发羊昙之哀，动唐衢之哭也。诸人既跋诗画，余独记旧事，且系小诗：易结千金客，难扶六尺孤。凭君传掬泪，一为洒西崦(孚若葬处)。[③]

翁定饶有家财田产，也曾外出漫游，偶然与"四灵"中的翁卷相遇，翁卷即有《送翁应叟》：

逢君亦姓翁，莫即是吾宗。远自刺桐里，来看孤屿峰。
虽云相识晚，宛若故情浓。回首秋风路，闽山复几重。

由是可知，"江湖社友"的经济状况、生活形态是各有不同的。

四、刘克庄与高翥

刘克庄集中有《老妓》《老将》《老马》等"老诗"。《老将》云：

昨解兵符归故里，耳听边事几番新。

① (宋)刘克庄著，辛更儒校注：《刘克庄集笺校》卷二，北京：中华书局，2011年，第121页。

② (宋)刘克庄：《答翁定》，刘克庄著，辛更儒校注：《刘克庄集笺校》卷二，北京：中华书局，2011年，第138页。并参(宋)刘克庄：《别翁定宿瀑上》，刘克庄著，辛更儒校注：《刘克庄集笺校》卷三，北京：中华书局，2011年，第153页。

③ (宋)刘克庄著，辛更儒校注：《刘克庄集笺校》卷九九，北京：中华书局，2011年，第4148页。

偶逢戲下来犹识，欲说辽阳记不真。

儿觅宝刀偏爱惜，奴吹芦管辄悲辛。

夜寒忽作关山梦，万一君王起旧人。①

方回《瀛奎律髓》选此诗并《老儒》等一共十首，批注云：

后村自注谓秋崖方君作八老诗，内三题四十年前已作。遂不重复。别赋二题，足成十老。谓老僧、老儒、老道士、老农、老巫、老医、老吏也。……盖宝祐五年丁巳，后村年七十一时诗。②

“四十年前”即1217年，正是刘克庄在真州或金陵时。《瀛奎律髓》又选刘后村《寄高九万并寄孙季蕃二首》，方回批语云：

高九万诗俗甚，为老妓诗二首，尤俗于后村。孙季蕃老于花酒，以诗禁，仅为词。皆太平时节闲人也。③

高翥《老妓》诗今不存。但《菊磵集》中有与后村同题同韵之《老将》诗：

垂头终日坐当门，两臂苍龙隐墨纹。

笑捻白须传阵法，手摊黄纸说君恩。

中年主帅皆为鬼，晚岁虞兵见领军。

每劝儿孙学刀箭，解衣教看旧瘢痕。

大概可以推测“老将”“老妓”“老马”诗是刘克庄与高翥等“江湖社友”的同题共作，不过目前仅存高翥之诗。

高翥（1170—1241），字九万，号菊磵，世居余姚，其父选、叔迈绍兴间皆登科第入仕。他幼习举业，不第辄弃去，大概是性情洒脱不羁，又瓣香道学家尹焞（尹焞终身不应举，朝廷赐号“和靖处士”）之故。高翥壮年漫游钱塘、金陵、彭蠡等东南之地，所到辄与诗友唱酬，大概因此与刘克庄结识。他不止一次到过江西南昌，与宋自适昆仲、黄行之兄弟雅集，其《清明日约宋正甫黄行之兄弟为东湖之集》云：

自在嬉游遍四方，不曾孤负独春光。

---

① （宋）刘克庄著，辛更儒校注：《刘克庄集笺校》卷二，北京：中华书局，2011年，第84～86页。

② （元）方回选评，李庆甲集评校点：《瀛奎律髓》卷二七，上海：上海古籍出版社，2005年，第1213页。

③ （元）方回选评，李庆甲集评校点：《瀛奎律髓》卷四二，上海：上海古籍出版社，2005年，第1502页。

醉眠芳草衣裳冷，笑嚼名花齿颊香。
既是烟霞令久任，岂应风月断来章。
故人尚有闲情不，相伴湖边举一觞。

道途中也曾相互寄书致意，《冬日书怀用正甫韵》云：

惯将双手托虚空，岁事虽穷道不穷。
身健不知行路远，心安还与在家同。
客携酒至一樽绿，兄寄书来三印红。
看罢兄书斟客酒，闲愁无事置胸中。

高翥还曾到福建莆田与陈宓、方信孺、刘克庄等游从，《潜夫约中途遣诗相送至江山无耗寄诗督之》大概是返程中所作：

望诗十步九回头，目断江山望未休。
所幸临行曾举似，仅能记忆可遮羞。
碧云漏日村村雨，红树吟风叶叶秋。
不见夜光生歇处，客身却恨久迟留。

事实上高翥在经济上依赖陈宓扶助。陈宓字师复，号复斋。福建兴化人，丞相陈俊卿之子，《宋史》有传（陈宓少尝登朱熹之门，长从黄榦游。嘉定七年监进奏院，后出知州府，俱有惠政，以直秘阁主管崇禧观致仕。著有《论语注义问答》《春秋三传钞》《续通鉴纲目》等稿数十卷）。陈宓去世后，高翥有《挽陈复斋》《山中哭复斋》等诗，又有《同刘潜夫登乌石山望海有怀方孚若柯东海陈复斋旧游》追忆往事。失去陈宓资助，高翥的生活顿失依靠。刘克庄有《赠高九万并寄孙季蕃》言及其经济困顿：

其一　诸人凋落尽，高叟亦中年。行世有千首，买山无一钱。
紫髯长拂地，白眼冷看天。古道微如线，吾侪各勉旃。
其二　菊硐说花翁，飘蓬向浙中。无书上皇帝，有句恼天公。
世事年年异，诗人个个穷。筑台并下榻，今岂乏英雄。[①]

其《别高九万》更不讳言高翥为陈宓食客的身份：

花翁徒步悲诗境，菊硐舂粮哭复斋。
众客食鱼弹铗去，几人白马素车来。
寻思旧事成三叹，断送诸贤入八哀。

---

① （宋）刘克庄著，辛更儒校注：《刘克庄集笺校》卷八，北京：中华书局，2011 年，第 468 页。

信矣两生俱烈士，有金当为筑高台。①

大概此后高翥不再四处浪游，只在“长安市上僦楼居”。春雨对酒，灯下读书，觉得“闲里身心尽自如”（《小楼雨中》）。但有时又“叹息闲身不自如，长年借屋客中居。事多只为人情熟，贫甚还因世法疏”（《叹息》）。刘克庄赠诗劝解说：“刘生劝高叟，世事不两全。饥且拾落英，渴且斟寒泉。快吟三千篇，多活五百年。”②

高翥晚年筑舍于西湖之滨，名之为“信天巢”，有《题信天巢集》云：

信天巢小仅容身，中有图书障俗尘。

不与世争闲意气，且随时养老精神。

破铛安稳齐钟鼎，短褐参差比缙绅。

渴饮三杯饥二饭，主人日用未为贫。

从诗意知其心境超脱坦然。他的生活仍然是读书为学，诗酒酬唱为乐，如《清明日招社友》：

面皮如铁鬓如丝，依旧粗豪似向时。

嗜酒更拚三日醉，看花因费一春诗。

生前富贵谁能必，身后声名我不知。

且趁酴醾对醽醁，共来相与一伸眉。

或访葛天民不遇：“行尽白云三十里，诗人又在白云南”；“主人不见从谁赏，折得繁枝自插归”（《访銛朴翁不遇二首》）；或喜杜仲高迁来作邻居：“河水通船堪载酒，桐阴近屋可修书”，“我亦买山湖上住，效芹时拟贡园蔬”（《喜杜仲高移居清湖》）。朝中公卿偶尔诗酒宴集，高翥亦曾与会。其《毋自欺斋夜宴》即写此种情形：

毋自欺斋清更严，斋中人物斗之南。

七朝宰相得瞻仰，四海诗人交笑谈。

古调喜听琴再弄，深杯休惜酒重添。

玉堂今夜无宣唤，且与江湖作小参。

座中有斗南宰相之尊，玉堂翰林之贵，与四海诗人聚首，谈诗论词。“小

---

① （宋）刘克庄著，辛更儒校注：《刘克庄集笺校》卷九，北京：中华书局，2011年，第524页。

② （宋）刘克庄：《题高九万菊涧》，刘克庄著，辛更儒校注：《刘克庄集笺校》卷九，北京：中华书局，2011年，第522页。

参”是禅师登坛说法，表恭敬之意。猜想座中贵人，不知是郑清之还是真德秀（端平元年真德秀为礼部尚书，翰林学士知制诰兼侍读，二年拜参知政事）；听讲者中，也许有戴复古、孙惟信、刘克庄等人呢。

嘉熙元年（1237 年），翁际可（名逢龙，即吴文英胞兄）通判平江府，与府君方子万聚合诗人为雅集。高翥时年六十七，亦与会，即席赋诗。戴复古有诗述及此事：

客星聚吴会，诗派落松江。老眼洞千古，旷怀开八窗。

风流谈夺席，歌笑酒盈缸。杨陆不再作，何人可受降。

诗题为“诸诗人会于吴门翁际可通判席上，高菊磵有诗，仆有客星聚吴会，诗派落松江之句，方子万使君喜之，遂足成篇”。戴复古所言“诗派”，当指与会诗人，也可以笼统说是江湖一派，大概是他们日常交往的诗友吧。假如要推测可能有哪些诗人参加的话，根据戴复古的《阅四家诗卷，四家者翁际可、薛沂叔、孙季蕃、高九万也》：

阅尽四家诗卷子，自然优劣在其中。

石龟野鹤心相合，菊磵花翁道不同。

鸣凤翱翔上霄汉，乱蝉萧瑟度秋风。

一篇论尽诸家体，忆着当年巩睡翁。

薛沂叔（泳）师法赵师秀，翁际可亦炼字琢句为事，皆为“四灵”“姚贾”体。也许薛泳和孙惟信亦皆在席中吧。“杨陆不再作，何人可受降”，可知他们追慕前辈风流，是以杨万里和陆游为诗伯的。

就在本年（1237 年），戴复古为儿子迎归家乡安度晚年。四年后（1241 年）高翥辞世。也许这次诗会是他们这一辈“江湖社友”谢幕之前的盛事了。

五、刘克庄与孙季蕃

孙惟信（1179—1243）的身后事是右相杜范、知临安府赵与筹和虚斋赵以夫为他料理的。[①] 杜范、赵与筹和“江湖士友”葬孙惟信于水仙王庙之侧，

① 赵以夫（1189—1256）嘉熙二年（1238 年）知庆元府兼沿海制置副使，同知枢密院事。官终礼部尚书兼侍读。有《虚斋乐府》68 首传世，与戴复古、孙惟信、刘克庄皆有唱和。参王可喜、王兆鹏：《南宋词人赵以夫生平及词作编年考》，《词学》2013 年第 2 期。

且为建祠堂，故戴复古《孙季蕃死诸朝士葬之于西湖之上》云："卜宅西湖上，花翁死亦荣。"孙惟信留下遗言，请刘克庄为他作墓铭。刘克庄撰《孙花翁墓志铭》云：

季蕃少受祖泽，调监当不乐，弃去。……居下竺廨院，躬爨而食，书无乞米之帖，集无逐贫之赋，终其身如此。自号花翁，名重江浙，公卿间闻孙花翁，至争倒屣。所谈非山水风月，一不挂口。长身缊袍，意度疎旷，见者疑为侠客异人。其倚声度曲，公瑾之妙；散髪横笛，野王之逸。奋袖起舞，越石之壮也。尤重气义，尝客孟良甫（猷），方孚若家。孟死，犹拳拳其子孙。孚若葬，徒步赴义。其卒以淳祐三年九月壬寅，年六十五，葬以其年腊月乙卯。杜公辅臣，赵公大京兆也。季蕃一布衣，以死托二公，卒赖二公以葬。且筑室买田祠焉，天下两览之。

季蕃长于诗，水心叶公所谓千家锦机一手织，万古战场两锋直者也。中遭诗禁，专以乐府行。余每规季蕃曰：王介甫惜柳耆卿缪用其心，孙莘老讥少游放泼，得无似之乎？季蕃笑曰：彼践实境，吾特寓言耳。然则以诗没节，非知季蕃者。以词没诗，其知季蕃也愈浅矣。初，季蕃与赵紫芝、仲白、曾景建、翁应叟诸人善，而余亦忝交游。追念畴昔挽紫芝，季蕃同吟；铭仲白，季蕃书丹；诔孚若，季蕃会哭。已而景建、应叟俱死，今铭季蕃焉！稷下之谈几绝，邺中之旧略尽，惟余归老后村，左耳与臂遂偏废矣。未知它日铭余而诔余者谁也。岂不悲哉。[①]

刘克庄的确是知花翁者。孙惟信出身仕宦之家，父祖皆武职，他荫补入仕，不耐监当之职卑事繁（《宋史·职官志七》：监当官掌茶盐酒税场务征输及冶铸之事，一般与新进士或贬谪之官），故弃去。一开始，孙惟信在经济上依赖孟猷（字良甫，元佑皇后曾孙，曾知婺州，直龙图阁江东运副）。叶适《故运副龙图侍郎孟公墓志铭》载："良甫平居严己恕物，不立岸限，后进晚学，幽人野士，有善意者，日满其门。喜为诗，无风月状浮劣之语。"[②]他喜爱诗歌，多招致诗人，除孙惟信以外，戴复古和赵师秀也曾在其府上作客，论诗终日（见前文引《哭赵紫芝》尾联"忆在藏春圃，花边细论诗"自注）。孟猷卒于嘉定九年（1216年）。戴复古有诗《静寄孟运管招客，皆藏春侍郎故人，因与花

---

① （宋）刘克庄著，辛更儒校注：《刘克庄集笺校》卷一五〇，北京：中华书局，2011年，第5923页。

② （宋）叶适：《水心集》卷二二，文渊阁四库全书电子版。

翁孙季蕃话旧有感》：

来访藏春宅，因登静寄堂。异香熏宝鼎，清乐送瑶觞。
穿行过花所，寻梅见海棠。白头思往事，无语立斜阳。

孟猷卒后，孙惟信转依方信孺。方信孺嘉定十年（1217 年）任淮东运判兼提刑兼知真州。期间正值刘克庄在真州、金陵任职，可能他们结识交往始于此时。嘉定十二年刘克庄回乡，孙季蕃亦客于莆田方信孺府，数人相与宴游酬唱，刘克庄留下若干诗篇，如《戏孙季蕃》：

少日逢春一味痴，轻鞭小袖趁芳时。
常过茶邸租船出，或在禅林借枕欹。
名妓难呼多占定，好花易落况开迟。
身今憔悴投空谷，悔不当年秉烛嬉。[①]

又如《同孙季蕃游净居诸庵》其一：

舍俗依空事梵王，韶颜寂寂度年芳。
门前草色迷行径，院里花阴接步廊。
弓样展来靴尚窄，黛痕剃出顶应凉。
当时若使窥鸾镜，一步何因出洞房。[②]

此时他们依傍贵人、生活无忧，身为青年俊彦，风流自许，故有数首嬉游放任之作，不免轻倩侧艳。嘉定十五年（1222 年）方信孺卒，前文引刘克庄《赠高九万并寄孙季蕃》及《别高九万》皆言及高、孙二人失去经济扶助人以后生活窘迫。刘克庄又有诗《送孙季蕃》：

家在吴中处处移，的于何地结茅茨。
囊空不肯投笺乞，程远多应税马骑。
短剑易钱平近债，长瓶倾酒话余悲。
衡山老祝凄凉甚，明日无人共讲诗。[③]

《月下听孙季蕃吹笛》比之为“病创冻马嘶荒塞，失侣穷猿叫乱山”，“可

① （宋）刘克庄著，辛更儒校注：《刘克庄集笺校》卷二，北京：中华书局，2011 年，第 98 页。

② （宋）刘克庄著，辛更儒校注：《刘克庄集笺校》卷二，北京：中华书局，2011 年，第 117 页。

③ （宋）刘克庄著，辛更儒校注：《刘克庄集笺校》卷二，北京：中华书局，2011 年，第 122 页。

惜调高无听者，紫髯白尽鬓毛斑”，[①]怜其失去依靠、漂泊江湖的困境。

从刘克庄所作墓志铭可知，孙惟信晚年主要居留于苏杭一带。大概是“江湖诗祸”(1227年)的教训，孙惟信不再作诗、专意为词。[②]《诗话后集》录孙四十九岁自寿词有句云：“小谢屐，唐衣眉山帽。”“百屋堆钱都不要，更不要衮衣茸纛。但要酒星花星照，鹘突到老”，[③]正作于“江湖诗祸”之后。

在“江湖社友”中，孙惟信与刘克庄年龄差距较小，性情又诙谐旷达(戴复古“诙谐老方朔，旷达醉渊明”)，或许因此二人交情更好。孙惟信去世后的二十余年间，刘克庄屡有伤悼怀念之作。宝祐五年曾梦见与孙惟信同游庐山(《余平生不至庐山，六月廿八日夜梦同孙季蕃游焉。林木参天，瀑声如雷。山中物色良是，一刹甚幽邃。傍人告曰此中有不出院僧。余与季蕃欣然访之，语未终而觉。将晓矣，窗外檐溜淋浪，纪以二诗》)。[④] 淳祐三年(1243年)作《哭孙季蕃二首》，其一：

岁晚湖山寄幅巾，浩然不见两眉颦。
看花李益无同伴，顾曲周郎有后身。
厚禄殷勤营葬地，隐君欢喜得吟邻。
看来造物于君厚，判断风光七十春。

其二：

每岁莺花要主盟，一生风月最关情。
相君未识陈三面，儿女多知柳七名。
自有菊泉供祭享，不消麦饭作清明。
老身独殿诸人后，吟罢无端雪涕横。[⑤]

---

① (宋)刘克庄著，辛更儒校注：《刘克庄集笺校》卷二，北京：中华书局，2011年，第123页。

② 方回在《瀛奎律髓》卷二十引后村《梅花》诗称：“……初，弥远议下大理逮治，郑丞相清之在琐闼，白弥远，中辍。而宗之坐流配。于是诏禁士大夫作诗，如孙花翁惟信、李蕃之徒，寓在所，改业为长短句。绍定癸巳，弥远死，诗禁解。”参(元)方回选评，李庆甲集评校点：《瀛奎律髓》卷二十，上海：上海古籍出版社，2005年，第844页。

③ (宋)刘克庄著，辛更儒校注：《刘克庄集笺校》卷一七六，北京：中华书局，2011年，第6829页。

④ (宋)刘克庄著，辛更儒校注：《刘克庄集笺校》卷二五，北京：中华书局，2011年，第1394页。

⑤ (宋)刘克庄著，辛更儒校注：《刘克庄集笺校》卷一三，北京：中华书局，2011年，第792页。

宝祐四年(1256 年)家居,作《夜检故书得孙季蕃词有怀其人二首》。其一云:

贪听谯更夜未眠,偶拈一卷向灯前。
凤箫按谱声声叶,鲛帕盛珠颗颗圆。
洛叟曾规秦学士,蜀公晚喜柳屯田。
江湖冷落词人少,难起花翁傍酒边。

其二云:

中年豪宕以词行,醉墨淋漓一座倾。
昔竞捧笺求少蕴,今谁沥酒吊耆卿。
戴花起舞生无闷,荐菊为肴死亦清。
愁绝水仙祠畔路,萋萋原草几枯荣。[①]

景定五年(1264 年)夏秋《自题长短句后》云:

春端帖子让渠侬,别有诗余继变风。
压尽晚唐人以下,托诸小石调之中。
蜀公喜柳歌仁庙,洛叟讥秦媟上穹。
可惜今无同好者,樽前忆杀老花翁。[②]

孙惟信中年后以词行世,故刘克庄诸诗皆比为柳永、秦观。从诗中可知孙惟信晚岁居西湖畔,吟风弄月、看花度曲为事。年轻一辈已经不知道他本是出色的诗人(陈三指陈师道)。想到数十年间"社友"相继离世,唯己独存,刘克庄倍觉寂寞伤感。其实淳祐到景定年间,明明"诗人满江湖,人人为诗,人人有集",登门访谒者络绎不绝,刘克庄却言"江湖冷落",正因为这些人并不是他真止的"江湖社友"吧。

六、刘克庄与曾极

在《孙花翁墓志铭》中,刘克庄回忆道:"初,季蕃与赵紫芝、仲白、曾景

---

① (宋)刘克庄著,辛更儒校注:《刘克庄集笺校》卷二三,北京:中华书局,2011 年,第 1272 页。

② (宋)刘克庄著,辛更儒校注:《刘克庄集笺校》卷三四,北京:中华书局,2011 年,第 1852 页。

建、翁应叟诸人善，而余亦忝交遊。”在其早期所作《南岳旧稿》一百首中已经出现的“江湖社友”名单中的诗人，除了翁定、赵庚夫以外，只有曾极。

《诗话续集》“李壁诗”条（景定三年告老归乡后作）云：

李雁湖诗，程沧州（程公许）守宜春，刊于郡斋。余不及识公，初筮豫章，公谪居临川，从曾极景建得余诗。简景建云：刘君诗兼鲍庾之清俊，前与其父同舍，不知其郎君诗笔如此。①

所记是嘉定三年（1210年），值刘克庄以祖父恩荫补将仕郎、调隆兴府靖安县簿。李壁谪居临川，从曾极处得到刘克庄诗，颇表欣赏。推想刘克庄与曾极的诗歌交游肇始于此。如果更早，则可能是刘克庄父刘弥正知抚州临川县时，即嘉泰年间（1201—1204年），刘克庄其时年约15岁至18岁，始与宋氏昆季结交，而曾极与宋自适昆仲也是朋友，据戴复古诗题《伏龙山民宋正甫湖山清隐乃唐诗人陈陶故圃，曾景建作记，俾仆赋诗》（《石屏诗集》卷一）可知。

本年（1210年）刘克庄有《舟中寄景建》（据程章灿《刘克庄年谱》）：

低篷小雨梦残时，忽忆同寻楚老祠。
夜过丰城占斗气，想公别后有新诗。②

嘉定十四年（1222年）刘克庄入桂阃，曾极送行并赠诗，刘克庄有《曾景建自临川送予至丰城，示诗为别，次韵一首》云：

追程送我剑池边，亹亹清谈晋宋前。
岂意白头趋幕日，乃逢紫气出关年。
夜深续炬俱忘寝，地冷吹薪久未然。
临别祝君加帽絮，高峰雪后尚童颠。③

可见二人情谊很深。

曾极出身临川世族，《宋诗纪事》卷六七言是“文定公宰之后”。雍正《江西通志》载云：

---

① （宋）刘克庄著，辛更儒校注：《刘克庄集笺校》卷一八〇，北京：中华书局，2011年，第6931页。

② （宋）刘克庄著，辛更儒校注：《刘克庄集笺校》卷一，北京：中华书局，2011年，第73页。

③ （宋）刘克庄著，辛更儒校注：《刘克庄集笺校》卷五，北京：中华书局，2011年，第299页。

曾极，字景建，临川人。父滂，字孟博。四方宗陆氏者，自滂与李德章始。极志气豪放，朱文公得其书及诗大异之，谓其文似老苏、大苏。尝游金陵，题行宫龙屏，忤时相史弥远，谪道州卒。李心传为上言：曾极久斥可念。上曰：非为江湖集者耶？有旨归葬。所为诗文有春陵小雅、金陵百咏。①

曾极之父师从陆九渊，曾极则受到朱熹欣赏，与蔡文定交好。庆元三年(1197 年)朝廷颁"伪学之禁"，五十九人入党籍，朱熹去职罢祠，蔡元定(1135—1198)贬湖南道州编管。曾极饯之云："四海朱夫子，征君独典型。青云《伯夷传》，白首《太玄经》。有客怜孤愤，无人问独醒。瑶琴空锁匣，弦断不堪听。"朱熹手书其诗，在《与蔡季通书》中(《晦庵集》别集卷一)谓"景建诗甚佳，顾老拙不足以当之"。事实上曾极诗文早有声名：曾协助李壁注王荆公诗，与赵汝谈交游赓和，也曾与戴复古同游金陵，作《金陵览古诗》一百首。戴复古有《同曾景建金陵登览》诗言及此云：

兴废从谁问，云烟过眼空。吁嗟六朝事，想象半山翁。

百景饶君咏，三杯许我同。登临无限意，多在夕阳中。

刘克庄《诗话后集》称许曾极之诗云：

亡友临川曾景建博学强记，无所不通，工诗，有金陵百咏。同泰寺云：此身终属侯丞相，谁办金钱赎帝归。澄心堂纸云：一幅降笺何用许，价高缘写宋文章。荆公书堂云：愁杀天津桥上客，杜鹃声里两眉攒。皆峭拔有风骨。其少作云：九十日春晴意少，一千年事乱时多。佳句也。②

曾极因诗得罪，《鹤林玉露》和《齐东野语》皆谓由于陈起《江湖集》中所收《春》诗"九十日春清景少，一千年事乱时多"涉嫌谤讪。《宋史・罗必元传》则认为是《金陵百咏》中《古龙屏风》(乘云游雾过江东，绘事当年笑叶公。可恨横空千丈势，剪裁今入小屏风)一诗触怒了时史相弥远。

宝庆三年(1227 年)，曾极流放道州(春陵)(期间着《春陵小雅》，不传)。他有诗写流放生活，云"鬓丝半是吴蚕吐，襟血全因蜀鸟流"，"家山千里云千迭，十口生离两地愁"。大概未携家眷随行，曾极在道州取妾生子，终卒于此

① (清)高其倬等：雍正《江西通志》卷八〇，文渊阁四库全书电子版。

② (宋)刘克庄著，辛更儒校注：《刘克庄集笺校》卷一七五，北京：中华书局，2011 年，第 6755 页。

地，享年仅六十，[①]以此推知其生年约为1170年。刘克庄有《得曾景建书》，言及其在道州娶妾、炼丹、饮酒、得病之事：

闻君别后买倾城，酒戒中年亦放行。
远使忽来知病起，近书全未说丹成。
莫嫌身去依刘表，曾有人甘杀祢衡。
何日断原荒涧畔，一间茅屋对寒檠。[②]

朱熹与蔡元定曾共同参订《参同契》一书。或许与服膺朱学有关，曾极与赵庚夫亦曾“论《参同契》，辄暗合”，又同好神仙内丹之说。赵庚夫《落魄》云“有钱即买丹砂炼，无病犹将素问看”，英年早逝后只留下“零落烧丹诀，凄凉哭鹤诗”。[③] 曾极去世则令刘克庄惊诧“丹家之寿反不及常人”。

刘克庄淳祐初(1241—1243年)奉祠家居，作有《怀曾景建二首》。

其一云：

造物生才自昔难，此君夭矫类龙鸾。
圣贤本柄藏椰子，佛祖机锋寓棘端。
畴昔诸人多北面，暮年万里着南冠。
伤心海内交游尽，箧有遗书不忍看。

其二云：

曾有春陵逐客篇，流传哀动紫阳仙。
安知太白长流处，亦在重华野葬边。
碎板一如坡贬日，盖棺不见桧薨年。
谁云老眼枯无涕，闻说临川即泫然。[④]

曾极为人有豪气，诗文亦有胆气，故刘克庄喻为李白。诗中暗将“江湖诗祸”比为“乌台诗案”，史弥远比作秦桧。据诗意可知曾极卒时，史弥远还在世。

---

① (宋)刘克庄：《王隐君六学九书序》，刘克庄著，辛更儒校注：《刘克庄集笺校》卷九五，北京：中华书局，2011年，第4009页。

② (宋)刘克庄著，辛更儒校注：《刘克庄集笺校》卷三，北京：中华书局，2011年，第191页。

③ (宋)刘克庄：《挽赵仲白二首》，刘克庄著，辛更儒校注：《刘克庄集笺校》卷二，北京：中华书局，2011年，第95页。

④ (宋)刘克庄著，辛更儒校注：《刘克庄集笺校》卷十三，北京：中华书局，2011年，第793页。

曾极家业殷富，颇饶资财。他在临川县铜陵山华子岗建有红泉精舍，作有《游华子冈红泉碧涧》，又有《红泉精舍》诗：

十里长松一幅巾，温汤净濯满衣尘。
石门隔断世间事，仙窟能容鹤上人。
已主谢公为北道，更依华子作西邻。
红泉可酒兼宜茗，便合躬耕老此身。[①]

曾极还资助宋自达在南昌西山营建居所“梅谷”，流放道州途中为宋自达撰作《梅谷序》。[②] 曾极卒后，宋自达“到春陵即有诗吊曾景建”（乐雷发《题豫章宋德甫游湘诗卷》）。

身为地方大族之后，广交当世名流，诗文声名早着，曾极却布衣未仕。从上文所举诗意来看，似乎他早已决定放弃俗世功名。而从他对时事的关心来看，似乎不至于早有隐退的选择。笔者姑作一大胆推测：也许因为与陆九渊、朱熹及其门人交往关系密切，送行蔡元定的诗歌影响又很大，在庆元、嘉泰的“党禁”期间（1196—1203 年），正值青年曾极参加科举考试的时间段，因受到牵连而不得不放弃科举。当然这只是猜想，还需要更多证据。

七、刘克庄与其他江湖社友

不在刘克庄“江湖社友”的名单之中，但自少至老与其交好的诗人有宋自适、宋自逊昆仲。从宋氏诸人的诗作来看，宋自适、自道等始终安居于南昌，宋自逊则曾经出游，中年后亦回家安居。除刘克庄以外，宋氏昆季与曾极、戴复古、高翥等俱有交游，多次结社雅集，也与许多江西本地诗人来往唱和。刘克庄之所以与宋氏兄弟熟悉，缘于嘉泰年间（1201—1204 年）刘克庄侍父刘弥正知抚州临川县。刘克庄跋《宋自达诗》云：“金华宋氏有丈夫子六人，侨居豫章。余少皆识之。谦甫尤知名，八龙之绝小，五虎之最怒者。”[③]谦

① （清）高其倬等：雍正《江西通志》卷一五四，文渊阁四库全书电子版。

② （宋）刘克庄：《跋宋自达梅谷序》，刘克庄著，辛更儒校注：《刘克庄集笺校》卷一〇一，北京：中华书局，2011 年，第 4244 页。

③ （宋）刘克庄著，辛更儒校注：《刘克庄集校笺》卷一〇一，北京：中华书局，2011 年，第 4245 页。

甫即宋自逊，因为被方回特别点名而成为最有名的“江湖谒客”之一。刘克庄对宋氏昆仲的诗歌都表欣赏，为他们各自的诗集和家集《宋氏绝句诗》都作过题跋。其中大概宋自逊与刘克庄年辈相若，在世最久，交情最深，刘克庄《题宋谦父诗卷》云：“交游一老今华发，畴昔诸昆最白眉。”[①]淳祐五年(1245 年)还为宋自逊新建专壑堂作记。

薛师董(1185—1219)，字子舒，是刘克庄在江淮制置使幕府时交好的诗友，其《忆毛易甫薛子舒》写到当时宴游雅集的情形：

昔在江东会集时，二君独许话心期。
春风萧寺同登塔，落日荒台共读碑。
百吏染毫供草檄，万花围席看题诗。
那知数尺无情土，别后双埋玉树枝。[②]

薛师董英年早逝于嘉定十二年(1219 年)，刘克庄有《哭薛子舒二首》，其一云：

医自金坛至，犹言疾可为。濒危人未信，闻死世皆疑。
友共收残稿，妻能读殓仪。借来书册子，掩泪付孤儿。

其二：

忍死教磨墨，留书诀父兄。读来堪下泪，寄去怕伤情。
墓要师为志，诗于世有名。夜阑秋枕上，犹梦共山行。[③]

薛师董出身永嘉望族，其父薛叔似开禧间任兵部尚书，除端明殿学士，是永嘉学派宗师薛季宣(1134—1172)从侄，《宋史》卷三九七有传。而陈傅良和从弟陈谦从学于薛季宣，与薛叔似同为干道八年进士，陈傅良之女嫁薛叔似长子薛师雍，次子薛师董则娶陈谦之女，薛陈结为通家之好。

薛师董天才颖拔，知名当时。他师从叶适，[④]与“四灵”诗人熟悉，薛师石(1178—1228)(状元木待问之婿)则是其族兄。嘉定五年(1212 年)任船场监

① (宋)刘克庄著，辛更儒校注：《刘克庄集笺校》卷一六，北京：中华书局，2011 年，第 925 页。

② (宋)刘克庄著，辛更儒校注：《刘克庄集笺校》卷三，北京：中华书局，2011 年，第 193 页 。

③ (宋)刘克庄著，辛更儒校注：《刘克庄集笺校》卷一，北京：中华书局，2011 年，第 23 页。

④ (宋)叶适：《薛子舒墓》，《水心集》卷七，另有《祭薛子舒》见《水心集》卷二八，文渊阁四库全书电子版。

当官，翁卷、赵师秀集中皆有《送薛子舒赴华亭船官诗》，薛师石有《送子舒弟之官华亭》，周文璞亦有《送薛子舒》云：

龙泉饯语余，便使借船居。津吏方抽木，官人但载书。

潮通白矸石，身近碧京鱼。一卷新文就，皋禽亦自如。

后被罢，至嘉定十年（1217 年）左右才就任建康府户部赡军中酒库。[①] 此后薛师董与同在金陵的刘克庄、苏泂、周文璞等为诗友交游唱和。曾有诗题苏泂《金陵杂兴二百咏》，兹举其中数首：

其二　刘郎之后更苏郎，不枉随人入建康。

秦水钟山几相识，前年忽识好文章。

其三　方泉周四半生痴，语辄惊人不自奇。

渠句却题君集后，要寻梨木共传之。

其六　定林草木也风骚，曾睡山中听桔槔。

春雨江湖八年事，空肠只忆吃丝糕。

其七　尊嘉堂上崔嵬老，制阃新开欲辟吾。

又约来游游不得，风流输与五云苏。

薛师董、刘克庄在金陵与诗友交游的情形可见一斑。

结　语

嘉定十七年（1224 年）以前，是刘克庄浪游江湖，以作诗人为职志的阶段。[②] 在真州和金陵仕职（1216—1219 年）以及奉祠居乡（1219—1221 年）期间，戴复古、赵师秀、翁卷、曾极等较他年长，已经成名的一群诗人恰好也涉江渡淮、泛舟湖海，来往和停留于真州、金陵以及莆田和临安，以诗会友。依据《跋二戴诗卷》和《花翁墓志铭》列出的名单，刘克庄青年时期交游较密的诗人有戴复古、赵师秀、翁卷、赵庚夫、翁定、高翥、孙惟信、曾极，再加上宋氏昆仲（以自适和自逊为首）以及薛师董，一共十余人，刘克庄称为“江湖社

① 叶适有《薛子舒罢官，久无所授，端明得谢，始换乘务郎》，见《水心集》卷七。

② 侯体健认为从嘉定元年（1208 年）至绍定元年（1228 年）二十年间，刘克庄社会角色为“游士”，此后身份转变。参见侯体健：《刘克庄的文学世界——晚宋文学生态的一种考察》，上海：复旦大学出版社，2013 年，第 93 页。

友”,晚年追忆之作中皆以“亡友”相称。

这群“江湖社友”大多出身仕宦之家,如赵师秀、赵庚夫系宗室子孙;高翥、孙惟信、宋氏昆仲、刘克庄、薛师董等人的父祖皆有功名爵禄;他们在理学方面也各具师友渊源,如高翥之父受业于程门高弟尹焞,高翥《拜尹和靖先生墓》云“瓣香再拜公应鉴,自愧传衣忝嫡孙”,以嫡传自居。曾极之父师从陆九渊,曾极受朱熹教导,与蔡元定交好;同为闽人,翁定爱读文公之书,赵庚夫深于易学;宋自适兄弟之父是吕祖谦高弟;永嘉诗人多服膺叶适;刘克庄以真德秀为师……真正出身平民,“学无根柢”,唯以能诗为长技的,只有戴复古一人而已。回溯刘克庄激扬诗名的经历,正是与这些“江湖社友”游从期间。不过,无论从年龄还是诗名来看,在当时的这群“江湖社友”中,真正的领袖应当是赵师秀。刘克庄、薛师董、宋自逊最为年轻,实际处于从属地位。

刘克庄在暮年屡次言及“江湖社友”犹以“昔日虚名”相推毂,“虽屏居田里,载贽而来”。其实他明知这些诗人并非他青年时期的“江湖社友”,所推毂的其实也非“昔日虚名”,而是淳祐六年(1246 年)除秘书少监,入馆阁为词臣,主盟天下文坛的今日地位和声名。所以面对满江湖、如麻粟的“诗人”们的干谒求品题、攀附门樯,刘克庄一再声明:“脱籍已久,无暇作诗”,在自己与后来的江湖诗人之间划出界限。

刘克庄及其梅花诗

◇ 李国庭

刘克庄(1187—1269),初名灼,字潜夫,号后村,莆田人(故里在城东北今九五医院附近),南宋名诗人、史学家,著作极富,有《后村先生大全集》传世,凡一百九十六卷(其中长短句七卷,二百五十八首;诗四十八卷,四千余首;诗话十四卷;余为书、启、策、论、碑、诔之属)。官至工部尚书,以龙图阁学士致仕(退休)。卒年八十三,赠银青光禄大夫,谥文定。

刘克庄生当南宋王朝国运危艰、江河日下、金元贵族统治者铁骑南侵立马吴山的时代。他爱国忠君,悯民轻刑,挞伐腐败,耿直敢谏,毕生勤廉。

刘克庄对上层统治集团的腐败无能、排挞耿忠的误国做法,进行了不屈斗争,以致仕途坎坷、九次被罢。他寄深慨于梅花,写下了一百二十三首咏梅诗,六首咏梅词,突出地反映了他的清真品格,不屈精神,联系他的斗争和挫折,玩赏这些咏梅诗,便可扼要了解他的精神品质、曲折道路和晚年教训。

刘克庄在《答学者》诗中提出治学六要则:"自古名家岂偶然,虽游于艺必精专。经生各守单传旧,国奕常争一着先。马老于行知响导,鹄腾而上睹方圆。殷勤寄语同袍者,努力磨教铁砚穿。"他强调通过勤学苦练、不懈努力,达到学问精专。这是经验之谈。他少小受父弥正庭训,日诵万言,下了苦功;后来又从西山真德秀学,被誉为"学贯天人,文追骚雅"。

嘉定二年(1209年)刘克庄二十三岁时,以祖父刘夙荫奏补将士郎而踏上仕途。但他不因祖荫空受禄,竭尽才智报国家。在李钰幕府任参军,寄雄心于勤事,露见识于不凡,因军见不被李钰接纳,辞官家居多年。

宝庆二年(1226年),刘克庄改宣教郎,知建阳县,颇建政绩,因有感于腐败当权者摧残人才,写了一首《落梅》诗:

一片能教一断肠,可堪平砌更堆墙。

飘如迁客来过岭，坠似骚人去赴湘。

乱点莓苔多莫数，偶粘衣袖久犹香。

东风谬掌花权柄，却忌孤高不主张。

诗以飘零梅花隐喻屈原、韩（愈）柳（宗元）一类的饱学志士惨遭摧残，抨击历代掌握学人命运的腐朽当国妬忌人才、排斥异己的卑劣行径，抒发对南宋上层统治集团的愤懑情绪。

言官李知孝、梁成大笺此诗，并《江湖集》刘句："不是朱三能跋扈，却缘郑五欠经纶。"指为对当国的讪谤。幸郑清之为他力辩而免。但在绍定五年（1231 年）调潮州通判时，赵至道复劾，而被罢了官。

从此，刘克庄与梅花结下了不解之缘，写了二百二十三首咏梅诗寄托其情思。黑暗势力愈是压抑迫害他，他愈爱梅花、愈坚贞不渝。《病后访梅九绝》之一云：

梦得因桃数左迁，长源为柳忤当权。

幸然不识桃并柳，却被梅花累十年。

诗约作于绍定癸巳（1233 年）兴诗禁的权相史弥远死、诗禁除的当年。他回顾历史上权奸因诗废人的通病，联系自己蒙梅案被罢多年的切肤之痛，揭露和控诉钳禁文人之口的当权者罪行。衔冤受屈到此达七年之久了，但这并不能使他放弃反腐败斗争的信念。《病后访梅花九绝》之八云：

菊得陶翁名愈重，莲因周子品尤尊。

从来谁判梅公案，断自孤山迄后村。

相反地，刘克庄坚信自己的反腐败斗争并不是孤立的，他在《梅花》五首之四诗中云：

篱边屋角立多时，试为骚人拾弃遗。

不信西湖高士死，梅花寂寞便无诗。

虽然他已被罢多年了，但坚持梅花品格；相信临安朝内一定也有如己耿忠的人，在那里抨击腐朽势力。

到了端平二年（1235 年），刘克庄入朝为枢密院编修官兼权侍右郎官，"未几，郑、乔并相，公轮对言：服天下莫若公，今失之私；镇天下莫若重，今失之轻。陛下因私天位，遂德柄臣，因德柄臣，遂失君道，非公也；因私天位，遂疏同气，因疏同气，遂失家道，非公也。大臣忧谗畏讥，而有狼跋之嗟，厌事避权，而动鱼羹之兴，非轻欤？或以匹夫横议而改政，或以走卒偶语而易令，非轻欤？"（见林希逸：《后村先生刘公行状》）。

刘克庄从封建阶级的“公”出发的这篇剀切之论，一针见血地指陈理宗皇帝把皇位看作一己之私，把过多的好处给了权臣，疏远“同气”大臣，使他们“忧谗畏讥”、“厌事避权”，纷纷想告老返乡；并听信小人“横议”，走卒“偶语”就轻易改变政策法令，怎么能使政局稳定？怎么能不腐败下去？

对刘克庄“逆鳞”无畏的“小官初对”，进步士大夫极赞其胆识；腐败的官僚视为“洪水猛兽”。宰相吴泳更“疑其遏已”，通过他兄弟吴昌裔，在端平三年(1236 年)疏劾，罢了他的官。

第二年(1237 年)，刘克庄改知袁州，刚上任未几，又坐前对言及皇帝太施德于济王事之罪，被御史蒋岘所劾，又罢官了。

三次罢官皆因刘克庄耿直敢言，地方军政长官到朝廷内官的权臣都不据其行而恨其言，屡屡排挞有识之士，可见腐败势力的强大与虚弱。

嘉熙三年(1239 年)刘克庄除江西提举，改广东提举，次年升漕。淳祐元年(1241 年)兼摄帅舶，接着有旨令他赴行在奏事，侍御史金渊挑唆谓刘克庄“清望自拟”(见《行状》说)。皇帝耳根软，一听又取消了，他又闲居二年。淳祐三年(1243 年)，刘克庄刚入朝为侍右郎官，又被濮斗南疏罢。第二年他当上江东提刑、将作监、改直华文阁。

直到淳祐六年(1246 年)，刘克庄才被理宗赏识，认为他爱国爱君，特赐同进士出身，任秘书监、中书舍人、实录院检讨官，兼崇政殿说书。但因刘克庄不改耿忠，对宰相史嵩之卖国求和，“面对三札”；嵩之服阙，除职予祠，皇帝批准了，刘克庄不予行词，又被侍御史章琰疏奏而罢官，在省仅有七十多天。这次打击与“落梅”诗案的打击一样，对刘克庄思想有重大影响。

因此，在淳祐十年(1250 年)，刘克庄与他的林夫人娘家——福清石塘林寒斋两个儿子频繁唱和，慷慨悲歌，一连写了《梅花十绝答石塘二林》诗凡十叠，叠十首，计一百首咏梅诗，诗集中抒发两方面思想感情：

一是对腐败当权者以言罪人的愤懑和悲叹：

纵赏梅园彼一时，枝头往往挂参旗。
可怜铁汉今衰飒，榾柮炉边自煅诗。(一叠之一)

蔽药无情自紫红，白头阁老去匆匆。
林间翠羽偷相语，可是梅花累此翁。(一叠之四)

斧残留得半株斜，相对微吟到暮鸦。

堪叹病翁无绮语，不如枯树有琪花。（一叠之六）

二是关心国家命运执着坚持清真品格：

带雨折来如有恨，被风摧去最关情。

面垂玉箸居然白，身著钵衣直是轻。（四叠之八）

不曾解仉献明珰，莫比徐妃与寿阳。

五出至今污臬史，半妆当日怨萧郎。（四叠之十）

浮林叹柳斫为薪，子美怜梅傍战尘。

只愿玉关烽燧息，老身长作看花人。（二叠之四）

愤怒抗争与执着追求，是以梅为师的刘克庄屡遭罢黜而不至沉沦的内在气质和精神支柱。一旦他位高权大，不再抗争和追求，他的反腐锐气就会消减，消极思想就会滋长。

淳祐七年（1247 年），六十五岁以后的刘克庄，思想情绪起了变化，一再辞官，愿挂虚职。如辞知漳州、直宝文阁，改直龙图阁，主管明道宫；辞秘书监等等。为什么？他自己说："都把首阳山占断，蕨薇到老没人争。"大概是厌于斗争，想躲到"华胥国"经营安乐窝了。此后他的以梅为师信念也有所模糊："枝上好花无十日，松梢叶表有千年。静中勘破人间世，醒者常愚醉者贤。"（《绝句二首》之一）这样他官越大，权位越高，锐气反而越减，以至于因为贾似道荐举他做工部尚书而与之打得火热，作词献谀，成为晚节之嫌疑。正如刘克庄自己在诗中说的："物道天刑少，人全晚节难。"（《岁寒知松柏二首》之二），"青霄直上云梯易，白首能坚铁壁难"。他在那样的时代，能基本做到耿直清忠、爱国关民就可谓是杰出人物了。

"自古名高众责全，几人赍恨到九泉。"（刘克庄：《和兴化赵令君良侍二首》之二）。对于杰出人物还在世时"责全"，会使人含恨；何况后世，责全更没有道理了。我们把刘克庄和他的梅花诗联系起来，以行解诗、以诗解人，是为了借鉴其爱国反腐的不屈斗争精神，记取其晚年消沉的深刻教训，为振兴中华而顽强不息。

略论刘克庄为官和文学成就的成因

◇ 李福生

刘克庄（1187—1269），福建莆田人，南宋诗人、词人、诗论家，宋末文坛领袖，辛派词人的重要代表，词风豪迈慷慨。早年是南宋最大的诗歌流派江湖诗派的领袖，后转而推崇辛弃疾、陆游，多讽刺时事，反映民生疾苦之作，著述甚丰，并成为与辛弃疾、陆游“三足鼎立”的爱国诗人。他一生为人清廉、正直，敢于直言，起起落落，受人敬仰，既为官也为文。为官，官至权工部尚书、龙图阁学士，颇有政绩；为文，是高产、高龄作家。有《后村先生大全集》196 卷传世，其中诗 5000 余首、词 200 多首、诗话 4 卷、赋 1 卷、和许多散文小品。本文从刘克庄家风、亦官亦文的传统，和陆游、辛弃疾等人的爱国忧民思想和文学风格，以及曲折仕途和贴近民间等三个方面的影响，论述刘克庄一生的为官政绩和文学成就。他一生政绩、文学成就如此之高，绝不是偶然的，笔者认为有以下三个原因。

一、家族渊源和莆田科举鼎盛奠定了刘克庄既为官又成一代文宗的人生路

刘克庄一生文学成就与其家族和师友的儒学传承密切相关。由于兴化文化传统熏陶和家学渊源关系，刘氏家族逐渐从平民演化成为科甲世家、官宦门第、兴化望族，其家族四代先后产生 8 位进士、10 多位诗人和理学家。他们的共同点，除了政绩外，在文学上都取得重要成就，都产生很大的影响。

刘克庄的祖父刘夙（1124—1171），字宾之。少与其弟刘朔俩人皆“师事邑人理学大师林艾轩而得其传”。南宋高宗绍兴二十一年（1151 年），入京应

试，考中进士。历官吉州司户参军、建州和温州府学教授、礼部贡院考官、秘书省正字、枢密院编修官、湖北帅参等职，并长时间担任衢州、温州等地知府。他为官，尽忠尽职，颇有政声，“百姓德之”；为文，在理学、史学研究方面和文学创作上均有建树，是理学家，又是文学家。他一生勤奋著作，著有《春秋解义》、《注汉书》、《续博古篇》、《史记正误》2 卷、《奏议》1 卷。刘夙为人耿直敢言，厚名闻而薄利势，立朝能尽言，治民能尽力，素“以言论风节闻天下”。

刘克庄的叔祖父刘朔（1127—1170），字复之，高宗绍兴三十年（1160 年）进士，历官温州司户参军、福清知县、秘书省正字、福建安抚司参议官。著有《易占》、《图书注》、《唐书注》、《春秋纪年图》、《春秋比事》20 卷，《二刘遗集》10 卷。刘朔为官，“民皆德之”；亦文，著作丰赡，为后人留下丰厚的文化遗产。刘朔与其兄刘夙一样耿直敢谏，刘夙挺持无假借，刘朔则济议和易；至于轻禄位，重出处，厚名义，薄势利，盖不相让云，被时人并称为“二刘”。包括刘夙的另一堂兄弟、官至平江府通判的刘洵直（1119—1175）在内等人，都是从莆田后村刘氏家族走出去的人物。

刘克庄父辈一代，也是英才辈出。刘克庄的父亲刘弥正（1157—1213），字退翁，号退斋。孝宗淳熙八年（1181 年）考中进士，官至吏部侍郎。一生为官清廉；文学创作上，留下文集《退斋遗稿》、合著《谥诰》1 卷。刘弥正传四子：克庄、克逊、克刚、克永。

刘氏“三世登科第者八人”除了刘克庄祖父刘夙、叔祖父刘朔、父亲刘弥正外，还有其叔父刘起晦、刘起世，从兄刘宬、刘希道、刘希仁。刘起晦，字建翁，刘朔长子。孝宗淳熙五年（1178 年）进士。官历福清县主簿、监建康府榷货务、贵溪知县、江西安抚司机宜、秘书省正字兼吴益王教授。起晦以儒自奋，气质端凝，识度宏远，外柔内刚。也是一位文化人。刘起世，刘朔次子。宁宗庆元二年（1196 年）进士，官迪功郎，南海县尉，赠正议大夫。

对少年刘克庄影响至深的叔父刘弥邵，字寿翁，号习静。家有藏书数橱，经常与兄弟卧起其间，素性狷介，勤学不辍，晨夕抄纂、考论，断制义理，一以洙泗，关洛为宗，是一位大评论家，有《易稿》《汉考》《深衣问辨》《杜诗补注》诸书存世。然而他虽然饱读经书，却屡试不第。中年干脆放弃科举，专为教书为业，“凡里中佳子弟，良士友，多先生口讲指划之余”。

到刘克庄这一代，其文学成就达到登峰造极的地步。首先是刘克庄，理宗皇帝赞扬他“文名久著，史学尤精”，特赐同进士出身。其弟刘克逊

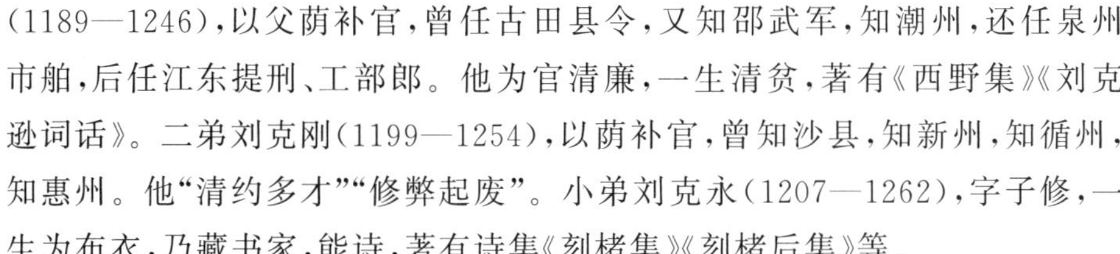

(1189—1246),以父荫补官,曾任古田县令,又知邵武军,知潮州,还任泉州市舶,后任江东提刑、工部郎。他为官清廉,一生清贫,著有《西野集》《刘克逊词话》。二弟刘克刚(1199—1254),以荫补官,曾知沙县,知新州,知循州,知惠州。他“清约多才”“修弊起废”。小弟刘克永(1207—1262),字子修,一生为布衣,乃藏书家,能诗,著有诗集《刻楮集》《刻楮后集》等。

堂弟刘宬,字孟容,刘弥邵子。理宗宝庆二年(1226 年),由乡赋擢丙辰进士。监庆元府苗米仓、罗源令、坑治司检踏官、青田令、汤镇催煎官、用科举改宣教郎、知古田县。著有《易稿》《汉考》等。从兄刘希道,字志学,刘起世子。宁宗嘉定十三年(1220 年)进士及第。刘希仁,字居厚,刘起世子。宁宗嘉定四年(1211 年)进士,历官建阳县主簿、古田县令、监左藏西库、通判镇江、临安二府、提辖文思院、干办诸军审计司、司农簿、司农丞、秘书郎、江东提举改湖南提刑兼转运判官、兼摄府事、知潮州、仓部郎官、司封郎中、差知泉州改淮东运判、将作监等,积阶至中大夫。

族父刘洵直之子刘椝,孝宗淳熙八年(1181 年)进士,累官知县、通判、左司谏、侍御史兼侍读、制置使、工部尚书。他历事四朝,为官明允,体恤百姓,刚正不阿。工诗文,善书法。著有《刘尚书集》30 卷。

以上叙述可以看到,刘克庄家族作为莆阳的科甲世家和文学家族延续有百年之久,贯穿于整个南宋时期。其家族进士和文学人才辈出,文学上,成就主要是诗词,作品多,极具艺术特色,并在诗学理论方面颇具影响,成名最早的是刘夙、刘朔兄弟。这些耳濡目染的文学作品和诗学理论以及先辈们清正廉洁、刚介耿直的性格和不畏强权、敢于直言诤谏的精神,无疑对少年刘克庄的成长影响深刻。从小任性顽皮的刘克庄就是在这样的家族环境中日濡月染,虽然其父刘弥正早年离开家乡,很少顾及家庭及子女教育。但在饱读经书,著作颇丰,教书为业的叔父刘弥邵的教育下,“少小日诵万言,为文不属稿,援笔立就”。也许就是他叔父和幼学老师林井伯、林绮伯、方泽儒等人的影响,少年刘克庄无意科举,醉心于诗词的韵律之中。在少年时就诗名远扬京城的同时,也孕育了他作为诗人那种与官宦的职业格格不入,水火不容的性格、气质、性情,也为他宦海沉浮、颠沛流离的一生留下了伏笔。

再说,刘克庄的故乡莆田,历史上素有“文献名邦、海滨邹鲁”之盛誉。“莆田文物之邦,自常衮入闽之后,延礼英俊,儒风大振。僻在南隅,而习俗好尚,有东周齐鲁遗风”(《风俗论集》黄公度学志)。“莆田旧习,俭啬勤力,衣服古朴。重廉耻,惜行检。以读书为故业,科名之盛甲于闽中。至论忠孝

大节，则前辈风概有足以摩激千古者”(《弘治志》)。

正是因为莆田这座重教兴学、“科甲冠八闽”和科举文化鼎盛的熏陶，以及刘家严格的家教、前辈的榜样、丰富的藏书，以及严于仕进的氛围等，都对聪慧颖悟、敏而好学，又能吃苦的刘克庄的思想、情感、道德、品质的形成，产生了极为重要影响，使他能在“小时独步词场，引弦百发无虚矢”。能在青少年时就富有诗名，并在胄监(贵族子弟学校)的词赋考试中夺魁。宁宗嘉定二年(1209 年)，23 岁的刘克庄以荫补官，进入仕途，任将仕郎、靖安县主簿，之后官至权工部尚书。在长达 60 年的仕途生涯中，他亦官亦文，文学创作出类拔萃，成为南宋后期文坛领袖、辛派词人的重要代表和一代文宗。这些都与刘家的家学渊源和莆田的重教兴学之风息息相关的。

二、陆游、辛弃疾等人爱国忧民的思想影响了刘克庄的为官和文学创作

刘克庄所处的南宋时期，虽然外患内忧，国土破碎，政治黑暗，国势日下，但也是中国历史上经济最发达、科技外贸、对外开放程度较高的一个王朝；尤其在古代中国学术思想和文化艺术上，达到空前绝后的繁荣时代。政治上，既有南宋王朝外患深重、苟且偷安的一面，更要看到爱国志士精忠报国的一面。作为早期江湖诗派的领袖刘克庄，面对宋廷偏安，人民大量逃难江南，所形成的流离颠沛之苦，妻离子散之惨，国土沦亡之痛的场景，开始厌倦江湖派的肤廓浮滥。转而推崇同朝代与自己有着相同的爱国热情，相似的壮志难酬的悲情，相像的屡遭打击罢官回乡的境遇的文坛前辈辛弃疾、陆游，尤其对辛弃疾评价极高。并以独辟蹊径，讴歌现实，抒发情怀，富含爱国激情的词作，成为南宋后期成就最高的辛派词人。

刘克庄对豪放词派辛弃疾等前辈非常敬重爱戴，并尽力推许崇尚。刘克庄曾自言，对于辛弃疾的诗词，他从小就能够朗朗上口。辛弃疾逝世后，刘克庄应他的儿子辛宪稏和孙子辛肃的请求，为他们汇辑的《辛稼轩词集》作序。刘克庄在《辛稼轩词集》序中高度评价了辛弃疾坚贞不渝的爱国精神，认为辛弃疾“自昔南北分裂之际，中原豪杰率陷没殊域，与草木俱腐”的情况下，能够拔剑而起，率“北方骁勇自拔而归，著节本朝”，为“名卿将”。他称赞辛弃疾所进《美芹十论》和《上虞雍公九议》：“文墨议论尤英伟磊落”，

"笔势浩荡，智略辐辏，有《权书》《衡论》之风"。他特别对辛弃疾纵横迭宕、豪放奔驰的爱国主义豪放词给予了很高的评价，认为："世之知公者，诵其诗词而已。前辈谓有井水处皆倡柳词，余谓耆卿直留连光景、歌咏太平尔。公所作大声镗鞳，小声铿锵，横绝六合，扫空万古，自有苍生以来所无。其秾纤绵密者，亦不在小晏、秦郎之下。"他称赞辛词"横绝六合，扫空万古，自有苍生以来所无"。

在之后的词赋创作中，刘克庄以忧国忧民的炽热情怀，与辛弃疾相似的豪迈词风，成为辛派词人的重要代表，如《沁园春·梦孚若》词："叹年光过尽，功名未立；书生老去，机会方来"；"披衣起，但凄凉感旧，慷慨生哀"。反映抗战的《驾新郎》词，惊呼国势危急，"国脉微如缕"，激励友人投笔从戎，"闻说北风吹面急，边上冲梯屡舞"；"快投笔，莫题柱"等。

对于与自己祖父同辈的著名爱国主义诗人陆游（1125—1210），刘克庄更是推崇备至。也许是从小就热爱陆放翁诗词的缘故，他深知，陆游一生命运多舛，自幼好学不倦。在饱经丧乱的生活中深受家庭爱国思想的熏陶，始终坚持抗金，即使在仕途中不断受到当权派的排斥打击时，还入蜀抗金。淳熙十六年（1189 年），因上谏劝朝廷减轻赋税，反遭弹劾，再度罢官。此后，陆游长期蛰居山阴，嘉定二年（1210 年）与世长辞。陆游一生笔耕不辍，是一位创作特别丰富的诗人，集中存诗共约 9300 余首，诗词文俱有很高成就。其诗语言平易晓畅、章法整饬谨严，兼具李白的雄奇奔放与杜甫的沉郁悲凉，尤以饱含爱国热情对后世影响深远。特别是那些和豪放派词风相同的词作，最能体现陆游的身世经历和个性特色的，写得慷慨雄浑、荡漾着爱国激情。这些都深深地吸引和积淀着刘克庄学习诗词和成为一代文宗的文采。刘克庄曾这样描述他学诗的过程的："初，余由放翁入，后喜诚斋，又兼取东都、南渡江西诸老，上及于唐人大小家数，手抄口诵。"

随着年岁的增长，刘克庄越发敬佩陆游强烈的爱国热情，愈加钻研陆游现实主义的诗歌创作方法。特别对当时陆游和辛弃疾的词一扫词坛上的纤艳风格，迎合时代巨变，境界宏大，气势恢弘的豪放派词风，创作视野广阔，气象恢弘雄放的艺术手法，倍加欣赏，并在传承中加以弘扬。正如他《跋刘叔安感秋八词》中所言："长短句昉于唐，盛于本朝。余尝评之：耆卿有教坊丁大使意态；美成颇偷古句；温、李诸人，苦于捋撦；近岁放翁、稼轩，一扫纤艳，不事斧凿，高则高矣……"又在《翁应星乐府序》中有着这样的赞语："至于酒酣耳热，忧时愤世之作，又如阮籍、唐衢之哭也。近世唯辛、陆二公有此

气魄。”之后在《后村诗话续集》卷四中，刘克庄又对陆游的词做了风格上的分类：“放翁长短句，其激昂感慨者，稼轩不能过；飘逸高妙者，与陈简斋、朱希真相颉颃；流丽绵密者，欲出晏叔原、贺方回之上”。也许是陆游勤奋多产的治学态度感染和影响了刘克庄的一生，在学习陆游诗歌之后，创作内容亦逐渐丰富，多以爱国内容和豪放风格著称于时。

此外，对刘克庄一生影响较大的，还有北宋的抗金名将宗泽，理学大儒真德秀和敢于口舌弭兵的同乡好友方信孺等。

宗泽(1060—1128)是刘克庄诗词、文章、书信往来以及奏议中常提及的爱国英雄。今浙江义乌人，南宋著名军事将领，刚直豪爽，沉毅知兵。进士出身，历任县、州文官，颇有政绩。任东京留守期间，曾 20 多次上书宋高宗，力主还都东京，并制定了收复中原的方略，均未被采纳。他因壮志难酬，忧愤成疾，七月，临终三呼“过河”而卒。著有《宗忠简公集》。

刘克庄十分敬佩宗泽的爱国精神。他常提到宗泽，认为如果南宋能多有几个像宗泽这样爱国将领，国家领土就不至于被分裂。刘克庄《宗忠简公遗事序》云：“其领开封也，粘、斡虽去，尚屯兵河上，都人懔懔，莫有固志。公至旬月，军民按堵，拊凋瘵以恩，驭豪猾于威，降胡溃卒，望风向附。两河群盗百万，号公‘宗爷’，愿效死力，山寨豪杰皆自备粮械，听公调发。……初，虏不敢越汴而南，以公在下焉。后使杜充代公，虏始越汴犯淮，大驾去淮幸浙，而中原遂幅裂矣。”《题系年录》诗云：炎绍诸贤虑未精，今追遗恨尚难平。区区王谢营南渡，草草江徐议北征。往日中丞甘结好，暮年都督始知兵。可怜白发宗留守，力请銮舆幸旧京。

真德秀(1178—1235)，福建浦城人。南宋后期著名理学家，学者称其为“西山先生”。与魏了翁齐名，二人在确立理学正统地位的过程中发挥了重大作用，创“西山真氏学派”。有《真文忠公集》。庆元五年(1199 年)，进士及第，开禧元年(1205 年)中博学宏词科。理宗时擢礼部侍郎、直学士院、礼部侍郎、参知政事等职，在南宋政坛享有很高的声誉，敢于上书直谏。南宋中期权相史弥远，对真德秀恨之入骨，但碍于真德秀的声望，企图以利禄、爵位诱怵他，而真德秀不为所动。宝庆元年(1225 年)，被劾落职。刘克庄仰慕真德秀不畏强权，不为高官厚禄所动、攀附权贵的高尚品德。被罢里居后，时知建阳县的刘克庄遂以师事之，俩人“讲学问政，一变至道，自此学问益新矣”。真德秀去世后，他为真德秀作墓志铭。

方信孺(1177—1222)，刘克庄的同乡挚友。今莆田市城厢区人。生有异质，幼能诵书，九岁落笔作文，人称天才。约于庆元四年（1198 年），以父荫补官，踏上仕途。慷慨敢为，事不辞难，颇有政声。尤以出使金朝，以大智大勇，舌折敌酋，不愧为古代一位杰出的外交家。

刘克庄十分钦佩方信孺忠贞不渝的爱国精神和不畏强敌，敢于口舌弭兵的勇气，尝云其：少小亲公，晚受公荐，公退居，克庄亦奉祠，日相从于荒原断涧之滨。刘克庄与方信孺过往甚密，受其影响颇深。《后村先生大全集》中有《题方寺丞西山瀑布亭》《和方孚若瀑上种梅五首》《方寺丞新第二首》等诗 30 多首，这在与刘克庄交往的诸多人中恐怕是非常难见的。尤其是刘克庄创作的豪放词《沁园春 · 梦孚若》是以极其奇特的构思和浪漫主义的表现手法，抒发了他与方信孺俩人满腔热血的爱国热情以及壮志难酬、凄凉失意的悲愤，给世人留下了十分深刻的印象。

综上所述，刘克庄与陆游、辛弃疾、宗泽、真德秀、方信孺等人有着相同的爱国情怀，相似的壮志难酬和相像的命运遭遇等，他们都忧国忧民，主张抗金，收复失地，却壮志难酬。他们强烈鲜明的爱国精神、忧国忧民的思想特征、雄豪奔放的艺术风格和慷慨悲凉的壮词宏声有着相同的精神归宿。既以豪放旗帜，震烁宋代词坛，又广泛深远地影响了词林后学。后人称其“与放翁、稼轩，犹鼎三足”赞誉（冯煦《宋六十一家词选例言》）是一点都不为过的。

三、曲折的仕途和亲民的经历丰富了刘克庄的为官生涯和文学创作

宋嘉定二年（1209 年），刘克庄以郊恩补将士郎。虽然他无意科举，潜心诗词。但家族的传承，科举的氛围等，使他在祖、父两代进士官员的恩庇下，身不由己地开始了颠沛流离的宦海生涯。也是他一生的仕途经历、颠沛流离的跌宕人生，孕育出诗人忧国忧民的爱国情怀、鞭挞时弊的直言不讳、落拓不羁的豪迈个性和诗心剑胆的人格力量。成就了他作为南宋后期文坛宗主的文史地位。

宋嘉定三年（1210 年）刘克庄调任靖安簿，帅漕争檄置幕下。他初涉官场，任劳任怨，赢得当地群众的好评。嘉定六年（1213 年），其父刘弥正卒，他辞官守制，回到阔别四年的家乡。嘉定十年，李钰制置江淮，聘他为沿江制

司准遣。他建议“抽调极边戍兵，使屯次边，以壮根本”意见不被采纳，外议归谤，便辞官得请宫观闲差。从宋嘉定六年(1213年)到嘉定十七年(1224年)出任建阳知县的十一年时间内，刘克庄大部分闲居在莆田，或行走在民间。或只有短暂的时间离开过莆田，在福州司理参观和真州录事参军等工作岗位上呆过一小段时间，便辞官得请宫观闲差。十一年故乡闲居，十一年城乡生活，刘克庄沉入社会最基层。面对自身不能为老百姓排忧解难的无奈，只好用一首首直抵人心的诗歌，诉说底层民众的疾苦，国破家亡的悲愤。也是在这一时期，他的诗歌创作开始不满永嘉四灵的“寒俭刻削”之态，摆脱了四灵的影响，也逐渐厌倦江湖派的肤廓浮滥，滥觞于独辟蹊径，以诗讴歌现实，成就了他江湖诗派领袖的地位。

宋嘉定十七年(1224年)，宋理宗即位。闲适十一年后，三十八岁的刘克庄复出，任建阳知县。任上三年，体恤民情，做到“庭无留讼”，兴学施教，做了不少好事，名声很好。也在任上，认识和师事了影响他一生思想的著名理学家真德秀。是时，真德秀因不满奸臣史弥远擅权废立，借假顺道回家乡浦城。刘克庄久慕真德秀的大名，一听说真德秀辞官回乡休闲，赶快直奔浦城，投入真德秀门下，成为真德秀的门生，从此热衷于宣传理学。

宋宝庆三年(1227年)，奸臣史弥远发起中国文学史上著名的“江湖诗祸”，《江湖集》被劈板禁毁，诗人被谪贬流放。作为江湖诗派领袖的刘克庄，当然也“罪责难逃”。本应“押归听读”的刘克庄，幸得签书枢密院事郑清之的保护，又一次逃脱下狱流放的厄运。绍定二年(1229年)，改任潮州通判，不久，就被劾以“嘲咏谤讪”的罪名，尚未赴任，又被去职，改领宫观闲差。于是，已四十二岁的刘克庄回到老家，开始长达六年的赋闲岁月。他游历河山，阅览民间，深入基层，体验生活。丧权辱国的悲愤，民间百姓的哀伤和无可奈何的长叹……流畅出一首首蕴含着人民的血汗、士卒的生命、爱国将士壮志难酬和诗人爱国情感的政治性诗篇，组成了一部气势恢宏的南宋社会史诗。也逐渐形成了“与放翁、稼轩，犹鼎三足”的豪放派词人的重要代表和宋末文坛领袖的地位，也正是这些政治抒情诗确立了在中国文学史上的地位，当之无愧一位伟大的爱国主义诗人。

宋绍定六年(1233年)六月，真德秀复出为福建安抚使。刘克庄应邀请赴其幕下任将作簿兼帅司参议官。不久，真德秀应召入朝后并以“学贯古今，文追骚雅”举荐刘克庄。宋端平元年(1234年)九月，刘克庄回到临安，又改任宗正寺主簿。宋端平二年(1235年)六月，刘克庄任枢密院编修官兼权

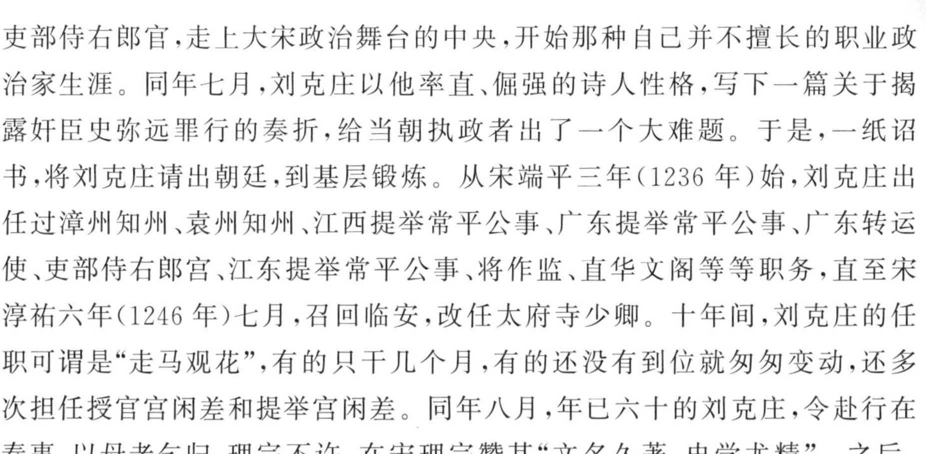

吏部侍右郎官，走上大宋政治舞台的中央，开始那种自己并不擅长的职业政治家生涯。同年七月，刘克庄以他率直、倔强的诗人性格，写下一篇关于揭露奸臣史弥远罪行的奏折，给当朝执政者出了一个大难题。于是，一纸诏书，将刘克庄请出朝廷，到基层锻炼。从宋端平三年(1236 年)始，刘克庄出任过漳州知州、袁州知州、江西提举常平公事、广东提举常平公事、广东转运使、吏部侍右郎宫、江东提举常平公事、将作监、直华文阁等等职务，直至宋淳祐六年(1246 年)七月，召回临安，改任太府寺少卿。十年间，刘克庄的任职可谓是“走马观花”，有的只干几个月，有的还没有到位就匆匆变动，还多次担任授官宫闲差和提举宫闲差。同年八月，年已六十的刘克庄，令赴行在奏事，以母老乞归，理宗不许，在宋理宗赞其“文名久著，史学尤精”。之后，赐同进士出身，除秘书少监，兼国史院编修，实录院检讨、崇政殿说书，不久又暂兼中书舍人。一身兼五职，跻身于朝廷显要，成为朝中重要的命官。不久，刘克庄的诗人性格又重蹈覆辙，再次陷入朝权之争中，参与奏请罢免宰相史嵩之，再次给皇帝出了个难题。于是又是一纸诏书，让年已六十的刘克庄再到基层挂职。

宋淳祐七年(1247 年)二月，刘克庄出任过漳州知州、提举宫观闲差、宗正少卿、福建提刑等职务，走马灯似地变换领导岗位，工作时间似乎都在上任的路途上。宋淳祐十一年(1251 年)初，刘克庄起复回朝，以秘书监、兼太常少卿、直学士院。十月升起居舍人，又兼侍读等职再次跻身于朝廷显要的位置。然而还不到一年时间，又因为诗人的直言不讳和高谈阔论，得罪了包括皇帝、宰相、各部尚书等在内的君臣。于是只能再次以宫观回家闲居，这一走已经 66 岁的刘克庄又在家偷闲八年时间。

景定元年(1260 年)，刘克庄年七十四，其时贾似道还朝为相。六月，诏令刘克庄赴京复职，除秘书监，道除起居郎，兼权中书舍人。十一月，除兵部侍郎，直学士院。景定三年(1262 年)，刘克庄权工部尚书兼侍讲，屡为理宗器重。度宗咸淳元年(1265 年)，刘克庄年七十九，郊恩进封刘克庄莆田县开国伯。咸淳四年(1268 年)，刘克庄年八十二，度宗御笔亲批：“刘克庄谢事先朝，年事俱高，特除龙图阁学士，仍旧致仕。”

回眸刘克庄的一生，他在政治道路上的跌宕起伏完全源于其诗人的性格与命运。也是这样的屡屡受挫的仕途，颠沛流离的经历，才能为他的诗歌提供了丰厚的创作源泉；才能极其自然地传承了杜甫的人民性和陆游的爱国主义精神。如“陌上行人甲在身，闺中少妇泪痕新。边城柳色连天碧，何

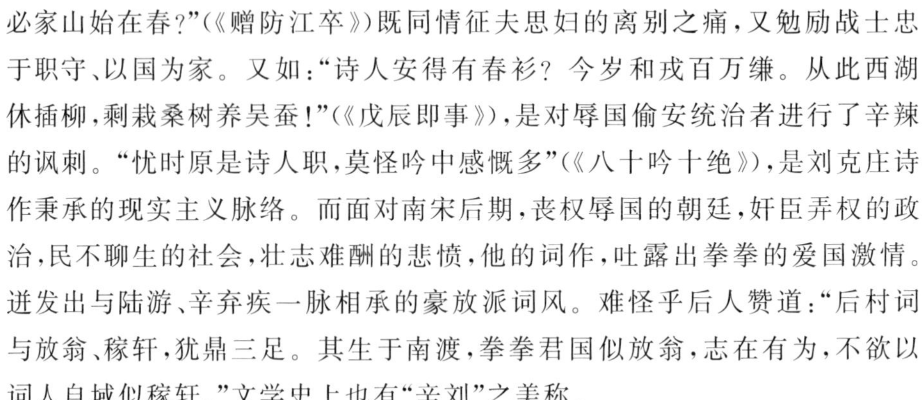

必家山始在春?”(《赠防江卒》)既同情征夫思妇的离别之痛,又勉励战士忠于职守、以国为家。又如:“诗人安得有春衫? 今岁和戎百万缣。从此西湖休插柳,剩栽桑树养吴蚕!”(《戊辰即事》),是对辱国偷安统治者进行了辛辣的讽刺。“忧时原是诗人职,莫怪吟中感慨多”(《八十吟十绝》),是刘克庄诗作秉承的现实主义脉络。而面对南宋后期,丧权辱国的朝廷,奸臣弄权的政治,民不聊生的社会,壮志难酬的悲愤,他的词作,吐露出拳拳的爱国激情。迸发出与陆游、辛弃疾一脉相承的豪放派词风。难怪乎后人赞道:“后村词与放翁、稼轩,犹鼎三足。其生于南渡,拳拳君国似放翁,志在有为,不欲以词人自域似稼轩。”文学史上也有“辛刘”之美称。

刘克庄一生,历孝宗、光宗、宁宗、理宗、度宗五朝,几乎贯穿于南宋中后期。他年轻时,像辛弃疾、陆游一样,关注现实,热爱祖国。他一生跌宕起伏,成就彪炳史册,尽管仕途坎坷,屡遭打击,仍不改初衷,心忧国事,敢于直面现实,敢于鞭笞邪恶,有着老杜情怀。他非科班出身,为官却仕宦显达,官至尚书,卓有政绩,为人清廉,受人敬仰。作为南宋杰出的诗人,词人、学者、文学家。他才华横溢,一生著述甚丰。作品体裁丰富,题材广泛。诗作质朴清新,词作更胜其诗,豪放雄浑。无怪乎真德秀能以“学贯古书,文追骚雅”赞之,宋理宗能以“文名久著,史学尤精”赞之。后世人更以“宋末文坛领袖,辛派词人的重要代表,一代文宗”等称号誉之。总之,刘克庄在中国文学史上影响深远,历久弥新。

参考文献

1.(宋)刘克庄著,辛更儒校注:《刘克庄集笺校》,北京:中华书局,2011 年。

2.詹淑海:《刘克庄评传》,福州:海峡文艺出版社,2017 年。

3.黄祖绪:《壶山门第》,福州:福建人民出版社,2007 年。

江湖诗派领袖刘克庄

◇ 黄黎强

南宋的诗坛兴盛而活跃。杨万里、范成大首开先河，名噪四海。陆游踵其后，丹心血气谱新律，诗声激烈扬千古，成为一代著名大诗人。江西诗派，四灵诗派又继其后，然而都望尘莫及。最后，江湖诗派一枝独秀，主宰南宋中后期诗坛达数十年之久。这个诗派的代表人物、领袖，便是莆田的刘克庄。本文论述刘克庄江湖诗派诗歌创作的现实主义特点，介绍诗派中其他主要作家的作品，并扼要论述江湖派诗歌创作的突出成就和对后代的深远影响。

刘克庄(1187—1269)，字潜夫，号后村。他出生在一个世代书香门第，祖父刘朔，进士出身，任过秘书省正字。父亲刘弥正，进士，官任吏部侍郎。宋嘉定二年(1209 年)，刘克庄以父荫补官。历任主簿、县令、秘书少监、国史院编修，后又被提拔担任太常寺少卿直学士院、兵部侍郎兼中书舍人等职；晚年升任工部尚书兼侍讲、宝章阁学士，赠银青光禄大夫，谥号“文定”。

刘克庄学富五车，著述丰盛。一生共创作数千首诗词，有诗集 60 卷，古体、乐府、唐律、绝句、四六文样样皆精，脍炙人口的名篇比比皆是。

刘克庄写诗，能学习、融合唐宋诸家之长，又能依情依事生发，因而自成一家风格，这是他的诗歌作品的一大特色。

年轻时，他曾追随“四灵”诗派，“敛情约性，因狭出奇”，雕章琢句，刻意模仿。但他很快就厌弃了这种生搬硬套的创作方法，他认为作诗原本不在诗句、格律的酷似，而须依胸臆而发，才能写出佳品来。

此后，他“思益新，句愈工，涉历老练，布置辽远”学习唐代贾岛、姚合、许浑、李贺诸位大家，又兼宋代的苏轼、辛弃疾、陆游等各位名家高手，吸收众家之长，融会贯通，“不拘时，多变化”，创作了不少精妙之作。他的古乐府

《齐人少翁招魂歌》等篇，诗评家认为，就是李贺的《长吉集》中的作品也不多见。

刘克庄的诗，取材广泛，涉及当时社会生活的方方面面。其中有不少作品揭露了当时统治阶级的专权跋扈和荒淫腐败的本质。如在建阳任县令期间写的《孺子亭》《咏落梅》《黄巢战场》诸诗就是这样。《咏落梅》云：

一片能教一断肠，可堪平砌更堆墙。
飘如迁客来过岭，坠似骚人去赴湘。
乱点莓苔多莫数，偶粘衣袖久犹香。
东风谬掌花权柄，却忌孤高不主张。

诗中尾联两句，被谏官刘某指斥为"讪谤当国"。《黄巢战场》诗中有"未必朱三能跋扈，都缘郑五欠经纶"之句，又被告以"指斥权贵，全无顾忌"，结果罪名成立，被"押归听读，遭废十年，不得仕进"，蒙受了10年不白之冤。直到宋绍定年间奸相史弥远死后，刘克庄才得以重新任用。当时，他有感而发写了一首《病后访梅》绝句，抒发了自己心中的愤激之情，揭露了史弥远当政期间祸国殃民的罪恶。诗云：

梦得因桃却左迁，长源为柳忤当权。
幸然不识桃并柳，却被梅花累十年。

刘克庄的诗作中，还有不少揭露当时社会黑暗，反映民生疾苦的作品，如《运粮行》《开粮行》《苦寒行》《筑城行》《老兵》《老农》《老医》《老僧》《老妓》《老巫》等。《老吏》一诗是这样写的：

少谙刀笔老尤工，旧贯新条问更通。
丰智固应雄鹜口，论年亦合作狙公。
孙魁明有堪瞒处，包老严犹在套中。
只恐阎罗难抹过，铁鞭他日鬼臀红。

全诗揭露了当时社会上的奸官污吏狡诈奸谲、祸害乡里的黑暗现实，最后发出了强烈的警告：再不悬崖勒马，阎罗王就要用铁鞭痛打了。作者借阎罗王来惩罚贪官污吏。写法新颖，别有新意。

刘克庄在创作中，还经常利用民间俗语入诗，曾有人因此说他的一些诗歌太"俗气"。其实，恰恰相反，这正是刘诗的语言特色和语言风格，是诗人长期观察生活，表现生活的必然结果。

此外，刘克庄的诗作还以塑造丰富多彩的形象见长，如《咏落梅》及以后创作的大量咏梅诗，都以鲜明可感的形象，而富于感染力。除了咏梅诗外，

刘克庄还为那些为国战死的将士写过不少赞美诗，如《题胡斌》一诗：

士各全躯命，惟侯视死轻。张巡须尽怒，先轸面如生。

短刃犹枭寇，空弓尚背城。新祠鼙鼓盛，人敬此神明。

诗人把英雄胡斌比作唐代为国捐躯的张巡和战国时期的名将先轸，褒扬之情溢于言表。作者刻画他“须尽怒”“面如生”的英雄形象，十分威武，十分慷慨！第三联用“短刃”，用“空弓”再现了他的战斗英姿，令人钦敬，令人感奋！

刘克庄的创作，还有一个显著特点，就是喜欢引用故实（典故），他总是信手拈来，溶于诗中，毫不费力。

由于刘克庄的诗作具有如此平实清新的格调和气息，所以，在大江南北很快就出现了一大批诗人，步着他的风格，和他相唱酬，如敖陶孙，周文璞，赵师秀等人。有个书商、诗人陈起喜爱他们的诗歌，就汇集了他们的作品，刊印了一本《江湖集》，广为售卖。所以.时人便把他们称为“江湖诗派”。

其中，敖陶孙诗名声最大，敖，字器之，号臞翁，原江西人，后入籍福清县。《江湖集》除收录刘克庄的诗句外，也收录他的诗，诗中有“梧桐秋雨何王府，杨柳春风彼相桥”之句，为当国者所恶。刘克庄被贬十年，他无官可贬，当权者即派人追捕他，敖被迫逃回福建避难。

直到奸相韩侂胄倒台后，敖才考上进士，当过主簿、判官一类的小官。但一直仕途坎坷，报国的理想无法实现。他的诗多为古体，反映现实，不满现实，抒发一种忧国伤时的情感和激愤心境，如他的《秋日杂兴》一诗：

阵云起西北，中原暗黄尘。岂无康时算，无路不得陈。

书发亦过计，夜夜占天文。匣剑似识时，中宵哑然鸣。

我亦发悲歌，沾衣涕纵横。

此诗意境辽远，用词奔放不羁，很有南宋初期辛弃疾豪放词派的遗风。与刘克庄的不少诗作风格相近，二人以此常相唱酬。

赵师秀，字紫芝，号灵秀，宋绍熙初（1190 年）中进士，当过主簿、推官一类的小官，一生同样仕途坎坷，报国无门，建功立业的理想无法实现，内心愤懑，他曾经作诗自嘲“官是三年满，身无一事忙”。

赵擅长诗歌创作，他是“永嘉四灵派”诗人之一，人称“鬼才”。他开创了“江湖派”一代诗风。他的诗或清新自然，或洒脱沉凝，他的《约客》诗最为人称道。

黄梅时节家家雨，青草池塘处处蛙。

有客不来过夜半，闲敲棋子落灯花。

这首诗看似轻松自如，实际上诗人当时的心情还是很失望的！过了半夜，客人还是没来，暗指自己怀才不遇和理想无法实现的极度失望心情。“敲”字，透露出诗人的心情很乱很不好，这首诗歌的手法别有新意。

周文璞，也是江湖派中的一个重要作家。他是山东人，自号方泉。他没有中过进士，也没有中过举人，一生中二次为官，但都是无品的小官，而且任职时间都很短暂，最后，穷困潦倒，只好归隐山林。不满现实，寄情山水，是他诗歌的主情调。

《初营凤山》一诗，正体现了他归隐山林，不满现实的心境。全诗用词清新自然。

香草参差种，幽花逐旋移。既添醒酒石，须着放生池。

春在年年好，山水处处奇。吹箫吾不解，长啸却相宜。

开头三联最能表现他退隐山林的一种自由自在的心情。尾联写人，写心情，“不解”“长啸”数字，正夹杂着诗人一种不满现实的复杂心情。

当然，刘克庄的诗歌无论在反映现实生活的广度和深度上，也无论在种种创作技巧上，以及作品的格调和思想性上，都远远地超过了江湖诗派的其他诗人。晚年他官居尚书，地位高，故影响也更大。他是江湖诗派的佼佼者，也是南宋中后期数十年中最具特色、成就最高的杰出诗人，是公认的文坛领袖！

南宋著名理学家、参知政事真德秀称赞刘克庄“学贯古今，文追骚雅”。并且多次向朝廷推荐他。宋淳祐年间(1241—1252 年)经由丞相郑清之的推荐，刘克庄被召到行在，宋理宗因他“文名久著，史学尤精”，赐他同进士出身。当周汉国公主薨，以克庄诗为第一，特别诏令他代朝廷题写挽诗。

《宋诗抄小传》评价他的诗歌“能瘦能淡，能不拘对，又能变化……盖虽会众作而自为一家者也”。其后，历朝历代的评诗家、研究家都对他作过难以计数的高度评价。这一切都说明了刘克庄诗歌的突出成就和江湖诗派深远影响。

刘克庄重视“立言”的文化观和文化效应

◇ 陈国英

刘克庄在南宋灭亡的前10年去世，他实实在在地在南宋生活了83年。北宋文化和南宋文化创造了辉煌的文迹和各自产生了一批卓尔不群的文化英才，且是一脉相承的。出生于儒学世家的刘克庄，全盘继承和享用了宋朝文化的精髓。但他在立德立言立功的人生践行中，尤其重视“立言”，所以用笔书写了海量般的各类文体，诗词赋曲等，他的官位不可说不高，他的官履不可说不宽，他不可说不立德不立功，但他极具洞察立言的文化效应和社会认知的能力，所以以立言创造不朽。如写梅花是推德的极致题材，他却写下170多首，可见重在立言。他在世和去世后，印证立言才能不朽的社会效应，而终致青史留名，可显其精妙也。

在中国文学史上谈刘克庄，是一位绕不过的人物。我们莆田人，更是以他为荣，以他为自豪。他生于孝宗淳熙十四年(1187年)，逝于度宗咸淳五年(1269年)，享年83岁。他所生活那个年代，有彼年代的特殊性。宋朝作为一个不完整的朝代，从宋太祖(赵匡胤)黄袍加身建国的公元960年始，到钦宗(赵桓)靖康之难后亡国，又从宋高宗赵构建炎1127年于临安建立政权，到帝昺(赵昺)1278年被元族所灭(1278年)，共有既丰功富贵统一强盛又支离破碎的319年的朝廷。而刘克庄出生，是北宋已被金灭60年之后，他实际上是在南宋152年间生活了83年。他历经孝宗、光宗、宁宗、理宗、度宗五代皇帝的更始。把宋朝放在我国悠久历史的大背景下来考察，它是一个充满繁华、崇文、任性、屈辱、弱兵且跌宕起伏的年代。北宋时期，有过手工业、商业发达童年时期，但腐败、暴政之下“三大奸四大寇”的“内乱”，金国的入侵，后灭北宋，赵构南奔后的南宋，一直处于“北望中原”的重度创伤和“高级”恐惧中，又因金朝的内乱，给南宋留下了相对时间的“稳定”，虽然“主战”

"主和"派的斗争不断,但中国人的"和平"欲求和江南经济的富庶发展,也助长了"暖风"劲吹,"直将杭州作汴州"的生活主流。刘克庄卒后的10年,南宋也在元朝的烽烟中归于灭亡。如果要说清楚北宋与南宋,或整个宋朝的经济文化,凭几句是难状其态的。但北宋王朝,结束五代十国分裂的局面,统一全国,生产得到迅速恢复和发展,首都汴京"八方争凑、万国咸通",太平盛世,朝野多欢,北宋出现了柳永、宋祁、秦观、贺铸、欧阳修、苏东坡、黄庭坚、张先、周邦彦等一大批文化人,而且他们扩大了诗词的视野,他们从离怀别绪、男欢女爱、咏史、吊古、感旧、纪游、谈禅、悼亡,送别……各种题材,都达到了"无意不可入、无事不可言"的境况。他们的文化创作,"耽于安乐"华丽纷呈,各具风采。这是社会的"通病",尽管当时有辽和西夏的侵扰,并没有构成对北宋的严重威胁。但"国家不幸诗家幸,赋到沧桑句便工"。北宋王朝的覆灭,是中国历史上一次少见的大浩劫,而后出现了因丧乱、逃难、家国之忧,就出现了李纲、赵鼎、岳飞、陆游、李清照、辛弃疾、张孝祥、郭元吉、陈尧、刘克庄、文天祥等一大批"文臣武将"的文化人。刘克庄正因是南宋这一个特殊的时代的"文化人"。北宋与南宋文化人,有不同之处,但也有共同之处。文化是生活的反映,他们为后世提供了相当广阔和异常生动的社会图面,让后世人能增进对社会历史时代的认识和了解。刘克庄是具有独特天赋的"文化人",他的诗赋等文化产品也不是先天的,他是承负了中华文化,包括北宋以及60年南宋社会文化的十分沉重的"遗产和精华"而应时而生的,这不可否认。在这里,考其一生,有七不解。向有诗文之高名,而又不能上榜,此不解一;实为"官二代",家世儒家斯文,而有专攻"古文"弃仕之念,此不可解二;仅依文名修为,能得荐举,荐举得实,此不可解三;宦游起伏,名气倍增,但不得平隐,此不可解四;把"立言"价值定位抬到极高地位,作为人生的文化之根,此不可解五;诗"梅花"为最爱,但酿成十多年伤害不断的诗案,此不可解六;刘公是有"故事"的文人,但专研尚不少,但末入宋史,此不可解七。七不可解,也实可解也。只不过是让人多"猜想"。

我就以下三点试以诠释上述的七个"不可解"。

一、崇梅推德,是刘克庄的诗作重要亮点

当代詹淑海先生大作《刘克庄评传》中,用十分缜密的文字叙述和论证

刘克庄的"爱梅"和遭受梅诗惹祸的过程，言之成理，颇为深刻。本文就不再多加引用，几乎全盘接受詹先生的观点。我要展开补说的是刘克庄为什么爱梅，而且把以梅推德，作为诗作的亮点，这也是刘克庄的审美要点。

梅实际是莆田文化的一个鲜明的符号。关于"梅兰菊竹"四君子，梅尤为让人喜爱。先说蔡国耀先生的《江梅妃》一书，对莆田存在的梅妃之说，甚为透彻地叙论了梅妃传说发生的过程，从唐曹邺所撰《梅妃传》始，说成是玄宗的妃子身份，直至宋李纲的《梅花赋》(作于徽宗宣和三年，即 1121 年冬)，二是晁说之《枕上和圆机绝句梅花十有四首》(作于宣和四年，即 1122 年)都是用不太冷僻的故事，多用长安宫廷典故，推应唐室之事。中间还有张泌的《妆楼记》、北宋孔传《续六贴》、南宋孝宗朝流传《锦绣万花谷》等书，都有梅妃的传说。在刘克庄之前和之后，有立体式关于梅花和梅妃相关联的内容，更令人更为惊诧的莆田，有"谷城梅雪"、梅峰孝光寺，梅山、谷城宫、浦口宫以及众多的梅及梅妃的浩瀚文史民间轶闻传说，南宋中后期的社会，对"咏梅"文章诗词更是激昂高张。刘克庄生在孝宗，卒于度宗，这期间完全侵沉在悲怆慷慨的抗金国度中，对有德傲骨的梅花和梅妃，情有独钟，不必生疑，他写过梅妃、梅花，有人统计有 170 首之多的咏梅诗，也有人考证有 123 首咏梅诗，有 8 阙咏梅词，这种创作的数量是可观的，反映出他借诗抒志，借梅不畏严寒、不惧冰雪精神为寄托的襟怀。十年坎坷的"落梅诗案"逼害，也是那个时代政治斗争的反映。非为莆阳梅妃故里人，不会有梅花情结之沉郁，非为南宋国度人，不会有"落梅诗案"累磨之痛，这是他的命运也。

二、践行立言，是刘克庄人生的重要行为

历史上的文化人，把立德立功立言，当成自己奋斗和让人评价的主要内容。舍此非文化人，也会使人生无明。作为"文献名邦"的莆田，以及生长于斯的人们，都把"三立"奉为经典格言行动的标杆。比刘克庄年长 83 岁的郑樵(生于徽宗三年，即 1104 年)，在郑樵卒后 25 年，刘克庄才出生。但毕竟郑樵在莆田夹祭草堂上力学三十年不下山，书五百部，著有 200 卷的《通志》曾诣阙的坚韧举动，刘克庄决不会不受震撼而铭记于心。这就是先贤"立言"的榜样。

刘克庄把"立言"作为最重要的人生要义。当然立德、立功、立言被依顺

序而提出，早在先秦就有。但刘克庄能从莆田“先贤”及同时代的，才俊文人“著书立说”中得到深刻的启示，对“立言”引为不朽之盛事，加以励志追求。他自以荫补官后，历任多种官职，履职足迹遍于南宋各地，直权兵部尚书、工部尚书等职，能留下196卷的《后村先生大全集》这般皇皇巨著，非立言有心不能说之。其中诗48卷5000首，词5卷258首，诗话4卷，赋1卷，这些通过“文体”的特定性，是一种“放言”“立言”，其中记、序、题跋、奏议、奏申状、启、杂启、祝文、祭文、神道碑、墓志碑、行状、疏等等均为透过各种文体的要求，强烈地表述自己的观点，就是一种骨感的立言，实为不朽的宣示，有着很大气的慷慨。他在《后村先生大全集》卷97《信庵诗·序》、卷43《挽吴君谋少卿二首》、卷99《二心李易说·序》、卷39《生日和竹溪二首》、卷157《墓志铭·方采伯》、卷161《墓志铭·方隐君》、卷95《序》、卷151《墓志铭》、卷138《祭文》、卷156、卷163《墓志铭·叶寺丞》等等，都有关于重于“立言”的表述，都有“只有立言才能不朽，立德立功却都不能”的立世行世之论。他的大量立言，确为人世认识此公提供了全方位的便利，也因他的一世“高言”，提高了全社会的认知水平。

三、名垂青史，广为历代所关注

《宋史》是由元朝人编撰的，总裁官为脱脱，亦叫托克托，又叫脱脱帖木儿，字大用。应该说脱脱是元末的著名政治家，他任右丞相时曾发布一系列的改革措施，如恢复科举制度，减轻一些赋税措施，可算一代贤相。他主持编写宋、辽、金三朝的历史史书，最后下场是十分悲凉的。他生于1314年，卒于1355年。他出生时，南宋已亡135年。脱脱所据的材料系135年前南宋北宋留下的朝野记载。仅如王安石变法，熙宁崇宁朝的党争（或叫党锢之祸）记载，对于王安石、蔡京、司马光、章惇等等记载。南宋初的史臣对北宋朝的认识，都是“一锅粥”现象。连蔡京之子蔡絛在流放于铁城时曾愤然地说“国朝实录、诸史……前书犹庶已，至后书生纷兢更易，则固阔难取矣”。南宋记北宋乱了章法，南宋朝内的“主和主战”纷争不已，涉及权臣贬官之斗，也是乱象丛生，文人儒士见解参商，所以由元人写《宋史》，其挂一漏万，黑白颠倒之事更是层出不穷，根本达不到“辨章学术，考镜源流”的史学要求。

刘克庄官至兵部、工部尚书等职，晚年以龙图阁学士守本官致仕。卒赠银青光禄大夫，谥“文定”。他的忧国忧民、忠君爱国之心至老不衰。他的作品实则百科，从政治、经济、军事、文化、艺术，到民俗、传记、五花八门，面面俱到，涵盖面、涉猎面极广，都具有极高的价值。他在南宋文坛上享有很高的声望和地位，是南宋晚期久负盛名的文坛宗主、诗坛宗主和豪放派爱国词人代表。最让人想不到的是《宋史》竟没有为他立传。正如列宁所说：“传记史书是不可靠的。”他的去世，赢得哀荣。如《行状》所言：“莆之士大夫皆挥泪以相吊，有方殓而往，枕尸以哭者，有既殡而往，拊棺以哭者，莫不尽哀。又数日，则泉南之南，闽北之北，吊唁往来，交驰于道。又数月，则四方交旧与凡得铭得序得跋得诗之友，不远千百里而来，力不能来，亦以书至，盖不知其几。……若公者可谓千载之士矣！”可说是举世同哀，备极哀荣。

为了说刘公的巨大影响，我在此略举他离职之后，亦备受文士之怀记。

宋遗老周密著《浩然斋雅谈》，把刘后村在离开宜春开宴为践事，又记刘后村去广日，路过惠州六如亭，与郡守修墓立碑中，补记的后村二诗：(一)“吴儿解记真娘墓，杭俗犹存苏小坟。谁与惠州耆旧记，可无抔土覆朝云。”(二)“昔人喜说坠楼姬，前辈尤高断臂妃。肯伴主翁来过岭，不妨扶陈起六如碑。”可见周密对刘克庄的关注。

宋韦居安《梅磵诗话》中谈到刘后村的《绿珠诗》，又在卷下又谈到刘后村的《南岳稿》《观元祐党籍碑》诗，说到诗不厌改的理论。

宋魏庆之《诗人玉屑》卷之十九，引用刘克庄的诗评诗《齐人少翁招魂歌》《赵昭仪春浴行》《东阿王纪梦行》，评刘克庄这三首诗，期间精妙处，恐李贺集中亦不多见也。追怀评定不虚。

明瞿佑《归田诗话》卷中，有刘后村绝句曰：“新剃者黎顶尚青，满村听讲法华经，那知世有弥天释，万纳如云座下听。”谓小道易惑众而不知有大道也。又云“刮膜良方直万金，国医曾费一生心，谁知垂髫携篮者，也有盲人问点针”。谓精艺难或而小艺也可售也。瞿佑为钱塘人，著作很多，有《香台集》《存斋遗稿》《咏物诗》《归田诗话》等，对刘克庄的这见闻诗也热心收录，见挂心热心也。

清张思岩《词林记事》卷十四，中记《瀛奎律髓》中收有刘克庄送《江湖集》中诗，因梅花诗而惹祸的事件，《古今词话》有刘克庄“贪与萧郎眉语，不知舞错伊州”的妙语，都一一收录，还有清张叔复评刘克庄的词类评述，不肯遗漏而收入，足见文人之重视。

清翁方纲《石洲诗话》、清吴骞《拜经楼诗话》、清周亮工《书影》、清袁枚《随园诗话》、清陈云程《闽中摭闻》、清叶申芗的《本事词》等一系列作品中，都像海绵吸水般地对刘克庄的"诗评""言论""画跋""诗论""记事"等转录不遗余力，补叙不遗余笔，生怕遗珠于世，可见后世之细腻。

刘克庄与江湖诗派

◇ 金文亨

刘克庄在南宋政坛,特别文坛上是有着重要地位和重大影响的历史人物。他在仕途上,虽然几起几落,但却几度辉煌。在文学家族传统薰陶下,与陆游一样,成为宋代文学史上多产、高产作家,其诗名、文名传扬南宋文学界,并且开宗立派,被拥戴为宋代三百多年两大诗派之一——"江湖诗派"领袖。江湖诗派绵延九百年,一个研究刘克庄与"江湖诗派"热潮正在悄然掀起。

刘克庄是从宋代兴化军莆田县走出去的,在南宋政坛,特别文坛上是有着重要地位和重大影响的历史人物。以刘克庄为领袖的"江湖诗派",是笼罩在南宋中、后期中国文坛的主要诗歌流派。它与以黄庭坚为领袖的北宋"江西诗派"并驾齐驱,享誉宋朝中国的文坛,也享誉中国古代文学史。

一

刘克庄人生经历,既有辉煌,也几经挫折,退入低谷。他在最高学府——太学读书,却屡试屡落第;他虽非科甲出身,却仕宦显达,官至尚书;他为官一方,颇有政绩,却屡屡被罢官,赋闲在家;他为诗为文多产高产,诗名文名大振,被拥为诗界领袖,却因福得祸,牵及诗案,受了文字狱之灾;为人正直,为政清廉,政绩显扬,却大起大落。刘克庄虽历经磨难,却受人敬仰,追随左右,拥为文坛、诗界领袖。他虽然几起几落,文学成就却在同时代最为突出。他为诗为文,多产、高产,著作丰厚。其《后村先生大全集》,作品文学、史学价值与文献价值兼具。他所统领的160多位诗人组成的江湖诗

派，在全国活动长达半个世纪以上。他因之成为两宋300多年两大诗歌流派之一的领袖。这在中国文学史上也是少见的。观其一生，从政、从文的道路也是不平坦的，充满荆棘、艰辛。

明周瑛、黄仲昭《兴化府志》说：刘克庄“少有异质，日诵万言，为文立就”。刘克庄父亲刘弥正在外为官，他从小随父在外，也曾在京城生活。在国子监学习时，他拜了名师，刻苦攻读，但屡次参加科举考试，都落了第。宁宗嘉定三年（1210年），刘克庄23岁时以“郊恩”补将士郎，开始了仕宦生涯。第二年，他调任江西靖安县主簿，后任福州右司理参军。他31岁时，到抗金前线江苏真州军中任录事参军，又到江淮制置使李珏军中任幕僚。他在军中提了许多具有灼见的建议。嘉定十二年（1219年），他监南岳祠，回乡里居住。其间，他曾赴广西桂林，访亲拜友，诗词唱和。嘉定十七年（1224年），他38岁时到京城临安任宣教郎，结识陈起、杜杲等。

理宗宝庆元年，刘克庄39岁时任建阳知县。他当建阳知县三年，政绩显著，受到百姓拥戴。他重视教育，崇敬朱熹，当县令头一年，于朱熹死后不久，就主持兴建朱熹祠，纪念朱熹。理宗淳祐四年（1244年），下诏把朱熹祠改为“考亭书院”，并送御书“考亭书院”匾额。“考亭书院”成为南宋著名的书院之一。他任建阳知县时，还曾多方“筹款购粮，充实义仓”，以备荒年时平抑粮价和赈灾救民。

他在建阳县任知县时，写了《落梅》《黄巢战场》二诗。其一：“一片能教一断肠，可堪平砌更堆墙。飘如迁客来过岭，坠似骚人去赴湘。乱点莓苔多莫数，偶粘衣袖久犹香。东君谬掌花权柄，却忌孤高不主张。”其二有二句：“未必朱三能跋扈，都缘郑五欠经纶。”

这二首诗，收入陈起编刻的《江湖集》中，被言官诬陷为“讪谤当国”，卷入“江湖诗案”中，陈起等人遭残酷迫害。由于副宰相郑清之，“力解当权”，刘克庄才以免职回乡了事。

他在建阳县任县令时，与当士民结下深厚的友谊。后来，他离任后二十多年，多次途经建阳，都受到了热情接待。

刘克庄因“落梅诗案”家居多年。绍定二年（1229年），他到潮州府，任通判。又遭“谤讪”回乡，主管仙都观。端平元年（1234年），他担任吉州府通判，即转任都堂审察，被誉为“端平八士”之一。同年，又回福建安抚使司，任将作监簿，兼帅司参议官。不久，回京任宗正簿，与修《玉牒初草》二卷。端平二年（1235年），任枢密院编修官兼权侍右郎官。他曾向理宗建言，“皆人所不敢言，克庄独言之”。嘉熙元年（1237 年），知袁州，政绩突出。不久罢归，主管云台观。端平三年（1236 年），任江西和广东提举。端平四年（1237 年），他 54 岁时升任广东转运使。同年，理宗召见，回莆，主管崇禧观。淳祐三年（1243 年），为侍右郎官。不久，又主管崇禧观，家居。淳祐四年，出任江东提刑，救穷劾贪，断狱洗冤，人称良吏。淳祐五年，补信州，“以吏才服人”。

淳祐六年（1246 年），理宗皇帝召见，赞扬他“文名久著，史学尤精”，特赐同进士出身。又命他为崇政殿说书兼史馆同修撰。他“入对三劄”，指斥权相史弥远误国，要求朝廷恤贫民处流民。不久，任中书舍人，上书“论秦桧误国之鉴”，弹劾权相史弥远“无父之罪”，“无君之罪”，被罢官回乡。淳祐七年知漳州。翌年母亲去世，丁忧在家。淳祐十一年（1251 年），入京，为秘书监，与修《四朝国史》《地理志》。淳祐十二年，知建宁府，兼福建转运副使。宝祐元年（1253 年），提举明道宫，家居。家居期间，他与贾似道往来甚多，关系密切。景定元年（1260 年）十一月，回京，任兵部侍郎兼中书舍人、直学士院。后又兼史馆同修撰，还兼侍讲。景定二年，75 岁的刘克庄担任工部尚书兼两制。景定三年，他再三要求退休，后理宗虽“许之”，但仍命他以宝章阁学士出知建宁府。景宝五年致仕。度宗咸淳元年（1265 年），79 岁时，他以焕章阁学士退休。咸淳五年（1269 年），他在家乡病逝，葬于延寿溪畔马坑山上，享年 83 岁。他逝世后十年，南宋灭亡。

政绩显著，是刘克庄一生的第一大辉煌，最大闪光点。他多次为地方官，主政一方，勤政廉政，造福一方，颇有政绩。

他又多次调入临安，担任京官。他在朝为官，尽职尽责，勤于政务，清正廉明，刚正不阿，极言直谏，人称“四度立朝，侃侃论谏”，因此屡屡遭到打击，屡被罢官。他被罢官后，赋闲在家，先后家居 36 年。他热爱家乡，在家期间，写了许多诗文，高歌家乡的人和事。他对宋代兴化百戏和杂剧的介绍和宣传，前无古人，后无来者。

刘克庄一生历经孝宗、光宗、宁宗、理宗、度宗五代皇帝，几乎贯穿于南宋整个中后期。他年轻时，像辛弃疾、陆游一样，关注现实，热爱祖国。后来也正如他自己所说的“暮年未敢忘忧国”“暮年未敢忘忧喜”。他为国家安危，忧虑到了最后一刻。

他逝世后，好友林希逸为他撰写了《后村先生刘公行状》，另一好友洪天锡撰写了《后村先生墓志铭》。它们记载了他的生平和主要事迹，虽然《宋史》不为他立传，但历史最终还是记住了他。

刘克庄一生第二个辉煌，或者说第二个闪光点，是他文学和史学上的贡献。他一生足迹遍及南宋统治区域，在地方和京城都当过官，也长期赋闲在家乡，接触社会各界人物，社会经历和生活体验十分丰富，这为其创作提供了丰厚的题材。他忠君爱国，长期怀念北方故土。其《北来人》写道："十口同离仳，今成独雁飞。饥锄荒寺菜，贫着陷蕃衣。甲第歌钟沸，沙场探骑稀。老身闽地死，不见翠銮归。"另外两诗《苦寒行》《军中乐》也流露出强烈的爱国情感，这是"江湖诗派"诗人所写爱国与田园的诗中思想倾向最为集中的代表。他和辛弃疾、陆游一样，是多产作家、高产作家。无论官场上，或赋闲在家，他都广交文友，诗词唱酬，笔耕不辍。他钟爱梅花，仅梅花，就写了 123 首，还因写梅花而丢了官帽。他的《后村先生大全集》共 196 卷，其中诗 190 卷，词 5 卷，赋 1 卷，其余大多数为文，最后三卷是他人撰写的《后村先生行状》。还有诗论《后村诗话》和史学著作传世。他的诗词、文章、诗论，都极具文学价值。

值得指出的是，他对诗歌的热情和喜爱一直高涨，创作激情长年不减。据统计，宋代有诗留存下来的作者 8900 人，传存下来的诗 20 多万首。其中他一人一生创作诗歌 5000 多首，词约 200 首。自南北朝南朝肖绎写《咏梅诗》起，《咏梅(花)诗》成为独立的诗歌品种。据统计，唐至两宋，咏梅花的诗有千首以上，其中南宋彭克写了 300 首，刘克庄则写了 123 首，另有咏梅词 8 首。他热爱梅花的色、香、姿、韵，因此以梅花比喻人的道德品行，比喻人格、气节。刘克庄的诗，在当时即受到普遍的好评，后世的评价也很高。清代张谦宜说："刘后村诗，乃南渡之翘楚，读之忘倦。"叶矫然也评论："南宋人诗，放翁、诚斋、后村三家相当。"

刘克庄一生第三个贡献，或者说第三个闪光点，是在他的旗帜下，南宋时全国各地 160 多位诗人形成一个在宋代很有影响的文学团体——江湖诗派。这在中国古代文学史上是极为罕见的。他们创作一批留传至今的诗歌，并结集为《江湖诗集》，成为南宋时期最重要的文学遗产之一。刘克庄每到一地，在公干之余，以诗词会友，广交文友。他诗、词都写得好，为文人所景仰。他为人低调，不摆架子。他对上至宰相等高官，下至清贫的布衣，都能友好相处，因而文学影响和地位不断提高，直至成为南宋中后期文坛盟主。他与杨亿、柳永一起，成为两宋时期从福建走出去的三位最重要的文学家。

二

刘克庄一生的辉煌，应该说与其家族家风的儒学传承和师友的引导密切相关。从南宋初起，刘克庄祖父刘夙与其叔祖刘朔俩人，就读于红泉书院，师从名师林光朝，又双双考中进士，走上仕途。他们是率先从兴化军城走出去的家族杰出人物，后来又都成为著名的理学家、文学家。

在兴化地域传统文化熏陶下，和家学渊源传承，兴化军城刘氏家族，逐渐演化成为科甲世家、兴化望族、文学家族。此后，其家族四代先后产生8位进士、高级官员，并且亦官亦文，并产生十多位诗人和理学家。他们共同点，除了政绩显著外，在文学和理学上都取得重要成就，产生相当大的影响。

刘克庄祖父刘夙(1124—1171)，字宾之，莆田县人。与其弟刘朔俩人皆"师事艾轩而得其传"，时称兴化"二刘"。绍兴二十一年(1151年)，刘夙入京应试，考中进士，历官吉州司户参军、建州和温州府学教授、礼部贡院考官、秘书省正字、枢密院编修官、湖北帅参等职，并长时间担任衢州、温州等地知府。他为官，尽忠尽职，很有政声，"百姓德之"；为文，在理学、史学研究方面和文学创作上都有建树，是理学家，又是文学家。陆游曾赞扬他，称其为"天下伟人"。他一生勤奋著述，著有《春秋解义》、《注汉书》、《续博古篇》、《史记正误》2卷、《奏议》1卷。

刘夙之弟、刘克庄叔祖刘朔(1127—1170)，字复之，莆田县人。"少喜读《易》"，绍兴三十年(1160年)进士及第，历官温州司户参军、福清知县、秘书省正字、福建安抚司参议官。著有《易占》、《图书注》、《唐书注》、《春秋纪年图》、《春秋比事》20卷、《二刘遗集》10卷。刘朔亦官，"民皆德之"；亦文，著述丰赡，为后人留下丰厚的文化遗产。其《春秋比事》20卷，为《四库全书总目》所著录。刘夙和刘朔俩人道德文章并重，逝世后都被供奉于乡贤祠，享誉于后代。

刘夙堂兄弟刘洵直(1119—1175)，也于绍兴二十一年(1151年)登进士第，官至通判，成为官宦之家。

刘家第二代、刘克庄父亲这一代，也出了几位英才。刘夙是位清官，没有给后代留下什么财产。他的长子刘弥正(1157—1213)，淳熙八年(1181年)考中进士，官至吏部侍郎，为官清廉，也从事文学创作，留下文集《退斋遗

稿》，合著《谥诰》1 卷。刘弥正曾先后娶过两个妻子，养育刘克庄等四个兄弟和三个姐妹。

刘夙二儿子刘弥邵（1165—1246），字寿翁，号习静。他“少孤家贫，自幼好学”，不为举子业，专心学问。他在学术和文学上很有成就，著有《易稿》《汉考》《读书日记》《小记》《深衣问辩》《杜诗补注》等。他以学问闻名于世，被学者敬称为“习静先生”。

刘朔长子、刘克庄堂叔刘起晦，也是进士出身，官至秘书省正字兼王府教授，也是位文化人。另一位堂叔刘起世，庆元二年（1196 年）进士，当过广州南海县县尉。

族父刘洵直之子刘榘，进士及第，累官知县、通判、左司谏、侍御史兼侍读、制置使、工部尚书。他历事四朝，为官明允，体恤百姓，刚正不阿。工诗文，善书法，著有《刘尚书集》30 卷。

刘克庄另一位族父刘棠，绍熙元年（1190 年）进士，任过监察御史、秘阁修撰、知州等。著有《高凉志》7 卷。还有一位族父名叫刘橥，嘉定七年（1214 年）特奏名，任过建安主簿。

刘家第三代，即到了刘克庄这一代，官位和文学成都达到登峰造极的地步。

首先是刘克庄，理宗皇帝赞扬他“文名久著，史学尤精”，特赐同进士出身。其弟刘克逊（1189—1246），以父荫补官，曾任古田县令，又知邵武军，知潮州，还任过泉州市舶，后任江东提刑、工部郎。他为官清廉，一生清贫，著有《西墅集》《刘克逊词话》。

刘克刚（1199—1254），刘克庄之弟，以荫补官。曾知沙县，知新州，知循州，知惠州。他“清约多才”，“修弊起废”，卒于惠州。

刘克永（1207—1262），刘克庄之小弟，字子修，一生为布衣，乃藏书家，能诗，著有诗集《刻楮集》《刻楮后集》等。

堂弟刘希仁（1187—1272），字居厚，刘朔孙，刘起世子，为朱熹门人。嘉定四年（1211 年）进士，先后任司农寺丞、秘书郎。他为潮州知州时，深得民心。后又任江西提刑等。

堂弟刘宬，刘夙孙，刘弥邵子，宝庆二年进士，官至知县，著有《易稿》《汉考》等。

族弟刘南叔，嘉泰二年进士，任过主簿。另族弟刘燦叔，任过知州，为诗人、书法家。族弟刘光叔（1183—1250），特奏名，任过县丞。另一个族弟刘

耀叔，绍定五年(1232年)特奏名。

刘家第四代，即刘克庄儿子这一辈，生不逢时，南宋国运日益衰败，英雄难有用武之地。这一代虽然也产生若干人物，但佼佼者屈指可数。其中，刘克庄长子强甫，补入仕，历官朝奉郎、晋江主簿、福州通判。二儿子明甫，担任过奉议郎、邵武军通判。三儿子山甫，是著名的文化人，刘克庄逝后，他汇聚父亲遗稿，编辑、刊印《后村先生大全集》196卷。侄儿兴甫(刘克逊儿子)，收藏家，任过政和知县。

刘克庄家族作为科甲世家和文学家族，很有特点：

一是延续四代，时间长达百年以上，从南宋第一个皇帝高宗到宋亡，几乎覆盖整个南宋时期。成名最早的是刘夙、刘朔兄弟，文学成就最大的则是刘克庄。

二是其家族不但进士辈出，四代都为官，而且文学人才辈出，文学成就突出，特别是诗词文，作品多，极具艺术特色，同时还贡献了诗学理论，并兼及理学和史学。

三是亦官亦文，为人为官，仁、勤、慎、诚、俭、明，其官德 传承是成功的。为诗文，敏感的诗心、过人的才华、傲世的气骨、富赡的文字修养、源远流长的环境熏陶所形成的个性气质无不渗透到他们，特别是刘克庄的诗词中。因此，也成为传世之作。

三

南宋中后期，以黄庭坚为领袖的盛极一时的“江西诗派”已经衰落，代表南宋诗歌创作最高水平的高产诗人陆游和爱国词人辛弃疾以及杨万里、范成大等也已经谢世。“四灵”即徐照、徐玑、翁卷、赵师秀也陆续去世。宋诗逐渐走向衰颓。由此，“江湖诗派”应运而生，跃然崛起。在“江湖诗派”的形成和发展过程中，刘克庄因官声和诗名，被拥戴为“江湖诗派”主要代表人物和领袖。

江湖诗派前期是以戴复古以及刘过、姜夔等一批江湖诗人为主的，他们的活动十分活跃。之后，诗人刘克庄，从兴化军莆田县走出去，一路走，一路诗歌唱和，诗友越来越多。特别是，他35岁时，即嘉定十四年(1221年)应聘为广西经略安抚使幕僚，约三年时间，与安抚使和文友唱酬，并将前所作诗

结集为《南岳诗稿》刊行。《南岳诗稿》问世,前辈真德秀、陈孔硕、叶适、赵汝谈等大加赞赏。叶适评刘克庄诗:"是当建大将旗鼓者"。刘克庄声名大振。

宝庆元年(1225 年),刘克庄任宣教郎时,认识临安书商兼诗人陈起。陈起关注社会状况,关注文学现状,了解刘克庄诗名颇大,刊刻《江湖集》时,收入他诗作《南岳诗稿》,也收入戴复古等江湖诗人的作品。这样,经过陈起联络、组织,以《江湖集》刊行为标志,江湖诗派初步形成了。刘克庄曾作《赠陈起》诗:"陈侯生长纷华地,却以芸香自沐薰。炼句岂非林处士,鬻书莫是穆参军。雨檐兀坐忘春去,雪案清淡至夜分。何日我闲君闭肆,扁舟同泛北云。"表示了感激之情。

宝庆元年(1225 年),刘克庄到福建建阳任知县。第三年,即宝庆三年(1227 年),权相史弥远制造了江湖"诗祸"文字狱,矛头直指刘克庄。史弥远等指责刘克庄"黄巢战场"诗中"不是朱三能跋扈,只缘郑五欠经纶"和"落梅"诗中"东风谬掌花权柄,却忌孤高不主张",毁谤朝政。史弥远等构陷刘克庄,由于同窗郑清之施救,刘克庄免职回家。而陈起、敖陶孙、周文璞坐罪,都被流放。

对此,元方回评说:"何等淫辞溜《南岳稿》,不祥妖谶晚唐诗。"刘克庄诗词,流传更广,影响更大。

绍定三年(1230 年),刘克庄被重新启用,被派到广东潮州任通判。后来,他的足迹遍及南宋统治区域,他先后到过福建、浙江、江西、湖南、广西、广东、江苏、山东等地,在多处地方为官,又在京城为官。他每到一地,交游甚广,上至朝廷高官,下至江湖布衣诗人,甚至诗僧,以诗词会友,留下数以千计的诗、词、文。当时,刘克庄先后与地方和京城一百六十多位诗人交往。他们在一起游览各地名山胜水,吟诗作词,唱和。他还与临安书商兼诗人陈起往来,关系密切。《江湖诗集》刊刻,把他们紧紧联在一起,形成了全国性的诗歌流派。

当时与刘克庄交往的数以百计的诗人,有着共同的文学主张,且具有大致相同的诗歌风格。他们学习晚唐诗风,主要是学习姚合和贾岛的风格,主张作诗要尽可能用白描手法,"穷而后工"。这批诗人虽然经历与感受不同,诗作也有差异,但是又都是以爱国与田园为吟咏的基本题材。因此,自然而然就形成了一个诗派。期间,他们创作了大量的诗篇,正如刘克庄在《跋毛震龙诗稿》中所说,"诗料满天下,诗人满江湖,人人为诗,人人有集"。

自宝庆元年(1225 年),临安书商、诗人陈起把以上这些江湖诗派诗人创作的部分诗作汇集一起，又先后汇编、刊印为《江湖集》、《续江湖集》和《江湖后集》。从此，江湖诗派正式形成。

江湖诗派这一诗人群体成员大多数是布衣，只有少数人做了官。可以说，这些为官的人除身为高官、又是高产诗人刘克庄外，都是小官小吏，诗歌创作成就也远不如刘克庄，与当时的朝廷命官相比，算是江湖中人。当时的江湖诗派规模相当大，“几有掩盖江西诗派之势”。最终，它和北宋以黄庭坚为首的江西诗派一起成为两宋闻名全国的两大诗派。

江湖诗派以兴化军莆田县人刘克庄为领袖，以刘克庄和戴复古为主要代表人物。这一诗派诗人遍布南宋统治区域，其中闽籍人有刘克庄、敖陶孙、叶绍翁、严粲、林希逸等人。历史上，江湖诗派中留下个人诗集的大约有60多人。

从现在的史料分析，刘克庄被拥戴为江湖诗派领袖并不是偶然的，它有着主观因素和客观原因。

首先是刘克庄诗、词、散文成就最大，最为高产。他诗名特别显著，是南宋中后期文坛上大家。他为人刚正不阿，面对权奸史嵩之，敢于极言直谏，揭露他的“无父之罪四，无君之罪五，乞坐下罪名”。刘克庄道德诗文兼优，因而受人们景仰、拥护。

其次是刘克庄广为交游。刘克庄出身于官宦世家，本人又跻身于官场，可以说有着极其广泛的社会关系。加上他心胸广阔，为人又正派，不肯趋炎附势，不随波逐流，并且很低调，乐于助人，热心提携后进，因此诗人们都积极追随他。他曾在福建、江苏、广西、浙江、广东、湖南等地为官，也在京城为官，每到一地，都以诗会友，因此，他的周围汇集了一大批志同道合的诗友，这些散布全国各地的诗人，拥戴刘克庄为领袖。

第三是刘克庄在江湖诗派中官职最高，官至工部尚书，是为官最高的一人，影响最大，也是最为高寿的文人。刘克庄一生仕途坎坷，曾几起几落，但他意志弥坚，创作热情愈挫愈勇。

第四是他有比较丰厚的诗歌创作理论。他既有丰富的诗、词、文创作实践，又努力在自己的创作上拓宽境界。他的诗词，自然简淡、浑融，具有大家气度。他还不断总结经验，提出自己的诗歌创作理论。

江湖诗派主要代表人物除了刘克庄外，另一重要代表人物就是戴复古。刘克庄三十一岁时于嘉定十年在真州录事参军任上认识戴复古，之后，俩人唱和诗词，往来密切。他在《寄刘潜夫》诗中赞誉刘克庄说，“八斗文章用有

余，数车声誉满江湖。”刘克庄对这位江湖诗人的为人，为诗，也很欣赏，说他“能诗”，“精丽不减昆体”，“佳句”也多。

戴复古(1167—1248)，字式之，浙江天台黄岩人。他住在南塘石屏山，因此别号石屏。少孤，“负奇尚气，慷慨不羁”，“笃志于诗”。他曾拜陆游为师，又跟随林宪、徐似道俩人，四出游历，南游瓯闽，北窥吴越。他浪迹江湖五十年，以诗为乐。可以说，他一生为布衣，仅于绍定五年(1232 年)为邵武军学教授。后来流落镇江，年近 80 岁。他的儿子戴琦到镇江迎请父亲还回家乡，数年后病逝。戴复古曾作诗赞颂刘克庄：“难兄与难弟，能政更能诗。”可见，他对刘克庄钦佩和俩人关系之密切。

戴复古写了怀念北宋的诗篇，如《江阴浮远堂》：“诗横冈下瞰江流，浮远堂前万里愁。最苦无山遮望眼，淮南极目尽神州。”他还写过《织妇叹》、《庚子荐饥》等具有现实内容的诗篇。

他著有《石屏诗集》10 卷、《石屏词》1 卷。真德秀评论他的“诗词高处不减孟浩然”。也有人评价说，他“敏才独能，以诗自适，号东皋子。不肯作举子业，终穷而不悔”。《四库全书提要》说他是陆游门人，“以诗鸣江湖间。”近人评论他的诗词“能自辟新境，明风格与辛、陆二家相仿佛”。其著名的词作有《满江红·赤壁怀古》等。他的《谢赵景贤送荔枝》诗曾提到了莆田：“荔子固多种，色香俱不同。新来尝小绿，又胜擘轻红。大嚼思千树，分甘仅一笼。尝观蔡公谱，梦想到莆中。”

在江湖诗派形成和发展过程中，书商兼诗人陈起，交游甚广，又编辑、刊刻《江湖集》，对诗人集聚，作品刊刻、宣传起到了重要的桥梁作用。

陈起，字宗之，号芸居，人们称“陈道人”。浙江临安人。他是位书贾、刻书家，也是位诗人。陈起在临安睦亲坊，开设书肆，刊刻唐、宋以来诸家诗词。他是位商人，关心文化事业，广交文人，结交江湖诗人，与江湖诗人密切往来。嘉定十三年，刘克庄从广西到临安任职。陈起认识诗名甚大的刘克庄、刘克逊兄弟后，过从甚为密切。陈起还结交其他江湖诗人。“江湖诗人俱与之善”。宝庆元年(1225 年)，他开始收集、编辑、刊刻《江湖集》出售。此集也收进刘克庄的《南岳稿》、戴复古的《石屏诗集》4 卷。“南渡以后诗家姓氏多赖以传”。之后，又刊刻《江湖后集》24 卷，《中兴江湖集》3 本诗集。他所刊诗集，内有 66 位作者。宝庆三年(1227 年)刘克庄因《南岳稿》中有《黄巢战场》和《落梅》诗而罢官，陈起也因刊《江湖集》坐罪。他由于“诗祸”，入狱。尽管如此，他对刘克庄仍然很崇拜，仍坚持往来。刘克庄病了，还写诗

问候。

绍定六年(1233年),陈起又收录刘克庄部分诗,又收集其他江湖诗人部分作品,继续组织一批刻工,先后刻印成集,并命名诗集为《江湖后集》。陈起是南宋诗坛上一位颇有特殊的人物,也著有《芸居乙稿》。陈起刊行《江湖前、中、续集》刊行,对宣传推介江湖诗派起到了重要的作用。清《四库全书总目》录有陈起编的《江湖小集》95卷,《江湖后集》24卷。

江湖诗派是一个人数众多的诗人群体,除刘克庄、戴复古和陈起外,同一时代诗派的其他主要成员中还有姜夔、周文璞、岳珂、刘过等人。

姜夔(约1155—1221)是出生于江西、文学成就较大的江湖诗人,字尧章,"早岁孤贫,奔走川陆"。他所居住的地方与白石洞为邻,因而自号"白石道人"。姜夔很早就开始游士生涯,并结识刘克庄。他工诗词,善书法,又精通音律,22岁时漫游江淮间,作《扬州慢》词。庆元三年,上书论雅乐,进《大乐议》1卷、《琴瑟考古图》1卷。有关官员不向上报告。不久,他又进《圣宋饶歌大吹》12章。皇帝因之曾指令吏部对他考核,"诏试吏部,不中。"于是他抛弃了仕进的念头,自此一生为布衣,过着清贫的生活。他曾与当时著名的诗词大家范成大、杨万里、陆游交往甚密。他关心民族危亡,关注人民的悲惨生活,因而与刘克庄政治倾向相近。他诗歌创作的艺术成就很高,著有《白石道人诗集》1卷以及诗论《诗说》等。

周文璞,字晋仙,号方泉,又号山楹,山东阳谷人,江湖诗人。他与刘克庄相识于临安,文友。"长安酒楼上,犹记昔相寻"。俩人诗文往来,过从甚密。他一生著有《方泉先生诗集》3卷。陈起刻印《江湖诗集》时也收入他的诗。他也因"江湖诗祸"坐罪。他的儿子周弼也是位江湖诗人,有诗声,名震江湖。

岳珂是民族英雄岳飞的儿子,字肃之,号亦斋,又号东儿,晚号倦翁,河南汤阴人。岳飞和长子岳云以及张宪被害后,他与家人被流放到岭南。岳飞平反后,岳珂的处境发生变化,举进士不第,出守嘉兴,官至权户部尚书,宝文阁直学士,封邺侯。但是,岳珂作为江湖诗人,身份始终不变。陈起刻印《江湖诗集》收进他的诗。他著有《棠湖诗稿》1卷传世,还著有《玉楮集》一书。

刘过,字改之,与陆游相互往来,能诗词。他流落江湖,酒酣耳热,出语豪纵,自谓晋宋间人物。他推崇辛弃疾,所写的《沁园春》词,名重一时。后人刘熙载评说,刘改之词,狂逸之中自饶俊致。他虽是下层知识分子,但他一生不忘恢复中原大业，敢于抨击统治集团的投降政策，希望自己能够投笔从戎，投身爱国行列。他的诗享有盛名，在江湖诗派发展过程中有着重要的地位。

此外，江湖诗派代表人物还有：

周弼，山东汶阳人，著有《汶阳诗隽》4 卷、《浩然斋雅谈》、《癸辛杂识》、《齐东野语》、《武林旧事》等书。

王同祖，浙江金华人，任过幕僚、奉议郎、建康府通判，著有《学诗初稿》1 卷。

朱南杰，江苏丹徒人，进士出身，历官海盐监税官、市舶官、溧水县令、清流知县，著有《学吟》1 卷。

刘翰，湖南长沙人，久居临安，著有《小山集》1 卷。

上文提到，江湖诗派中的闽籍诗人除刘克庄外，还有林希逸、敖陶孙、陈鉴之、叶绍翁、严粲、朱继芳、陈梦庚等。其中，林希逸文学成就也很高。

林希逸（1193—?），字肃翁，号竹溪，又号鬳斋，福建福清人。他曾在莆田县红泉书院读书，是陈藻的门生。端平二年（1235 年）考中进士。历官翰林权直兼崇政殿说书、直秘阁、知兴化军、司农少卿、中书舍人。他德才兼备，善书画，工诗，著述丰厚，有《易讲》、《春秋传》、《考工记解》、《竹溪前集》60 卷、《竹溪续集》30 卷及《竹溪诗》1 卷等传世。他还为林光朝、林亦之、陈藻三先生编辑刊印文集，传于后世。

四

《辞海》说："在一定历史时期里，文学见解和艺术风格近似的作家自觉或不自觉的结合，叫做文学流派。"在南宋，江湖诗派不仅有领袖人物，有共同的诗学创作主张，而且成员众多，前后有 160 多人，活动地域广大，几乎遍及南宋全境，活动时间持续近百年。他们的文学活动在时间和空间上都很特别，因此很有生命力，对后代产生了重要而深远的影响。

自南宋以来，对刘克庄和江湖诗派评价，褒贬不一。宝庆元年（1227 年），《江湖集》刊刻发行。宝庆三年（1227 年），江湖诗派列为"江湖诗案"，或称"江湖诗祸"，遭到朝廷严重的打击，成为严重的文字狱。诗案祸及刘克庄、陈起、曾极、周文璞、敖陶孙、赵师秀。六人锒铛入狱。《宋史》不为刘克庄立传。宋元之际的方回，至清代官修的《四库提要》，都对江湖诗人持尖刻的批评、讥讽的态度，甚至辱骂他们，说什么“江湖诸人纤琐粗犷之习”“江湖末流寒酸纤琐”“江湖一派以纤佻为雅秀”“油腔腐语，编凑成集”等等。

直到20世纪80年代起，我国大陆和台湾学者才掀起一个研究江湖诗派、重评刘克庄的小热潮。1987年，莆田县文化馆和林洪国组织、召开纪念刘克庄诞辰八百周年座谈会。1992年，福建人民出版社出版李国庭《刘克庄简谱》。1993年，贵州人民出版社出版程章灿的《刘克庄年谱》，年谱包括时事、事迹、编年诗、编年词、编年文、附考六个部分，内容丰富，资料翔实。1995年，中华书局出版张宏生的专著《江湖诗派研究》。张宏生长期研究后，做了客观公正的评价。他认为：“南宋中后期出现的江湖诗派，不仅是一种文学现象，而且是一种社会现象和文化现象。”一百多名诗人“组成一个流派，而前后活动期又在半个世纪以上，这在中国古代文学史上，即使算不上绝无仅有，也是极为少见的”。在宋代众多诗歌流派中，“江湖诗派是一个比较独特的流派”，并“成为笼罩南宋中后期诗坛的主要力量”“对国事的忧虑和对农民的悲悯，是他们诗中的重要的政治内涵。”在诗歌艺术上，“他们的诗，追求纤巧之美，重视真率之情。或文风近俗，或句意求清，有着比较丰富的审美内涵。”1995年，巴蜀书社发表向以鲜的专论“超越江湖的诗人—后村研究”。2001年，中国书店出版欧阳代发、王兆鹏《刘克庄词新释辑评》。2004年，巴蜀书社出版刘崇德专著《刘克庄与中国诗学》。2007年，黄山书社出版王锡九《刘克庄诗学研究》。同年，中华书局出版王宇专著《刘克庄与南宋学术》。上海古籍出版社出版景红录专著《刘克庄诗歌研究》。翌年，东方出版中心出版王述尧《刘克庄与南宋后期文学研究》。2013年，复旦大学出版社出版侯体健专著《刘克庄的文学世界》。2017年，海峡文艺出版社出版詹淑海《刘克庄评传》。此外，还有其他研究成果。当前，刘克庄与江湖诗派正在引起文学界和学界关注。一个研究刘克庄与江湖诗派的热潮正在莆田市和全国悄然兴起。

宋代，是中国文学发展的又一高峰时期，也是福建文学发展的顶峰时代。以福建为例，宋代福建产生了一批中国文学史上具有重要地位、全国影响的文学家，如杨亿、柳永、蔡襄、张元干、朱熹、刘克庄等。而其中刘克庄和杨亿、柳永三人文学成就最大，对后来影响也最大。

刘克庄之所以会异军突起，从兴化走向全国，成为全国一流的文学家，这是与宋代兴化教育发达、学术氛围浓厚、文学创作繁荣，以及刘家几代家

学渊源，还有刘克庄个人努力分不开的。

参考文献

1.（明）周瑛、黄仲昭纂：弘治《兴化府志》，福州：福建人民出版社，2007年。

2. 程章灿：《刘克庄年谱》，贵阳：贵州人民出版社，1993年。

3. 张宏生：《江湖诗派研究》，北京：中华书局，1995年。

4. 金文亨、金立敏：《人物春秋》，厦门：厦门大学出版社，1999年。

论刘克庄诗词的局限

◇ 卓梅森

刘克庄不满诗风浅俗的时弊，而在用字造句上偏于生僻与拗折。“好引用故实”，以学入诗导致“用事冗塞”。频发议论，以致诗词的形象性稍欠，这种偏差在诗评中也有体现。才能全面，众体兼写，长调和律诗众多，但成功之作多为短诗与小令。诗词总量比肩陆游杨万里，但名作数量不及二者。刘克庄晚年对自己诗词创作上的局限有所反省。

阅读刘克庄的诗词，我常担心会撞见一些生僻字词，就是这些冷不防冒出的生字给读者制造了文字障碍，也破坏了作品的可读性。试想，连中文专业的读者都会不时地被生僻字难住，此类作品又如何能家喻户晓、传诵久远呢？

文学源于生活，表现生活，又反哺生活，采用生活语言才是正道。宋朝文化高度发达，“三百年间，人各有诗，诗各有集”，刘克庄生活在南宋后期，对“近人之作多俗间浅近之言，千人一律”的情况非常不满，因此有时刻意选用艰深字眼、拗折句式和工巧对仗来显示其语言功力。刘克庄不但是诗人，还是诗论家，创作背后有着自觉的创作观。他认为“太易” 的“不必学”，“太坦率”则“衰矣”。他还说“莫求邻媪诵，姑付后儒笺”，颇有点“要写给后人看”的孤高与自负。他在作诗时，“冥搜险韵搅枯肠”，“掏肾搜肠极苦辛”，效果如何呢？称赞者谓之“刻琢精丽，语特惊俗”，贬低者斥之“淫辞”“妖谶”，婉劝者则说“不患不好，而患忒好”。刘克庄的诗词借此脱颖而出，“绝无一习语，绝句尤不落俗套”，但同时，相关作品也因规避太易而趋向于生僻，在语言背景已经发生极大变化的后世读者读来，他的生僻之弊就愈发明显了。诗歌说到底是雅俗共赏的文体，是要追求社会效应和传播力度的，诗歌语言比较理想的情况是语浅意深或言近旨远。内容不妨深厚，字词务必常用；文

字本身生僻，诗意如何普及？晚年诗人的创作观有所转变，意识到应该走平易的路子，“老来字字趋平易，免被儿童议刻深”，作品的接受面也有所扩大。

刘克庄学贯古今才兼文史，被认为是继欧阳修和苏轼之后的百科全书式的文坛领袖。但写诗靠的主要是感受力和想象力而非学力，“学”不是诗歌创作的充要条件甚至必要条件。刘氏学高技痒，爱以学入诗，“好引用故实”，致其诗词“用事冗塞”。《诗经》中流传最广的国风，有多少是饱学之士撰写的？《唐诗三百首》中又有几首诗不是直面生活和直抵心灵的？中国式短诗尤长于抒情和想象，而短于说明和议论。即使需要用事，也应回避不为人熟知的僻典。刘克庄相当推崇晚唐诗人李商隐，但即使在号称晦涩难解的《锦瑟》（“庄生晓梦迷蝴蝶，望帝春心托杜鹃”）中，李商隐引用的也是流传极广的典故与传说。而刘克庄不但好用事，而且多用本朝近事，作品一旦脱离读者赖以共鸣的语境，诗中典故对于读者就有“代沟”了。文学佳作打动不同时代的读者，靠的不是负载了多少的历史和事实，靠的是抒写出多少穿透时空的人情和人性。诗歌根情苗言，感情才是诗歌的主人；感情不做主，就有可能让学问喧宾夺主了去。刘克庄是偏文化型的诗人，而非纯生活型的诗人，过多的文化活动挤占了文学创作必备的生活体验。生活不够，学问来凑；情感不足，论说补足。当然，作为有巨大成就的诗论家，刘克庄对此类问题是有认识的，他也曾批评黄庭坚的诗歌“煅炼精而情性远”，他还认定，“出于性情，发必善”。但刘克庄又说“捐书以为诗，失之野”，坚持学问与性情并重。刘克庄说“忧时原是诗人职，莫怪吟中感慨多”，这是一言中的之论，可惜他的抒发深沉感慨的佳吟却不够多。

诗歌的第一动力是情感，诗歌的第一内容是形象，感情推动着形象，形象塑造着感情，这是诗歌的“波粒二象性”原理。非诗的内容多了，就必然对诗性因素生出“挤出效应”。

在当朝诗人中，刘克庄最钟情的是陆游。我们不妨对他俩的咏梅诗词的形象性略作比较。陆游的一些咏梅诗词被公认为传世杰作，这首先与其感情色彩极浓有关，但它强大的形象性也功不可没。而刘克庄的咏梅作品其实数量更多（不含佚作就有130余首），《梅花百咏》甚至被誉为“南宋后期咏梅诗的集大成之作”。刘克庄酷爱梅花，早期曾因写作《落梅》而遭权贵“诽谤”，受累十年。该诗牢骚强盛，感慨良多，情志外露，指向明确，是他最知名也最成功的咏梅诗。在创出《落梅》之后漫长的人生中，诗人又写作了大量的咏梅作品，但罕有超越《落梅》之作。为什么呢？除了情感动力不足

（“老对梅花无意味”），不少诗歌在形象塑造上也是有缺陷的。陆游的咏梅名作为什么成功呢？“何方可化身千亿，一树梅花一放翁”，诗人与梅花，花具人形，人备花态，异体同构，物情合一，陆游极尽想象之能事，创造出诗人梅花二合一的形象。陆游的《卜算子 咏梅》似乎情溢于物、神胜于形，但词中的“驿路”“断桥”“黄昏”“风雨”“群芳”“尘泥”“香”，或境或物，莫非不离感官的具体事物。在诗词创作中，陆游对形象性可谓不离不弃，始终相伴。文学创作是形象思维活动，创造形象是诗人的中心任务。作诗不能空抒胸臆空发议论，不能太形而上太抽象概括，不能直奔本质直扑主题，总之，不能越过对形象的全力打造，而代以概念判断之类的抽象思维，一切尽在“不言”中，一切都在“形象”里。形象之于诗歌，不但不可缺席，而且必坐主席！刘克庄的咏梅诗却频频发为议论，“无梅诗兴阑珊了，无雪梅花冷淡休。懊恼天公堪恨处，不教滕六到南州”。诗中的情绪态度还是有的，但本该作为主体的形象因素却被一带而过了。

刘克庄大半辈子退居故乡，莆阳又地处暖热的东南沿海，不是盛产梅花欣赏梅花的理想之地。南宋推重的梅花品格是耐寒与坚贞，但此地的梅花欲待傲雪却寡雪可傲，嗜梅的诗人欲待赏梅却乏梅可赏。品梅环境不佳，创作源头缺水，为赋梅词强说梅，巧媳妇难为无米之炊也。但问题是，刘克庄诗词缺乏形象性并非全是外部环境造成的偶然现象，甚至在成就颇高的诗论中，他对诗歌形象的认识与评价也是有偏差的。对此，我们不妨稍作举例分析。刘克庄在比较以岳阳楼为题材的名诗时，明显地抬高杜诗而贬低孟诗。杜诗“吴楚东南坼，乾坤日夜浮”描述的时空的确比孟诗“气吞云梦泽，波撼岳阳城”的要广大，但杜诗多采用地名、卦名、方位、时间之类的抽象名词，形象性不强，词义偏于虚泛。而孟诗中的“气”“云梦泽”“波”“岳阳城”则多为景物名词，词义实在，形象性感，能营造出诗歌所需的意象意境；“吞”和“撼”两个动词写的也是具体动作，这就使得孟诗的着力点比较具体，因而我们也更易感受到该诗的表现力。论诗有偏差，作诗亦如是，刘克庄沉溺书斋，痴情读书，未能全情投入生活体验，全心铸造诗歌形象，当然也就未能创作出更多的有想象力的作品了。

刘克庄才能全面，诗词文书画无所不能，天地物人文无所不写，叙描说抒议无所不用，他力求融汇众体，企图包罗万象。但十项全能往往不如单项冠军突出，学习先贤往往不如开发自己有效，兼容并包往往不如自出机杼成功。作为久居书斋的学者型文人，刘克庄毕竟难以拥有辛弃疾那种从军营

中锤炼出的英雄气质，他勉强追步辛弃疾后尘，一度跻身“辛派词人”之列，但终归是“效辛稼轩而不及者”。在刘克庄的诗词中，大容量的长调和大规模的律诗为数众多，这固然能够炫示其才学的全面，但他最成功的作品仍是那些即景抒情、托物咏怀的短诗与小令，他最有生活气息的作品也还是那些随感即兴的诗词。刘克庄晚年也自省道：“鹤海鲸天无边际，莫费功夫纳百家。”从自己的性情出发，在自己的生活中深耕，把自己的特质发掘到极致，这才是诗家的核心竞争力，才是大诗人的真本色。

刘克庄的诗词接近五千首，数量比肩陆游和杨万里，但这位南宋末年的集大成式的文坛领袖仍不太为后世读者所熟知，何故？传世名作不多也。传世之作的语言往往明白如话，符合多数人的语言习惯，一经发出即成为无数读者的心声。传世之作的形象往往是人人笔下所无而又人人心中所有，一经写出就让人有一见如故之感。传世佳构当然还是为情所驱、有感而发、感人至深、诱人共鸣的情感流体。综言之，传世佳作是在情感、形象、语言诸要素整体发力并有所突破时出现的创作奇观。刘克庄作为一代全国性的诗人，因为上述多方面创作因素的偏差与局限，未能写出更多的传世作品，未能跻身超一流诗人之列，的确可惜。

刘克庄精神境界研究及传承

◇王　俊

2014年5月4日，习近平总书记在北京大学师生座谈会上的讲话中指出："中华优秀传统文化已经成为中华民族的基因，植根在中国人内心，潜移默化影响着中国人的思想方式和行为方式。今天，我们提倡和弘扬社会主义核心价值观，必须从中汲取丰富营养，否则就不会有生命力和影响力。"总书记可谓高屋建瓴，高瞻远瞩，向我们提出了"文化自信"的途径和要求，我们该深入贯彻，不忘宗本，汲取养分，涵养自身，传承好中华优秀传统文化。刘克庄作为南宋末期的名臣文人，到底有怎样的人生精神境界，值得我们学习传承，给我们深刻的启迪呢？

一、刘克庄一生概貌

刘克庄，1187年9月生于福建莆田后村（今为莆田市荔城区），卒于1269年3月，高寿，极为难得。他初名灼，字潜夫，号后村，我国南宋知名官员、古代著名文学家、宋末文坛领袖、一代文宗，是豪放派诗人、词人、诗论家，属江湖派诗人的杰出代表、辛派词人的重要代表，为刘氏宗姓一脉的泰山级人物。他一生建树良多，文学造诣极深，作品颇丰，为后世所敬仰，影响深远。

刘克庄初为靖安主簿，曾官至兵部侍郎兼中书舍人、权工部尚书、龙图阁学士等，职位很高，是谓大官，但性格决定命运，造化弄人，命运难测，由于他为官清廉，刚正不阿，不畏强权，敢于直谏，抨击时弊，弹劾权臣，出淤泥而不染，不同流合污，是个另类，屡遭谗言，历经孝宗、光宗、宁宗、理宗、度宗五朝，四度立朝，五度罢官，可谓一生曲折坷坎，仕途几十年，奔波数十载，经历

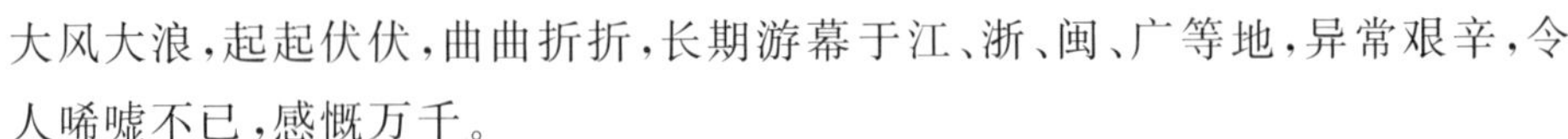

大风大浪，起起伏伏，曲曲折折，长期游幕于江、浙、闽、广等地，异常艰辛，令人唏嘘不已，感慨万千。

刘克庄为官几十年，一生清廉，满身正气，政绩、才能俱佳，深受同道和百姓好评。1246年，理宗皇帝以其“文名久著，史学尤精”的高评，赐同进士出身；他去世后，盖棺定论，谥文定，可谓获得了极高的“官方”肯定，不仅赞誉了他的官德政绩，而且赞颂了他的文学成就，令后人，特别是刘姓族人的欣慰不已，认他为人生标杆。

刘克庄才高八斗，才情满满，诗、词、文俱佳，是为有名的“多面手”。他的诗属江湖诗派，内容开阔，立意高大，意境深远，多言谈时政，反映民生，晚年诗风趋向江西诗派；他的词深受辛弃疾影响，多豪放之作，词风豪迈慷慨，气势磅礴，散文化、议论化倾向较为突出，与刘过、刘辰翁并称辛派词人“三刘”，甚至被认为“与放翁、稼轩，犹鼎三足”（冯煦《宋六十一家词选例言》）；他的文章被纪昀等人评为“文体雅洁，较胜其诗，题跋诸篇，尤为独擅”（《四库全书总目》）。他一生勤奋不懈，曾自我表白“忧时原是诗人职，莫怪吟中感慨多”，创作不息，是位多产作家，作品众多，作诗约5000首，单咏梅诗词——以梅花披雪斗寒的傲骨清品，寄情抒志，就有120多首，主要作品有《后村先生大全集》等，数量之多在宋代仅次于陆游，是南宋江湖诗派的领袖、一代文坛龙头，一生文学成就极大，令后世难以企及，让后人有高山仰止之赞叹，评价极高。

林希逸《后村先生刘公行状》说，当时人们称颂他为“言诗者宗焉，言文者宗焉，言四六者宗焉”，在南宋后期号称“一代文宗”。

明代名臣彭韶在《修复刘后村先生祠堂记》中评价刘克庄一生时说：“先生志经济，尤善吏能，而为文名所掩，不及尽用。后遇似道当国，贪收德望，以慰人心，乃位八座，岂蹈蔡氏（京）用龟山（杨时）之故智耶?”认为“莆地偏小，至宋始成郡，而文献特盛。忠惠（蔡襄）、文节（林光朝）、正献（陈俊卿）三五公为之冠冕，后村刘先生起而继之，文章流布，事业兼备，论者谓三五公而下一人而已”。

胡适先生在其所著的《白话文学史》说，刘克庄“有悲壮的感情，高尚的见解，伟大的才气”。

二、刘克庄精神境界

“人总是要死的，有的人重于泰山，有的人轻于鸿毛”。人心靠精神世界，靠人格魅力。一位哲人曾说，哪怕有所得失也要保全精神信仰。刘克庄离世已近千年，世人为何还记着他，靠的是他的精神境界和人格魅力，后人从他的诗词作品中可以深刻地感受到。列夫·托尔斯泰在《复活》中说：“他所谓的灵魂的扫除，指的是这样一种精神状态：往往经过很长一段时期的间隔以后，忽然，他感到他的内心生活疲沓了，有时甚至停顿了，就着手把堆积在他灵魂里而成为这种停顿的原因的垃圾统统清除出去……”而刘克庄的诗词创作，就是他“灵魂的扫除”——“保全精神信仰”。那么，刘克庄有着怎样的精神境界呢？

（一）爱国为民的情怀

纵观刘克庄的人生，我们不难发现，他始终具有爱国为民的情怀，如一条经脉，脉络清晰，十分强烈，非常真挚，熠熠生辉，感人肺腑，令人潸然泪下。他与王迈，被后人赞誉为南宋时期，莆仙（莆田和仙游）的两位爱国诗人。

南宋淳祐六年，即1246年，刘克庄以将作监赴行在奏事，连奏三劄，指斥朝廷任人之失、谋划之误，谏言应上法祖宗，使善类常合、言路常通。他坦言：“今日之忧，莫如国本未建。”铮铮之语，忧国忧民的情怀昭然若揭。

南宋景定年间，受贾似道的荐引，已是七十开外的刘克庄再次受诏入朝，担负起草诏书等重任。他日夜为草诏而忙碌，但仍不忘提醒理宗致力于国家大事，不要将主要精力放在崇尚理学排斥异己之上。那时，金国已被蒙古所灭，南宋也岌岌可危。刘克庄进谏说：“国以危惧存，以逸乐亡。臣愿陛下毋忘胡马饮江时……”这番振聋发聩的话，被时人誉为“药石之言”。刘克庄忠君报国精神至老不变。

南宋宝庆元年，即1225年，刘克庄出任建阳知县（今属福建）。这也是刘克庄真正主政一方的开始。到任后谒拜诸神庙，表达自己的执政理念：“国家秩祀百神，选任群吏，凡以为民也。吏无愧于民，斯无愧于神矣；神有德于民，斯有德有吏矣。某与神皆当勉之。敢告。”他重修朱熹遗留的考亭书院,恢复朱熹修建的建阳社仓;筹得三千余缗,购米四千余斛,救济灾民;大力推行文治教化,资助坊刻印刷业。因政声卓著,深受爱戴,当刘克庄离任时,建阳当地"彩旗蔽路,送者达数十里"。这是他爱民为民的真实写照,可见他的为民情怀是多么强烈啊!

在建阳知县任上,由于朝廷奸佞卖国苟安,排挤正直之士,陷害贤才良将,刘克庄写下《落梅》诗抒发感慨:"一片能教一断肠,可堪平砌更堆墙。飘如迁客来过岭,坠似骚人去赴湘。乱点莓苔多莫数,偶粘衣袖久犹香。东风谬掌花权柄,却忌孤高不主张。"由于他为官做人极为"接地气",接触社会面较为广阔,与社会底层的劳苦民众能"打成一片",关心他们的疾苦。这首《落梅》诗刊印在书商陈起刊刻的诗歌集子《江湖集》里,所录诗人身份低微,或为布衣,或为下层官吏。他们相互酬唱,以江湖义气标榜。刘克庄的诗句"东风谬掌花权柄,却忌孤高不主张",被污蔑为恶毒攻击朝政,《江湖集》被劈板,江湖诗派被禁止,集子里许多诗人获罪被贬。右相郑清之为他力辩,"不宜以语罪人",才幸免于难,但也被罢黜闲废近十年,时称"落梅诗案"。可见他的百姓情怀极为深厚。

南宋后期,政治更加黑暗,国势江河日下,金人占领的淮河以北地区始终不曾收复,又逐渐受到崛起漠北的蒙古的入侵。作为一个关心祖国命运而又在政治上屡受打击的诗人,爱国为民,他只有"夜窗和泪看舆图"(《感昔二首》),感慨"书生空抱闻鸡志"(《瓜洲城》),抒发忧时的孤愤"忧时原是诗人职,莫怪吟中感慨多"(《有感》);他痛心国土沦陷(《冶城》),悼惜大好河山遭受践踏破坏(《扬州作》),同情遗民的悲伤(《书事二首》其二),关怀战士的疾苦(《赠防江卒六首》),向往于祖国的统一(《破阵曲》)……刘克庄论词,推崇辛弃疾、陆游,对辛弃疾评价尤高。他的词以爱国思想内容与豪放的艺术风格见称于世……他强烈的爱国为民情怀,可从他的大量诗词中找到,让我们深切感受到,那真挚的爱国为民诗词,如喷薄而出的岩浆,炙热汹涌,憾日月,泣鬼神,成为后人时常引用的佳句。

(二)清正廉洁的品德

刘克庄入仕几十载,爱国爱民,忧国忧民,实施孟子的"民本思想",关心民间疾苦,关爱百姓,夙夜在公,尽职尽力,彻悟做人之道,本性使然,一生清正廉洁,两袖清风,成为我国历史上知名的清官,广受后人赞誉。

南宋嘉熙四年,即1240年,他出任江东提刑,为民洗冤,惩办信州、南康

(今江西上饶、南康)等地的贪官污吏,深受民众好评。

南宋淳祐十一年,即 1251 年,刘克庄担任秘书监兼太常少卿、直学士院,后又任崇文殿说书、史馆同修撰、起居舍人、侍讲等职。在任上,他一如既往,直言切谏,侃侃而论。他尝为邑人、著作郎兼右正言方大琮,作贺寿词《念奴娇》共勉:"须信谄语尤甘,忠言最苦,橄榄何如蜜。……年年岁岁,大家同作真率。"表达了他本真的为人,正直的本性。

作为杰出的文学家,刘克庄用诗词来鞭挞社会的丑恶现象,抒发自己不同流合污的情怀。对于南宋王朝依靠"岁币"换取苟安的妥协投降路线,他极为愤慨(《戊辰即事》);对于文恬武嬉的腐败现象,他也做了深刻的揭露,如《绳伎》、《闻城中募兵有感二首》。

(三)耿直正气的胸怀

我国历史上,人们大都只知唐朝宰相魏征是个大忠臣,耿直正气,敢于直谏,不怕罢官杀头,留下了"水能载舟亦能覆舟"的千古佳句,殊不知南宋刘克庄,忠心坦荡,如日月,耿直正气,不畏权贵,敢于直谏,其耿直正气的胸怀,绝不输魏征,可与魏征并列为第一。

刘克庄经历孝宗、光宗、宁宗、理宗、度宗五个朝代,四度立朝为官,五度罢官,在朝时,刚正敢谏,直言切谏,在外亦有政声,实属罕见之至,为后人广为赞颂和敬仰。

南宋淳祐年间,右丞相史嵩之请归祠服阙(即退休),理宗"御笔除职予祠,令克庄行词"。史嵩之为相 8 年,奸权误国。刘克庄曾经弹劾其误国罪行,如今面对皇帝,依然刚正不阿,拒绝为史嵩之草制诰词。他在上疏中说:"嵩之有无父之罪四,无君之罪七,旧相致仕,合有诰词,今臣行嵩之之词,未知为褒为贬。"尽管皇上再三规劝,但刘克庄始终不为其作制。殿中侍御史章琰以"不合奏审,直实欺君"为理由,上疏弹劾,又次罢官。当时人们称,刘克庄"在省七十余日,草七十制,士大夫争相传诵,以为前无古人。"可见他耿直正气的胸怀,容不得一丝一毫的污垢。

南宋理宗年间,在理宗皇帝召见时,刘克庄抨击已故宰相史弥远擅权误国,劝导理宗近君子、远小人,谏言说:"服天下莫若公,今也失之私;镇天下莫若重,今也失之轻。二失不去,虽圣君贤相,不能以善治。"所谓"私",指理宗宠幸贵戚;所谓"轻",指相权及法令不重。因而得罪了史弥远的党羽,于是再次被罢官,降授宫观闲差。

（四）勤奋成才的志向

刘克庄出身于仕宦文学之家，祖父刘夙为进士，官秘书省正字、国史院编修等职，为理学创始人程颐的三传弟子，父亲刘弥正为淳熙进士，官至吏部侍郎。良好的家庭出身，让他有了肥沃的成长土壤，在长辈的熏陶和管教下，他志向远大，立志成才，救国救民，报答先辈，回报社会苍生。天才出于勤奋，自古英雄出少年。刘克庄从小就勤奋，异常刻苦，勤学善思，读书成绩优异，少年时就显露天赋，日诵万言，为文立就，在国子监肄业时就以善于诗赋闻名，被长辈赞誉为“定成大器者”。后来，他从师于大儒真德秀，研修理学，可谓如虎添翼，勤奋更甚，成才更切，志向更大。在他的勤奋努力下，他终于入仕为官，大展抱负，为国为民，政绩斐然，政声颇佳。

刘克庄在宦海沉浮后，仍勤奋不已，笔耕不辍，佳篇不断，创作了大量的文学作品，抒情表志，生前曾自编文集，嘱林希逸为序，继有后、续、新三集，其季子山甫汇为《大全集》200 卷。《四部丛刊》收《后村先生大全集》196 卷，系影印抄本。词集有《宋六十名家词》本《后村别调》1 卷，《后村丛书》本《后村长短句》5 卷……终成豪放派大词人、江湖诗派的领袖、南宋后期文坛宗主、一代大文豪，是江湖诗人中年寿最长（享年 83 岁）、官位最高、成就最大的一代大文豪，流芳百世。

人生在世，需要追求崇高的人生精神境界，成为自己命运的主宰者，因为没有任何力量可以决定自己的命运。刘克庄的人生正是如此，综其一生，他的精神境界可为：爱国为民的情怀、清正廉洁的品德、耿直正气的胸怀、勤奋成才的志向。

三、刘克庄精神传承

2014 年 2 月 24 日，习总书记指出：“培育和弘扬社会主义核心价值观必须立足中华优秀传统文化。牢固的核心价值观，都有其固有的根本。抛弃传统、丢掉根本，就等于割断了自己的精神命脉。博大精深的中华优秀传统文化是我们在世界文化激荡中站稳脚跟的根基。”2017 年 1 月，中共中央办公厅、国务院办公厅印发了《关于实施中华优秀传统文化传承发展工程的意见》。我们要深入贯彻执行，传承好中华优秀传统文化，从刘克庄的人生精神境界中，汲取丰富的养分，为实现“两个一百年”奋斗目标做出我们的贡献。

（一）加强刘克庄精神境界研究

古语讲，前事不忘，后事之师。历史如镜，前人是师。不断从前人的人生里汲取养分，才是我们的康庄大道。刘克庄一生丰富、曲折、精彩，如一座宝藏，为我们留下了不竭的文化财富，我们该从他的精神境界里，找到“真金白银”，获得经验教训，承前启后，为我们的后人留下养分。因此，需要我们在深入贯彻中央意见的进程中，加强对刘克庄精神境界的研究，不断深入，得到推进。一是成立刘克庄文化研究组织，以组织为依托，事半功倍；二是积极开展刘克庄文化研究交流活动，切磋同进，共同成长；三是办好刘克庄文化研究交流刊物，作为阵地，以供交流切磋，互勉进取，繁荣研究。

（二）编辑出版刘克庄诗词选集

刘克庄留下了大量的诗词，脍炙人口，内容丰富，养料富足，是一方沃土，蕴含着他的思想精神，体现了他的人生境界，反映了他的人格魅力。因此，刘克庄诗词就是我们了解研究他，及其南宋末期社会形态的最佳材料，是中华优秀传统文化的最直接的组成部分。我们要重视刘克庄诗词，选取一些代表性的经典，编辑出版刘克庄诗词选集，作为普及读本，传诵他的诗词，让大众了解，从中得到启迪，受到教育，激发出文化自信之情。

（三）让“刘克庄”实现“三进”

中华优秀传统文化的传承，要结合培育和践行社会主义核心价值观，主阵地在校园、社区和企业，主渠道在教育和各级社会主义精神文明建设的负责部门。我们要大力开展优秀传统文化的“三进”活动，进校园，上好爱国诗人刘克庄之课；进社区，宣讲好正直的刘克庄；进企业，讲好刘克庄的勤奋故事。总之，在中华优秀传统文化传承的推进中，我们要从基层做起，从娃娃抓起，从爱国、正直、友善等的教育做起。

一代先人离去已近千年，但刘克庄精神境界永存，作为一个身上流淌着刘氏血脉的人，作为一位基层教育工作者，我将加倍努力，不负母望，在刘克庄文化研究的“大花园”里，努力摘取最美的“花朵”。

地理景观·风土民情·师友交游

——刘克庄在广州的文学书写述论*

◇ 赵晓涛

刘克庄仕宦广州期间，创作了包括诗、词、文在内为数不少的文学作品，是相对沉寂的宋代广州文学的一抹亮色。他上承韩愈、苏轼、杨万里等文学大家，并与同乡好友方信孺，及崔与之、李昂英等广州本土籍文人士大夫一道，在韩愈、苏轼、杨万里等前辈文学大家的基础上，将广州的文学书写推向细节化、多面化、立体化，彻底摆脱了前代文人士大夫对广州的地域偏见特别是“扭曲性异物书写”，而完全没有作为外来的“他者”与广州本土环境之间的心理距离，共同为后世留存下了一份当时人对南宋后期广州的现实认知和历史记忆，参与推动了岭南从宋代以前的“蛮裔”到宋代以后的“神州”的身份地位之历史性转变。

随着岭南地区的进一步开发，广州在全国所处的地位显著提升。不过无论朝廷还是不少文人士大夫，仍依照固有观念和惯性思维视两广为人生畏途。进入南宋，连接中外人员物资往来的海上丝绸之路因此越发重要，以南方海洋贸易经济为重要依托的广州也因此更加繁荣发展，宋高宗尝言“（广州）市舶之法，颇足国用”[②]，可见其时对广南特别是广州经济的倚仗。广州开始全面成为整个岭南地区经济、政治、军事、文化的中心，出现了崔与之、李昂英等颇为知名的文人士大夫，各类人员交流往来相比前代明显频繁得多。在南宋后期南宋和蒙元的战事兴起后，以广州为中心的两广特别是广南东路更是成为南宋朝廷的战略后方基地之一。派驻广州的地方官员人

---

* 本文为广州市2016年度《广州大典》与广州历史文化研究课题项目“文学地理学视域下的宋代广州文学研究”（项目批准号：2016GZY18）阶段性成果。

② （宋）李心传撰：《建炎以来系年要录》卷一五五，北京：中华书局，1988年。

迭越发成为南宋朝廷关注的重点之一。

南宋理宗嘉熙三年(1239 年)正月,李宗勉为左丞相兼枢密使,任上守法度,抑侥幸,时人誉为“公清之相”。李宗勉举荐刘克庄出任江西提举,后旋于十月改任广东提举。刘克庄于嘉熙四年(1240 年)正月至广州,“庚子元日始至,以婴孺视岭民,以冰玉帅寮属”,时年 54 岁。刘克庄在任上政勤职清,“岁计羡而商征宽,民夷安之”[①]。八月,接替黄朴改任广东转运副使。因知广州兼广东经略安抚使唐璘(字伯玉)等同官去职,九月,刘克庄兼摄广东经略安抚使、广州市舶使,期间政绩卓著。是冬,刘伯正出知广州兼广东经略安抚使,刘克庄免兼广东经略安抚使。至淳祐元年(1241 年)七月,刘克庄奉省札,应召赴行在奏事。八月上浣,刘克庄冒着暑热辞别广东同僚,离开广州北上。[②]

刘克庄在广州前后合计大约一年零八个月,在此短暂的仕宦期间,刘克庄可谓公务繁忙,正如他《兼诸司》诗云:“白头忽有印累累,符牒如山退食迟。但见旋添庭下事,不知顿减集中诗。”但他却能做到忙里偷闲,在公务及游览之余,创作了包括诗、词、文在内为数不少的文学作品,成为继苏轼、杨万里之后又一位书写广州的宋代文学大家,是相对沉寂的宋代广州文学创作的一抹亮色,在广州早期文学史上占有重要一席之地。

截至目前,尚无文章专门谈论刘克庄在广州的文学创作。下面试从几个方面做一梳理、探讨,以求就正于方家。

一、对广州地理景观之书写

广东特别是广州负山面海,北枕巍峨的五岭,南濒浩瀚的南海,境内江河众多,珠江几条支流在广州交汇入海,其中一条支流绕经广州城而过,可谓山川奇秀。地处南亚热带的季风气候区,让广州一年四季各种树木常绿,

---

① (宋)林希逸:《后村先生刘公行状》,(宋)刘克庄著,辛更儒校注:《刘克庄集笺校》卷一九四,第 16 册,北京:中华书局,2011 年,第 7551 页。

② 刘克庄《王南卿集》:“余发番禺,送者系路。秋暑犹在,宿酲未解,坐舟中如炊甑。”参见(宋)刘克庄著,辛更儒校注:《刘克庄集笺校》卷九四,第 9 册,北京:中华书局,2011 年,第 3991 页。

花开不断，各类物产丰富。自秦汉以来历经从南蛮之地到华夏神州的悠久历史，特别是历史上偏安割据岭南、建都广州（番禺）的南越国、南汉国，让广州在林林总总中，形成了不同于五岭以北的地域风貌和历史底蕴。

而在刘克庄，在仕宦广东前曾经湖南赴桂林任职，如果说他第一次初到岭南两广之地时多少有些排异感、不大适应的话。[①] 那么这次他到广东出任一方要员，是第二次赴岭南两广之地，可算得上是英雄有了难得的用武之地，且“幸免黄茆之沴，亦无薏苡之谤”（刘克庄《送卓渔之罗浮》）。他的精神状态自然激奋昂扬，“不以入岭为难”[②]，正如他的《广州都试（时摄帅）》诗句“自昔番禺统府雄，君恩暂许领元戎。不羞短发垂肩白，且爱前旌照眼红”所反映之一斑。[③] 他在广州时期的文学书写自然在总体上不同于投闲置散的几次奉祠乡居时期。加上不同于中土和岭南之间差异较大，闽粤两地同属中国东南沿海，在地缘、气候、物产等多方面比较接近，“自闽入广则良便”[④]，因此作为福建莆田人的刘克庄在广州期间的见闻感受，既有让他似曾相识的一面，也有让他耳目一新的一面。这种双重性在他广州时期的文学书写中或多或少有所体现。叶适《题刘潜夫诗什并以将行》诗句“寄来《南岳第三稿》，穿尽遗珠簇尽花。几度惊教祝融泣，一齐传与尉佗夸”，将刘克庄书写岭南的纪行诗特地拈出予以表彰。

（一）对南海神庙（扶胥浴日）景观之书写

广州旧有著名景点“扶胥浴日”（又称“波罗浴日”），指登临南海神庙西

---

① 刘克庄在桂林期间作有《即事》一诗：“峤南气候异中州，多病谁令作远游。瘴土不因梅亦湿，飓风能变夏为秋。方眠坏絮俄敷簟，已着轻絺又索裘。自叹幻身非铁石，天涯岂得久淹留。”参见（宋）刘克庄著，辛更儒校注：《刘克庄集笺校》卷五，第2册，北京：中华书局，2011年，第331页，细致地书写出“峤南气候”瘴湿、时冷时热、难以捉摸的特点和自己水土不服的窘迫无奈情状。

② （宋）林希逸：《后村先生刘公行状》，（宋）刘克庄著，辛更儒校注：《刘克庄集笺校》卷一九四，第16册，北京：中华书局，2011年，第7551页。

③ （宋）刘克庄著，辛更儒校注：《刘克庄集笺校》卷一二，第3册，北京：中华书局，2011年，第732页。

④ （宋）刘克庄：《与李丞相书》，刘克庄著，辛更儒校注：《刘克庄集笺校》卷一二九，第11册，北京：中华书局，2011年，第5248页。

侧小岗上的浴日亭观看海上日出，为宋元两代“羊城八景”之一。[①] 广州在盛唐时期已拥有中国海上贸易特别是远洋对外贸易的大港，并进入文学世界成为书写对象。唐宪宗元和十二年(817年)，孔子第三十八代孙孔戣授官广州刺史兼御史大夫、岭南节度使，来到广州后连续三年亲自前往祭祀南海神，并拨款修葺、扩建庙宇。元和十四年，适逢韩愈因《谏迎佛骨表》一事被贬潮州，途经广州，孔、韩二人素为好友，且孔仰慕韩的文学才能，便请韩愈著文以纪念修葺神庙事，韩愈欣然应允并写下了一千多字的《南海神广利王庙碑》。韩愈这篇碑文记载了孔戣治理岭南的经验，以及唐代祭海习俗。碑文结构安排巧妙，想象丰富奇特，语言精粹隽美，不仅具有重要的历史文献价值(如韩愈描述南海神庙的位置“在今广州治之东南，海道八十里，扶胥之口、黄木之湾”)，还具有较高的文学审美价值。这是南海神庙首次进入文学作品，成为一道文学景观。

韩愈碑文在宋代就已十分流行，为欧阳修、苏轼等宋代文坛领袖人物所称道。作为后来者的刘克庄，对于韩愈碑文亦是不吝溢美之词，他于嘉熙四年以广东转运副使摄帅时，在《谒南海广利王庙》祝文中夸赞“读韩碑而知神之灵”[②]，感叹“何须更网珊瑚树，衹读韩碑也合来”(《扶胥三首》之一)，认为自己南下岭海任官即使没有见识南海的珊瑚树之类奇珍异宝，仅凭韩愈这篇碑文便足以不虚此行。刘氏再三致意，写有多首诗作，成为继苏轼、杨万里两位宋代文学巨擘之后，又一位着力书写南海神庙及扶胥浴日文学景观的宋代文学大家。而刘克庄书写南海神庙及扶胥浴日文学景观的几首诗作自是其中精彩之处。

山海交会、江海相接、通江达海、视野开阔的形貌特点是构成南海神庙(包括其旁的浴日亭)、黄木湾一带文学景观区的自然地理基础。与《南海神广利王庙碑》写作时间大约同时，韩愈还写有六首《赠别元十八协律》诗，其六“乘潮簸扶胥，近岸指一发。两岩虽云牢，水石互飞发。屯门虽云高，亦映波浪没”诗句，对珠江入海口自扶胥直至屯门一带浪潮汹涌、水石激发的自然地理景观，做了富于动态且夸张的文学性书写。继韩愈之后，刘克庄《题

① 参见曾昭璇：《广州历史地理·羊城八景》，广州：广东人民出版社，1991年，第303～316页；曾昭璇：《岭南史地与民俗》，广州：广东人民出版社，1994年，第120～122页。

② (宋)刘克庄著，辛更儒校注：《刘克庄集笺校》卷一三五，第12册，北京：中华书局，2011年，第5418页。

江贯道山水十绝》(其五):“茆山千万迭,不得见天全。帆出扶胥口,无山只有天。”写出了船只在顺流驶过重重山岭,出扶胥口时山到尽头,只见天连水尾水连天、海天一色的开阔景象。还有如《扶胥三首》(其一)“一阵东风扫曀霾,天容海色豁然开”等,也是对这种自然地理形态的形象描摹。

在这种自然地理形态的基础上,海面日出成为这一带自然地理景观的点睛之笔,而建于南海神庙右旁拔地而起的小岗丘上的浴日亭则成为最佳视点,尽收其间灵气,可谓自然风景和历史建筑的综合体。“扶胥之口,又以地低而先见日。扶胥为广东诸水之汇,南海之神庙焉。其南百步,有一峰,巍然出于林杪,是曰章丘。俯瞰大洋,惊涛怒飘,倏忽阴晴,万里无际。一亭在章丘上。以浴日名。”[①]宋时南海庙西的浴日亭,“小丘屹立,亭冠其颠,前瞰大海,茫然无际”[②]。因此宋人往往径直以“浴日亭”为题,来抒写在浴日亭上远眺所见、所思。

北宋绍圣元年(1094 年),苏东坡自定州被贬岭南惠州,九月路经广州时,与子苏过等人慕名游南海神庙,并特地早起登上浴日亭观看日出景象,在眼前壮观景象的激发下,心情一时大好,写下《浴日亭(自注:在南海庙前)》一诗。[③] 全诗如下:

剑气峥嵘夜插天,瑞光明灭到黄湾。
坐看旸谷浮金晕,遥想钱塘涌雪山。
已觉沧凉苏病骨,更烦沆瀣洗衰颜。
忽惊鸟动行人起,飞上千峰紫翠间。

东坡此诗一出,小小的浴日亭名声大噪、播在人口,引得后世来此游历的诗人竞折腰。如与刘克庄相交至深的方信孺《浴日亭》诗称许“坡仙想得江山助,八语端为天下豪”。才气纵横、服膺东坡的刘克庄在广州为官期间,追随苏轼行迹前往拜谒南海神庙,“兹以使事,舟出祠下。瓣香卮酒,徼福于神”(《谒南海广利王庙》),自然不会缺席对浴日亭的文学书写。其《浴日亭》移录如下:

---

① (清)范端昂撰,汤志岳校注:《粤中见闻》,“天部一”,广州:广东高等教育出版社,1988 年,第 2 页。另按:(清)屈大均《广东新语》卷一“天语”亦有相似记载。

② 见(宋)祝穆撰,祝洙增订:《新编方舆胜览》卷三四,《广东路·广州·堂亭·浴日亭》。另,(宋)王象之《舆地纪胜》卷八九《广南东路·广州》亦有相似记载。

③ 《全宋诗》卷八二一,第 14 册,北京:北京大学出版社,1998 年,第 9499 页。

归客飘然一叶身，尚能飞屐陟嶙峋。

危亭下瞰嵎夷宅，积水上通河汉津。

叱驭为臣前有志，乘桴从我更无人。

暮年笔力全衰退，甘与韩苏作后尘。[①]

和在他之前的吕定一样，刘克庄亦以“危亭”来称浴日亭。[②] 据《尚书·尧典》记载“分命羲仲，宅嵎夷，曰旸谷。寅宾出日，平秩东作”，羲和浴日的汤谷（旸谷）在一个叫做嵎夷的地方。孔安国注云：“东夷之地称嵎夷。”[③]诗人下视此处水府，将之想象为神话传说中的嵎夷之宅，并进一步想象此处水流上通银河。诗作最后点明自己追慕韩愈、苏轼两位文章巨公的足迹而来并写下此诗。

另一首《又追和坡韵一首》移录如下：

亭傍乔木拂云天，亭下高桅泊晚湾。

白是张骞曾泛水，青疑徐福所求山。

羊城隔雾愁回首，鲸浸收风喜见颜。

却笑金乌并玉兔，辛勤出没雪涛间。[④]

“亭傍”一句描摹浴日亭之高，“亭下”一句描摹帆船向晚靠泊景象，“白是”一句将此处水府比作传说中汉武帝时张骞到过的银河，“青疑”一句将远处山岛比作秦始皇时徐福入海求仙的神山。诗人眼见“羊城隔雾”“鲸浸收风”，并逗露日月皆出没于此处水府。

此外，刘克庄还写有《扶胥三首》，移录前二首如下：

一阵东风扫曀霾，天容海色豁然开。

何须更网珊瑚树，秖读韩碑也合来。

旸谷扶桑指顾间，冯夷得得报平安。

① （宋）刘克庄著，辛更儒校注：《刘克庄集笺校》卷一二，北京：中华书局，2011 年。

② 按：吕定追和苏轼之作《浴日亭和苏学士韵》首句即为“危亭突兀倚青山”。

③ 按：关于嵎夷何指，诸说不一，参见刘玉明：《嵎夷考略》，《东岳论丛》1986 年第 2 期；王洪金：《嵎夷考》，《东南文化》2008 年第 1 期；刘凤鸣：《嵎夷、旸谷地望考》，《中国历史地理论丛》2011 年第 2 期。

④ （宋）刘克庄著，辛更儒校注：《刘克庄集笺校》卷一二，第 3 册，北京：中华书局，2011 年，第 743 页。

为言博望乘槎至，莫作师襄击磬看。[①]

如前所述，第一首“一阵”二句写出了诗人对扶胥一带自然地理环境的真切感知。“何须”二句则见出诗人对前贤文化遗珍的钦慕胜过对南海出产的奇珍异宝的喜好。第二首以“旸谷”“扶桑”“冯夷”和张骞“乘槎”等神话传说意象来表达诗人的感知。

（二）对蒲涧濂泉景观之书写

广州白云山旧有著名景点“蒲涧濂泉”，为宋元两代“羊城八景”之一。[②]蒲涧即菖蒲涧，是白云山中南流的一条山涧，因涧中多生菖蒲草，故名。濂泉是指在蒲涧中有高崖滴水，称为“滴水岩”，滴水受山风吹散，化成雨点，自三四十米高崖飘下，溅洒如雾，雨时水大，成为水帘，下即有地下水出露，称为“濂泉”。早在西晋嵇含撰《南方草木状》一书记载：“番禺东有涧，生菖蒲，皆一寸九节，安期生采服仙去，但留玉舄焉”，虽未明确称名“蒲涧”，实即蒲涧及安期生于该地成仙的传说。这是目前我们所能追溯到的安期生在广州白云山及蒲涧的最早记载。至唐代，蒲涧即已明确列名杜佑所编纂之政书《通典》卷第一八四《古南越·南海郡》。

北宋乐史《太平寰宇记》卷一五七引南朝宋沈怀远撰《南越志》载明蒲涧“昔交州刺史陆胤（一作‘允’）之所开也。至今重之，每旦辄倾州连汲，以充日用，虽有井泉，不足食。（东晋）太元中，襄阳罗支累石涧侧，容百许人坐，游之者以为洗心之域。咸平中，姚成甫尝采菊涧侧，遇一丈夫谓成甫曰：‘此涧菖蒲，昔安期生所饵，可以忘老。’于是徊翔俯仰，倏然不知所终，盖仙者云”[③]。南宋祝穆编撰之《方舆胜览》卷三四亦有类似记载。传说安期生姓郑名安期，善方术及采药养生，秦始皇闻其名，派人四处寻访，以求长生不死之

① （宋）刘克庄著，辛更儒校注：《刘克庄集笺校》卷一二，第3册，北京：中华书局，2011年，第711页。

② 参见曾昭璇：《广州历史地理·羊城八景》，广州：广东人民出版社，1991年，第303～316页；曾昭璇：《岭南史地与民俗》，广州：广东人民出版社，1994年，第120～122页。

③ 唐玄宗时徐坚等撰修的类书《初学记》引南朝宋沈怀远撰《南越志》（史称“此五岭诸书之最在前者”，可惜早已失传）记载：“熙安县东北有菖蒲涧，咸安中，姚成甫尝涧侧遇一丈夫，曰：‘此菖蒲，安期先生所饵，可以忘老。’”相较《太平寰宇记》所引前后皆有省略。另按：《太平寰宇记》引文“咸平中”，在《初学记》中作“咸安”，“咸平”年号仅有宋真宗使用过，“咸安”则为东晋末简文帝年号，显然两书所引《南越志》皆当以“咸安”为是。

药，终不遇。安期生到处云游，后在白云山隐居修道，因服食菖蒲而飞升成仙。后来这一带建有菖蒲观、蒲涧寺、郑仙祠，并以农历七月二十五日（郑飞升日）为郑仙诞，进行拜郑仙及以采食菖蒲为主的宗教民俗活动。北宋蒋之奇《蒲涧》“仙山雄压五羊城，山中有涧见底清。……迩来兹地成胜游”等诗句可证。

题咏涉及广州蒲涧的历代文学作品中，苏轼的游历题咏无疑影响最为久远。在苏轼心目中，蒲涧的地位足与惠州罗浮神仙洞天等量齐观，同为岭南两大仙迹，为此他在《和陶桃花源》诗中写道“蒲涧安期境，罗浮稚川界。梦往从之游，神交发吾蔽”。苏轼在离开广州之际，作《发广州》一诗写道“蒲涧归钟外，黄湾落木初”，将蒲涧视为他在广州停留期间值得忆念的两大去处之一。绍圣元年（1094 年），苏东坡自定州被贬岭南惠州，九月路经广州时与子苏过等人游白云山蒲涧寺、滴水岩诸胜，访安期生旧迹。他不仅一洗此前被贬黄州时曾有过的悲苦彷徨心境，反而满怀兴致，写下《广州蒲涧寺》二首。诗句“不用山僧导我前，自寻云外出山泉。千章古木临无地，百尺飞涛泻漏天”。其中“千章”一联以纵横夸张之笔写古木的蓊郁和飞瀑的壮观，是为世人所传诵的写景名句。诗句“昔日菖蒲方士宅，后来薝卜祖师禅。而今只有花含笑，笑道秦皇欲学仙”，写到蒲涧寺由神仙方士宅到祖师禅寺的历史变迁和传说，后又巧妙借眼前所见含笑花的花名来一语双关地讽刺秦始皇遍求长生不死药的愚妄可笑。在苏轼看来，古往今来，物是人非，只有大自然是永恒的，而人类社会充满不可知的变数。

在苏东坡之后，南宋一代名臣、广州本籍文学家崔与之写过一首反映戍边主题词《水调歌头・题剑阁词》。词人在铺写戍边川北之苦后，结尾转入思乡忆家：“梅岭绿阴青子，蒲涧清泉白石，怪我旧盟寒。烽火平安夜，归梦到家山。”（《崔清献公集》卷五）这里清泉流淌白石的广州蒲涧和绿阴青子时节的韶州梅岭一样，成为最能引起他岭南家山之思的地理意象。刘克庄的好友方信孺所创作的《南海百咏》风土题材组诗就有对蒲涧的书写。方信孺在诗中感叹“最恨东坡早仙去，只教蒲涧入诗篇”。前辈文豪苏轼对蒲涧景观的书写，于他有知遇之恩的崔与之对岭南家山之思的书写，和好友方信孺的诗作，无疑成为刘克庄书写蒲涧文学景观的催化剂。他书写蒲涧的作品有《蒲涧寺》诗作 1 首，和《水调歌头・又题蒲涧寺》《水调歌头・游蒲涧，追

和崔菊坡韵》词作 2 首。《蒲涧寺》诗录如下：[①]

齐人陈迹此流传，班史苏诗岂必然？
故老皆言家即寺，痴儿误入海求仙。
莫将刘项分美鼎，来涴巢由洗耳泉。
欲采菖蒲无觅处，且随箫鼓乐新年。

这首诗作表现了神仙难觅、物是人非的怅惘之情，从中可以看出刘克庄本人对于神仙世界是深表怀疑的，这种怀疑主要是因为神仙的无验，在现实中得不到确证；他对道教神仙方术那一套有着清醒的认识，诗中直接对历史上秦始皇派徐福入海求仙之举进行嘲讽，"痴儿""误"具见其态度之鲜明。

嘉熙四年刘克庄以转运副使摄帅，农历七月二十五日蒲涧节游白云山蒲涧寺，写有词作《贺新郎·题蒲涧寺》，[②]词录如下：

风露驱炎毒。记仙翁飘然谪堕，吹笙骑鹄。历历汉初秦季事，山下瓜犹未熟。过眼见群雄分鹿。想得拂衣游汗漫，试回头刘项俱蛮触。斫鲸鲙，脯麟肉。越人好事因成俗。拥遨头如云士女，山南山北。问讯先生无恙否？齐鲁干戈满目。且游戏扶胥黄木。不是世无瓜样枣，便有来肯饱痴儿腹？聊举酒，笑相属。

此词不吝笔墨描述时节场景，并触景生情。"记仙翁"以下七句，仙翁谓安期生，吹笙骑鹤谓仙人王子乔，山下瓜谓秦东陵侯邵平在秦亡后沦为无以自给的贫民，以致靠种瓜谋生，刘项谓刘邦项羽楚汉争霸故事，借安期生成仙传说来表达人世功利争夺之虚幻。作为一方官员，刘克庄虽则胸怀广大、心忧边事，却也未能免于"越人好事"之"成俗"，可谓借"成俗"酒杯，浇胸中郁勃之块垒。

苏轼被贬谪岭南，后在离开广州之际，作《发广州》一诗写道"蒲涧归钟外，黄湾落木初"，将蒲涧和南海神庙旁的黄木湾视为他在广州停留期间值得忆念的两大去处。刘克庄在《贺新郎·题蒲涧寺》一词中亦是以"且游戏、扶胥黄木"勾连起蒲涧和黄木湾这两处广州文学地理景观。

此外，刘克庄笔下还有对药洲仙湖和越秀山越王台等文学地理景观的

---

① (宋)刘克庄著，辛更儒校注：《刘克庄集笺校》卷一二，第 3 册，北京：中华书局，2011 年，第 711 页。

② (宋)刘克庄著，辛更儒校注：《刘克庄集笺校》卷一九〇，第 15 册，北京：中华书局，2011 年，第 7381 页。

书写，限于篇幅，兹不赘叙。

二、对广州风土民情之书写

自北宋后期以来，文人士大夫们的审美心态更加世俗化，风土题材诗作创作蔚兴，正如《宋集珍本丛刊》所言“宋世地理之学大兴，文人雅士亦以诗言地理，每于一邑古迹，一区名胜，各为一绝，自注其下，往往使丘壑增色，山河生辉”。并引刘克庄的好友方信儒《南海百咏》等为例。① 方信孺在粤任职时曾到南海、增城、新会、清远等地游历，以序文和诗歌的形式描述了100多处名胜古迹，结集名为《南海百咏》。作为一位学者型的官员，方信孺淹博历史典籍、熟知地理风物，他将自己游历粤地后的感受和考证写成序文和诗歌，或为景观溯源，述其历史，或质疑考辨，探寻事理，力求以诗存史、存地理。

刘克庄在岭南首邑广州的一年零八个月仕宦生涯，足迹遍及广州城内城外不少地方，通过切身的个人直接经历，阅读史书地志得来的间接知识，以及来自友人方信儒等的文学书写，使他对广州这一方水土形成了程度不一的感性印象和理性认知，并通过文学书写给后世留下了不少宝贵篇什，成为广州地方记忆的重要载体之一。

关于对广州城邑的总体观感，刘克庄是有所书写的，如“山川殊壮丽，井邑亦繁雄”(《羊城使者庙》)。组诗《登城五首》中有二首书写他登临广州城楼所见所思，移录如下：

(其四)漫费人蒸土，常如物溃堤。傍疑为息壤，下恐有蟠泥。自注：州治后。

(其五)郭外皆鲸浸，区中等蚁窠。若无西雁翅，客子奈愁何。

第四首写由“城”“堤”联想到“息壤”。正如钱穆、徐旭生先生曾经指出城同堤防本来是同一的东西，从防御寇盗来说就叫作城，从防御水患来说就

---

① 四川大学古籍整理研究所：《宋集珍本丛刊总目提要》，北京：线装书籍出版社，2004年，第187页。

叫作堤防。[①] 采用"蒸土筑城"法营建广州城垣，用这种方法筑城的土都要先经蒸熟。第五首是写诗人登上城楼后所见眼前景象，"郭外"一句为宏阔的自然界远景，"鲸浸"形容寰海之广大；"区中"一句为繁荣的城市中近景，"蚁窠"形容房屋、人口之密集。关于"西雁翅"，按公元1210年广东经略安抚使陈岘为加固广州城南面的城防，在原有的广州城东南与西南各修筑雁翅城，雁翅城得名于增筑的城垣形貌。"客子"为诗人自称。按大雁南飞不至岭南之地，广州徒有雁翅城名，让客居广州的诗人聊以自慰。

关于对广州风土民情的文学书写，以《即事十首》最为集中，移录其中几首如下：[②]

(一)香火万家市，烟花二月时。居人空巷出，去赛海神祠。

(二)东庙小儿队，南风大贾舟。不知今广市，何似古扬州？

(三)俗情重蒲饮，故事按舟师。莫倚无山越，闲将作水嬉。

(四)占断百花白，摘来三伏凉。着身素馨国，荀令未为香。

(五)瓜果跽拳祝，喉罗扑卖声。粤人重巧夕，灯火到天明。

(六)名荔绝甘冷，与莆争长雄。不逢蔡公谱，埋没瘴烟中。

(七)吾生分裂后，不到旧京游。空作樊楼梦，安知在越楼。

(九)复关无雅操，涉洧有遗音。未可绳三尺，槟榔当委禽。

(十)沐发眠常晏，濡唇饮不多。谁云五瘴毒，常备四时和。

这一组诗可谓是对广州民俗风土的集中书写。按：据宋人章楶《广州府移学记》记载：(广州)"盖水陆之道四达，而蕃商海舶之所凑也。群象珠玉，异香灵药，珍丽玮怪之物之所聚也。四方之人，杂居于市井，轻身射利，出没波涛之间，冒不测之险，死且无悔。"[③]自宋以来，广人于二月上壬致祭于南海神庙，祈求南海神护佑海上航行安全，后逐渐演变成为南海神诞(俗称"波罗诞")，第一首诗即是对广州市廛万人空巷去赛南海神的真实写照。刘克庄此首诗是现存所见对南海神诞这一广州延续千年庙会民俗活动的最早书写。

第二首诗承接第一首，诗句中的"东庙"即广州南海神祠。《方舆胜览》

---

① 参见王子今：《中原"群都"现象：上古文明史与国家史的考察》，《中州学刊》2012年第4期。

② (宋)刘克庄著，辛更儒校注：《刘克庄集笺校》卷一二，第3册，北京：中华书局，2011年，第719页。

③ 《永乐大典》卷二一九八四"学"字韵引《大德南海志》。

卷三六广东路广州："南海庙，东庙在州东，即南海王庙"。"小儿队"见出当时广州的嬉游娱乐风气，"南风"句见出当时广州以商船为主要承载物的商贸活动之繁盛。后两句诗人以设问的方式，将广州市面的繁盛与有"扬一益二"之称、无比繁华的唐代扬州相提并论。[①] 第七首诗是写越楼。关于越楼，据《光绪广州府志》卷八四记载："越楼在阛阓中，轮囷为一郡壮观。……旧名粤楼，在大市中。高五丈许，诸峰北峙，巨海南绕，气象雄伟，为南州冠。宋绍兴四年漕使王正言重建，易名共乐。"将广州的越楼与北宋汴京为人艳称的酒楼之首、具有地标意义的樊楼相提并论，可谓以小见大，让人对广州城邑的繁盛有所感知。

第五首诗是对广州七夕民俗活动的书写。广州七夕，传承自中原地区按"喉罗"，即摩侯罗，状似童子之玩具。《东京梦华录》卷八"七夕"记载："小儿须买新荷叶执之，盖效磨喝罗。儿童辈特地新妆，竞夸鲜丽。至初六七日晚，贵家多结采楼于庭，谓之乞巧楼，铺陈磨喝乐、花果、酒炙、笔砚、针线，或儿童裁诗，女郎呈七，焚香列拜，谓之乞巧。"其后有注语："磨喝乐本佛经摩侯罗，今通俗而书之。"广州七夕民俗活动，经千年传承发展，现今已成为被列入国家级非遗传承代表性项目名录的广州乞巧文化节（以今天河区珠村为项目传承基地）。第三首约略是写蒲月端午赛龙舟之事。

第四首诗是写广州特产素馨花，据清人吴绮《岭南风物志》记载："素馨花出广州府，自西国移植，不变水土。相传素馨乃女子名，以相思而死，其墓上产此，故其香染人衣袂不易散也。广州城南有花田，伪汉刘鋹葬美人于此，此种尤多，土人取花结为彩灯，亦风艳有致。"宋人诗歌中的素馨花书写较多，且多与南汉后主刘鋹宠妾爱素馨花的故实有关，刘克庄此首不落俗套，寥寥四句写出素馨花的三个特点：第一句用"占断百花"的夸张手法写出素馨花"白"的特点，第二句用"摘来三伏"既点出素馨花开的季节，又以三伏天的炎热与素馨花开的清凉形成鲜明对比，使素馨花"凉"的特点让人印象深刻。第三、四句用了魏晋之际的荀彧坐处常熏香典故，并与素馨花作衬托比较，抑荀彧熏香扬素馨花香，突出素馨花"香"的特点。有这三个特点，刘克庄对素馨花的赏爱之情溢于言表。

第六首诗是书写广州特产荔枝，称赏其"甘冷"，并以家乡莆田荔枝来作

---

① 可参赵立人：《续论南海神庙与扶胥港——再答王元林先生》，《海交史研究》2009 年第 2 期。

比。感叹广州荔枝不为同属闽人的北宋蔡襄所知悉，不入其所著《荔枝谱》，以致埋没无闻，惋惜之情可见一斑。

第九首诗以《诗经·氓》引物连类，结合岭南风物特产"槟榔"来书写广州民间男女之情。

从第十首诗特别是其中"谁云五瘴毒，常备四时和"诗句，可以见出刘克庄完全适应了广州本地生存环境，毫无排异感、违和感。正是从这样平和自如的心态出发，他对体察到的广州风土民情的书写，既有与他处同一性的一面，也有与他处差异性的一面，而且即便是对差异性一面的书写，也完全摆脱了此前外来入粤文人士大夫对岭南的"扭曲性异物书写"（借用陈恩维语，出处见下文脚注）。

三、对与广州有关师友之书写

常言："同声相应，同气相求"。刘克庄"于当世交游，先后辈皆名流杰士"[①]，在广州任官期间更是如此。他一再感念于未及重见致仕后退居广州的恩公长辈崔与之，与唐璘、黄朴、刘伯正等。前后任僚友可谓旧识新朋，相处惬意。既有二三好友一起游赏药洲、泛舟仙湖，也有一起登临越王台宴饮，还有一起在元宵节晚赏灯之举，其中不乏诗文酬答寄赠。

关于广州本地人物，他在兼广东经略安抚使期间，写有《广州劝驾一首（庚子权郡）》诗一首：

番禺文物于今盛，闽浙彬彬未足夸。
丞相宅曾住南郭，鼎魁坊止在东家。
好陈董子三篇策，莫看唐人一日花。
珍重诏书相勉意，士先器识后词华。[②]

这里的"丞相宅"即指崔与之在广州的故宅。崔与之，字正子，广州人，

① （宋）林希逸《后村先生刘公行状》，（宋）刘克庄著，辛更儒校注：《刘克庄集笺校》卷一九四，第16册，北京：中华书局，2011年，第7563页。

② （宋）刘克庄著，辛更儒校注：《刘克庄集笺校》卷一二，第3册，北京：中华书局，2011年，第731页。

号菊坡。绍熙四年进士,“广人由胄监取第者,自公始”[①]。嘉定十年知扬州,主管淮东安抚司公事。后曾任广东经略安抚使兼知广州,以广州人出掌广州最高长官,可算刘克庄在广州的前任。再后“拜参知政事,拜右丞相,皆力辞。……嘉熙三年乃得致仕……薨时年八十有二,遗戒不得作佛事,累封至南海郡公,谥清献”[②]。其生平事迹具见《宋史》卷四〇六《崔与之传》和《崔清献集》卷后所附李昂英撰《崔清献公行状》。据与刘克庄同时之人姚勉《五桂坊记》称广州之先达,“在昔为菊坡崔公,在今为文溪李公(昂英),皆辛烈而芳者也”[③]。作为广州本土人物杰出代表的崔与之及其门人李昂英,与刘克庄皆相识,特别是崔与之于刘克庄更是有知遇之恩。刘克庄后来在题跋文《菊坡与刘制置书》回忆自己早年为江淮制置使李珏幕僚时,在扬州初识崔与之,“(嘉定甲戌)后四年戊寅(1218 年),余从制帅尚书李公(按:李珏)行边,清献犹在扬。……清献每白事,必减从,屏呵导,先至(李公)幕府见余辈。……囊余得清献翰墨甚多,懒惰不能收拾,今箧中尚有数纸。而文肃之孙应雷,能宝藏此书,因以畴昔身履目击者题之卷末”[④]。本文后引《菊坡崔丞相》祭文中“昔掾仪真,公为扬帅。白事玉帐,一见赏异。每云近岁,人物稀疏。吾得二士,子华潜夫”、《水调歌头·游蒲涧,追和崔菊坡韵》词,和林希逸《后村先生刘公行状》记载“(刘克庄)改差真州录参。菊坡崔公帅维扬,因公白事,喜曰:‘吾于闽得二士,君与(陈)子华也。’锐欲致公”,[⑤]可为刘克庄早年为崔与之所知赏的一再证明,亦可见刘克庄于此知遇之恩铭感之深。

刘克庄到任广州后,据刘克庄在题跋文《菊坡与刘制置书》中“余晚使粤,庶复见清献道旧,至则已薨”和本文后引《菊坡崔丞相》祭文中“岁晚南来,喜将亲炙。道闻公薨,弹指涕出。犹至南都,不见元城。抱此一恨,曷时而平”,留下平生无尽遗憾。据李昂英《书〈菊坡先生蒲涧生祠记〉后》记载:

> 端平二年二月二日,广人奉菊坡先生像,生祠之。先生拒之峻,不能止也。众属参预宏毅斋,游公似秉记笔,文绝奇伟。先生戒毋刻尤

---

① (宋)李昂英:《崔清献公行状》,《文溪集》卷一一。

② (元)脱脱:《宋史》卷四〇六,《崔与之传》。

③ (宋)姚勉撰:《雪坡集》卷三五。

④ (宋)刘克庄著,辛更儒校注:《刘克庄集笺校》卷一〇八,第 10 册,北京:中华书局,2011 年,第 4475~4476 页。

⑤ (宋)刘克庄著,辛更儒校注:《刘克庄集笺校》卷一九四,第 16 册,北京:中华书局,2011 年,第 7548 页。

力，盖谦不肯当。吁，先生骑箕尾去矣，运使刘公克庄始入记于石，命其客钟大鸣视工，以淳祐之元中元后三日立。先生所以惠其乡国，人所以尊其老，来者有稽焉，游公之文也，抑刘公之力也。

菊坡祠二：在蜀仙游阁，刘后溪赞之；在南海之蒲涧，刘后村碣之。铺扬大贤者，盛德垂之无尽，两刘氏之意俱丰，而后村慕前修于既往，勤勤焉非利而行之，此则过人远甚。[①]

崔与之词《水调歌头·题剑阁》，既表达其心系国事，也抒发其归乡平居之愿，字里行间见出雄直之气，不减苏、辛之作，颇为世人推重。李昂英《崔清献公行状》记载“尝度剑阁，留题词云：‘蒲涧清泉白石，怪我旧盟寒。’里人采其语，立公生祠于其地”。李昂英《题菊坡〈水调歌头〉后》称崔与之“剑阁赋长短句，惓惓爱君忧国，遑恤身计，此意类《出师表》。雅趣欲结茅庾岭边，一琴一鹤，繇湘桂归南海，竟不得践绿阴青子约。然幅巾藜杖，徜徉老圃寒花间十有六年。晏岁之乐，不减洛中耆英也”[②]。刘克庄先后步韵连和七首，以表示对崔与之及其词作的崇敬之意。其中《水调歌头·游蒲涧，追和崔菊坡韵》：[③]

余倾为仪真郡督邮，白事维扬。崔公锐欲罗致，属先受制置使李公之辟，崔公始聘洪公舜俞入幕。

后二十五年，奉使岭外，拜公祠像，俯仰今昔，辄和公所作《水调歌头》以寓悲慨云：

敕使竟空返，公不出梅关。当年玉座记忆，仄席问平安。羽扇尉佗城上，野服仙游阁下，辽鹤几时还？赖有蜀耆旧，健笔与书丹。青油士，珠履客，各凋残。四方麾麾靡骋，独此尚宽闲。丞相祠堂何处？太傅石碑堕泪，木老瀑泉寒。往者不可作，置酒且登山。

据刘克庄《跋放翁与曾原伯帖》中“余为仪真掾……余才三十”[④]语，刘克庄嘉定九年在真州录事参军任上，时年三十。嘉熙四年正月至广州就提举

---

① （宋）李昂英撰，杨芷华校点：《文溪存稿》卷五，广州：暨南大学出版社，1994年，第57～58页。

② （宋）李昂英：《文溪集》卷四。

③ （宋）刘克庄著，辛更儒校注：《刘克庄集笺校》卷一八七，第15册，北京：中华书局，2011年，第7103页。

④ （宋）刘克庄著，辛更儒校注：《刘克庄集笺校》卷一〇二，第10册，北京：中华书局，2011年，第4288页。

任，时年五十四，为时正二十五年，与此词小序中“后二十五年奉使岭外”语合，知上词必嘉熙四年所作。查《宋史》卷四二《理宗纪》：“嘉熙三年十二月己未，观文殿大学士崔与之薨，赠少师，谥清献。”并据刘克庄题跋文《菊坡与刘制置书》和上词小序“拜公祠像”语，知刘克庄以提举常平赴广东任时，崔与之已去世。刘克庄在词中回忆崔与之在广州平定摧锋军叛乱和治蜀为蜀人铭记、膜拜等丰功懿德，于祭拜崔与之祠时睹物思人，并可与李昂英《书〈菊坡先生蒲涧生祠记〉后》、《同刘朔斋游蒲涧谒菊坡祠》诗“晓随丝辔饭僧坊，丞相祠堂一瓣香。试问神仙蒲九节，何如名德菊孤芳”关于崔与之祠的书写相互参证。[①]

刘克庄于嘉熙三年冬赴广东提举任，道闻崔与之病故，《菊坡崔丞相》祭文一篇，到任后文录如下：

> 乌虖，昔掾仪真，公为扬帅。白事玉帐，一见赏异。每云近岁，人物稀疏。吾得二士，子华潜夫。厥后子华，以功名显。我方困谗，跋疐连蹇。端平之初，稍进在廷。公拜东府，谓且班迎。公不果来，我亦遂去。闻宣黄麻，延登次辅。置相如此，国其庶几。都人相告，日望衮归。清献琴鹤，君实童马。使坐庙堂，一清朝野。公方累疏，坚卧固辞。上遣贵珰，苦谕莫移。凡今之人，动色箪食。公于相印，闭目不视。如公所立，百世犹兴。谁其侣之？严光管宁。岁晚南来，喜将亲炙。道闻公薨，弹指涕出。犹至南都，不见元城。抱此一恨，曷时而平？晋未可图，以伟人在。今其云亡，江表奚赖？旋马之厅，我有束刍。薄言陈之，公其吐诸？乌乎哀哉！[②]

刘克庄在此祭文开头从他受知于崔与之一事切入，中间书写崔与之深孚朝野众望，却不以拜相显贵为意，祭文结尾以崔与之病故令他不得再见，以致抱憾终身为言。在祭文中，刘克庄以本朝先辈贤臣赵忭、司马光，和以清操、高洁著称的东汉初严光、东汉末三国时的管宁，以及身系东晋安危存亡的一代名相谢安等比拟崔与之。“谁其”“曷时”“江表”“公其”等句，以一连串的反问，加重表达了刘克庄对崔与之的敬重和对他病故的无限惋惜

① 按：(清)道光《广东通志》卷二二六引《崔清献言行录》记载“(公)旧有祠堂，每岁僚属遇次丁致祭”可为佐证。

② (宋)刘克庄著，辛更儒校注：《刘克庄集笺校》卷一三七，第12册，北京：中华书局，2011年，第5496～5497页。

之情。

此外，刘克庄还写有三首五律《挽崔丞相》，诗录如下：

先帝谋元帅，烦公护蜀淮。军皆歌范老，民各像乖崖。
北顾犹关虑，西归已卷怀。早令扶日月，宁不扫氛霾。（其一）
麻卷扬庭久，蒲轮就道迟。虚传杨绾用，不奈蔡谟辞。
祝柱从渠诮，摧梁得许悲。流传千载下，犹足励清规。（其二）
昔侍琼花宴，回头二纪馀。嵇康作书懒，魏勃扫门疏。
尚意开黄阁，安知尾素车。萧然旋马第，人指相君居。（其三）①

第一首诗主要是写崔与之出守蜀、淮两地，使边危之两地得以安宁，诗人为此感叹朝廷没有及早启用崔与之镇守边地。第二首诗主要是对崔与之不恋富贵、辞官归乡之举，在高度赞赏的同时充满惋惜之情。第三首诗主要是回忆自己昔年和崔与之的交往，同时进一步对崔与之不恋富贵、辞官归乡之举表赞赏之。刘克庄在《菊坡与刘制置书》中亦是为此大发感慨："嗟夫，功名之际，人各着鞭。虽士稚、越石，亦未能免。而清献处心无竞若此，盖世之所未知也。"②

嘉熙四年，唐璘自知广州兼广东经略安抚使任上被召，刘克庄与同僚为唐璘设宴送行，在宴会上刘克庄写下一篇乐语《宴唐经略·广东》："以宋广平铁石之肠，洗马新息珠犀之谤。俭甚乖崖之絛褐，萧然清献之琴龟。坐令炎热之区，悉变清凉之境"③，刘克庄在文中以曾出督广州的大唐贤相宋璟，和北宋以治蜀著称的张咏、为政简易的赵忭二人故实之对举来做映衬，以"炎热""清凉"之间的鲜明对比，称赞唐璘在广东不凡的治绩表现。"我某官，昔叨末契，今在下风。忆李白于江东，回头久别；访安期于海上，握手剧谈。非惟畅叙于交情，亦以协同于王事"，以两两对举的手法，见出刘克庄与唐璘交游之迹，且交友之旧、之深。"细听金缕之歌，莫惜玉山之倒。莱公巨杯之饮，纵不能陪；范公一笔之勾，庶乎知免"。写出宾主友朋宴享之欢乐。

① （宋）刘克庄著，辛更儒校注：《刘克庄集笺校》卷一二，第3册，北京：中华书局，2011年，第739页。按：唐璘在监察御史任上首疏奏："崔与之操行类杨绾，虽修途莫景，力不逮心，而命下之日，闻者兴起。"

② （宋）刘克庄著，辛更儒校注：《刘克庄集笺校》卷一〇八，第10册，北京：中华书局，2011年，第4476页。

③ （宋）刘克庄著，辛更儒校注：《刘克庄集笺校》卷一二七，第11册，北京：中华书局，2011年，第5182～5183页。

刘克庄按照乐语体式要求口占一首七律："元戎建纛粤王台，廉使新持汉节来。一纪别俱无恙在，二星聚岂偶然哉？清风可使贪泉变，老笔能驱瘴雾开。只恐仁皇思质肃，日间已有诏书催。"既有对他和唐璘交谊的深深感念，又有对唐璘为政一方治绩的称赏，和对他离任的依依不舍之情。

淳祐改元以后，刘克庄还写有两首词《贺新郎·跋唐伯玉奏稿》《贺新郎·送唐伯玉还朝》，来表达他送别唐璘之情，可谓再三致意。《贺新郎·跋唐伯玉奏稿》词录如下：

宣引东华去。似当年文皇亲擢，马周徒步。殿上风霜生白简，下殿扁舟已具。怎不与官家留住？古有一言腰相印，谁教他满箧婴鳞疏？还笏退，不回顾。

新来边报犹飞羽。问诸公可无长策，少宽明主？攀槛朱云头雪白，流落如今底处？

但一片丹心如故。赖有越台堪眺望，那中原莫已平安否？风色恶，海天暮。①

《贺新郎·送唐伯玉还朝》词录如下：

驿骑联翩至。道台家、筹边方急，酒行姑止。作么携将琴鹤去，不管州人堕泪。富与贵、平生无味。可但红尘难着脚，便山林、未有安身地。搔白发，兀相对。

前身小范疑公是。忆当年、天章阁上，建明尤伟。庆历诸贤方得路，便不容他老子。

须着放、延州城里。一句殷勤牢记取，在朝廷、最好图西事。何必向，玉关外。②

在这两首《贺新郎》中，刘克庄皆赞扬唐璘立身处世之正直，希望他能以国事为重，在朝廷上有所作为，一片丹心报效明主。此外，刘克庄还写有《通唐(伯玉)经略》一文，节录如下：

甫建台于江介，俄开阃于峤南。龙户马人，竞来衙谒。蚌胎翠羽，暂免搜求。一时之饕吏革心，千古之贪泉刷耻。昔者广平之入，寻践台

---

① (宋)刘克庄著，辛更儒校注：《刘克庄集笺校》卷一九〇，第15册，北京：中华书局，2011年，第7352页。

② (宋)刘克庄著，辛更儒校注：《刘克庄集笺校》卷一九〇，第15册，北京：中华书局，2011年，第7354～7355页。

司;迨夫君严之归,亦登左辖。

伫观新涣,夐掩旧闻。某久矣荷锄,偶然易节。居里每勤于存问,起家亦自于吹嘘。属兹涤籥之初,窃有抠衣之喜。譬蝇附骥,虽莫企于腾骧;若骖从舆,庶粗知于向背。[①]

刘克庄在文中不吝辞费,大力颂扬唐璘在广州任上整顿吏治、与民休息的善政措施。

在唐璘过世后,刘克庄还写有一篇《唐伯玉常卿》祭文和二首五律《挽唐伯玉常卿》。文中写道:"瘴海之南,大江之东。觚稜虽远,节纛尚雄。帝曰公归,潦雾飓风""我如石顽,资公磨礲 。少忝交游,晚叨寅恭。辛丑登高,魋结之峰。尝举别酒,浇磊磈胸。归相后先,各未衰癃",[②]概括唐璘出帅广东和被召回朝之事,并忆及其与唐璘交游之旧、之深,"辛丑登高"当指其与唐璘同登越秀山上越王台置酒为别之事。《挽唐伯玉常卿》(其一)诗句咏叹唐璘"身自无安处,昇州更广州。逐教子方去,死到了翁休。凤至虞廷喜,麟亡鲁野愁。忧时兼悼友,白却九分头"[③],刘克庄将唐璘比作本朝前辈名臣、与唐璘同姓的唐介,以凤凰来现舞于舜廷、孔子悲鲁君西狩获麟的典故来比拟唐璘的在朝和亡故,以"昇州""广州"概括唐璘出任地方经历,以"白却九分头"的夸张手法书写其悲痛亡友之情。

在送唐璘还朝后不久,刘克庄再送黄朴还朝,他仍用《贺新郎》词调,作《贺新郎·送黄成父还朝》词一首,[④]词录如下:

飞诏从天下。道中朝名流欲尽,君王思贾。时事祇今堪痛哭,未可徐徐俟驾。好着手扶将宗社。多少法筵龙象众,听灵山祝付些儿话。千百世,要传写。

子方行矣乘骢马。又送他江南太史,去游毡厦。老我伴身惟有影,倚徧风轩月榭。

① (宋)刘克庄著,辛更儒校注:《刘克庄集笺校》卷一一七,第11册,北京:中华书局,2011年,第4849页。

② (宋)刘克庄著,辛更儒校注:《刘克庄集笺校》卷一三七,第12册,北京:中华书局,2011年,第5507～5508页。

③ (宋)刘克庄著,辛更儒校注:《刘克庄集笺校》卷一三,第3册,北京:中华书局,2011年,第759页。

④ (宋)刘克庄著,辛更儒校注:《刘克庄集笺校》卷一九〇,第15册,北京:中华书局,2011年,第7357页。

怅玉手何时重把，君向柳边花底问，看贞元朝士谁存者？桃满观，几开谢！

刘克庄此词与《贺新郎·送唐伯玉还朝》词皆当作于淳祐元年。上文提到因朝廷征召，刘克庄接替黄朴出任广东转运副使一职。鉴于国事日益艰难，刘克庄对好友黄朴入朝寄予厚望，希望他继唐璘入朝后，在朝堂上能有一番作为，“扶将宗社”。尽管就私心而言刘克庄很不舍得好友离去，自己只有孤影相伴，与“风轩月榭”为伍，也不知何时好友能再会。词中刘克庄再次将唐璘比作唐介，并以同姓黄的“江南太史”黄庭坚比拟黄朴。

让人惋惜的是，黄朴尚未及启行即卒，刘克庄悲痛之余为作祭文。祭文如下：

乌虖，始读公赋，飘然无敌。士林敛衽，谓公词伯。及与公交，粹然可亲。然后太息，公真德人。曰才与名，士之所挟。着鞭青云，有径甚捷。曰势与利，人之所趋。佩玉深衣，何行之徐？流落江湖，苍颜白首。晚入修门，或开荐口。当轴挽留，公力请麾。

其视远民，略不鄙夷。琛台弄印，玺书就畀。见诸训词，曰汝廉吏。国人景行，吾辈得朋。合并云始，倾倒未能。

畴昔之夜，月华初霁。临池一笑，共卜后会。三人鼎足，讶公不来。坐闻呼医，屏乐覆杯。疾驰至门，不可为已。人生危脆，乃有如此。年不为夭，位不为卑。故乡差远，行路共悲。……幽明路殊，无复论质。缟衣寝门，三号而出。乌乎哀哉！[①]

刘克庄在祭文中极为夸赞黄朴的文学才华和高洁人品，追忆自己和黄朴的订交，在订交后对黄朴的品行有了更多更深的认识。“畴昔”四句当指刘克庄与唐璘、黄朴泛舟药洲仙湖一事。三人本已约定后会之期，却不意黄朴突发恶疾，竟至客死广州。刘克庄感叹自此与黄朴幽明永隔，相互间再也不能论难质疑，难抑悲痛不禁号啕痛哭。

嘉熙四年冬，刘伯正以华文阁待制知广州。刘克庄与同僚为新到任的刘伯正设宴接风洗尘，在欢迎宴上刘克庄写有乐语《宴新帅刘侍郎》，[②]其中

---

① (宋)刘克庄著，辛更儒校注：《刘克庄集笺校》卷一三七，第12册，北京：中华书局，2011年，第5498～5499页。

② (宋)刘克庄著，辛更儒校注：《刘克庄集笺校》卷一二七，第11册，北京：中华书局，2011年，第5184～5185页。

叙及两人交游之状:“我某官,幸甚登门,加之通谱。弹冠魏阙,旧陪盍簪之余;揽辔周原,新托履封之内。久矣云泥之悬绝,适兹岭海之重逢。召鼓史以挝岑牟,命佳人而戛鸣瑟。反坫为两君之好,聊永今宵;卷衣以上公而归,无忘此日。”既写到两人昔日同朝为官,并有同姓通谱之好,也点明此次广州任上相聚为两人久别重逢,欢乐之情自不待言、溢于言表。刘克庄口占七律如下:

帝城一别隔天涯,邂逅辕门此建牙。
应是近臣劳侍从,顿令远使有光华。
他人岂得如同姓?王事由来本一家。
却怕酒醒归诏下,剩烧银烛照梅花。

此诗抒发诗人唯恐一朝离别,以致不惜秉烛夜游来共赏梅花,对两人情谊的格外珍视可见一斑。

淳祐元年(1241年)元宵节之夜,刘克庄在离别广州前与刘伯正一起赏灯,写下七律《灯夕二首呈刘帅》,[①]诗录如下:

士女如云服珥鲜,暂陪猎较亦欣然。
清于坡老游杭市,俭似乖崖在剑川。
使指何功烦卜夜,遨头此念可通天。
粤人拥道千层看,不见犹鞍三十年。(其一)
陌上游人趁筦弦,岂知君相尚筹边。
细听野老交谈处,犹记兵端未动前。
草市收灯如许早,端门瞻跸定何年。
书生晚抱忧时志,归画残灰理旧编。(其二)

诗人描写广州元宵节夜的一番热闹太平景象,以苏东坡在杭州、张咏在蜀地为官之“清”“俭”来烘托刘伯正,也写出自己不忘北方边地战乱、安危之事,虽忧心忡忡却又无能为力之感。诗人称许刘伯正为犹鞍重臣,写此二首诗呈送刘伯正,无疑也是希望刘伯正为“尚筹边”的“君相”分担国事。

综上,刘克庄在广州期间的师友书写,往往是将对师友的品性、才干的书写和对国事殷忧的书写有机地结合起来。常言:“物以类聚,人以群分”。通过刘克庄在广州期间的师友书写,可以见出刘克庄对于广州本地贤达恩

---

① (宋)刘克庄著,辛更儒校注:《刘克庄集笺校》卷一二,第3册,北京:中华书局,2011年,第733页。

公崔与之的深切缅怀之情，对于同官僚友唐璘、黄朴、刘伯正三人品性、才干的推许和他与三人的同道相得之情谊，亦可隐约见出闽人在南宋后期仕宦人数之鼎盛及背后的科举文教发达之一斑。

结　语

正如陈恩维所指出，“宋代岭南贬谪文人的岭南书写，常与岭南日常生活相联系，异物感明显降低，表现出精神自我调适”；“由唐宋两代贬谪文人对岭南的看法，有一个异物和他者化色彩淡退的发展过程”。[①] 其实何独贬谪文人，仕宦岭南的文人士大夫更是如此。

刘克庄在广州时日虽短，但他此期的文学创作却是可圈可点。首先，他对广州的自然风貌、历史人物、风俗民情充满热爱之情，正如他的《广州劝驾一首(庚子权郡)》诗句“番禺文物于今盛，闽浙彬彬未足夸”，认为“番禺文物”之盛不在自己老家福建甚至行在杭州所属的两浙之下，揄扬可谓不遗余力、无所保留。无论是对扶胥浴日、蒲涧濂泉等本地景观，对荔枝、素馨等本地物产，抑或是对南越王赵佗、南汉后主刘鋹、崔与之等本地人物，对波罗诞、乞巧节等本地民俗，他都能在自己的书写中寄寓一定的情感认同或理性评判，足以共同构成一幅南宋后期广州地方立体图景。

其次，通过刘克庄在广州期间及前后的文学书写，可以见出他与在他之前、之后及同期的广东地方任职官员的同僚之谊。他无论是与同为闽人的长乐唐璘(字伯玉)、黄朴(字成父)，还是与更为亲近的莆田同乡方大琮在他离任广州官职后重建广州清海军双门，[②]抑或是与接替他权兼之职的饶州人刘伯正，都能成为莫逆之交，成为广州地方官员交友史上一段佳话。

要之，刘克庄在广州的文学书写，上承韩愈、苏轼、杨万里等文学大家，

---

① 陈恩维：《从异物到乡邦：明代以前的岭南书写及其意义》，《学术研究》2017 年第 5 期。

② 刘克庄在《广州重建清海军双门》中记载：“公(按：指方大琮)以余尝护漕而摄阃也，乃授简使书之”按：这篇记文记叙广州重建清海军双门的经过，对主持重建一役却能“自用节缩余力，不以斮人”“拊(南兵)而用之”“不以烦民”的莆田同乡方大琮，大为赞赏，誉云“可谓仁且智矣”。

并与同乡好友方信孺，与崔与之、李昂英等广州本土籍文人士大夫一道，在韩愈、苏轼、杨万里等前辈文学大家的基础上，将对广州的文学书写推向细节化、多面化、立体化，彻底摆脱了前代文人士大夫对广州的地域偏见特别是“扭曲性异物书写”(借用陈恩维语)，而完全没有作为外来的“他者”与广州本土环境之间的心理距离，共同为后世留存下了一份极为难得的当时人对南宋后期广州的现实认知和历史记忆。进而言之，刘克庄在广州的文学书写，和他在广州的书籍刊刻等文化活动一道，[①]参与推动了岭南从宋代以前令中原人恐惧的“蛮裔”到宋代以后的“神州”的身份地位之历史性转变。[②]

参考文献

1.卢萍:《宋代广州知州群体研究》,广州:暨南大学博士学位论文,2010 年。

2.陈永正:《岭南诗歌研究》,广州:中山大学出版社,2008 年。

3.(宋)刘克庄著,辛更儒校注:《刘克庄集笺校》,北京:中华书局, 2011 年。

4.程章灿:《刘克庄年谱》,贵阳:贵州人民出版社,1993 年。

5.高旭红主编:《药洲石刻》,广州:广东人民出版社,2016 年。

① 《后村先生大全集》卷一〇〇《跋文章正宗》:“晚使岭外，与常平使者李鉴汝明协力锓梓，以淑后学。是书行，选粹而下皆可束之高阁，犹恨南中无监书，而二汤在远，不及精校也。”

② (清)屈大均《广东新语》卷二《地语》云“(广南之地)盖自秦、汉以前为蛮裔，自唐、宋以后为神州”。

略论刘克庄与“一带一路”

◇ 詹淑海

本文试从刘克庄《后村先生大全集》中仅存的几篇诗词、文章论述莆田早期的海神崇拜、“海丝文化”，以及“一带一路”为宋代都城长安带来的经济、文化和外交的繁荣景象。现不妨提出一些看法与同仁们商榷，或许能起到抛砖引玉的作用。

一、《闻祥应庙优戏甚盛二首》
——为莆田最早的“海丝文化”和莆仙戏而歌

刘克庄《闻祥应庙优戏甚盛二首》其一诗云（《后村先生大全集》卷之二十一）：

空巷无人尽出嬉，烛光过似放灯时。
山中一老眠初觉，棚上诸君闹未知。
游女归来寻坠珥，邻翁看罢感牵丝。
可怜朴散非渠罪，薄俗如今几偃师。

刘克庄这首诗描写的是祥应庙祭祀海神，附近的村民们万人空巷，通宵达旦争相出游观看祥应庙祭海神时莆仙戏演出的盛况。

祥应庙在莆田市西天尾镇白杜（今为溪白）村。宋方略《祥应庙记》碑云：

郡北十里有神祠，故号“大官庙”。大观元年，徽宗皇帝有事于南郊，褒百神而肆祀之，于是诏天下名山大川及诸神之功于民而未在祀典者，许以事闻。部使者始列神之功状于朝，从民请也。次年，赐号曰“祥

应”。其后九年，亲祀明堂，复修百神之祀，吾乡之人又相与状神之功迹，乞爵命于朝，太常上其议曰“显应侯”。天子曰：“嘻！唯神威灵，惠我一方，宜有以宠异之。”乃宸笔刊定“显应侯”。时则宣和之四年也。谨按，侯当五季时已有祠宇，血食于吾民。……当时识者咸云：“神依人而行，今神据有溪山之胜，此方之人其有口乎！”今大姓甲族，多在乎神祠之左右而践殊科，列吾瞧仕者，时不乏人，皆如识者之说。曰大官庙者，或相传云：乡人仁有至大官者，退而归老于其乡，帅其子弟与乡之耆旧，若少而有才德者。每岁于社之日，相与祈谷于神，既即彻笾豆，陈盏斝(jiǎ)，揖逊堂，序长幼而尊孝梯，如古所谓饮乡酒者。乡人乐而慕之，遂以名其庙。夫七闽诸郡，莆田最为濒海，地多碱卤，而可耕之地又皆高仰，无川渎沟洫之利。旬日不雨，则民有粒米之忧。每岁以旱而祷于神者，未尝不应期而雨，故田虽离而无旱。春夏之交，云雾蒸郁，盲风怪雨，发作不常，寒暄之气，为厉为虐，民或苦之。岁于是时，民多祈福于神，或相与迎神出次，以浮屠、老子之法而祝祀之，故民无灾。政和七年，诸郡多蝗，既螟害民食竹木之叶，牛羊之毛且尽，尽惧而祷之，故环庙十里，蝗不敢入。宣和二年，睦之妖贼，劫库银，杀长吏，聚徒十万，残害江浙数州之民，而盗有其地。朝廷□□□提劲旅百万以夷之，而贼徒始相与聚谋，欲掠舟于定海，据七闽为巢穴。部使者飞檄以告，且使民虚其室以避之，谓风帆信宿可至。居民惶怖，携老扶幼奔窜于山谷，攀援蹂践，至有踣者。群不逞之徒，又相与睥睨之。于是丧其家资，失其子女，忧愁惊悸，自损其身者。而吾民先祷于神，神赐之吉卜曰：其毋害。遂安其居，无一人迁徙者。既而贼果擒。今天子嗣位之三年，建州狂卒叶依聚其众数千人，杀官吏以叛，夺溪船顺流而下，一夕至南台，入福州外郛，焚居民庐舍，其势甚，遂谋渡大义而南。诸州守捉之兵未集，群邑震骇，莫知为计。而贼徒忽一日相惊曰：“官军阵矣，其旗帜皆有显惠侯，何也？”人人恐怖，始有悔祸之意。漕使张公穆乘贼忧疑，始得以断桥沉舟，绝其南渡之谋。又其后一年，杨勍领西兵叛入于闽，由漳泉而来。所在焚剽，民惧其害。贼压我郡境，守险之卒，视众寡不敌，莫有斗志。军士方迪等闻空中有声曰：“汝速进，显惠侯来矣！”于是我师贾勇，贼望风畏遁。阖境晏然。往时，游商海贾冒风涛，历险阻，以谋利于他郡外番者，未尝至祠下，往往不幸，有覆舟于风波，遇盗于蒲苇者。其后郡民周尾商于两浙，告神以行，舟次鬼子门，以风涛作恶，顷刻万变，舟人失色，涕泣相视。尾曰：“吾仗神之灵，不应有此。”遂呼号求助。虚空之中，若有应声，俄顷风恬浪静，舟卒无虞。又泉州纲首朱舫，舟往三佛齐国，亦请神之香火而虔奉之，舟行神速，无有艰阻，往返曾不期年，获利百倍。前后有贾于外番者，未尝有是，咸皆归德于神。自是商人远行，莫不来祷。

方略，生卒年未详，宋崇宁五年(1106年)进士，官至知州。《祥应庙记》碑刻高1.5米，宽0.9米，全文共1857字。是莆田乃至全国现存最早的记录关于中国古代“海上丝绸之路”和莆田早期海神崇拜的实物证据，是今天我们研究中国宋代“海丝文化”和莆田早期海神崇拜不可或缺的重要的文物资料。1961年被公布为福建省文物保护单位，现存全国文物保护单位三清殿内。

从方略《祥应庙记》碑刻可知，莆田白杜早在五代时就已经建有庙宇祭祀海神。而这个海神并不是今天人们所熟知的妈祖，而是另有其人。这个人就是该村中“仁有至大官者”，也就是所谓德高望重而且曾经在朝廷中当过大官的人。村民们仰其名望，因以其名庙曰“大官庙”。

“大官庙”不但能庇佑村民免受旱涝、瘟疫、蝗害之灾，而且还能扶助官民剿灭海上盗匪，护佑从事海上贸易的商人，尤其是漂洋过海前往“三齐佛国”，即今天的印度尼西亚等南洋各国从事贸易的商人化险为夷，平安获利。其灵验如此，以致从今往后，凡是“商人远行，莫不来祷”。

祥应庙和祥应庙神也是莆田最早获得朝廷赐封的庙宇和神祇。祥应庙和祥应庙神获得朝廷赐封“祥应庙”庙额和爵号“显应侯”的时间分别是在宋徽宗大观二年，即公元1108年和宋徽宗宣和四年，即公元1122年。其获得朝廷赐封庙额和爵号的时间分别比妈祖足足早了15年和33年。妈祖获朝廷赐封庙额“顺济”和爵号“崇福夫人”分别是在北宋徽宗宣和五年，即公元1223年和南宋高宗绍兴二十五年，即公元1155年。

其实，莆田早期的海神信仰与崇拜，除了西天尾白杜的“祥应庙”外，还有秀屿醴泉里的“灵感庙”、埭头大蚶山的“光济王庙”、城厢长寿社的“灵应庙”、涵江“灵显庙”以及黄石的“显济庙”等。只是到了宋代以后由于宋、元、明、清历代皇帝对妈祖不断地加封晋爵才逐渐地被集中到了妈祖的身上。

秀屿醴泉里(今东庄镇)“灵感庙”，祭祀的是唐观察使柳冕。柳冕(730—804)，字敬叔，蒲州河东(今山西永济)人。唐德宗贞元十三年(797年)，时任御使中丞、福州刺史、福建团练观察使的柳冕以“闽中南朝放牧之

地，可致牛马蕃息”为由，向朝廷奏请增设万安监牧马，得到批准。于是他从西北引进大量的牛、羊、马等在福唐（今福清）、莆田、仙游、泉州、浯洲（今金门岛）等地设置的五个马区饲养，对发展莆田畜牧业做出贡献，莆田人立庙纪念。久而久之又逐渐地被莆田人，尤其是从事海上航运和贸易的人奉为海上保护神。

《八闽通志》记云：“灵感庙在醴泉里秀屿。以祀唐观察使柳冕。冕贞元间观察福建，巡管之内福唐、莆田、仙游皆置马监领牧，悉以‘万安’为名，而秀屿其一也。秀屿亦名猴屿，近屿诸村有马坑、马厂，即旧监牧之遗迹，故老相传，柳氏兄弟尝职马政，没而神灵，故莆人立庙于此。庙共三座：醴泉里秀屿曰‘灵感’，营边曰‘昌骏’，马厂曰‘昌骥’，皆祀冕者也。”“凡有所求必祷之，舟行者尤恃以为命，或风涛骤起，仓皇叫号，神灵为之变现，光如孤星，则获安济。”至今秀屿东庄镇仍保留有营边村（又称柳营村）、马厂村等地名就是例证。

埭头大蚶山光济王。光济王，姓罗，俗称罗仙子。《八闽通志》载：“光济王庙，在府城东奉谷里大蚶山之南。昔尝海溢，有物如瓦屋乘潮而来，郡人异之，为立庙，凡商舟往来必祷之。”

相传在一次海啸中，海上漂来大量的木头。木头上面书写着“罗”字。当地的村民们纷纷把这些木头拿回家去用斧头砍伐，可越砍字迹越清晰。正当大家惊诧莫名之余，一个头戴峨冠、身穿黄袍的道人来到村里对村民们说：我是罗姓仙子，欲卜居于此，那些木料是我用来盖房子的，说完就消逝不见了。于是，村民们就在当地建起了庙宇，供奉罗姓仙子，凡往来商舟必往祷之。

长寿灵应庙，《八闽通志》记云：“长寿灵应庙，在左厢衙后。神姓陈名寅，唐观察使岩之侄也。因侍岩仕闽，后家于莆。好善乐施，年九十余卒。未卒先一日，历言五幻事，后皆验，民乃祀之。五代唐长兴元年（930年）始创庙宇。宋初游洋寇窃发，仆射陈靖密祷于神，寇果就获。淳熙九年（1182年），海寇陈才道诛，假梦于方士确，迄就擒。庆元六年（1200年），郡市火，神耀赤旗拥甲士扑灭之，台闽以闻。嘉泰四年（1204年），赐额灵应。开禧三年（1207年），封显应侯。淳祐四年（1244年），郡大疫，境之人依神独无恙。加封孚感。宝祐二年（1254年），民艰食，巨室闭粜（tiào），蛇现于囷（qūn），急发籴（dí），加封广济。景定五年（1264年），海盗林长五猖獗，民见神拥旗鼓与湄洲神协力擒捕，加封‘善佑’。”

涵江灵显庙，祀神陈应功。陈应功，字以忠，兴化涵江东山（今涵东街道顶铺社区）人，生于后晋开运元年（944 年），宋太平兴国二年（977 年），仙游枫亭人陈洪进割据漳、泉诸郡县。陈应功劝陈洪进纳土归宋，使宋完成统一大业，因功授“平闽将军”。

陈应功名垂青史另一功绩是发明“晒盐法”。福建沿海自古盛产海盐，但此前均采用柴草煮炼海水获得，成本大又不方便。有一次，陈应功在书写时用海水磨墨，发现砚中墨汁干了以后留有白色的结晶体，尝之竟为咸味。受此启发，他便率领乡亲在海边筑埕拦蓄海水用阳光曝晒，发明了“晒盐法”。“晒盐法”简单快捷，既可以节约成本，又可以大批量生产，很快就在全国各地得到迅速的推广。陈应功因此而被后人尊为“盐神”，世代祭祀。

宋太平兴国七年（982 年），仙游游洋人林居裔啸聚山林，率众造反。陈应功奉诏领兵征讨，不幸以身殉职，终年 38 岁。宋理宗淳祐十二年（1252 年）赐匾“灵显庙”；宝祐五年（1257 年）赐封“孚善侯”。宋度宗咸淳二年（1266 年）、八年（1272 年），先后赐封“广利侯”、“嘉泽侯”。宋端宗元年（1276 年）封“忠佑侯”。

《八闽通志》记云：“灵显庙在涵江盐仓之西。神姓陈名应功，涵江之东山人。建炎初，里人陈倅宣抚淮南，每出师讨贼，空中时见陈将军旗，前导所向，贼锋披靡。他如海道风涛之恐，岁时雨炀之咎，事无巨细，随叩辄应。宝祐五年（1257 年），锡号孚善侯。咸淳以来，累封广利嘉泽侯。”

黄石显济庙，据《八闽通志》记云：“显济庙，在黄石之林井。神姓朱名默，黄石人，唐古田令曦之后也。父强，毋张氏。默在孕胎中时有啼声，及弥月，张氏梦神人长丈余进至堂下，惊觉，遂生默。默生而神异不类凡儿，尝喟然语同舍曰：‘丈夫当大立功名，终日讲空言何益哉。’……年二十二不疾而卒。宋建炎四年（1130 年），高宗渡江，舟至中流，风涛大作，忽见默拥朱氏旗至，风遂息。既济，诏封默为章烈侯。淳熙间（1174—1189 年），族人朱德创庙，并建祠堂及家塾于其中。绍定间（1228—1233 年），赐今额。”

以上这些都是莆田早期海神信仰与崇拜的例证。纵观以上这些海神都有一个共同的特征，即不但能够为海上渔民、商船保驾护航，而且还能帮助官民剿匪灭寇，护佑一方平安。

另外，刘克庄《闻祥应庙优戏甚盛二首》还为今天我们研究宋代莆仙戏和地方民俗文化提供了十分重要的参考依据。

刘克庄《闻祥应庙优戏甚盛二首》诗中所谓“优戏”、“牵丝”和“傀师”分

别是宋代莆仙戏表演的三种不同形式。所谓“优戏”是用人表演的戏，即今传统的莆仙戏；“牵丝”为提线木偶戏。刘克庄“邻翁看罢感牵丝”这句诗实际上是点明了莆仙戏与提线木偶戏之间的师承关系。而“偃师”则是傀儡戏，又称掌上木偶戏的发明人。相传偃师是周穆王时一位能工巧匠，是他发明并创造了四肢灵活，能歌善舞的木偶。刘克庄这里是用“偃师”代称木偶戏。“朴散”则是淳朴之风散失，世俗变坏的意思。“可怜朴散非渠罪，薄俗如今几偃师。”显示当时的莆仙戏，尤其是傀儡戏表演已经出现了一些低俗、淫荡等不良的倾向。刘克庄对此十分不满，其诗《观社行·用实之韵》(再和)：“哇淫奇响荡众志，澜翻辩吻衿群愚。”(《后村先生大全集》卷之四十三)就是最好的例证。

二、《西山真文忠公行状》
——见证“海上丝绸之路”的兴衰

《西山真文忠公行状》是刘克庄于理宗端平二年(1235年)五月，为他的老师南宋理学大儒真德秀撰写的旌表其世系、生卒年月、籍贯和生平事迹的纪念文章。

真德秀，字景元，后更为希元，号西山先生。建州浦城(今福建南平市浦城县)人。宁宗庆元五年(1199年)进士，初调南剑州判官，秘书省正字，御试编排官，兼玉牒检讨官，校书郎，沂王府教授，兼学士院权直，秘书郎，礼部侍郎、中书舍人等，累官至仅次于宰相的参知政事。真德秀是南宋著名的理学大儒。他在宣扬和推动朱熹的理学成为南宋的国学发挥了重大的作用，在南宋政坛享有很高的声誉。真德秀曾经做过济王竑的老师，他对史弥远擅自矫诏废立并迫害济王竑致死非常不满。真德秀认为济王竑的爵位被废，理宗由宗室嗣王直接入继大统，有违纲常，多次上书理宗皇帝指出：纲常伦理是维持国家稳定，安定民心的柱石。请求理宗皇帝仿效太宗皇帝处置秦王赵廷美的做法赦免济王竑，追复爵位，并选宗子以继嗣王位。

史弥远虽然对真德秀恨之入骨，但碍于真德秀的声望，企图以利禄、爵位诱怵他，使他能够依附自己，为自己所用。但真德秀不为所动。

恼羞成怒的史弥远见真德秀不肯依附他，遂指使他的党羽朱端常、梁成大、李知孝等上疏弹劾真德秀“舛论纲常，简节上语，曲为济王地”，“大奸似

恩”。理宗宝庆元年(1225 年)十一月,真德秀被罢官。

刘克庄仰慕真德秀不畏强权,宁罢也不为高官厚禄所动,的高尚品德。真德秀被罢里居,时知建阳县的刘克庄遂以师事之,“讲学问政,一变至道,自此学问益新矣”。(林希逸《后村先生刘公行状》)

真德秀历史上曾两次出知泉州,为促进和发展“海丝之路”经济做出了重要的贡献。泉州是宋代对外通商的重要港口之一,享有“市井十洲人”“涨海声中万国商”的盛誉。每年都有大量的外国商船来这里进行商业贸易活动。中国内地许多商品如丝绸、茶叶、瓷器等也大都经由泉州运往东南亚国家乃至更远的非洲、欧洲等地销售。泉州宋代就已经设有市舶司,专门负责管理对外海上贸易活动。然而在真德秀未到任前,由于当地官府的苛捐杂税、横征暴敛,以及一些官员趁机敲诈勒索,中饱私囊,强行以超低价购买进口商品。让一些外国商人望而却步,来这里进行商业贸易的外国商船越来越少,有时甚至连一艘船也没有。

真德秀一到泉州就采取了减免税收,严禁官员以超低价购买进口商品等一系列整治措施,取得了明显的效果。当年来这里进行商业贸易的外国商船就十有八艘,而且一年更比一年多。海关的税收收入很快就恢复到了南宋历史上最好的水平。刘克庄对此给予充分的肯定,他在《西山真文忠公行状》中记云:“除右文殿修撰知泉州。郡以番舶为命,然商人畏重征,苦官吏和买,至者绝少。公镌税额,戒官吏毋得买一物,虽诸台委倅属市物,必申州始得奉行。是年舶至者十有八,明年二十有四,又明年三十有六,征税之入遂及绍熙旧额。”(《后村先生大全集》卷之一百六十八)

另外,当时泉州、晋江一带海面上的盗匪非常猖獗,严重影响海上商船的航运安全。为了保护海上航行安全,真德秀组织力量予以剿灭。真德秀认为他之所以能够取得的这些功绩莫不是仰赖妈祖庇护的结果。

真德秀再守泉州《圣妃宫祝文》云:“某猥以非材,再守兹土,实惟神庇是依。今者凶狡之徒,方舟南下,所至剽敛,重为民族之害,某既调兵以逐捕矣。于惟圣灵丕赫振耀,凡航海之人,仰恃以司命,是用只遣官僚敬忱祷:昔者戊寅之役,盖尝赖神以有济。今舟师追贼,行且相及,正仰资圣力之时,惟神縶之维之,使不得遁,王师大捷,一网弗遗,鲸波宴清,如行枕席之上,皆神之大惠也。某之报谢,其致弗虔! 谨告。”(《西山先生真文忠公文集》卷五十)

《圣妃宫祝文》:“天下之至险者莫如海道,而至不仁者莫如盗贼。以至不仁之徒，而凭至险之地，其为生灵之害可胜计哉？某再忝郡守，方将与民相安于无事，而自春徂夏，寇至再焉。前者自北而南，仅能小挫其锋；今夏自南而北，倘不大惩艾之，则方来之患未有穷尽已。是用纠合熊虎之旅，俾往殄鲸鲵之群。惟圣妃神灵烜赫，凡航海之人，赖以为司命，是用有谒焉：导王师以必胜之机，而挤狂寇于必败之涂，如前日之所祷者，非圣妃其谁望！敢俯伏以请，谨告。"（《西山先生真文忠公文集》卷五十）

三、《白湖庙二十韵》
——最早讴歌妈祖信仰起源与发展的史诗

理宗嘉熙元年（1239 年），时年 53 岁的刘克庄被起用为江西提举改广东常平提举。初到广东的刘克庄，见到地处南海边隅的广东竟然也建有妈祖庙，而且当地老百姓崇拜妈祖的虔诚程度并不亚于他的家乡莆田，感到非常的惊讶。这不能不让来自妈祖故乡的他倍感自己肩负使命和压力的重大。刘克庄到任谒《圣妃庙祝文》云（《后村先生大全集》卷之一百三十五）：

> 某持节至广，广人事妃无异于莆，盖妃之威灵远矣。某妃邑子也，属时多虞，惕然恐惧。妃其显扶默相，使某上不辱君命，下不贻亲忧，它日有以见鲁卫之士，妃之赐也。敢告。

《到任谒诸庙祝文》云：

> 某窃惟幽明各有其职。去贪戢暴，使赋役均，刑政平，部使者之职也。捍菑除患，使风雨调，鱼稻熟，非神之职乎！敬奉香币以告。

《除漕谒学祝文》云：

> 戍久而士不饱，籴多而民艰食，今上下之通患也。上既妙选常平使者专任籴事，复使某就补漕臣之乏，深忧责重。上何以裕国，下何以宽民哉！昔者闻诸夫子曰："百姓不足，君孰与足？"某力之所及，不能不勉。

《圣妃庙祝文》云：

> 某由庾及漕，见谓骤迁，岂上加惠于远臣欤，抑神之实私于邑子欤？今方军无宿储，民苦贵籴，脱有败缺，将为神羞。神既其始，必成其终。视事之初，敬奉辨香以谒。

刘克庄在异域他乡亲身感受到了妈祖大爱无疆的精神，使他对妈祖信仰和崇拜有了新的认识。于是他回到莆田后特地去拜谒了位于莆田城外白湖的妈祖庙，并创作了一首气势恢宏的《白湖庙二十韵》组诗，详细地记述了妈祖信仰从起源与发展的全过程。刘克庄《白湖庙二十韵》诗云(《后村先生大全集》卷之四十八)：

灵妃一女子，瓣香起湄洲。巨浸虽稽天，旗盖俨中流。
驾风樯浪舶，翻筋斗鞦韆。既而大神通，血食羊万头。
封爵遂綦贵，青圭蔽珠旒。轮奂拟宫省，盥荐皆公侯。
始盛自全闽，俄遍于齐州。静如海不波，幽与神为谋。
营卒尝密祷，山越立献囚。岂必如麻姑，撒米人间游。
亦窃笑阿环，种桃儿童偷。独于民锡福，能使岁有秋。
每至割获时，稚耄争劝酬。坎坎击社鼓，鸣鸣缠蛮讴。
常恨孔子没，豳风不见收。君谟与渔仲，亦未尝旁搜。
束皙何人哉，愚欲补前修。缅怀荔台叟，纪述惜未周。
它山岂无石，可以砻且锼。吾老毛颖秃，安能斡万牛。

妈祖姓林，名默，原为宋初莆田湄洲岛上一个普通的民女，生而灵异，能巫，常为当地渔民出海打鱼求签问卜，指点迷津，保平安。殁后，被当地渔民尊为海上保护神，立庙祀之。宋以后随着我国航海业的不断发展和海上“丝绸之路”贸易的需要，以及宋、元、明、清历代皇帝不断的加封晋爵，其封号由夫人、娘娘、妃、天妃，直至天后、天上圣母。妈祖信仰也就由湄洲岛逐渐地向莆田内地、福建沿海地区乃至全国、全世界传播开来，形成了一种非佛非道，独特的民间宗教信仰和海洋宗教文化。

刘克庄《白湖庙二十韵》组诗十分详细而精炼地记述了妈祖信仰的起源与发展的全过程，堪称是我国历史上最早的一组歌颂妈祖信仰起源与发展的史诗。刘克庄《白湖庙二十韵》组诗弥补了前人，包括蔡襄和郑樵“纪述惜未周”的缺陷，是我们今天研究妈祖信仰的起源与发展以及“海丝文化”十分珍贵的文献资料。

四、《李伯时画十国图跋》

——“一带一路”重要的文献资料和佐证

李伯时，即宋代著名的水墨画家李公麟。李公麟，字伯时，号龙眠山人。

安徽舒州人。北宋元祐年间进士，授南康长埴尉和泗洲录事参军。历任后省删定官、御史检法、朝奉郎、御史大夫等职。李伯时博学好古，擅画山水、佛像，尤其是其白描绘画技术堪称当世第一，被历代画家奉为典则。晚年归佛受戒，隐居于龙眠山庄。南宋绍兴四年(1134 年)归化，享年八十六岁。

《李伯时画十国图跋》是刘克庄为他闽中挚友林希逸收藏的《李伯时画十国图》真迹所题写的跋。刘克庄《李伯时画十国图跋》云(《后村先生大全集》卷之一〇二)：

> 十国者，日本即倭国。于阗在葱岭北。三童国人眼皆有三睛，童瞳通用，此误题为三瞳。日南，古越裳氏，唐为驩州。天竺即汉身毒国。拂菻一名大秦，一名犁鞬。女国有二，一在扶桑东，一在葱岭南。坚昆在康居西北。波斯在达曷水之西。又一国失其名，皆去汉唐旧都万余里。然日本、日南、波斯至今犹与中国相闻，则所图亦非虚幻恍惚、意貌为之者。……又一国不知名者，为鸷兽将犯穹庐，或张弓抽矢，或徒手欲搏之状。华人尊君亲上者，无以加也。画外国人物非一家，精妙鲜有及此。

李伯时绘画作品能够遗留下来的非常稀少，可谓凤毛麟角，而且其中大部分都流落海外。林希逸所收藏的《李伯时画十国图》也早已不见了踪迹。所幸的是，通过刘克庄为其画所题写的跋，图中我国古代“一带一路”沿线十几个国家(其中有部分为我国古代西域或东南少数民族建立的国家)的人物形象得以用文字的形式被保留了下来，使我们得以从中窥见宋代中国与“一带一路”沿线许多国家和地区交流的盛况。刘克庄《李伯时画十国图跋》是佐证中国古代“一带一路”十分难得的珍贵的文字资料。

刘克庄《李伯时画十国图跋》中所描述的十个国家分别为：日本、于阗、三童、日南、天竺、拂菻、女国、坚昆、波斯、又一国失其国名。

日本(略)。

于阗，位于今天新疆和田西南塔里木盆地南部，东通且末(今新疆且末县)、鄯善(今新疆鄯善县)，西通莎车(今新疆莎车县)、疏勒(今新疆疏勒县)。公元前二世纪(西汉时)，尉迟氏在此建立于阗国。唐贞观十四年(640 年)八月，唐灭高昌国(在今新疆境内)，九月置安西都护府于西州交河城(今新疆吐鲁番西交河故城遗址)，管理西域地区军政事务，于阗遂归入中国版图。

三童国，据唐朝《通典》记载：“三童国，在轩渠国(传说在中国西北的昆仑山附近）西南千里，与大秦（中国古代对罗马帝国及近东地区的称呼）邻接。”

日南，相传为古越裳氏地。班固《汉书》记载：“日南郡，故秦象郡。汉武帝元鼎六年（前111年）平定南越后正式设郡，治所在西卷县（在今越南境内）。新朝时改为“日南亭”，东汉时恢复“日南郡”的名称。公元192年（一说137年），日南郡南部的象林县发生叛乱，象林功曹之子、占族人区连聚集数千人起义，杀死汉朝的县令，独立为林邑国（占婆国）。三国东吴建衡元年（269年），林邑王范熊攻陷西卷县城，改称为区粟城，日南郡治遂迁往朱吾县。后来吴国发兵讨伐林邑，恢复了西卷县。吴天纪二年（278年），吴国废除日南郡，把其并入九德郡。四年后西晋恢复了日南郡的设置，郡治在象林县（今越南顺化）”。唐朝时改称驩州。

日南郡是中国古代海上丝绸之路重要的交通要道。唐杜佑曾在他所著的《通典》中说：“元鼎中，遣伏波将军路博德开百越，置日南郡，其徼外诸国自武帝以来皆献见。后汉桓帝时大秦、天竺皆由此道遣使贡献。”根据史料记载，汉桓帝延熹九年（166年），大秦（古罗马帝国）派遣使团来华就是在日南郡登陆前往洛阳的。

天竺，中国古代对印度和其他印度次大陆国家的统称。在中国历史上，对天竺的最早记载是《史记·大宛传》。《史记·大宛传》称印度为身毒（印度河梵文 Sindhu）。《汉书》：“从东南身毒国，可数千里，得蜀贾人市。”

拂菻，一称大秦或犁鞬，中国古代对罗马帝国及近东地区的称呼。在唐代，长安与拂菻之间，就已经有着十分频繁的使节和商旅往来。我国唐代旅行家杜环曾到过东罗马帝国。据他记载：“拂菻国在苫国（今叙利亚）西，隔山数千里，亦曰大秦。其人颜色红白，男子悉着素衣，妇人皆服珠锦。”

杜环，唐代旅行家，又称杜还，京兆（今陕西西安）人。唐天宝十年（751年），杜环随高仙芝在怛逻斯城（又名呾逻私城，今哈萨克斯坦江布尔境内）与大食（古阿拉伯帝国）军作战被俘，受到优待。其后他游历西亚、北非等地，是中国第一个到过非洲并有著作的中国人。

宝应初年（762年），杜环随前往中国贸易的商船经由“海上丝绸之路”在广州登陆回到了中国。杜环回国后写了《经行记》一书，详细记录了亚非“一带一路”沿线一些国家的历史、地理、物产、风俗习惯、伊斯兰教义以及中国人在“一带一路”沿线一些阿拉伯国家传播农业生产技术的情况等。

女国，按照刘克庄《李伯时画十国图跋》的说法有两个，一在扶桑东，一

在葱岭南。

扶桑，即今日本。《梁书·东夷传》云："扶桑东千余里有女国，容貌端正，色甚洁白，身体有毛，发长委地。至二三月竞入水则妊娠，六七月产子。女人胸前无乳，项后生毛，根白，毛中有汁，以乳子，一百日能行，三四年则成人矣。"

《古今图书集成·边裔典》卷四一引《梁四公记》云："方域西北，无虑万里，有女国，以蛇为夫。男则为蛇，不噬人而穴处；女为臣妾官长而居宫室。俗无书契而信咒咀，直者无他，曲者立死，神道设教，人莫敢犯。"

葱岭，即今帕米尔高原。相传公元6世纪中期，在中国西南、西北和中亚细亚交界地区存在一个女权国家。《隋书》卷八十三列传四十八："女国，在葱岭之南，其国代以女为王。王姓苏毗，字末羯，在位二十年。女王之夫，号曰金聚，不知政事。国内丈夫唯以征伐为务。山上为城，方五六里，人有万家。王居九层之楼，侍女数百人，五日一听朝。复有小女王，共知国政。其俗贵妇人，轻丈夫，而性不妒忌。男女皆以彩色涂面，一日之中，或数度变改之。人皆被发，以皮为鞋，课税无常。气候多寒，以射猎为业。出鍮石、朱砂、麝香、牦牛、骏马、蜀马。尤多盐，恒将盐向天竺兴贩，其利数倍。亦数与天竺及党项战争。其女王死，国中则厚敛金钱，求死者族中之贤女二人，一为女王，次为小王。贵人死，剥取皮，以金屑和骨肉置于瓶内而埋之。经一年，又以其皮内于铁器埋之。俗事阿修罗神。又有树神，岁初以人祭，或用猕猴。祭毕，入山祝之，有一鸟如雌雉，来集掌上，破其腹而视之，有粟则年丰，沙石则有灾，谓之鸟卜。开皇六年(586年)，遣使朝贡，其后遂绝。"

坚昆，中国西域古国名称。《史记》作鬲昆，通称之为坚昆。汉代，该民族在今西西伯利亚平原叶尼塞河上游，主要以畜牧业为主，兼营农业和狩猎。隋唐时坚昆受突厥统治。唐贞观二十二年(648年)，坚昆首领亲赴唐朝要求归属。唐朝以其地设坚昆都督府，封其首领为左屯大将军、坚昆都督，隶属燕然都护府。

波斯，即今伊朗。波斯极盛时疆域东起印度河以及帕米尔高原，西临巴尔干半岛与地中海，南抵亚丁湾和红海，北达高加索山脉和咸海。波斯帝国是世界上第一个地跨亚欧非三大洲的国家。

另一失国名者，刘克庄跋中虽然不知其国家名称为何，但对其国家民族形貌却有十分详细的描述。刘克庄《李伯时画十国图跋》记云："又一国不知名者，为鸷兽将犯穹庐，或张弓抽矢，或徒手欲搏之状。华人尊君亲上者，无

以加也。”

以上这些国家都是中国古代“一带一路”沿线重要的国家之一。刘克庄《李伯时画十国图跋》以文字形式佐证了中国古代几百年来就一直通过“一带一路”与东欧、中近东、东南亚等国家保持着非常紧密的联系和往来,以致当时的长安城内呈现出了一派商贾云集,万国使节纷纷来仪,欣欣向荣的繁华景象,实属难得。

参考文献

1.(宋)刘克庄:《后村先生大全集》,成都:四川大学出版社,2008年。

2.金文亨、陈金海:《妈祖文化源流探析》,厦门:鹭江出版社,2014年。

空巷无人一国狂

——从刘克庄诗词看南宋莆田杂剧百戏

◇ 方宝璋

刘克庄(1187—1269),字潜夫,号后村,莆田人,著作宏富,今存有《后村先生大全集》(以下所引,见于此集仅注卷数、篇名),其中有诗5000多首,词200多首,《诗话》4集及许多散文。作品体裁多样,题材广泛。他一生仕途坎坷,先后五次被罢黜,长期赋闲乡居,对莆田的社会生活、民俗风情有细腻的观察、较深的了解,并将之反映于作品中。他的不少诗词形象生动地描绘了南宋莆田地区的杂剧、百戏,具有很高的艺术价值和史料价值。

自古以来,福建的民间风俗是喜热闹、爱看戏。早在唐、五代,古籍中就有不少关于福建百戏活动的记载。到了南宋,福建的杂剧、百戏演出在民间定期举行。每逢节日,城乡一般都有演戏有活动。元宵节莆田城中不仅是花灯烟火照耀通宵,而且鼓乐杂剧喧阗,"处处笙歌杂诵谣,盍簪一笑共今宵"(卷26《和居厚弟一首》),"梨园部里奏云和"(卷26《又和宋侯三首》)。惹得平素懒于入城的"庞公",也"偶逢节序尚牵情","且随儿女看优棚"(卷26《灯夕二首》)。清明是中国传统的扫祭先墓的时节,莆人纷纷上山踏青,为祖墓除草添土,烧香焚纸钱,而且也演戏,"宁复斗鸡陪戏社"(卷9《寒食清明二首》)。农历七月十五日为中元节,俗称"鬼节""七月半"。此节莆人在祭祖及普渡的同时,几乎村村都演戏,演戏之多为全年之最。

除了年节演戏之外,在刘克庄的笔下更多的杂剧、百戏演出是在社日或庙会。宋陈元靓《岁时广记·社日》云:"立春后五戊为春社,立秋五戊为秋社。"社日之时,各里社挨家挨户摊派敛财,延请梨园演戏:"纷纷诛贿及骗户(当为编户),往往求福□朽珠。"(卷43《三和》)庙会期间,"巫祝讙言岁事详,丛祠十里鼓箫忙";"山中一老眠初觉,棚上诸君闹未知"(卷21《闻祥应庙优戏甚盛二首》)。鼓箫声声,延绵十里,优戏喧闹,不觉达旦。

南宋莆田的杂剧百戏演出是相当普及的,几乎是无处不在。当时里社遍及莆郡各地,从各里社摊派敛财演戏可以看出,民间已蔚然成风。杂剧百戏演出的地点往往选择交通发达、人群密集的地方,如"四达衢"(卷43《三和》)、"相呼入市看新场"(卷22《无题二首》)。正如同时代陈淳在《上傅寺丞论淫戏》中所说的:"闽南漳州地区于秋收之后,筑棚于居民丛萃之地,四通八达之郊,以广会观者;至市廛近地,四门之外,亦争为之不顾忌。"(《北溪大全集》卷47)从《闻祥应庙优戏甚盛二首》可以看出,庙宇也是杂剧、百戏经常演出的地点。演出时,往往是临时搭台,俗称"棚"。这就是刘克庄作品中多次提到的"棚上偃师何处去,误他棚下几人愁?""棚空众散足凄凉"(卷22《无题二首》)。当时在莆田城内,可能已有较为固定专供演出的"戏场"。"抽簪脱袴满城忙。大半人多在戏场"(卷21《即事三首》),从现戏人数之多,不难想象戏场规模之大。而在乡村,则常常因地而宜,田间路旁空旷高地即可成为戏台,"陌头侠少行歌呼,方演东晋谈西都"(卷43《再和》)。更有甚者招摇过市,边游行边演出,"冠盖幢幢有许忙,直从墟市到球场"(卷21《又三首》)。

南宋时期,莆田地区杂剧、百戏的形式多种多样,剧目丰富多彩。刘克庄笔下,有"市优"(卷10《田舍即事十首》)扮演人戏;有"郭郎线断事都休"(卷22《无题二首》的提线傀儡;有音乐舞蹈表演"讶鼓"(同上)、"小儿队"(卷21《又三首》);有"身在半天贪进步,脚离实地骇傍观,愈悲登华高难下,载却寻橦险不安"(卷23《绳技》),动作高难惊险的绳技、爬竿;还有"膈膊鸡犹金爪距,勃跳狙亦衮衣裳"(卷21《即事三首》)的斗鸡耍猴。从《田舍即事十首》《神君歌十首》《再和》《三和》等诗作中我们可以知道宋代莆田杂剧、百戏的题材相当广泛,有历史剧周武王摄政、西门豹治邺、霸王别姬、东汉故事、西晋故事、夜夺昆仑隘、传奇昆仑奴献宝、神话故事夸父追日等。

宋代莆田出现了初具规模、有相当水平的地方杂剧形式,这就是以唱、念、做、舞蹈结合在一起,有精美化装和服装、乐器伴奏,能表现一个完整故事情节的演出。唱腔,高亢激越:"哇淫奇响荡众志"(卷43《再和》;有群众喜闻的俚歌俗曲"村乐""蛮讴"(卷23《神君歌十首》),也有来自唐宋大曲的雅乐"衮"调(卷190《贺新郎·席上闻歌有感》),还有外来声腔"吴歌""楚谣"(林光朝《艾轩集》卷1)。念白,悠扬顿挫,怒斥巧辩,折服众人:"呵斥佞幸惊侏儒""涑翻辩吻矜群愚"(卷43《再和》)。做功、舞蹈,逼真生动,滑稽戏谑,轻曼优美:"效牵酷肖渥洼马""亦如曼倩负逸气"(同上)。甚至连化装、服装也形象分明,真假难辨,恍如历史的再现:"狙公加之章甫饰,鸩盘谬以脂粉

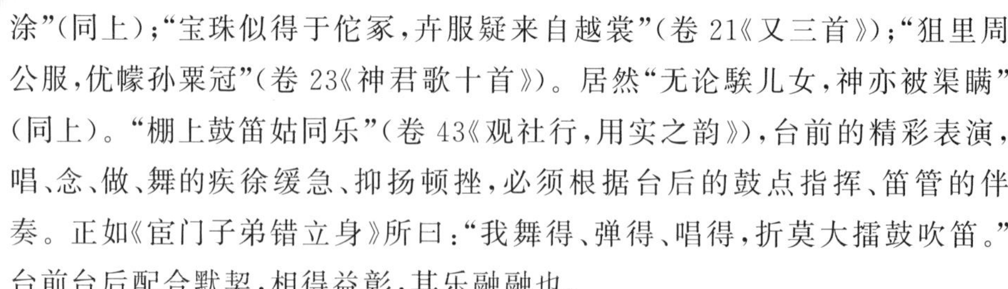

涂”(同上);“宝珠似得于佗家,卉服疑来自越裳”(卷21《又三首》);“狙里周公服,优幪孙粟冠”(卷23《神君歌十首》)。居然“无论駃儿女,神亦被渠瞒”(同上)。“棚上鼓笛姑同乐”(卷43《观社行,用实之韵》),台前的精彩表演,唱、念、做、舞的疾徐缓急、抑扬顿挫,必须根据台后的鼓点指挥、笛管的伴奏。正如《宦门子弟错立身》所曰:“我舞得、弹得、唱得,折莫大擂鼓吹笛。”台前台后配合默契,相得益彰,其乐融融也。

莆田民众喜戏之、歌之、舞之,锣鼓一响,男女老少趋之若鹜。平民百姓扶老携幼:“儿女相携看市优”(卷10《田舍即事十首》),“不与遗毫竞华发,且随儿女看优棚”(卷26《灯夕二首》),“牵衣况复幼吾幼”(卷43《观社行,用实之韵》)。仕宦豪门则盛装彩驾,带着娇妻美妾,前呼后拥:“鲜妆袨服出空巷,钿车乡毂来塞涂;展乌丝栏拥小玉,设锦步障盛绿珠”(同上)。倾家倾城而出,“空巷无人尽出嬉”(卷21《闻祥应庙优戏甚盛二首》);人山人海,“昨日人趋似堵墙”(卷22《无题二首》)。南宋莆田“民多遂末少重本”(卷43《三和》)。演戏时观众云集,“挥金犹粪土”(卷43《再和》),正是兜售商品招揽生意的好时机,“花篮果担更嗷呼”(卷43《三和》)。“酒肉如山鼓笛噪,尘土不见四达衢”(同上),豪饮狂欢,鼓笛喧天,万头攒动,车水马龙,尘土飞扬,淹大街通衢。这唱白声、鼓笛声、喝彩声、叫卖声、猜拳吆喝声交织在一起,融汇成一曲观戏交响乐。

莆田杂剧、百戏的精彩表演,使观众如狂,如醉、如痴:“一国若狂孰醉醒”“恍然堕在化人境”(卷43《观社行,用实之韵》)。“游女归来寻坠珥,邻翁看罢感牵丝”(卷21《闻祥应庙优戏甚盛三首》),“山河不暇为渠惜,听到虞姬直是愁”(卷10《田舍即事十首》)。戏场拥挤,妇女们沉浸在剧情中,连挤丢了耳环也不觉得,归来方才发现;饱经风霜的老翁从戏中痛感官场的沉浮、世态的炎凉;观众甚至不以山河分裂为忧,却只是为虞姬的悲剧而感伤。为“荔蕉”(意为祀神)、“致福”、“求福”(卷43《观社行,用实之韵》、《再和》、《三和》),为自娱、娱人、祭神、娱神,尽情地欢歌载舞奏乐嬉戏,万众同乐。这是辛苦劳动之余获得的暂时休息和娱乐,这是南宋莆田人民盛大的狂欢节,一幅绚丽多彩的空巷无人一国狂的杂剧和百戏文化图卷。

刘克庄两篇汇编妈祖文勘正

◇ 许更生

宋代的大家、高手之中，能像刘克庄那样，大量翔实地记载、颂扬妈祖，并留下文化史籍的不多。可惜，现行的诸多妈祖典籍汇编本，辑录刘克庄的妈祖诗文却屡屡出错。

文本是任何解说、考证的第一手依据，它像剧本、一样不能有任何走样、差错。假如第一步就谬误了，其后如何正确？（详见笔者《海丝雕龙·史料误讹观点陈旧》）笔者以为，此类自以为是的所谓“汇编”，看似好事，实则误事，乃至坏事——致使以讹传讹，谬种流传；犹如展销会上混进伪劣产品一样。如果刘氏地下有知，恐怕也会拍案而起，为自己的著述“正名”。刘克庄的两篇妈祖文尽管都不长，但误讹多多，这样的选编、汇编本，岂能为据？严格一点说，如此粗疏草率行事，实在是对先贤著述的大不敬，对妈祖文化的大不恭也！

一

枫亭妈祖庙始建于哲宗元符元年（1098 年），始称“海神庙”。枫亭又是海上丝绸之路的一个重要港口，所以妈祖信仰又通过枫亭传播各处。刘克庄《新建枫亭妃庙》记载的潮水漂炉至枫故事，是目前能看到的最早文献。其他文献资料，实际上不过基本沿用了《新建枫亭妃庙》的文字。

清道光林融如《枫亭志》中称“天后宫，祀天后圣母，宫名龙应，亦曰上宫庙。在今南街锦屏山之麓，其地名古草市头，亦名南市者也。宫内恭挂雍正御赐‘锡福安澜’匾额，又重临有宋端平赐额‘顺济行祠’，及雍正间侍郎漳浦

蔡世远'海不扬波'题额”。枫亭天后宫今又称“三妈宫”,三妈宫即“三妃庙”,《仙溪志》中有“三妃庙”条,说的是县城三妃庙:“三妃庙在县东北二百步。一顺济庙,本湄州林氏女为巫,能知人祸福殁,而人祠之。航海者有祷必应。宣和间赐庙额,累封灵惠显卫助顺英烈妃,宋封嘉应慈济恊正善庆妃。沿海郡县皆立祠焉。一昭惠庙,本兴化县有女巫自尤溪来,善禁呪术,殁为立祠。淳熙七年赐庙额,绍兴二年封顺应夫人。一慈感庙,即县西庙神也。三神灵迹各异,惟此邑合而祠之。有巫自言神降,欲合三庙为一,邑人信之,多捐金乐施,殿宇之盛为诸庙冠。”可见三妃庙始创于仙游县城,把妈祖天妃、顺应夫人、原县西庙神慈感三位女神合庙。后来枫亭也仿效合祀,但主祀仍是妈祖天妃。

刘克庄的《风亭新建妃庙》,由于同为宋代所作[笔者认为约在宝祐四年(1256年)左右],因此引述者比比皆是。然而,这篇较早且十分重要权威的妈祖典籍,却经常出错——原文仅646字,文字、标点缺漏、差错却竟达三十多处!不管是《妈祖文献资料》汇编,还是《妈祖文献史料汇编·碑记卷》,同样误讹甚多,致使“中华妈祖网”转载的《风亭新建妃庙》,也信以为真,照抄照录,照样错讹。笔者参照2011年中华书局版《刘克庄集笺校》《福建宗教碑铭汇编·兴化府卷》等书籍,予以纠错订正。

刘克庄《风(枫)亭新建妃庙》

(订正文)

妃庙遍于莆,凡大墟市、小聚落皆有之。风亭去郡六十里,有溪达海口。元符初,水漂一炉,溯沿而至。夜有人感梦曰:“湄州之神也。”迎致锦屏山下,草创数楹祀焉。既而问灾祥者、祷水旱者,远近辐辏。

旧宇庳甚,观瞻不肃。绍兴间,里士王君文可割田以广神居。嘉定蔡君定甫始为宫厅、绍定为鼓楼,然皆未成而圮。于是林君谦父捐金葺废,王君南叔协力鸠工。新庙百堵,以某年某月某日落成;向之庳者闳丽,圮者坚完矣。

语有之:“生封侯,死庙食,大丈夫事也。”妃以一女子,与建隆真人同时奋兴;去而为神,香火布天下,与国家祚运相为无穷。吁,盛矣哉!

异时航海梯山者,勤王敌忾者,猝遇飓风暴雳,雪涛白刃,命悬漏刻，心向默祷，往往见神于云烟岛屿之间，莫不获安稳趣。非但莆人敬事，余北游边，南使粤，见承、楚、番禺之人，祀妃尤谨，而都人亦然。海潮啮堤，声撼行阙，官投璧马不验；冲决至艮山祠，若为万弩射回者。天子惊异，赐妃嘉号，特书不一书，今为“灵惠嘉应协正善庆妃”。又封妃父曰某侯，母曰某夫人。

昔蒙叟称姑射神人曰：“绰约若处子。”又曰：“乘云气，御飞龙，而游于四海之外。”又曰：“其神凝，使物无疵疠而年谷熟。”盖肩吾闻之接舆者如此。而或者方以为寓言，虽肩吾亦疑其大而无当。以妃之事观之，其始初非处子欤？其神通变化，非乘云御龙者欤？其功用则四封宁谧，无所震恐，二陂蓄泄，无大水旱，非疵疠息而年谷熟欤？乃知蒙叟非寓言，而余之所述皆实录也。

文可，南雄守有之之大父；定甫，忠惠公之诸孙；南叔，广州文学王里之诸父，为妃父母求庙号封爵者。谦父亦善士。求作记，父老林丰。

误：草创数楹祀之

正：草创数楹祀焉

【说明】

焉，与介词“于”加代词“之、是”相当，例如“心不在焉”。联系上下文，“在那里”祀奉更加确切，也更为委婉。

误：口嘉定，蔡君定甫始为宫厅，绍定为鼓楼，然皆未成而圮。

正：嘉定，蔡君定甫始为官厅，绍定为鼓楼，然皆未成而圮。

【说明】

官厅：处理国家或地方行政事务的机关，如官署、衙门。

宫厅，生造词，无解。

误：于是林君谦父，捐金葺废，黄君南叔协力鸠工，新庙百堵，以某年某月某日落成。向之庳者闳丽，圮者坚完矣。

正：于是林君谦父捐金葺废，王君南叔协力鸠工。新庙百堵，以某年某月某日落成；向之庳者闳丽，圮者坚完矣。

【说明】

原文标点语意不清，故作纠正。关键在于“黄君南叔”其实应该改为“王

君南叔”。理由是：南叔是王里的“诸父”，即叔伯辈，所以南叔应与王里同姓——姓王，而非“黄”姓。之所以出错，可能因莆仙方言“黄（文读）、王”谐音。

误：语有之：生封侯，死庙食，大丈大事也。

正：语有之：“生封侯，死庙食”，大丈夫事也。

【说明】

大丈夫，指有志气而勇敢刚毅的男子。《孟子》：“富贵不能淫，贫贱不能移，威武不能屈，此之谓大丈夫。”《史记》：“嗟乎，大丈夫当如此也！”初唐、晚唐有关梁祝传说的文献记载，梁山伯有句名言：“生则封侯，死则庙食，区区何足论之？”北宋时出入宫廷的著名道士林灵素也说过：“生封侯，死立庙，未为贵也。封侯虚名，庙食不离下鬼。愿作神仙，予之志也。”

误：吁！盛矣哉！异时航海梯山者，勤王敌忾者……

正：吁，盛矣哉。异时航海梯山者，勤王忾敌者……

【说明】

忾，愤怒，愤恨，如“同仇敌忾”。为使前后文句式保持一致（航海梯山/勤王忾敌），更宜用“勤王忾敌”。两处叹词，一般不同时使用感叹号。（参见中考、高考标点符号改错题）。

误：非但庸人敬事，余北游边，南使粤，见口楚番禺之人，祀妃尤谨，而都人亦然。

正：非但庸人敬事，余北游边，南使粤，见承、楚、番禺之人，祀妃尤谨，而都人亦然。

【说明】

承、楚、番禺，系不同三地，所以应当用顿号并列分开。

承、楚南宋时期均为抗金前线边境地区，故曰“北游边”。南宋·徐梦莘《三朝北盟会编·卷一百七十五》多处言及承楚：“承、楚稼事未终，赋税未入，虏骑忽至。”“虏骑侵犯承、楚”，“去冬虏骑骤至，侵轶疆场，东陷承、楚，西掠濠、寿”，“是以东据承、楚而不动，西掠濠、寿而不居”；“若以谓虏寇能袭承、楚，而不能犯通泰，足以明其兵力之少”。岳飞之孙岳珂在《鄂国金佗粹编》中，也有《承、楚辨》一文。

番禺区地处珠江三角洲腹地，位于穗港澳“小三角”的中心位置。有2200多年的历史，是历史重要港市，为历代通商口岸。因处番山和禺山故名，为南海郡治。番禺四周江环水绕，北隔沥（教）水道，与广州市区相接；南滨珠江出海口。在历史上两度并入南海，三度成为南越、南汉、南明的小国之都，今为广州市番禺区。番禺有宋代的绿釉妈祖瓷像。嘉熙四年（1240年），54岁的刘克庄曾“南使粤”，在广州任广东提举、转运判官等职。

南宋建炎三年（1129年），置承州、楚州、泗州。现今中国国境内有两个承州（山东峄城一带、江苏高邮一带），文中当指江南承州。高邮宋、元时期，因置高邮军、承州、高邮路、高邮府，为淮扬间繁华之地。楚州（江苏淮安），辖境相当今江苏省淮河以南，盱眙县以东，宝应县、盐城市以北地区。高邮、淮安两地相距不远，经常并称。

误：其神通变化非乘云御龙者欤？

正：其神通变化，非乘云御龙者欤？

【说明】

句子过长，而且两种不同语气相混淆。

误：其功用则四方宁谧，无所震恐，二陂蓄泄，无大水旱，非疵疠息而年谷熟欤？

正：其功用则四封宁谧，无所震恐，二陂蓄泄，无大水旱，非疵疠息而年谷熟欤？

【说明】

四封：四境。《管子》：“乃令四封之内修兵，关市之政侈之。”《国语》：“越四封之内，亲吾君也，犹父母也。”

四方，东、南、西、北，泛指四处各地。从文中“宁谧，无所震恐”观之，用“四封”更为贴切。

末段（《妈祖文献史料汇编·碑记卷》全文不分段，可谓意思不明，眉目不清）出入最大，而且缺漏不少，“天窗”多多。

有些处空白，很可能因为编辑非当地人士，不了解莆阳地方文史。这正是我们当地文史工作者的职责吧——竭尽所能，为今人、后人恢复历史真相，以告慰于先贤。其实许多处完全可以根据有关史料填补之。

衍文之中，最重要的当属“为妃父母求封爵者”“王里”了。

其实,此处填补并非难事;真不明白编撰者为什么懒得稍作翻阅查考?

就以当时仙游县尉黄岩孙撰写的《仙溪志》(成书于宝祐五年,即1257年,刘克庄作序)来说吧,其卷九《顺济行祠》(即俗称的妈祖庙)明明白白记载:"一在风亭市西,里人崇奉甚谨,庙貌甚壮。神父林愿,母王氏,庙号'佑德'。宝祐元年,王教授里请于朝,父封积庆侯,母封显庆夫人。"郑得来的仙游县《连江里志》亦载:"兹据郑志载:理宗端平三年,赐庙额'顺济行祠',天妃父母庙号'祐德',宝祐元年王教授里请于朝,父封积庆侯,母封显庆夫人。"

他山之石,可以攻玉。《仙溪志》《临汀志》是福建现存最早的三部方志(均系宋修)中的两部。《临汀志》成书于开庆元年(1259年)。《临汀志》记载:"宝祐元年,王教授里请于朝,父封积庆侯,母封显庆夫人。"这些史料一起顺手牵羊,又避免了孤证之嫌,何乐而不为?

据仙游枫亭资深文史工作者郑秋鉴先生考证:《仙溪志·进士题名》记王里为宝祐四年(1256年)文天祥榜进士,又注明王里是王迈从侄,从"上舍"释褐。王迈是很著名的仙游古慈孝里黄岭人,黄岭即今郊尾镇古狮村,紧靠枫亭。且2000年新编《郊尾镇志·人物传》中有王里传,说"王里(1315—1294),字均仁,行兆三,号廉斋,慈孝里黄岭(今郊尾镇伍狮村)人。少年高材,宋宝祐四年中进士,初授光禄寺丞,后升都官员外郎,历官十三年。"

还有几处空白或差错,据郑先生推测,《莆阳比事》中说:"枫亭林,岳守宋卿之族。"可见林宋卿有族人开科枫亭,成为枫亭一个大的族姓,林文可及后来捐金重修者林谦父、求刘克庄作记的父老林丰都是枫亭林姓人。蔡定甫是忠惠公蔡襄裔孙,按蔡氏族谱应是枫亭蔡姓第十一代,是蔡襄第五代孙。

林有之,南宋《仙溪志·进士题名》记其为嘉定十年(1218年)进士,又注明其为林"宋卿孙,知循州"。林宋卿在《仙溪志》中有传,林有之在《仙游林氏族谱》中有传,如下:"宋卿孙子有之,字公侣,宁宗嘉定十年(1217年),有之赴京,应试擢吴潜榜进士,授贺州司法,教民作栋宇以代茅竹屋,贺人有栋宇以居,自有之始。有之调任肇庆司理,狱讼平允,郡守贤之,命摄教官,条利病六事以献守,转闻于上,允之,扎示二广,民蒙其惠。有之改知古田县,通判建昌军,摄郡,总所纲运不辨,有之积俸钱补发,秩满,知南雄州,终朝散郎,卒于官。"

因此本文第二自然段绍兴间舍地扩建枫亭妈祖庙的林文可,是南雄知

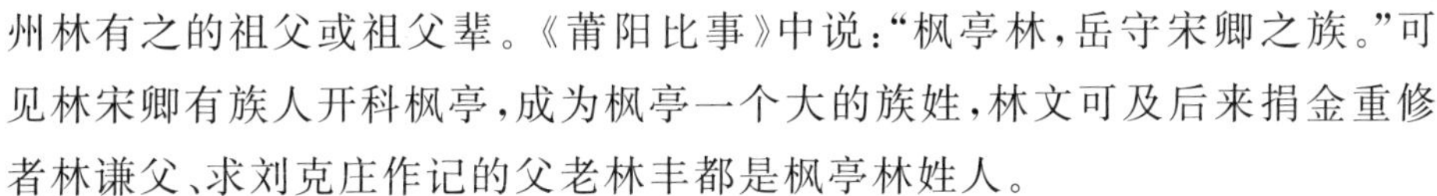

州林有之的祖父或祖父辈。《莆阳比事》中说:“枫亭林,岳守宋卿之族。”可见林宋卿有族人开科枫亭,成为枫亭一个大的族姓,林文可及后来捐金重修者林谦父、求刘克庄作记的父老林丰都是枫亭林姓人。

末端标点也有不少差错,请看下文:

误:文可,南叔□有之大父;定甫,忠惠公之诸孙。南叔,广州文□□里之诸父,为妃父母求□□封爵者。谦父亦善士。求□□父老林丰。

正:文可,南雄守有之之大父;定甫,忠惠公之诸孙;南叔,广州文学王里之诸父,为妃父母求庙号封爵者。谦父亦善士。求作记,父老林丰。

【说明】

不过,“南叔,广州文学王里之诸父,为妃父母求庙号封爵者。”这个句子,还存在很大的歧义之处,就是“为妃父母求庙号封爵者”,究竟是“南叔”,抑或“王里”?两个承前省略,使得后续对象不清。可能刘克庄当时认为此事不言而喻,何必啰嗦?

二

《协应钱夫人庙记》,刘克庄南宋咸淳年间撰。据推测,最可能作于1253年前后。协应钱夫人庙也称钱妃庙,在城南陂头村,原是纪念为了修筑木兰陂献身的长乐钱四娘。

该文虽然只有900多字,但因其年代较久,且出自名人之手,所以一直成为水利史和妈祖文化的重要典籍之一。《协应钱夫人庙记》原碑较早遗失,以致清末的邑人陈池养编撰《莆阳水利志》时,不惜舍近求远,到浙江宁波天一阁去寻觅抄录文本。可能因抄录笔误,加上刊印不够精致,该刻本差错不少(见其卷八第28码)。文学博士何忠盛认为,刘克庄作品最早的结集,就是宝庆元年(1225年)收入《江湖集》的《南岳稿》。由于其系后人重编,已难窥其原貌;且错讹较多,有待校勘。

2008年出版的《后村先生大全集·卷九十一》和2011年辛更儒的《刘克庄集笺校》,两个当代权威性版本虽经认真校勘,但文字相左之处(包括语词和断句标点)甚多,让人颇难适从。《福建宗教碑铭汇编·兴化府分册》收入该文,但差错不少。

《妈祖文献史料汇编·碑记卷》第6—7码之《协应钱夫人庙记》非但没有后来居上;相反,却是差错最多、也最为严重者——不满千字的短文,错漏11处。虽然其文末标明"载《后村大全集》卷九十二",但综合比对,其母本更像来自《福建宗教碑铭汇编·兴化府分册》。

现对其错讹,依次逐一进行初步的勘正。校勘文本主要依据《刘克庄集笺校》。

刘克庄《协应钱夫人庙记》订正

误:不幸霪淹,怒涛冲激,则田与海通。

正:不幸霪潦,怒涛冲激,则田与海通。

【说明】

潦,古同"涝",雨水大且过多,水淹。霪潦:久雨成涝。《明史·杨最传》:"一遇霪潦,荡为巨浸。"清·唐孙华《九月十八日高咏堂小集分韵得平字》:"淹时患霪潦,仍肯当秋晴。"

淹,一般只有"浸泡"之意,为害程度大不如"霪潦";更主要的是,并无"霪淹"一词。

误:吴侯事,有郑哀纪载,又数膺封爵。钱夫人事……

正:然吴侯事,有郑褒纪载,又数膺封爵;惟钱夫人事……

【说明】

这是不知郑露初名"褒"造成的差错。郑露,字恩叟,初名褒,又名灌三,唐时官居太府卿。归隐后三兄弟由永泰至莆田,在南山构书堂"开莆来学",乃莆阳文化之开山鼻祖。若改为"郑哀"则不知所云了。

"吴侯事",说的是唐建中年间(约780—783年)吴兴在延寿溪斩杀蛟龙的壮举。宋大观三年(1109年),邑人为纪念吴兴修建水利工程功德,建吴兴庙奉祀之。

再则,"然……惟……"虚词的关联运用,增强了文章惋惜语气,同时也使得上下文脉更加连贯。

误：赵侯与譓始列其事，有请于朝，诏锡“协应”庙额。

正：赵侯与譓始合钱、李，有请于朝，诏锡“协应”庙额。

【说明】

“始合钱、李”显然比“列其事”更具体明确。

宋淳祐初(1242年前后)倡筑李长者庙，建前后二堂，前祀李长者，而以林进士从世、进士黎主簿畛配，后祀钱妃。淳祐七年(1247年)，郡守赵与譓请于朝，总赐额曰“协应”。

误：窃谓夫人乃傍邑一处子，捐金五缀，创兴是役

正：窃谓夫人以傍邑一处子，捐金五缀，创兴是役

【说明】

从句式、语气和上下句关联看，“以”明显要比“乃”恰当。

误：其功堕于垂成者

正：其功隳于垂成者

【说明】

隳：毁坏；崩毁：如孔子“堕三都”；“隳人之城郭。”。贾谊《过秦论》：“隳名城”“一夫作难而七庙隳”等等；还有“隳圮”(倾坍；倒塌)等词语。“其功隳于垂成者”，显然有“功败垂成”之意，非用“隳”不可。

堕：落，落下。“其功堕于垂成者”，不知所云。

误：由圳连沟灌之，余斡之入海

正：田圳连沟，灌田之余，斡之入海

【说明】

“圳”，原义即为“田边水沟”。由于编撰者漏“田”字，又胡乱断句，因此造成文意混乱。

木兰陂水利工程是由陂首枢纽(拦河坝)、输水渠系、涵闸三大部分组成的系统灌区。渠系工程主要用于引木兰溪水灌溉农田，莆田人称之为“九十九沟”。配套工程有大小沟渠数百条，总长400多公里，其中南干渠长约110公里，北干渠长约200公里，沿线建有陂门、涵洞300多处。整个工程兼具拦洪、蓄水、灌溉、航运、养鱼等功能。据旧志记载：南洋渠道共有大沟7条，小沟109条，全长113公里。又云“大沟皆旧海港，小沟则为人力所凿”。沟

深一般 3～4 米，宽 10 米左右；大小沟渠的作用在于调节水量。

误：余独哀夫人志节之高古，惠泽之及远

正：余独哀夫人志节之高古，惠利之及远

【说明】

“惠利”与“惠泽”虽为近义词，但前者意味更加深重。它指“恩惠利益及人使之得利。”蔡邕《上封事陈政要七事》：“墨绶长吏，职典理人，皆当以惠利为绩，日月为劳，褒责之科，所宜分明。”苏轼《和孔密州五绝·春步西园见寄》：“今年太守尤难继，慈爱聪明惠利人。”韩愈《与少室李拾遗书》：“由拾遗公而使天子不尽得良臣，君子不尽得显位，人庶不尽被惠利，其害不为细，必望审察而远思之。”

同时，“惠利”跟“志节”“高古”更加般配；“惠利”又与文末的“天泽”遥相呼应，避免文字的重复。

误：嗟夫人兮懦弱

正：嗟夫人兮孺弱

【说明】

孺：弱，原指年幼的子女。唐·李朝威《柳毅传》：“使闺窗孺弱，远罹构害。”文中借指年轻的钱夫人。至治平四年(1067 年)夏天，钱四娘因功亏一篑，悲愤投水，时年 19 岁，还是个柔弱的少女。

懦弱：软弱无能。用在此处大谬也！

误：田治平兮至今

正：由治平兮至今

【说明】

此处显然该用介词“由”，而不能是名词“田”。

治平(1064—1067 年)乃北宋时英宗赵曙的年号。语出《抱朴子》：“又于治世隆平，则谓之有道，危国乱主，则谓之无道。”治平元年(1064 年)，钱四娘携来巨金动工截流筑堰。

误：群擢大兮歌呼，千神炬兮合离。

正：群櫂夫兮歌呼，千神炬兮合离。

【说明】

櫂，通“棹”。“群櫂夫”，即大群、许多船夫。与下句的“千神炬”相对偶，形成骈句。

“擢大”则令人莫名其妙，不知所云。

误：昔童稚兮见闻，恐耄荒兮轶遗。

正：昔童稚兮闻见，恐耄荒兮轶遗。

【说明】

“闻见”、“见闻”虽然都有所闻所见、耳闻目睹的意思，但以前者对应“轶遗”，更为古雅、妥帖。《荀子》：“略法先王而不知其统，犹然而材剧志大，闻见杂博。”宋洪迈《夷坚丙志》：“所经历闻见，连日言之不能尽。”

再则，从上下文句式看，“童稚”“耄荒”“闻见”“轶遗”，彼此对举，乃骈文句式。

耄荒：年老。《书·吕刑》：“惟吕命，王享国百年，耄荒，度作刑以诘四方。”孔传：“耄，乱；荒，忽。言百年大期，虽老而能用贤。”孔颖达疏：“意在美王年老能用贤而言其长寿。”按，《礼记·乐记》：“武王之志荒矣。”郑玄注：“荒，老耄也。”可见“耄”、“荒”义同。

注释

妈祖乃钱妃庙祭祀的两位主神之一，即刘克庄在《协应钱夫人庙记》文中所云：“今庙，前祀夫人、白湖妃于殿。”原书注释为：“白湖妃，应即所谓天妃者。弘治兴化府志卷二五：‘天妃庙……行祠绍兴间建，初在白湖渡。’”妈祖为海神、水神，而且宋代莆田家家户户祭拜之。因此，“协应钱夫人庙”也将妈祖列为主神祭拜。

刘克庄——妈祖文化的见证者和传播者

◇ 翁卫平

宋代的莆田,已呈现出文化发达、人文荟萃的一个社会局面。南宋诗人刘克庄与妈祖文化有着密切的关联,在其诗文中有着许多描述妈祖和妈祖信仰的篇章。家乡的湄洲岛成为刘克庄深情讴歌和赞颂的地方,宋代妈祖宫庙分布及其规模成为刘克庄描述的重要内容,宋代妈祖香火传播状况以及妈祖祭祀的情景成为他记述的对象。刘克庄是个虔诚的妈祖敬仰者,也是宋代妈祖信俗重要的见证者,更是宋代妈祖信仰的重要传播者。刘克庄的诗文折射出南宋时期莆田经济社会发展和文化繁荣昌盛的状况。

对于生长于海神妈祖故乡的刘克庄,与同样诞生于宋代的妈祖文化,两者之间有没有交集的地方,在刘克庄眼中妈祖信仰是怎样的一番景象,刘克庄是如何描述和评价当时的妈祖信仰现象?让我们展开历史画卷,来了解一下宋代的莆田,了解曾在宋末文坛上大放异彩的刘克庄,并一起赏析刘克庄笔下对妈祖文化的描述,是释放出怎样一些强烈且重要的信号。

一、妈祖和妈祖信仰是刘克庄关注的焦点之一

"学贯古今,文追骚雅"的大文学家、诗论家刘克庄,出生在莆田一个传统士大夫家庭。他一生著述丰富,留下《后村先生大全集》共 196 卷,其中诗 48 卷,词 2 卷,诗话 14 卷,还有赋、序、题跋、书、策、论、启、碑谏等。范文澜主编的《中国通史》曾评价说:"刘克庄在词上继承辛派词人豪放风格,是南宋后期能独树一帜的重要词人。"称其是"开辟门庭,前无古人"。而胡适先生在其所著的《白话文学史》则说,刘"有悲壮的感情,高尚的见解,伟大的才

气”。

在刘克庄的一生中，他虽宦海漂泊长期在外赴任，但他非常热爱自己家乡。在里居家乡期间，曾写过许多有关莆田风土人情民风民俗的诗作。而妈祖信仰也成为见多识广的刘克庄关注的焦点之一。

纵观刘克庄诗文中涉及妈祖文化的作品有：《送真舍人师江西八首》《三月二十一日泛舟十绝》《即事十首》《风亭新建妃庙》《圣妃庙祝文》《白湖庙》等。其中，尤以《风亭新建妃庙》《白湖庙》两篇诗文最为著名。《风亭新建妃庙》是一篇庙记，作于宋宝祐五年(1257 年)前后，是刘克庄为湄洲妈祖分香仙游的较早宫庙——风亭(今枫亭)圣妃庙所作的庙记，后收入《后村先生大全集》卷九十。当时曾刻成碑，现碑已佚。而《白湖庙》一诗系当刘克庄于淳祐十二年至景定元年(1252—1260 年)家居时所作。

那么，在上述诗文中透露出哪些有关妈祖及其妈祖文化的信息？

湄洲成为刘克庄深情讴歌和赞颂的地方。刘克庄在《白湖庙》一诗中，一开头就说“灵妃一女子，瓣香起湄洲”。这一诗句，开宗明义指明了妈祖信仰发源于兴化军城东南海中的湄洲屿。湄洲因为有妈祖，“巨浸虽稽天，旗盖俨中流”。刘克庄对湄洲的描写，还出现在他《三月二十一日泛舟十绝》(录二)一诗中，他说“湄洲屿隔雪涛中，闻此山川仿佛同”。这一番描写，把碧波万顷白鸥踏浪的湄洲描述得形象且清晰。

朝廷官方推崇妈祖的状况展现在诗文中。自宋以来，妈祖信仰在国家政治经济与民间社会生活中均已产生重要影响。妈祖神名向周围地区广泛传播，首先是从妈祖庙宇被朝廷授匾开始。这一点，在刘克庄诗文中有所反映。他在《风亭新建妃庙》中说：“妃以一女子，与建隆真人(宋太祖赵匡胤自命为建隆真人，建隆为宋太祖第一个年号)同时奋兴；去而为神，香火布天下，与国家祚运相为无穷。”文中“同时奋兴”四字，指妈祖信仰与宋太祖赵匡胤建立宋朝同时同步兴起，则妈祖信仰实自北宋初就开始兴起了，妈祖的事迹也开始在社会上广泛传播，以致后来影响不断扩大。由此至北宋末，妈祖从一个地方小神，列入国家祭典，逐渐成为全国性的神祇。

实际上，在宋朝的 139 年里，因妈祖时时显灵，“凡祷皆有应”，朝廷曾 13 次褒封妈祖。凑巧的是，这些褒封恰好集中在刘克庄生活的南宋及前后年代。我们翻开历史，可以看到，自宋徽宗以后历代皇帝都给妈祖加封晋爵，(宋徽宗、宋高宗、宋孝宗、宋光宗、宋宁宗、宋理宗)正是 6 位皇帝连续六个朝代的不停加封，妈祖稳稳坐上大宋王朝女神的头把交椅。其封号也成为

全国“海神”之最。所有这些，应该说无不对当时的刘克庄在思想上产生重要影响。

宋代妈祖宫庙分布及其规模成为刘克庄描述的重要内容。南宋时期莆田妈祖宫庙的分布，刘克庄在《风亭新建妃庙》一文中有重要记述。该文称：“妃庙遍于莆，凡大墟市、小聚落皆有之。”这一句形象地描述出宋末的莆田地区，妈祖香火分布已经很广了，妈祖宫庙已经相当的多，不管是大墟市或小聚落都有。在《三月二十一日泛舟十绝》（录二）一诗中，刘克庄还有这样的描述“但是至今游息地，邦人处处作离宫”。这句同样说的是妈祖分灵庙遍布莆仙各地的情况。

按照现在的考证，在刘克庄时代，当时莆田有史可查的妈祖宫庙起码有如下这些：宋代所建的第一个香火“通贤灵女”庙即如今湄洲祖庙；北宋咸平二年（999 年），妈祖的第一个分香子庙“通灵神女庙”（俗称娘妈宫），即如今平海天后宫；北宋哲宗元祐元年（1086 年）在兴化湾内港宁海圣墩建立的第二座妈祖分香子庙——圣墩祠；建于宣和五年（1123 年）至绍兴九年之间的涵江顺济宫；宋建元年间李富北上抗金回涵江后倡建的白塘浮屿宫；南宋绍兴二十七年（1157 年），在涵江圣墩东面不远的兴化湾边兴建的奉祀妈祖的江口庙；还有建于绍兴三十年的白湖顺济庙，以及建于乾道三年（1167 年）之前浮曦崇福夫人庙。

此外，按《湄洲妈祖志》载，两宋期间莆仙两地兴建妈祖庙，还有湄洲的麟山宫、上林宫、上英宫、上兴宫、新县碧溪宫、白沙祖宫、贤良港灵慈东宫，忠门吉了顺济庙等。

遍布兴化大地上这些妈祖宫庙，无疑都给刘克庄留下深刻印象，无怪乎他会说“妃庙遍于莆，凡大墟市、小聚落皆有之”。

宋代妈祖香火传播状况成为刘克庄记述的对象。在刘克庄诗文中，当时妈祖文化传播状况，有非常形象且具体的记述。他在《白湖庙》诗文中说：“今仰白湖香火，几半天下。”说的是：位处近郊的白湖顺济庙，已是南宋时期莆仙地区香火最鼎盛的分香庙宇之一。根据这些记述，可以看到当时莆田地区的妈祖信仰影响已经非常广泛，其中尤以白湖顺济庙等甚为著名。

刘克庄对妈祖香火传播的关注，不仅仅局限在莆田，他的眼光还注目到福建周边地区即浙江和广东两地。首先是广东。在广东，妈祖信仰自古就有着广泛而深厚的群众基础。特别是在潮汕地区，以讨海为生的潮汕人，或从事海上商贸，或捕鱼为生。他们大多信仰妈祖。宋理宗嘉熙三年（1239

年)，时年53岁的刘克庄被起用为江西提举改广东常平提举。初到广东的刘克庄，见到妈祖信仰竟传播到地处南海边隅的广东，而且广东沿海民众信奉妈祖之热心与虔诚，不亚于自己家乡福建莆田，看到这些现象，让来自妈祖故乡的刘克庄惊讶不已。他在谒《圣妃庙祝文》说："某持节至广，广人事妃无异于莆，盖妃之威灵远矣！"同时，他对广东人到妈祖庙拜谒的盛况，在《即事十首》诗中也做了一番描述，即"香火万家市，烟花二月时。巨人空巷出，去赛海神祠"(《后村先生大全》卷十二)。

此外，刘克庄也把眼光聚焦到浙江。有一次，杭州钱塘江大潮冲决堤岸，直涌入江，官府举行沉璧马乞灵河伯的祈祷仪式也无济于事。但是汹涌的浪潮到了艮山妈祖庙，惊涛骇浪就神奇般地消停了。此事惊动朝廷，天子惊异，遂于宋宝祐四年(1256年)加封妈祖为"灵惠嘉应协正善庆妃"。朝廷加封妈祖封号的事，显然在刘克庄脑中留下非常深刻的印象。他在诗文中有两处地方提到杭州的"艮山祠"。一是在《三月二十一日泛舟十绝》诗中云"虽沉璧马计安施？倏忽桑田变渺弥。说与神通君看取，潮头不到艮山祠"。二是刘克庄在《风亭新建妃庙记》(《后村先生大全集》卷九十二)中记载"而都人亦然，海潮啮隄，声撼兴阙，官投璧马不验，冲决至艮山祠，若为万弩射回者，天子惊异，锡妃嘉号，特书不一书，今为'灵惠嘉应协正善庆妃'"。这段话详细记述了艮山祠前大潮的状况和皇帝加封的事。应该特别指出的是，给妈祖加封为"灵惠嘉应协正善庆妃"的事，发生在宋宝祐四年(1256年)，刘克庄写《风亭新建妃庙》一文则在宝祐五年(1257年)，这前后相差一年。刘克庄两次提到艮山祠的传说故事，说明两个问题，一是朝廷加封妈祖嘉号，在当时朝野中影响广泛；二则说明刘克庄关注妈祖，他的眼光不仅仅局限在莆田妈祖故乡，而是放眼到更加宽广的视界和范围。

宋代妈祖祭祀的情景跃然于刘克庄笔端。自宋高宗开始，朝廷逐渐加强了民间神祇的管理，推行"郊典"制度。宋绍兴二十六年，妈祖受到朝廷第一次褒封，封号为"灵惠夫人"，这也意味着妈祖祭祀已列入"郊典"行列。随着宋朝历代皇帝多次对妈祖封赐，妈祖作为神灵在人们心中的地位一次次得以提高，对其祭祀的规模、规格也逐渐在变化。对妈祖祭祀的状况，刘克庄在题莆田《白湖庙》诗中是这样描述的："封爵遂綦贵，青圭蔽朱旒。轮奂拟宫省，盥荐皆公侯。"大意是：妈祖由于有朝廷的褒封，其身份和地位已甚为尊贵；妈祖的神像，是头戴冕旒，手执玉圭；妈祖宫庙的房屋建筑高大宽阔，而参与妈祖祭祀的不仅有平民百姓而且还有众多的"公侯"包括官方的

人。从这些记述中可见当时对妈祖的祭祀已有相当的规模和档次。

二、刘克庄对妈祖信仰记述的意义及影响

客观地说,刘克庄诗文中所谈的妈祖和妈祖文化,正是今天我们政协文史资料所大力提倡的“三亲”:亲历、亲见、亲闻,而非道听途说。这些有关妈祖信仰的记述内容,对于今天我们研究妈祖文化传播,具有相当重要的意义,是历史研究最为权威的佐证材料。另外,从妈祖文化发展的角度认真解读刘克庄这些文稿内涵及其影响,有助于我们更深入的了解妈祖文化在宋代时期的现状及其发展脉络,并可以对当时莆田整体的经济、文化和社会情况有一个整体把握。所有这些,是超乎文本分析之上的更具重要的意义。

刘克庄是个虔诚的妈祖敬仰者。刘克庄对妈祖非常敬仰。他认为妈祖生前一生做好事,救苦救难,成为神灵后又神通广大。正是得益于妈祖的护佑,才会出现“静如海不波,幽与神为谋。营卒尝密祷,山椒立献囚”的现象。据刘克庄的描述,当时妈祖的神灵,已经不仅仅局限在海上护航护渔,她的神职当时已经扩展到其他方面:“独于民锡福,能使岁有秋。每至割获时,稚耄争劝酬。坎坎击社鼓,呜呜歌蛮讴。”从这些描述的字里行间,可以看出刘克庄对妈祖护佑人们生产生活,而且非常神通,是充满着崇敬之情。

刘克庄是宋代妈祖信俗重要的见证者。刘克庄大部分时间是在外当官,在家乡时间相对会少,但仍然敏锐地意识到,家乡的妈祖信仰这一文化现象,是需要特别关注的。他甚至后悔自己没有及早来研究这一文化现象,以致到老年以后,年老体衰,没有更多的时间与精力,投入对这一文化现象的研究,同时,还感叹莆田当代的许多知名人士包括蔡襄和郑樵等人,怎么也没引起足够的重视。在《白湖庙》诗中他说:“常恨孔子后,豳风不见收。君谟与渔仲,亦未尝旁搜。束皙何人哉!愚欲补前修。缅怀荔台叟,纪述惜未周。他山岂无石,可以磨且锼。吾老毛颖秃,安能斡万牛。”

刘克庄是宋代妈祖信仰的传播者。这种传播体现在两个方面:一是身体力行,亲自参与祭祀典礼。南宋嘉熙四年(1240 年),当时刘克庄任广东提举及转运使,曾亲自到妈祖庙拜谒,并留下《到任谒诸庙·谒圣妃庙》一诗。二是用诗词来讴歌赞颂妈祖。在古代传播手段落后和传播技术低劣的状态下,应当说像诗歌类的文学作品,对文化传播是起着极大的推动作用。两宋

时期，曾经用文学形式对妈祖文化进行咏颂的，分别有状元黄公度、名相陈俊卿以及名人赵师侠、洪迈、吴自牧、李俊甫、陈宓等。但从涉及妈祖信仰广度、深度、经典、情感等各个角度看，他们的作品应该说都不及刘克庄。因为从刘克庄的身份看，他既是朝廷命官，又是地方士绅，还是文坛学界闻名遐迩的大家。身份使然，让刘克庄及其他的作品在妈祖文化的传播方面，起到极大的影响作用。同时，他的诗词在对妈祖文化的描述，从深度、广度和数量看，也是为最。正是借助刘克庄的个人名气和他的诗词，妈祖文化才更快更广地从莆田向全省、全国传播，并由此扩展引申出许多以歌颂妈祖为主要内容的戏剧、音乐、绘画，雕塑等诸多艺术形态。

刘克庄的诗文折射出南宋时期莆田经济社会发展状况。妈祖信仰这种文化现象，实际上是经济社会的客观反映。从刘克庄诗文中，我们可以看到其文化现象背后的宋朝经济社会情况。体现在三个方面：(1)刘克庄诗文中多处对朝廷褒封的描述，可见妈祖信仰的早期传播，在国家权威的支持并借助国家政治的影响，让加诸妈祖其身的光芒得以充分释放，迅速在全国传播。正因如此，妈祖信仰才能在与众多的地方民间神祇的竞争中，脱颖而出，后来居上，成为全国第一"海神"。(2)刘克庄诗文涉及诸多妈祖宫庙比如湄洲祖庙、白湖、圣墩、仙游风亭妈祖宫庙，从这些宫庙在地理位置上的分布情况，可以看到当时众多庙宇大多建立在沿海或城区交通便利、商业繁荣的地带，这些地方多与海上贸易、渔业生产紧密相连。而商业的发展、民众渔业的生产活动，也促进了妈祖香火的进一步传播。(3)南宋时期妈祖信仰的大力扩展，反映了当时莆田的经济发展状况。自宋代始，福建沿海已经与东亚各国和阿拉伯国家开展海上易货贸易，数量巨大，交易频繁。南宋之后，随着宋朝政治经济中心的南移，沿海对外贸易更加繁荣，莆田妈祖信仰的产生与扩展，正是适应了当时的经济社会发展需要。

参考文献

[1](宋)刘克庄撰，王蓉贵、向以鲜校点：《后村先生大全集》，成都：四川大学出版社，2008年。

[2](宋)刘克庄著，辛更儒校注：《刘克庄集笺校》，北京：中华书局，2011年。

[3] 蒋维锬编校：《妈祖文献资料》，福州：福建人民出版社，1990年。

[4] 詹淑海：《刘克庄评传》，福州：海峡文艺出版社，2017年。

论刘克庄及其对莆仙文化的贡献[①]

◇ 陈春阳

地以人贵，人以地传。刘克庄无疑是宋代莆仙历史中一位重要的人物。宋代开明的思想文化环境，开创了繁荣的思想文化，特别是宋室南渡后，文化重心南移，为莆田士大夫知识分子提供良好的学风，莆仙文人在理学、文学、史学、宗教、教育等各个方面，有辉煌的成果，对莆田地域文化产生深刻影响。南宋莆田著名文学家刘克庄正是在这个环境中成长的，其文学对莆仙科举文化、地域文化、家族文化、宗教文化、民俗文化、文学艺术等方面有较大的贡献。理学家林希逸在《后村先生刘公行状》说，刘克庄在南宋后期号称一代文宗。研究宋代文学与地域文化密切关系成为学术界研究重点之一，因此研究刘克庄及其对莆仙文化的贡献对莆仙文化建设有一定的意义。故本文以文献史料及刘克庄文学作品为主，对刘克庄生平、著述及历史地位进行客观阐述及合理评价，分析刘克庄及文学作品内容对福建莆仙文化的主要影响，探讨刘克庄研究及莆仙文化品牌创建的意义及建议。

一、刘克庄生平及其著述

（一）刘克庄的生平

刘克庄（1187—1269），字潜夫，号后村，卒谥文定，莆田人。妻林节，出

① 原文刊载于《福建师范大学福清分校学报》2019年第1期，有增改。

生福清石塘名望家族。父刘弥正,官至吏部侍郎。南宋著名文学家、诗人、诗论家、书法家,是南宋江湖派最大诗人,又是著名的辛派词人。理宗以其“文名久著,史学尤精”,赐同进士出身。官至工部尚书,特除龙图阁学士。

家学渊源方面。刘克庄刘氏家族在莆田影响力大。刘克庄出身于父祖两代焜耀名世家庭,祖父刘夙,父亲刘弥正,皆进士出身。刘夙、叔祖刘朔深通理学,是“隆乾第一流人物”。“少时独步词场,引弦百发无虚矢”。叶适评其少时著作《南岳诗稿》“刻琢精丽,语特惊俗”。又尝师从名儒真德秀学,以所闻于儒于父师之教者熟也。刘克庄深受当时莆仙优秀的地域文化、家族文化和浓厚的莆田文学环境的影响,为其成就南宋文坛名人奠定基础。除刘氏家学外,莆仙地方学术也影响了刘克庄,以“南夫子”林光朝为首的林氏文学、方氏丰厚的藏书及文献学思想、郑樵史学、以陈俊卿及陈宓为首的陈氏家学等家乡文化背景也对刘克庄学术思想和文学创作产生重要影响,这在其作品中均有体现。[①] 刘克庄的文学创作领域非常广泛,诗、词、赋、小品,无所不能。人们评论他“言诗者宗焉,言文者实焉,言四六者宗焉”,可见其文学造诣之高。

南宋后期江湖派的势力在福建相当强大,这与刘克庄江湖派大诗人有关。闽籍江湖派诗人大多关心国事,敢于触忤权贵,有骨气。[②] 莆仙士人性格特点和文人创作传统,对刘克庄文学创作有较深刻的影响。这在刘克庄诗词中表现尤为突出。当然,艾轩学派的文化精神在刘克庄的成长过程中起到了十分积极的作用。[③]

(二)刘克庄的著述

刘克庄是南宋后期最有成就的豪放派词人,存世诗词近五千首。毛泽东曾圈点多首刘克庄词。刘克庄著述旧版本主要有《后村居士集》《后村杂记》《玉牒初草》《后村先生四六》《后村居士诗解》《后村讲义》《后村题跋》《后村诗话》《后村别调》《后村别调补遗》《千家诗选》《宋本南岳稿・南岳旧稿》《江西派诗小序》。刘克庄卒后,咸淳六年(1270 年)其季子山甫汇为《后村先

---

① 王宇:《刘克庄与南宋学术》,北京:中华书局,2007 年。

② 陈庆元:《刘克庄和闽籍江湖派诗人》,《福州师专学报》1995 年第 2 期。

③ 常德荣:《理学宗派的文学转向——南宋艾轩学派的地域诗学属性》,《石家庄学院学报》2018 年第 4 期。

生大全集》200卷。今存《四部丛刊》影印清赐砚斋抄196卷本、宋刻《后村居士集》50卷本、文渊阁《四库全书》所收50卷本等。当今比较完整的有四川大学出版社出版的《后村先生大全集》(196卷)、中华书局出版的《刘克庄集笺校》等。《全宋词》第4册录其词263首,《全宋词补辑》录其词5首。《全宋诗》卷3033至3081录其诗49卷。《全宋文》卷7487至7660收其文174卷。《莆风清籁集》卷6存其诗41首。其作品主要有诗、词、诗话、赋、油幕笺奏、奏议、内制、外制、奏申状、记、序、题跋、表笺、启、书、进故事、上梁文、祝文、疏文、表文、青辞、乐语、祭文、神道碑、行状、墓志铭、杂记、日记、讲义、策问、字说、议等文体。其词按类型主要有政论词、爱国词、寿词、咏物词、节序词、送别词和恋情词。[①] 刘克庄作品有很强的文学价值和文献价值,对了解南宋政治、经济、文化、哲学、军事、法律、宗教、文人心态、伦理道德等有重要作用。

(三)刘克庄在历史上的地位

刘克庄既是文坛名人,又是政坛政要,历宋孝宗、光宗、宁宗、理宗、度宗五朝,四度立朝,五度罢官,在朝直言极谏,出仕为官有政声。生平事迹在林希逸《后村先生刘公行状》、洪天锡《后村先生墓志铭》中有较完整体现。其一生忠君爱国,历尽坎坷,视富贵如浮云,宠辱不惊,以吏能、直身、文名而著称。刘克庄一生九次遭言官论击,犹能"纳禄于显荣,乞身于疆健",谓之"结里全人",当不为过。[②] 刘克庄处于外部敌人入侵,内部奸邪擅权环境中,挺然不为所屈,表现强烈民族气节以及刚正不阿的直臣风范,并融入诗作中。深刻揭露史弥远、史嵩之、丁大全等奸相专擅朝政,虽深受迫害,但立场坚定,难能可贵。

刘克庄晚年为权相贾似道出山及诗文谄谀贾似道,使刘克庄受到后人指责。黄仲昭在《兴化府志》中评刘克庄"晚年为贾似道一出,君子惜焉"。清代王士祯批评刘克庄贺贾之作以来,后人多承其说,钱仲联感慨贺贾是刘克庄晚节的污点。王述尧则认为刘克庄去世前,贾似道之奸并无暴露出来说法。但从各种史料上看,刘克庄在政治上并没有依附贾似道乱政种种罪

---

① (宋)刘克庄撰:《后村先生大全集》,成都:四川大学出版社,2008年。

② (宋)洪天赐:《后村先生墓志铭》,(宋)刘克庄撰:《后村先生大全集》卷195,成都:四川大学出版社,2008年。

恶的表现,仅仅写下某些过当的文辞而已,也就不应该对其加以苛责。[①]

刘克庄文名久盛,诗词精神继承陆游、辛弃疾传统,伤时念乱。批判现实,笔力雄健,风格豪迈。尤以诗歌影响为大,与陆游、杨万里并称“渡江三大家”。张谦宜《线斋诗谈》指出“刘克庄诗,乃南渡之翘首,读之忘倦。”其作品多忧时忧世之作,《戊辰即事》《苦寒行》《军中乐》《国殇行》《北来人》《梦丰宅之》《贺新郎》《满江红》等,感情慷慨悲壮,笔锋沉雄犀利,最为精彩,其诗词亦不乏现实意义。刘克庄在南宋辛派词人中,与刘过,刘辰翁齐名,号称“三刘”。其诗论的内容是十分全面深刻,对历代文学的总结和批评,对当代文坛的批评和指导,以及对诗歌风格的全面总结。[②] 刘克庄是文学全才,其《杂咏二百首》即充分地展示了刘克庄的史学才能,《观社行》五首体现着其七古长篇的创作能力,《梅花百咏》《观物十咏》及和诗二十首,《禽言九首》等则体现着他的咏物本领。[③] 近代范文澜在《中国通史》评价刘克庄在词上继承辛派词人豪放风格,是南宋后期能独树一帜的重要词人。称其是“开辟门庭,前无古人”。胡适先生《白话文学史》评价刘克庄“有悲壮的感情,高尚的见解,伟大的才气”。

二、刘克庄对莆仙文化的贡献

南宋文学家地域观念强,倾向于归老故园。考刘克庄履历,八十三年的生涯中,有近五十年时间里居莆田,其为官思想、文学创作含有丰富的莆仙文化内涵。莆田素有“文献名邦、海滨邹鲁”之美誉。壶山兰水,良好的自然景观及莆仙自古习儒成风、人文蔚起,俊杰辈出、人物荟萃,良好的人文环境、地域文化,厚重的历史文化积淀,对刘克庄影响甚大,塑造出刘克庄游历时期、为宦时期、立朝时期不同的文学风貌。[④] 莆仙“文献特盛”,诗书礼乐为八闽之甲。莆仙名山名水、传统纯朴的民风民俗及宗教信仰对其文学创作产生积极影响,其诗词中仍有莆仙方言成分,时称“莆体”。宋代莆仙人重视

---

① (宋)刘克庄著,辛更儒校注:《刘克庄集笺校》,北京:中华书局,2011年。

② 王述尧:《刘克庄与南宋后期文学研究》,上海:东方出版中心,2008年,第232页。

③ 景红录:《刘克庄诗歌研究》,上海:上海古籍出版社,2007年,第201页。

④ 侯体健:《刘克庄的文学世界——晚宋文学生态的一种考察》,上海:复旦大学出版社,2013年。

教育，名儒名家多，优良的学风教风、丰富的士人藏书、重视修志的文化传统、士族世家的家学渊源铸就了莆仙知识分子传统的人文性格。[①] 莆仙方言文化、民间信仰、戏曲文化、山水文化等也对刘克庄文学创作的影响。刘克庄对莆仙文化的贡献表现在其为官经历和文学作品对后代的影响。刘克庄作品知识含量高，文化内容博大精深，其中还涉及典故历史、掌故杂谈、典章制度，是研究莆仙历史文化的重要题材。

（一）对记载妈祖等民间信仰文化的贡献

1. 妈祖信仰

宋代有关妈祖诗词等资料极少，不足 20 首，其中有刘克庄《白湖庙二十韵》《即事十首》《谒圣妃庙》《风亭新建妃庙记》《三月二十一日泛舟十绝》等提及湄洲海神妈祖，资料极其珍贵。[②] 如《白湖庙》中描写妈祖的经典诗句："灵妃一女子，瓣香起湄洲""独于民锡福，能使岁有秋"，指出妈祖信仰发源于兴化军城东南海中的湄洲屿。《白湖庙》中"今仰白湖香火，几半天下"，指近郊的白湖顺济庙，已是南宋时期莆仙地区香火最鼎盛的分香庙宇之一。根据这些记述，看出莆田地区的妈祖信仰影响已经非常广泛，其中尤以白湖顺济庙等甚为著名。对妈祖祭祀的状况，《白湖庙》诗："封爵遂綦贵，青圭蔽朱旒。轮奂拟宫省，盥荐皆公侯。"大意是：妈祖由于有朝廷的褒封，其身份和地位已甚为尊贵；妈祖的神像，是头戴冕旒，手执玉圭；妈祖宫庙的房屋建筑高大宽阔，而参与妈祖祭祀的不仅有平民百姓而且还有众多的"公侯"包括官方的人。从这些记述中可见当时对妈祖的祭祀已有相当的规模和档次。《谒圣妃庙》曰："某持节至广，广人事妃，无异于莆，盖妃之威灵远矣。《风亭新建妃庙记》曰："妃庙遍于莆，凡大墟市、小聚落皆有之""妃以一女子，与建隆真人同时奋兴，去而为神，香火布天下。"描述南宋莆田地区，妈祖香火已经分布广，妈祖宫庙多，不管是大墟市或小聚落都有妈祖庙。也指出妈祖信仰与宋太祖建立宋朝同步兴起，说明妈祖信仰实自北宋初就开始兴起了，妈祖的事迹已经在社会上广泛传播，影响不断扩大。"非但莆人敬事，余北游速，南使粤，兄承、楚、番禺之人祀妃尤越，而都人亦然"。《三月二十一日泛舟十绝》云："湄洲屿隔雪涛中，闻此山川仿佛同。但是至今游息地，

---

① 陈春阳：《莆仙科举文化盛况、特色及成因探析》，《莆田学院学报》2014 年第 3 期。

② 刘福铸：《从宋代诗词看早期妈祖信仰》，《莆田学院学报》2006 年第 1 期。

邦人处处作离宫。”这些诗词对后人研究妈祖生平事迹和传播妈祖文化都是宝贵资料。

2.钱四娘民间信仰

《后村大全集》卷92载《协应钱夫人庙记》,对钱四娘建陂事迹,匪夷所思。曰:“里人兮告语,钱媛兮出嬉。老农兮叩稽,钱媛兮护坡。昔童稚兮见闻,恐耄荒兮轶遗……余独哀夫人志节之高古,惠泽之及远而声迹乃未赫然暴于天下……呜呼!千载之下,岂无蔡邑兮有感斯碑。”刘克庄发出的感慨,正是莆仙民间信仰钱四娘的真正原因。该另一篇《协应李长者庙记》也提及钱四娘建陂情况,这些资料为后人研究钱四娘信仰提供宝贵资料。

3.其他民间信仰

刘克庄庙记等还记载莆仙其他民间信仰,如记述莆仙吴公信仰,资料翔实,对后人研究莆仙民间信仰提供线索。《后村大全集》卷92载《义勇普济吴侯庙记》:“侯持宝刀兮奋空拳,捐不赀之躯兮探不测之渊,水怪毙兮金堤坚。”“吴兴于唐神龙间创使华陂,‘愤蛟溃堤、穷穴除害,其事与李冰周处相望史册’。宋大观间赐‘孚应’庙额,绍兴时封义勇侯,淳祐间加普济、封配叶为昭惠夫人。宝祐请晋爵,诏方下其事。”

(二)对莆仙佛道宗教文化的贡献

1.佛教文化

刘克庄母亲林氏封魏国夫人,寡居后潜心佛教,对刘克庄佛学修养影响大,使其研读佛教典籍兴趣浓厚。刘克庄家世有理学渊源,使其佛学思想受理学影响,认为儒释异迹而同理。刘克庄与佛教、道教僧人交往密切,自称“后村居士”,其文集亦名《后村居士集》(存词120首)。这些僧人皆有极高的文化素养,大多是刘克庄的诗友。宋代莆田寺多僧众,佛教有关的诗作数量也较多,有关莆仙有《初宿囊山和方云台韵》《哭囊山觉初长老二首》《西林寺》《东岩寺避暑》《访辟支岩绝顶二僧值雨》《诫少林·日九座》《空寂院》《东岩寺避暑》《云峰院重修建法堂》《与林中书李礼部同宿囊山》等二十多首。刘克庄身兼理学家与佛教居士,深谙文坛及禅林掌故,在《先儒》中述及“濂溪学得自高僧”之事。作品中还记载了莆田理学家陈宓与禅师论“持敬”之道的事情。这些为后人系统了解佛教文化提供了研究材料。

2.道教文化

莆田是中国最完整的儒道释文化和祠宫文化的典范,千年至今,叹为观止。刘克庄的一生游览过许多道观，有与道教人物交游的诗词，赠道士诗及描写道观的诗词约有70首。其中描写莆仙家乡宫观作品，这对研究莆仙道教作用大。如《馆驿题诗见方云台题壁》："不论驿亭僧寺里，有山水处有君诗。"《协应钱夫人庙记》《协应李长者庙》《义勇普济吴侯庙记》等对研究莆仙宗教文化、道教、宫观等历史演变等提供重要素材。

(三)对地方戏曲音乐文化的贡献

1.莆仙戏

以莆仙戏演出庆祝节日、喜事，是莆仙地区独特的文化习俗。莆仙戏是我国最古老的剧种之一，现存传统剧目5000多个，8000多本，约占全国各剧种传统剧目总数的三分之一。刘克庄诗中有描写莆田戏曲形象形态，如"鸿门会""霸王别姬""昆仑奴献宝""夸父逐日""东晋西都"故事，也说明宋代时莆仙戏的繁荣景象。诗中诸如"儿女相携看市优""抽簪脱袴满城忙，大半人多在戏场""儿女不知世事艰，相呼入市看新场""且随儿女看优棚"，其他还有"市优""优戏""社行""戏场""村乐""新场""优棚"等描写莆仙"杂剧"演出场所及演出情况。这些对研究莆仙戏曲及莆仙宋代民间百姓休闲生活、信俗文化等提供珍贵资料。《即事三首》其一"抽簪脱袴满城忙，大半人多在戏场"，足见当时莆仙戏的演出盛况。刘克庄曾看过"谬以脂粉涂"的社火表演，说明古老的莆仙戏仍以"净"为"靓装"。这些资料对了解宋代莆仙戏曲内涵提供独有的详细资料。

2.傀儡戏

莆仙宋代百戏、傀儡戏很盛行，其诗《闻祥应庙优戏甚盛》"空巷无人尽出嬉，烛光过似放灯时，山中一老眠初觉，棚上渚君闲未知，游女归来寻坠再，邻翁看罢感牵丝，可怜朴散非渠罪，薄俗如今记偃师"。描写对神庙演出悬丝傀儡戏的感受。这些珍贵资料为莆仙古代傀儡戏等民俗研究提供丰富的题材，在全国也是少见的。

3.民间音乐

刘克庄诗词中不乏描写莆仙民间音乐，主张以音乐的协律和风格作为词体。乡居诗记载莆仙戏曲音乐："棚上鼓笛姑同乐"，"哇淫奇响荡众志"。《神君歌十首》(其六)中写道："村乐殊音节，蛮讴欠雅训。"《观社行》"边头刁斗幸小休，棚上鼓笛姑同乐"。《观社行·和实之韵》诗中记载故事、人物，音乐"淫哇奇响"，动作粗犷滑稽，有歌有白。诗云"黄童白叟往来忙，负鼓盲翁正作场”,描写的正是盲人老艺人背着竹筒鼓演唱的情景。民间音乐的成熟刘克庄乡居诗中,还有渔歌、樵歌、秀麦歌、山歌、饮牛歌、村歌、拾穗歌、村田乐等丰富内容。

(四)对莆仙民俗文化的贡献

刘克庄作品中民间俗语和谚语及所描写宗教性、民俗性节日对全面了解南宋社会和南宋文化以及莆仙民间习俗是非常重要的第一手材料。光是与华亭的方信儒诗赋应答就有三十几首,诗文中有莆田当年的风、俗、景、胜概况,皆为不可多得的珍贵资料节庆风俗。莆仙民俗中巫觋是中国民间信俗上延续时间最长的社会群体之一,刘克庄作品中的不少咏叹民俗活动及巫觋。《即事十首》诗描述了民间海神崇拜的盛况:“香火万家市,烟花二月时。”《观社行》记莆仙民间社火的神话传说和历史故事扮演。莆仙“扒龙船”历史悠久,刘克庄在《甲子端午》描述了城郊龙埔社端午“扒龙船”的盛况:“头标夺得群儿喜,向溪边,旁观助噪。”这与莆田独特的民俗乡约活动和海洋文化有关,形成莆仙独树一帜的龙舟文化。

(五)对莆仙书画艺术的贡献

1.书画作品收藏、题跋

莆仙古代书画文化在全国占有一席之地。刘克庄艺术修养极高,对书法、绘画、音乐题画诗作品数量较多,表现出极高的艺术审美及鉴赏眼光,生动记载古代早已失传的古画情景。刘克庄题跋莆仙书画有《朱文公帖》《听蛙方氏墨迹七轴》《郑西恩家陈复斋遗墨》《蔡忠惠家观墨迹》等。

2.刘克庄书法及鉴赏才华

莆仙的书法艺术源远流长,山水自然景观留下历代莆仙书家名士的书法墨迹,如刘克庄、陈宓、蔡襄、方信儒、陈谠、林济深、方左钺等一批书法作品石刻、碑刻,对书法艺术传承及民间工艺发展起积极推动作用。刘克庄是一名书法家,所书《林儒人墓志》碑刻楷书,结构严谨,行笔腴秀、内紧外松,落笔收笔有藏有露,线条颇有质感,既有晋人的韵致,又有魏碑的遗风,两者巧妙糅合,成为刘克庄书法艺术的突出特点。刘克庄也是书法评论家,多有书法鉴赏评论,曾云“余闻古之善书法者,由楷法而入行草,非由行草而入楷也,羲、献、虞、褚皆然”。酷爱蔡襄的书法作品,收藏不少蔡襄的书帖真迹,对其书法深刻品评。如评价《蔡忠惠家观墨迹》:“忠惠蔡公书法为本朝第一,然二王,真草《千

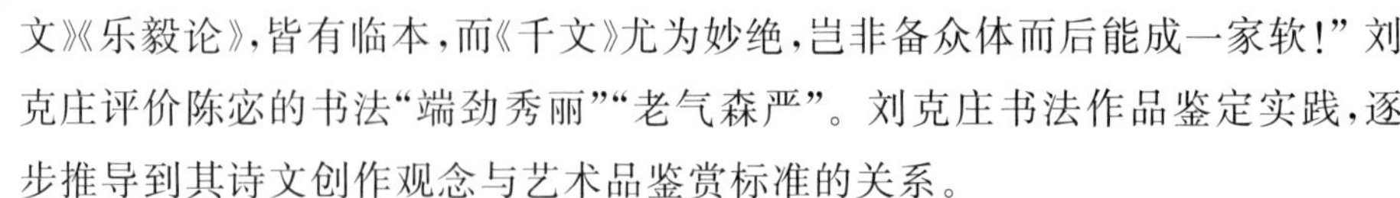

文》《乐毅论》，皆有临本，而《千文》尤为妙绝，岂非备众体而后能成一家软！”刘克庄评价陈宓的书法“端劲秀丽”“老气森严”。刘克庄书法作品鉴定实践，逐步推导到其诗文创作观念与艺术品鉴赏标准的关系。

（六）对莆仙家乡山水文化的贡献

1.莆仙山水胜迹吟咏

莆田壶山钟灵毓秀，理学大师朱熹途经莆田，望见壶公山时，也不得不赞叹曰：“莆人物之盛，皆兹山之秀所钟也。”刘克庄作品中不乏描写莆仙山水文化、文化名山。如莆仙名岳乌石山（今东岩山）、壶山、九华山、九座山等描述家乡的背景。如《九座山》《壶山一首》《与客登壶山绝顶》《与客送仲白葬回登石室》《次方武成壶山韵》《程公岩》《蒜溪》《夹漈草堂》《麦斜》《鲤湖》《蔡溪岩》等。

2.莆仙山水吟咏唱和

《同郑君瑞出濑溪即事十首》，刘克庄又不断地赋予莆仙山水文化以新的意义，如莆仙自然山水中的“乌石山”和“徐潭”象征意义的变化即反映出刘克庄心态转变的轨迹。[①] 莆仙山水文化研究对开发莆仙旅游文化、水利文化，提高文化软实力作用大。

（七）为莆仙科举文化留下许多史料

刘克庄是一名史学家，曾任秘书监、起居郎兼权中书舍人、直学士院、史馆同修撰。诗词用典能力强，体现其史学才华。虽对自己非科第出身一生耿耿于怀，但也为莆仙科举文化留下许多珍贵史料。莆田状元陈文龙参加进士考试，作《送陈德刚舍试》：“不消负笈趁槐黄，解褐惟于孔庙堂。士子堵墙观矍图，公卿缙笏诵阿房。里中巨擘推吾子，阙下诸生有此郎。鹤发慈亲倚门待，锦标夺得早还乡。”而后，陈文龙廷对第一，大魁天下，八十二岁的刘克庄率全乡男女老幼为之庆贺，号称“为壶山唤回百年英灵之气”，作《咸淳龙飞大魁之归卿大夫以某兄弟有一日之长》：“射策人如射利忙，岂知世有古来妆。汉庭儒半坏科举，天下士宁论国乡。但诧高标广寒殿，谁能更读善和坊。观君毛羽真鸾凤，羞杀粗豪白面郎。”刘克庄诗词总能体现对家乡乘兴

---

① 侯体健：《刘克庄诗文中的地域印记及其精神归宿》，《文艺研究》2010年第8期。

充满自豪。作《城山三先生祠》:“由熙宁桥南行可二十里,城山在焉。望之紫翠举岩,欲与壶公差肩。其下平畴沃野,清泉茂树,环而家者千数。百年之旧族,当世之显人,不在东家在西邻也。其父兄隆儒而严于教,其子弟者力学而攻于文。立声明,取科级,榜不绝书。有贵为柱史者,魁多士者,人徒见其人物之极盛……”。这些史料,体现莆仙科举文化昌盛。

(八)与莆仙文人交游,为莆仙许多历史人物树碑立传

1.与莆仙文人交游

莆仙地域有文人交游的文化传统,有浓厚的尊师重教思想传统。刘克庄与莆仙文人群体交游主要有挚友亲人、江湖之士、学子晚辈、各级官僚和游士僧道,推动莆仙文化的辉煌繁荣。其成长、为学、为官方面都与交游有关,最终造就成为具有渊博学识的一代文坛宗师,所交之人多是才华横溢、性情豪迈之人,与南宋各学术学派、学者交游频繁,如真德秀、叶适、陈韡、曾极、罗必元、吕祖谦、郑清之等有深入的学术交往。叶适是刘克庄文学才能的发现者,真德秀文学上的奖掖与推崇,使刘克庄得以展现其文才。[①] 刘克庄与莆仙王迈、方大琮、方蒙仲、李丑父等交游频繁,他们彼此唱和、赠诗表意、谈论作文、互送诗文祝贺、游山玩水、宴饮品茗、互赠礼物、互诉衷肠、为书法作品及友人书斋题诗以及为文集作序、题、跋,这些对研究莆仙名人交际及其传统文化提供重要资料。

2.为莆仙许多历史人物树碑立传

《后村大全集》中有行状7篇、神道碑14篇、墓志铭156篇、祭文94篇。其中不少是为莆仙历史人物树碑立传,为研究莆仙交游文化、历史人物研究提供重要材料。刘克庄所写碑志影响很大,求铭者甚众,“达官显人欲铭先世勋德,必托公文以传”[②]。作品中有大量莆仙名人墓志铭如《赵仲白》《方武成》《方子默》《方世京》《丁元有》《方子约》《铁菴方阁学》《审渊弟》《臞轩王少君》《方潜仲》《李艮翁礼部墓志铭》《方揭阳》《古田弟》《工部弟》《惠州弟》《顾监丞》《方采伯》《林韶州》《方岩仲》《方景楫》《方清卿》《薛潮州》《宋经略》《六二弟》《宋通判》《方教授》《林户录》《方稳君》《方秘书蒙仲》等等。也与在莆履职的官员多有诗词唱和、书信往来。如《莆田仙游两宰》《兴化张宰》《陈司

---

① 周炫、陈建森:《从师友交游看刘克庄的文学及仕途》,《学术研究》2011年第9期。

② 郭学信:《宋代士大夫文化品格与心态》,天津:天津人民出版社,1997年。

理仙游黄尉》《莆田翁县尉》《兴化周簿》《仙游林尉》《仙游邓宰》《莆田谢宰》。为莆田奇才方信孺作《宝谟寺丞诗境方公信孺行状》等。研究莆仙名人行状、神道碑、墓志铭、祭文对莆仙古代名人研究、莆仙名人在政治、文化、教育、文学、艺术等方面的成就提供系统全面的资料。

三、刘克庄研究对传承莆仙优秀传统文化的意义

刘克庄文化品格、价值取向、思想意识是宋代士大夫颇具典型性的代表，也是宋代莆田学术思想、人文精神的典型代表，其丰富曲折的社会实践，深邃的思想和理论，对宋代莆仙社会文化做出了重要贡献。人物为一郡之柱础，乡邦之光耀，作为文坛领袖，研究刘克庄对传承莆仙优秀传统文化有重要意义。

（一）弘扬莆仙士人的爱国主义传统精神

宋代兴化军自古有浓厚爱国主义传统，这也影响刘克庄爱国爱民价值观的形成。胡适在《白话文学史》中评论说，刘克庄“有悲壮的感情，高尚的见解，伟大的才气”。因性格耿直，不畏权贵，在任职间平反冤狱，弹劾贪官，而屡遭人上书弹劾，导致多次落职。其治学、修身、忧国忧民，兼善天下等文化品格表现最为突出。刘克庄《贺新郎(实之三和有忧边之语，走笔答之)》《满江红·夜雨凉甚》等作品体现了诗人立志收复中原的气节与爱国的思想。莆仙是“御史之乡”，宋代出现如刘政、陈俊卿、龚茂良、林冲之、方信儒等爱国义士及后来抗元名士陈文龙、陈瓒等。刘克庄文学作品中一直贯穿于莆仙人民在与历史抗争中体现的一种坚不可摧的精神品质。

（二）做好刘克庄文化品牌建设

刘克庄是一个历史人物，是莆田的一张名片。挖掘其文学作品丰富内涵及涵盖范围广泛的文化史料，是建设莆仙文化的一件大事。做好刘克庄文化品牌建设，将刘克庄文化产品及诗词推广出去，共建一个围绕刘克庄文化灵魂的生态文化圈。挖掘研究刘克庄文学思想及文学作品的内容，对丰富优秀文化产品，增强文化自觉、文化自信，提升莆仙文化软实力和影响力有重要的现实意义。

刘克庄《白湖庙二十韵》妈祖信俗元素探析

◇ 林仙久

刘克庄，字潜夫，号后村，南宋豪放派诗人、词人、诗论家。他的文学成就突出，在莆田古代诗人中，他是最早用诗歌形式表现妈祖信俗的诗人之一。他的《白湖庙二十韵》诗，起句以“灵妃一女子，瓣香起湄洲”，令身处妈祖文化发祥地的莆田人格外看重。

那么，白湖庙是一座怎样的庙？《白湖庙二十韵》又是一首怎样的诗？“灵妃一女子，瓣香起湄洲”是什么意思？诗中还描写哪些妈祖活动内容？表现哪些妈祖信俗元素？

一、白湖庙的来龙去脉

白湖庙的全称叫“白湖顺济庙”，它与莆田宁海圣墩顺济庙有关系吗？莆田宁海圣墩原建有一座神女祠(建造时间不详)。宋徽宗宣和四年(1122年)，给事中路允迪奉命出使高丽(今朝鲜半岛)，遭遇飓风，“舟八溺七”，路允迪所乘之船却安然无恙，舵手保义郎李振(莆田宁海人)说他在狂风巨浪中隐约见到桅杆有“红灯引航”，是他祷告求得家乡神女林默娘前来护佑。路允迪回京奏上，宋徽宗遂于宣和五年(1123年)下诏，敕赐宁海圣墩神女祠“顺济”庙额。神女林默也被褒封为“顺济夫人”。圣墩神女祠也改称“顺济庙”，或叫“圣墩祖庙”。这是莆田妈祖庙最早得到皇帝敕赐的庙额，也是妈祖林默受宋代朝廷的首次褒封。

值得一提的是，因为圣墩“顺济庙”，成就了两个最早涉足妈祖文化的莆田文人，一个是状元黄公度，一个是特奏名进士廖鹏飞，他们与妈祖一起千

年不朽，流传百世。

白湖顺济庙坐落于莆田城区阔口玉湖公园内。历史上，白湖曾经是古兴化的渡口，通海距熙宁桥约200米左右，凡外地货物船运都从白湖渡口进出兴化郡城。据《兴化府志》记载：白湖顺济庙，始建于宋高宗绍兴二十七年（1157年）秋，源于妈祖梦中指点挖掘“甘泉”，拯救当时发生于兴化府的瘟疫。据《敕封天后志》和《天妃显圣录》载：宋高宗绍兴二十五年（1155年）春，郡大疫，神降白湖李本家指点开凿“圣泉井”，乡人饮甘泉后，疾痊愈，皆欢跃拜谢。后由南宋丞相陈俊卿献地兴建白湖顺济庙，纪念妈祖的神迹。至此，莆田先后有了两座“顺济庙”。一座位于涵江的圣墩顺济庙，一座位于兴化郡城南郊的白湖顺济庙。南宋初期，兴化郡政治、经济、文化中心南移，白湖顺济庙遂一度成为兴化、闽中妈祖信仰的中心。

关于白湖顺济庙的记载，最早见于《宋会要·礼》。此后，白湖顺济庙的沿革可见于历代诗咏：宋赵师侠在《诉衷情·莆中酌献白湖灵惠妃》中云，“白湖宫殿云耸，香火尽虔祈”。形象地描绘了顺济庙当时巍峨迤逦，香火鼎盛的情景。宋刘克庄《白湖庙二十韵》中描绘了白湖庙及庙旁兴化古渡口的繁忙景象和祭拜妈祖信俗的盛况：“轮奂凝宫省，盥荐皆公侯。始盛自全闽，俄遍于齐州。”宋龙图阁大学士陈宓在白湖顺济庙重建寝殿上梁文云：“今仰白湖香火，几半天下。”足见当时香火鼎盛。除外，历代史书也大量记载了白湖顺济庙的历史沿革和传说故事。据统计，妈祖自宋首次褒封开始，其后十四次敕封，或多或少都与白湖顺济庙有关，足见其地位显赫。元代初期，因抗元名将陈文龙叔侄被害，族人逃难，以至荒废。后将白湖顺济庙迁往城内。白湖顺济庙历经朝代更迭，虽几经荒废、重建，但香火一直不断。

2002年，白湖顺济庙在原址上恢复重建，现已成为玉湖公园重要的文化景观。重建的白湖顺济庙大殿为重檐歇山式，抬梁结构，雕梁斗拱，翘角飞檐，门前一对雕龙石柱，剔透玲珑。宫殿长13.8米，宽26米，主殿面宽16米，五开间，单进，建筑面积844.26平方米，坐北朝南。庙前除了一对大石狮外，两侧还立着“千里眼”“万里耳”。再现了往日“白湖鼎盛仰香火，顺济雄伟赖圣灵”气象。

综上分析，我们可以看出：一、宁海圣墩顺济庙的建庙时间比白湖顺济庙早，但其影响力和知名度远不如白湖顺济庙。二、圣墩顺济庙的历史地位很高，是妈祖神迹的发祥地之一。这从廖鹏飞的《圣墩祖庙重建顺济庙记》、赵师侠的《诉衷情·莆中酌献白湖灵惠妃》以及刘克庄的诗文中均可以读出。值得注意的是，宁海圣墩原有一座建造时间不详的神女祠，是宋徽宗下诏敕赐宁海圣墩神女祠“顺济”庙额，也就是说，圣墩顺济庙是由圣墩神女祠演变而来的。历史上曾经有人将圣墩顺济庙称之为妈祖“祖庙”，这从妈祖神迹的发祥地而言是说得通的。

二、《白湖庙二十韵》妈祖信俗元素探析

历史上，白湖曾经是兴化郡一个繁华的古渡口，凡外地货物船运，都从白湖渡口进出兴化城，地位十分重要。再加上白湖庙是南宋丞相陈俊卿，为了纪念妈祖拯救瘟疫的神迹，献地兴建，自然是不同凡响。在南宋初期，白湖顺济庙已然成为八闽妈祖信仰的中心。正是在这种历史背景下，伟大诗人刘克庄对白湖庙会的热闹情景，对每年民众热烈而虔诚的祭祀妈祖信俗活动，对“巨浸虽稽天，旗盖俨中流”的壮阔场面，有感而发，写了《白湖庙二十韵》这首诗：

灵妃一女子，瓣香起湄洲。巨浸虽稽天，旗盖俨中流。
驾风樯浪舶，翻筋斗千秋。既而大神通，血食羊万头。
封爵遂綦贵，青圭蔽珠旒。轮奂拟宫省，盥荐皆公侯。
始盛自全闽，俄遍于齐州。静如海不波，幽与神为谋。
营卒尝密祷，山越立献囚。岂必如麻姑，撒米人间游。
亦窃笑阿环，种桃儿童偷。独于民锡福，能使岁有秋。
每至割获时，稚耋争劝酬。坎坎击社鼓，呜呜缠蛮讴。
常恨孔子没，豳风不见收。君谟与渔仲，亦未尝旁搜。
束皙何人哉，愚欲补前修。缅怀荔台叟，纪述惜未周。
他山岂无石，可以砻且锼。吾老毛颖秃，安能斡万牛。

《白湖庙二十韵》诗一共20句，浅析全诗，大致可分为三个层次：

第一层，首句以“灵妃一女子，瓣香起湄洲”统领，开宗明义，表明诗中写的是妈祖这个神圣的女子。写她的神灵、神迹、神威滥觞于湄洲。写人们对她的信仰和崇拜。

第二层，写白湖庙会。写诗人在庙会上所见、所闻、所思、所悟。写诗人目睹白湖庙会一幅幅热闹的场景，一个个民众虔诚祭祀妈祖的脸庞；写诗人听到许许多多与神女有关的故事，看到了“旗盖俨中流”的壮阔场面……写

宽阔的白湖渡水域，那“驾风”“浪舶”的木船上，插着五颜六色的旗帜；写“血食羊万头”的祭品；写“每至割获时，稚耄争劝酬。坎坎击社鼓，呜呜歌蛮讴”这种男女老少、人神互娱、傩舞笙歌、鼓乐齐鸣的画面。诗人所表现的，正是莆田白湖庙在秋收季节，恰逢白湖庙举行庙会的情景，纪念神女妈祖升天民俗活动的壮阔画面。

第三层，诗人浮想联翩，仰天诘问：妈祖这个神圣的女子，拯救那么多苦难，神威那么的显赫，有德于民，有功于国，为什么蔡襄和郑樵这两位老前辈都没有记载呢？“君谟与渔仲，亦未尝旁搜？”那么，只好“愚欲补前修”了。然而，“吾老毛颖秃，安能斡万年？”

从这首诗中，我们似乎读出了当时白湖庙会那些祭祀妈祖信仰的古老元素；我们似乎也谈懂了一个文学家，一个伟大诗人激情澎湃胸襟，和“吾老毛颖秃”的无奈……

下面，我们把《白湖庙二十韵》诗中一些关键词语做了注释，便于读者对照阅读，准确理解诗的内容。

瓣香：佛教语。犹言一瓣香，一炷香。意即点燃一炷香，表达心中对神灵的虔诚、对前贤的崇敬之情。

出处：宋陈师道《观兖文忠公家六一堂图书》诗：“向来一瓣香，敬为曾南丰。”明陈继儒《大司马节寰袁公家庙记》：“里中士大夫往来祠下者，皆伏轼下舆，礼公一瓣香。”清《红楼梦》：“昨日知老太太仙逝，谨备瓣香至灵前拜奠。”

巨浸：大水。指大河流，或大海。弥漫无际，而浑浩回转。

出处：唐骆宾王有诗：“鬲津开巨浸，稽阜镇名都。”唐卫次公《渭水贯都赋》：“原夫渭者雍之巨浸，都者人之所聚。”《宋史·丰稷传》：“巨浸连天，风涛固其常耳，凭仗威灵，尚何畏！”孙中山《建国方略·行易知难》第四章：“倘无罗经以定方向，则汪洋巨浸，水天一色，四顾无涯，谁敢冒险远离海岸，深蹈迷途，而赴不可知之地哉？”

稽天：形容势大。

出处：《庄子·逍遥游》：“大浸稽天而不溺。”《晋书·后妃传论》：“南风肆狡，扇祸稽天。”《明史·熊明遇传》：“且山东大祲，人相食，黄河水稽天。”郭沫若《和朱德》之三：“稽天大浸人犹醉，有客高歌戴手仇。”

旗盖：古代仪仗中的旗与伞。

血食：指用于祭祀的食品。古代杀牲取血以祭，故称。

綦：青黑色巾、带，用在祭祀等重典上则表示庄重。这里的“綦”，是“极”的意思。

青圭：古代礼器。用青玉制成，上尖下方。

蔽：遮盖；挡住。隐藏：蔽匿。隐蔽。

珠旒：原本是皇冕前后的珠串。常常被用来借指帝王。后来常常被用来比喻似珠饰冕旒之物。

轮奂：形容屋宇高大众多，美轮美奂。

宫省：设在皇宫内的官署。

盥：古代洗手的器皿。本义：洗手。

公侯：泛指有爵位的贵族和官高位显的人。

齐州：唐时济南称齐州。宋徽宗执政时升为济南府。

幽与神为谋：冥冥之中，与天妃女神谋算。

营卒：士兵。

密祷：秘密祈祷；暗中祷告。

山越：山越是当时浙江地区越部落占山为王武装势力的统称。

献囚：犹献俘。

岂必：何必之意。

麻姑：麻姑又称寿仙娘娘、虚寂冲应真人，中国民间信仰的女神，过去中国民间为女性祝寿多赠麻姑像，取名麻姑献寿。

撒米：在门口地上撒米，是辟邪用，邻居或街坊某家在办“白事”时用于辟邪。

阿环：1. 神话中上元夫人的小字；2. 喻指女道士；3. 指神话中西王母；4. 杨贵妃的小名。

种桃：《种桃》是宋代诗人姜特立所作诗词之一。

锡福：赐福。

有秋：有收成；丰年。

稚耄：儿童和老人。

劝酬：指互相劝酒，敬酒。

坎坎：刚才；方才。

社鼓：旧时社日祭神所鸣奏的鼓乐。指社庙内敲的鼓。

呜呜：歌咏声；吟咏声。

豳（音 bin）风：豳风是《诗经》十五国风之一，共七篇。这里指当地的

民歌。

君谟:蔡襄字君谟。

渔仲:郑樵字渔仲。

旁搜:广泛搜求。

束皙:西晋古文字学家、玄学家。

前修:前贤。宋陈亮《答陈知丞启》:“犹怀晚进,及识前修。”

叟:年老的男人。(这里指君谟与渔仲)

他山:(这里比喻磨砺自己,帮助自己成就的外力)。

砻且锼:慢慢磨,慢慢雕刻之意,谕做事要有恒心。

斡 wò:1. 古同“管”,主管,掌管;2. 作为动词是“旋转”之意。如斡旋、周旋、扭转。

三、“瓣香起湄洲”辨析

文学评论家说,诗歌是文学皇冠上的明珠。之所以说诗歌是文学皇冠上的明珠,是因为其艺术表达的极致;诗歌的语言婉转优美,内容高度凝练概括,画面具有音乐的旋律;诗歌会启迪年轻人丰富的想象,安慰老人们留住灵魂……从这个意义上说,对待诗歌艺术应有敬畏之心,而不是随心所欲玷污她。刘克庄是伟大的诗人,我们应该怀着敬畏之心,来读刘克庄《白湖庙二十韵》这首诗。

其实,在刘克庄之前,就有黄公度等一些文人墨客,开始用诗歌赞颂妈祖崇拜,描绘庙会习俗。刘克庄《白湖庙二十韵》所记述的,正是莆田白湖庙当时秋收时节,恰逢纪念妈祖升天民俗活动的壮阔画面。一开篇,诗人就告诉读者,他诗中写的是“灵妃”(妈祖)这个女子,写她的神灵、神迹发端于湄洲。接着写白湖庙会,写顺济庙祭祀场景,写民众在秋收时节纪念妈祖升天,写民俗活动的壮阔画面……“灵妃一女子,瓣香起湄洲”。就是开头这一句飘逸俊朗、美妙动听、明明白白的诗句,却被一些“专家”解读为:刘克庄在诗中明确说,“妈祖出生在湄洲屿”云云。这不是浅薄,就是故意曲解,玷污了“文学皇冠上的明珠”,甚至还有污名化诗人的嫌疑。

下面,我们从“瓣香”“湄洲”两个关键词入手,辨析其本义与诗义,以正视听,还原伟大诗人所表达的真实意涵。

（一）“瓣香”的本义与诗义

瓣香一词，原系宗教语。瓣香，犹言一瓣香，一炷香。用点燃的一炷香表达心中的虔诚。这样的情景多用来表示对师承、对神灵的崇敬之情。如宋陈师道《观究文忠公家六一堂图书》诗：“向来一瓣香，敬为曾南丰。”（曾南丰即曾巩，唐宋八大家之一）宋陈若水在《沁园春·寿游侍郎》词中说：“丹心在，尚瓣香岁岁，遥祝尧龄。”（尧龄，典出《史记》卷一，传尧在位九十八年，寿逾百岁，后人以“尧龄”喻祝帝王长寿之套语。）还有宋代方回《三贤堂移入西湖新书院》诗“湖边莫怪旧祠荒，士女何曾炷瓣香……”明代陈继儒在《大司马节寰袁公家庙记》写道：“里中士大夫往来祠下者，皆伏轼下舆，礼公一瓣香而退。”清计东在《再与宋牧仲书》道：“乃于郡署旁废圃中，西向设瓣香，流涕再拜而去。”（宋荦，字牧仲，清代诗人，官至吏部尚书。）《红楼梦》第一一四回：“昨日知老太太仙逝，谨备瓣香至灵前拜奠，稍尽微忱。”鲁迅《集外集拾遗补编》附录二《庚子送灶即事》诗：“只鸡胶牙糖，典衣供瓣香。”郭沫若在《参观刘胡兰纪念馆》赋诗曰：“五洲万国佳儿女，海角天涯献瓣香。”

以上引用这些文献记载，和文人墨客的诗词，清楚明白地告诉我们：“瓣香”的本义是佛教语，犹言一瓣香，一炷香。而诗义，则是对神灵的崇敬之情，或对师承的敬仰之意。与“出生在”某某地没有任何关系，八竿子打不着。

（二）“湄洲”古今之地域概念

关于“湄洲”这个地域概念，古代典籍、诗文都出现过。宋廖鹏飞的《圣墩祖庙重建顺济庙记》中，就清楚表述了“湄洲”与“湄洲屿”地域概念的区别。明代周英、黄仲昭编著的《兴化府志·户纪·山川考·湄洲屿》词条，也清楚记载了“湄洲”与“湄洲屿”地域概念的不同。在现代一些莆田文化研究著作中，也明确指出“湄洲”与“湄洲屿”地域概念的不同。

许更生在《妈祖研谭考辩》著作中，对“湄洲”概念大小之别做了比较深入系统的研究。他认为：“古往今来，‘湄洲’均有大小概念之别，小湄洲好理解，它仅指湄洲屿而已——古时又称湄屿、湄山、鲦山或鲦江。广义的大湄洲之地域，涵盖湄屿在内的莆田海滨——包括湄洲湾北岸、城郊白湖、涵江圣墩等一个方圆数百平方公里的范围。”

陈容明在《妈祖的出生与出身》一文中指出：“请注意湄洲两个字，人们

往往把湄洲、湄洲湾、湄洲岛、湄屿的概念混淆了。"早在明代，就有人提议以湄洲湾沿岸为地域，在仙游枫亭立湄洲县。近年，更有人提出在秀屿设湄洲市，把湄洲湾的莆田北岸和惠安南岸统一起来，以利于这个"世界不多，中国少有"的天然良港的开发。故宋代史料中的湄洲不应理解为现在狭义的湄洲乡或湄洲屿，而是广义的湄洲。这还可以从元代莆田人洪希文的诗中得到验证："……平洲远屿天所划，古庙不独夸黄湾；至人何心恋桑梓，如水在地行曲盘。"在这里，洪希文把黄螺港黄湾所处的大陆称作"平洲"（湄洲），把湄洲屿称作"远屿"。

陈天宇在《妈祖诞生地之我见》一文中也指出：台湾《林氏大宗谱》记载："北宋初北方流民涌入莆田湄洲沿岸，林默造木排渡难民往澎湖定居谋生。从北方流民能'涌入'来看，这个湄洲沿岸只能在陆地边沿，而不可能跨海到岛屿上。从这一记载也可得知当年'湄洲'这一地名并非湄洲岛专用。"

蒋维锬在《关于圣墩遗址问题的再商榷》一文中也对"湄洲"地域概念之大小有疑惑，他发出感叹道："古人为何会把'湄洲'与'圣墩宫'联系在一起？""明人费元禄、何乔远等亦认为如此。"然而，有意思的是，蒋维锬先生对古人为何把湄洲与圣墩宫联系在一起的"原因何在弄不清楚"，就干脆不弄了，直截了当下了定义："湄洲等于湄洲屿，等于湄洲岛；神女生于湄洲，就是妈祖出生于湄洲屿、湄洲岛云云"。于是，一些"专家"继承了蒋先生自己都"弄"不清楚的"定义"，一直强调：湄洲，即湄屿、即今湄洲岛。导致已被证伪的"定义"流传至今。

综上所述，"瓣香"的本义是佛教语，犹言一瓣香，一炷香。从古至今，"湄洲"的地域概念均有大小之分。伟大诗人刘克庄《白湖庙二十韵》起句的"湄洲"，用的是泛指大湄洲概念，而不是专指湄洲屿或湄洲岛。

参考文献

1.（宋）刘克庄撰：《后村先生大全集》，成都：四川大学出版社，2008年。

2.（明）陈继儒：《大司马节寰袁公家庙记》。

3.（明）周瑛、黄仲昭著：《兴化府志》。

4.（清）林清标：《敕封天后志》。

5. 蒋维锬编校：《妈祖文献资料汇编》，福州：福建人民出版社，1990年。

6. 金文亨：《妈祖文化源流探析》，厦门：鹭江出版社，2014年。

7. 许更生：《妈祖研覃考辩》，西安：西安出版社，2014年。

8. 林仙久主编：《历史的真实：莆阳学者论妈祖诞生地》，福州：海峡书局，2017年。

刘克庄与南宋法医学家宋慈

◇ 黄国华

刘克庄(1187—1269),字潜夫,自号后村居士。莆田人。时人尊称为后村先生。今传有《后村先生大全集》一百九十六卷,其中诗为四十八卷,词为五卷,赋为一卷,其余大多为文,末三卷是他人撰定的《后村先生行状》、《后村先生墓志铭》和《谥议》。作为南宋后期的文坛领袖,其虽然诗名早以显著,名之于世,但一生处在党争角逐中,他政治上并无很大的建树。本文简单介绍刘克庄在建阳地方任职期间,为当地人民做出一定政绩,同时也介绍与法医学家宋慈之结交,着重阐述了《宋经略墓志铭》存世的重要性。

一、刘克庄知建阳之政绩

刘克庄在赴建阳之前,根据宋湖民先生所撰《刘克庄年谱》所载,基本都是"守制在籍"。宋理宗于1225年即位,改元宝庆,下诏荐贤,乡群举推刘克庄。刘克庄赴任时,庆元党禁阴魂未散,建阳是朱熹生长,传道之第二故乡,但邑人摄于皇威,不敢公开祭祀朱子祠。

刘克庄赴职到令时,第一步到考亭朱子故居瞻仰,目睹败落的庭院,感叹一代圣人,身后冷落如此地步。心中感到十分不平。为官三百日,筹款建造,将朱子当年讲学的"沧州精舍"辟为"朱子祠",恢复朱子在建阳之名位。朱祠落成时,刘克庄率领地方名流人士祭祀并亲手写祝文曰:"巍巍文公,宋之夫子。翼之考亭,建之阙里。竹林萧萧,下有精庐……"刘克庄将考亭比作孔子曲阜阙里地,建阳被后代学者称为"南闽阙里",应该说是渊源于此。降至宋代淳祐四年(1244年),理宗皇帝赵昀正式下诏并御书"考亭书院"四

字为匾，从此考亭成为瞻仰朱子遗风之圣地。

刘克庄在建阳除辟祠祭祀朱子外，还于县坊儒学建四君子祠，表彰四君子朱松（即朱熹的父亲）、范如圭（即是爱国志士，尝直接上书秦桧，怒斥其“忘仇辱国”“丧心病狂”“遗臭万年”）、刘勉之（即是朱熹的岳父）、魏掞之（即是朱熹生前密友），刘克庄一再认为朱子之所以成为圣贤，是因为其“父兄师友厚之至也”。刘克庄之所作所为，启开了建阳儒学浓厚之风气。

刘克庄任职期间，时常关心建阳百姓之艰难。特别在“四九五月”之青黄不接之际，百姓饥馑，终日忧心。刘克庄翻开有关记载朱子当时为建阳县令官倡议储用建义仓以济民苦，曾在县坊建一座可储备四千石食粮义仓，可赈粜济民，当时建阳百姓皆受其恩泽。刘克庄说干就干，筹款向大户购粮三千石，补满义仓。以解民忧。并亲手在义仓门联写下名句，“聊为吾民留饭碗，岂无来者继心灯”。刘克庄的老师浦城大学者真德秀在《建阳县复赈粜仓记》，文中有云：刘克庄在建阳任知县三年有余，“恤民隐，重教化，恳恳焉有两汉循吏风”、“吏才崭露，颇有政声”，真德秀亲自刘克庄称赞“父母之心，仁人之言”，给予刘克庄很高评价！

在这里，我随便提一下，刘克庄在建阳任职期间，乃戒诗癖，专习为吏，以政绩优闻于朝廷。后来因在建阳任上曾写下有名《落梅》诗一首：“一片能教一断肠，可堪平砌更堆墙。飘如迁客来过岭，坠似骚人去赴湘。乱点莓苔多莫教，偶粘衣袖久犹香。东风谬掌花权柄，却忌孤高不主张。”最后两句话被宦官李知孝、梁成大等等人指控为“诽谤当国”，原诗被收入《江湖集》的雕版被当权者劈碎，这就是南宋有名的一起文字狱“江湖诗祸”，“落梅”诗案。这说明刘克庄其忧国之心，爱民之心无人赏识，一腔热血，付于东流。

二、刘克庄与宋慈之结交

宋慈这个历史人物，这几年在影视多次出现，如有《大宋提刑官》《法医宋慈》《阴阳鉴》等影视片名，深受观众喜爱敬仰。他被尊称为世界法医学鼻祖。宋慈（1186—1249），字惠父，建阳童游里人。宋宁宗嘉定十年（1271 年）进士，除浙江鄞县尉官，因遭父丧，未赴任。后历知长汀县、邵武军通制摄郡事、南剑州通制、知赣州、提点广东刑狱，以直焕阁提点湖南刑狱，官至广东经略安抚使。他四度出任法官，对狱案取“审之又审”的严肃认真态度，着重实地检验，并总结了宋朝及其宋朝以前的法医知识，结合个人心得，于理宗淳祐七年(1247 年)编成《洗冤集录》5 卷，在验伤、验尸、血型鉴定、检骨、死伤的鉴别，毒物的分辨以及急救法，治服毒药方案，均有记载，成为世界法医史上的第一个留下系统著作的法医学专家。

宋慈《洗冤集录》是世界上最早的法医专著。在国内，元、明、清以及至近现代的数百年间，此书是中国法官案头的必备书。在国外，从十五世纪首先传入高丽(今朝鲜国)后，先后由日、法、英、荷、德、俄、美等国家都翻译出版。宋慈本人也因此被医学学术界尊为世界法医学鼻祖。

值得研究的是，宋慈《洗冤集录》成书于宋淳祐七年(1217 年)，两百年后由中国传入西方，成为西方诸国家法医发展过程中一块奠基石。但遗憾的是：《洗冤集录》作者宋慈其人其事，人们茫然不解，鲜为人知。《宋史》没有给宋慈大师留下一字半句的记载，清乾隆《四库全书》子部目有云："《洗冤录》二卷，宋宋慈撰。慈字惠父，始末未详。是书自序题淳祐丁未(1247 年)，结衔题朝散大夫，新除直秘阁、湖南提刑，充大使行府参议官。序中称、四权臬司、于狱案审之又审。博采近世诸书、自内恕录以下凡数家，荟稡厘正，增以已见为一编，名曰《洗冤集录》。刊于湖南宪治。后来检验诸书，大抵以是为蓝本。而递相考究，互有增损，则不及后来之密也。"对宋慈出生在哪里，何地何郡，及生平时间都没有提到！连清代一代著名历史学家、考据学家钱大昕著《养新录》，也仅仅知晓这本著作《洗冤集录》书名，但也不知作者宋慈是何郡人氏，学者对宋慈又是茫然不解。

连宋慈故里的人们，也淡忘了这位不该淡忘的伟大人物。在《建阳县志》宋慈条目下仅仅留下寥寥数行文字而已。这是无可奈何的缺憾。宋慈的生平字迹，故里何郡之重见天日，应该感谢吾莆刘克庄。刘克庄在建阳任县令时，宋慈正好守父孝闲居在家，两位大人物英雄相惜，一见如故，交谊甚深。宋比刘年长一岁，克庄尊宋为兄，刘对宋的为人，才学，见识，医学都十分佩服，誉宋慈可与辛弃疾"相颉颃"，不相上下。他们两人交情愈见日深。天下知交老更深。三十年后，刘克庄惊闻宋慈逝世的消息，并为宋慈撰写了墓志铭，这篇《宋经略墓志铭》简述了宋慈不平凡的一生。

三、刘克庄之《宋经略墓志铭》简述

刘克庄在著作《刘克庄集笺校》给我们留下一百五十八篇《墓志铭》，上指公卿大臣下指朋友亲戚，涉及方方面面人物尤多，唯一给宋慈留一篇《墓志铭》很有历史价值，不妨抄下来："余为建阳令，获友其邑中豪杰而尤所敬爱者曰宋公惠父。时江右峒寇张甚，公奉辟书，慷慨就道。余置酒赋词祖饯，期之以辛公幼安（辛弃疾），王公宣子之事。公果以才业奋历中外，当事任，立勋绩，名为世卿者垂二十载，声望与辛、王二公相颉颃焉。公没里十年，而积善之墓本题，其孤奉故左吏李公昂英之状来曰：先君交游尽矣，铭作谁属？……公博记览，善辞令，然不以浮文妨要，惟据案执笔，一扫千言，沉着痛快，哗健破胆。砺廉隅，峻风裁，然不以己长傲物，虽晚生小校，才长片善，提奖荐进，寒畯吐气。每诵诸葛武侯之言：'浩世以大德，不以小惠。'其趋向如此。性无他嗜，惟喜收异书名帖。禄万石，位方伯，家无钗泽，厩无阻骏。鱼羹饭，敝缊袍，萧然终身。晚尤谦挹，扁其室曰自牧，丞相董公槐记焉。昔张禹，马融皆起书生，既贵、或后堂陈丝竹管弦，或施绛纱帐，列女乐，其尤鄙者至以金盆濯足，甚哉居养之移人也。惟本朝前辈宋宣献、李邯郸好藏书，唐彦献好砚，欧阳公好金石刻，公似之矣。余既书公大节，又著其细行于末。公讳慈，惠父字也。命曰：其儒雅则遵毂也，其开济则瑜肃也。其威名则颇牧也，其恩信则羊陆也。敌将扼吾吭而于吾腹也，上方备邕宜而忧襄蜀也。哀哉若人之不淑也，求之之难也，而夺之之速也。脱车之幅而踠骥之足也，嗟后之人勿伤其宰上之本也。"（《刘克庄集笺校》卷一五九）。

严格来说，宋慈建阳人，《宋史》无传，但在《宋史翼卷二二》入《循吏传》，即《洗冤录》之作者。在《四库全书总目》卷一〇一《洗冤录提要》谓："宋宋慈撰，慈字惠父，始末未详。"它们都不知刘克庄有《宋经略墓志铭》等，刘克庄撰写墓志铭，为宋慈这伟大人物正本清源，还明白他历史事迹。一是断定宋慈是福建建阳人。宋慈的祖先是宋文真公三世孙宋仕唐（字世卿），前来建阳任县丞，卒于任上，临终嘱咐妻儿在建阳定居，衍传于今。宋慈父亲宋巩也是清官。二是记述了宋慈自幼聪明过人，自十岁起拜朱子门人吴雉为师，常和黄榦、李方子几位儒家学者来往并请教。学问大有长进。治学受朱子"格物致知"的影响、对每事物必探究到底，影响到《洗冤集录》中去。后来宋慈赴杭州太学读书时，又受理学大师真德秀器重垂青。主是在《墓志铭》重列出宋慈仕途路程，中进士后因父亡而未赴。后出任江西丰城主簿、长汀知县、邵武通判等职。宋嘉熙三年(1239 年)正好宋慈 54 岁，提升为广东提刑，这是省一级理狱案的最高法官，后又调任江西提刑，在淳祐七年(1247 年)又奉命任湖南刑狱时，这八年四任法官期间，他感受到世间百姓人民蒙受冤案太多，为了“洗冤泽物”，他利用任职期间收集资料，“会而粹之，厘而正立，增以己见，总为一编”。《洗冤录序》，肯定宋慈为官一廉如水，然后正如刘克庄所说“家无钗泽……缊袍萧然以终身”，是封建社会中少有的清官。

总而言之，刘克庄在人生道路第一官驿站中，能为建阳人民留下业绩，一心为民，坚持“聊为吾民留饭碗，岂无来者继心灯”，这是刘克庄的人生写照。同时让埋没多年的伟大人物宋慈重现天日，将世界法医学鼻祖的宋慈推向世界，值得后世推崇。

参考文献

1. 程章灿：《刘克庄年谱》，贵阳：贵州人民出版社出版，1993 年。
2. (宋)刘克庄著，辛更儒校注：《刘克庄集笺校》，北京：中华书局，2011 年。
3. (宋)宋慈：《洗冤集录》，北京：群众出版社，2006 年。
4. 刘建：《大潭书》，北京：文物出版社，1994 年。

刘克庄的茶生活

◇方　芳

刘克庄(1187—1269),初名灼,字潜夫,号后村,莆田人。南宋豪放派诗人、词人、诗论家,著有《后村先生大全集》。一生留下近五千首诗词,其中至少有24首诗歌涉及茶,从其中的17首诗歌里,我们看到了刘克庄生活的另一面,丰富了我们对刘克庄以及他所处时代的茶文化背景的了解。本文从十七首涉及茶的诗歌中,考察刘克庄的茶生活状态,期间也涉及僧俗不同阶层人的饮茶方式、生活状态、习俗规仪等,是宋代饮茶习俗的一个缩影。

一、烹茶与点茶

刘克庄直接写茶的诗歌有两首,即《隔竹敲茶臼》(卷二十八)和《烹茶鹤避烟》(卷二十八)。

隔竹敲茶臼

午杵谁敲臼,山童髻两髽。偶因声隔竹,不觉意思茶。
北牖沉沉静,南墙故故遮。微闻孤杵响,初试一旗斜。
门掩王猷宅,泉甘陆羽家。搜肠搅文字,毋乃太清耶。

这首诗浅显易懂,写中午时分,他隔着竹林听到小孩子敲击茶臼的声音,不觉得想起了茶,于是开始品茶。品茗中化用了三个典故,王徽之家居不可无竹的典故,映照周遭有竹林的环境;茶圣陆羽曾分等天下名泉,陆羽的典故映照前文的“山”,说明喝茶地点是在山里,所用水是甘甜的山泉水;最后两句化用卢仝的《七碗茶歌》,即“一碗喉吻润,二碗破孤闷。三碗搜枯肠，惟有文字五千卷。四碗发轻汗，平生不平事，尽向毛孔散。五碗肌骨清，六碗通仙灵。七碗吃不得也，唯觉两腋习习清风生”。

宋代是饮茶的鼎盛期，上至皇帝，下至百姓，嗜茶成风。那刘克庄对茶的情感如何？“隔竹”、“偶”、“微闻”，仅凭微弱的声响，他就“不觉意思茶”。可见，他对这样的“杵响”已经建立起了条件反射。所以，这样的声音，刘克庄一定是经常听闻，已经是非常熟悉了。

此外，关于宋代人的饮茶方式是怎么样的，刘克庄三首诗中有不同的记载。《隔竹敲茶臼》中透露出两种方式，一种是需要捣碎茶，以“茶臼”为证。宋代茶叶分作片茶、散茶两大类。今人所熟知的龙凤团茶就属片茶，可以理解为我们现在的饼茶。片茶利于保存，但饮前需要取小片捣碎，在山野，就用专属的茶器具“茶臼”和“杵”来捣碎成末，然后煮点品饮。第二种有可能是散茶冲泡，如同今天的冲泡方式，以“初试一旗斜”诗句为证。这里的“旗”，似乎指的是茶芽始展的小叶，如果是，则印证茶史中所记载的宋代即有散茶出现，而在这山里，人们就很可能直接用沸水冲泡散茶来品茗。

将茶捣碎后，可分煮茶和点茶两种方式。《烹茶鹤避烟》直接点明刘克庄平时茶饮方式是“烹茶”，也就是煮茶。

烹茶鹤避烟

吾鹤尤驯扰，俄如引避然。何曾厌茅舍，多是为茶烟。
活计穷桑苎，枯肠老玉川。苍头犹爨下，丹顶已松颠。
渴饮谁能免，高飞尔自贤。须臾体茗事，却下竹傍边。

这首诗也是浅显易懂，写刘克庄驯养的一只鹤尤其顺服，但不一会儿竟然避他而去，原来是因为他在灶台烧水烹茶所产生的茶烟令它躲闪，但不一会儿它又似乎体恤我在屋内烹茶解渴的需要，又飞回落地，不过远远地依傍在竹林下。我们无从知道刘克庄是如何烹茶，是唐代那种将茶末倒进沸水中煮，再佐以盐或胡椒等的煮茶法；还是宋代那种烧水后，再往已调成膏粥的碗里注水的点茶法；还是一把散茶或小块干茶直接扔进沸水中烹煮？诗中并没有更多的信息提供，但从“茶烟”一词，似乎可以推断刘克庄是将茶叶放到水中烹煮，这样产生的烟雾才会和烧水所用柴火产生的烟混合，柴烟味较大，才会熏得鹤“避然”。

上面两首诗写的是山野人家和刘克庄自己饮茶所用的烹煮法或冲泡法，其实宋代最为讲究的茶饮方式是点茶法，也称分茶法，为皇帝和士大夫

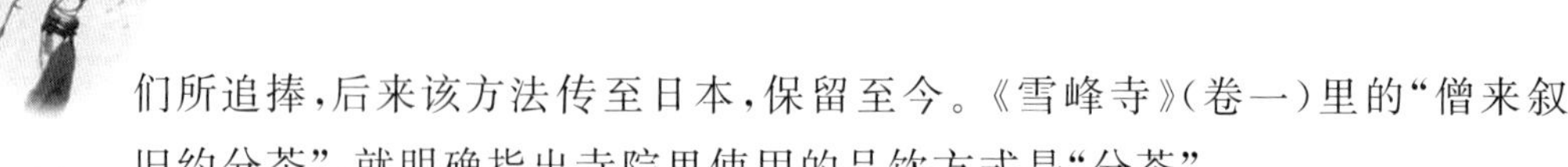

们所追捧，后来该方法传至日本，保留至今。《雪峰寺》(卷一)里的“僧来叙旧约分茶”，就明确指出寺院里使用的品饮方式是“分茶”。

雪峰寺

七里深林集暮鸦，插空金碧被林遮。
华堂何正容千衲，菜地犹堪置万家。
虎去有灵知伏弩，僧来叙旧约分茶。
世人要识千峰冷，六月重绵坐结跏。

雪峰寺当在海拔较高的深山老林，这里寺庙金碧辉煌、占地广阔，气温低冷。僧人与来访者“分茶”“叙旧”，来者几位无从知晓，但给读者想象的画面是清雅的茶几旁，二三僧俗跏坐对饮，茶烟如丝如缕，袅袅瓢升。

二、茶烟、茶邸和供茶

刘克庄对寺庙饮茶可谓刻骨铭心，《真州北山》(卷一)中的“兵散荒营吹戍笛，僧从败屋起茶烟”，颇有几分废墟中的“悠闲”，在废墟中刘克庄看到烟，不直说炊烟，而说是“茶烟”，不管是实指还是一种意境虚指，可见刘克庄的茶意识根深蒂固。他这种意识，还可以从《西山》(卷一)得以印证：“绝顶遥知有隐君，餐芝种术麈为群。多应午灶茶烟起，山下看来是白云。”还有《访李公晦山居》(卷六)中的“小圃植蔬果，复有沼可渔。下马式篱藩，摄袂循庭除。不闻鸡犬声，茶烟起庖厨。”他拜访闲居山中的李公晦，看到了一幅田园景象，未进屋拜见主人，先看到厨房烟起，就直呼之“茶烟”。不管是僧人、隐士还是闲居山中之人，都热衷于茶，而不管看到什么烟，哪怕是来自厨房的烟，刘克庄统统称之为“茶烟”。宋代是中国经济文化高度繁荣的时代，蔡襄研制小龙凤团茶，为北苑贡茶，工艺精绝，为皇家专属。而宋徽宗面对茶叶盛世，更是亲著《大观茶论》，在书里他骄傲地说：“采择之精，制造之工，品第之胜，烹点之妙，莫不盛造其极。”因皇帝嗜茶，朝野上行下效，所以宋人饮茶习俗在全国各阶层是全面铺展开的。刘克庄在《戏孙季蕃》(卷二)中戏谑好友孙惟信“少日逢春一味痴，轻鞭小袖趁芳时。常过茶邸租船出，或在禅林借枕歌。”描述孙季蕃放达任性，经常游历在“茶邸”和“禅林”之间。这里刘克庄不说“茶坊”“茶房”“茶社”“茶肆”“茶楼”“茶馆”“茶铺”之类，因为这些是市井的品茶之处，与孙季蕃名重江浙间的声望是不匹配的，所以刘克庄用“茶邸”一词，大概如现代高档茶会所之类的吧。显然，在举国上下品茶的宋代，茶店遍布大街小巷，为满足不同阶层人们的需要，茶店应当会分出高中低不同的档次，刘克庄的“茶邸”一词，让我们对宋代茶店分档的假想得以证实。

如果是在寺庙里品茶，那专门用以品茶的小斋，称为“茶寮”。然而刘克庄告诉我们，宋代寺庙僧人不仅饮茶而且还有“供茶”的仪式，这个说辞可与一些佛教经典相映照，如《百丈清规》、《禅林象器笺》等记载有寺庙的一些规仪。这些佛教典籍记载了唐代向佛像供奉茶叶的仪式，然而该仪式流传到宋代有无变化，却无从得知，而《溪庵》十首（卷二十一）这首诗歌，刘克庄告诉我们宋代的寺庙里仍有“供茶”，而且这个茶如果无可获取，还可以用祥瑞之物代替，如诗中的“鹿衔花”，大概供佛心诚则灵，不囿于某一特别物品吧。这首诗在茶历史上具有一定的史料价值，不可忽视。

溪　　庵

涨水侵门堂跳蛙，偶来常是到昏鸦。
宛如逆旅主人舍，谁访毗耶居士家。
煨芋不嫌牛粪火，供茶就用鹿衔花。
老来脚力全非昔，且可龛中坐结跏。

三、茶与药的平衡

刘克庄喜欢饮茶，即使生病用药，茶药相冲，却仍不忘饮茶。《谢诸寓贵载酒》三迭（卷四十七）就说过：“景迫桑榆欢意少，相依药椀与茶杯。”生病已使得刘克庄“自怜老病诗情减”，有时“纵寄茶来不合尝”（《送林若山太傅赴建倅》卷三十九），可见病情对他文思和饮茶情绪的影响。然而，刘克庄对茶的依赖似乎很深，在《昼》（卷六）中，他写道：“散怀轻病骨，汲古活心源……未昼聊舒偃，茶香起小烟。”刘克庄生病了，天还没亮就醒来，于是姑且躺着，身边放着还冒着热气、飘着香味的茶汤。虽然刘克庄因病，对茶有时“不合尝”，但有时仍坚持饮用，因为茶本身就是一味药，茶最初的功用就是药用功能。他在《口宣十六首》之《入内内省申乞撰皇弟嗣荣王到阙赐银合茶药并传宣抚问》(卷五十九)的题名中提及了“茶药”,在《卫生》(卷二)“采下菊宜为枕睡,碾来芎可入茶尝”中把中药“芎”碾碎当茶来饮用,显然刘克庄深谙茶为药的道理。茶是要趁着温热喝下,否则对身体不利,尤其本来就处于生病中的病人,刘克庄对此很清楚,在卷五《牛田铺大雪》(萍乡地内)中,他写道“病怕春茶冷,愁嫌市酒醨”。

刘克庄如此爱茶,他的茶叶又是从何而来呢?原来朋友送茶是一大来源。《次铁笔堂韵谢朔斋贡余》(卷四十一)云:

皇朝尽却九州贡,闽薪犹先百草花。
正焙头纲驰御府,斜封三印到山家。
秘藏蔡录珍无价,快睹侁星远有华。
纵使搜肠五千卷,安能视草更操麻。

这首诗写“朔斋”(或为“刘朔斋”)把得到赏赐的闽茶,转“贡”给刘克庄。从诗句中提及的蔡襄《茶录》和来自福建的当年第一批贡茶,推断这闽茶当是专供皇帝享用的、曾由蔡襄监制过的北苑贡茶,即小龙凤团茶,十分珍贵。得到这么珍贵的贡茶,可见“朔斋”身份不俗,而刘克庄不客气地说“贡余”,可见刘克庄深知他对“朔斋”而言地位十分崇高。此外,刘克庄还秘藏有蔡襄自己书写的《茶录》,真乃无价之宝。有如此的人脉,有如此的珍宝,刘克庄怎愁没人送好茶给他品饮呢?其实刘克庄昔日也曾得到皇帝的赐茶,《辛亥去国陈宗之胡希圣送 避谤不敢见希圣赠二诗亦不敢答乙卯追和其韵》(卷二十二)有载:“……夙昔赐茶邻御座,即今送菜仰园官……”昔日刘克庄获皇帝赏茶,今日他仰仗园官给他送菜,反映刘克庄晚年生活的点点滴滴。晚年的刘克庄“病疏宾客麾之去,老爱儿孙遗以安”,虽然因病客少,却转向关心儿孙平安,亦可谓清静闲适。

刘克庄爱茶,他的点滴生活经历都是以当时的时代为背景的,他的诗歌在描述自己的生活状态时,也保留下诸多难能可贵的宋代茶文化资料,这些资料都可与其他史料相互印证,难能可贵。当然刘克庄是位丰产的诗人词人,相信还有更多的茶诗词等待我们去发掘。

刘克庄诗文
在莆田研学旅行中的育人价值

◇ 李荔娜

刘克庄为南宋时期辛派词人中成就最高的一位，他的文学水平诗文充满爱国热情，诗作丰富，体裁广泛，充分展现了他的爱国爱民思想，并反映了当时莆田的民间士人风骨、风俗文化和生活现状。其诗文是莆田研学旅行中了解本地历史文化、风土民情的重要窗口，具备很高的育人价值。本文从刘克庄的爱国爱民思想、民俗文化传播、地域印记等角度，简要描述相关代表性的诗词作品，以证明其在莆田研学旅行中所能发挥的重要育人作用。

古代名家诗文作为传统文化，是中华民族的精神给养，会让生长在这个地域上的人产生巨大的向心力、认同感和自豪感。① 而刘克庄的诗文，被莆田这一地域所涵养潜润，饱含他的爱国思想、为人风骨和突出的文学成就，是现代育人的重要载体。承载着为青少年传播优秀传统文化的重要作用和影响力，可在莆田研学旅行中发挥重大教育作用。

刘克庄被誉为南宋文坛领袖、成就最高的辛派著名爱国诗人，有诗作5000多首，诗作数仅次于陆游，居中国历史文人的第二位，其作品收入《四库全书》。② 他一生历经五朝，仕途坎坷，敢于直言相谏，是南宋有名的爱国主义者。莆田绶溪公园拥有诸多历史民俗文化资源，是莆田研学旅行、中小学生研学实践教育的重要目的地。其中，“刘克庄纪念馆”于2017年开始设计施工，它属于莆田绶溪公园二期700亩启动区项目“民俗文化区”中的重要

① 蒋信伟：《如何发挥地方古诗文育人价值》，《人民教育》2017年第7期。

② 王述尧：《刘克庄研究综述》，《古典文学知识》2004年第7期。

内容，[①]而在公园其他一线景观中的市博物馆、延寿村也保存着刘克庄的故居、墓地和诸多故事。

一、刘克庄诗文的教育价值

（一）刘克庄诗文中的爱国思想教育

刘克庄一直主张抵抗外族入侵，渴望祖国统一，但仕途不顺，屡遭罢黜，未能实现爱国雄图，抑郁终生。刘克庄的爱国诗词，情感浓烈，能令人有强烈的共鸣，感受到他强烈的爱国激情，从而深受教育。他的词继承了辛派词人的爱国传统，充满爱国激情。

刘克庄在《沁园春·梦孚若》中写道："何处相逢，登宝钗楼，访铜雀台。唤厨人斫就，东溟鲸脍，圉人呈罢，西极龙媒。天下英雄，使君与操，余子谁堪共酒杯。车千两，载燕南赵北，剑客奇才。饮酣画鼓如雷。谁信被晨鸡轻唤回。叹年光过尽，功名未立，书生老去，机会方来。使李将军，遇高皇帝，万户侯何足道哉。披衣起，但凄凉感旧，慷慨生哀。"此词以梦托志，上半部分表达了抗敌驱虏的慷慨激昂，下半部分表达了自己壮志难酬的悲愤凄凉，悲壮交集。豪情万丈，慷慨激烈，表现了刘克庄收复中原失地的壮怀与斗志。[②]

嘉定元年（1208 年），南宋王朝与金朝签订了屈辱的《嘉定和议》，和议条款为："两国境界仍如前；嗣后宋以侄事伯父礼事金；增岁币为银帛各三十万；宋纳犒师银三百万两与金。"纳绢从二十万匹增加到三十万匹，宋朝皇帝与金朝皇帝的称谓由以前的侄叔改变为侄伯，比《隆兴和议》更为屈辱。刘克庄愤作七言绝句《戎辰即事》讽刺道："诗人安得有青衫？今岁和戎百万缣。从此西湖休插柳，剩栽桑树养吴蚕！"借诗句发出强烈的感叹，为劳动人

---

① 莆田市住建局：绶溪公园约 700 亩启动区项目建设进展顺利，http://www.putian.gov.cn/zwgk/ptdt/bmdt/201710/t20171030_726923.html.（2018 年 7 月 15 日访问）

② 陈文珍：《刘克庄豪放词及与莆田传统文化之关系》，《三明高等专科学校学报》2002 年第 3 期。

民的血汗被当献金而愤愤不平，为国家遭受屈辱而悲叹！[①]

刘克庄三十一岁曾任事抗金前线，意气风发，后虽因边防意见相左离开前线，但一直不甘当文人书生，非常渴望向往执长缨缚敌的战斗生涯。如《满江红·夜雨凉甚忽动从戎之兴》中，刘克庄写道："金甲雕戈，记当日、辕门初立。磨盾鼻、一挥千纸，龙蛇犹湿。铁马晓嘶营壁冷，楼船夜渡风涛急。有谁怜、猿臂故将军，无功级。"他豪情犹在，可是苦于不能再上前线杀敌，只能将一腔爱国激情倾诉于词中。[②]

（二）刘克庄诗文中的爱民思想教育

刘克庄十分关心民间疾苦，同情百姓黎民，他极为痛恨酷吏和腐败的官员，常在诗文中为民请命。如《贺新郎·戊戌寿张守》中写道："不要汉廷夸击断，要史家，编入循良传"，及《贺新郎·郡宴和韵》道："使君偿了丰年愿、便从今、也无敲扑，也无厨传"，这两诗都是借歌颂郡守张友的政绩，希望天下父母官不要滥刑苛税成为酷吏，要有爱民之心才能受民拥戴，流芳后世。又有《鹊桥仙·乡守赵承相生日》中道："去年无麦，今年多稼，尽是君侯心地。向来寺寺总拘桩，今有不拘桩底寺。省仓展日，米场镌价，万落千村蒙惠。更将补纳放宽些，便是个、西京循吏。"此文直接反映宋时官吏常不顾百姓危急，遵守旧例不敢及时开仓放粮。刘克庄劝为官者"放宽些"，充分表现了敢于直面现实，为民发言的风骨。[③]

又如《满江红·送宋惠父入江西幕》："溪峒事，听侬说。龚遂外，无长策。便献俘非勇，纳降非怯。帐下健儿休尽锐，草间赤子俱求活。到崆峒、快寄凯歌来，宽离别。"当时刘克庄的朋友宋惠父即将到江西幕平定当地峒民起义，他特地写词赠友，苦心嘱咐提醒，虽然百姓落草为寇，他们只是活不下去了才铤而走险，但仍为"赤子"，因此不能大开杀戒，要对老百姓采取安抚政策，留一条生路。[④]

---

① 钱币之家：研泉读史(23)南宋宁宗与开禧通宝，http://www.360doc.com/content/17/0825/18/46079206_682093784.shtml.(2018 年 8 月 10 日访问)

② 陶尔夫：《宋词今译》，北京：语文出版社，1995 年，第 246 页。

③ 钱币之家：研泉读史(23)南宋宁宗与开禧通宝，http://www.360doc.com/content/17/0825/18/46079206_682093784.shtml.(2018 年 8 月 10 日访问)

④ 姚红彩：《刘克庄词的谐谑从俗风格》，《郑州航空工业管理学院学报(社会科学版)》2012 年第 6 期。

（三）刘克庄诗文中的民俗文化记载

刘克庄一生仕途坎坷，先后五次被罢黜，长期赋闲乡居，对莆田的社会生活、民俗风情有细腻的观察，较深的了解，他将自己所看所得俱反映于其一生丰富的文学作品中。在刘克庄大量描写日常生活的五言律诗和咏时事的乐府中，不少诗词形象生动地描绘了南宋莆田地区的百姓生活、民俗、杂剧、百戏，具有很高的艺术价值和史料价值。[①]

刘克庄赋闲时期，在诗词中大量描写了莆田民俗风情里的灯夕、观社、赏戏等节日活动，具代表性的作品有"灯夕"系列诗、《田舍纪事十首》、《再和》、《三和》、《即事三首》、《又三首》、《闻祥应庙优戏甚盛二首》、《神君歌十首》、《观社行》等诗，这些作品融入了浓厚的地方风俗因素，对认识南宋民俗有特殊的价值。[②]

刘克庄在《贺新郎》词中描绘了端午节时当地百姓习俗："深院榴花吐。画帘开、練衣纨扇，午风清暑。儿女纷纷夸结束，新样钗符艾虎。早已有、游人观渡。老大逢场慵作戏，任陌头、年少争旗鼓，溪雨急，浪花舞。"从诗词中可知端午节时人们佩戴钗头符，在门前插艾叶以辟邪气，赛龙舟的情景。

刘克庄的观社、赏戏之作，更为研究宋代莆仙戏曲留下了宝贵资料。在南宋时，莆田地区的杂剧、百戏演出已在民间定期举行。每逢节日，城乡一般都有演戏的活动，鼓乐杂剧交集，热门非凡。刘克庄《和居厚弟一首》中写道："处处笙歌杂诵谣，盍簪一笑共今宵"，《又和宋侯三首》写道："梨园部里奏云和。"《灯夕二首》中描写了百姓乐于观赏百戏的情景："久矣庞公懒入城，偶逢节序尚牵情。盛鸱夷酒出行乐，铸裹蹄金难买晴。不与贤豪竞华毂，且随儿女看优棚。老儒更为明时喜，闻说西南黑祲清。"清明是中国传统的扫祭先墓的时节，莆田百姓也纷纷上山踏青扫墓，村社中也会请戏班子演戏。《寒食清明二首》中写道："宁复斗鸡陪戏社"。[③] 经学者研究，刘克庄留下了约30多首咏兴化（莆仙旧称）杂剧的诗词，从中可看出当时兴化杂剧的

---

① 王述尧：《刘克庄研究综述》，《古典文学知识》2004年第7期。

② 侯体健：《刘克庄的乡绅身份与其文学总体风貌的形成》，《中山大学学报（社会科学版）》2011年第3期。

③ 方宝璋：《空巷无人一国狂——从刘克庄诗词看南宋莆田杂剧百戏》，《文史知识》2000年第3期。

成熟程度，既有戏剧故事，又有唱、做、念、舞和服饰化妆等舞台综合艺术。如《田舍纪事十首》："儿女相携看市优，纵谈楚汉割鸿沟。山河不暇为渠惜，听到虞姬直是愁"，提到《鸿门宴》和《霸王别姬》两个历史故事戏剧；又有《己未元日》写道："久向优场脱戏衫"；又有《三和》："戏衫抛了，下棚去"的服饰；又有《再和》："狙公加之章甫饰，鸠盘谬以脂粉涂"的化妆，和"先生滑稽腹如壶""未妨优场开口笑"的插科打诨，有"哇淫奇响荡众志"的动人唱腔，也有《生查子·元夕戏陈敬叟》"繁灯夺霁华，戏鼓侵明发"的通宵演出时间。此外，还有不少描写演技、道具、唱腔、伴奏乐器以及演出习俗和观众看戏情绪等的诗作词句。[①]

（四）刘庄诗文中的地域印记

刘克庄生于莆田，老于莆田，逝于莆田，莆田的文化传统、风物山川、名胜古迹、习俗语音，或隐或显地影响着刘克庄的文学创作。刘克庄83年生涯之中，有近50年是在莆田度过的。他的文学是在故乡的传统中滋养出来的，因而也就天然地打上了莆田的印记。[②]

1.乌石山

乌石山位于莆田城东北方向，为现今莆田东岩山，[③]由明朝何乔远《闽书》卷二十三载："乌石山，自太平山而东。旧在城东北……林与陈、方、黄、宋、刘、王、郑、李八家，居是山之下，簪缨不绝，莆人谓之九大姓。"可知"乌石刘"声名卓著，为莆田九大姓之一。乌石山是刘克庄居在和家族聚居之地。[④]乌石山则常为刘克庄回忆童年的载体，如七律《乌石山》："儿时逃学频来此，一一重寻尽有踪。因漉戏鱼群下水，缘敲响石斗登峰。熟知旧事惟邻叟，催去韶华是暮钟。毕竟世间何物寿，寺前雷仆百年松。"《壬子九日与群从子侄登乌石山用樊川韵》中写道："垂髫登山献捷飞，岁晚重来脚力微。壹死壹生群从少，某丘某水几人归。即今秉烛游清夜，自古无绳系夕晖。莫忆宫门谢

---

① 谢如明：唐、五代莆田百戏与莆仙戏述略，https://wenku.baidu.com/view/056bda46852458fb770b56c2.html? from=search.（2018年8月7日访问）

② 侯体健：《刘克庄诗文中的地域印记及其精神归宿》，《文艺研究》2010年第8期。

③ 莆田文史：乌石山与莆林渊源，http://www.ptwhw.com/? post=2015.（2018年7月26日访问）

④ （明）何乔远：《闽书》，福建师范大学图书馆藏，明万历四十年修，崇祯二年刊本补充配本。

时服，海图尚可补寒衣。”

2.延寿村和延寿溪

延寿溪位于莆田延寿村。刘克庄晚年因爱慕徐寅，故效法先贤，归隐延寿乡里，垂钓潭边，并逝于此地，朝廷赐葬墓筑在延寿村马坑山，现尚存刘克庄墓碑。[①] 刘克庄对延寿溪情有独钟，在《诸公载酒贺余休致水村农卿有诗次韵》一诗中云：“平生慕用徐先辈，异世溪边共一矶”。又有《寿溪》诗云：“丱角钓游今白发，重寻陈迹不胜悲”，又有《二月初七寿溪十绝》诗云：“士不论穷达，离乡即可哀”“城郭有时变，市朝回首非”等等。还有《和乡侯灯夕六首》中道：“溪村可是无风景，几点渔灯照碧湾”描写了溪村节日的闲适。[②]

3.徐潭

徐潭是延寿溪的一段，因唐代徐寅隐居在此而得名。刘克庄仰慕徐寅，在诗文中常提及徐潭，有《徐潭即事二首》《自和徐潭二首》，还有《徐潭精舍上梁文》《志仁监簿示五言十五韵夸徐潭之胜次韵一首》等，另外，与徐潭有关的“钓矶”“樗庵”等词也在其诗文中多次出现。[③]

4.壶公山

莆田名岳壶山（或称“壶公山”）也常常是刘克庄笔下描述家乡的背景，如《与客登壶山绝顶》“十里稀逢寸地平，且无木影荫人行。凫飞难学王乔舄，鱼贯全如邓艾兵。樵子献花簪帽重，山灵供水入瓢清。扪萝莫怪匆匆下，恐赚林僧束炬迎”描写了壶兰山水的风景鱼鸟，樵夫僧侣。《次方武成壶山韵》：“图经云此有神仙，曾见壶公跳入年。斫木人多山渐瘦，结庵僧去石谁眠。鸟归半岭衔斜日，樵返疏村起远烟。君若能抛尘里事，一龛共占野云边。”等诗即是。[④] 描写了壶山的传说和人文景象。

---

① 林毓莎：《宋代莆田乌石刘氏家族及其著述考论》，《重庆三峡学院学报》2015 年第 5 期。

② 侯体健：《论刘克庄晚年诗歌主流——从“效后村体”谈起》，《北京大学学报（哲学社会科学版）》2012 年第 4 期。

③ 侯体健：《刘克庄诗文中的地域印记及其精神归宿》，《文艺研究》2010 年第 8 期。

④ 侯体健：《刘克庄诗文中的地域印记及其精神归宿》，《文艺研究》2010 年第 8 期。

二、刘克庄诗文在莆田研学旅行中所能发挥的作用

刘克庄著作丰富，还有许多优秀的创作包括《后村先生大全集》《闻城中募兵有感二首》《书事二首》《赠防江卒六首》以及十首新乐府《筑城行》《开壕行》《运粮行》《苦寒行》《国殇行》《军中乐》《寄衣曲》《大梁老人行》《朝陵行》《破阵曲》等系列诗歌，还有早期词作如《沁园春·维扬作》《贺新郎·送陈真州子华》等，都来自入幕、游历的生活经验。这些诗词直指时政之多弊，哀痛民生之多艰，被当代文学史家誉为其诗歌中“成就最高”者。[①]

刘克庄继承了莆田文人士子的性格特征，从他的诗作中可充足体会到莆田士人文化的直言敢谏、自负自傲、狂放不羁。[②] 他长年长期稳定地居住于家乡，形成了以其个人为核心，具有相当辐射范围的文人场域。刘克庄晚年自述“公论无过月旦评，吾衰安敢主乡盟”的推辞之语，正反衬出莆田当地文人圈子公议推举其主盟地域文坛的情况。林同《竹溪鬳斋十一稿续集序》中曾言及此段时间莆田人物汇聚刘克庄周边之盛：“（淳祐八年）后村先师时方辞宗正少卿之召，先皇以魏国（指刘克庄母）年高，就畀宪节，即家建台。一时麾节照映之盛，真有壶山之所未有。宾僚乎其间者，盖莫不人自磨濯奋励，求以所讲习、所蕴蓄、所设施而于学问、于文章、于政事有可以表表自见者，爨下之音，囊中之颖，又夫孰无是心哉！”当时与刘克庄志趣相投的大量的文人雅士，频繁与之交往酬唱，形成盛举。[③] 因此刘克庄诗文中表现出来的诗人性格，从一定程度上也反映了当时莆田文人的人文性格和爱国精神，耿直而又狂放，同情民间疾苦，坚持高尚节操。

刘克庄诗词中的历史记忆能够跨越时空，牵引人们去重新反思历史、接纳本土文化。诗中蕴含的爱国爱民、耿直处事的做人道理是一面照亮历史的明镜。以古为镜，可以知兴替；以人为镜，可以明得失。通过游览刘克庄

---

① 程千帆、吴新雷：《两宋文学史》，上海：上海古籍出版社，1991 年，第 464 页。

② 陈文珍：《刘克庄豪放词及与莆田传统文化之关系》，《三明高等专科学校学报》2002 年第 3 期。

③ 侯体健：《刘克庄的乡绅身份与其文学总体风貌的形成》，《中山大学学报（社会科学版）》2011 年第 3 期。

故居，欣赏刘克庄优秀诗文，在实践中体悟和反思，更能激发青少年道德层面的自省、自律和自觉，进而在莆田的研学旅行教育中培育和践行爱国主义和社会主义核心价值观方面发挥积极教育的作用。

研学旅行是思想道德建设领域的社会实践活动，爱国主义教育是其主要目的。刘克庄的文学成就不胜累举，提炼刘克庄诗文中的爱国文化内涵，用他一生中真实感人的历史事件和经典故事吸引青少年学生，以说古论今的方法启发他们，用他诗文中记载的历史民俗向青少年解说本地历史文化，能充分达到研学旅行的教育功能。带有地域标识的古代名家诗文，是历史留给现代人的特殊文化烙印和人文基因，是乡土情结与家国情怀的有机融合。[①] 诗文因地域而亲切，文化因亲切而化人，刘克庄的文学修养和爱国精神，通过研学旅行教育，能使传统文化润物细无声地传承下去。

① 侯体健:《刘克庄诗文中的地域印记及其精神归宿》,《文艺研究》2010 年第 8 期。

从刘克庄书画题跋浅析其鉴赏水平及对后人的借鉴作用

◇ 吴国柱

刘克庄是一位题跋大家，一生中所作题跋有13卷400余篇。其中关于书画鉴赏方面的题跋有许多篇，通过统计、研究分析其精通书画，具有很高的书画艺术鉴赏水平。其书画题跋所用方法及所评论观点对后人具有多方面的借鉴作用。

刘克庄(1187—1269)，初名灼，字潜夫，号后村居士，兴化军莆田县清平里后村(今荔城区镇海街道英龙社区)人。南宋著名文学家、诗人、词人、书画鉴赏家。以荫入仕，淳熙间赐同进士出身，官至权工部尚书、龙图阁学士。卒赠银青光禄大夫，谥“文定”。其著有《后村先生大全集》一百九十六卷传世。其亦工书法，《书史会要》称其“书迹亦佳”。其亦擅画，惜无存。

两宋题跋勃兴，成为关注学术、品评文学、鉴赏书画的重要表达样式。南宋后期的题跋大家则首推刘克庄，其《后村先生大全集》中题跋有13卷400余篇，故《四库全书》称其“题跋诸篇，尤为独擅”。

关于刘克庄对题跋文的研究特别是对书画题跋进行研究的文章少，目前看到有朱迎平论文《宋代题跋文的勃兴及其文化意蕴》、周炫论文《论刘克庄书画题跋的艺术价值》、唐海英论文《刘克庄题跋文研究》、王霖论文《从题跋款识看宋元绘画的形式转换》，另有书法屋发《后村书法题跋》等几篇。对刘克庄书法、绘画题跋进行专门研究的文章更少。笔者把刘克庄共十三卷题跋中关于书法、绘画鉴赏方面的题跋分类举例(注：对刘克庄书法、绘画题跋中涉及记事等方面的题跋，不在本文研究之列。)，在此基础上做史料统计，研究分析刘克庄的书法、绘画鉴赏水平及对后人的借鉴作用。

一、刘克庄关于书法鉴赏方面的题跋

(一)刘克庄对帝王、名家、名人书法风格、气韵的题跋举例

1.《米元章(米芾)〈焦山铭〉》:“不独笔法超诣,文以清拔,想见挥毫时神游八极、眼空四海。”

2.《卓君景福临淳化集帖》:“陈宓字可至二三尺,而小楷行草端劲秀丽,在崇清(陈说)上。寸纸流露,人争宝藏。”

3.《卓君景福临淳化集帖》:“卓景福临《淳化集帖》凡一百十有五字,老气森严,殆欲扫去欧、虞、褚、薛而自为一家者。”

4.《蔡端明(蔡襄)书唐人诗帖》:“此一轴大字极端劲秀丽,不减《洛桥记》。”

5.《蔡襄十帖》:“盖公至大至刚之气,发于翰墨者如此。”

6.《张文定公齐贤帖》:“张公不以词翰名,然行草故自豪迈。”

7.《阅古堂诗刻》:“今又见自(范仲淹)书阅古堂诗,以一代元老大臣而作蝇头小楷,端谨如此。”

8.《恭跋昭陵飞帛书》:“书家以飞帛书为难,自唐太宗后,惟仁宗笔法精妙。”

9.《林和靖帖》:“坡公(苏东坡)评和靖书,谓其少肉,此帖秾艳,非少肉者。”

10.《桐乡(徐纲)艾轩(林光朝)所作富文(施廷先)行状志铭》:“君节示余此轴(指林光朝所作施廷先行状志铭),墨妙笔精。”

11.《苏才翁(苏舜元)二帖》:“书家谓才翁策简(笔意高简),惟简故妙。”

12.《刘原父(刘敞)陈述古(陈襄)帖》:“古灵公(陈襄)字不多见,此帖姿媚如此,可宝也。”

13.《钱忠懿(钱俶)王帖》:“唐人崇尚文墨,台阁公卿未有不工此者。”“见忠懿与其子遗墨五幅,草圣奇古,简而不烦,得钟(钟繇)王(王羲之)意。”

14.《文潞公(文彦博)帖》:“旧见公字多矣,此帖秀美遒劲,有李北海(李邕)之意。”

15.《鲁肃简(鲁宗道)包孝肃(包拯)帖》:“包(包拯)笔法端劲,翰墨间风

流醖藉。”

16.《杨文公(杨亿)帖》:“杨公不以字行,然此帖恣媚有态,盖公得意书也。”

17.《梅都官(梅尧臣)帖》:“圣俞(梅尧臣)不以书名,而结字妍华,在欧(欧阳修)、蔡(蔡襄)之间。”

18.《苏文忠公(苏轼)坡隶四帖》:“此帖在乌台诗案以前,尤清媚可爱。”

19.《李承之帖》:“此帖端劲姿媚,有石曼卿(北宋文学家)《筹笔驿诗》意度,可宝也。”

20.《妙善帖》:“此老不求工于翰墨,而英杰之气自不容揜如此。”

21.《竹溪所藏方次云与夹漈帖》:“(方次云)素妙心画,今大字惟存‘祥应庙’三字,行草惟竹溪(林希逸)所藏此帖,有二王(王羲之、王献之父子,东晋杰出书法家)笔意。”

22.《坡公(苏东坡)题背面美人行》:“此卷后坡(苏东坡)诗,墨浓笔纵,暮年书也。”

(二)刘克庄对书法学习、临摹方法的题跋举例

1.《蔡端明(蔡襄)临〈真草千(字)文〉》:“艺未有不习工而者。……”

2.《蔡公(蔡襄)书朝贤送行诗序》:“余闻古之善书者,由楷以入行草,非由行草而入楷也,羲、献、虞、褚皆然。”

3.《高宗宸翰四·临兰亭》:“然艺不习则不工,虽右军(王羲之)犹不免于临也。辨才年八十余,日临数本,能积勤然后能绝妙,非偶然得名也。”

4.《复斋(陈宓)临〈兰亭〉》:“善书者未有不临《禊帖》,然有貌似之者(指形似),有意似之者(指遗貌取神韵)。”

5.《蔡公帖十二·临欧率更(欧阳询)〈转授诀〉》:“蔡公(蔡襄)临《转授诀》,九分逼真,使率更(欧阳询)见之,不能辨也。呜呼,可谓艺之至者矣。”

(三)刘克庄对法帖真赝优劣的题跋举例

1.《跋林竹溪(林希逸)〈禊帖〉》(断石本):“此帖与余家所藏断石本点画无毫发异,定石羽化之后,赝本盛行,而真赝遂易位矣。竹溪(林希逸)其珍閟之,十五城勿轻换。”又跋《禊帖》(定武本):“初薛氏子窃去旧石,刊此本以代之。今士大夫家藏及都城鬻书人所货,皆薛氏子续刊也。竹溪此本亦然,去断石本远矣(差矣)。”

2.《旧潭帖》:"以余所见《潭帖》,凡有数本,有绝佳者,有稍残缺者,有行数不同者,有漏落数行者。……真者或七八行为一板,或十六七行为一板,皆李廷珪墨摸印,其黑如漆,字尤丰艳有精神。……帖家固当以阁(《淳化阁帖》)为祖,绛(《绛帖》)次之,旧临江(《临江帖》)次之,潭(《潭帖》)又次之,武冈(《武冈帖》)又次之。临江(《临江帖》)佳者可乱阁(《阁帖》),武冈(《武冈帖》)佳者可乱绛(《绛帖》),汝(《汝帖》)、鼎(《鼎帖》)拙野,无以议为也。"

3.《虚斋(赵以夫)书画·〈禊三帖〉》:"此五字未缺时本,尤可宝。而藏《禊帖》者多以五字缺者判真赝优劣。"

4.《方一轩诸帖·〈阁帖〉》:"近人多不识《阁帖》……真者字画丰秾有精采,如潭(潭帖)绛(绛帖)则太瘦,临江(《临江帖》)则太媚。又用李廷珪墨印造……皆用此墨,不可以伪。予偶于故家得第五卷一轴……试取汪氏(本)所记行数,视之皆合。……然真帖可辨者,有数条:墨色,一也。……惟此本卷数板数字皆相连属,二也。……此本行数字比帖中字皆大而浓,余所得《江东本》,每板皆全,纸无接黏处,一部十卷,无一板不与《汪氏》所记合,乃知昔人装背之际,宁使每板行数或多或寡,而不肯翦截凑合者,欲存旧帖之真面目,四也。余得《汪氏》之诀,不敢独善,逢人必告。……余之说,传赝帖息而真帖出,不亦书画家之一快乎?"

5.《跋郑子善通守诸帖》之《乐毅论》:"此五段石本与余所藏无小异,但王顺伯跋乃赝本,非真笔也。"

(四)刘克庄对金石题跋举例

1.《好一集录》:"欧阳公(欧阳修)集金石录千卷,赵德甫(赵明诚)续录二千卷。……然各费二十年,网罗收拾,所获止如此。南渡后,北碑寖难致,方君敬则(方楷)……惟酷嗜古文奇字,间有一善碑,一真迹,必高价访求,不得不止,所收为吾里诸家之冠,而北碑尤多。自《石鼓》、《峄山》、《诅楚》,至隋、唐残碣断刻,一一装饰而笈藏之,积至六百余卷,日增而未已也。"

2.《跋郑子善通守诸帖》之八《徐会稽题经》:"徐季海(徐诰,唐代著名书法家)书列于夹漈(郑樵)《金石略》者三十余种,此碑法楷法尤妙,在西京。"

二、史料统计、研究分析刘克庄的书法鉴赏水平及对后人的借鉴作用

从《刘克庄集笺校》卷九九、一〇一、一〇二、一〇三、一〇四、一〇五、一〇七、一一〇、一一一计九卷关于书法鉴赏的题跋，即刘克庄对晋、唐、五代十国、宋帝王、名家、名臣墨宝、法帖鉴赏的题跋分析，概括五个方面，现逐一论述如下：

（一）刘克庄家藏名家墨宝及法帖对其书法鉴赏水平起到先决作用

刘克庄祖父刘夙官著作佐郎，理学家。刘克庄父刘弥正，官至吏部侍郎。刘克庄官权工部尚书、龙图阁学士。

卷一〇五·题跋·四四〇二页、卷一一〇·题跋·四五六五页刘克庄跋语有三处提到“与余所藏《三略》字体无毫发异”，“校余旧藏者无一点一画不同”，“与余所藏无小异”；卷一〇二·题跋·四二七五页、卷一〇四·题跋·四三七四页、卷一一〇·题跋·四五六六页、卷一一一·题跋·四六〇一页、四六〇四页刘克庄跋语有五处提到“此帖与余家所藏断石本点画无毫发异……”，“此本与余家所藏薛本，无毫发异……”，“与余家旧本参校……”，“与余家所藏本无小异”，“与余家旧藏本无毫发异……”。从以上八处所跋法帖有东晋王羲之《禊帖》《兰亭集序》《乐毅论》，唐代欧阳询《率更千字文》，北宋邑人蔡襄《蔡公书朝贤送行诗序》，北宋苏东坡《坡公题背面美人行》及其他帝王、名臣、名家墨宝及法帖，可看出刘克庄家藏多为“南帖”。

（二）刘克庄所见诸多帝王、名家、名臣墨宝、法帖，令其进一步扩大鉴赏眼界和提高鉴赏水平

刘克庄从莆田北宋大书家蔡襄后人出示墨宝，方信孺家藏名家墨宝，从莆田白杜方氏家族方审权、方采、方楷所藏帝王、名臣、名家墨宝，从玉湖陈俊卿家藏御札，从郑南恩家藏陈宓遗墨，从方之泰家藏名臣墨宝，从福清林希逸（曾知兴化军）所藏名臣墨宝，以及刘克庄从政期间所见朱熹、张栻、赵汝愚等人墨宝。现统计如下：

刘克庄亲眼所见帝王宸翰有五代十国的闽王王审知、吴越忠懿王钱俶，北宋仁宗赵祯、徽宗赵佶、钦宗赵恒，南宋高宗赵构、孝宗赵眘、理宗赵昀等。

刘克庄亲眼所见名臣、名士墨宝、法帖有唐代韩偓，有宋代赵普、张齐贤、王禹偁、张士逊、林逋、杨亿、范仲淹、宋庠、包拯、曾公亮、余靖、梅尧臣、富弼、唐询、文彦博、韩琦、欧阳修、韩绛、韩维、陈襄、吕公著、刘敞、苏颂、李承之、冯京、贾黯、吕大防、韩忠彦、刘挚、邵元、郭功甫、沈辽、吕惠卿、王安礼、钱勰、章惇、陈彦默、郑侠、王诜、曾肇、张商英、刘安世、陈瓘、邹浩、宇文虚中、江公望、张舜民、邓肃、周必大、朱熹、张栻、赵汝愚、真德秀、洪咨夔、赵汝谈、吕居中、林格、汤巾、赵以夫等。

刘克庄亲眼所见名家法帖、墨宝有：东晋王羲之，唐代欧阳询、徐浩、怀素，北宋苏轼、黄庭坚、米芾等。

刘克庄亲眼所见莆名家、名士墨宝有北宋蔡襄、蔡京、蔡卞，南宋陈俊卿、方翥、林光朝、郑樵、陈宓、陈谠、卓景福、林井伯、余崇龟、余晔、王迈、方元吉、方信孺、方大琮、喻景山等。

（三）刘克庄书法艺术鉴赏水平之高源自于其鉴赏知识面之广

刘克庄题跋中所提及历代名家有三国魏钟繇，东晋卫夫人、王羲之、王献之父子，陈隋间僧人智永，唐代欧阳询、虞世南、褚遂良、薛稷、孙过庭、陆柬之、李邕、徐浩、张旭、怀素和尚、高闲和尚、辨才和尚、亚栖和尚、钟绍京、归登等。宋代周越、苏舜元、蔡襄、苏东坡、黄庭坚、米芾、秦观、米友仁、徐兢、徐林、吴说等。

刘克庄题跋中所提刻（法）帖有宋《淳化阁帖》、《绛帖》、《大观帖》、《临江帖》（戏鱼堂帖）、《武冈帖》、《汝帖》、《鼎帖》（武陵帖）。所提金石专著有欧阳修《集古录》、赵明诚《金石录》、郑樵《金石略》。

从以上资料可看出刘克庄对南宋以前历代名家书法及书法审美理论知识涉及面广，而且颇有研究。他对法帖拓本真赝也有较高的研究，而且还总结出一套鉴别真赝的方法。可从其运用娴熟的专业术语题跋中非常明显看出具有较高的鉴赏水平。

（四）刘克庄书法墨迹亦佳

从明初洪武九年（1376 年）陶宗仪著《书史会要》（卷六）对刘克庄书法艺术的评价："刘克庄，字潜夫，号后村，兴化人（兴化军人）。官至尚书（实：权工部尚书），谥文定。书迹亦佳。"可看出刘克庄书法艺术水平不一般，其书法艺术水平与书法鉴赏水平相得益彰。

(五)刘克庄关于书法、法帖的题跋对后人的借鉴作用

刘克庄善于抓住书法家作品的特点,品评其风格。其评论寥寥数语而直指要旨。此种言简意赅的题跋、评论方法值得后辈人效用。

刘克庄博览群书(指书法方面),好收藏,精鉴别,也是后辈人学习的榜样。

刘克庄指出:"艺不习则不工""能积勤然后能绝妙""临帖貌似、意似说(临帖应不只求形似,更应求神似)",皆是至理名言,非常值得后辈学书者所遵循。

刘克庄对法帖真赝的鉴赏方法非常行之有效,为后辈人收藏、研究法帖真赝有最实用的参考作用。而且刘克庄不敢独善,"逢人必告(诉)"的分享精神十分高尚,值得后人提倡和学习。

刘克庄在《李承之诸帖》跋:"……名觉者,必是莘老,素不工书,此帖乃吏札,不必存。孔经文、陈伯修以人重,不以字重,龚深父亦然。"这种正确的收藏观值得提倡,不工书者的书法不必收藏,以人重、不以字重的书法不必太在意收藏,应以人品好的名家书法作为收藏首选。

三、刘克庄关于绘画鉴赏方面的题跋

(一)刘克庄对名家、名手画艺高超评论的题跋举例

1.《惠崇小景》:"……如惠崇者,尤为称奖。同时僧居宁善作草虫……"

2.《李伯时(李公麟)罗汉》:"……至龙眠(李公麟),始扫去粉黛,淡毫轻墨,高雅超诣。……于乎亦可谓天下之绝艺矣。"

3.《厉归真夕阳图》:"厉道士,唐末五代间亦以此技擅名,其妙不减韩(韩滉)、戴(戴嵩)……"

4.《信庵墨梅》:"信庵(赵葵)乃以几务余闲,为梅写真。其苍枝老干,槎牙突兀者,元晖(米友仁)、宣仲(廉布)不及也。其繁葩疏蕚、幽妍芳洁者,花光、补之(杨无咎)复出也。……"

5.《李伯时(李公麟)画十国图》:"……画外国人物非一家,精妙鲜有及此。……"

6.《巨然春溪欲雨图》:“本朝僧以画著名如惠崇、居宁、巨然,皆见于荆公(王安石)诗。……”

7.《庚戌写真赠徐生》:“……生字少高,其技为一郡冠。”

8.《又赠陈汝用》:“画者为余记颜多矣……陈生汝用独为长松怪石、飞湍怒瀑,著余幅巾燕服,杖藜其间,见之者皆曰:‘逼真’。他画师者见之亦曰:‘逼真’。……”

9.《龙眠画四天王》:“自古至今,画神鬼者多矣,唐惟一道子(吴道子),本朝惟一伯时(李公麟)入神品,它名笔皆不逮。……”

10.《花光梅》:“……见杨补之梅花障子,其枝干苍老如铁石,其葩蘤芳敷如玉雪,信乎名不虚得也。……花光则不然,直以矮纸稀笔作半枝数朵,而曲尽画梅之能事。……”

11.《陈公储作山龙、自跋诗皆精妙,戏题其后》:“伯时马,公储龙,追列缺,拏空濛。挟电雹,驱雷风。裂石出天,通艺虽工命则穷。”

(二)刘克庄对绘画持专精观点的题跋举例

1.《戴崧牛》:“曹霸、韩幹以画马遇开元天子(唐玄宗),崔白以工翎毛待诏熙宁(宋神宗),易元吉以画猿蒙光尧(宋高宗)赐诗,戴牛虽妙,乃未为人主赏识。……”

2.《花光、补之梅》:“画之至者不两能,花光、补之专为梅花写真,所以妙天下。文湖州(文同)于竹,李伯时(李公麟)于马皆然。今画者无所不画,既不能皆工,归于皆拙而已,诗与文亦然。”

3.《杨补之词画》:“艺之至者不两能,善画者不必妙词翰,有词翰者类不工画。……”

(三)刘克庄对绘画兼论人品的题跋举例

1.《韩幹三马》:“……余曰:‘子中(林希)在绍圣(1094—1098年)以前,其议论未尝不是涑水(指司马光)而非剌荆舒(指王安石),厚坡公(苏轼)而薄亶(舒亶)、定(李定),未出元祐老奸之语也,未掷笔而发名节扫地之叹也,清献(赵抃)安能逆料其晚节乎?因子中父子题识,反为名画之累。’”

2.《信庵墨梅》:“顷当国宰相欲求公一笔,公(赵葵)怒曰:‘赵某乃为某写梅耶?’公靳寸墨不予彼相,顾扫匹纸以赠故人,此其所以为一代之伟人欤?”

（四）刘克庄对绘画气韵的题跋举例

1.《赵大年小景》："大年胸次萧洒，故见于笔端如此。岂睦亲宫中终日骑木马、放鹁鸽者所能为哉？"

（五）刘克庄对绘画真赝鉴定的题跋举例

1.《伯时（李公麟）临韩幹马》："……伯时行书间见诸帖，参校此轴字，无少异，字真则画真矣。"

2.《江贯道山水》："……有江贯道（江参）山水一巨轴，用疋绢作。其布置疏密，点缀浓淡，与竹溪（林希逸）此卷皆合。……"

3.《石鼎联句图》："此必是临李伯时（李公麟）、周忘机本子……"

4.《龙眠（李公麟）画四天王》："……孟芳此轴，得之福唐之所，故家物也。其画天王大神通、大威猛之状，与夫侍女之妍，将吏之武，兵械之盛，不施丹绘而縈映巧妙，变化恍惚，观者莫知其作如何下笔，非伯时（李公麟）不能作也。……"

5.《萧栋所藏画卷》："画《洛神赋》，余见数本，皆曰：'龙眠（李公麟）所临。'虽使善鉴定者，莫能辨其真赝。庐陵萧君（萧栋）此本，末有涧泉（韩淲）跋语，不必伯时真迹，自可重矣。"

（六）刘克庄对前人绘画题跋的考证举例

1.《韩幹三马》："龙眠（李公麟）马于今未易得，况幹马乎？以画家记载考之，幹仕至太府寺丞，此题云：'韩将军笔'。幹画马师曹霸，霸仕至左武卫将军，然则称将军者，霸也，疑子中（林希）误也。……"

2.《李伯时画十国图》："……旧题云：'李伯时（李公麟）学吴道子画。'按：'梁元帝（萧绎）自画《职贡图》，至唐犹存，似非道子作古，窃意此画源流甚远。留归数日，以归竹溪（林希逸）。'"

（七）刘克庄对着色古画、墨画方面的题跋举例

1.《李伯时罗汉》："前世名画，如顾（顾恺之）、陆（陆探微）、吴道子辈，皆不能不着色，故例以丹青二字目画家。至龙眠（李公麟），始扫去粉黛，淡毫轻墨，高雅超诣。……"

2.《伯时临韩幹马》："……伯时画以纸不以绢，以墨不以丹青，而此用

绢，又著色，何也？”余曰：“临韩幹马，欲其肖幹，若用素纸不出色，是伯时马也，岂曰：‘韩幹马’哉？”

3.《小米画》：“古画皆着色，墨画盛于本朝。始惟文与可（文同）、李伯时（李公麟），后东坡（苏轼）、宝晋父子（米芾、米友仁）迭为之。廉宣仲（廉布）、王清叔亦著名……”

四、史料统计、研究分析刘克庄的绘画鉴赏水平及对后人的借鉴作用

从《刘克庄集笺校》卷九九、一〇二、一〇四、一〇五、一〇六、一〇七、一〇八、一〇九计八卷关于绘画鉴赏的题跋分析，概括四个方面，现逐一论述如下：

（一）刘克庄精通书画，收藏有名家书画，还与林希逸共同鉴赏书画作品，诗跋赓和，并展示其专业素养

明初洪武九年（1376 年）陶宗仪著《书史会要》（卷六）对刘克庄书法艺术的评价：“刘克庄，字潜夫，号后村，兴化人（兴化军人）。官至尚书（实：权工部尚书），谥文定。书迹亦佳。”可看出刘克庄具有较高的书法艺术水平。

《刘克庄集笺校》卷一〇七·题跋·四四六九页载《花光梅》：“……余亦有梅癖者，然善画不如花光、补之……”据此跋可知刘克庄擅画梅花，自言不如花光和尚、杨补之两位画梅名家。

《刘克庄集笺校》卷一〇七·题跋·四四六八页载《龙眠画四天王》：“……余所宝伯时（李公麟）图豢（《正字通》：‘凡畜养禽兽，皆曰豢。’）龙氏二幅，比此轴规模布置，物色笔意，皆酷似。……”据此跋可知刘克庄收藏有北宋著名画家李公麟画。

《刘克庄集笺校》卷一〇二·题跋·四二九七页载《石虎礼佛图》：“……此画乃夹漈公（莆宋人史学家郑樵）旧物，聊存之。”又据《两宋名贤小集》（卷三〇二）有载林希逸《题后村石虎礼僧图》诗，据此可知刘克庄收藏有《石虎礼佛图》。

《刘克庄集笺校》卷一〇二·题跋·四二九八页载《明皇听笛图》，又据《两宋名贤小集》（卷三〇二）有载林希逸《题后村明皇听笛图》诗，据此可知

刘克庄收藏有《明皇听笛图》。

《刘克庄集笺校》卷一〇二·题跋载有刘克庄为挚友林希逸藏画《伯时临韩幹马》《戴嵩牛》《王摩诘渡水罗汉》《江贯道山水》《厉归真夕阳图》《韩幹三马》《信庵墨梅》《李伯时画十国图》《马和之觅句图》《石鼎联句图》《杨通老移居图》题跋。林希逸亦为刘克庄藏画《石虎礼佛图》《明皇听笛图》等题诗相和。

(二)刘克庄所见名家、名手绘画精品,令其进一步扩大鉴赏眼界和提高鉴赏水平

刘克庄从莆田郑偘、方楷、方采藏画,从福清林希逸藏画,从长乐赵以夫藏画,从永嘉包国器藏画,从庐陵萧栋藏画,以及林孟芳藏画的题跋,现统计如下:

刘克庄亲眼所见名家(画作)有:唐代王维、韩幹、戴嵩,宋代李公麟、赵大年、米友仁、江参、杨无咎、马和之、赵葵、陈公储,另有五代道士画家厉归真,北宋画僧巨然、惠崇、花光,还有南宋写真名手徐少高、陈汝用。

(三)刘克庄绘画艺术鉴赏水平之高源自于其鉴赏知识面广

刘克庄画跋中提到画家有:东晋顾恺之,南朝刘、宋时期陆探微,南朝梁元帝萧绎,唐代郑虔、吴道子、曹霸、韩滉,宋代范宽、崔白、文同、易元吉、晏九道、米芾、廉布、周忘机,另有北宋画僧居宁。

从以上资料可看出刘克庄对南宋以前历代名家绘画及绘画审美理论知识涉及面广,而且颇有研究。他对绘画真赝也有较高的研究,而且还总结出一套鉴别真赝的方法。可从其运用娴熟的专业术语题跋中非常明显看出具有较高的鉴赏水平。

(四)刘克庄关于绘画的题跋对后人的借鉴作用

刘克庄对名家、名手画艺高超评论的题跋,其语句简练,其评论一语中的。此种言简意赅的题跋、评论方法值得后辈人效用。

刘克庄对绘画持专精观点是非常正确的,也是非常切实可行的学习艺术的方法。其指出的"画之至者不两能""艺之至者不两能"是至理名言,非常值得后辈学艺者所遵循。其还批评那些"今画者无所不画,既不能皆工,归于皆拙而已,诗与文皆然"。切忌浮杂、贪多,反而"不工皆拙"的毛病。亦

非常值得后辈学艺者所警示。

刘克庄注重“艺品”。认为艺术家应该德艺双馨，例如其对赵葵的赞扬。其对名画遭“人品”差之人题识，指出“反为名画之累”的观点，具有弘扬“正能量”，抵制“负能量”的作用。

刘克庄对绘画讲求气韵生动，写胸中逸气。如其对赵大年《小景画》的题跋即如此。亦是后辈学艺者所要追求的艺术境界。

刘克庄对绘画真赝鉴定有自己的一套方法，例如鉴定画要结合鉴定落款题字真伪，其跋《伯时临韩幹马》提出“字真则画真”的观点有一定的道理。此种方法是鉴别绘画真伪的一种行之有效的方法。刘克庄还对绘画的布置疏密、点缀浓淡，以及画作萦映巧妙、变化恍惚等方面来综合判断鉴定作品真伪。即通过观画、神韵、章法布局、笔墨功夫，综合来鉴定画作真伪，亦是一种非常行之有效的方法。

刘克庄对绘画的题跋是专业的、严谨的，其对前人的题跋错误处进行认真考证，如其跋《韩幹三马》中对林希题跋之误进行考证。此种专业的、严谨的学术态度值得后辈艺术研究者和艺术评论者认真学习。

刘克庄对中国绘画史上着色古画、墨画也有精练的题跋。

总之，刘克庄因精通书画，具有很高的书画艺术鉴赏水平，可谓是书画鉴赏家。其书画题跋所用方法及所评论观点对后人具有多方面的借鉴作用。

参考文献

1. 黄祖绪：《绶水书香》，北京：中国文史出版社，2005 年。
2. 樊锦隆博客：《众春园与阅古堂》，2009 年 12 月 15 日。
3.（宋）刘克庄著，辛更儒校注：《刘克庄集笺校》，北京：中华书局，2011 年。
4. 朱迎平：《宋代题跋文的勃兴及其文化意蕴》，豆丁网，2012 年 2 月 28 日。
5.（明）陶宗仪撰，徐美洁点校：《书史会要》，杭州：浙江人民美术出版社，2012 年。
6. 周炫：《论刘克庄书画题跋的艺术价值》，豆丁网，2013 年 7 月 31 日。
7. 陈春阳主编：《莆田市名人志》，福州：福建人民出版社，2014 年。
8. 杨飞主编：《中国书法与绘画一本通》，北京：北京联合出版公司，2015 年。
9. 唐海英：《刘克庄题跋文研究》，豆丁网，2017 年 2 月 10 日。
10. 詹淑海：《刘克庄评传》，福州：海峡文艺出版社，2017 年。

刘克庄与贾似道

◇ 詹淑海

刘克庄一生刚介耿直，不畏强权，敢于犯颜直谏的精神一直被人们传为美谈。然而让刘克庄怎么也不会想到的是，竟然因为贾似道被《宋史》列入《奸臣传》而含冤，蒙受到了一次比“落梅诗案”更大、更为可怕的冤案。本文试从刘克庄《后村先生大全集》以及《宋史》、《元史》中有关贾似道的记载，论述刘克庄与贾似道的关系，从而还原一个真实的刘克庄，否定一些史志长期以来强加在他头上所谓“谄媚奸臣”、“晚节不保”的错误，还刘克庄以清白。

最早对刘克庄提出诟病的是宋末元初的方回。方回在其所著《瀛奎律髓》中认为：“后村初学晚唐，既知名，丞相郑清之奏赐进士出身。贾似道当国，仕至尚书端明。诗文谀郑及贾，已甚晚节。”

继方回之后元代的阮世隆在其所编《两宋名贤小集》中也认为：“克庄学问充积，甚有文名，真德秀尝以‘学贯古今、文追骚雅’荐之。晚年为贾似道一出，君子惜焉。”

清代的王士祯则将刘克庄《贺贾丞相启》等同于扬雄《剧秦美新》、蔡邕代作君臣上表以及阮籍的《劝进表》，认为其“抑蹈雄、邕之覆辙而不自觉。”

方回和王士祯的评论对后世影响很大。明清以后的许多学者和史志在评论刘克庄与贾似道的关系的时候多不加辨析地沿用了方回和王士祯的说法，甚至还有人更进一步认为刘克庄晚年为贾似道一出是“晚节不保”，而为之深感惋惜。这些无不给刘克庄的声誉造成了极大的损害。

平心而论，刘克庄与贾似道父子确有私交。林希逸《后村先生刘公行状》云：“公早受知忠肃贾公，辨章尤相亲敬。辨章师相尤奇公之文，每得公所作，必令吏录之。”

林希逸《后村先生刘公行状》所谓“公”指的即是刘克庄，“忠肃贾公”指

的是贾似道的父亲贾涉。“辨章师相”指的则是贾似道。刘克庄博才多艺,很早就已经蜚声南宋文坛,深受贾似道的父亲贾涉的赏识。贾似道的父亲贾涉,字济川。贾涉在担任京东、河北镇抚节度使、淮东制置使,知楚州(今江苏淮安)时曾招纳山东“忠义军”共同抗击金兵的侵略,立下卓著战功,颇受世人敬重。

贾似道,字师宪,号悦生、秋壑,台州(今浙江天台)人。贾似道的年龄比刘克庄小整整二十五岁。贾涉教导少年时的贾似道要向刘克庄学习。在他父亲的训导和影响下,贾似道从小就十分敬重他的父辈朋友刘克庄,欣赏刘克庄的文学才华,对刘克庄的诗、词、文章每篇必“令吏录之”。

理宗端平元年(1234年),贾似道以父荫补嘉兴司仓,籍田令。理宗嘉熙二年(1238年),时年二十八岁的贾似道进士及第,召赴廷对,擢太常丞、军器监。

贾似道具有一定的政治、经济头脑和军事才能。他靠的是自己的才华和本事而被理宗皇帝重用,一步步由基层逐渐攀上高位的。

据《宋史·贾似道传》载,有一天晚上,理宗皇帝在宫中登高遥望西湖,见湖中灯火辉煌,笙歌悠扬。他对身旁的左右侍从说这肯定又是贾似道在寻欢作乐。第二天一早,理宗皇帝派时任临安知府的史岩之前去训诫贾似道。然而史岩之在与贾似道一番接触后发现贾似道很有才干。于是,他进宫报告理宗皇帝说:“似道虽有少年气习,然其材可大用也。”理宗皇帝听了史岩之的汇报后,不但没有惩戒贾似道,反而越级提拔他出知湖南沣州。理宗淳祐元年(1241年)又升他为湖广统领,主管一路财赋。理宗淳祐三年(1243年)加户部侍郎。理宗淳祐五年(1245年)以宝章阁直学士为沿江制置副使、知江州兼江南西路安抚使。

理宗淳祐九年(1249年),抗金名将京湖制置使孟珙临终前举贾似道以自代,接任京湖制置使、知江陵府。理宗淳祐十年(1250年),贾似道以端明殿学士移镇两淮。理宗宝祐二年(1254年),加同知枢密院事、临海郡开国公。理宗宝祐四年(1256年)为参知政事。理宗宝祐五年(1257年)知枢密院事。理宗宝祐六年(1258年),改两淮宣抚大使。

刘克庄从不忌讳他与贾似道的交情。他多次坦承:“余与公有世旧”,“笃累世通家之旧”。刘克庄对年轻的贾似道寄予很高的期望。他认为贾似道担任过沿江制置使,“忠劳百倍于清献,而怀贤服善,了无毫发矜功伐能之意”,是一个完全可以担当得宰相重任的人才。

理宗开庆元年(1259年)十月,忽必烈率领蒙古军队渡过长江,直逼鄂州,京城大震。理宗皇帝急忙于军中拜贾似道为右丞相兼枢密使,督帅六路兵马增援鄂州。贾似道随即由汉阳进入鄂州,“身先群帅,投袂疾趋。亲擐甲胄,犯矢石,与虏大酋对垒。以衮衣黄钺之贵,俯同士卒,甘苦卧起者数月”,逼使蒙古军队陷入了“欲攻城不克,济师不能”的困境。贾似道的出色表现,使得忽必烈不能不对他刮目相看。忽必烈严厉斥责负责主攻鄂州的蒙军将领说:“彼守城者只一士人贾制置,汝十万众不能胜,杀人数月不能拔,汝辈之罪也。”忽必烈甚至还当着随扈面前望城兴叹:“吾安得如似道者用之。”

是年,蒙古大汗蒙哥在攻打四川钓鱼台时中箭身亡。蒙哥汗突然死亡,回国与弟弟阿里不哥争夺汗位成为忽必烈的头等大事。忽必烈得到蒙哥汗的死讯时,原想攻下唾手可得的鄂州再班师回朝,以利争夺汗位。但他没想贾似道抵抗顽强,他久攻数月不下,不得不接受谋臣郝经“断然班师,亟定大计,销祸于未然”和廉希宪“愿速还京,正大位以定天下”“宜遣使与宋进好,敕诸军北归”的建议,匆忙回兵北撤。此时被围困在鄂州城内达数月之久的贾似道并不知道,也不可能知道蒙古国内的剧变和忽必烈突然撤兵的原因,所以才会听从部将刘整的建议,派兵截杀殿后的蒙古军队,捡了个大便宜。

刘克庄《贺贾丞相启》在祝贺贾似道拜相并取得“鄂州战役”胜利的同时,寄希望贾似道能够像当年寇准和张浚一样“殪挞览于澶渊,力扶景德,走刘麟于淮右,光辅绍兴”,尽心尽意地辅佐理宗皇帝成就中兴大业。应该说刘克庄当时在写这篇《贺启》时,不管是从其主观愿望或是出发点来说都是好的、忠君爱国的。然而,让他没有想到的是,他的这篇《贺贾丞相启》在数百年后竟然会被一些人作为他阿谀奉承贾似道,结交奸臣而有污于名节的口实。

其实,我们只要认真分析刘克庄《贺贾丞相启》与扬雄《剧秦美新》蔡邕代群臣上表及阮籍《劝进表》,就不难发现它们两者本质上的区别是十分明显的,两者根本就不能相提并论,混为一谈。王士祯等人不加区别地将刘克庄《贺贾丞相启》等同于扬雄的《剧秦美新》、蔡邕代作群臣上表和阮籍的《劝进表》,有意无意地混淆了两种根本不同性质的文章和问题,从而误导了历史,误导了后人,这是极不负责任和错误的,应予彻底的澄清并纠正。

所谓扬雄《剧秦美新》,蔡邕代作群臣上表和阮籍的《劝进表》。

扬雄,字子云,蜀郡成都(今四川成都)人。西汉著名的文学家。扬雄年

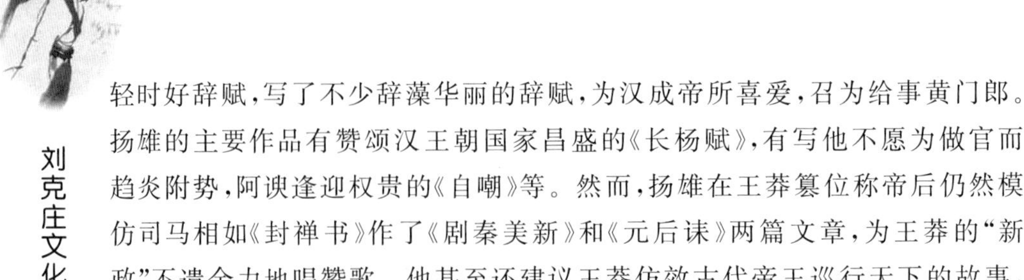

轻时好辞赋，写了不少辞藻华丽的辞赋，为汉成帝所喜爱，召为给事黄门郎。扬雄的主要作品有赞颂汉王朝国家昌盛的《长杨赋》，有写他不愿为做官而趋炎附势，阿谀逢迎权贵的《自嘲》等。然而，扬雄在王莽篡位称帝后仍然模仿司马相如《封禅书》作了《剧秦美新》和《元后诔》两篇文章，为王莽的"新政"不遗余力地唱赞歌。他甚至还建议王莽仿效古代帝王巡行天下的故事，封禅泰山。

蔡邕，字伯喈，陈留圉(今河南开封市圉镇)人。东汉时期著名文学家、书法家，汉代著名才女蔡文姬之父。蔡邕因官至左中郎将，故人常称其为"蔡中郎"。蔡邕博才多艺，通经史，精音律，善辞赋，工书画。蔡邕书法艺术造诣很深，尤精于篆、隶，首创"飞白"书体，对后世影响很大。蔡邕还与赵岐、刘褒、张衡并称为东汉四大画家。东汉中平六年(189 年)，汉灵帝崩，董卓为司空，闻蔡邕大名，援其入朝任祭酒。不久又在三日之内连升他为侍御史、侍书御史、尚书，遍历三台，为历史罕见。东汉初平元年(190 年)，董卓又授封他为左中郎将，高阳乡侯，随汉献帝迁都长安。董卓十分赏识蔡邕的才艺，每次宴饮，都要蔡邕鼓琴助兴。董卓擅杀汉少帝和皇太后，改立陈留王刘协为帝，自任太尉、领前将军事，晋封为郿侯、相国、太师，位在公卿之上，享有"赞拜不名，入朝不趋，剑履入朝"和"车服仪饰于天子"的特权。董卓的倒行逆施引起朝野的强烈不满。董卓假意上书辞疾，乞就国土，朝中大臣纷纷劝进。蔡邕《代群臣作上表》称颂董卓："上解国家播迁之厄，下救兆民涂炭之祸。黜废顽凶，援立圣哲。谨按《汉书》，萧何以相国金印绶，位在公卿之上。"董卓被诛，蔡邕在司徒王允座上为之痛惜。王允斥其："董卓国之大贼，几倾汉室，君为王臣，所宜同忿，而怀其私遇，以忘大节！今天诛有罪，而反相伤痛，岂不共为逆哉?"把他交由廷尉治罪下狱，终死不获免。

阮籍，字嗣宗，陈留尉氏(今河南开封)人。阮籍是魏晋时著名的"竹林七贤"之一，性情豪放，行为放荡不羁，嗜酒如命。阮籍与司马懿、司马师、司马昭父子三人的关系十分密切。正始十年(249 年)四月，阮籍任从事中郎。他在司马氏父子与曹魏政权的激烈斗争中，为了避免惹祸上身，常常以酒醉来掩饰他愤世嫉俗，逃避现实的言行。司马懿卒后，他继续在司马师、司马昭政权中担任从事中郎、散骑常侍和东平郡守等职。后因嗜酒主动要求去当步兵校尉，后人因称之为"阮步兵"。阮籍虽然辞去了从事中郎、散骑常侍和东平郡守等职，但仍"恒游府内，朝宴必与。"景元四年(263 年)十月，司马昭意欲篡位夺权，胁迫傀儡皇帝曹奂下诏封他为晋公，加九锡。皇帝诏下，司马昭假意谦让不就，朝中大臣无不纷纷劝进。阮籍也借着酒意挥笔写了一篇“辞甚清壮”的《劝进表》。

大家知道，谋逆篡位历来是为人们所不齿的大逆不道的行为。王莽、董卓和司马昭分别是颠覆汉、魏江山，谋逆篡位的乱臣贼子。而身为士大夫的扬雄、蔡邕和阮籍不但没能旗帜鲜明地与之斗争，反而助纣为虐，纵容和鼓动他们去谋逆篡位，颠覆汉魏江山。

刘克庄《贺贾丞相启》与扬雄《剧秦美新》、蔡邕《代作群臣上表》和阮籍《劝进表》最根本最本质的区别就在于：一是为贾似道拜相并取得抗击蒙古侵略者的胜利而歌而贺；一则是为王莽、董卓、司马氏等乱臣贼子谋逆篡位，颠覆汉魏江山推波助澜唱赞歌。两者本质上的区别是十分明显的。

理宗景定元年(1260 年)六月，时年七十四岁的刘克庄再次被召入朝任秘书监、起居郎、兼权中书舍人。理宗景定元年(1260 年)十一月，权兵部侍郎兼中书舍人、直学士院。理宗景定元年(1260 年)十二月，兼史馆同修撰。理宗景定二年(1261 年)，除兵部侍郎、兼侍讲。理宗景定三年(1262 年)权工部尚书兼侍讲。

刘克庄根本没有想到已年逾古稀的他竟然还会被再召入朝。尽管他以年事高，身体不好，视力差等为由一再辞免，但都没能获准。出于无奈，他只好再次入朝。

有人认为刘克庄晚年为贾似道一出是“晚节不保”，为其深感惋惜。其实不然。我们常说判断一个人好与坏，不但要听其言，而更重要的是还要观其行。尤其是判断一个历史人物更要实事求是，全面客观地进行分析与评价，不能人云亦云，仅“以一时之爱憎为毁誉，而不考察其人之平素”(刘克庄《答翁仲山吴明辅书》)，或攻其一点，不及其余，或不加辨析地全盘接受，以误传误，造成误导后人的历史冤案。

刘克庄晚年之所以复出，实际上与贾似道爱才，喜欢笼络一时名士有很大关系。

贾似道年轻时就十分敬仰刘克庄。他非常清楚刘克庄在南宋文坛上的地位和声望。他召刘克庄入朝的目的就是想借助刘克庄在南宋文坛上的地位和声望来彰显其“文人治国”的权威性。其正如明代莆田知县彭韶《修复刘后村先生祠堂记》中所云：“先生志经济，尤善吏能，而为文名所掩，不及尽用。后遇贾似道当国，贪收德望，以慰人心，乃位八座。岂蹈蔡氏用龟山之故智耶？”

彭韶话说得很明白。他说贾似道之所以召刘克庄入朝，委以重任，无非是想仿效当年蔡京召用杨时，以达到收拾人心，稳定政权的目的。

所谓"蔡氏"系为蔡京。"龟山"为北宋著名的道学先生杨时。杨时，字中立，号龟山先生，南剑州将乐(今福建三明市将乐县)人。杨时所在的北宋宣和、靖康年间，赵宋王朝已经江河直下，处于风雨飘摇之中，有大臣向蔡京进言："以为事至此必败，宜引旧德老成置诸左右，庶几犹可及。"蔡京用其言，召时德望日重的道学先生杨时入朝任秘书郎、著作郎，希冀以此达到重新收拾人心，稳定政权的目的。然而，杨时虽然被召入朝，但并不为蔡京所用。他多次上书徽宗皇帝指出："蔡京用事二十余年，蠹国害民，几危宗社，人所切齿，而论其罪者，莫知其所本也。"

刘克庄晚年入朝除了为贾似道拜相、进少师、平章重国事和生日写了几篇《贺启》和生日贺词等应酬文章外，在政治上，他既没有刻意地去巴结贾似道，依附贾似道，参与贾似道打击和排斥异己，浊乱朝政，祸国殃民；更没有像扬雄、蔡邕以及阮籍那样助纣为虐，鼓动贾似道去谋逆篡位，而是急流勇退，以年老体病，屡请致仕。

刘克庄早在给贾似道写《贺贾丞相启》的同时就已经给贾似道写了一封信，说一旦贾似道回朝，他就将专门去拜访他，请求贾似道能够批准他致仕。刘克庄被召入朝后又三番五次分别给贾似道和理宗皇帝上书，一再重申他请求致仕的决心。理宗皇帝最终还是被他的诚心所感动，批准了他致仕的请求。理宗皇帝批曰："览卿来奏，求退甚勇。词垣经幄，方资文儒，输情甚真，难夺雅志。"

刘克庄这次在朝前后不过两年时间，如果仅凭刘克庄几篇应酬文章，就把"抑蹈雄、邕之覆辙而不自觉"以及所谓"晚节不保"的帽子强加在他的头上，未免有些荒谬。

参考文献

1.(宋)刘克庄撰:《后村先生大全集》，成都:四川大学出版社，2008年。

2.(元)脱脱:《宋史》。

3.(明)宋希廉:《元史》。

商兴戏盛人神乐

——从刘克庄《闻祥应庙优戏甚盛》诗谈起

◇ 刘金林

刘克庄(1187—1269),原名灼,字潜夫,号后村,宋代莆田人。官至工部尚书兼侍读,以龙图阁学士致仕。有《后村先生大全集》传世。其诗词多有感慨时事之作,为江湖派领军人物。刘克庄的《闻祥应庙优戏甚盛》等咏戏诗,填补了宋代莆田戏剧史的部分资料空白。

莆田地处海峡西岸,背山面海,境内“三湾”(湄洲湾、兴化湾、平海湾),地理优越,是海上丝绸之路的重要节点。聪明的莆仙人自古就“靠海吃海”,农商并举,水运陆转,风生水起,成就了一代又一代的著名“莆商”。莆商走遍“天下城”。莆商不但传播、发展妈祖信仰,也促进、繁荣了莆仙戏。国家级非物质文化遗产——莆仙戏,被誉为“宋元南戏活化石”,是福建五大剧种之一。它肇于唐代,成熟于宋元,繁盛于明清,辉煌于当代。莆仙戏,旧称“兴化杂剧”“兴化戏”,是因宋代莆田设兴化军,元代设兴化路,明清时设兴化府而得名[从宋太平兴国四年(979年)始设兴化军到明正统十三年(1449年)撤销兴化县,历经四百七十年],中华人民共和国成立后,改称“莆仙戏”。有人统计,刘克庄咏戏诗(包括百戏,杂戏、傀儡戏、人戏)共二十九首,涉及傀儡戏有六处。(李国庭《闽苑探幽集》)咏戏诗里有不少咏叹巫觋与宗教民俗的活动,商兴谢神,优戏甚盛,娱神娱人,共乐双赢。南宋光宗年间(1190—1194年),东南沿海各地出现了以歌舞演故事的戏曲——南戏。莆田背山面海,交通方便,海上贸易,航运频繁,时兴南戏亦随莆商沿海丝之路传入莆田。莆商祈求神明护佑海上贸易平安发财,愿望实现,演戏谢神,许愿还愿,从而形成了“商兴戏盛人神乐”的不成文的形式,世代传承。如:莆商自宋至今把妈祖信仰传播至五湖四海,成就了至高无上的妈祖神圣形象。反而,在历代莆商心中,妈祖等神明菩萨也保护莆商顺风顺水,财如水涨。

神明有灵了,莆商发财了,谢恩演戏,娱神娱人,促进了莆仙戏的传承和发展。

宋代的兴化戏(南戏,今名莆仙戏),盛况如何?请看刘克庄的"田舍即事"诗十首,其一:

儿女相携看市优,纵谈楚汉割鸿沟。
山河不暇为渠惜?听到虞姬直是愁。

刘克庄的许多诗词关注百姓,感慨时事,描绘出宋代莆田民间的种种风俗民情。"田舍即事"的田舍,即指乡下种田的农家。诗中描写了农家孩子结伴去看社戏的热闹情景,古时的里社宫前演戏,一般为菩萨生日(诞辰)或谢神演出,称社戏。诗中的"优",指"俳优""优伶""优人",是古时对戏曲演员的称呼。莆仙民间俗称其为"戏仔""戏子弟"。诗中写出演员演技的高明和剧情的感人,还体现演的剧目"楚汉割鸿沟"的"大戏"(至今莆仙百姓还称演三国的戏为"大戏")。而且,观众对剧情津津乐道,"纵谈"议论,说明演出的精彩与成功。

刘克庄一生,历孝宗、光宗、宁宗、理宗、度宗五朝,可谓贯穿南宋后半期。他晚年辞官回莆田,就居住在延寿溪旁的"□庵"。刘克庄优游田间,与诸友觞唱和。他的《示儿》诗云:

瓜李村边一亩宫,闭门不复问穷通。
生羞奏技伶人里,死怕标名狎客中。
讲学有谁明太极,吟诗无路和熏风。
身今去老空追悔,但祝吾儿勿似翁。

刘克庄晚年串有白内障眼疾。他写有《目眚》诗。眚,指眼睛生翳。《目眚》诗有"一秋窗下少书声,目眚緾绵久未平"。他双目几近失明,不能读书视事,亦无法外出邻村看戏。与延寿相邻的白杜村(今属西天尾溪白村白杜自然村)有座"祥应庙"。明黄仲昭《八闽通志》载:"祥应庙在尊贤里白杜。五代时已有祠宇,号大官庙。宋大观元年,部使者上其灵迹,赐今额。宣和四年封显惠侯。初,睦之妖贼盗有江浙数州之地,欲掠舟于海以据七闽。闽人奔窜多失所者,莆民先祷于神,得吉卜,后贼果就擒。叶依寇福州,莆民震骇,贼忽见神兵四集,旗帜皆有'显惠侯'字,始布恐不敢南下。杨京叛,入闽由漳泉而来,军士俱不敢进,忽闻空中有声曰:'显惠兵来矣!'于是贼众望风畏遁。他若旱蝗疾疫之灾,商贾风涛之险,祷之多有灵应。里人方略为记。隆兴二年,加封'威烈',夫人封'淑静'。淳熙八年,加封'灵润',夫人加'承

济’。”

祥应庙演出优戏，刘克庄无缘看戏（因患眼疾），不能临场“看戏”，只能“闻”戏，还作了其吟戏诗中比较突出的《闻祥应庙优戏甚盛》诗二首，其一：

空巷无人尽出嬉，烛光过似放灯时。
山中一老眠初觉，棚上诸君闹未知。
游女归来寻坠珥，邻翁看罢感牵丝。
可怜朴散非渠罪，薄俗如今几偃师？

据陈纪联在《南人说南戏》中说：“他患白内障眼疾，双目几乎失明，已无法到邻村看戏，但听闻戏剧演出的轰动，在孤寂中受到莫大的感染，于是写下《闻祥应庙优戏甚盛》这一诗篇。”诗题“优戏”，说明祥应庙演的是“兴化优戏”，是“以人演傀儡”的人戏（而不是偶戏）。因为人演大戏很新奇、新鲜，才有女人被拥挤簪珥坠地的场面。

刘克庄《闻祥应庙优戏甚盛》诗中的“祥应庙”，有闻名的“祥应庙记”石碑。碑由左朝请大夫、主管台州崇道观方略撰，左朝散大夫、行尚书驾部员刘郎方昭书并题额，蔡清刻字，于南宋绍兴八年（1138 年）建。碑文长 2200 字，见证了莆田宋代海上丝绸之路的重要节点；莆商是海上丝绸之路的参与者。原碑今藏市相关部门，祥应庙之碑为慕刻制品。莆商虔诚，菩萨显灵，香火兴旺，优戏甚盛。现将《祥应庙记》抄录如下：

左朝请大夫主管台州崇道观方略撰

左朝散大夫行尚书驾部员外郎方昭书并题额

郡北十里有神祠，故号大官庙。大观元年，徽宗皇帝有事于南郊，裒百神而肆祀之。于是诏天下名山大川及诸神之有功于民而未在祀典者，许以事闻。部使者始列神之功状于朝，从民请也。次年，赐庙号曰“祥应”。其后九年，亲祀明堂，复修百神之祀，而吾乡之人又相与状神之功迹，乞爵命于朝廷。太常上其议曰：“显应侯”。天子曰：“嘻！惟神威灵，惠我一方，宜有以宠异之。”乃宸笔刊定“显应侯”，时则宣和之四年也。谨按，侯当五季时，已有祠宇，血食于吾民。古者相传云：旧祠在驿路北旁，一夕，风雨晦冥、雷电交作，若起于祠中者，茭杯、香炉忽失所在。翌旦，父老迹其所止之地，而得于龟湖山古榕木之下。因就而馆之，即今□庙址是也。其地前直壶公，后拥陈岩，绶溪之水，经络其间。盖山川之秀，虽善地理者莫之能得。当时识者咸曰：“神依人而行。”今神据有溪山之胜，此方之人，其有□乎？今大姓甲族，多在乎神祠之左

右，而践殊科、列晤蟣仕者，时不乏人，皆如识者之说。曰大官庙者，相传云乡人仕有至大官者，退而归老于其乡，帅其子弟，与乡之耆旧若少而有才德者，每岁于社之日，相与祈谷于神，既而彻豆、陈□，揖逊而升堂，序长幼而敦孝悌，如古所谓乡饮酒者，乡人乐而慕之，遂以名其庙，□识神之锡福于吾众者如此。夫七闽诸郡，莆田最为濒海，地多碱卤，而可耕之地又皆高仰，无川读沟洫之利。旬日不雨，则民有粒食之忧，每岁以旱而祷于神者，未尝不应期而雨，故田虽高而无旱。春夏之交，云雾蒸郁，盲风怪雨，发作不常，寒暄之气，为厉为虐，民或苦之。岁多祈福于神，或相与迎神出次，以浮屠、老子之法而祝祀之，故民用无灾。政和七年，诸郡多蝗，既□□□，食竹木之叶、牛羊之毛且尽，民惧而祷之。故环庙十里，蝗不敢入。宣和二年，睦之妖贼地，劫库□，杀长吏，聚徒十万，残害江浙之民，而盗有其地。朝廷□□□提劲旅百万以夷之。而贼徒始相与聚谋，欲掠舟于定海，据七闽为巢穴。部使者飞檄以告，且使民虚其室以避之，谓风帆信宿可至。居民惶怖，携老扶幼，奔窜于山谷，攀援揉践，至有者。郡不逞之徒，又相与睥睨之。于是有丧其家资，失其子女，忧愁惊悸，自陨其身者。而吾民先祷于神，神赐之吉卜曰："其毋害。"遂安其居，无一人迁徙者。既而贼果就擒。今天子嗣位之三年，建州狂卒叶侬聚其众数千人，杀官吏以叛，夺溪船顺流而下，一夕至南台，入福州外郛。焚居民庐舍，其势甚炽，遂谋渡大义而南。诸州守捉之兵未集，郡邑震骇，莫知为计。而贼徒忽一夕相惊曰："官军陈矣！其旗帜皆有显惠侯，何也？"人人恐怖，始有悔祸之意。漕使张公穆乘贼忧疑，始得以断桥沈舟，绝其南渡之谋。又其后一年，杨勍领西兵叛入于闽，由漳泉而来，所在焚剽，民罹其害。贼压我郡境，守险之卒，视众寡不敌，莫有斗志。军士方迪等闻空中有声曰："汝速进，显惠侯兵来矣。"于是，我师贾勇，贼望风畏遁，阖境晏然。往时游海贾，冒风涛、历险阻，以公侔利于他郡、外番者，未尝至祠下，往往不幸有覆舟于风波、遇盗于蒲苇者。其后，郡民周尾商于两浙，告神以行。舟次鬼子门，风涛作恶，顷刻万变，舟人失色，涕泣相视，尾曰："吾仗神之灵，不应有此。"遂号呼以求助。虚空之中，若有应声。俄顷风恬浪息，舟行神速，无有艰阻。往返曾不期年，获利百倍。前后之贾于外番者，未尝有是，咸皆归德于神。自是商人远行，莫不来祷。窃闻古者圣明在御，百神效顺，无有怨恫，若兴云雨、御灾殃，呵斥妖厉，扫除不祥，降福于善人，而

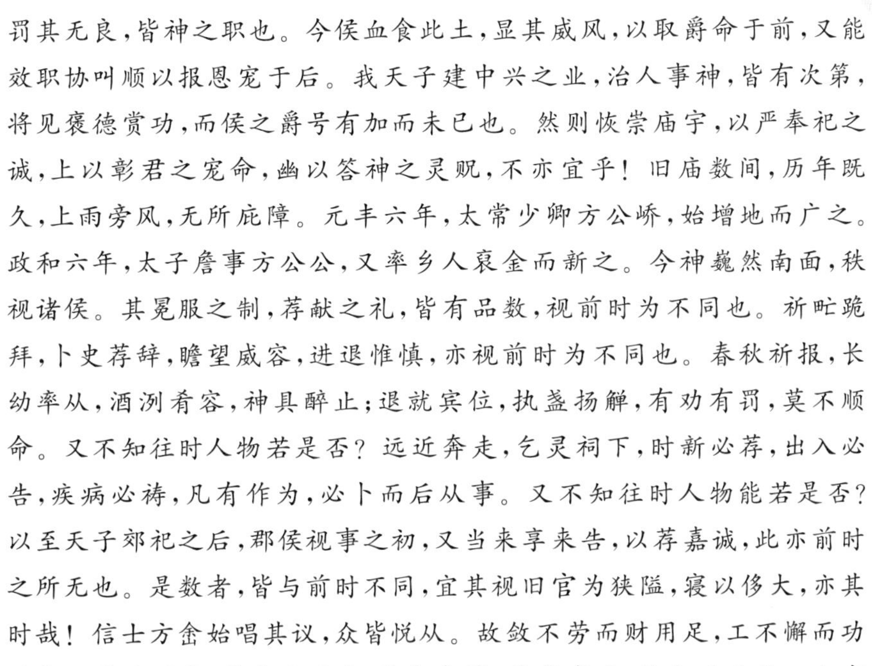

罚其无良，皆神之职也。今侯血食此土，显其威风，以取爵命于前，又能效职协叫顺以报恩宠于后。我天子建中兴之业，治人事神，皆有次第，将见褒德赏功，而侯之爵号有加而未已也。然则恢崇庙宇，以严奉祀之诚，上以彰君之宠命，幽以答神之灵贶，不亦宜乎！旧庙数间，历年既久，上雨旁风，无所庇障。元丰六年，太常少卿方公峤，始增地而广之。政和六年，太子詹事方公公，又率乡人裒金而新之。今神巍然南面，秩视诸侯。其冕服之制，荐献之礼，皆有品数，视前时为不同也。祈旰跪拜，卜史荐辞，瞻望威容，进退惟慎，亦视前时为不同也。春秋祈报，长幼率从，酒洌肴容，神具醉止；退就宾位，执盏扬觯，有劝有罚，莫不顺命。又不知往时人物若是否？远近奔走，乞灵祠下，时新必荐，出入必告，疾病必祷，凡有作为，必卜而后从事。又不知往时人物能若是否？以至天子郊祀之后，郡侯视事之初，又当来享来告，以荐嘉诚，此亦前时之所无也。是数者，皆与前时不同，宜其视旧宫为狭隘，寖以侈大，亦其时哉！信士方畲始唱其议，众皆悦从。故敛不劳而财用足，工不懈而功用成。治其厅堂，作东西两序，燕息有所，斋庖有房，其合而为屋八十有二楹，其费而为钱一万缗，经始于绍兴四年之春，而成于六年之夏也。新庙既成，民大和会，又相与大享于神以落之。众因请纪其事。略之先庐，去神祠为近。为儿童时，尝待先生长者，瞻拜于庭，其后尘黍奔走仕路三十余年，两叨郡绂，皆在南方，过家上冢，未尝不谒于祠下。至则徘徊廊庑间，因思古人仕者，以不去其乡为戒。自罢官司瀛州，挈家还里，顾惟潦倒，投闲有日，荐乞宫祠，庶几岁时得与乡之耆旧，杖屦相从，白布长衫，祀饮于侯之堂，亦若古所谓乡饮酒者，以偿素愿，此志未央也。今摭侯之事章章可传永久者，涤砚捉笔而志之。

绍兴八年岁次戊午孟夏，丙辰朔建

刻字人福唐蔡清

祥应庙历经兴废，至今尚存。庙坐北朝南，面对壶公山（莆田寺庙建筑的主要面向），背靠陈岩山（九华山），地处古驿道要冲，今主祀玄天上帝，还有齐天大圣、尊主明王、后土夫人、司马圣王、欧氏夫人、黄圣侯、陈圣侯、吴圣天妃以及方尚书（方衡）等神。《祥应庙记》载：宋代莆田、泉州的“游商海贾冒风涛，历险阻，以弁利于他郡外蕃者”，“咸皆归德于神，自是商人远行莫不来祷”。宋代，莆田水浮陆转，商贸发达，“白湖东引沧江，介延寿、木兰二水之间，南北商周（舟）会焉”。（宋《莆阳图经》）明弘治《八闽通志》载：“涵江

市市濒海港，鱼盐之所聚，商贸之所集，亦莆名区。”故莆田历史上的首家商会组织“兴安会馆”，就于清代乾隆时成立于涵江，其馆址就设在霞徐妈祖宫内。《重修兴安会馆碑记》载：“莆人之商贾，于吴越者，率以海舶，其出纳登降皆集于涵，故其主客皆会于涵，此涵江会馆之所由设也。”自古莆商祈愿发财者多，事成还愿者亦多，故菩萨灵，宫庙新，香火旺，优戏盛。宫庙前演戏，莆田人俗称“菩萨戏”，意为演给菩萨看，实际是人尊神，挂其名，演戏娱神娱人，人神共乐。

刘克庄的咏戏诗，体现了莆仙戏的前身，宋代兴化优戏已在莆仙形成并盛行，填补了史籍记载宋代莆仙戏发展之不足。莆仙民间历来有“仙‘图’（‘图林’方言音，意为木匠）戏狗乞丐吹”之说。意思是木匠如仙，戏剧演员、吹鼓手低贱，故历代文人少予记载。而刘克庄的伟大就是关注民间，笔写民生，其咏戏诗词为今人研究莆仙戏的发展，特别是宋代时期的，提供了不可多得的原始资料。同时，也反映了莆仙戏的发展与莆仙民间信仰及宗教发展的关系。

刘克庄的《闻祥应庙优戏甚盛》诗，从“戏盛”中看出“商兴”，同时也印证了“海滨邹鲁”的莆仙沿海自古就是国内南北航线的黄金航道，莆仙的诸多港口自古就是“海上丝绸之路”的重要组成部分。莆商自古就是莆仙民间妈祖信仰、九仙信仰等传向“天下城”的传播者，既是海上贸易者，更是海内外文化交流者。

刘克庄与林氏家世渊源

◇ 林龙锋

刘克庄，号后村，莆田人，南宋大文豪，一代文宗，是“江湖派”诗人的中间力量，是豪放派词人的领军人物，其诗词以深沉的爱国思想和苍凉、悲壮的风格著称于世，与苏轼、辛弃疾堪称宋代三个不同历史时期豪放派词人的代表人物。刘克庄一生四次立朝，官宦浮沉，凭借着他杰出的文学才能和辛勤的耕耘，存世作品数量丰富，诸如四库别集《后村集》、《后村诗话》、《后村长短句》及宋集珍本丛刊《后村居士集》、《后村先生大全集》（清抄本）、四部丛刊《后村先生大全集》等，内容涉及当时政治、社会生活的方方面面，是地方文化的宝库。

刘克庄出身名门望族，然而刘克庄家族的刘氏族谱及世系现代无存，《后村先生大全集》中有大量反映刘氏家庭及姻亲之社会关系的诗词，墓志铭、祭文等，通过梳理并结合相关文献，可以构建出刘氏家族世系，直观反映宋代刘克庄家族人物关系和社会关系。同时，《后村先生大全集》中有众多与林氏家族相关的墓志铭、诗词作品，对宋代林氏文化、林氏源流研究有着重要的文献价值。在整理过程中，发现刘克庄家族与林氏家族有着深厚的渊源关系，特别是发现刘克庄祖母、母亲、妻子均出于林氏名门望族，结合相关林氏谱牒，可以查证出刘氏与三宗林氏家庭姻亲关系世系图，从而反映两大文化士族间密切的社会关系。考察刘克庄与林氏家庭的渊源关系，对研究刘克庄成长经历、生活背景、个性形成、思想发展有重要的参考作用。

一、刘克庄家世

刘克庄出身士大夫家庭，祖父刘夙官至承议郎著作佐郎，叔祖父刘朔任秘书省正字，叶适《著作正字二刘公墓志铭》评刘夙、刘朔两兄弟云："隆兴、乾道中，天下称莆之贤曰二刘公。"[①]洪天赐《后村先生墓志铭》亦云："莆有二刘先生，著作讳夙，正字讳朔，以言论风节闻天下，憸士畏其铓锷，同时名胜俱位下风，号隆、乾第一流人。"[②]刘克庄父刘弥正任吏部侍郎，刘克庄自己以郊恩奏补将仕郎起，后特赐同进士出身。刘氏家族在刘克庄的祖父这一代走向兴旺，三代八人登科，五人入馆阁，成为莆田新的名门望族。"三世登科第"除了刘克庄外，祖父刘夙、叔祖父刘朔、父亲刘弥正、叔父刘起晦、刘起世、从兄刘宬、刘希道、刘希仁共八人进士及第。"五入馆"(即入朝做官)除了刘克庄外，还有其弟刘克逊、刘克刚，从弟刘希醇、刘希谦。

刘克庄家族居郡城北郭，李俊甫《莆阳比事》称"义门乌石刘"，与唐孝子林攒后裔"阙下林家"同居义门为邻。[③] 莆田林氏唐代一门九刺史，有九牧之誉、双阙之荣，是莆阳世家望族。刘氏家族和林氏家族门当户对，世代联姻。刘克庄祖父刘夙娶林氏为妻，继室也为林氏；父刘弥正妻方氏早卒，继娶林氏，即刘克庄生母魏国太夫人；刘克庄的姑姑嫁林家；刘克庄妻为林氏，弟刘克永妻也为林氏女。

通过对刘家墓志铭、祭文及其他文献记载，可以梳理刘克庄家族世系简图(见图1)。这里特别说明刘克庄子女，据林希逸《后村先生刘公行状》，刘克庄有三子强甫、明甫、山甫和一女(适陈琰)。[④] 据《亡室墓志铭》刘克庄妻子林节生两男昌、昇，两女靖、蘗，昇与二女皆夭，庶出一男一女尚幼。据《山甫生母墓志铭》刘克庄续配陈氏生子吉女、冲孙早夭，三子山甫。《魏国太夫人墓志铭》刘克庄母亲孙子有：强甫、伟甫、埜、明甫、桂、兴甫、山甫、某等八人。

---

① (宋)叶适：《水心集》卷十六，四库别集，第22页。

② (宋)刘克庄撰：《后村先生大全集》卷一九五，四库丛刊，第1页。

③ (宋)李俊甫：《莆阳比事》卷一，南京：江苏古籍出版社，1988年，第5页。

④ (宋)林希逸：《竹溪鬳斋十一藁续集》卷二十三，四库别集，第1页。

刘范—刘愿—刘炳—

- 刘夙—（林氏）
  - 刘弥正—（林氏 魏国夫人）
    - 刘克庄——
      - 妻林节
        - 刘强甫（昌）
        - 刘昇（早夭）
        - 刘婧（女，早夭）
        - 刘虁（女，早夭）
      - 庶出
        - 刘明甫
        - 女（适陈琰）
      - 续陈氏
        - 刘吉女（早夭）
        - 刘冲孙（早夭）
        - 刘山甫
    - 刘克逊——
      - 刘伟甫（少奇）
      - 刘兴甫（周士）
      - 女（适丁南叟）
    - 刘克刚——
      - 刘质甫（去华，埜）
      - 刘求志（达卿，桂）
      - 女（为尼）
    - 刘克永——（林氏）
      - 刘祐老
      - 女
      - 女
    - 女（适方濯）
    - 女（适方君采）
    - 女（适方孺铁）
  - 刘弥恭
  - 刘弥邵—
    - 刘宬
    - 刘克忱
    - 刘克家
  - 女（适郑其卿）
  - 女（**适林尚之**）
- 刘朔—
  - 刘起晦—
    - 刘希醇
    - 刘希深
  - 刘起世—
    - 刘希道
    - 刘希仁
  - 刘起元——刘希谦

图 1　刘克庄家族世系

结合《后村先生大全集》中弟弟、弟妇、侄子等墓志铭，可以推断“昌”即刘克庄长子刘强甫，程章灿《刘克庄年谱》也有此推断。[①] 同时，也可以推断刘明甫和一女（适陈琰）为庶出，但多数文章对此语焉不详。

二、刘克庄祖母林氏令人

刘克庄的祖父刘夙，字宾之。南宋高宗绍兴二十一年（1151 年）进士。官至枢密院编修官，著作郎。刘夙为人耿直敢言，厚名闻而薄利势，立朝能尽言，治民能尽力，素“以言论风节闻天下”深受群臣敬仰。刘夙、刘朔二公“师中书舍人林公，事之终身，林公名光朝莆人所谓艾轩先生者也”[②]。理学名臣林光朝，号艾轩，隆兴初（1163 年）第进士，官终工部侍郎，谥“文节”。得理学名儒周敦颐濂洛学派真传，专心圣贤之学，动必以礼，讲学于莆田东井、红泉、蒲弄等书堂，从者甚众，朱熹兄事之，后世学者称其为“红泉学派”，尊为“南夫子”[③]。南渡后，以伊、洛之学倡东南，自光朝始。

叶适《著作正字二刘公墓志铭》记载刘克庄祖父著作郎刘夙“前后夫人，皆林氏，子弥正，朝请郎淮南转运判官，弥恭，弥邵”。林希逸《后村先生刘公行状》记载刘克庄“祖夙，承议郎、著作佐郎、累赠中奉大夫，妣林氏，赠令人”，推测赠令人的应为后夫人刘克庄祖母。刘克庄《林程乡墓志铭》中记载林沅“君讳沅，字伯东，赠正议大夫讳良翰之曾孙，吏部尚书讳大鼐之孙，朝请郎、知宾州讳宝俭之子”。并交代“余祖母令人，君之姑也”。由此，刘克庄祖母的身份就豁然开朗，她是吏部尚书林大鼐之女。

《莆阳比事》载“白杜林，尚书大鼐之后”。林大鼐，字梅卿，九牧六房林蕴九世孙，居白杜（今西天尾溪白），林大鼐高宗绍兴五年（1135 年）登进士第，历官右谏议大夫兼侍讲、殿中侍御史，权吏部尚书，为官风纪振而吏畏其

① 程章灿：《刘克庄年谱》，绍定元年条，贵阳：贵州人民出版社，1993 年，第 109 页。

② （宋）叶适：《水心集》卷十六，《著作正字二刘公墓志铭》，四库别集，第 22 页。

③ （清）李清馥：《闽中理学渊源考》卷八，四库史部；（元）脱脱：《宋史》，《林光朝传》，北京：中华书局，1985 年。

威，理公道而人遂其乐。[1] 据仙游《联桂林氏族谱》，结合林大鼐相关文史记载，[2]列出刘克庄祖母林氏家族世系（见图 2）。另清康熙《莆阙下林氏族谱》和清光绪《林氏西山本支族谱》载，“（九牧）蕴公曾孙嵩公次子白嗣孝子欑公之孙彝赞”，但后世一直将林大鼐归九牧六房之裔，待考。

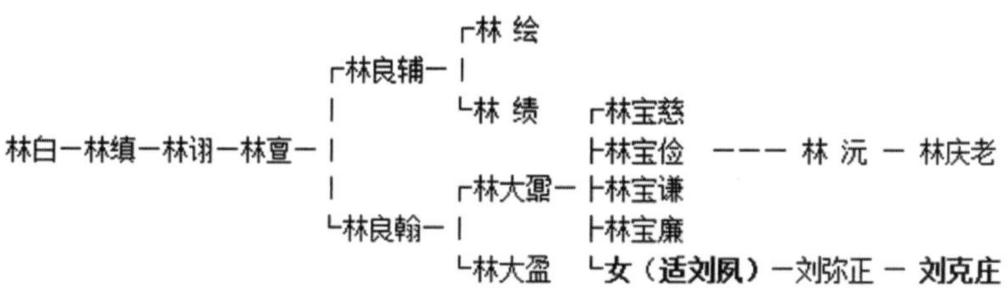

图 2　刘克庄祖母林氏家族世系

三、刘克庄母林氏魏国太夫人

刘克庄的父亲刘弥正，字退翁，号退斋，孝宗淳熙八年（1181 年）登进士第，知抚州临川县，有惠政，入为太常寺丞，提举转运淮东官，终吏部侍郎。[3]据叶适《故吏部侍郎刘公墓志铭》记载刘弥正“原前夫人曰方氏，今夫人曰林氏，子四人，曰克庄，迪功郎隆兴府靖安县主簿；曰克逊，曰克刚，方以公遗恩任之；曰克永”[4]。林希逸《后村先生刘公行状》记载刘克庄“父弥正，朝议大夫、吏部侍郎、累赠少师，妣方氏赠鲁国夫人，林氏魏国夫人”。刘克庄兄弟四人均为林氏所生。

刘克庄为母亲作《魏国太夫人墓志》载“曾大父选，官大中大夫。大父孝

---

① （清）乾隆《兴化府莆田县志》卷二十三，《列卿传》；（明）周瑛、黄仲昭撰：《兴化府志》卷四十四。

② （宋）洪迈：《夷坚志》，《夷坚支庚》卷第三，《十四事·林宝慈》。

③ （明）黄仲昭：《八闽通志》卷七十一，《名臣列传》，福州：福建人民出版社，1991 年，第 693 页。

④ （宋）叶适：《水心集》卷二十，四库别集，第 11 页。

泽，官直秘阁、福建转运副使。父榕，台州教授”。魏国太夫人林氏，生于绍兴三十一年(1161年)，系出莆阳世家唐孝子林攒之后，里人号所居曰“孝友之家”。林攒，九牧之侄，唐贞元初，仕为福唐尉，弃官还家，侍母至孝。母亡，庐墓守制，自埏甓作冢，孝感动天，有“白乌来翔，甘露三降”之瑞，受唐德宗赐立双阙，旌表门间，世称孝子公，成为历代尊崇的孝道典范，里称孝义里，所居地称义门，时号“阙下林家”。[①]

阙下林家在宋代簪缨继起，人才辈出，义门乌石七房，出现兄弟叔侄科甲联芳的奇观。进士林伟为录事参军，进士林伸不畏权势，为民谋安，方志立传，至今存世的东岩山报恩寺石塔，为他所倡修。林孝渊、林孝泽兄弟进士，居官清廉，史称“兄弟双廉”；[②]林孝渊子林仲璵、林孝泽子林榕、林枅、林孝源子林白均父子、兄弟进士。魏国太夫人父亲林榕，隆兴元年与从弟林虡及林光朝同科进士，授为台州教授，叔父林枅(字子方)为宋代名臣，“吏畏民怀，为当世所称道”，与杨万里为挚友，杨万里作《晓出净慈寺送林子方》赠其，丞相陈俊卿诗赞“双阙门高袭庆余，相望再世拥轺车。清名益重先君子，远俗争看行秘书”。

刘克庄《林龙溪墓志铭》(林及之)说“吾母太淑人，君之从女兄也”；叶适《著作正字二刘公墓志铭》载刘克庄祖父刘夙“女嫁郑其卿、林尚之”。刘克庄《林公辅墓志铭》(林友仁)“君本生父讳尚之，理掾(林应之)弟也。予姑，君本生母也”。结合清康熙《莆阙下林氏族谱》与清道光《阙林家谱》，整理出刘克庄母亲林氏家族世系，可以看出，刘克庄母亲和刘克庄姑姑似乎是换亲联姻。

《魏国太夫人墓志》载林氏“少孤，与伯姊博诵图史，尤熟班马二书，于忠臣孝子、贞女烈妇言行，琅琅成诵。季父吏部公枅尝曰：‘使二女为男子，吾兄之后其可量乎！’既笄，吏部公(林枅)以归于我先君”。刘家虽文风鼎盛，但居官清廉，仍然苦贫。刘克庄母亲林氏嫁刘家时，一大家族共同生活，诸叔未婚，两姑未行。林氏知书达理，操持家事，持家有方，虽乏绝无戚容。刘克庄父亲先逝，林氏抚孤刘克庄几个弟妹成长，拊之慈，诲之严，男传家学，女嫁士人。刘克庄对母亲有深厚感情，在他心中，母亲林氏是个标准的贤妻

---

① (唐)黄璞:《林孝子传》,《全唐文》第09部817卷;(宋)欧阳修、宋祁:《新唐书》卷一九五,《孝友传》,乾隆四年刻板。

② (清)乾隆《兴化府莆田县志》卷十九,《人物风节传》。

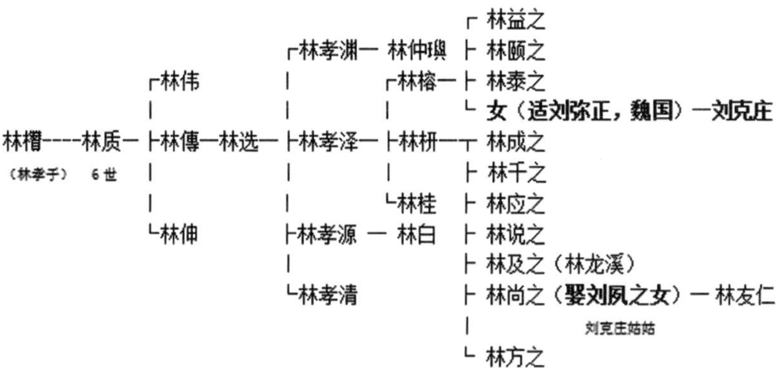

图3 刘克庄母亲林氏家族世系

良母形象。

林氏晚年清修礼佛，得至言妙义于经卷之外，幽洁如隐君子，刚介如烈丈夫。“初封宜人，后以子克庄升朝，进太硕人，进大淑人，封宜春郡太夫人。进文安郡，封崇国太夫人，进福国、魏国”。（宋）马廷鸾《碧梧玩芳集》与《全宋文》均有收录刘克庄母亲林氏赠魏国夫人制诰文。[①]

四、刘克庄妻子林节

刘克庄和他的妻子林节是门当户对的恩爱夫妻。林节年十九嫁刘克庄，一生追随刘克庄宦游四方，夫唱妇随。林节性情和顺、贤孝，虽为贵夫人，其奉养服用，不改旧日，勤俭持家，安贫乐道，与妯娌相处和睦，深得婆婆魏国太夫人喜欢。林节过世后，刘克庄“吾母之悲愤伤痛过时而未平焉”。

林节贤良淑德，深明大义。有次林氏病笃之际，刘克庄接到出征命令，不忍离去，林节劝刘克庄“夫病小挠，虏入大耻，若之何以小妨大也”。在个人小患与国家大难面前，劝夫不要以小妨大，有气度、识大理，刘克庄在《亡室墓志铭》称赞她：“君有至性，忠孝大旨皆暗与吾徒合。”嘉定十五年（1222

① （宋）马廷鸾：《碧梧玩芳集》卷八，宋集珍本丛刊，第6页；《全宋文》卷八一，上海：上海辞书出版社，2006年。

年),三十六岁的刘克庄携妻子赴桂林,入广南西路经略安抚使司幕,漓江遇险,"柁折舟漩,危在瞬息",林节镇静自若,处变不惊,表现出大家闺秀的风范,刘克庄为之赞叹"君之至性,世所罕见"。

绍定元年(1228年),林节"苦脾泄,饵岁丹黄芽不止",溘然而逝,年仅三十九岁。妻子林节的早逝,刘克庄非常悲痛,一生时常怀念旧情。《后村先生大全集》中有为林节作的《风入松》(福清道中作)、《风入松》(癸卯到石塘追和十五年前韵)、《壬辰春上冢五首·西楼》、《石塘感旧十绝》(5首)、《秋思一首》、《亡室丧归祭文》、《亡室祭文》、《还里祭亡室文》、《亡室掩坎祭文》、《亡室墓志铭》等2首悼亡词、7首悼亡诗、4篇祭文、1篇墓志铭,哀戚动人,情真意切。

林节系出福清石塘林氏,今福清瑞亭(现称东塘林氏)。明代郭万程《宋石塘林氏》有翔实的论述,福清石塘林氏在宋代科甲鼎盛,出了13位进士,盛极一时。[①] 有祖孙"一门三阁"(林遹任龙图阁、林瑑任宝章阁、林环任焕章阁),林节父亲林瑑与林环、林璟三兄弟中同科进士,名震天下。不少人误将福清石塘林氏想当然的归为莆田九牧林氏,实际上刘克庄《林沅州墓志铭》(林埏)就有明确记载"其先固始人,八世祖著作平迁福清。曾祖讳伯材,三举进士不第。祖讳格,特奏名,为建州司理参军,赠通议大夫。父讳遹,元符进士第四人,事高宗皇帝再为中书舍人,终龙图阁直学士,赠少师"。

尽管妻子早逝,刘克庄与福清老丈人林氏家族一直往来密切,"盖五十年间,余出而仕,仕而归,必道君里,访问亲朋"。刘克庄撰有石塘林氏《林沅州墓志铭》《直秘阁林公行状》等大量墓志铭、行状、祭文、序文等,从中,可以勾画出石塘林氏世系和辉煌的家世。

林节曾祖林遹,字述中,元符三年(1100年)中甲科进士第四名。因张邦昌被诛,削其科名,升林遹为第三名,即"探花"。宣和年间知南剑州。建炎二年(1128年),自起居郎特进中书舍人,以中大夫徽猷阁待制,知福州兼福建路安抚使。绍兴元年(1131年)进宝文阁待制,知广州。终龙图阁直学士,赐爵"开国子",赠少师、金紫光禄大夫。史家称林遹为"南渡功臣"。

靖康丙午(1126年)任提举常平的林遹循按泉南,与刘克庄母亲魏国太夫人的叔祖父泉州通判林孝渊同游泉州九日山,留下两块石刻,至今仍在。

---

① (明)黄宗义:《明文海》卷四百二十八,《杂传·宋石塘林氏》,四库别集。

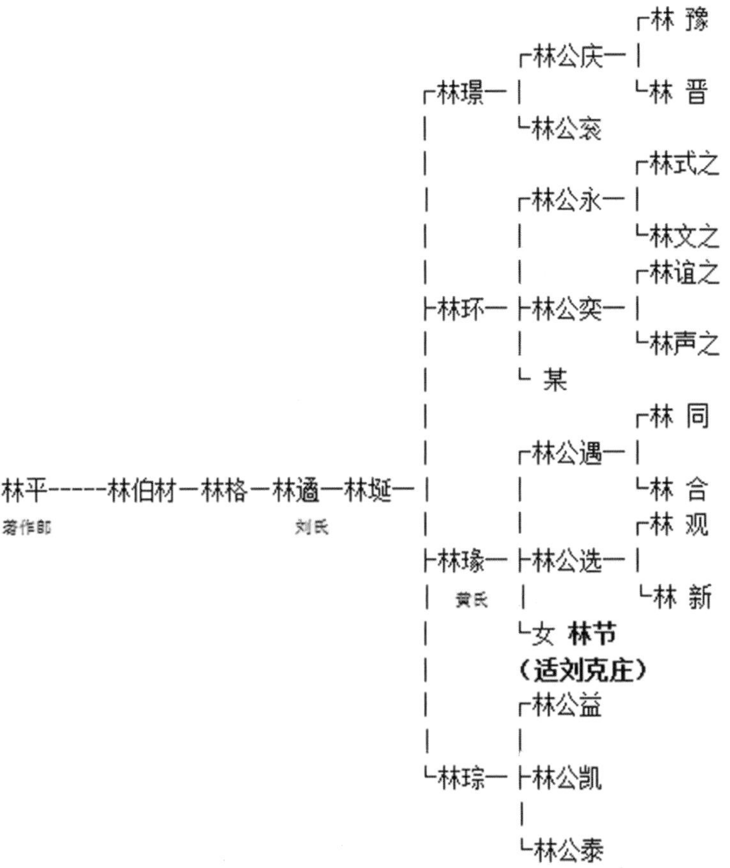

图 4　刘克庄妻林节福清石塘林氏

清光绪《莆田前埭林氏大宗族谱》记载莆田九牧长房林苇之孙林遹“任福清县尉，居福清”。按谱考林苇之孙林遹应为唐代人（约公元 805 年前后出生），和福清石塘林遹相距约 300 年，显然同名不同人。另有福清西溪林氏林遹，是否苇公孙林遹，学者多有论辩。

林节父亲林瑑（1159—1229），字景长，少入太学，淳熙十一年（1184 年）兄弟三人同科进士，授鄂州教授。嘉定初年，除国子正，迁武学博士，改国子监博士，请外，知兴化军，为政尚仁，“节约浮费，增置学舍”，擢广西提点刑狱，因病辞归。宝庆初年，除宝章阁，以直秘阁主管亳州道宫，官至朝请大夫。生两男一女：长男林公遇、次男林公选、女儿林节，适刘克庄。著有《通鉴纪纂》30 卷，《莆阳比事》有林瑑题跋。

林同(? —1276),因祖上林瑑故,荫官直宝文阁,历任知县。他性格豪爽刚毅,有侠胆,经常疏财仗义,颇受乡里拥戴。时元军大举南侵,林同毅然与妹夫刘仝祖设立“忠义局”,招募义兵,抗击元军。兵败被俘,林同咬破手指用鲜血在墙壁上写下:“生为忠义臣,死作忠义鬼”,誓不降元,坦然赴难。后人建“忠烈祠”纪念他。其事迹载《宋史》忠义传。林同著有《闲话绪余》、《孝诗》1 卷及《学海类编》等,刘克庄曾为《孝诗》作序。

据记载,宋咸淳四年(1268 年),林同、林合、林观三兄弟,重修祖屋,开辟石塘,刘克庄撰《新筑石塘》后,又作《小孤山记》,题其新盖精舍匾曰“小孤山村”。此后至今,该地名“小孤山村”。

古代世家大族在缔结婚姻关系时,非常重视对方的家世门第和才学,讲究门当户对。刘克庄祖母、生母、妻子均出于林氏名宗,均为进士之女。刘克庄的成长经历、生活点滴以及性格形成、思想发展都与她们息息相关。名门望族都有世代相传的优秀家风,家族中出现出类拔萃、深孚众望的人物,其懿行嘉言便成为家风之源,有强大的感染力量,形成一种文化和道德氛围,以约束和规范家庭成员的风尚和作风。林氏家风对刘克庄的影响无疑会通过这三位林氏大家闺秀渗透生活各个层面,可以说,刘克庄的辉煌成就与她们不无关系。刘氏家族与林氏家族均累世显贵、世传家学,融合并进,孕育出一代文宗刘克庄。

刘克庄词的字频与押韵

◇ 余学范

刘克庄是江湖派最大的诗人，也是南宋著名词人。词风豪迈慷慨，在中国词坛上占有一席地位。历来对后村词的评论多从文学的角度出发，本文从字频、押韵方面加以分析。

《全宋词》收录刘克庄词 263 首，共 25930 字。共使用汉字字种 2814 个。只用过一次的字有 745 个字种，占单字总数的 26.5%，常用字高度集中。

频次在 100 以上的共有 18 个字，这 18 个字一共使用了 2521 次。以下是它们的使用情况。

使用最多的字是“人”，共用了 221 次。以“人”为词素构成的词及其使用次数：“人间”19 次，如“未必人间无好汉，谁与宽些尺度”。“无人”10 次，“幸春山笋贱，无人争吃，夜炉芋美，与客同煨”。“何人”8 次，“今古何人知此理”。“人世” 7 次，“乘云径到玉皇家。人世鼓三挝”。

“不”217 次。构成的词有：“不如”11 次，“叹臣之壮也不如人，今何及”。“不知”10 次，“闹市不知春色处，散在荒园废墅”。

“生”184 次。构词如：“生日”46 次，都出现在词前小序中，注明某某生日、某年生日。“先生”35 次。“平生”20 次，“老子平生无他过，为梅花、受取风流罪”。“书生”9 次，“书生老去，机会方来”。

“有”167 次：“有时”14 次，“朝有时。暮有时。潮水犹知日两回。人生长别离。来有时。去有时。燕子犹知社后归。君行无定期”。“赖有”8 次，“赖有越台堪眺望，那中原、莫已平安否”。“有些”7 次，“老去胸中，有些磊块，歌罢犹须著酒浇”。

“来”164 次：“归来”12 次，“叹归来、山川如故，人民非是”。“向来”8 次，“老去欢悰无奈减，向来酒量常嫌窄”。“新来”8 次，“新来边报犹飞羽。问诸

公、可无长策,少宽明主”。“古来”6次,“世上荣华难保,古来名节如新”。

“一”148次:“一枝”7次,“到一枝摇落,千林萧瑟”。“一个”6次,“漫摘取、野花簪一朵。更拣取、小词填一个”。

“子”139次:“老子”15次,“纷纷跋扈飞扬。这老子高深未易量”。“甲子”9次,“题诗信意,也书甲子,也书年号”。

“无”139次:“无人”10次,“甚都无人诵,何郎诗句,也无人报,书记平安”。

“年”130次:“当年”13次,“两河萧瑟惟狐兔。问当年、祖生去后,有人来否”。“年年”12次,“常恨世人新意少,爱说南朝狂客。把破帽、年年拈出”。“年年岁岁”5次,“愿年年岁岁,来献新词。”

“老”128次:“老去”16次,“老去登临无脚力,徒倚屋东篱榭”。

“山”122次。如“一自前朝龚蔡后,颇觉壶山岑寂”。

“如”121次:“不如”11次。“如何”6次,“六韬未试,抑诗未作,如何归老。”

“天”109次:“天公”7次,“片片蝶衣轻,点点猩红小。道是天公不惜花,百种千般巧。朝见树头繁,暮见枝头少。道是天公果惜花,雨洗风吹了”。

“花”109次:“看花”6次。“黄花”6次,“欲携斗酒答秋光,山深无觅黄花处”。其中有8次出现在词牌名“木兰花慢”中。

“中”108次:“梦中”6次。“中年”6次,“中年后、家如旅舍,身如行客。”

“去”106次:“归去”9次,“便披蓑、荷锄归去,何须身著宫锦”。

“风”106次:“西风”10次,“向西风、登高望远,乱山斜日”。“风露”8次,“风露高,河汉澹,素光流”。

“日”103次。

还有一些词的频率也较高。“而今”18次。“回首”14,“问顾曲周郎,而今还解,来听小词否”。“有时”13,“有时戏笔,官奴藏去,有时醉坠,宗武扶将”。“万里”12,“万里晴空无片云,月照南溪路”。“高楼”12,“老眼平生空四海,赖有高楼百尺。看浩荡、千崖秋色”。“何须”11次,“老去山歌尤协律,又何须、手笔如燕许”。“白发”10次,“白发书生神州泪,尽凄凉、不向牛山滴”。

这些高频字(词)反映刘克庄词的特色,抚时感事,慷慨激昂。而且大都是通俗的白话有些接近口语,大部分都在今天的共同语(普通话)中使用。

为了更全面考察后村词的用字特点,我们用吴文英的词来做比较。吴

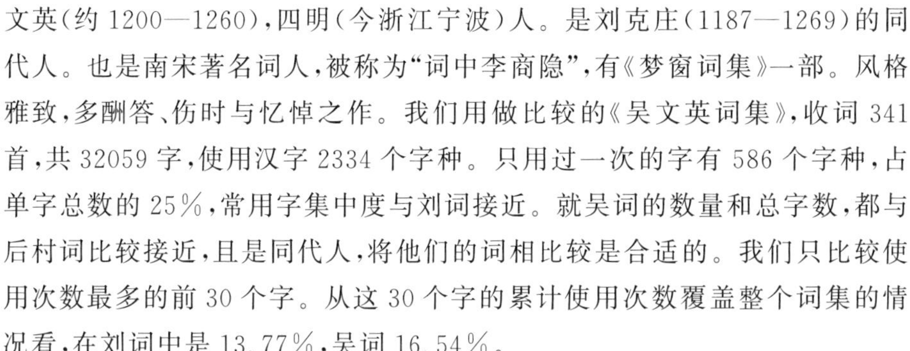

文英(约1200—1260),四明(今浙江宁波)人。是刘克庄(1187—1269)的同代人。也是南宋著名词人,被称为“词中李商隐”,有《梦窗词集》一部。风格雅致,多酬答、伤时与忆悼之作。我们用做比较的《吴文英词集》,收词341首,共32059字,使用汉字2334个字种。只用过一次的字有586个字种,占单字总数的25%,常用字集中度与刘词接近。就吴词的数量和总字数,都与后村词比较接近,且是同代人,将他们的词相比较是合适的。我们只比较使用次数最多的前30个字。从这30个字的累计使用次数覆盖整个词集的情况看,在刘词中是13.77%,吴词16.54%。

刘:“人”“不”“生”“有”“来”“一”“子”“无”“年”“老”“山”“如”“天”“花”“中”“去”“风”“日”“何”“谁”“今”“公”“君”“新”“时”“笑”“似”“与”“事”“相”。

吴:“花”“春”“风”“香”“云”“秋”“人”“红”“梦”“一”“月”“清”“西”“水”“玉”“不”“夜”“翠”“天”“重”“山”“寒”“雨”“飞”“醉”“时”“深”“小”“江”“上”。

按照字频顺序,吴词使用次数最多的“花”,刘排在第14位。“风”,吴第3位,刘17位。“人”,吴第7位,刘第1位。“一”相差4位。“不”,吴16位,刘2位。“天”,相差6位。“山”,吴21位,刘11位。“时”只差1位。

吴的“春”“香”“云”“秋”“红”“梦”“月”“清”“西”“水”“玉”“夜”“翠”“重”“寒”“雨”“飞”“醉”“深”“小”“江”“上”在刘词字频中的排位都在30位之后。

而且各有好几百个字种,对方的词集都没有用到。如吴词中以下这些字,刘词不用:“痕”“井”“查”“鸦”“袅”“梧”“裙”“汀”“桐”“腻”“萦”“帆”“蕙”“酥”“盼”“娟”“霏”“溅”“线”“茜”“鸯”“岫”。

这正如刘克庄在贺新郎(席上闻歌有感)词中所说的:“粗识国风关雎乱,羞学流莺百啭。总不涉、闺情春怨。”而刘词中以下这些字,吴词没有用到:“士”“侬”“叟”“杀”“伯”“师”“铁”“守”“读”“错”“尤”“答”“谪”“臣”“存”“牛”“饭”“牧”“屈”“壮”“受”。

以上这些也还是使用频率较高的字,更不用说低频生僻字。经过比较用字情况,可以看出,两人词风差异相当大。

再看看后村词的词牌和押韵。刘克庄词使用词牌42个。其中《贺新郎》最多,共42首。这个词牌用入声韵者激壮,用上、去声韵者较凄郁。后村词多用上、去声。其次是《满江红》31首,有21首用入声韵,声情激越,抒发恢张襟怀。《沁园春》25首,其中“和林卿韵”一和再和,达到十和。这个词牌适合于抒发豪迈情感，苏辛派词人喜欢用。《念奴娇》19首，音节高亢，英雄豪杰之士多喜用之。《水龙吟》16首，《鹊桥仙》12首，《卜算子》12首，《汉宫春》10首。刘克庄用这8个词牌所作的词，已占《全宋词》收录他的词的63.5%，将近三分之二。

押韵共使用《广韵》中71个韵，其中非入声韵54个，使用最多的是“之唐支尤模阳脂豪麻宵”，入声韵17个。使用最多的是“昔锡德职屋”。

入声韵尾[-p]，[-t]，[-k]基本上独立。如：

《满江红·夜雨凉甚忽动从戎之兴》“立”“湿”“急”“级”“什”“拾”“习”“集”“及”押韵，都属于缉韵，韵尾[-p]。

《满江红·寿王实之》“绝”“阔”“节”“彻”“批”“拔”“发”“列”“掇”押韵，都是[-t]尾。

《贺新郎·傅相生日壬戌》“错”“著”“脚”“幕”“柝”“壑”“获”“托”“薄”“若”“作”“却”，药铎同用，都是[-k]尾。

《水龙吟·此翁饱阅人间》“客”“白”“屐”“国”“迹”“特”“狄”“笛”押韵，都是[-k]尾。

但[-t]尾有混同于[-k]尾的倾向：

《贺新郎·吾少多奇节》“节”“息”“极”“色”“敌”“匹”“窄”“日”“力”“拍”“夕”“得”押韵，其中“节”“敌”“匹”“日”是[-t]尾，其余收[-k]尾。

《贺新郎·九日》“黑”“织”“尺”“色”“滴”“迹”“笔”“瑟”“客”“出”“寂”“匿”押韵，“笔”“瑟”是[-t]尾，其余是[-k]尾。

《满江红·和王实之韵送郑伯昌》“色”“客”“脉”“石”“碧”“白”“直”“膝”“壁”押韵，除了“膝” [-t]之外，其余都是[-k]。

《满江红·丁巳中秋》“夕”“白”“色”“摘”“瑟”“笛”“昔”“窄”“得”押韵，[-t]尾“瑟”混入[-k]尾。

《满江红·送王实之》“一”“笔”“策”“客”“职”“节”“日”“惜”“石”押韵，[-t]尾的“一”“笔”“节”“日”与[-k]尾的“策”“客”“职”“惜”“石”相混。

《念奴娇·寿方德润》“日”“寂”“出”“忆”“蜜”“壁”“乞”“率”押韵，“日”“出”“蜜”“乞”“率” [-t]尾，“寂”“忆”“壁” [-k]尾。

《鹊桥仙·足痛》“尺”“得”“锡”“膝”，“膝” [-t]，“尺”“得”“锡” [-k]。

《满江红·送宋惠父入江西幕》“法”“发”“穴”“特”“说”“策”“怯”“活”“别”，其中“发”“穴”“说”“活”“别”收[-t]尾，“特”“策”收[-k]尾，而“法”“怯”收[-p]尾。

与之相配的阳声韵[-n]和[-ng]也有相混的趋势：

《沁园春·和吴尚书叔永》“春”“星”“仁”“纶”“云”“身”“经”“人”“情”押韵，“春”“仁”“纶”“云”“身”“人”[-n]尾，“星”“经”“情”[-ng]尾。

其中有一些俗语词，可能是宋人口语，至今仍在莆仙方言里使用。

戏衫（演员演出时所穿的服装）：“莫是散场优孟，又似下棚傀儡，脱了戏衫还”。

戏鼓（戏场演戏的锣鼓）：“繁灯夺霁华，戏鼓侵明发”。

棚（戏台）：“戏衫抛了，下棚去、谁笑郭郎长袖”。

佛生（佛祖生日）：“癸卯佛生翼日，将戟，梦中有作”。（沁园春“有个头陀”前小序）

侬（人）：“我侬争取，来近思旷之旁。尔侬迎新送旧，似君侯、清约更谁软”。

晏（晚；迟）：“阍言宾怒如雷，因底事朱门晏未开”。

许（那；那儿；那么）：“天造梅花，有许孤高，有许芬芳。相将下车许久，但凝香之乐一些无”。

未曾（还没有）：“俗间俚耳，未曾闻这腔子”。

底（什么）：“瀛洲真学士，为底事、在红尘。攀槛朱云头雪白，流落如今底处”。

斗（争）：“初试練衣弄纨扇，斗采菖蒲涧里”。

桃巷（县城小巷名，今仍在）。

齿（牙齿）：“跛子形骸，瞎堂顶相，更折当门齿。麝以脐灾，狨为尾累，焚象都因齿”。

新妇（媳妇；新娘）：“应笑书生心胆怯，向车中、闭置如新妇”。

从用字、词牌的使用以及押韵，可以看出刘克庄的词情感豪迈，雄健疏宕，苍凉悲壮，用典精到，不涉闺情春怨。抚时感事，抒发爱国主义情怀。而入声韵尾的相混，是一种值得注意的语言现象。

论刘克庄咏史诗的春秋笔法

◎ 孟建煌 丁豫龙

刘克庄的史学精深，但受其诗词的成就所掩盖，长期以来没有获得应有的重视，以致少有相关的研究成果，殊为可惜。从刘克庄的理学师承朱熹、《春秋》经的家学渊源以及他个人的史学论述、生平际遇，足见其服膺春秋笔法，主张以春秋笔法来褒贬历史上的人与事。从而本文借由《春秋》三传所述的义例：微而显，志而晦，婉而成章，尽而不污，惩恶而劝善，以及正统、尊君、讨伐乱臣贼子等大义，分别从修辞文法与内容思想两大层面，逐一探讨刘克庄在其为数颇多的咏史诗中春秋笔法的具体运用情形。不仅借此可以得见其深厚的史学素养，清新深远的诗歌风格，也得以认识其史学与诗学高度结合的咏史诗的创作艺术。

一、刘克庄"史学精深"

南宋著名的文人刘克庄，以诗词闻名于世，但其史学素养在当时已颇享盛名，后世却少有人关注，也少有人从事此方面的研究。文献记载，刘克庄的史才颇受当朝帝王的肯定和倚重，屡任史职。南宋理宗淳祐六年(1246年)八月，宋理宗当面称誉他："朕知卿久著文名，且有史学，当盼锡第之命，兼任修纂之事。"随即刘克庄便以秘书少监职被任命兼国史院编修官，实录院检讨官。[①] 理宗又在赐同进士出身御制中表扬他“文名久著,史学尤精”。[②] 淳祐十一年(1251 年)五月,兼崇政殿说书;六月,兼史馆同修撰。

在担任史职期间,刘克庄编撰了一些史学著作,其中有以实录体撰写的《玉牒初草》,以及《录圣语申时政记所状》《录圣语奏申状》等纪录帝王与朝臣议论国事的情形。此外,刘克庄还与同僚共同编写史书《四朝国史》中的“帝纪”,也多次为好友的史学论着写下不少的序跋,阐述了个人的史学思想。

刘克庄的祖父刘夙治学崇尚《春秋》,[③]可见《春秋》乃至于史学的研究称得上是家学渊源。刘克庄的老师真德秀,真德秀之师为朱熹。朱熹崇尚理学,服膺春秋笔法,对于司马光《资治通鉴》的内容颇多背离春秋笔法,深感不满,因此写作《资治通鉴纲目》以修订,曾表示:“臣旧读《资治通鉴》,窃见其间周末诸侯潜称王而不正名。汉丞相(诸葛)亮出师讨贼而反书‘入寇’。此类非一,殊不可晓。”[④]

刘克庄的家族、师门皆重视《春秋》一经,可知其史学素养其来有自。刘克庄也曾经自言:“久诵经书皆默记,试挑史传亦旁通。”[⑤]刘克庄在给友人的书信与题跋中,直接而具体表达了他对于春秋笔法的认知,及其重要性:

> 然使为善者知可以暂蔽亏而不可以终磨灭也,为不善者知可以漏一时之天网而不可以逃千古之笔钺也,补史家议论之阙遗,佐王政赏罚之不及……方君清卿读班赞,若有遗恨者,又各以己见系其后,多数百言,少亦一诗。或为史所誉而见疵,或为史所搂而取节,或潜德久湮而深嘉屡叹,或隐慝未彰而奋笔直书,或一语之乖谬,或一行之谄曲,虽其

① (宋)刘克庄:《录圣语奏申状》,曾枣庄、刘琳主编:《全宋文》第 327 册,上海:上海辞书出版社,2006 年,第 260 页。

② (宋)刘克庄:《辞免赐同进士出身除秘少状》,刘克庄著,辛更儒校注:《刘克庄集笺校》卷七六,第 8 册,北京:中华书局,2011 年,第 3445 页。

③ (宋)叶适:《著作正字二刘公墓志铭》,刘克庄著,辛更儒校注:《刘克庄集笺校》第 16 册,附录三,北京:中华书局,2011 年,第 7853 页。

④ (宋)朱熹:《辞免江东提刑奏状三 · 贴黄》,朱杰人、严佐之、刘永翔主编:《朱子全书》第 21 册,上海:上海古籍出版社,合肥:安徽教育出版社,2002 年,第 926 页。

⑤ (宋)刘克庄:《村校书》,刘克庄著,辛更儒校注:《刘克庄集笺校》卷四,第 2 册,北京:中华书局,2011 年,第 254 页。

人之骨已朽，必绳以《春秋》之法。[1]

刘克庄在上述文章中，强调要依照春秋笔法对于历史人物褒善贬恶，使善行受到应有的嘉许，恶行得到公开的揭露，天理获得伸张。

惟夫为吕、武立纪，以魏继汉，书诸葛亮入寇之类，大经大法皆与孔氏背驰。以涑水公之贤而不能改前史之误，先儒自伊川有此见，范氏、胡氏略发之而未尽。至朱氏《纲目》出，然后女主始不得以移国命，闰位始不得以干正统，扬雄始不得不为莽大夫，狄仁杰始不得不为周司空，诸葛亮始得为汉相，陶潜始得为晋处士，可以破一世之盲瞶，开千古之心胸矣。自朱氏所条大经大法之外，若无甚难通者。[2]

刘克庄慨叹一些史书没有依照春秋笔法来记载，即使是司马光的《资治通鉴》也没有加以修改，乃至于有为吕后、武则天立纪，以曹魏继承汉朝正统，称诸葛亮北伐为入寇等错误。

自汉至今，所以扶持蜀、主张蜀，非私厚昭烈、武侯也，以其存汉也。所以斥绝魏，贬抑魏，非私恶曹氏父子也，以其篡汉也。方操相汉，时人目为汉贼，亦曰鬼蜮，人心公议不可泯没久矣。禅虽庸騃失国，但须有王者作，如艺祖之绌削刘鋹、李煜可也，否则秉笔者自用《春秋》褒贬之例绌削之，亦可也。操、丕父子尝北面刘氏，岂宜加无礼于高、光之子孙哉！今曹氏贬禅为安乐公，史笔因而称之。蒙叟曰："窃钩者诛，窃国者为诸侯，诸侯之门而仁义生焉。"愚谓曹氏加禅此名不足怪，史笔如此，无乃求仁义于窃国者之门乎？[3]

刘克庄强调春秋笔法的重要性，历史记载必须依照正统的原则，明确君臣关系，进而给予乱臣贼子该有的贬斥绌削。

刘克庄精于史学、重视《春秋》，其诗歌创作有意或无意运用了春秋笔法，乃是颇为自然之事。况且，刘克庄曾因一首《落梅》诗，遭受御史的罗织罪名，罢官废闲在家十年：

一片能教一断肠，可堪平砌更堆墙。

---

① （宋）刘克庄：《题方汝一班史赞后》，刘克庄著，辛更儒校注：《刘克庄集笺校》卷一〇七，第10册，北京：中华书局，2011年，第4462页。

② （宋）刘克庄：《跋方蒙仲通鉴表微》，刘克庄著，辛更儒校注：《刘克庄集笺校》卷一〇六，第10册，北京：中华书局，2011年，第4409页。

③ （宋）刘克庄：《答翁仲山礼部书》，刘克庄著，辛更儒校注：《刘克庄集笺校》卷一三一，第12册，北京：中华书局，2011年，第5289页。

飘如迁客来过岭，坠似骚人去赴湘。

乱点莓苔多莫数，偶粘衣袖久犹香。

东风谬掌花权柄，却忌孤高不主张。[1]

全诗描绘了一幅凄凉衰败的落梅景象，并借此意象概括了历史上众多“迁客”“骚人”飘零坎坷的一生。但最后一联“东风谬掌花权柄，却忌孤高不主张”，却是对于当朝奸相史弥远的深刻讽刺，[2]而其使用的手法与寓意，正是春秋笔法的体现。

钱锺书先生强调春秋笔法对于后世文人创作诗文的影响力巨大，著名的文论家敏泽回忆：

> 钱锺书先生在1980年曾指示我：汉代对后世文学理论批评影响最大的，并非《诗大序》等等，而是“《春秋》书法”问题。[3]

春秋笔法本属经学、史学领域中的问题，由于早期《诗经》和史的特殊的关系，所谓“诗亡然后《春秋》作”，春秋笔法遂逐渐由经学、史学而推及于文学及文学理论，成为两汉时期对后世影响最大的诗文创作理论。

从而本文尝试从儒家所重视的春秋笔法的角度，诠释刘克庄咏史诗的创作手法、修辞艺术以及其中的寓意。

据学者统计，刘克庄的诗歌多达5000首以上，[4]内容与历史相关的作品约有320首。[5] 值得注意的是这些咏史诗歌大多以组诗的形态出现，尤其是两组五言绝句《杂咏一百首》。除此之外，其他一些咏怀古迹、读史感慨，以及褒贬历史人物、事件的诗篇，分别写于不同的时期，风格多样，也值得关注。

两组《杂咏一百首》共有两百首诗篇，作于淳祐四年（1244年），当时刘克

---

① （宋）刘克庄：《落梅》，刘克庄著，辛更儒校注：《刘克庄集笺校》卷三，第2册，北京：中华书局，2011年，第162页。

② 辛更儒：《略论刘克庄的历史地位及其文学成就》，刘克庄著，辛更儒校注：《刘克庄集笺校》第1册，北京：中华书局，2011年，第8页。

③ 敏泽：《中国文学理论批评史》，长春：吉林教育出版社，1993年，第2页。

④ 辛更儒：《略论刘克庄的历史地位及其文学成就》，刘克庄著，辛更儒校注：《刘克庄集笺校》第1册，北京：中华书局，2011年，第19页。

⑤ 此处根据王述尧《刘克庄与南宋后期文学研究》第二章第二节的统计，采取广义的咏史诗认定。

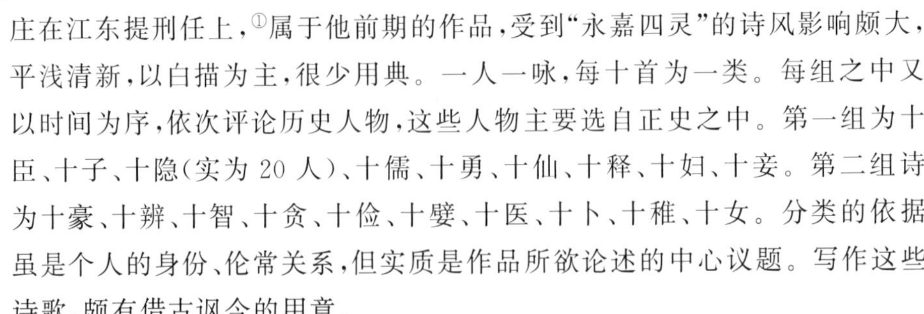

庄在江东提刑任上,[①]属于他前期的作品,受到“永嘉四灵”的诗风影响颇大,平浅清新,以白描为主,很少用典。一人一咏,每十首为一类。每组之中又以时间为序,依次评论历史人物,这些人物主要选自正史之中。第一组为十臣、十子、十隐(实为20人)、十儒、十勇、十仙、十释、十妇、十妾。第二组诗为十豪、十辨、十智、十贪、十俭、十嬖、十医、十卜、十稚、十女。分类的依据虽是个人的身份、伦常关系,但实质是作品所欲论述的中心议题。写作这些诗歌,颇有借古讽今的用意。

南宋后期,政治更加黑暗,国势江河日下,金人占领的北方失地始终不曾收复,又逐渐受到崛起漠北的蒙元的侵逼。人民不仅面临家破国亡的威胁,又饱受贪官污吏的剥削欺凌。刘克庄身为一位个关心家国命运,却在政治上屡受权奸史弥远、史嵩之、丁大全等人打击的诗人,此一时代环境与个人际遇,正与春秋笔法之所以产生和运用的背景若合符节,与孔子的生平、理念、志业近似。因此刘克庄借由春秋笔法写作了一些感时忧国、寄托深远的咏史之作。

二、春秋笔法的意涵与诗歌写作

春秋笔法这一特殊的写作手法与运用主要缘于春秋时代的政治、社会环境。当时是一个“礼废乐崩”的衰乱局势,这对于终身宣扬“王道”理想,崇奉礼仪纲常的孔子来说,必然深感忧愤。为此,孔子做了许多努力,试图予以挽救。这种时局上的现实考虑,以及写作史策之目的,孟子有深刻的体认:“世衰道微,邪说暴行有作,臣弑其君者有之,子弑其父者有之。孔子惧,作《春秋》。”(《孟子·滕文公下》)司马迁也深信孔子写作《春秋》有其特殊的用意,确实有春秋笔法的存在:

> 上大夫壶遂曰:“昔孔子何为而作《春秋》哉?”太史公曰:“余闻董生曰:‘周道衰废,孔子为鲁司寇,诸侯害之,大夫壅之。孔子知言之不用,道之不行也,是非二百四十二年之中,以为天下仪表,贬天子,退诸侯,讨大夫,以达王事而已矣。’子曰:‘我欲载之空言,不如见之于行事之深

① (宋)刘克庄:《跋江咨龙注梅百咏》,刘克庄著,辛更儒校注:《刘克庄集笺校》卷一一〇,第10册,北京:中华书局,2011年,第4576页。

切着明也。'夫《春秋》,上明三王之道,下辨人事之纪,别嫌疑,明是非,定犹豫,善善恶恶,贤贤贱不肖,存亡国,继绝世,补敝起废,王道之大者也。"①

司马迁认为《春秋》之作正是为了维持君臣之间应有的纲常礼法,特别要匡正乱臣贼子的悖逆言行。因此所谓的"实录"、"褒贬"的主张都有其"道名分"、"明是非"、"拨乱世"、"善善恶恶"等积极用世的企图,褒贬之意义远超过纪录历史,用字遣词上有其一定的常例和含义。

诗歌在上古时期多与记事有关,诗与史的关系紧密,甚至可以说"诗即史",因为诗歌更适合口头记诵、传播,有助于记录历史。况且,诗歌吐露心声、抒发情感,往往能够反映真实的民间生活,具有政治、教化等多方面的功能。西周盛世,天子派遣"采诗之官"到各地采集民歌,以为施政的参考。《诗经》因此具有"美刺"的功能,诗人对于人、事予以赞美或讥刺,借以表达个人的情志,"目的在于褒善贬恶",从而"诗人的美刺和史家的褒贬具有同等的意义"。② 宋儒王应麟便说:"《诗》《春秋》相表里,《诗》之所刺,《春秋》之所贬也。"③

为了发挥褒贬的功能,《春秋》对于史事、史文、史义这三个层面都有其不同于一般史官的处理方式,从而构成了所谓的春秋笔法。自从三《传》、《孟子》、《礼记》等典籍对于春秋笔法有所论述之后,历代学者也多有发挥。《左传》偏重于"叙事",杜预等人深入推求其凡例,更加丰富与确立了春秋笔法的内涵。《公羊传》、《穀梁传》则另从"义例"的角度来阐释,虽然与《左传》之说"互有异同,亦得统名《春秋》书法"。

张高评先生总结学者们的意见,对于春秋笔法的内涵有一个清楚的分析与概括:

> 历代所谓《春秋》书法,可归纳为二类:其一,侧重内容思想者,如《左传》所谓"惩恶而劝善","上之人能使昭明,善人劝焉,淫人惧焉",以及《公羊》学家阐扬之"微言大义",多属焉。其二,侧重修辞文法,如《左

---

① (汉)司马迁:《太史公自序》,《史记三家注》卷一三〇,台北:七略出版社,1991 年,第 1352 页。

② 黄保真、成复旺、蔡钟翔:《中国文学理论史:先秦两汉魏晋南北朝时期》,台北:洪叶文化事业有限公司,1994 年,第 106 页。

③ (宋)王应麟著,翁元圻注:《困学纪闻》卷六,京都:中文出版社,1982 年,第 335 页。

传》所谓“微而显,志而晦,婉而成章,尽而不污”;“微而显,婉而辨”,杜预所谓正例变例,皆属之。①

《春秋》书法即是春秋笔法,②可大别为修辞文法、内容思想两方面。而杜预所称的正例、变例,即是所谓的“春秋五例”。钱锺书认为,《春秋》五例“乃古人作史时心向神往之楷模,殚精竭虑,以求或合者也”。③ 对于历代史传的编写影响深远。“《春秋》五例”对于春秋笔法的说明,乃是最早、最为明确而且影响最大者,并且成为其核心意涵。出于《左传》成公十四年九月:

《春秋》之称:微而显,志而晦,婉而成章,尽而不污,惩恶而劝善。

前四者为“载笔之体”,亦即史传叙事之写作体裁与规范,可谓对于“实录”的具体要求,属于修辞学、文章学的范畴。“惩恶而劝善”则是“载笔之用”,乃是史传文体所要获取的功效,可谓“褒贬”的具体主张,涉及纲常教化。杜预认为“仲尼因鲁史策书成文”,《春秋》一经乃是孔子依据鲁史旧文笔削而成,用字遣词存在着不少隐微的含义。历代诸家对于《春秋》五例的解说不一,杜预列举事例以阐述,简明而最受重视:

为例之情有五:一曰微而显,文见于此而起义在彼:“称族,尊君命;舍族,尊夫人”、“梁亡”、“城缘陵”之类是也。二曰志而晦,约言示制,推以知例:“参会不地”、“与谋曰及”之类是也。三曰婉而成章,曲从义训,以示大顺:“诸所讳辟”、“璧假许田”之类是也。四曰尽而不污,直书其事,具文见意:“丹楹刻桷”、“天王求车”、“齐侯献捷”之类是也。五曰惩恶而劝善,求名而亡,欲盖而章:“书齐豹盗”、“三叛人名”之类是也。④

以下逐一说明其中的意涵与写作手法,并且列举刘克庄的相关诗歌以为范例。

(一)修辞文法方面

1.微而显

所谓“微而显”乃是指文辞简要但是意义明显,“措辞精要,而旨趣显

---

① 张高评:《春秋书法与左传学史》,上海:上海古籍出版社,2005 年,第 177 页。

② 李洲良:《春秋笔法论》,北京:中国社会科学出版社,2014 年,第 14 页。

③ 钱锺书:《左传正义》,《管锥篇》第 1 册,北京:三联书店,2008 年,第 267 页。

④ (周)左丘明著,(晋)杜预著,(唐)孔颖达疏:《春秋序》,《春秋左氏传注疏》卷一,台北:艺文印书馆,1997 年,第 13～14 页。此文之断句、标点,参见程元敏:《春秋左氏经传集解序疏证》,台北:台湾学生书局,2011 年,第 44 页。

豁”，“犹诗论家所谓‘文约义丰’”。[1] 具体的作法便是借由文辞的变动，以表达不同的含意。杜预对此举出了几个例子，例如僖公十九年冬《春秋》曰："梁亡。"记事很简略。《左传》则有较为详细的记载："梁亡，不书其主，自取之也。初，梁伯好土功，亟城而弗处。民罢而弗堪，则曰：'某寇将至'。乃沟公宫，曰：'秦将袭我。'民惧而溃，秦遂取梁。"从中可知，《春秋》只说"梁亡"，而不说秦国灭掉梁国，这是贬斥梁国的君主过度劳役人民，民不堪命，四散逃去，这是自取灭亡。

刘克庄在评析友人的诗作时，提出了他心目中优良咏史诗的标准："余谓君尚论古人，不必求奇，但以此篇意义为准的，虽不中，不远矣。然前辈咏史皆简切可讽味，今累百言，押十韵，失之繁，斲而小之乃善。"[2]他强调"简切可讽味""不必求奇"，亦即咏史诗须简短而隽永，不可冗长。对于历史人物的评述，能够"以片辞而尽其人之平生""中其肺腑而得其骨髓"为佳。[3]

魏武帝曹操这位三国风云人物，由于是以臣子的身份篡夺天下，刘克庄便照义例称他"老贼""老瞒""曹瞒"，更揭露他的罪行。《杨修》一诗(《刘克庄集笺校》，页 862。以下引诗只注明页数)："老贼有肝鬲，多为德祖窥。谁令预筹事，更与共观碑。"《孔融子》(页 885)："二稺吁何罪，冤犹在史书。老瞒浑忘却，只记哭仓舒。"《铜雀妓》(页 849)："谁谓曹瞒智，回头玉座空。向来台上妓，尽入洛阳宫。"《华佗》(页 877)："古来神异少，天下妄庸多。文帝能全意，曹瞒竟杀佗。"对于曹操，他都是语带贬抑、讥讽。

《李广》(页 834)："飞将无时命，庸奴有战勋。谁怜老卫尉，身属大将军。"称颂奋勇护国的沙场战将李广为飞将军，贬斥倚赖裙带关系、心胸狭隘的大将军李广利是庸奴。

《崔昌遐》(页 870)："本欲除阉腐，安知召寇戎。缁郎不为相，朱贼得称雄。"称宦官为阉腐，叛逆朱全忠为朱贼。对于意欲救国却失败的崔昌遐，则以其小字称之。

2. 志而晦

孔颖达《疏》曰："志，记也。晦，亦微也。谓约言以记事，事叙而文微。"

---

① 张高评：《春秋书法与左传学史》，上海：上海古籍出版社，2005 年，第 138 页。

② (宋)刘克庄：《跋方实孙咏史诗》，刘克庄著，辛更儒校注：《刘克庄集笺校》卷一〇七，第 9 册，北京：中华书局，2011 年，第 4213 页。

③ (宋)刘克庄：《题方汝一班史赞后》，刘克庄著，辛更儒校注：《刘克庄集笺校》卷一〇七，第 10 册，北京：中华书局，2011 年，第 4462 页。

亦即“明载史实，而意蕴深远”，如同诗家之“蕴藉隐秀”。[①] 意谓记载史事，用词简约而含义隐微，必须依例推求其意义。杜预也举例说明，例如，《春秋》宣公七年：“夏，公会齐侯伐莱。”《左传》：“夏，公会齐侯伐莱，不与谋也。凡师出，与谋曰‘及’，不与谋曰‘会’。”这是对于诸侯盟会记载的一种义例之说明：凡是出兵，曾参与谋划的便称作“及”；没有参与谋划，只是不得不配合前往者就称作“会”。《春秋》在此记作“会”，即是意指鲁宣公没有参与伐莱的谋划。“此二事者，义之所异，在于一字。约少其言，以示法制，推寻其事，以知其例。”[②]依据这种义例，吾人便可以从事件记载的用字遣词之差别，推知其隐微的意义。

司马迁称扬《离骚》“其文约，其辞微”。刘知几《史通·叙事》也特别推许文辞简要之美，“国史之美者，以叙事为工，而叙事之工者，以简要为主”。“文约而事丰，此述作之尤美者也。”[③]史传叙事崇尚文辞简要，咏史诗写作也应如此。

《乌孙公主》(页844)：“玉座吞声别，毡车触目悲。如何汉公主，去作虏阏氏?”诗中虽然写的是奉汉武帝之命远嫁乌孙的公主的悲凉遭遇，但结尾的疑问“如何汉公主，去作虏阏氏”，一个泱泱大国的危机，却靠一个女子去解除，使大汉帝国保国卫疆的满朝文武都蒙上了耻辱，也在平淡的提问中谴责了和亲政策，千载之下，也使得南宋那些希图以岁币换取和平于一时的文官武将汗颜。

《李林甫》(页870)：“二相去留际，中原治乱分。异时马上泪，遥洒曲江坟。”借由唐玄宗开元年间前后两任丞相张九龄、李林甫时期国家的治平、动乱，反映了两人的行事人品的高下。唐朝由盛转衰，李林甫是关键人物。暗讽南宋当朝的奸相史弥远、史嵩之等人的祸国殃民。

《曹沫》(页832)：“数战数败北，宁非将略疏。收功一匕首，安用读兵书。”身为带兵打仗的将军，不能依靠兵法、战略的纯熟打胜仗，却只能以匕首来劫持齐桓公得逞。诗中颇有讥刺的意味。

《仇士良》(页874)：“国老辞机密，阉儿叩绪馀。殷勤传一诀，莫遣上观

① 张高评：《春秋书法与左传学史》，上海：上海古籍出版社，2005年，第138页。

② (周)左丘明著，(晋)杜预著，(唐)孔颖达疏：《春秋序》，《春秋左氏传注疏》卷一，台北：艺文印书馆，1997年，第14页。

③ (唐)刘知几著，(清)浦起龙注释：《模拟》，《史通通释》，台北：里仁书局，1980年，第168页。

书。”唐朝贪酷的大太监仇士良之所以能够跋扈弄权二十多年，原来是不可以让帝王读书增长智慧，方能操控一切。言外之意，也指向了帝王的昏庸乃是宦官能够弄权的根本原因。

《张丽华墓》(页26)：“台上柏萧萧，空堂闭寂寥。芳魂三尺土，往事几回潮。堕翠寻难见，埋红恨未销。犹胜江令在，白首入隋朝。”南朝陈后主重用江总，江总身为权宰，却不处理政务，每日与陈后主游宴后庭，君臣昏乱，以至于国家灭亡。张丽华虽然以美貌得宠，成为陈后主的贵妃，尚能与后主藏匿井中，事后被杀。江总则是跟随陈后主投降隋朝。刘克庄认为陈后主的眈于逸乐，江总要负最大的责任，而不应归罪于张丽华的美貌。

《新亭》(页51)：“此是晋人游集处，当时风景与今同。不干铁锁楼船力，似是蒲葵麈柄功。几簇旌旗秋色里，百年陵阙泪痕中。兴亡毕竟缘何事？专罪清谈恐未公。”《世说新语·言语》记载东晋官员新亭对泣的故事。新亭在南京西南，风景秀丽，然过江之后，晋朝的江山沦亡大半。大家彼此感伤相视，皆潸然泪下。唯有宰相王导呵骂众人作“楚囚相对”，激励大众须振奋精神，努力克复神州。刘克庄此诗借由这一典故，批判了南宋官员苟安现状，只知享乐，国势因此衰败至此。

3.婉而成章

所谓“婉而成章”即是文意之表达“委婉曲折，而顺理成章”。指的是文辞上的避讳之道，对于周天子与鲁国君主，基于君臣伦常的关系，必须替他们掩恶扬善。“屈曲其辞，有所辟讳，以示大顺”。必须避讳的事情不少，“言‘诸所讳辟’者，其事非一，故言‘诸’以总之也”。例如，《春秋》桓公元年三月：“公会郑伯于垂，郑伯以璧假许田。”此事的原委可见于《史记·鲁世家》：“桓公元年，郑以璧易天子之许田。”可知实情是郑国以枋田再加上“璧”换取了鲁国的许田，但根据周礼，诸侯之间不可擅自交换土地，必须获得天子的允许。所以《穀梁传》解说曰：“非假而曰假，讳易地也。”明明是交换土地，《春秋》却写成了借用，这是在替周天子与鲁君掩饰。《公羊传》明确指出了应避讳的对象，对于尊者、贤者、亲者，都应有所维护。

此外，基于现实的困境，为了回避政治忌讳，对于某些当权者也不得不采用隐晦委婉的“微言”，所谓曲笔、侧笔，以传达“刺讥褒讳挹损”之意。[1]

---

① (汉)司马迁：《十二诸侯年表》，《史记三家注》卷一四，台北：七略出版社，1991年，第229页。

"曲笔实际是直书实录的变奏",而非完全不予以记载。

《春秋》五例中所谓"微""晦""婉",都是以含蓄而曲折的手法来记事,与儒家强调"温柔敦厚"的诗教有关。

《魏尚》(页833):"塞外传烽急,云中调守难。谁为帝言者,白发老郎官。"镇守边疆,屡建奇功的云中太守魏尚向汉文帝报请战功时,却因为只是误差六颗敌军的头颅,便被捉拿下狱。之后边塞军情紧急,无人能够平定。冯唐对魏尚遭到如此不公正的处罚心中不服,最后以妙语打动文帝,救出魏尚,保住边疆。诗人对于文帝的缺失不予直接评断。

《申生》(页818):"君父如天地,虽逃安所之。可怜共世子,死不恨骊姬。"晋献公宠爱骊姬,将杀太子申生、重耳。重耳逃出国外,申生自缢而死。诗人归罪骊姬,却对于晋献公不置一词。

《志公》(页841):"寺甲于江左,身迎入禁中。如何净居殿,饿杀老萧公。"梁武帝萧衍沉迷佛事,敬重僧侣志公等人,不能用心治国,后来饿死于净居殿。本诗对于梁武帝的嘲讽、批评,意在言外。

《李夫人》(页848):"恍惚疑如在,缠绵爱未休。明知已仙去,犹欲出神求。"对于汉武帝的迷信方士,耽于情爱,有深隐的讽刺。

《读本朝事有感十首之二》(页1037):"力荐资深入柏台,独延吉甫客翘材。如何岁晚钟山寺,只见黄州副使来。"对于王安石为了新政的早日推行,误用了吕吉甫等小人,导致新政的失败,以及自身宰相的退职。他隐居南京之时,只有苏轼不计恩怨,前往探视。诗人为贤者的过失隐讳。

《题系年录》(页235):"炎绍诸贤虑未精,今追遗恨尚难平。区区王谢营南渡,草草江徐议北征。往日中丞甘结好,暮年都督始知兵。可怜白发宗留守,力请銮舆幸旧京。"中丞指秦桧,都督指张浚,宗留守指宗泽。宋高宗建炎年间,秦桧力主宋金议和,奉行割地、称臣、纳贡,极力贬斥张浚、岳飞等抗金将士,阻止恢复失土。宗泽多次上书高宗,力请还于旧都,都不能实行,最后忧愤而卒。刘克庄批判了宰相秦桧的误国,也隐然指向了高宗的私心作祟、贪图逸乐。

4.尽而不污

由于对"污"字的解释不同,"尽而不污"的意义便有一些差异,但大体上来说，多依循杜预的注解："直言其事，尽其事实，无所污曲"，[1]把"污"视为"纡曲"，从而认为"无所隐讳，故曰不污。"一种"直书无隐""由事见义"的笔法。例如，《春秋》桓公十五年春二月："天王使家父来求车。"依据礼制，"诸侯不贡车、服，天子不私求财。""车与戎服，乃在上者所以赐与在下者，故诸侯不用以贡于天子。"周天子求车于鲁桓公，"非礼而动"，违反了礼制，《左传》直言其"非礼也"。《春秋》照实直录此事，以传达讥斥之意。

对此，钱锺书有不同的看法，他把"污"训释为"夸"，夸大、夸饰之意，分析精辟而更有道理：

> "直"不必"尽"，未有"尽"而不"直"者也。《孟子·公孙丑》章："污不至阿其所好。"焦循《正义》："污本作洿，盖用为夸字之假借，夸者大也。"……言而求"尽"，每有过甚之弊，《庄子·人间世》所谓"溢言"。不隐不讳而如实得当，周详而无加饰，斯所谓"尽而不污"耳。[2]

一般而言，叙事详尽即是直书而不纡曲了，但容易造成事迹夸大与文辞浮夸的弊病，所以要戒之在"夸"。若原文为"直而不污"，则"污"宜解释为"纡曲"。但原文为"尽而不污"，则"污"训释为"夸大""夸饰"更为合乎文意。况且，不可"纡曲"之传统说法，与前述所主张之用晦、贵婉之笔法扞格不通。而钱锺书的反对"夸大""夸饰"之说，乃是"不隐不讳而如实得当，周详而无加饰"之意。强调客观中立的实录精神，但并不排斥纡曲的笔法。借由事件的详尽记载，不偏不倚，忠实而自然的透显出其中的意义，让史料自己说话。钱锺书的此一见解与传统的意见差异不大，两者的共同点都是主张直笔实录，但前者前调不夸大，后者强调不迂曲。

《冯道》（页 870）："坐阅数朝主，竟为何代人。汉官扬历遍，更作虏师臣。"冯道在动乱的五代十国，任宰相长达二十年，当时天下大乱，民不聊生，而冯道不只是历仕五朝，在异朝为官，丧失士大夫的气节，还以"长乐老"自居。欧阳修的《新五代史》痛骂他"可谓无廉耻矣"。司马光在《资治通鉴》中，也骂他"恬不知耻"。但刘克庄只呈现客观事实，读者自有评断。

《庐江小吏妻》（页 845）："尊嫜有严命，妾不获从夫。去去犹回首，谆谆别小姑。"著名的汉朝乐府诗《孔雀东南飞》中的一出家庭悲剧。焦仲卿的妻

---

① （周）左丘明著，（晋）杜预注、（唐）孔颖达疏：《春秋左氏传注疏》卷二七，《成公十四年九月》，台北：艺文印书馆，1997 年，第 465 页。

② 钱锺书：《左传正义》，《管锥篇》第 1 册，北京：三联书店，2008 年，第 269 页。

子刘兰芝，被姑嫜遣归回家。刘克庄只描写刘兰芝的留恋不舍之情，没有任何谴责其姑嫜之词，读者怜悯刘兰芝的遭遇之情，油然产生。

《记汉事六言二首之二》(页2353)："始欲报五世相，末不愿万户留。少从黄石公授，晚与赤松子游。"张良的祖父、父亲等先辈在担任过五代韩王之相。曾劝刘邦在鸿门宴上卑辞言和，保存实力，设计使刘邦得以脱身。后又以出色的智谋，协助汉高祖刘邦在楚汉相争中夺得天下。他精通黄老之道，不留恋权位，晚年跟随仙人赤松子云游。刘克庄只简要记录了张良的生平大事，而其人的高尚志节与智慧自然彰显出来。

《围棋赌博》(页1531)："安石心平旷，难将浅见窥。能拚百弓墅，只赌一枰棋。苻虏投鞭急，羊生对弈迟。土山今乞汝，泉石更由谁。侍女收残局，群儿走捷旗。捬筝并折屐，无喜亦无悲。"前秦苻坚率领大军南下，志在吞灭东晋，统一天下。当时军情危急，军民一片震恐，可是谢安依旧镇定自若，并与好友下棋赌别墅，赢棋之后，把别墅赠与外甥羊昙。淝水之战的捷报送到，谢安看过之后仍继续与客人下棋。直到下完了棋，客人告辞以后，谢安才露出喜悦，进门时把木屐底上的屐齿都碰断了。刘克庄叙述了谢安淝水之战的前后神情，只是把他临危不乱、指挥若定的外在言行如实呈现而已，吾人对于谢安的胸襟气度自然能够看出。

《缇萦》(页888)："天子览书悲，肉刑无复施。不惟嘉烈女，亦自活神医。"汉文帝时期，太仓令淳于公有罪当刑，被逮捕至长安，女儿缇萦跟随父亲至长安，上书为父赎罪，汉文帝感动之余，免除了肉刑。刘克庄简洁陈述了事件。

（二）内容思想方面

这方面包含有左传的"惩恶而劝善"，以及《公羊传》、《穀梁传》所称的"微言大义"：大一统、尊王攘夷、尊君抑臣、讨伐乱臣贼子、维护等级秩序、表彰信义、讥变古以及保民等理念。但其中"有相当一部分属于汉儒的发挥"，因此不可推求过细，只择要论述。

1.惩恶劝善

对于恶人、恶事要明白贬斥，善人、善事则要清楚褒扬。例如，《春秋》襄公二十一年："邾庶其以漆、闾丘来奔。"昭公五年："莒牟夷以牟娄及防、兹来奔。"昭公三十一年："黑肱以滥来奔。"邾庶其、莒牟夷、黑肱，三人位卑皆为小国大夫，都以其封邑背叛本国而入于鲁国求荣，恶行重大。"诸侯之臣入其私邑而以之出奔者，皆书为叛”。“叛者，背其本国之大辞也”。依照义例，原本不必写出名字，但《春秋》欲使恶名昭彰，以为惩戒，“贱而书名”，所以把三人明白写出。《左传》昭公三十一年：“君子曰：‘名之不可不慎也如是：夫有所名而不如其已。以地叛，虽贱，必书地，以名其人，终为不义，弗可灭已。是故君子动则思礼，行则思义；不为利回，不为义疚。或求名而不得，或欲盖而名章，惩不义也。’”褒善贬恶，使善人名声显扬，恶人不能遁逃，姓名昭彰于世，以发挥劝惩、教化的功用。

《苌弘》（页 813）：“宗周危可悯，苌叔死非难。臣血三年碧，臣心一寸丹。”苌弘，周景王、周敬王时期的大臣刘文公所属大夫。在晋卿内讧中，由于刘氏帮助了范氏，晋卿赵鞅为此声讨，苌弘被周人杀死。传说死后三年，其心化为红玉，其血化为碧玉。刘克庄此诗歌颂了他的忠勇赤诚。

《柳下惠》（页 813）：“不怨穷并佚，能安小与卑。何须立奇节，展季即吾师。”柳下惠春秋时期人，姓展名获，又号柳下季。人品高洁，能够安于贫贱，随遇而安，被孔子称为“逸民”，视为贤人。刘克庄赞扬他对个人的处境无怨无尤，也无所求。

《婴臼》（页 822）：“贤矣两家臣，孤存极苦辛。后来有曹马，亦是受遗人。”春秋时程婴与公孙杵臼二人合谋保全赵氏遗孤，甚至不惜牺牲了自己的儿子与性命，过程艰苦卓绝。刘克庄褒扬了程婴与公孙杵臼两人伟大的忠义精神。

《卢杞》（页 870）：“僭伪蟠宫阙，忠贤血贼庭。相君无喜愠，面色只蓝青。”卢杞，唐朝宰相，嫉妒贤能，先后陷害杨炎、颜真卿、严郢、张镒等忠良。为了筹集军饷，又滥行征税，民众痛怨之声遍及天下。刘克庄举出其重大的恶行，公开予以谴责。

2. 正统

《春秋》“大一统”观念强调王朝统治开端及授受的正当性，强调王朝统治应具有足够的礼教纲常之合法性，演化成后来的“正统”观。

《伯夷》（页 822）：“木主来西土，檀车济孟津。只应千万世，瞻仰首阳人。”伯夷是商末孤竹国君主的长子，有弟叔齐。孤竹国君欲以叔齐为继承人，其死之后，叔齐让位于伯夷。伯夷则以父命为尊，去国逃之，而叔齐亦不肯为君，亦逃之。伯夷叔齐同往西岐，恰遇周武王讨伐纣王，伯夷和叔齐劝谏止伐：“以臣弑君，可谓仁乎？”武王灭商之后，伯夷叔齐耻食周粟，饿死首阳山。纣王固然是暴君，但伯夷两人从正统的角度劝谏武王，符合封建伦常

的纲纪，所以刘克庄也予以肯定。

《鲁仲连》(页 822)："六国钧南面，甘为北面臣。向微生一叱，几帝虎狼秦。"战国末年，秦国有吞并天下之心，无视于周天子的存在，六国也多半慑伏于强秦的威势而甘为臣下。鲁仲连一介平民却能够义正词严予以斥责，力阻秦以诸侯而称帝的野心。

《汉儒》(页 200)："执戟浮沉亦未迁，无端着颂美新都。白头所得能多少，枉被人书莽大夫。"《平后》(页 844)："歆已作佐命，雄甘为大夫。独馀黄室主，不肯面新都。"这两首诗批判的是扬雄、刘歆二人。汉哀帝继位，西汉王朝的统治权逐渐落入外戚王莽手中。王莽的新朝成立后，刘歆随即在新朝为官。扬雄则写有《剧秦美新》以奉承颂扬王莽，也在新朝担任大夫。朱熹的《通鉴纲目》因此写下"莽大夫扬雄"一词，以春秋笔法讥刺。王莽自立为帝，封身为平帝皇后的女儿为"黄皇室主"，但女儿忠贞不渝，谴责父亲篡夺汉朝的可耻行为，并屡次拒绝了改嫁他人的安排。对比之下，刘歆、扬雄的行为，竟不如一位女子。

《刘玄德》(页 2443)："老瞒虐焰市朝空，宗室惟馀大耳翁。汉贼有谁分逆顺？关河无地着英雄。紫髯久矣营江表，黄屋萧然寄峡中。可惜姜维胆如斗，功虽不就有馀忠。"刘备是汉室宗亲，三国之中蜀汉实为正统。刘克庄惋惜刘备无法讨平叛逆，延续汉朝的正统。姜维虽然智勇双全，可惜依旧无法成功，但毕竟有维护正统的历史功绩。

3. 尊君

《伍尚》(页 819)："伍奢呼二子，一至一奔焉。逃父吾无取，雠君亦未然。"春秋时代伍奢因为遭受楚太子少傅费无忌陷害而被囚禁。其长子伍尚为人仁孝，当楚平王派人召见他们兄弟时，他毅然选择赴死去救父亲，从而与父亲一同被平王杀害。次子伍员逃到吴国，成为吴王阖闾重臣，带兵攻入楚都，挖掘楚平王坟墓，鞭尸三百，报了父兄之仇。刘克庄从尊君的立场，否定了伍员鞭尸楚王以报仇的行为。

《扶苏》(页 819)："诏自沙丘至，如何便释兵？君王令赐死，公子不求生。"秦始皇在巡游途中病逝，死前诏令远在上郡协助大将蒙恬修筑长城、抵御匈奴的长子扶苏即位。中车府令赵高和丞相李斯害怕扶苏将对他们不利，于是扶持胡亥登基，以始皇身份矫诏赐死扶苏，扶苏奉行君父之命而自尽。刘克庄虽然质疑将军蒙恬轻易释放兵权的正确性，但是对于扶苏忠于君父的行为，仍然表达了敬佩。

《刘向》(页 829):“窃弓俱奋臂,窥鼎迭磨牙。同姓馀中垒,昌言抑外家。”刘向因屡次上书言事,弹劾宦官及外戚显贵而两度下狱,被免为庶人。汉成帝即位后又被启用,官至中垒校尉。刘向为了巩固君权,建议削弱外戚权力,其不畏权势,不慕荣利的风骨,获得了刘克庄的称赞。

《张承业》(页 874):“敕使为唐患,忠唐独有君。晚知王自取,误杀老监军。”张承业是唐末五代宦官,曾出任河东监军,他执法严明,得到晋王李克用器重,并接受遗命辅佐李存勖。唐亡后,张承业拒绝李存勖的加官晋爵,仍旧担任唐朝官职。其后,李存勖执意称帝,张承业极力劝谏却不被采纳,以致忧愤得病而死。刘克庄对于张承业忠心唐室,劝阻叛逆的忠烈行为,给予肯定。

4.讨伐乱臣贼子

《董卓》(页 865):“虎视无强对,鸱张有篡心。可怜脐里烛,不照坞中金。”董卓是东汉末年的军阀、权臣,接受何进、袁绍所召,率军进京讨伐十常侍。随后董卓废少帝,立汉献帝,不久加以弑害,专断朝政,掠夺金银,又僭用近似天子的服饰及车驾。袁绍联合各地力量讨伐,之后为其亲信吕布所杀。吕布把董卓的尸体扔在街上示众,天气炎热,董卓身躯肥胖,尸体的油脂流到地上。守尸的官吏用芯子点上火放在董卓肚脐眼里,一直燃烧到天亮。刘克庄在诗中刻画了这位意图篡夺天下的叛逆的悲惨下场。

《赵高》(页 873):“归自沙丘后,因专定策功。国由中府令,帝在望夷宫。”秦始皇死后,宦官赵高发动沙丘政变,他与丞相李斯合谋伪造诏书,逼秦始皇长子扶苏自杀,另立幼子胡亥为帝,并自任郎中令,行政更加苛暴。又设计害死李斯,继之为秦朝丞相。第三年他逼迫秦二世自杀,另立子婴为秦王。刘克庄指出了赵高独揽大权,谋害帝王的奸邪恶毒。

《太宰嚭》(页 869):“西子宴姑苏,灵胥赐属镂。如何居上宰,忠越不忠吴。”伯嚭原为晋国公族,逃难到吴国,得到吴王宠信,升迁直至宰辅。他贪财好色,为一己私利而内残忠臣伍员,外通敌国越国,使吴国逐渐走向了衰亡。刘克庄在诗中批判他这些叛国的重大恶行,也隐然把矛头针对了南宋误国的权奸。

结　语

判定诗歌中风格艺术表现所受到的理论之影响，可能会落入一种颇为主观的臆测。刘克庄创作咏史诗是否确实运用了春秋笔法，历代的研究中少有这方面的论述和认定，因此本文乃是一种新的尝试。然而，从刘克庄的家学所重、师门的学风、个人的论述主张、生平遭遇、时代背景等各方面综合来看，这些咏史诗作品，确实表现出显著的春秋笔法的特色。因此元人陆文圭曾称赞刘克庄的咏史诗与前人的此类作品，其体式和风格明显不同："潜夫自作'十臣''十佞'等五言百首，句简而括，意深而确，前无此体，视胡曾《咏史》直可唾去。"[①]然而诗歌写作毕竟属于语文修辞的抒情艺术，有其自我的本质，自我的特殊美学，与史传的偏重叙事不同。诗人如果过于强调史才，对于诗歌艺术的表现，不免会有所妨碍。袁枚即曾指出一般咏史诗的缺点在于"虽着议论，无隽永之味，又似史赞一派，俱非诗也"。[②] 刘克庄的部分篇什，也显露出了一些这样的倾向。但总体来看，其中透显出来深厚的史学素养，清新深远的意趣，史学与诗学高度结合，仍然使其咏史诗独树一帜，具有可观的价值存焉。

---

① (元)陆文圭:《跋蒋民瞻咏史诗》,《墙东杂稿》卷九,文渊阁四库全书本。

② (清)袁枚:《随园诗话》卷二,北京:人民文学出版社,1982 年,第 58 页。

台湾学界刘克庄研究的回顾与展望

◇ 潘是辉

刘克庄(1187—1269),字潜夫,别号后村居士,福建莆田人。是南宋著名诗人、词人、散文家、诗歌理论家等。由于享年83岁相当长寿,又历任官职一生交游广阔,著作颇丰,有《后村先生大全集》196卷传世,长期以来,就为学界所注意,研究成果相当丰硕。

大陆方面就曾有阎君禄《后村研究述评》、王述尧《刘克庄研究综述》、周炫《近百年来刘克庄散文研究述评》、侯体健《国色老颜不相称,今后村非昔后村——百年来刘克庄研究的得与失》等,对刘克庄研究的状况进行过回顾与述评。

台湾方面尚未见有探讨刘克庄研究的专文。而一般研究生学位论文的训练上都会有"研究回顾"一节,是以东吴大学中国文学系卢雅惠《刘克庄词研究》硕士学位论文、台北市立教育大学中国语文学系游坤峰《刘克庄序跋文研究》硕士学位论文、东华大学中国语文学系陈彦揆《晚宋文人的心态转变:以刘克庄为考察中心》硕士学位论文、清华大学中国文学系廖安婷《两宋进故事研究:以刘克庄为例》硕士学位论文以及高雄师范大学国文学系薛彦祥《刘克庄词作研究》硕士学位论文等,都有或详细或简略的刘克庄研究回顾。只是"研究回顾"的训练多与研究主题相关,是以多是关心自己从事研究之部分,全面涵盖性较有不足。本文即在此基础之上,进行台湾学界对刘克庄研究的全面回顾,并约略提出可以继续发展之课题,以供学界持续深入探讨刘克庄留给学界的丰富文化资产。

王伟勇教授曾编有《中外词学硕博士论文索引(1935—2011)》,共计收录1935年至2011年全世界词学硕、博士学位论文2560册,依朝代、类别、年限排序,并附有两万字《导言》,方便词学研究者查寻之用。然其所收录亦仅

是 1935 年至 2011 年硕博士学位论文,其他如书籍、期刊论文等,则未收录。

一、初期研究

台湾学界对刘克庄的注意甚早,早在 1950 年张荃就于《大陆杂志》第一卷第八期发表《刘后村满江红词七首笺》。张荃师承现代词学大师夏承焘(1900—1986),承继其词人谱牒学之研究,至台湾之前就已曾于 1933 年在《中国文学会集刊》第六期发表《后村长短句考证》,以疆村丛书本《后村长短句》为底本,针对刘克庄 80 首词进行了编年。并于 1934 年 5 月在浙江省温州《之江学报》一卷三期发表过《刘后村先生年谱》。据张荃自述夏承焘曾嘱其"笺后村词,并附以年谱",是以张荃乃得以写作《后村长短句考证》与《刘后村先生年谱》数文。张荃研究方法概师承自夏承焘,以《后村先生大全集》为主要资料,辅以《宋史》各传,再以宋明以来诗话、词话、杂记等资料作为补充笺证,完成《刘后村满江红词七首笺》等文。

继张荃之后,最用力于刘克庄研究的是为东海大学中文系教授孙克宽(1905—1993)。孙克宽系出于安徽省庐州府"龙舒孙氏"书香世家,抗日名将孙立人(1899—1990)将军为其从叔父。祖父孙浤泽(1855—1915),清光绪三年(1877 年)进士,曾在台湾担任沪尾海关监督。父亲孙树人(1876—),娶台湾巡抚刘铭传(1836—1896)孙女为妻,即其生母(1876—1910)。孙树人 1911 年自京师法政学堂毕业,民国后历任山东省朝城知县、郓城知县。孙克宽早年于北平中国大学就读法学,因家学渊源熟谙古典诗词。辗转至台湾后,曾短暂跟随从叔孙立人将军担任军职。1955 年 8 月应曾约农(1893—1986)校长、戴君仁(1901—1978)院长之邀,在东海大学中文系讲授大一国文、诗选、历代文选、各体文选及习作、《昭明文选》、六朝文、乐府诗、杜甫诗、宋诗选等课程。孙克宽的学术研究着重在元代史、宋元道教、诗学等三个范畴,同时投入古典诗词创作与新式散文写作。因课堂教学需要,由元代渐而进入宋代,且读刘克庄相关诗文集有感而发,做一系列刘克庄研究。

孙克宽对于《后村先生大全集》的研究,是感于 1929 年上海商务印书馆影印出版的《后村先生大全集》196 卷本,"匆促印书,轻于满足,以至于今日读之,满目是错误、讹挩(脱),以至于整页、整行的脱漏,令人不胜遗憾!"文章伊始即以历史年代事件排列，推论196卷本《后村先生大全集》会隐没一段时期的原因，“后村没后，不十年而宋亡，又以晚年趋附贾似道(1213—1275)，为人赀病，欧阳玄(1283—1357)修《宋史》时，竟未立传。这部大著作，马贵兴(端临，1254—1323)《文献通考》《经籍志》，也不予著录，《宋史》《艺文志》，收他所为人作序的著作(如《网轩集》)，对他的遗集，均不著录。有明一代，几乎澌灭，所谓《后村大全集》者，祇宁波范氏天一阁里，藏有一百九十六卷的抄本。清代乾嘉以前的藏书家，祇知有五十卷《后村集》，不知复有此本。清朝乾隆时修《四库全书》，也祇著录五十卷本”。至清代考据学风气兴起后，《宋史艺文志补》才找到藏于宁波天一阁的196卷《后村先生大全集》绵纸蓝丝阑抄本，后世所传各本多依此祖本辗转传抄。孙克宽断言皕宋楼所藏抄本即是自天一阁的196卷《后村先生大全集》绵纸蓝丝阑抄本转抄之第二手抄本，然已归于日本静嘉堂，如要校对出好版本，最好还是要将此本索回为要。由此文可见其版本学之研究功力。孙克宽亦提示，“后村虽是一个文人，可是终其身参与政治，对晚宋政治情况，常纪录于所撰的诗篇、和杂文的传状，以及奏疏之类的文章里。尤其是他有自叙式的《后村杂记》，可窥见宋一朝的朝政得失。林希逸所撰的后村行状，洪天锡所撰的后村墓志，记后村的出处，即说明了当时政风士气，都很可以供给研究晚宋史者参考”。

孙克宽的《简介后村诗》虽仅二页，却提纲挈领点出刘克庄在南宋文学史上的重要性。首引《宋诗钞》《后村诗小序》作为简介刘克庄生平与文学贡献，再宏观的以江湖诗派“宗唐反宋”引论诗体分唐宋的文学史潮流之争。孙克宽于刘克庄诗作中称“清新可诵的，仍是初期所作，所谓《南岳稿》者”，亦引叶适(1150—1223)《题刘潜夫诗什并以将行》肯定刘克庄的诗作。再引刘克庄诗作五律《浦城道中》《答客》以及七律《寄赵昌父》《答翁》《宿别瀑上》等，稍作解析，聊慰诗友。

孙克宽《晚宋诗人刘克庄补传初稿》主要即以《后村先生大全集》所收录诗文为主要材料，特别是刘克庄所著《后村杂记》，以及林希逸(1193—1271)《宋修史侍读工部尚书龙图阁学士正议大夫致仕莆田县开国伯食邑九百户赠银青光禄大夫后村先生刘公行状》与洪天锡(1202—1267)撰写《后村先生墓志铭》，另外再补以《宋史》本传及时人相关诗文集等。撰述方式是依时间顺序详述刘克庄家世、成长过程、历任官职、江湖诗案、交游情况等生平，文末再总结自己对刘克庄的文学评述，“克庄生平著作宏富，第其所造，诗为最长，四六次之，词又次之。文体伤于破碎。…… 其诗取径中晚唐，多为近体，

论诗每主轻利,《南岳稿》中诸作,类得江山之兴。淳祐以后,笔趋率易,遂多俗调,并剑南诚斋晚年之境亦不逮矣。笺启四六,运掉典实,刻意尽情,而不伤饤饾,多用当代故事,则为独至。词则宗稼轩,有其粗豪无其深秀,适成叫嚣而已。集中杂文碑铭颇伙,然记序文,造语如笔记诗话,碑志则琐冗无断制。间下尖新字面尤伤体裁。惟多记朝章国故,考史者或有赖焉。然其为人,有豪情无特操,居官有史干,无鸿裁,适成其为江湖之文。"

之后孙克宽再发表《刘后村的处世与交游(上)》《刘后村的家世与交游(下)》,以其可得的直接资料:1. 林希逸《宋修史侍读工部尚书龙图阁学士正议大夫致仕莆田县开国伯食邑九百户赠银青光禄大夫后村先生刘公行状》(以下简称《后村先生刘公行状》),2. 洪天锡《后村先生墓志铭》,3. 洪天锡《后村谥议》,3.《叶冰心集》《二刘先生墓志铭》《刘弥正墓志》,4.《后村杂记》,5.《后村大全集》诗文有关记述等;间接资料有:1.《宋史》纪志传有关后村行谊与其交游记载,2. 周密(1232—1298)《癸辛杂识》及《齐东野语》有关江湖集及晚宋名人记载,3. 方回(1227—1305)《桐江续集》及《瀛奎律髓》关于后村诗及江湖集批评案语,4. 明黄宗羲(1610—1695)《宋元学案》《艾轩学案》刘氏父子及后村学行记事,5. 清吴之振(1640—1717)《宋诗钞》后村诗小序,6. 清厉鹗(1692—1752)撰《宋诗纪事》关于江湖诗人记事及其《绝妙好词笺》注江湖集事,7. 无名氏撰《名贤氏族言行类稿》后村祖父事实等,作为撰述基础,缕叙家庭状况、师友交游、江湖诗案等。

孙克宽《晚宋政争中之刘后村(上)》《晚宋政争之刘后村(下)》,也引用大量《后村杂记》《后村先生刘公行状》等私家记载,与《宋史》等官方纪录互证,来探讨晚宋政治演变。章节分有《端平政变时期》《后村与史嵩之》《郑清之与刘后村》《后村晚节与贾似道》等。孙克宽认为:"后村平生,涉及晚宋政治有三件大事:一是被牵入江湖诗案,与史弥远为敌,他终身论事也酿酿于济王案的昭雪。其二是和郑清之(1176—1251)的关系,即跻身于端平朝列,又在淳祐间置身通显,可是和郑氏闹了个不欢而散。其三就是牵人史嵩之(弥远,1164—1233)'夺情'案内,和嵩之也成了不解之仇。"此文结合刘克庄的作品和《宋史》,从晚宋政治斗争的角度全面剖析了刘克庄和史嵩之、郑清之的关系,并论及了刘克庄的晚节以及和贾似道(1213—1275)的关系,极有助于我们对刘克庄著作的全面了解。在此特别需要指出者,孙克宽断定《宋史》没为刘克庄立传的原因,就是因为刘克庄晚年攀附贾似道而"晚节不终"。孙克宽广引《宋史》相关纪传以及《后村先生刘公行状》《后村杂记》等相关记载，甚至将刘克庄致贾似道的书笺一一列出，说明“后村之与贾氏，只是私交，并未预闻大政，他的景定入朝，也只是修史一事”。试图为刘克庄在历史上留有一席之地，肯定其历史地位，这或许就是孙克宽努力研究刘克庄的动力所在吧？近年来着力刘克庄研究甚深的复旦大学中文系侯体健教授建议，从事文学研究可以借鉴历史研究领域的宏观广阔视野，将孙克宽此文与日本学者小林义广《南宋时期における福建中部の地域社会と士人—刘克庄の日常的活动と行动范围を中心に》、中砂明德《刘后村と南宋士人社会》并列，认为孙克宽此文将刘克庄置于广阔的历史视野中进行描述分析，是相当成功的尝试。

孙克宽《刘后村与四灵、江湖》虽发表较晚，但从简要文体即没有分章节、注释观之，以及文中叙述“我打算另写《后村诗与诗论》”，看起来似乎成文应在《刘后村诗学评述》之前。《刘后村与四灵、江湖》先讲述刻意精思求工律句的永嘉四灵，兴起之初是得到叶适（冰心）与刘克庄的支持，且“四灵”与“江湖诗派”都“同源异流，皆本唐体，汇流成为后来元明两代诗坛贬宋尊唐的先河”，又引刘克庄《赠翁卷》诗“非止擅唐风，尤于选体工，有时千载事，只在一联中。世自轻前辈，天犹活此翁，江湖不相见，才见又西东”。引证“可见四灵与江湖，脉络相通，殊不可分”。

在各类文学创作中，孙克宽对刘克庄的诗最为称赞，也透过统计指出《后村先生大全集》中，诗篇占有 48 卷数量最多，特别针对刘克庄的诗学写作专文。《刘后村诗学评述》章节分有“刘后村诗与晚宋诗风”“江湖诗集与江湖派”“江湖诗派与后村诗探源”“后村诗论的探讨”“后村诗篇赏析”等，已将刘克庄诗与诗论的重要议题详加解说，是台湾学界对刘克庄诗学的奠基之作。

继孙克宽之后，对刘克庄的诗及诗论著有专论者为台湾大学中文系黄启方教授。黄启方（1941—　），福建莆田黄石镇人，1960 年进入台湾大学中文系就读，1979 年升正教授，1988 年接任台湾大学中文系主任，1990 年接任台湾大学文学院长。1997 年自台湾大学退休，转往世新大学担任中文系教授，同时在韩国汉城大学、高丽大学、延世大学、梨花女子大学、香港大学和安徽师范大学等校担任客座教授，2015 年获聘为世新大学终身荣誉教授。

黄启方教授专攻宋代文学，著作等身，曾在台湾“国语日报”主编“文选”二十余年，并于 2005 年至 2014 年间担任财团法人国语日报社董事长。黄启方教授于 1972 年发表《刘克庄的诗论》一文，首先简单介绍刘克庄的家世

生平与其学术，于“诗学与诗风”一节指出刘克庄早期诗作确实受到四灵的诗风影响，“后始不满四灵之局浅，改弦更张，欲专研古体”，在“尽力摆脱四灵的风格，师法陆游时，一面极力推扬陆游，一面对四灵的缺点也痛下针砭”，更对江西诗派之浮泛不假辞色，也因此引来方回（1227—1305）等诗论家严苛的批评。在“创作主张与批评态度”一节，黄启方指出刘克庄是以道学家“安贫乐道”的主张“以为诗人唯有具备不求闻达的意念，不为俗务所扰，然后才真成诗人”，更进一步认为诗人作诗不只是吟风弄月，更应是有所为的，所谓“忧时原是诗人职，莫怪吟中感慨多”。诗人既须感时忧世，自然就负有维护世界的责任。“诗是志洁清高者的专利品”，不仅要求诗的不俗，尤其要使人本身不俗；这种思想，既反映了他的道学修养，也说明了他创作的主张。“于是乎刘克庄”所以不满四灵的原因，是由于四灵只工于律体尤其是五律，而不能为长篇，他以为四灵“抉露无遗巧”，缺乏诗意，又不够含蓄，而所以会有这个缺点，是因为学力不足的关系。在“刘克庄对往昔诗人的批评”一节，黄启方更一一分析刘克庄“对江西诗派的意见”“对四灵诗派的不满”“对江湖诗人的态度”等，总结刘克庄对六朝、唐、宋诗人之论评，“比较其对前代诗人的评论，亦可知其识见与眼力固足以成一大批评家，《四库提要》以其诗话‘精核者多，固迥在南宋诸家诗话上也’，亦可见其所受之重视”。

另一位对江湖诗派有研究者为台湾师范大学国文学系李曰刚教授。李曰刚（1906—1985），字健光，江苏省盐城县人，中央大学教育系辅中国文学系毕业，历任陕西省教育厅编审室主任，江南日报社社长，中国民报总主笔，金山县长、丹阳县长等职。至台湾后转任教育机构，曾任台北工业专科学校教授，中国文化学院中文系教授兼系主任、台湾师范大学国文学系主任兼国文研究所教授，新加坡义安学院中文学系客座教授等，现担任台北市莆仙同乡会评议委员会主任委员。著有《中国文学史》与《中国文学流变史》等书。

李曰刚《晚宋江湖诗派之来龙去脉》开头即引方回《瀛奎律髓》《跋刘克庄落梅诗》：“当宝庆初，史弥远废立之际，钱塘书肆陈起宗之能诗，凡江湖诗人皆与之善，宗之刊《江湖集》以售，刘克庄《南岳稿》亦与焉。”开宗明义说明江湖诗派得名之由来。再说明江湖诗人被归为一派的原因，“江湖诗人，顾名思义，自非达官显贵，而为一干布衣隐士以及失意末宦，在南宋国难严重之秋，生活不宁，进退失据，于是招朋引类，游谒江湖，藉吟咏唱和，以消磨岁月，互通声气；寖假形成风气，隐然自成一宗。”接着详述《江湖集》纂辑的经过，“《江湖集》所收诗人之诗，因刻非一时，版非一律，随得随刊，其分隶初无义例，散漫参差，难于寻检，直至清代四库馆人加以整理，于两淮盐政采进《江湖小集》九十五卷所收诗凡六十二家外，复就《永乐大典》所载《江湖后集》，删除重复，著录《江湖后集》三十四卷，增入诗凡四十七家，两共诗人一百零九家，然后条系分明，斯派作家之姓名篇什，始有可观。”其共统计出江湖诗派隶籍江西者 28 人，隶籍浙江者 39 人，隶籍福建者 17 人，隶籍他省者 20 人，不详籍贯者 5 人，然却无刘克庄之名。于是再引《四库提要》说明其原因：“江湖末派，以赵紫芝（师秀，1170—1220）为矩矱，以高翥（1170—1241）为羽翼，以陈起为声气之连络，以刘克庄为领袖，终南宋之世，不出比派。”又引《江湖小集序》：“今此本无刘克庄《南岳稿》，又无张端义挽周晋仙诗，亦无赵师秀诗，且洪迈（1123—1202）、姜夔（1155—1235）皆孝宗时人，而迈及吴渊位皆通显，尤不应列入江湖，疑原本残阙后人掇拾补缀，已非陈起之旧矣。后人夺罪接拾补缀，已非陈起之旧矣。”推断刘克庄显因诗祸劈版而被削，于文中仍举较为出色者如刘过（1154—1206）、乐雷发、陈起、戴复古（1167—?）、方岳（1199—1262）、高翥、姜夔等例简要介绍江湖诗派诗人及其诗作，而以刘克庄为首。在介绍刘克庄时，先简述生平，再言其诗风转折，最后对其诗集中有不少痛恨赋敛苛暴、征役频繁及反映民生疾苦之作特加赞赏。而此文最末，即引方回《瀛奎律髓》、钱谦益（1582—1664）《王德操诗集序》等，略述江湖诗派最为世人诟病的诗格人品问题。

1977 年莆田同乡曾宪燊发表《刘克庄的生平及其诗词》，并无注释，显然是一般介绍性之文章。第一段“长寿诗人，居官正直”叙述刘克庄的生平事迹。第二段“写诗作词，宣泄感情”讲刘克庄的文学创作，特别注意到刘克庄的六言绝句，将复杂艰深的典故，萃取浓缩成为诗句对偶的材料，这是让许多文人雅士赞叹刘克庄的文学创作特色之一。第三段“目的纯正，风格独特”则讲刘克庄的诗词传承与创新之处。曾宪燊将此文稍事修改，又刊登在 1978 年出版的《福建兴化文献：台湾兴安会馆落成纪念专辑》上。并将第二段“写诗作词，宣泄感情”增加资料，拆成“忧国忧民，词多伤愤”与“六言诗作，最为突出”二段，更加突显刘克庄六言绝句的重要性。

台北市莆仙同乡会编印的《福建兴化文献：台湾兴安会馆落成纪念专辑》上，还有在第十三辑《诗词与书画》挂名蔼亭的《刘后村先生诗词评介》一文简介刘克庄的诗与词，第八辑《人物志》宋朝亦从《莆田县志》《文苑传》摘录刘克庄传，第十四辑《历代诗选》宋朝，亦摘录刘克庄诗作三十余首，可见

旅台莆仙同乡对于刘克庄之重视。

另一位注意到刘克庄的莆仙同乡是现任台北市莆仙同乡会顾问团召集人的吴东权。吴东权在1987年3月发表《爱国诗人刘克庄》,他首先注意到《莆田县志》许多关于刘克庄的记载,也得到《福建兴化文献:台湾兴安会馆落成纪念专辑》上几篇谈论刘克庄的启发,遂以"直言贾祸的书生"、"轻清简澹的诗篇"、"感时忧事的词客"和"南宋末叶的文豪"四部分架构其文章。在"直言贾祸的书生"叙述刘克庄的生平时,特别引用《中国诗史》"他是个忠君爱国、直言极谏的人。他任枢密院编修官和太府少卿时都有所建白,弹劾史嵩之一事,更使他直声闻四方",为文章作定位。在"轻清简澹的诗篇"强调刘克庄一是把写诗看成一件大事,乃慎重而严肃之巨构;二是主张诗的气质应贵轻清;三是主张诗篇要有内容,诗人要重品德。可见作者本身对诗亦有相当程度的认识。"感时忧事的词客"直言刘克庄受辛弃疾的影响,词比诗更具有时代性和正义感,充满忠君爱国的情怀。特别是晚年的词,更能用"义正辞严的笔锋,剖出当时政治和军队的腐败与奢靡,痛心疾首地指出各种弊端,道出民间和基层兵卒的委屈与凄惨,以及爱国志士热血澎湃的情怀"。结尾"南宋末叶的文豪",特别呼吁福建莆仙同乡"不宜淡忘这位主张诗质第一、品德至上、爱国为先、忧时不已的先贤文宗"。

特别要注意的刘克庄研究学者是张健(1939—),浙江嘉善人。台湾师范大学国文系文学士(1960年),台湾大学中文所文学硕士(1965年),曾任文化大学中文系教授、台湾大学中文系教授、外文研究所博士班教授等,退休后现为台湾大学中文系兼任教授。著有诗集、散文、小说、学术著作、传记、影评等一百十余种,是著名诗人、散文家、评论家等。

张健在1978年编辑中国文学批评资料汇编之四《南宋文学批评资料汇编》时,就收录有刘克庄《后村先生大全集》中222则文学批评资料,并在叙论大力赞赏刘克庄。他认为刘克庄的文学主张,是学、力、才、气、识并重,实际上用这五字来阐说诗的基本原理,是集宋人之大成。刘克庄也讲"博",也重性情,也讲养气,也不是一味反对典丽。南宋批评家大致仍都遵循以北宋朱熹为代表重平淡的传统,只有刘克庄等人不全忽视华彩,这项风格论可说是宋人论诗的重点之一。最能代表刘克庄主张的当推《跋野谷集》一文:"诗当由单而入约,先约则不能丰矣",这也是包容了平淡、华采二派集其大成,次以先后,各得其所。与宋人较不同的是刘克庄又主张"极天下之轻清",这或许是受到朱熹(1130—1200)主张"虚静则明诗"的启发。刘克庄又受到江西诗派的影响讲究诗的技巧,也受真德秀(1178—1235)等的影响,对品德的修养、胸襟的洗濯极为注重。他也受到陆游(1125—1210)的影响,要诗人上参古体,以求气象开阔,他更重视工夫,反对苟作,贬斥浅易。刘克庄曾毁去自己的几千首作品,只存百首,应该是这种省悟的具体表现。

张健最先指导出台湾第一本刘克庄研究的学位论文,特别是张健教授退休后,更用心于刘克庄的研究,陆续写出《刘克庄人物诗研究》《刘克庄写景诗研究》《刘克庄咏物诗研究》等专著,可说是台湾学界最努力于刘克庄研究的学者。

二、《后村先生大全集》在台印行后的研究热潮

据可查资料刘克庄的著作在台湾重新出版者,计有 1963 年复兴书局影印清光绪刊本《后村别调》一卷,1971 年广文书局发行“古今诗话丛编”,将《后村诗话》前集二卷,后集二卷,续集四卷,新集六卷等影印出版。1972 年台北板桥艺文印书馆出版百部丛书集成续编适园丛书中有《后村先生题跋》与《后村诗话》。特别是 1979 年台北市商务印书馆出版四部丛刊,将刘克庄 196 卷本的《后村先生大全集》以上海涵芬楼影印元刊本影印刊行,让台湾研究者自此得以更便利取得研究资料,使得台湾学界出现一阵研究刘克庄的热潮。

在这阵热潮中一共出现四本学位论文,1981 年 5 月李若纯《刘后村文学批评研究》东吴大学中国文学研究所硕士学位论文,1981 年 5 月郑亚薇《南宋江湖诗派之研究》政治大学中国文学研究所博士学位论文,1983 年 6 月咸贤子《刘后村年谱及其词研究》政治大学中国文学研究所硕士学位论文,1986 年王伟勇《南宋词研究》东吴大学中国文学研究所博士学位论文。

李若纯的硕士学位论文是由张健教授指导的《刘后村文学批评研究》,第一章述后村家世生平与文学,透过家学与生平之研讨,了解刘克庄并非无志无行的江湖诗人,更不可轻易抹杀其诗文成就及批评业绩。第二章概述刘克庄文学思想渊源,分别由其所熏染之儒理学说、所居处之文学环境及所体悟之创作经验等三方面加以分析,目的在掌握其持论所以不得不如是之苦心孤诣,并借以展示其所以能集大成的背景。第三章详析刘克庄的文学理论,分“原理论”“方法论”“风格论”三节,尝试为其理论建立体系。第四章

搜罗整理整理刘克庄对历代作家的评价，以时代先后为次序，分条研讨，考察其批评态度是否公正，批评见解是否精当。第五章首节略论刘克庄对后世批评家的影响，次节则综合其文学批评的长处短处，从而确认刘克庄在文学批评史上的地位。

郑亚薇《南宋江湖诗派之研究》主要研究重点着重在“江湖诗派”，认为其能将文学活动平民化，又恢复诗作平易抒情之倾向，自得称其为一派。各章节中多引用刘克庄《后村先生大全集》及其他作品而为论述根据，特别在第六章“江湖派诗论之探究”第三节以“刘克庄之诗论”为探讨主题。在此节中郑亚薇除《后村诗话》外，更以《后村先生大全集》中诗文集序跋文为主要材料，归纳出刘克庄之诗论有：壹、“原理论”，贰、“诗法论”，叁、“体裁论”，肆、“批评论”等。

在壹、“原理论”项下有：一、重修养；二、尚功用；三、重情性；四、论家数（1. 语意俱工，巧拙相参 2. 气魄与才气 3. 言气）；五、主亲巧；六、平淡、华彩并重。在贰、“诗法论”项下有：一、重技巧；二、参古体；三、作诗之方法。叁、“体裁论”。肆、“批评论”：一、诗评原则；二、对往昔诗人之诗评（1. 江西派 2. 四灵派 3. 历代诗人，六朝诗人、唐朝诗人、宋朝诗人等）。最后，更将刘克庄的诗论与姜夔（1155—1209）及戴复古（1167—1248）以及其他各家诗论做比较，得出“就诗作之数量，诗论之创见而言，自以克庄为具体而可观”的结论。

咸贤子的硕士学位论文《刘后村年谱及其词研究》可分成两部分，第一部分是第一章刘克庄家世（第一节）与年谱（第二节），达 122 页，占整本论文页数二分之一强。咸贤子将刘克庄一生的境遇，依系年方式逐年呈现，且佐以相关文献史料印证，详细记载其时代背景及生平际遇，颇具参考价值。年谱分年代与刘克庄岁数、时事、生活及按语四部分。年代有宋朝年代、天干地支年代，另有金朝年代至天兴三年（1234 年）亡国为止，还有蒙古铁木真称帝（1206 年）后，也加上蒙古年代，最后是公元年代，借以比对。“时事”为当时代大事记，如宋孝宗淳熙十四年（1187 年）条“时事”就记：十月，太上皇（高宗）崩，年八十一。“生活”则记刘克庄的生平记事，并依照月分为顺序，如绍定元年（1228 年）条“生活”就记：官知建阳县，调通判潮州。因《落梅诗》被劾。按语则又将刘克庄相关著作附记，有时更会将上作者的补充说明，如绍定元年（1228 年）条“生活”又记：七月六日，妻林淑人卒，年三十九。就补充《亡妻墓志铭》《亡室祭文》《山甫生母墓志铭》等相关文献，最后加上自己的意见“可知后村与林淑人伉俪甚笃”。

咸贤子《刘后村年谱及其词研究》第二部分是探讨刘克庄的词，有第二章“刘后村词之重要内容”，第三章“刘后村词之技巧”与第四章“刘后村词作思想与风格”。第二章“刘后村词之重要内容”将刘克庄词作内容择优列出，分类围豪情壮志、怀古感遇、叙事说理、咏物题词、唱和酬赠、其他之作等一一品评。第三章“刘后村词之技巧”则从选调、平仄、用韵、用典等方面来考察分析刘克庄词作技巧形式上的特色。特别在刘克庄词作的选调上，咸贤子透过详细的统计计算出刘克庄传世词作可查者约有 264 首词调，其中“贺新郎”有 43 首最多，“满江红”32 首、“沁园春”25 首、“念奴娇”19 首、“水龙吟”17 首，这五首刘克庄最喜欢使用的词调达 136 首，已超过其全部词作 264 首之一半有余。这 5 首词调的形式都属长调，总计刘克庄所作词中属于长调者，约有 183 首，已超过全部词作三分之二，可知刘克庄善于长调作词。第四章“刘后村词作思想与风格”，咸贤子认为从刘克庄的词作中可以看出他受南宋后期著名理学家真德秀(1178—1235)影响的道学思想，表现在词作中不时流露出爱国、为民、忠君等入世的思想上。风格方面，咸贤子认为刘克庄词继承辛派词的豪放风格，以词人个性、时代背景及其所使用的词调来考察刘克庄的词作风格。

王伟勇(1954—　)出生于台湾花莲，祖籍福建惠安，师事台湾大学名誉教授词学大师郑骞(1906—1991)。王伟勇博士学位论文《南宋词研究》后经文史哲出版社出版为专书，以时代背景为基础，归纳分析南宋词之特色凡十五项，包括：词境广拓、以文为词、佛道入词、锻炼字句、审音协律、设景咏物寄托、题序由简趋繁、使事用典成习、酬赠唱和流行、多祝寿庆生之篇、多时序节令之作、多家国身世之感、多避世退隐之思、南方色彩鲜明、八种突出调风等。并综述 11 位主要词家之个别形貌与词作风格，详慎分析南宋词作与词学理论，深刻阐述南宋词坛之概况。其中第十一节有“刘克庄——以文为词，直致近俗”专节讨论，开宗明义即言“晚宋词坛，承传豪放词风，而能卓然成家者，当推刘克庄”。略述生平后又归纳称“总之，就内容言，后村词泰半皆发抒个人身世、遭际与宦海百态，而以寄情家国者，最见称道。此外，尚有不少自寿、寿人、为咏物而咏物之作品，虽偶亦注入些许情怀，然时尚所趋，大抵皆筹酢之工具，甚无谓也”。其次，“凡辛派词家，难免以议论入词，而后村尤甚；或通篇如此，或陡见一二，俯拾即是”。并总结“要之，后村于晚宋，无论诗坛、文坛均称宗匠”。其作品曾蒙理宗称赏曰：“赋典丽而诗清新，记腴赡而序简古”；其诗亦得叶适(水心)赞许：“是当建大将旗鼓者”；陈孔硕

(北山)甚而谓曰:"不患不好,只患忒好"(并参林希逸撰《行状》)。然细嚼之,实不如转闻所言,盖文士声气相通之习使然也。即以词作论,《后村别调》固以慷慨激昂或悲凉之笔,写家国情怀、身世遭际者,最令人称道;且因以气势取胜,故颇能弥补其用词浅露,使事冗塞之弊。然他类作品,则觉直率寡味,略欠才情;诚如杨慎(1488—1559)《词品》卷五所评:"近俗,故稼轩而不及也。"后村《念奴娇》词起句云:"自填曲子自歌之,岂是行家官样。"盖亦有自知之明也。王伟勇自东吴大学中国文学研究所取得博士学位后,旋即留校任教,历任东吴大学中国文学系、成功大学中国文学系教授,育英才无数,本身亦勤于研究着述,著有《词学专题研究》《宋词与唐诗之对应研究》《诗词越界研究》《词学面面观》等书,可谓目前台湾学界词学研究最为活跃之学者。

三、新近的研究

改革开放后,1980年代起大陆地区陆续有研究刘克庄的论文发表,1990年代起,大陆地区研究刘克庄的论文也持续增多,两岸交流逐渐频繁,资料流通亦可相互参考。台湾的研究者固然较少,但还是有可取之处,以供参考。

(一)刘克庄生平

1.年谱

林志达《张荃之〈后村先生年谱〉笺注》,主要以张荃于1934年5月在《之江学报》一卷三期发表的《刘后村先生年谱》为主要补充对象,"以张谱为宗,援引旁证,征集各说,取其合于理者,用正其误,或续其未全。若遇有张谱未精审处抑或难明之处,则为之补注、按语。"此外文中还加谱前与谱后,谱前记刘克庄名、字、号、籍贯,以及自祖父刘夙以下,父亲刘弥正、母亲林氏、妻林氏等人生平简要事迹。谱后则记刘克庄葬所、谥号、子女等。然就葬所而言,林志达并未详查文献就误引《莆田县志》所载:"(徐潭之原)在孝义里鼓楼山。"其实郭篯龄(莆田人,字子寿,1827—1888)就曾写过《刘澹斋访墓记》,记述刘克庄后裔刘尚文寻访刘克庄墓的详细过程。在莆田孝义里鼓楼山的是"宋尚书谥文定公后村刘先生配林氏墓",很多人都把刘克庄夫人林氏的墓当作刘克庄与林夫人的合葬墓。刘克庄的墓经证实在今莆田常泰里延寿村马坑山,墓碑记为"宋工部尚书赠少师谥文定后村刘公墓,万历戊子(1588年)冬,裔孙元桂重修"。

林志达所为刘克庄年谱系年,先以宋朝纪年,再加天干地支纪年,后为公元纪年,最后则为刘克庄岁数。与咸贤子《刘后村年谱及其词研究》硕士学位论文中所作刘克庄年谱在纪年上,最大差异在于无金或元的纪年。其书写方式,先引张荃《刘后村先生年谱》,如为补充张荃之谱则为注,如为自己所发现资料则为按语。如"绍定元年,戊子,一二二八,四十二岁"条,即引张谱:"妻林淑人卒,年三十九。集中悼亡诗甚多。"林志达即加按语,"林氏卒于此年,后村又续纳陈氏,而张谱缺叙。"另以《山甫生母墓志铭》补记刘克庄应母命纳陈氏之事,再推断林氏生年,以此纠正其他记载如《宋人传记资料索引》等谬误之处,对于刘克庄生平事迹稍有厘正之贡献。然林志达作此年谱,在咸贤子《刘后村年谱及其词研究》之后,仅明确指陈其二条错误,所引证资料又少于前作,概撰写作此文的目的是专为笺注张荃旧谱。所幸林志达此文附有"《宋元学案》卷四十七《艾轩学案》传承表"以及"克庄历宦图"可为研究者参考之用。

2. 家世

2000年林志达的《刘后村家世考》,从刘克庄一世祖刘范考证起,继而纨绔子弟刘愿、三世祖刘炳、四世祖刘夙(1124—1171)、五世祖刘弥正(1157—1213),刘克庄为第六世,直至八世,即刘克庄的孙子辈,兼及世交姻戚与方、林二家世谊亲族等。然前三世资料仅能从叶适(1150—1223)《水心先生文集》《二刘公墓志铭》得出,虽然林志达极力考证史书上同名者亦无所得。而世居莆田城厢后塘的"北郭刘氏"至第四世刘克庄之祖父刘夙起,传世资料渐多。林志达努力找出所有刘克庄相关亲属及其后裔至孙辈的资料,即使有名字无事迹者亦列入,特别是文字记载相当少的女性也一一寻出,可见其用力之深。薛彦祥认为此文主要引用《后村先生大全集》中之诗、文、墓铭、行状,旁及他文,参以同时代文籍之载记,为其家世作一考证。然虽考证出他的亲人,却受限于篇幅限制,论述上显得较为简略,而难以得知其家学渊源的整体概况。此文之贡献在于经过林志达仔细爬梳,得知与刘克庄所作诗词文章较多的,是与刘家有世谊亲戚关系的林家与方家等莆田地方大族,莆田区域家族互动史的研究,实可为刘克庄研究持续发展的一项重要课题。

其实在林志达进行刘克庄研究之前,伊沛霞(Patricia Buckley Ebrey,

1947—)已发表过《The Women in Liu Kezhuang's Family》考察刘克庄家族女性成员与姻亲,与其士绅家族身份的关系。日本学者小林广义也发表有《宋代福建莆田の方氏一族について》一文,以莆田方氏长史一派为主要研究对象,认为婚姻是其家族永续发展的重要策略之一,基于利益上的考虑,多以士人阶层为主要缔结婚姻的对象。台湾大学历史研究所简杏如也在此时进行莆田方氏家族的研究,其指出莆田方氏首先在仕宦方面,家族成员多数以地方官为主,活动的地域基本上不是任职地即是家乡。其次,在学术文化方面,由于家族重文风气的影响下,书籍的收藏、文献的收集均属于地方性的活动,而学术上的交流更以地方上的世家为主。最后,在婚姻方面,莆田方氏结婚的对象更是未离开福建一路,且基本上是以同邑及邻近的地域为主,在在显示出莆田方氏为一地方性的家族特性。在此可以看出,莆田区域家族史的研究实是令人感兴趣的课题。

(二)文学

1.词

一般台湾读者能较轻易读到刘克庄的词,应该归功于1992年由张淑琼主编的《中国文学总欣赏·唐宋词新赏》第13册收有刘克庄词作二十余首,并将书名标为《刘克庄》。书中除简略介绍刘克庄生平外,并就各词详作赏析,或作注释,特别是所收词句皆加以注音符号标示,使读者更易阅读。然观其每首词赏析后之标名,多为大陆学者,如夏承焘(1900—1986)、李济阻(1941—)、钟振振(1950—)、徐培均(1961—)等,概为1988年上海辞书出版社《唐宋词鉴赏辞典》之繁体字改编版,如此沟通当时尚未全面开放之两岸学术亦不乏贡献。

2006年卢雅惠《刘克庄词研究》主要将刘克庄的词作生涯分为仕宦时期、闲居时期与致仕时期,分期探讨各时期词作内容与特色,并在第二章简述刘克庄的生平及其词学理论,也将刘克庄的时代背景、家谱世系、生平经历及其词学理论,作一归纳整理。第六章则探讨刘克庄的词坛地位,以及对当代及清代词人的影响,是其创新之处。透过不同的时期的词作分析,对刘克庄的心路历程有一全面性的了解。归纳得出结论:第一,不论任何时期,刘克庄都有归乡隐居的想法,意味着生活中充满了阻碍和困难,其中无奈的心情相当沉重。第二,刘克庄爱国爱民的心是不变的,他忧时伤世,强烈表达反对和议的政治主张和爱国情怀;同情百姓黎民,痛敲吸骨髓的酷吏,抨击腐败的当局。第三，刘克庄词作中笼罩着悲凉的情绪，壮志难酬、怀才不遇、愤恨不平是主调。此调重复的咏叹，令人有老调重弹之感，但也因其反复重弹，更显其悲愤，有如挥之不去的阴影。

卢雅惠曾将硕士学位论文精简以《刘克庄仕宦时期词作探析》在《有凤初鸣年刊》发表。亦从刘克庄的生平及仕途经历切入，论述刘克庄如何从早年胸怀壮志，抗金复国至晚年华发萧萧，求归退隐的生命历程。其中有胸怀壮志之词、壮志难伸之词、歌功颂德之词，因人生际遇而呈现出不同的词作风格，展现不一样的词人风貌，最后给予其词作豪放雄迈却又沉郁顿挫的总体风格评价。卢雅慧将生平结合词作论述，是相当贴切的研究方法。

2009年蓝淑珠在王伟勇教授指导下完成《南宋论政词研究》硕士学位论文，其所谓“政论词”指议论朝政之词，如朝廷之建都、议和、任官、出使等政策，以及讥刺权相、记载战事等。在论文第二章第四节有专论刘克庄，以“生命的深度”综观刘克庄生于南宋末世的无奈，以“眼界的广度”形容其士宦生涯，以“创作的高度”论其诗作。并举出《满江红·夜雨凉甚，忽动从戎之兴》《贺新郎·宋庵访梅》《贺新郎·送陈贞州子华》《贺新郎·实之三和，有忧边之语，走笔达之》《沁园春·梦孚若》《一剪梅·袁州解印》等词，详加阐述，作为其“政论词”的主要立论基础。最后引用王伟勇语句“以词作论，后村别调故以慷慨激昂或悲凉之笔，写家国情怀、身世遭际者，最令人称道；且因以气势取胜，故颇能弥补其用词浅露，使事冗塞之弊。然他类作品，则觉直率寡味，略欠才情”总结。蓝淑珠写作论文时，使用的“心智图分析法”(见图1)，相当具有创意，颇值得相关研究者观摩效法。

目前台湾词学研究新秀佘筠珺为台湾大学中文系助理教授，台湾大学中国文学研究所博士指导教授是专长于唐宋诗词、宋代文学的刘少雄教授，又曾师事日本立命馆大学词学专攻荻原正树教授，具有深厚词学研究养成基础，因此能写出别出心裁写成令人耳目一新的刘克庄研究论文。

大陆学者钱仲联曾在《后村词笺注》中指出刘克庄264首词中，寿词共80余首，如此自寿、寿人的词，是应该被批判的“糟粕”。佘筠珺就不认为如此，其《年志书写：论刘克庄“自寿词”的自我形象》首先也是注意到刘克庄是留下最多“自寿词”的宋代词人，从52岁后开始年年写“自寿词”，到81岁共留下38首“自寿词”，形成独特的编年词作。且刘克庄政治生涯横跨宋理宗、宋度宗二朝，词作书写又多涉及个人政治浮沉，可与晚宋政治史相对应。文章另一方面注意到刘克庄反对以程颢(1032—1085)、程颐(1033—1107)

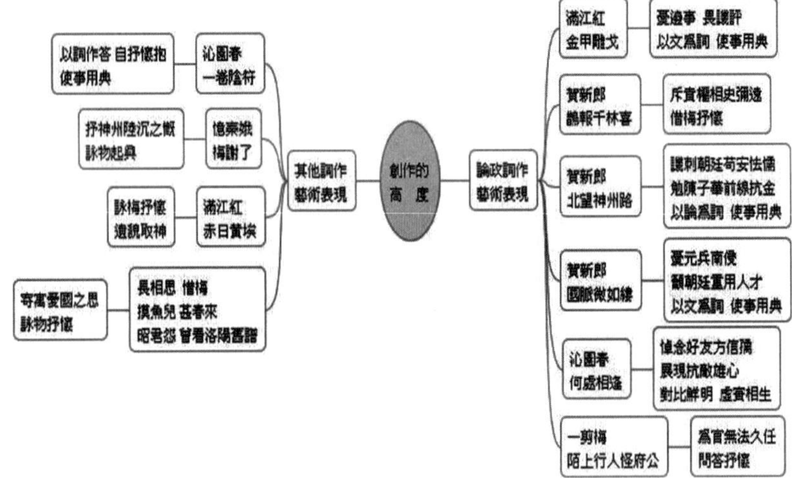

图 1　蓝淑珠之刘克庄政论词作、其他词作暨艺术特质心智图

资料来源：蓝淑珠，《南宋论政词研究》，台北：台湾师范大学硕士学位论文，2009 年，第 92 页。

二程为主的洛学对于小词的鄙弃，将词体与《诗经》比观，认为词体既能言志，且能言情。刘克庄主“性情”的词学观，连带影响他在词体创作的表现特质，刘克庄“后村词”与南宋词坛追求柔婉着些艳语的情调大异其趣，从“羞学流莺百啭”可知刘克庄自始就不走柔媚的风格，而试图写出现实带给词客的感想，因而形成风格独具的“后村别调”。余筠珺更巧妙地以“别调”作为双关语，指称后村词为宋词之变体。

2017 年王伟勇出版《词学面面观》，将其历年关于词学研究之论文汇整为一书。其中有收录《两宋“论词诗”及“论词长短句”之价值》一文，特以刘克庄所作诗、词中有关论词之资料为例，强调欲探得刘克庄之词学观，必兼顾其诗话、题跋及所作诗、词，方能据以互补，而有较全面之认知。如能进而知其写作之先后，复取其作品印证，则此中矛盾及疑惑，亦必能据以厘清。

2018 年薛彦祥《刘克庄词作研究》先以刘克庄的时代背景及生平事迹为铺叙，认为家学渊源与仕途经历概为其词学思想及词作产生重大影响的内在因子。接着从择调、用典二部分以统计方法试图了解刘克庄词的写作偏好。其择调统计数字与咸贤子《刘后村年谱及其词研究》稍有差异，然仍不出前文范畴。亦根据钱仲联《后村词笺注》统计刘克庄词作中所使用的典故，并将典故依形式分为“事典”及“语典”二类，选出 60 余首词作统计共使用 326 个典故。其中经部典故使用最多为《诗经》，共 13 个，其次为《论语》9 个；史部典故使用最多为《汉书》，共 20 个，其次为《史记》17 个，《晋书》14 个；子部典故使用最多为《世说新语》，共 17 个，其次为《庄子》9 个；集部典故使用最多为《杜工部集》，共 19 个，其次为《昌黎先生集》12 个，《陶渊明集》8 个，并稍事解析。再以“国风之变离骚之裔”“词当协律遵其本色”“重豪放”“不废婉约”“创作观”等五节分析刘克庄的词学观形成背景，指出其词学观一方面承继延续传统词本色观，一方面又创新采用诗言志传统。并将刘克庄 264 首词概分“为忠愤填膺的豪放词篇”“壮志未酬的抒怀之作”“酬赠、思妻的咏怀之作”“隐遁避世的消沉低吟比兴”“寄托的咏物题辞”“歌咏情怀的祝寿之词”等六类进行讨论。最后结论刘克庄词作历史地位有辛派词人豪放的承继与用典的承继以及意象与境界的承继与超越等。薛彦祥此文以统计的方法企图宏观地检视词人的创作整体意象，但却限于时间精力无法完整呈现，仅以取样为之，殊为可惜。而其用功于台湾、大陆相关书籍、论文等既有研究成果的搜集与探讨，并观察出大陆方面有关刘克庄的相关学位论文研究虽起步较晚，但在投入研究者增多后，无论学位论文或是单篇论文数量都较台湾为多。早期台湾研究刘克庄词多是偏向整体概论，而大陆则渐有将其词作细部研究，如寿词、咏物词等，从不同角度、观点切入，不仅让刘克庄研究面向得以拓展，还提供研究者诸多视角，亦堪嘉许。

2. 诗

1998 年由黄启方教授指导杨淳雅的《刘克庄诗学研究》，先从刘克庄的家世、际遇、交游等影响诗人诗学观点形成的重要因素探讨起，尚讨论刘克庄的著作种类及流传的情形。第三章“南宋诗学环境与刘克庄诗学渊源”探讨南宋诗学环境发展的情形，亦就刘克庄的学诗历程，寻索诗人或群体对其发生的影响。第四章“刘克庄的诗学观点”不局限于《后村诗话》亦囊括刘克庄对时人诗文集的序跋文来进行刘克庄的诗学观点的剖析，以诗的本质功用、创作质素、表现方式、风格美学等层面进行讨论。在诗歌的本质上，杨淳雅指出刘克庄的观点仍然承袭儒家传统的诗歌教义，期望诗人吟咏性情之正，以达到教化风俗的效果，这正是纠正江西诗派与晚唐体诗人过于重视形式技巧的弊病。在诗人的创作能力与动机方面，杨淳雅指出刘克庄的观点看法承续历来诗评家的看法，认同天赋异禀的诗人在创作上占了极大的优势，不过刘克庄也强调后天学习的重要，并视学习为“养气”的首要之方。在诗歌风格的取向上，杨淳雅认为刘克庄受时代氛围的影响，崇尚的是灵巧清

婉的诗风，然而追求轻清风格也不能过头，过于轻绝的诗风缺乏生命力，并不可取。诗歌无论表现何种内容，其最终意义还是不脱离对人文世界的关怀。诗风的表现也关系到诗人的道德品格，愈是蕴藉深厚的诗人，愈能表现内巧外拙的美学艺术。综观刘克庄的诗学观点，可以寻找出一条基本的脉络，即诗歌的创作过程，事实上就是一条学养的历程。而学养的方向可分为两方面，一是实际的勤读与消融，一是人格精神的涵养，经过两方面的努力，诗人不仅厚实个人创作基础，增加陶铸融锻的能力，并能沉敛非理性的情绪，吟咏情性之正。

第五章探讨刘克庄实际的创作情形以及诗歌编选的取向。以刘克庄诗作中较突出数量也较多的“论诗诗”（品评时人诗作、评议诗坛现象、自抒诗心等）、“时事诗”、“山水田园诗”等，择样评析。观察出刘克庄晚年诗作，逐渐粗率而变调，炮制许多和韵、叠韵诗，贪多务得的心态，使其诗作质量随之滑落。杨淳雅再以《刘后村千家诗选》为主要讨论对象，就编选门类、诗家之诗量等统计分析后，认为刘克庄在选诗时兼容并蓄，并未偏废任何风格的诗作，而以选取南宋晚期当时代的诗人较多，特别选录自己诗作 83 首最多，显示刘克庄相当重视当代诗家的创作表现。最后结论时，杨淳雅也大胆提出刘克庄无法与其他宋代大诗家齐名的原因，在于刘克庄的诗学理念与创作诗作中还存有上述些许缺憾。

2001 年林志达《谈刘克庄的爱国诗》，就《后村先生大全集》中选录刘克庄诗作，分就“思念故国与心怀光复山河的歌咏”“忧国忧时与不得施展抱负的嗟叹”“战争苦难与哀怜民生的悲歌”数项，配合历史背景进行论述，试图为历来认为宋诗不如唐诗，或认为宋诗之病在于重议论、以散文入诗或用诗纪事之批评作辩护。林志达认为刘克庄的诗作以爱国为主题者，以写实纪事的笔法，透过诗句的凝练，来抒发忧国忧民的爱国情操，也写出了一个知识分子对人民的关爱情感，忠实地记录了大时代可歌可泣的历史，绝非无病呻吟。文学作品之所以感动人，即在于感情之真切。他觉得刘克庄的爱国诗已掌握了“情感的真切”，在诗歌的表现技巧上，也有相当值得肯定的地方。

张健教授是相当重视刘克庄的学者，除在 1978 年编辑中国文学批评资料汇编之四《南宋文学批评资料汇编》时，收录有刘克庄《后村先生大全集》中 222 则文学批评资料，并在大力赞赏刘克庄，1981 年还曾指导李若纯完成《刘后村文学批评研究》硕士学位论文。1995 年也曾将刘克庄的五言绝句

17首，加以析论。而其专心开展刘克庄研究则是在2002年退休之后，因感于景红录《刘克庄诗歌研究》取材与论述太少，参阅辛更儒《刘克庄集笺校》获得大量参考资料，遂陆续完成数本刘克庄诗研究。

张健教授退休后写作刘克庄人物诗研究，自《后村先生大全集》依其卷数，挑选出440首进行解析，选录准则为：一、多取古人，少取当代人物。因为古人不论贤否，毕竟曾经过时代淘洗，今人则鱼龙混杂，不一而足，不可不慎取焉。二、看诗意之深浅、多寡作决定。诗情诗意过于淡薄，或泛泛应酬之诗皆不选取。解析时先对人物稍加介绍，再逐句解析，遇有讹误之处，亦会提出更正意见。其认为刘克庄人物诗作大致可归纳出24点特色：1.人物不论古今，博取泛吟。2.有的人物一吟再吟，前后命意、主题不尽相同，甚至有南辕北辙、相差甚多者，一概并存而讨论之。3.有学有识亦有才，是后村人物诗的总评语。4.不论大人物、小人物，亲戚、好友，后村一视同仁。5.多用赋法，少用比兴。6.有些人物诗乍看平平实实，其实其中自有蕴蓄。7.体裁以近体为多，绝句更胜过律诗，而五绝又多于七绝，往往二十字中，包蕴一人之一生。8.后村人物诗，大约在上品、中品之间。9.卷十四、十五的两百首五言绝句，以十首为一组，所取皆历史上重要人物，各诗言简意赅，且时有言外之思，为后村一大成就。10.后村人物诗以平实者居多，但亦颇耐人寻味。11.后村在人物诗中，擅长活用关键词。12.后村富有史识及历史感，在人物诗中流露无余。13.有时亦作翻案文章，但不致强为之说。14.理性与感性兼顾，尤重理致。15.少数人物诗，不免质木无文，尤其五绝更显著。16.后村人物诗，以质量并观，在宋代诗人中为数一数二者。17.后村人物诗多富史识，往往有独特见解，可谓另一类"诗史"。18.偶有过分平易之作，但所占比例不高。19.后村擅长把一位古人的复杂错综的一生，抓住核心，数语成诗。20.后村人物诗风格以平易近人为主，亦有工丽者，豪放者，奇谲者。21.后村常将历史上的配角转化为主角，为之吟诗。22.后村的正义感、是非感在人物诗中固然充分流露，但有时不免解谨偏颇，表达超过。23.在当代人物诗中，后村表现了自谦、自怜和自诩之情。24.后村人物诗中的绝律，大体上循守格律。

据张健教授计算，刘克庄的写景诗约有五百多首之多，景红录的《刘克庄诗歌研究》中，《田园杂兴类诗》(页170～176)、《纪行、游览类诗》(页184～187)中的大部分，概属此类，但只用六千字左右来论述，实嫌不足。张健教授挑出《后村先生大全集》488首写景诗，分为七章：一、咏山诗，二、咏水诗，

三、亭园宅第诗，四、寺庙诗，五、古迹诗，六、都城与乡村诗，七、道路旅途诗等，依次加以论评。总结有以下二十个特色：1.以写景为主，抒情、议论为辅。2.亦有不少喧宾夺主者。3.少数作品题为写景，实为抒情、记事甚至议论的作品。4.近体诗多于古体诗，律诗又稍多于绝句。5.偶有排律，但尚称自然有度。6.甚少长篇巨制。7.多用白描，有些是直述直抒。8.少用比兴，但亦有尖新的比喻。9.多用比较法，烘衬法。时用拟人法及时空交错法。10.亦有景外有情、言外有意之作。11.以南方之景为主，偶有例外，如咏开封。12.有时用第一人称，有时用第三人称作法。13.着墨淡者多于浓者。14.工丽、平淡之作皆具，较少豪放者。15.有时展现作者的幽默感。16.有时自负，有时自嘲，有时谦虚。17.佳者皆能人景合一。18.多为中上品作品，亦有若干上品作。19.鲜见军人气概，多是书生风格。20.有时用口语吟诗。

张健教授计算刘克庄的咏物诗约有四百数十首，择其中380首，将其分为三类：一、咏动物诗，二、咏植物诗，三、咏器物，一一加以解析，并偶有考证。总结归纳其特色有：1.多白描直抒。2.较少用比兴。3.用喻有鲜明者，亦有凡庸者。4.用典不少，而且喜欢重复使用若干熟典。5.有一二僻典遍查不得其解。6.短篇精练。7.长篇气势足，韵味亦不弱。8.偶有气弱理薄情稀之作。9.常有特殊寓意，或言外之思。10.陈腔滥调甚少。11.有时命意及意境会自我重复，尤其梅诗百首，更不可避免此失。12.创意不鲜，但不如其人物诗那么多。13.以绝句为大宗，七绝尤为擅长；五律、七律亦屡见；近体长诗只是偶见。大约咏物之诗，宜短不宜长。14.几乎未见完整合度的排律。15.亦有一些狡狯弄姿之作。16.对仗、用韵大体不差，亦有甚出色之联语。17.咏物诗本可分有我、无我二类，前者主观，后者则较为客观。克庄咏物，有我者居大宗。18.他常把自己的人格、思想、人生经历匀入咏物诗作中。19.有时泛作泛咏，影响作品水平。20.多为中上品之作，少数堪称上品，亦有可列入中下品、下品者，唯数量不多。

3.江湖诗派

吴淑钿教授，澳门人，大学时曾至台湾师范大学国文系就读，后取得香港大学中文系哲学博士学位，长期担任香港浸会大学中文系教授。1997年吴淑钿针对张宏生在1995年出版的《江湖诗派研究》进行评论，认为研究江湖诗派不是一件容易的事，以往研究宋诗大多只会注意到宋诗典型的江西诗派，江湖诗派往往被视为末流。其次比起江西诗派鲜明性格，讲学习理论讲创作技巧，江湖诗派却欠缺独立意识，面目比较模糊。而且江湖诗派虽然人数较多，但结构松散，欠缺能作为诗派代表的大家。因此有些学者并不认为有江湖这一诗派，而有些学者则将江湖放在四灵的附属位置，以江湖为四灵的发展部分。张宏生的《江湖诗派研究》将四灵与江湖合称江湖诗派，但论述上仍多放在江湖诗人身上。接着指出此书的分析可从三方面归纳，横的方面述江湖诗派的文化背景，从特定的文化层面探讨此派诗人的创作情态。点的方面述此派诗歌的艺术特质、作品结构及美感。纵的方面论诗派渊源，包括学古范围及价值体认等。研究视野宽阔是此书的一大特点，无论是横、点、纵各方面的探索，作者都会将江湖派的问题提出，放在宋诗以及唐诗的系统中去比较和考察。特别指出比较的研究方法是此书勾勒江湖派面目的主要手段，与江西诗派的比较，可将其反江西诗派的问题呈现。将江湖诗人与仕宦阶层的高雅文人做比较，归纳出江湖诗人谒客身份所体现的文化意义。再将江湖诗人与其他诗人同题材的作品做比较，得知在深情流露的唐诗与重视理质、精思透辟的宋诗两种典型的夹缝中，仍存在着理想虚茫，卑微而有所待的一群诗人默默趋走贵门，憔悴地用诗篇细细的记下他们的生活体验，可知此书的贡献在填补了宋诗研究上的一大空白。

然而，江湖诗派研究上的主要争议还是其能不能被视为一个诗派？如果可以被认为是一个诗派，其范围成员又有哪些？其文学作品又有哪些？不论前述郑亚薇的博士学位论文或是张宏生此作，都以《江湖诗集》作为判定江湖诗派成员的依据，但是被判定为江湖诗派成员的作品，不论有否收进《江湖诗集》都被当作是江湖诗派而进行讨论。如刘克庄的《后村诗话》和戴复古的《论诗十绝》中的诗歌理论等，都成为江湖诗派的理论标志。这也成为江湖诗派研究上的另一项大争议。

康莉娟《非确定性文学集团在文学史研究上的意义——以江湖诗派为例》，就是针对这些问题而提出。首先康莉娟将文学集团分为确定性与非确定性二种形态，而非确定性文学集团则以江湖诗派为最有名的例子来进行讨论。康莉娟认为文学集团需要具备：1. 成员具有相同的文学主张或文学典范或文学风格或创作法式，2. 必须要有作品，3. 集团的集合乃在一定的时限内，4. 必须形成一种风潮或造成一定的影响力。具备以上周延条件才称为确定性文学集团，不具备或指部分具备以上周延条件则称为非确定性文学集团。康莉娟浏览多部中国文学史作品，大多数学者也认为江湖诗派缺乏文学主张等共通性，是大家较公认的非确定性文学集团，以此检讨中国文

学史作品中，对于江湖诗派的诸多讨论。

1998年康莉娟论文中较涉及刘克庄的部分，是多数中国文学史作品皆以刘克庄为江湖诗派的代表人物，但在《江湖小集》或《江湖后集》中，根本没出现过刘克庄的名字，只因为《四库全书》中对《江湖小集》的“提要”引用方回《瀛奎律髓》《跋刘克庄〈落梅诗〉》有提到“刘潜夫《南岳稿》亦与焉”，就不管身份地位差异、诗作风格转变径自认定刘克庄为江湖诗派？以此检讨多数文学史家在讨论文学集团时的不周延，深具启发性。

2002年陈杏玫《南宋四灵诗派与江湖诗派之研究》认为江湖诗派是受到四灵诗派的影响，都反对江西诗派，崇尚晚唐风格等，因此将四灵诗派与江湖诗派合并为一论文但分开讨论。其先由四灵诗派与江湖诗派形成与发展背景谈起，次叙诗派发展概况，再就个别诗人诗作探究，之后再分就四灵诗派与江湖诗派进行主体取向与形式分析以及艺术风格与文学主张等探讨。在第三章第三节中有专节稍加介绍刘克庄的生平与诗作。在第五章第四节介绍刘克庄的文学主张有：1. 重性情之抒发，2. 反对“诗为小技”，3. 勤读求气象大，4. 转益多师求变，5. 以学论诗求切当等，并无太多新意。

4. 文章

刘克庄一生著述相当丰富，除因时代背景而产生的宋词，以及因江湖诗派“落梅诗案”而广受注视的诗作外，尚留有许多不同形式的文章，这是在研究刘克庄时相当重要且不能忽视的一部分。

“中央研究院”中国文史哲研究所蒋秋华研究员，台湾大学中国文学研究所博士(1990年)，曲阜师范大学孔子研究院特聘教授，主要研究方向为古典文献学、经学，尤其是《尚书》学、《诗经》学。蒋秋华即注意到刘克庄一生当官的经历，有三次担任经筵讲官的经历，这是为皇帝讲授经典的职务，是最接近皇帝的位置，也可说是刘克庄官职生涯的高峰。第一次在淳祐六年(1246年)讲《尚书》，第二次在淳祐十一年(1251年)讲《论语》，第三次是景定二年(1261年)讲《周礼》。这三次的讲义，虽然不完整，但在《后村先生大全集》中都还看得到，可见刘克庄对此事的重视。在宋理宗淳祐六年(1246年)担任过经筵讲官时，根据相关资料，可以知道刘克庄当时为皇帝讲五经中的《尚书》《商书·盘庚》，蒋秋华就根据刘克庄《商书讲义》来看刘克庄讲述的方式与其讲述的经典依据，特别是将宋代时政融入讲义之中来对皇帝宣讲，而影响权臣史嵩之的去职，可见刘克庄担任经筵讲官时所发挥的功用。

2010年游坤峰以《刘克庄序跋文研究》作为其硕士学位论文，2013年即被花木兰文化出版社出版成书。游坤峰针对刘克庄写作的近500篇诗文序、题跋等进行研究，发现刘克庄的序文中包含了大量的人事资料，似乎是借着序文表达个人“知人论事”的观点，不仅叙述序文对象的生平事迹，往往连家世、家学渊源也一并包括，有时更对序文当中的人物，寄予情感上的同情，表达深刻的感慨。其几乎都能将不同人物、不同时间，甚至远近亲疏不同的师友群体，运用不同的行文方式，使得每一篇序文作品都具有独特的面貌。刘克庄的题跋写法较为多样，有许多不同形式的描述方式，不仅有关于考证或文学艺术上的论述，往往也抒发个人情感以及对往事的追念。透过刘克庄序跋文的整理研究，希望唤起对南宋古典散文的重视。

“进故事”为宋朝于史学发达、言事风气兴盛的文化背景下特有的一种经筵教材。“进故事”特指宋朝依“庶裨圣学”所颁布的一项经筵政策。侍从官员需数日一轮“进故事关治体者”，“于前项政事条目内选择一事为题，先叙前代帝王施行得失，而证以祖宗故事事体所宜，断以己意”。在进论形式主题方式上有其官方规范。依规定，此体于形式上分为故事引述与论说二部分，内容则须与“治道”结合。起初作为史学教育的文本，由于作者时借着对历史事件的选择及评判，或隐或显地表达对当今朝政的意见，遂使此体发展为“以史论政”的特殊文本，成为“史论即政论”观念于文章中的最佳体现。廖安婷找出刘克庄15篇“进故事”文本，并以其他也有“进故事”的宋朝官员作背景，依序探讨刘克庄15篇“进故事”进呈的时间，再配以时局发展，归纳出刘克庄“进故事”的内容形式概有：1.有就故事内容顺带劝谏与故事相关的政务内容者，2.有引述故事中即可知晓欲论事件，借由批判特定事件人物者，3.有论说中转化原本故事意义，以比附欲论政事者，4.有刻意挑选故事中人物事迹与欲论对象事迹有相通之处，以切合的今昔人物展开论述者等。此外，也发现刘克庄于“进故事”论说中，擅长排比大量史事作为议论依据，引证大量相关史事，可看出其对历代史事的博通，体现刘克庄史学之丰富内涵。这也显示学界对于刘克庄史学研究的不足。

（三）其他

2010年何维刚《刘克庄与贾似道关系再探——兼论贾似道的评价问题》回顾刘克庄的研究史，首先检讨历来对刘克庄与贾似道关系的论述，并指出学者间为对刘克庄“谀贾”晚节的辩护，曾提出：1.两人乃为私交而非利益交，2.两人之交在贾似道跋扈之前，3.刘克庄回朝乃理宗思念老臣与其文才，4.刘克庄于景定在朝期间屡上书请辞，5.肯定贾似道的釜底抽薪等方式。何维刚则提出“后村贺贾寿词”“书帖交流”“方回与贾似道的关系与贾似道于宋末元初的形象”等一一论述，认为南宋以官方言论将战争失利归咎于贾似道，成为南宋灭亡的主流说法，对贾似道批评讽刺的诗文，方如雨后春笋般不断冒出，贾似道的政治生涯才被全盘否定，并继之以排山倒海般的舆论对其进行道德批判。此时刘克庄已过世多年，与贾似道多有嫌隙的方回提出刘克庄“谀贾”的说法，已让刘克庄蒙受不白之冤。

2013年陈彦揆《晚宋文人的心态转变——以刘克庄为考察中心》以宏观的角度，论述北宋转南宋，再到南宋开启北伐，尔后由南宋进入晚宋，这几个时代的大段落。因刘克庄是一位长寿人物，其一生经历孝、光、宁、理、度宗五朝，且由于其政治经历，同时与上层士人及低阶文人皆有来往，交游遍及整个晚宋文坛。作者透过考察刘克庄的诗词文为出发点，以史料、宋人笔记佐证，以其仕宦生涯、交游状况为基础，借此掌握整个南宋的政治局势以及社会风气，关怀文人对于大时代的感受。希望透过刘克庄的视角，窥见南宋偏安的稳定假象，以及背后的末世感受，一一检视南宋前后期文人以及当时文人的心态。在这时代悲歌的氛围下，是随波逐流，趋向沉默；抑或慷慨激昂，奋起反抗？借由观察刘克庄的独特性，反映出时代普遍性，并导出时代文人心态转变。对于了解其交友关系、晚宋文人心境改变极有帮助。

张维玲，台湾大学历史学博士(2014年)，指导教授为宋代史名家梁庚尧教授。其《理学系谱与地方叙事——宋元士人对福建莆阳林光朝的书写》主要在讨论南宋理学的发展，高度认同理学的陈宓被相对忽视，莆田人以刘克庄与林希逸为主却高度赞赏文学性较强的林光朝。张维玲以此检视反思理学知识版图的组构，认为刘克庄在这波林光朝推崇运动中占有相当重要的地位。张维玲引出刘克庄对林光朝书写的《竹溪诗序》《兴化城山三先生祠堂记》等都高度推崇林光朝，反观刘克庄对陈宓的书写则较少在理学方面的推崇，在刘克庄文集刊行后，林光朝道德完人、文学巨擘、莆阳大儒的形象就被传播开来。以致到了元明，林光朝已被时人指认为理学的认同者，并加到理学的知识版图中。明代莆阳士人乐于承认并重述林光朝为本地理学开创者，则显示地方士人荣耀乡里的策略之一，是标榜此地为理学大儒的故里。

四、结论与展望

诚如薛彦祥所指出，相对于台湾，大陆方面有关刘克庄的相关学位论文研究虽起步较晚，但在投入研究者增多后，无论学位论文、书籍或是单篇论文数量都较台湾为多，名作辈出。但早期台湾研究刘克庄的学者，如：东海大学中文系孙克宽教授、台湾大学中文系黄启方教授、台湾师范大学国文学系李曰刚教授以及台湾大学中文系张健教授等人，都已为台湾的刘克庄研究奠立相当深厚的基础。而王伟勇教授本身勤于研究着述，更积极培养台湾词学研究人才，这些都值得加以肯定。特别是台北市莆仙同乡会也曾编印《福建兴化文献：台湾兴安会馆落成纪念专辑》，更不容忽视台湾方面对刘克庄研究的重视。

综观近期台湾学者对刘克庄的研究，已开始采用“问题意识”的方式，如康莉娟对江湖诗派非确定性文学集团在文学史的研究，何维刚对刘克庄与贾似道关系的再探索等，尤其佘筠珺对刘克庄“自寿词”的研究，张维玲对理学系谱与地方叙事的研究，都是在回顾刘克庄研究上所产生的重大议题，作更进一步的探索，方能成一家之言，这应该可以算是台湾刘克庄研究可以提供给文学史研究的些许贡献。

在文学史研究之外，莆田区域家族互动史的研究，国内外已累积有相当多的成果，如能再广泛搜集相关族谱，对地方家族互动进行更细致的了解，实可成为刘克庄研究与莆田区域研究上持续发展的一项重要课题。附带一提，刘克庄的著述丰富，已广为研究者引用，如黄倩佩与韩碧琴等人的风俗习惯研究，津田芳郎与高桥芳郎的法律史研究等，都可以是刘克庄研究持续发展可以参考的方向。

参考文献

一、书籍

王伟勇：《词学面面观》，台北：里仁书局，2017 年。

王伟勇：《南宋词研究》，台北：文史哲出版社，1987 年。

王伟勇编著：《中外词学硕博士论文索引（1935—2011）》，台北：里仁书局，2016 年。

张健：《刘克庄人物诗研究》，新北：花木兰文化，2013 年。

张健:《刘克庄写景诗研究》,新北:花木兰文化,2013 年。

张健:《刘克庄咏物诗研究》,新北:花木兰文化,2013 年。

张健编辑:《南宋文学批评资料汇编》,台北:成文出版社,1978 年。

张淑琼主编:《刘克庄》,台北:地球出版社,1992 年。

陈彦搀:《晚宋文人的心态转变:以刘克庄为考察中心》,新北:花木兰文化,2014 年。

林国梁主编:《福建兴化文献:台湾兴安会馆落成纪念专辑》,台北:台北市莆仙同乡会,1978 年。

钱仲联:《后村词笺注》,上海:上海古籍出版社,2012 年。

唐圭璋等:《唐宋词鉴赏辞典》,上海:上海辞书出版社,1988 年。

游坤峰:《刘克庄序跋文研究》,新北:花木兰文化,2013 年。

黄启方:《两宋文史论丛》,台北:学海出版社,1985 年。

二、论文

Patricia Buckley Ebrey, "The Women in Liu Kezhuang's Family," in *Modern China*, vol. 10(1983), pp. 415—440.

李曰刚:《李故教授曰刚先生事略》,《江苏文献》1985 年第 8 期。

小林广义:《宋代福建莆田の方氏一族について》,收入中国中世史研究会编:《中国中世史研究续编》,京都:中国中世史研究会,京都大学,1995 年。

王伟勇:《两宋"论词诗"及"论词长短句"之价值》,《成大中文学报》第 38 期,2012 年 9 月。

王伟勇:《南宋"论词"诗四首析论》,《淡江中文学报》第 25 期,2011 年 12 月。

王更生:《我所认识的李曰刚先生》,《文讯》第 18 期,1985 年 6 月。

王述尧:《刘克庄研究综述》,《古典文学知识》2004 年第 4 期。

卢雅惠:《刘克庄仕宦时期词作探析》,《有风初鸣年刊》第 1 期,2005 年 9 月。

许建昆:《孙克宽先生行谊考述》,《东海中文学报》第 18 期,2006 年 7 月。

孙克宽:《元方回诗与其诗论》,《东海学报》第 1 期,1959 年 6 月。

孙克宽:《中国诗》,《东海学报》第 4 期,1977 年 12 月。

孙克宽:《刘后村大全集》,《图书馆学报》第 3 期,1961 年 7 月。

孙克宽:《刘后村与四灵、江湖》,《中国诗季刊》第 3 期,1979 年月。

孙克宽:《刘后村的处世与交游(上)》,《大陆杂志》第 11 期,1961 年 6 月。又见《宋史研究集 4》,1969 年 6 月。

孙克宽:《刘后村的家世与交游(下)》,《大陆杂志》第 12 期,1961 年 6 月。又见《宋史研究集 4》,1969 年 6 月。

孙克宽:《刘后村诗学评述》,《东海学报》第 1 期,1965 年 6 月;《东海文汇》第 7 期,1965 年 6 月。

孙克宽:《晚宋诗人刘克庄补传初稿》,《东海学报》第 1 期,1961 年 6 月。

孙克宽:《晚宋政争之刘后村(下)》,《大陆杂志》第 8 期,1961 年 10 月。又见《宋史研究

集2》,1964年10月。

孙克宽:《晚宋政争中之刘后村(上)》,《大陆杂志》第7期,1961年10月。又见《宋史研究集2》,1964年10月。

孙克宽:《简介后村诗》,《东海文学》第2期,1961年1月。

李曰刚:《晚宋江湖诗派之来龙去脉》,《教育与文化》第413期,1974年3月。

李曰刚:《晚宋的江湖诗派》,《中国诗季刊》第2期,1974年6月。

吴东权:《爱国诗人刘克庄》,《国魂》第496期,1987年3月。

吴淑钿:《评张宏生著〈江湖诗派研究〉》,《人文中国学报》第4期,1997年7月。

何维刚:《刘克庄与贾似道关系再探——兼论贾似道的评价问题》,《中华人文社会学报》第13期,2010年9月。

佘筠珺:《年志书写:论刘克庄"自寿词"的自我形象》,《成大中文学报》第59期,2017年12月。

张荃:《后村长短句考证》,《中国文学会集刊》1933年第6期。

张荃:《刘后村先生年谱》,《之江学报》第3期, 1994年5月。

张荃:《刘后村满江红词七首笺》,《大陆杂志》第8期,1950年10月。

张健:《刘克庄的五绝》,《明道文艺》第232期,1995年7月。

张维玲:《理学系谱与地方叙事——宋元士人对福建莆阳林光朝的书写》,《新史学》第3期,2017年9月。

林志达:《刘后村家世考》,《中华技术学院学报》第21期,2000年9月。

林志达:《张荃之〈后村先生年谱〉笺注》,《中华技术学院学报庆祝改制周年论文发表研讨会——社会人文和自然科学组论文集》,2000年。

林志达:《谈刘克庄的爱国诗》,《2001年度中华技术学院论文发表研讨会人文、通识与技职教育组论文集》,中华技术学院,2001年4月。

林宏达、何淑苹:《钻研词学,器识宏通——专访成功大学王伟勇教授》,《国文天地》第314期,2011年7月。

金培懿:《作为帝王教科书的〈论语〉——宋代〈论语〉经筵讲义探析》,《成大中文学报》第31期,2010年12月。

周炫:《近百年来刘克庄散文研究述评》,《广东农工商职业技术学院学报》第1期,2012年2月。

郑亚薇:《宋代诗论研究》,《中山学术文化集刊》第21期,1978年3月。

侯体健:《国色老颜不相称,今后村非昔后村——百年来刘克庄研究的得与失》,《长江学术》2008年第4期。

黄启方:《刘克庄的诗论》,《幼狮学志》第3期,1972年9月。

阎君禄:《后村研究述评》,《宜宾学院学报》2003年第1期。

蒋秋华:《刘克庄〈商书讲义〉析论》,《嘉大中文学报》第2期,2009年9月。

曾宪桑:《刘克庄的生平及其诗词》,《艺文志》第147期,1977年12月。

谢莺兴:《孙克宽先生著作目录》,《东海大学图书馆馆讯》第48期,2005年9月。

简杏如:《宋代莆田方氏家族的婚姻》,《台大历史学报》第24期,1999年12月。

三、学位论文

王伟勇:《南宋词研究》,台北:东吴大学博士学位论文,1986年。

卢雅惠:《刘克庄词研究》,台北:东吴大学硕士学位论文,2006年。

李若纯:《刘后村文学批评研究》,台北:东吴大学硕士学位论文,1981年。

杨淳雅:《刘克庄诗学研究》,台北:政治大学硕士学位论文,1998年。

陈杏玫:《南宋四灵诗派与江湖诗派之研究》,台南:台南大学硕士学位论文,2002年。

陈彦揆:《晚宋文人的心态转变:以刘克庄为考察中心》,花莲:东华大学硕士学位论文,2013年。

郑亚薇:《南宋江湖诗派之研究》,台北:政治大学博士学位论文,1981年。

咸贤子:《刘后村年谱及其词研究》,台北:政治大学硕士学位论文,1983年。

康莉娟:《非确定性文学集团在文学史研究上的意义——以江湖诗派为例》,新北:淡江大学硕士学位论文,1998年。

游坤峰:《刘克庄序跋文研究》,台北:台北市立教育大学硕士学位论文,2010年。

蓝淑珠:《南宋论政词研究》,台北:台湾师范大学硕士学位论文,2009年。

简杏如:《宋代莆田方氏家族》,台北:台湾大学硕士学位论文,1995年。

廖安婷:《两宋进故事研究:以刘克庄为例》,新竹:"清华大学"硕士学位论文,2015年。

薛彦祥:《刘克庄词作研究》,高雄:高雄师范大学硕士学位论文,2018年。

四、报刊

刘福铸:《刘尚文寻访先祖刘克庄墓的故事》,《湄洲日报》,2014年4月24日。

五、网站资料

百度百科网站://baike.baidu.com/item/黄启方?fromTaglist=。浏览日期:2018年9月28日。

百度百科网站://baike.baidu.com/item/蒋秋华/16706663。浏览日期:2018年9月28日。

刘克庄：在一首诗的远方

◇ 林春荣

一

七百多年了，多少往事都被时间的灰尘掩盖在记忆的远方，一切的面孔都已模糊不清。那些悲欢离合的人生结局，那些酸甜苦辣的性格表情，那些历经沧桑的无奈叹息，那些阅尽阴晴圆缺的生命个体，都已如那些年的风，隐没在时间之下，消失得无影无踪。只剩下五光十色的街灯、一晃而过的车影，不时在提醒我，时间已远，记忆或已成残垣断壁。

七百多年了，在我的心中却恍惚在昨天那条长长的梦境里，依稀间看见你的长衬布鞋，在一条小巷与另一条小巷之间踯躅前行。清冷的月光照亮了你苍白、消瘦的面孔，尽管你毫无表情地穿过巷与巷[illegible]，我看见你的目光依然如炬。以洞察人间的眼神，轻蔑地[illegible]切荣辱得失。我还看见你依然无畏地前行，孤独、苍凉[illegible]前行，义无反顾地前行。在天与地之间，像一个大写的人[illegible]行。

六年前农历十二月的一个周末，踏着温暖的[illegible]一条古老的小巷深处，我在努力寻找一个叫后村的古老地方，籍望寻找先生生前的生活场景，去拾起先生留下的蛛丝马迹。可是，在一片繁华的废墟之上，在一片古老的砖瓦之上，在一片弥漫着千年文化的泥土之上。我仿佛听见先生一如往日的愤怒与呐喊，那喊破了的喉咙、异常嘶哑的音质，就像骨断的声质；又像是划破了血管、血喷的音量。先生无牵无挂地奔跑在废墟之上，轻吟着那段青春留下的诗歌绝唱。

儿时逃学频来此，一一重寻尽有踪。
因漉戏鱼群下水，缘敲响石斗登峰。
熟知旧事惟邻叟，催去韶华是暮钟。
毕竟世间何物寿，寺前雷仆百年松。
——《乌石山》

先生心上的江南与故乡，一一装进了每一首诗词，一一融化了每一寸肝肠。先生心上的老家与故居，一一潜入了他的血液，一一转化为他的文化基因。兴化与莆田，是他精神的原乡，是他诗歌河流的源头，是他长长的生命之驿。童年与故乡是他生命出发的码头。

儿女相携看市优，纵谈楚汉割鸿沟。
山河不暇为渠惜，听到虞姬只是愁。
——《田舍即事》之一

壶山兰水，哺育了他的生命，也孕育了他诗歌的胚胎，这里的千山万水都是具象的故乡。县巷、庙前、大路、衙后、观桥、草舍里，小城的每一条小巷都奔跑过他童年的记忆，都丢失过他欢呼的余音。梅峰寺、古谯楼、元妙观、乌石山，这里的每一堵长墙，都虚无缥缈着他青年的梦想，都徘徊过他走出梦外的那方纸笺。

二

公元1187年春天的某一个早晨，刘克庄出生于莆田城后村一个书香门第。丰厚的文化底蕴，浓烈的求学氛围，优异的家族遗传，刘克庄从小就表现出一个诗人优秀的天赋。莆田、后村、宅院、街市，一切的场景都会熏陶一个诗人的多愁善感。也许就是从童年开始萌芽的那颗诗心，刘克庄走上了一个职业诗人的艰难之路。

公元983年始，兴化军移治莆田城，这座城市和数十万的莆仙人开始疯狂的科举教育。书院、书堂、军学、县学等一系列教育机构，遍布乡村和城镇。一代又一代的莆田儿女以勤奋、刻苦、朴素的求学精神，不断地荣登进士榜。二百年的时间，远去了人间的物换星移，沉淀了无数的科举佳话，一连串熟悉或陌生的姓名，镌刻在莆田史书上，闪耀着许多无法忘却的自豪。

浓厚的文化氛围，孕育了刘克庄敏锐的文学基因。他少年轻狂的心，长时间浸染在这文化的海洋里，并不断培育着他的气质、灵感，和一个诗人应有的爱国情怀。尽管刘克庄并没有和其他同乡学子走上万人拥挤的科举之路，但他的心已全部沉醉在一首诗的远方，一阙词的源头。他已把自己的一切，包括生命、灵魂、感情，全部交给诗歌。

如果不是因为那些诗那些词，刘克庄本可以和其他青年才子一样，去科举进仕，成为皇帝门生。他的祖父刘夙，是宋绍兴二十一年（1151 年）赵逵榜进士，官居衢州知州。他的父亲刘弥正，是宋淳熙八年（1181 年）黄由榜进士，官至吏部侍郎。如此深远的家学渊源，完全可能培育出一个举子、进士，刘克庄却选择诗词，选择了一种需要用灵魂来完成的梦想，选择了一条身不由己的不归路。

生有异质，少小日诵万言，为文不属稿，援笔异、出语惊人，书过目辄成诵，为文未尝起草，弱冠以词赋魁。立就。幼颖

这是少年刘克庄留下的一些轶事，或是历史给他的评价。刘克庄正是以他天才的文学特质，走进了诗歌的殿堂，同时开始了一生跌宕起伏的宦海沉浮。也许因为他优秀的诗词作品，刘克庄得到了官场高官的赏识，让他走得更远，甚至也得到皇帝特殊的敕封，在大宋政治舞台上长袖飞舞。可他毕竟是一个诗人，诗人与政治家的职业自古至今，概不相容。性格、气质、性情、学识等一系列的水火不容，终为他颠沛流离的一生留下了许多无法回避的伏笔。

这是少年刘克庄永远也不会知道的。每一个人都很难预测自己人生的结局，更不能书写自己的历史评判。刘克庄成为一个诗人，是他的荣耀，也是莆田人的荣耀，他的诗词为中国文学史留下了浓墨重彩的一页，至今仍如一条清澈的诗歌之泉，哺育着我们丰富的文学知识。他大量的诗词作品为一个时代增添了不可缺少的文学色彩，他无愧是那个时代的文学旗手。

三

宋嘉定二年（1209 年），刘克庄以“郊”恩补将士郎。开始了一生动荡的宦海生涯。

虽然不是科举出身，但刘克庄有着祖、父两代进士官员的恩庇，作为“官二代”进入官场。或许他的诗名也助力于他，更快地协助他声名于京都，更

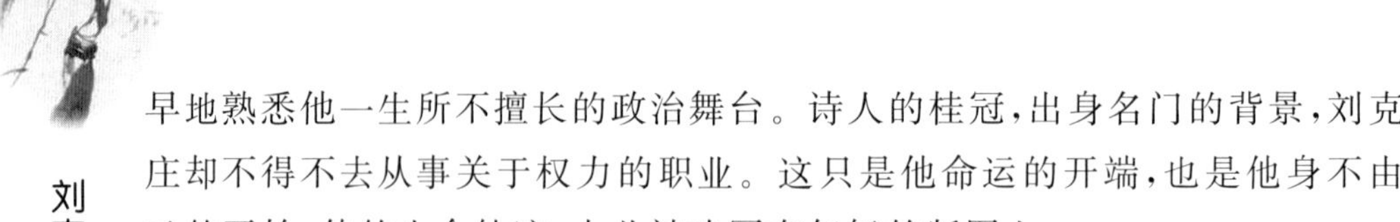

早地熟悉他一生所不擅长的政治舞台。诗人的桂冠，出身名门的背景，刘克庄却不得不去从事关于权力的职业。这只是他命运的开端，也是他身不由己的开始，他的生命轨迹，由此被改写在年轻的版图上。

二十三岁的年龄，拥有一个基层领导职务，拥有一个官方机构的职业，对于任何人来说都是梦寐以求的目标。无数跻身于进士行列的青年，大都也是在这个年龄，还有更多的是那些超龄的中年人，不得不走上他们无奈的科举之路。这些学子穷尽一生的才华、青春、时间，为的是有朝金榜题名。翻开莆田籍进士表，我不能不忧伤于那些高龄的莆田籍进士，他们是以怎样的动力去拼搏、去考取？唐代诗人黄滔久试不第，客居长安二十四年，以五十六岁的年龄进士及第。南宋思想家林光朝屡试不第，经历了诸多职业，最后仍以五十岁的年龄进士及第。状元黄公度三十岁进士及第，状元郑侨三十八岁进士及第。

刘克庄以二十三岁的年龄作为职业官员，开始了一生长达六十年的宦海生涯。六十年，他尝试用各种方式履行作为一个政府官员的权力与责任，为此，付出了一生无尽的精力和心血。如果说作为南宋后期伟大的诗人，多产的诗词的确耗尽了他的生命和才华。那么，这六十年的职业官员生涯，更是让他付出比生命更重要的东西。比如，费尽苦心的经营与抗争，欲辩无语的随波逐流，四面楚歌的官场生态。这一切的无法言说与痛苦，就像一把锋利的刀刃悬挂在他的心头，整整六十年。

二十三岁，青春作伴好还乡。刘克庄拥有了常人所没有的荣光，兵不血刃地打开官场之路，这时候他应该是何等意气风发，何等春风得意。立业的刘克庄，这年他回莆田完婚，他的夫人林氏也出身于莆田名门望族，可谓门当户对。二十三岁，刘克庄完成了成年人的生命仪程：成家立业。命运垂青于这个才子，命运也眷顾于这个初涉官场的年轻官员，刘克庄拥有人生完美的开局。

公元1210年，刘克庄调任靖安县主簿。虽然这是个底层官吏，并且在遥远的地方，但刘克庄还是欣然受命，前往靖安。靖安对于刘克庄不仅是第一份工作，也是他初涉官场的起点。在那个不起眼的地方，刘克庄任劳任怨，做好手头每一份工作，负责任地办理每一件应办的民事，赢得了当地群众的好评。

转眼间，三年过去了，刘克庄不知不觉中在这份平凡的岗位上工作了三个年头。二十七岁的刘克庄，平平安安经历了一千个关于靖安的日子。当然，这也是刘克庄从政生涯最安稳的岁月。历史上并没有任何文字记录他的得失，或烦恼、或失落，他在靖安的每一天都是那么风和日丽、鸟语花香。

宋嘉定六年(1213年)的春天，临安传来了刘克庄意想不到的噩耗，他那正值英年的父亲、吏部侍郎刘弥正不幸仙逝在领导岗位上，年仅五十七岁。刘克庄跌跌撞撞地赶到临安，望着那座哭声哀哀的宅院，眼泪止不住奔涌而出。父亲，不仅对这个家有着无法言喻的重要性，父亲是栋梁、是老师，而且对刘克庄的仕途更显得有着深不可测的意义。吏部侍郎、朝廷命官，这座刘克庄心中不可撼动的靠山，如今已烟消云散，茫茫的未来之路，会有怎样的挫折等待着他？

刘克庄辞官守制，回到阔别四年的家乡。那时的莆田，依旧在一片烟雨与阳光之中，依旧春种夏收，夏种秋收，稻肥麦香，广阔的兴化平原养育了一座文风浓厚的兴化府城。十几万的兴化人忙碌地工作、生活。全然不知北方连绵的战火，仍然穿越了黄河、淮河，并不时在长江北岸燃烧。狼烟四起的大宋国土，只剩下八闽之地，方能让老百姓平安地朝作暮息，一方炊烟才能如此娴情地吹拂村庄的每一季风景。

从宋嘉定六年(1213年)刘克庄辞官守制，到宋嘉定十七年(1224年)出任建阳知县，在这十一年漫长的时间，刘克庄大部分闲居在莆田，或行走在民间。只有短暂的时间离开过莆田，在福州司理参观和真州录事参军等工作岗位上待过一小段时间，便辞官得请宫观闲差。十一年莆田生活，十一年乡村记忆，刘克庄情不自禁地沉入社会最基层，才会熟悉当时社会情况，才会深知民间疾苦，才能写出一首首直抵人心的诗歌。但刘克庄自己却无能为力，无法为老百姓排忧解难，他只能捧着一颗热心，却无从诉说。

四

靖康之耻，宋钦宗以他的刚愎自用、优柔寡断，埋葬了北宋政权。私利熏心的宋高宗赵构为一己的皇位，甘愿偏安于东南一隅，断送了几多收复中原的绝好机会。而历年的战争不仅消耗了国力，而且让整个社会背负着巨大的战争负担。不断加重的赋税，流离失所的灾民，逃不掉的兵役，数不清的伤残军士，这一切的悲剧都在动摇着南宋政权的稳定。

为南宋政权苟且偷安，宋高宗亲自主持并订立了耻辱的宋金和约，南宋

向金朝称臣，并每年向金朝交纳贡银二十五万银，绢二十五万匹。这笔巨额的岁贡又分摊在老百姓的身上，年复一年，永无止境，人民不仅要承担国家昂重的税赋与兵役，还要替自己的国家向金政权纳贡，生活处于水深火热之中。虽四季耕种，四时拼命劳作，仍食不果腹，衣不蔽体。这样的社会场景一直延续至宋隆兴二年(1163 年)的"隆兴和议"。绍兴三十二年(1362 年)六月，宋高宗退位，太子赵睿即位，是为宋孝宗。"隆兴和议"的主要内容：改君臣之称为叔侄之国，金为叔宋为侄，岁币减十万之数。这多少也减轻南宋财政的负担，同时，也减轻南宋人民的负担。

宋孝宗即位后，注意发展经济和文化，在其在位二十七年间，农桑、水利皆有发展。他倡导的百家争鸣、百花齐放的学术环境，不仅使沉寂三十多年的苏氏蜀学有了重大发展，同时，改变了王安石新学被程朱理学一味打击的局面。南宋中期，出现著名的思想家朱熹、陆九洲、陈亮、叶适，也出现著名的文学家陆游、范成大、杨万里、辛弃疾。被史学家称为"孝宗中兴"

壮志未酬的宋孝宗，仍未能改变南宋政权偏安一隅的窘境。在宋淳熙十六年(1189 年)二月退位，禅让皇太子赵惇，即为宋光宗。宋光宗徒为"英异类己"的虚名，权力很快地傍落在李皇后手上，大臣、后宫开始一系列眼花缭乱的宫廷政变，使本已脆弱的南宋朝廷更加危机四伏。

宋绍熙五年(1194 年)，只当了五年皇帝的宋光宗甩手不干，又经历一系列宫廷阴谋之后，太子赵扩即位，是为宋宁宗。

一向平庸的宋宁宗，并没有什么主见，更谈不上雄图大略。在其在位三十年间(1194—1224 年)，其权力旁落在两个权臣之手。韩侂胄不合时宜的开禧北伐，不仅把南宋军队的全部弱点暴露无遗，也断送了自己的性命。史弥远借开禧北伐之败，假旨谋杀韩侂胄。在宋嘉定元年(1208 年)三月，掌握了朝中大权，积极推行降金乞和政策。同年九月签订了更严重的丧权辱国的宋金和议，由金宋叔侄之国改为伯侄之国，岁币由二十万增为三十万，另外增加"犒军银"三百万两，进一步把人民生活推向贫穷的深渊。

宋嘉定元年(1208 年)，史弥远开始了长达二十六年的独相擅权时期。南宋政权在史弥远独自一人的操弄下，朝纲尽废，官民尽饿，万里江山已面目全非。生不逢时的刘克庄从此也进入了一生最黑暗的时光。

在长达一百五十年的南宋王朝，在国家战略上一直奉行偏安一隅、纳捐求和的政策，从而和穷兵黩武的北方政权金，开始长达一百多年的战争。无休止的战争，没完没了的伤亡，深不见底的战争消耗，看不到胜利结局的前景，加剧了南宋社会的阶级矛盾，国家的存亡牵动着大宋王朝每一个仁人志士的心灵。

世袭皇恩的家庭背景，动荡不安的社会背景，处于政治风口浪尖的个人处境，决定了刘克庄一生与政治结下了不解之缘，也决定诗人一生割断不了的政治走向。作为政治家兼诗人的刘克庄，他一生的感情在政治诗的河流上匆匆忙忙地流淌。并以优秀的作品政治诗确立了刘克庄作为诗歌领袖的地位，他的一生也从不间断对政治诗的创作。

面对无穷无尽的战争，面对屡败屡战的抗金战争。刘克庄的内心郁积着巨大的痛苦、愤懑、矛盾、无奈、悲伤。他目睹着战争给人民带来了难以承受的负担，看不到希望的悲惨生活，整个国家陷入了失败、彷徨、割地求和的窘境。他又多少希望战争能给南宋政权带来生存的转机，让一两场赢得胜利的战争为南宋王朝带来永久的稳定与发展。这一切的牵挂与思绪都体现在他的诗歌之中。

试说东都事，添人白发多。
寝园残石马，废殿弃铜驼。
胡运占难久，边情听易讹。
凄凉旧京女，妆髻尚宣和。

——《北来人》之一

十口同离北，今成独雁飞。
饥锄荒寺菜，贫着陷蕃衣。
甲第歌钟沸，沙场探骑稀。
老身闽地死，不见翠銮归。

——《北来人》之二

这二首《北来人》是刘克庄早期的诗歌作品，也是刘克庄赋闲在家十一年所作的二首。收复中原的梦想越来越渺茫，中原旧地南逃难民，颠沛流离的生活，全体现在这诗歌中。刘克庄以最彻底的同情表达自己的愤慨。

奔波在故乡与京都之间，游行在战争与战争之间的边城。刘克庄那颗敏感的诗心，始终和国家、民族、战争、胜利、人民这些关键词连在一起。他对战争胜利的渴望溢于言表，哪怕一些点滴的好消息都会让人欣喜若狂。

幅裂常抱割地羞，扫平忽雪戴天仇。
穹庐已喋完颜血，露布新函守绪头。

——《端嘉杂诗二十首》之一

刘克庄既有对恢复中原的强烈愿望，也有对自己国家政权的腐败，上层统治阶级醉生梦想的生活，有着清醒的认识。他深深懂得，一支战无不胜的军队，不仅要有一大批舍生取义的爱国壮士，而且更迫切需要清明的政治，强有力的国家机器作为支撑。可是，长期的战争，早已使人民无法承受，士卒不堪驱使。将帅却无能昏庸，南宋朝廷里权臣一手遮天，贪婪作恶，这样的国家在战争中还能有什么胜算？刘克庄在五百多首的政治诗，正是表达着这样的同情、忧虑、不安和无可奈何的长叹。他的诗歌作品《国殇行》《军中乐》《赠防江卒》《苦寒行》《筑城行》《书事二首》等，都是表达内心的矛盾。

押衣敕使来不来，夜长甲冷睡难着。
长安城中多热官，朱门日高未启关。
重重帷箔施屏山，中酒不知屏外寒。
——《苦寒行》

诗人的心和人民共冷暖，和士卒共冷暖。在他大量的诗作中，表达自己的同情、关心和亲切的忧虑。百姓的战争重负，士卒的牺牲，军人家属的不幸遭遇，这些都反映在他的诗行中。

昨日人回问塞垣，阵前多有未招魂。
营司不许分明哭，寒月家家照泪痕。
——《戍妇词三首》其二

史弥远于嘉定元年(1208年)九月签订的宋金和议，增加了大量的岁币和“犒军银”，肯定是转嫁在老百姓身上，加剧了南宋老百姓的负担。长期以来，岁贡和岁绢，早已掏空了国库，国家财政难以为继，人民更是被盘剥得干干净净，只剩下了人、田野、草屋、野草。刘克庄对南宋屈辱长期侍金的和议政策，有着无限的痛惜与愤怒。

诗人安得有春衬，今岁和戎百万缣。
从此西湖休插柳，剩栽桑树养吴蚕。
——《戊辰书事》

诗人的一生在政治的漩涡与暗礁中漂流，虽然他是一位优秀的政治诗人。他的诗歌作品呈现着南宋后期整个社会的场景，每一首作品都展示着社会真实的一面，数千首的政治性诗歌组成了一部气势恢宏的南宋社会史诗。尽管这部史诗蕴含着人民的血汗、士卒的生命、爱国将士的壮志难酬，诗人滔滔不绝的爱国情感。也许正是这些政治抒情诗确立了刘克庄在中国文学史上的地位，他当之无愧是一个伟大的爱国主义诗人。

这些政治抒情诗或在诗人的某一个命运的关口，却给诗人的仕途以致命的打击。在刘克庄几十年的政治生涯中，政治诗不时给他的命运增添几多的变数，并为此丢官去职。同时这些政治诗，一直为它背负着不可推卸的道德责任。他的一些文朋诗友为此远离了他，并结下了一生难解的文怨。他的激情、政治、诗歌，和一个诗人的自信、自负，或恃才自傲，又将他打入另类的历史。他最终沉入历史的河流中，默默无闻了六百年。

五

宋嘉定十七年（1224 年）闰八月，当了三十年皇帝的宋宁宗，结束了自己浑浑噩噩的一生。权倾朝野的史弥远，联络了朝中大臣及后宫，策划、发动了宫廷政权，废掉了对自己不满的太子赵竑，另立皇室宗亲赵昀为帝，是为宋理宗。

是年，刘克庄沉默十一年后，出任建阳知县。这年，刘克庄已三十八岁了。

建阳地处闽北，虽是一个山区小县，但民风淳朴，物产殷实，且远离战场。人民无战祸之苦，相对于长江沿岸来说，建阳可以称之为世外桃源。疏离官场十一年了，刘克庄十分珍惜眼前这份官差，全心全意投入工作之中，任职期间，不仅停止自己喜爱的诗歌创作，而是专门注心于吏治。治下三年，建阳老百姓安居乐业，治安环境良好，无讼出县，他的政绩也许在朝廷上有所传闻。他父亲的门生故旧，他的诗友文朋，纷纷为他高兴。

刘克庄在建阳任知县期间，认识了一个人，且影响他一生的思想。

宋宝庆元年（1225 年）十一月，著名理学家真德秀因不满史弥远擅权废立，一再推辞新的任命，迟迟不去临安赴任，又借请假顺道回到家乡浦城。浦城与建阳邻县，刘克庄久慕真德秀的大名，一听说真德秀辞官回乡休闲，赶快直奔浦城，投入真德秀门下，成为真德秀的门生，从此一生大力宣传理学。

理学是南宋社会的主流思想，贯穿着南宋一百五十年的历史。刘克庄祖父刘夙师从于理学创始人程颐的再传弟子、莆田人、红泉学派代表人物林光朝，一生浸染在理学的海洋中，是颇有声望的理学先生。刘克庄父亲刘弥正同样对理学有着深厚的造诣。在这样的家学渊源中，刘克庄对理学一直

怀有敬仰。如今，有这一个从天而降的缘分，刘克庄非常自然地成为真德秀大师的门生，并以此作为后半生的信仰。

南北宋是政治学术异常繁荣的时期，各种思想影响着不同的政治流派，同时也影响不同政治人物的政治主张。因而各种政治人物由此有着不同的政治结局、历史归宿。以王安石为代表所创立的“新学”学派，自熙宁年间开始形成，是“宋学”中最早，也是最大的学派。以苏轼为代表所创立的苏氏蜀学，也一直在此后的时间里，成为一支重要的流派。程颢、程颐兄弟创立的理学，自创立之始就以反对王安石“新学”为目的，并在北宋末期与“新学”分庭抗议。虽然那时王安石、蔡京把持朝政，推行改革，推崇“新学”。靖康之难，开封沦陷，两帝北掳，二程理学派在南宋绍兴初年，开始打击“新学”，把“亡国之责”推给以“新学”为主的改革派身上。长时间掌权的秦松、赵鼎极力倡导理学，理学派地位有了迅速上升。南宋中期，集理学之大成的朱熹，把理学提升到国学地位，成为统一社会思想的主要学派。虽然在宁宗庆元年间，被权相韩侂胄所禁，但朱子理学在社会的广泛影响，并不是一两个权臣所能禁锢的。不久，理学派在真德秀、翁了翁的宣讲下，又成为社会的主流学派。

史弥远伪造密旨谋杀韩侂胄，矫诏废太子立理宗，成为闻名天下的“窃国大盗”。特别是“嘉定和议”中降金乞和的卖国行为，引起南宋军民的强烈不满。但史弥远为改善自己“窃国”“卖国”形象，听从理学人士刘爚的建议，大力倡导理学，对不符合赐谥条件的理学家朱熹、周敦颐、程颢、程颐、张载分别特赐谥号为文、元、纯、正、明，盲目提高理学派的社会地位，以争取理学派对其擅权独政的支持，企图以此掩盖其奸臣的真实面目。

一代理学宗师真德秀以拒绝在朝廷任职的逃避方式，对史弥远的倒行逆施发出无声的抗议。并以此躲避作为一个理学人士在那个时期所能享受的特权而落职回乡讲学。以一介士子宣扬理学成了真德秀最好的人生选择。从公元 1125 年十一月至公元 1232 年，七年间，真德秀在浦城乡下过着田园生活，著书立说，开坛讲学，不遗余力地传播理学。

刘克庄不经意中地走进理学，那是出自内心的信仰。但是，作为一代文学宗师，刘克庄选择理学，仍是他一生错误的选择。他的诗词文章足以让他千古流芳，却把自己置身于政治学术的矛盾漩涡之中。后来，不期而遇的政治斗争让他显得无奈、无力、渺小，让他的身后平添无尽的讥讽。如果说政治与权力是古代文人逃不脱的选择；忠君报国，为国家为民族为人民鞠躬尽瘁，那是古代士大夫命运的必由之路。那么政治给每一个带来的灾难与幸运、挫折与幸福，那是依附在一起的共同体，是时间割裂不开。谁都不能独享其荣光与幸福，谁也逃不了权力所附带来的命运的惩罚。

三十八岁的刘克庄，放下笔，放下诗，想做一个万民齐颂的好官。可他走进了另一条政治生命的河流，对于这个才子将意味着什么？

屈辱的附金称臣，让那个时代无数的文人心生无尽的愤懑。他们用诗歌作品抒发了作者抗击外族入侵的雄心壮志，也表达对战败的不安和伤心。但他们毕竟是诗人，具有强烈的政治敏感，对南宋军队的战败有着深刻的认识。那是昏庸的当权者、黑暗的统治阶级，造成了国家领土分割，被迫岁岁贡银。这一切在他们的笔下就是对上层社会纸醉金迷生活的抨击，对权力阶层粉饰太平的揭露，对社会不公平现象的冷嘲热讽，这就是所有爱国诗人忧国忧民的历史使命。他们之所以能够成为诗人，正是他们拥有剑胆诗心、拥有常人无法比拟的人格力量。

行营面面设刁斗，帐门深深万人守。
将军贵重不据隘，夜夜发兵防隘口。
自言敌畏不敢犯，射麋捕鹿来行酒。
更阑酒醒山月落，彩缣百丈支女乐。
谁知营中血战人，无钱得合金疮药。

——《军中乐》

腐败的统治，耻辱的和议，人民艰难困苦的生活，像一个巨大的磁场，集合一批志同道合的文人，走在一起。并为时代鼓与呼，为人民起码的温饱生活，向统治者发出强烈的抗议。十三世纪初，正是史弥远一手炮制的“嘉定和议”之时。一批具有广泛民间性质的诗人，怀着报国无门的遗憾，怀着对民族存亡、国家安危的关切。他们诗歌抒发对民族前途的忧虑，对人民悲惨生活的同情，也对自己怀才不遇的抗诉。公元1225年，钱塘书肆陈起汇编刻印的反映江湖派创作水平的诗集——《江湖集》问世。这本关注当下、关注民间、关注国家的诗集一出现，受到人们的追捧，成为京都官民热议的话题，其中抨击时政的诗歌尤为流行，成为当时一大文学现象。

《江湖集》的发刊，让这些诗人名声大噪，他们的姓名和作品迅速被人们认识、推崇，在人们口口相传中。一个具有影响诗歌流派——江湖诗派已在京城文学圈里占有重要位置。作为江湖诗派发起人和领军人物，刘克庄理所当然地坐上老大的位置，成为江湖诗派的精神领袖。江湖诗派成为南宋后期文学的中流砥柱。

《江湖集》中的诗作针对时弊发出振聋发聩的声音，成为当权者的眼中钉。但史弥远并没有多少文学细胞，更说不上欣赏水平，一开始没有采取什么政治行动，认为这只是一些文人的唉声叹气，也没有放在心上。但史弥远把持朝政，施行黑暗的阶级统治，引起人们的强烈不满。一些朝中命官也常借用《江湖集》中的诗句，含沙射影，讽刺史弥远。史弥远从其幕僚及党羽的口中，才知道江湖诗派和《江湖集》。

公元1227年，经过一番精心布置，史弥远开始针对《江湖集》采取暴风骤雨般的政治运动。从政治上剥夺江湖诗派所有具有官职的诗人一切职务，并定罪流放，对一些没有职业的自由诗人，驱逐出京都，遣送回原籍。从文本上毁灭《江湖集》，不仅四处收集《江湖集》，集中烧毁。而且把《江湖集》刻版，刀劈火烧，以彻底堵绝《江湖集》再刊。以宋理宗诏书明示天下士大夫禁止作诗，凡作诗的官员一律革职。这就是中国文学史上的“江湖诗祸”。

作为江湖诗派领袖的刘克庄，在劫难逃。史弥远虽已经签发逮捕文书，以“押解听读”的诏书，要把刘克庄从建阳县令上提解进京。但也是因为刘克庄的诗名拯救自己，签书枢密院事郑清之极力为他辩解、说情，直至解脱，才幸免于难。郑清之是从九品小官就开始投靠在史弥远的门下。并且在史弥远策划的宫廷政变中扮演重要角色，一直跟随史弥远，出谋献策、附和搅局，也成为史弥远打压异己的帮手，成为史弥远掌权二十六年朝政的得力助手。

郑清之仰慕刘克庄的诗名，对刘克庄有着无法言说的敬重和崇拜。在政治上对刘克庄采取暗中庇护、公开保护等方式。凡是刘克庄一遇到棘手的问题，郑清之总是从中斡旋，使刘克庄一次次逃脱下狱流放的厄运。但郑刘背后的故事并不是每一个人都会知道的。一些江湖派诗人却认为作为老大刘克庄的诗作《落梅》，被认定为谤讪朝政的铁证，刘克庄所处的位置和“罪证”，怎么会平安无事？“江湖诗祸”成了刘克庄人格上的一处闪亮的斑点，他怎么洗脱都是不会干净的。

祸起萧墙，刘克庄的诗作《落梅》是写作在嘉定十三年（1220年）当时刘克庄闲居在家，本来只是一首普通的咏物诗，却引起了文学史上著名的“江湖诗祸”。刘克庄写过几百首咏物诗，就是关于梅花的诗歌，他一生就写了一百二十三首。

一片能教一断肠，可堪平砌更堆墙。
飘如迁客来过岭，坠似骚人去赴湘。
乱点莓苔多莫数，偶粘衣袖久犹香。
东风谬掌花权柄，却忌孤高不主张。
——《落梅》

“江湖诗祸”留下了几多诗人一生都不会明白的谜底。多少人因此被打入牢狱、流放，甚至客死他乡。作为江湖派领袖，刘克庄安然无恙，这其中的秘密又如何能告知于天下？他与史弥远的对决又是如何？历史将会对刘克庄如何评判？他与政治恩人郑清之的关系又如何能善始善终？历史又是如何给他留下一笔关于江湖诗祸的真实故事？太多的问号，留给刘克庄，留给这个才华横溢的诗人。

由于史弥远党羽李知孝、李成大的大肆攻击，朝廷不得不对刘克庄进行处分。在郑清之悉心的运作下，刘克庄改任潮州通判，尚未赴任，又被去职，改领宫观闲差。刘克庄结束了建阳县令三年的任期，又回家荷锄种田，开始长达六年的赋闲岁月。

返回乡村，返回民间，刘克庄那年已四十二岁。或许坎坷的仕途留下诗人无限的失落、惆怅、悲伤，但命运把他最宝贵的年华，留给他用于诗歌创作。诗人的使命是诗歌创作，命中注定刘克庄是一个伟大的诗人。命运终会为他的生命留出宝贵的时间，让他体验生活、游历山水，深入生活，体恤生活在底层的农民。这样他的诗歌才会血肉饱满、气贯春秋。从这一角度来解读刘克庄的人生履历，刘克庄是幸运的。

七

宋绍定六年（1233年）十月，史弥远病重，将自己的亲信、党羽郑清之提升为右丞相，结束史弥远独相二十六年的历史。十二月，郑清之便起用刘克庄为吉安通判，来不及赴任。宋端平元年（1234年）正月，由于真德秀出任福州知州兼福建安抚使，刘克庄便以将作监主簿兼安抚使司参议官。此景不长，同年六月，真德秀被朝廷召任吏部尚书，刘克庄奉诏回京任将作监主簿一职。同年九月，刘克庄回到临安，又改任宗正寺主簿。

宋端平二年(1235年)六月，刘克庄任枢密院编修官兼权吏部侍右郎官，走上大宋政治舞台的中央，开始那种自己并不擅长的职业政治家生涯。可刘克庄本质上还是一个诗人，他的诗人气质决定了他的率直、倔强、认真，对人对事的喜怒都在他的表情上。他不会掩饰、也不想掩饰。他总是按着自己的世界观去判断其他的大臣对与错，或对历史的评价。殊不知，政治有着大海般的广阔、深邃，时时波涛汹涌、刻刻暗流涌动。权力需要智慧、谋略、甚至厚黑学的土壤来培育，权力的运作是需要果断、决绝，需要纵横捭阖的大局观，从不拘泥任何一个细节。政治所遵循的法则是：胜者为王，败者为寇。

同年七月，刘克庄经过一番深思熟虑之后，当然也为南宋政权的稳定，写下一篇关于揭露史弥远罪行的奏折：

> 柄臣浊乱天下久矣……柄臣与其徒皆攫取陛下之富贵而去，而独留其大敝极坏之朝纲……小人恃智巧，君子恃天理，人生之正，而天与人又有时而不然，桧十九年、弥远二十六年而衍七十日，光九月，君子之难取必于天如此。

刘克庄在抨击旧相史弥远擅权误国，在看似平静的朝廷上掀起了巨浪。且不说朝廷还有许多史弥远的党羽，右相郑清之仍然是主持朝纲的大臣，史弥远是他的恩师、老上级，没有史弥远，哪里有郑清之的荣华富贵。刘克庄对此应该是一清二楚。而他的皇帝宋理宗，正是史弥远一手策划的宫廷政变中，以矫诏推上皇帝宝座，怎么能允许刘克庄掀起政治风暴，把自己暴露在光天化日之下？

或许宋理宗心中有着难言的痛苦，对于史弥远滔天的罪恶，他不是不知道，已在其执政过程中，多次纠正过，君王与权相之间也没有产生过太多的过节。在那九年共同执政期间，皇帝和宰相的合作还是可以的，宋理宗把刘克庄的诏书批给右相郑清之，让刘克庄昔日的恩人去摆平此事。

郑清之看完刘克庄的奏折后，知道刘克庄对于多年前的"江湖诗案"还是耿耿于怀，可是那又是一个旧案，何况史弥远已经报销了，总不能因为一件文案，公开审判史弥远。郑清之约见了刘克庄，从史弥远大力推崇理学，到"江湖诗祸"中刘克庄全身而退，再从宋理宗皇帝的难处，到彼此之间二十年的交情，郑清之以一个宰相的视野、胸怀，诲人不倦。可是，刘克庄如何能

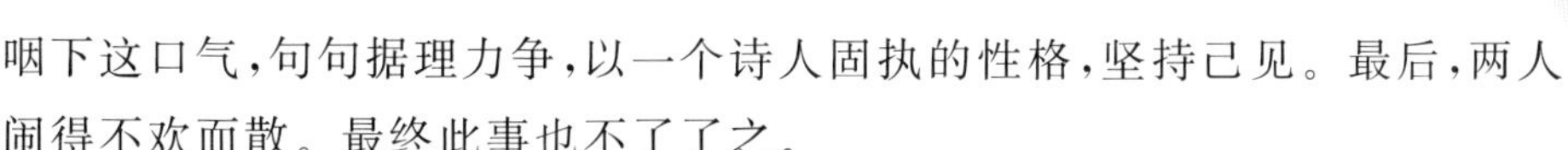

咽下这口气，句句据理力争，以一个诗人固执的性格，坚持己见。最后，两人闹得不欢而散。最终此事也不了了之。

郑清之并没有利用权力，对刘克庄打击报复，仍保持正常的上下级工作关系。但刘克庄因为揭批史弥远一事，已是闹得满城风雨。史弥远的余党正在寻求机会，欲置刘克庄于死地。

刘克庄的诗人性格确实给他的从政带来了负面影响。写诗讲究的是真情实感，有感而发，是抒情、咏物，是反映社会现实。而政治看重手腕、人脉、难得糊涂、是朋党之争。因为在此后的岁月里，刘克庄变换了很多种的领导岗位，有的一个岗位只干几个月，有的岗位还没有到位，就匆匆辞职或变动，多次担任授官宫闲差和提举宫闲差。如此频繁变动工作，历史没有留下足够的时间展示刘克庄作为政治家“修身持家治国平天下”的执政能力。

从宋端平三年(1236 年)始，刘克庄出任过漳州知州、袁州知州、江西提举常平公事、广东提举常平公事、广东转运使、吏部侍右郎宫、江东提举常平公事、将作监、直华文阁，直至宋淳祐六年(1246 年)七月，召回临安，改任太府寺少卿。

同年八月，宋理宗召见刘克庄，说了一段热情洋溢的大话后，有感于刘克庄“文名久著，史学尤精”，赐同进士出身，除秘书少监，兼国史院编修，实录院检讨、崇政殿说书，不久又暂兼中书舍人。这一年，刘克庄六十岁，一身兼五职，跻身于朝廷显要，成为朝中重要的命官。

从某种意义上，命运是公平的，命运只能给刘克庄才华、诗歌，但不能给他权力、富贵，不能让他一个独享人生美好的一切。因此，刘克庄一生在政治道路上的颠沛就合乎其性格与命运。幸福的日子过得并不久，刘克庄的性格之魔又显示出来，又陷入朝中权力之争，积极参与奏请罢免宰相史嵩之。好在宋理宗了解这个伟大诗人的性格，对刘克庄既没有表扬，也没有批评。但他深知刘克庄不能久留在临安，让他陷于深不可测的党争之中。一纸诏书，让年已六十的刘克庄再到基层锻炼。

宋淳祐七年(1247 年)二月，刘克庄在一年多时间里，出任过漳州知州、提举宫观闲差、宗正少卿、福建提刑等职务，走马灯似地变换领导岗位，工作时间似乎都在上任的路途上。

宋淳祐十一年(1251 年)初，刘克庄起复回朝，以秘书监、兼太常少卿、直学士院。十月升起居舍人，又兼侍读。刘克庄又跻身于朝廷显要的位置。

刘克庄命中注定是坎坷的、注定仕途不得意，这不到手的职位还不到一年，又是因为诗人的高谈阔论埋葬了他的前途。那时的南宋政权已濒临灭亡，他还在到处批评朝政，似乎这一个国家只剩下他一个人忧国忧民，其他人都是吃干饭的。这就得罪了一大批人，包括皇帝、宰相、各部尚书等重要岗位的君臣，刘克庄只能再次以宫观回家闲居，卷铺盖走人。这年他已六十六岁，这一走又在家偷闲八年时间。

故乡永远是那么美丽、那么温暖，刘克庄已用五十年的时间在宦海里沉浮，一直在党争夹缝中，处处树敌，他知道自己的抱负、报国热情已几乎被挫折消耗殆尽。对南宋政权未来的失望，对老百姓生活艰难深深的同情，在这八年中，他都付诸笔端。

子美步归犹恋阙，浩然肩耸径还山。
人情薄似平原酒，世路危于滟滪堆。
——《翌日宫教惠诗次韵二首》之一

诗人刘克庄在仕途上的重大挫折，却让他有更多的时间书写心中的诗词文章。从刘克庄的作品之中，我看见的正是一个诗人桀骜不群的个性。我读到的诗句凸显一个诗人旷达、无私无畏、落拓不羁的性格。

八

宋端平元年（1234年），亲政的宋理宗，决定联合蒙古，一举灭金。南宋、蒙古联军攻占金临时都城蔡州，金亡。这个让南宋广大官民切齿痛恨的北方政权，终于消失了，那一百多年的战争、死亡、赔偿、和约都化作云烟，那无法计算的岁银、绢品已进入了历史。赢得战争胜利的南宋，仍然满目疮痍，国家已千疮百孔，人民依然不堪重负。北方，却多了一个比金更强大的敌人——蒙古。

刘克庄清醒地认识到联蒙灭金的危害，三国鼎立，谁也吞不了谁。从国力、人口、耕地面积、军队数量，南宋比蒙古、金多。如今，金亡了，北方的蒙古占领了金朝留下大部分土地、人口，在双方力量对比上，南宋明显处于劣势。诗人正是从这一点上看出了国家的危亡迹象。

不枋割肉喂豺狼，和约依然堕渺茫。
未必与吾盟夹谷，且须防彼却平凉。
——《端嘉杂诗二十首》之十三

果然不出刘克庄所料，宋开庆元年(1259 年)正月，元皇帝宪宗亲自率大军攻打合州钓鱼城，钓鱼城守军奋起抗击，击伤宪宗，宪宗不治身亡。宪宗弟弟忽必烈已率军到达长江北岸黄州，准备跨江攻打长江南岸鄂州，并扬言准备东下进攻南宋首都临安。右丞相兼枢密使贾似道，由江陵至汉阳，进入鄂州，负责指挥抗击，一听说元兵攻占鄂州后要进军临安，私自决定遣使，以南宋愿称臣纳币、割让长江以北土地等条件求和。其实，忽必烈已准备撤军，回老家争夺汗位，立即应允，并派使臣前往鄂州城中，在贾似道的帐中签订和约，急匆匆地撤回北方。

十二月，贾似道隐瞒向蒙古乞降与蒙古私自签订和约的真相，而以战胜蒙古军向宋理宗报功。宋理宗一看到捷报，简直乐晕了，立刻诏告天下，让南宋子民共享这一胜利果实。压抑在南宋人民心中的不安与痛苦太久太久了，城乡居民奔走相告，生怕把这天大的喜事忘记告诉自己的亲朋好友，整个社会洋溢着喜庆的气氛。

年已七十三岁的刘克庄，长时间沉浸在国家危亡的忧虑之中，对如此难得的胜利消息，欣喜若狂，立即铺开案桌上的宣纸，抑不住内心的喜悦连续创作十首诗歌，颂扬贾似道、歌颂抗蒙壮士。

残党分兵尽扑除，游魂多不返穷庐。

肃清执至龙颜喜，又奏淮西有捷书。

——《凯歌十首呈贾枢使》

没有任何通信工具，也没有任何的求证渠道，贾似道的弥天大谎，欺骗了宋理宗，欺骗了整个国家和人民。当然，欺骗一个年逾古稀的老人，也就不足为奇。对国家和民族倾注了全部感情的诗人，突然间听到一个拯救国家于危难之中的“民族英雄”，再溢美之词也不为过。他的诗歌创作基于抗蒙战争中获胜的将士，并不知道贾似道暗中向蒙古乞降求和的真实情况。历史有人却把这些诗词作为贬低刘克庄人格的证据，把诗歌中一些词语、解读作阿谀、奉承、附和贾似道，进而，彻底否定刘克庄作为南宋后期文坛宗主的地位。

宋景定元年(1260 年)十一月，刘克庄被起用为起居郎兼权中书舍人，随后又升为兵部侍郎兼中书舍人、直学士院。第二年，升为权工部尚书仍兼两制，刘克庄走上了一生中仕途的最高峰，这时他已七十四岁。但他不是为自己的官大而高兴，而是能为国家多做一些工作而欣喜。他日夜为起草诏书忙忙碌碌，好像又回到年轻时代，努力为国家尽最后一分力量。

暮年未敢忘忧国，白发丹心每愿丰。垂暮之年的刘克庄并未看见国家的前途，他所闻所见所感受的，仍然是危机四伏、四面楚歌的南宋王朝。他感受不到一点点国家中兴的希望，他看到依然是朝中大臣们醉生梦死的生活，老百姓饥寒交迫的境况。他已无泪可流，他的心彻底碎了，京都再也待不下去了，他竭力请求致仕。

回朝不到一年，除了忙碌之外是辛酸、不安，亡国之忧时时侵绕着他的思绪。一望见京都的那宫那殿那街那巷，痛苦油然而生，他不得不告别熟悉了六十年的临安，那里有他童年的梦，少年的梦，青年的梦，和国富民裕的梦想。可这一切都如昨夜空空的梦，这一切落花残局注定有人去收拾，但不是自己，不是刘克庄。

宋景定二年（1261 年）十月，刘克庄仍不能退休，仍以七十五高龄出任建宁府知府。在建宁知府任上，刘克庄力所能及地掌握着整个府衙的大事，其他那些闲散琐事，全交给手下打理，倒是过上几年“优游觞咏”的日子。

宋景定五年（1264 年）秋，七十八岁的刘克庄因白内障双目失明再次致仕，结束了长达五十五年的政治生涯。从靖安县主簿直至工部尚书。一个诗人用一生的热爱、努力、勤奋，证明了一个封建士大夫的人生价值。这也是刘克庄作为一个伟大诗人之外的，一个国家子民所要承担所要积极履行的责任和义务，那就是忠君报国。

莆田老家，后村那几间土墙瓦屋迎来了漂泊一生的故人，刘克庄这位莆田最著名的诗人又回到故居，回到他童年熟悉的生活场景。叶落归根，魂归故里，这是莆田老人刻骨铭心的生命诉求。每一个莆田籍老人无论你官职再大，财富再多，都盼望能在有生之年回到老家、回到莆田。刘克庄是幸运的，他一生为莆田创作数百首诗歌，莆田终为他的生命最后一程，留下了最温暖的押韵。

宋咸淳五年（1269 年）秋，刘克庄在莆田城内老家病逝，享年八十三岁，积官至龙图阁学士（职）、正议大夭（阶）、莆田县伯（爵），世称后村先生。

山清水秀的莆田，菊篱梅墙的老家，终于安息了一颗永不平静的诗心。他那跌宕起伏的命运之路，有多少次惊险与困苦，有多少次失意与绝望。可他凭借着坚韧的意志、不灭的文学炉火，走过千回百折的人生。刘克庄的晚年有了此刻的安宁，可他那忧国忧民的心灵，却又是那样多愁善感，还是那样牵挂他的国家、他的民族、他的人民。

流水潺潺的延寿溪畔，一处向着北方的小山坡，埋葬着莆田历史上最伟

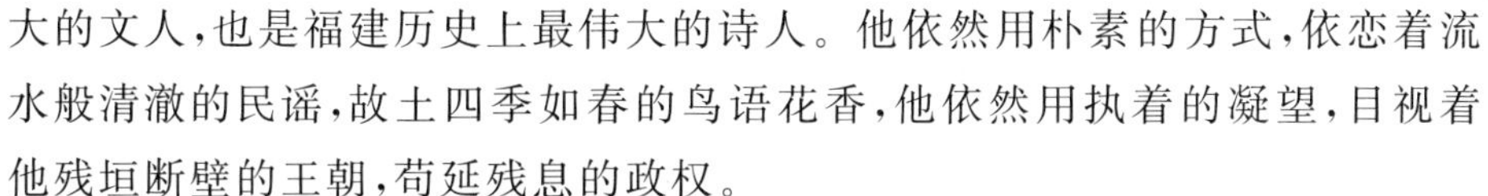

大的文人，也是福建历史上最伟大的诗人。他依然用朴素的方式，依恋着流水般清澈的民谣，故土四季如春的鸟语花香，他依然用执着的凝望，目视着他残垣断壁的王朝，苟延残息的政权。

七年之后，宋德祐二年(1276 年)二月，元兵占领临安，南宋灭亡。

九

历史的真实一直在岁月的雾霭之中，七百多年过去了，谁都看不清原来的内容。客观地分析刘克庄的一生，刘克庄虽然是一个理学人士，但他又是一个忧国忧民的爱国诗人。国家的命运，民族的前途，人民的安危，在他的心上有着至高无上的地位。他的心一直随着南宋王朝的脉搏一起跳动，生怕偶尔的疏忽会让他的国家走上灭亡之途。可是，他已从腐败的政治、堕落的将帅、懈怠的士兵、不堪饥寒的老百姓，仿佛看到了他所服务的政权的末路，看到黑暗的前途、灭亡的结局。他只是竭力地尽一个子民的责任，尽一个臣工的职责。

这是刘克庄一份写于淳祐六年(1246 年)八月的《召对札子》：

> 王羲之讥诸贤以清谈废务，浮文妨要。先朝(北宋末钦宗朝)用杨时为给(给事中)、谏(谏义大夫)，或者尚有不言“防秋”、不言“炮石”之消。然则先急政要务，(后)薄物细故，非士大夫责乎。臣虽老悖，一念忧爱，狂言望择。

这是诗人刘克庄的肺腑之言，一个濒临覆亡的王朝，没有多少人关心如何奋发图强。皇帝、大臣、天下一大帮臣工政客，置国家安危于不顾。一味打击新学、贬谥先朝人士，扶植理学，树立理学为国家统治思想，起用一大批空谈误国的理学人士。眼见着满朝人士夸夸其谈的丑恶嘴脸，刘克庄就这样不顾自己的政治前途、个人安危，直言不讳，表达出一个诗人拳拳爱国之心。

在他大量的《召对札子》中，宋钦宗、宋理宗、司马光、杨时、秦桧、史弥远等大力推崇理学的人士都成了他批评的对象，他毫无客气地点了先朝皇帝与大臣的名，也昂然地抨击了当今皇帝的弱点。他的无私无畏，早已超出了一个理学人士的信仰范围，他问心无愧，他的言行体现了一个诗人所具有整个社会的良心。

宋末元初一批理学人士加入由脱脱主编的《宋史》编辑队伍，处心积虑地打开刘克庄的生命档案、诗歌创作史，用高倍放大镜，过滤刘克庄的生平，甚至每一年、每一月、每一天。一个个不厌其烦地翻阅刘克庄的每一篇诗词、每一页稿件。他们要在这些文字里寻找刘克庄“内奸、叛徒、小人”的证据，穷尽一切地收罗虚虚实实的只言片语为的是把刘克庄打下文坛，打入历史的谎言之中。

一代文学宗师，一个中国文学上不朽的诗人，一定有着与他文学成就一样特别的性格。他傲然的个性，狂放不羁的品质，尖锐的嘲讽、直戳人心的言语，在长达八十二年的生涯中，已然留下了不可磨灭的性格缺陷。他既有豪放的性情，广交天下朋友，又有率直的情绪，厌恶看不惯的异己。他的才华因为他的性格，他的性格决定了他的才华。他除了作为一个诗人之外，还有朝廷官员、同僚、诗友、亲戚等社会成分。他的身上一定有着小人正在寻找的东西，他已被放在透明的祭台上，任凭那些历史学家的批判。

“梅花”诗案、江湖诗祸，成为史弥远的敌人，史弥远是脱脱笔下的正人君子，刘克庄只能当个小人。刘克庄的批史火力，却成了和权相郑清之反目为仇的薄情之人，还有史嵩之的“夺情”之罢免案，又成了刘克庄不成熟的表现。十首关于贾似道的贺诗，永远钉在耻辱柱上，彻底把刘克庄放进历史的地狱。五十五年的仕途，四个曾经的宰辅，都是刘克庄挣不脱的枷锁，去不掉的魔咒，他在历史上已伤痕累累。

七月的阳光明媚地照亮了莆阳大地，照亮了一段长长的记忆阡陌。我茫然地在这个还是叫后塘的地方徘徊，似有却无地等待着一些什么事情，等待先生从哪一条早已消失的小巷、某一个拐弯处走出，你一定长衬如袍、疾走如风，最后在某一个莆仙戏台前停留，等待那一声震天动地的大鼓铿锵响起……

落梅犹记刘克庄

◇ 曾元沧

在宋代的大诗人中，“根”在福建莆田和仙游（两地紧邻，今合为莆田市）的，不完全计数就有7位，让同“根”的我引以为荣。按出生年份排名，他们是蔡襄、方惟深、黄公度、陈均、王迈、刘克庄、陈文龙。皆为琴心剑胆、堂堂七尺好男儿。

谁说自古闽人“五音不全”入诗难？这7位莆仙籍宋诗人的锦囊之作，立旨高远，意味悠长，合韵合平仄，音调那么和谐，读来是一种高雅的享受。从中悟出一个道理，方言口语和书面语言固然有着很大差异，但只要勤于做学问、反复“修炼”，就能够掌握诗歌的规律，跨越障碍而获得创作自由。刘克庄就是这么一位精通法则的诗林宗匠，我特别推崇他。

刘克庄，生于南宋孝宗执政的淳熙末期（1187年），卒于度宗执政的咸淳年间（1269年）。初名灼，字潜夫，号后村居士。淳祐六年（1246年）举为进士。官至工部尚书（掌管工部各项政令的长官）。从他先后名号的更易中，可以窥见他的不凡经历和曲折心路。刘克庄的诗词多有感慨时事之作，为当时“江湖派”重要作家。著有《后村先生大全集》。

宁宗嘉定年间，时任建阳（福建）令的刘克庄写了《落梅》一诗，这是他咏物寄情的上乘之作：

一片能教一断肠，可堪平砌更堆墙。
飘如迁客来过岭，坠似骚人去赴湘。
乱点莓苔多莫数，偶粘衣袖久犹香。
东风谬掌花权柄，却忌孤高不主张。

全诗大意是：每一片飘零的梅花都教人触目愁肠，更哪堪残缺的花瓣凋落如雪片，铺满了台阶又堆上了墙头呢？飘零的梅花就像匆匆过岭的迁客，

坠落的梅花犹如不得已赴湘的骚人。那么多原来美好高洁的花朵，如今却沉沦泥土与莓苔为伍，然而偶然粘上衣袖的香气，还久久不去。啊，让东风执掌对百花的生杀予夺大权，真是差矣错矣，它忌妒梅花的孤高，对梅花任意摧残，根本不讲怜香惜玉。（注：诗中“迁客”“骚人”分别引用了韩愈、柳宗元遭谪贬放逐的典故，泛指封建社会里一切仕途坎坷、壮志 难酬之士。）

《落梅》通篇不着一个“梅”字，却不仅刻画出梅花的品格和遭际，而且通过对落梅哀婉缠绵的吟叹，处处透露出诗人的心迹情感。同时，也高度概括了历史上无数“迁客”“骚人”颠沛流离的不幸，更道出了当时广大文士抑塞不平的心声。但是由此，刘克庄却落来大麻烦。其中“东风谬掌花权柄，却忌孤高不主张”两句，被言事官（谏官）李知孝等人指控为“讪谤当国”，逐级递交奏状。于是，刘克庄获罪而被罢职，坐废乡野长达 10 年之久。这就是历史上有名的“落梅诗案”。

“退之未离乎儒者，坐井观天错议聃（老聃，古代哲学家）”。刘克庄痛恨卖良求荣、追逐俸禄的当事谏官，视其为坐家虎，宁为“后村居士”，始终没有屈服。相反，从此开始大写特写梅花，一发而不可收，先后写了一百三十余首咏梅诗词。“梦得因桃数左迁，长源为柳忤当权。幸然不识桃与柳，却被梅花误十年”（《病后访梅九绝》），“……老子平生无他过，为梅花受取风流罪”（《贺新郎·宋庵访梅》）等咏梅诗作，都表露了他强烈的愤懑之情。刘克庄无怨无悔，虽然在后来的十年间生活颇为艰难，却有着“风流”的好心态，通过不失操守的努力，逐步改变自己命运，遂活到了 82 岁高龄。

呜呼！“若非一番寒彻骨，哪得梅花扑鼻香”，刘克庄咏梅诗词之丰无人可及。不啻于斯，他的一生针对南宋“国脉微如缕”的现状，写下了大量抒发感慨的不同题材的诗篇，爱国之心“似放翁”，高洁之志“似稼轩”，其身其品一如梅花。倘若有哪位剧作家把他的事迹搬上舞台，无须戏说，只要实言，也一定会是一出让人荡气回肠的好戏。剧名可叫作《落梅诗案》。

刘克庄咏赞

◇ 杨云鹏

后村风韵颂千秋（四律）

一

朱紫门中禀质奇，廉勤才吏奉良知。
巡边献策经戎马，兴教恤民躬治为。
燮理宽严唯德正，直声忠耿不时宜。
暮年故令轻车过，群老迎归热泪垂。

刘克庄(1187—1269)，字潜夫，号后村居士，福建莆田人。南宋后期文坛宗主，豪放派大词人。生于书香门第、官宦人家，少有异质。弱冠以祖荫补将仕郎，曾入桂幕经历戎马生涯，又曾为县令、通判、知州、转运使、市舶使及编修官、检讨官等，官至兵部侍郎兼中书舍人、权工部尚书、龙图阁学士，谥文定。忠君爱民，勤勉清正，宽严有致，于任上每多建树。自谓“忧时原是诗人职，莫怪吟中感慨多”，其忠耿性情不合时宜，仕途坎坷犹不改初衷，且文名恒掩其吏名。先生离任建阳二十余年后重经故地，当地父老闻讯纷纷扶携跪迎先生车前，其后又有百多人相伴莅莆专程看望黜归之老县令。先生不禁叹曰：“嗟夫！余之去县久矣……以余拙政而其人不相忘如此！”并撰《过建阳二首》诗云：“溪上重来两鬓丝，岂知拙政久犹思。”“白布群孺雪满

颠，扶携伛偻拜车前……愚公老矣痴如故，长把心灯望后贤。”当朝宰相郑清之赞曰：“潜夫真才吏，为文名所胜，故人不尽知之。”

二

冷烟衰草动刚肠，笔走风雷念济匡。
羞作婉柔闺阁句，崇同辛陆健雄章。
一腔悲愤唯泣血，满腹才情长履霜。
历览五朝孰评说？煌煌遗卷见苍黄。

克庄先生身处南宋风雨飘摇偏安王朝，自小立下匡时济世宏愿，于笔翰间亦见抱负。“羞学流莺百啭，总不涉闺情春思”（刘《贺新郎》）。其词作喜为豪壮语，与辛弃疾、陆游犹三鼎足。多才勤笔，卓立文坛，其诗作数量于宋代仅次于陆游。与刘同代之林希逸谓时人“言诗者宗焉，言文者宗焉，言四六者宗焉”，诚为南宋后期之一代文宗。胡适《白话文学史》谓其“有悲壮的感情，高尚的见解，伟大的才气”。先生历经孝宗、光宗、宁宗、理宗、度宗五朝，拳拳君国，耿耿立言，德才兼备，文名早著，然而《宋史》却未为立传。幸其著述颇丰，有《后村先生大全集》遗世，后人得以了解其文情行状并管窥偏安时代之社情民意。

三

文名史学自超群，一曲落梅泾渭分。
忧愤沉吟斥权相，嘶鸣怅望定胡氛。
还凭梦得森然刺，更步东坡达者闻。
累世乡贤多戆直，谠言无畏溯清薰。

克庄先生曾得理宗皇帝“文名久著，史学尤精”之赞誉，但先生于入宦初年尝撰《落梅》诗“东风谬掌花权柄，却忌孤高不主张”及《黄巢战场》诗“不因朱三能跋扈，却缘郑五欠经纶”等语句，隐刺当权者忌才斥异、暴敛纳贿、降金乞和等“欠经纶”“不主张”恶行，由此触怒权相史弥远等人，遭“讪谤当朝”之劾，闲废十年。此番史上著名之“落梅诗案”（亦称“江湖诗祸”），禀继了唐代刘禹锡(梦得)“玄都观诗案”、北宋苏轼(东坡)“乌台诗案”所体现的士大夫刚正不阿精神和豪迈达观气概。吾莆代多戆直臣士,宋末陈文龙仗义抗敌、绝食死节,明代林润铁面惩恶、勇劾严嵩,清代江春霖直声撼朝、遭忌辞归……均与克庄之忠贞风范一脉相承。

四

平生磊落话凄凉,归赋莆阳绶水旁。
梦痛多才孚若夭,醉同不忿实之狂。
携观陌巷连棚戏,赞叹湄洲一瓣香。
漫兴家山风物咏,情思脉脉泛崇光。

克庄先生衷情报国却宦海沉浮。入仕之后数十年间累遭罢黜,得以较长时间闲归梓里。晚年居于莆邑城北延寿村,尤常与远近诸多名士广泛交游酬唱。他以《沁园春·梦孚若》一词痛忆怀才未遇、壮年早逝之同乡挚友方信孺(孚若),名阕妙见广为传诵。又与才高不羁被皇上称为“狂生”之仙游王迈(实之)互为知己,频频交往唱和。先生不讳俚俗,吟咏中颇多当年南戏杂剧(莆仙戏之滥觞)在家乡演出盛况(如“且随儿女看优棚”“儿女相携看市优”“陌头侠少行歌呼,方演东晋谈西都”“空巷无人尽出嬉……棚上诸君闹未知”“抽簪脱袴满城忙,大半人多在戏场”……)。特别难能可贵者,先生以官宦之身,热情赞颂同处大宋一朝、方兴200余年之妈祖信俗,“灵妃一女子,瓣香起湄洲……始盛自全闽,俄遍于齐州……独于民锡福,能使岁有秋……坎坎击社鼓,呜呜缠蛮讴……”即明白晓畅概述早期信俗缘起、流传、灵异与活动盛况,至今仍常被研究学者引用。而“君谟与渔仲,亦未尝旁搜。束皙何人哉,愚欲补前修”则慨叹此前当朝蔡襄、郑樵等邑人对妈祖流传资料未予重视搜集,并诚恳表示自己愿意就此作些补救事宜。先生频频寄意壶山兰水风物人情之健笔朴句,不啻翔实别致之古代画卷,亦为文史、地理、民俗之丰富资料,弥足珍贵。

傲骨香魂赞后村

◇ 刘开成

雪压寒梅几度开，香魂傲骨见奇才。
漫言青史无公论，千古文章自品裁。

刘克庄(后村)先哲才华横溢蔚为大家，且又心存邦国政声显著。他不仅为刘氏之光，也是吾莆引以为荣的文化泰斗之一。

先哲酷爱梅花，故以梅喻指世上受欺压的正直人士，对当权者表示抗议。于是，他竟因一首《落梅》诗，引发“落梅诗案”，被权相指为“谤讪当国”而导致一生仕途坎坷。然而，又因其举世闻名的才华，使其如傲雪之梅花，虽经几度雪压霜欺，依然傲骨舒张，凌寒怒放。正所谓“花落自有花开时”，克庄先哲在宦海上屡落屡起，最终官到工部尚书，年过七旬，身兼五职，朝廷仍不舍予以辞退。

克庄先哲是南宋晚期久享盛名的文坛宗主、诗坛宗主，是辉耀千年的豪放派爱国词人。宋理宗赞他“文名久著，吏学尤精”，还赞他“爱君忧国，至老不衰”。如此一位犯颜敢谏皇上而又为皇上连连赞誉的忠贤之士，《宋史》竟无为之立传，更有甚者，竟有人以“刘克庄晚年为贾似道一出，晚节不保”之臆说，使其蒙耻含冤。如今清明之世，倡导实事求是学风，在研究刘克庄文化的浪潮中，已有严谨正直学者发出严正呼声，提出了“一个蒙古血统的《宋史》主编能为抗元救国的刘克庄立传吗?”提出了“为一个连皇上都受蒙骗的贾似道写几首道贺之语也算同出一辙，晚节不保吗?”

值得欣慰的是，克庄先哲有大量诗文奏折存世，为后人探究其思想行状留下极其宝贵的翔实资料，而且当年有诸多文人与之交往唱和，参考资料亦多。吾忝为刘氏后人，诚望诸位方家和有心仁者，本着客观务实态度，认真考究，以廓清迷雾还其历史真相，让克庄先哲的形象更为具体丰满，雄立青史，激励后昆！

刘克庄年谱简编

◇ 李国庭

引　言

刘克庄，一名灼，字潜夫，号后村，南宋福建路兴化军莆田县人。官至工部尚书龙图阁学士正议大夫。著名学者，文章大家，诗词诗话成就尤著。遗著有《后村先生大全集》等，但《宋史》无传。清乾隆《兴化府莆田县志》、民国《福建通志》中之刘克庄传，均据宋林希逸《后村先生刘公行状》（以下简称《行状》）及宋洪天锡《后村先生墓志铭》（以下简称《墓志》）缩写而成，《行状》《墓志》虽出自克庄"同舍生""门生"之手，材料较为翔实；然行少系年，语焉不详，难以适应深入研究刘克庄之需要。

宋理宗宝祐三年（1225年），刘克庄即在《明道祠满》诗中云："丁宁稚子收残草，他日笺家要谱年。""残草"，在其逝后一年宋度宗咸淳六年（1270年），就由他的季子山甫（字季高）汇诠为《大全集》200小本；但"笺家"谱年之事，却迟至民国二十三年（1934年）才由张荃先生草创成篇。刊在《之江理工学院学报》第3卷第1、2期上，然那两期小报，中国大陆图书馆旧报刊索引中只有目而不见报；台湾省也无收藏之江学报，只有美国图书馆才有。王德毅先生编撰的台版《中国历代名人年谱总目》刘克庄条下写有："张谱"、王德毅《刘后村年谱》。不过王先生转告："当前只排出目录，内容在整理中。"已故的莆田宋湖民先生也曾编个《刘后村先生年谱》，实际上只是个"跳跃性"很大的"年表"而已，且也颇多错讹。民国二十六年（1937年）《学苑》刊有陈润生《南宋莆田词人刘克庄小纪及年谱》之题，连“小纪”都未“纪”完，年谱连影子也未见。近年莆田六中李光岱等先生又列了个《刘克庄行年简表》，见得出一定功力；但因其未细读刘克庄《大全集》，以讹传讹之处尚不少。

有鉴于此，鄙欲撰著刘克庄大传，就非要先编个《刘克庄年谱》不可，孜孜矻矻已有两年，终于草出十余万言的《刘克庄年谱长编》。曾梦想先抛出一个简缩本就教方家，以祈难出世的《刘克庄年谱长编》以较完善面目面世，不意这个梦想竟由《福建图书馆学刊》诸贤达变成真了，能不在此附言致谢?!

一、入仕前期(1—23岁)

宋孝宗赵昚淳熙十四年丁未(1187年)，刘克庄1岁。

《行状》云：“咸淳五年正月二十九日，龙图阁学士正议大夫莆田开国伯食邑九百户后村先生刘公卒，年八十三。”据此卒年享年数推定克庄生于本年，至今未见异议。但其究竟生于本年何月、日，各传、状、表、谱，均无明载，《大全集》亦无载。钱仲联先生《后村词笺注》引录张荃“年谱”“考证”多条材料，仍未确知，可见张谱也并未考出。但见《年谱总目·刘克庄》目《王谱》条尾注云：“七月二十九日生。”然《王谱》未出，不知其何据？鄙费时日，查得林希逸《竹溪虘斋续集(一)》卷1第10页《贺后村生日庆八十》诗云：“……生比莱公过半月，占求尚父恰公年。……”诗尾自注：“七月二十九日生。寇(准)公七月十四日。”此应即王先生所据。

克庄入仕前一名灼。世居莆田县城东北乌石山前之后村(在今解放军九五医院南围墙外)有几位莆田寿星曾指教云：他们早年还见到此处留有“后村故居”石刻门楣，家祠旧址在桃巷。克庄曾祖炳原为布衣，后因子夙、朔得官，才赠宣教郎。妣郑氏赠孺人；续娶游氏赠恭人，夙、朔皆其所出。祖夙、叔祖朔始师事莆田大儒林光朝(俗称艾轩先生)而起家释褐。此后刘氏三代八人登科第、五人入馆阁、成为新兴官宦门第。祖夙(字宾之)，绍兴二十一年(1151年)进士，官至承议郎著作佐郎，累赠中奉大夫。妣林氏早背，赠令人；续娶林氏，赠令人，弥正、弥恭，弥邵均其所出。父弥正(字退翁)，淳熙八年(1181年)进士，累官至朝议大夫、吏部侍郎，赠少师。父、祖皆官清政勤、为人耿亮，并蔚为家风。母方氏鲁国夫人早逝；生母林氏魏国夫人。其

“世居莆田孝子攒之后里。……曾大父选，大中大夫。大父孝泽，直秘阁福建转运副使。父榕，台州教授。母陈氏太夫人。少弧，与伯姐博诵图史，尤熟班、马二书”。

《风俗论集》谓：“莆田文物之邦，自常衮入闽之后，延礼英俊，儒风大振。僻在南隅，而习俗好尚，有东周齐鲁遗风(黄公度学志)。”“莆田旧习，俭啬勤力，衣服古朴。重廉耻，惜行检。以读书为故业，科名之盛甲于闽中。至论忠孝大节，则前辈风概有足以摩激千古者”(《弘治志》)。“士大夫质行醇谨。至临大事，辄以风节相高。以故叩阍抗疏间出郎署，不独居言路者持谔论也。……仕路无媒，拘守常调，非有司马安之巧。归则具硗确数区供膳粥，扫轨养尚……又，诸世胄佳公子绝纫绮，习好艺文更笃。寒士甲第蝉联而三世接登进士者有两三家。谈者谓山川秀郁所致，犹浅乎论也(前志)!”以上所列家庭、社会环境对克庄思想、情感、道德、品质之形成有不可忽视之作用。

淳熙十五年戊申(1188 年)，刘克庄 2 岁。

克庄随母在籍。父弥正自淳熙八年(1181 年)登进士第后，至嘉泰三年(1203 年)，先后历潮州司户参军、监镇江榷货务茶场、知抚州临川县。知临川前二职为从官，一般不带家眷，故克庄均随母里居，母为第一个启蒙者。

淳熙十六年己酉(1189 年)，刘克庄 3 岁。

克庄随母在籍。大弟克逊生。《工部弟墓志铭》云：“淳枯丙午腊月乙已卒于寝，年五十八。”据其卒年、享年数后溯 58 年，知其生于本年。

宋光宗赵停绍熙元年庚戌(1190 年)，刘克庄 4 岁。

克庄随母在籍。原配夫人林节生。《亡室墓志铭》云：“君讳节，封孺人。生于庚戌十一月十七日。”“福清林氏自南渡百年。号礼法家居。曾祖，龙图阁直学士。祖埏知沅州。父瑑，今……直秘阁。”明嘉靖甲午年(1534 年)林富修《福清县志·方括图》云，林氏居石塘村，在县城东南郊小孤山美报祠瑞云寺塔之南。鄙踏勘得：此村今改名玉塘村，仍有少数林氏村民。

绍熙二年辛亥(1191 年)，刘克庄 5 岁。

克庄随母在籍。《行状》云：“公生有异质，少小日诵万言，为文不属稿，援笔立就。”《墓志》亦云：“幼颖异，出语惊人，书过目辄成诵，为文未曾起草。”《谢傅侍郎举著述启》云：“某家故为儒，幼曾承学善和书卷，颇窥上世之旧藏。杜曲桑麻，粗有先人之薄业。”据此而断：上盲不妄。

绍熙三年壬子(1192 年)，刘克庄 6 岁。

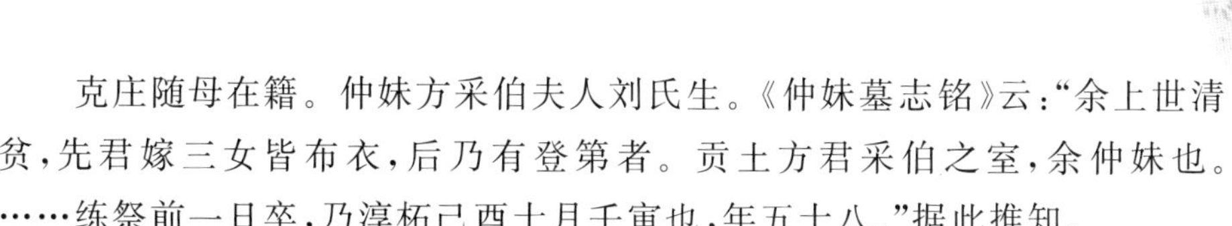

克庄随母在籍。仲妹方采伯夫人刘氏生。《仲妹墓志铭》云："余上世清贫，先君嫁三女皆布衣，后乃有登第者。贡士方君采伯之室，余仲妹也。……练祭前一日卒，乃淳柘己酉十月壬寅也，年五十八。"据此推知。

绍熙四年癸丑(1193 年)，刘克庄 7 岁。

克庄在籍随季父弥邵学。《季父习静祭文》云："愚幼颛蒙，季父训免。久撰杖履，亦待(侍)笔砚。"

绍熙五年甲寅(1194 年)，刘克庄 8 岁。

克庄在籍随季父弥邵学。《都官兄祭文》云："洎我与兄，生而相依。少兄二岁，垂笤佩朋。游则同队，学则共师。""都官兄"指堂兄刘希道(朔孙、起世子)。

宋宁宗赵扩庆元元年乙卯(1195 年)，刘克庄 9 岁。

克庄在籍从林井伯学。《赵忠定公朱文公与林井伯帖》云："某为童子时，受教于先友林井伯丈。"

庆元二年丙辰(1196 年)，刘克庄 10 岁。

克庄仍在籍小学。《工部弟祭文》云："与子同胞，六十署寒。粤自髫髦，至胜衣冠。灯火共亲，荠盐剖餐。止则联棲，飞则接翰。"工部弟即胞弟克逊。本年克庄从叔起世登进士第(起世系朔子、起晦弟)，官南海尉。

庆元三年丁巳(1197 年)，刘克庄 11 岁。

克庄仍在籍小学。《忆昔二首》之二诗云："犹记颛蒙昔未开，自鞭宁待父师哉？残编常到鸡声彻，警枕频警(惊)蝶梦回。"可见读书之勤。

庆元四年戊午(1198 年)，刘克庄 12 岁。

克庄仍在籍，出小学，从方泽儒学。《林户录墓志铭》云："初余出小学，从方泽孺先生受业。"

庆元五年己未(1199 年)，刘克庄 13 岁。

克庄仍在籍从方泽孺受业。《陈光仲常卿墓志铭》云："陈、刘二氏，父祖世联墙，子弟幼同学。余为童于时，与君及二兄俱受学于乡先生方泽孺。……余时方抄诵欧、曾、李泰伯、夹漈、湘乡二郑、艾轩遗文，冥搜苦思，欲与方驾。人皆笑迂，惟君兄弟与余同好。君讳炜，字光仲，年甫二、三。"克庄二胞弟克刚生。《惠州弟墓志铭》云："处和名克刚，先君先魏国林夫人之第三子。……知惠州……终于州治，年五十六，宝祐甲寅五月甲申也。"后溯 56 年可知克刚生于本年。

庆元六年庚申(1200 年)，刘克庄 14 岁。

克庄在籍从方泽孺受业。《警斋吴侍郎再和余送行及居厚弟诗各次韵》之四诗回忆云:"少小携书借隙光,宵眠常晏起常忙。"居厚,刘希仁字,克庄堂弟。宋谱云:"公髫龀随父任受庭训。"属臆测之词;克庄少小随母、季父、林井伯、先生方泽孺学,历历载集。

嘉泰元年辛酉(1201 年),刘克庄 15 岁。

克庄及弟妹随母赴临川弥正官署。父弥正知临川县。《大乾记梦·辛酉年梦,予方十三》(按:"三"为"五"字之误)云:"昔梦游湘水,琴书寄叶舟。安知三十载,真作梦中游。"《发临川》长诗叙克庄三次到临川,其第一次云:"始予草角来,家君绾铜墨。县斋多休暇,县圃足戏剧。虽云嗜梨栗,亦颇窥简册。弟妹俱孩幼,亲发方如漆。"

嘉泰二年壬戌(1202 年),刘克庄 16 岁。

克庄仍在临川受父庭训。父弥正仍知临川。《大全集》卷 47 页 396、397 有少作《曹孟德》、《孙伯符》和《刘玄德》3 首,表明克庄幼随母学史,少从父学诗已露才华。故《甲辰书事二首·五和》之一诗云:"少日父兄夸俊声,后来场屋擅文名。"

嘉泰三年癸亥(1203 年),刘克庄 17 岁。

克庄仍居临川县署。《表弟方遇诗序》云:"方遇时父……余表弟也。初见于临川,余年十七,时父十四。"

嘉泰四年甲子:(1204 年),刘克庄 18 岁。

年初克庄仍然在临川。因弥正"人为诸司粮料院太常寺主簿。"赴临安,克庄及弟妹即随母反莆里居。

开禧元年乙丑(1205 年),刘克庄 19 岁。

《杂记》云:"余开禧乙丑补人参,果行。"又,《琼州户录方君墓志铭》云:"开禧乙丑,余补国子生。"父弥正为枢密院编修官、太常丞兼左曹郎官。从父起晦(字建翁)卒于家。起晦淳熙五年(1178 年)进士,历福清县主簿、建康府榷货务,改知贵溪县,寻辟为江西安抚司机宜,召为秘书省正字,受诬奏为"伪学"而罢。李光岱等"简表"作克庄 20 岁入上庠,误。

开禧二年丙寅(1206 年),刘克庄 20 岁。

克庄仍在上庠就学。父弥正仍在朝任旧职。

开禧三年丁卯(1207 年),刘克庄 21 岁。

克庄于丁卯、戊辰间应公试。《左藏吴君墓志铭》云:"丁卯、戊辰间,余从诸生应公试。"永福考生吴丙(字景南,官左藏)与克庄结识、定交,"试必同案，出必联辔。”弥正“刘公退翁为贺金生辰使虏，议论往反未决。公至扬州，诏还润州以俟。自兵起，盐商不敢行，传言虏且犯通、泰（州）；而提举官相继遁逃，盐利大乏，朝廷患之，即京口用公提举淮东常平盐事。……公遂渡江益贷亭户。盐既增积，舟相接数千里，卖尽复其旧”三胞弟克永生。（六二弟墓志铭）云：“君名克永，字子修，先君先魏国林夫人之暮子。……君生于开禧丁卯。”

嘉定元年戊辰（1208年），刘克庄22岁。

克庄应公试以诗文不切实用而不第。父弥正“嘉定元年就为转运判官”。韩侂胄发动北伐惨败，宋金和议，宋称金为伯，增岁币绢帛。克庄有《戊辰即事》诗辛辣讽刺云：“诗人安得有青衫？今岁和戎百万缣。从此西湖休插柳，剩栽桑树养吴蚕。”是岁，福清人、克庄未来岳父林瑑以国子博士知兴化军，以故早知克庄文名，嫁女林节于克庄。

嘉定二年己巳（1209年），刘克庄23岁。

年初，克庄与20岁的林节结婚。《左藏吴君墓志铭》云：“丁卯、戊辰间，余从诸生应公试。……既而，余先婚、官；君擢丁丑第。”由此可知克庄先婚，后入京进卷，九月郊恩祖荫补将士郎改今名，冬调靖安主簿入仕。《亡室墓志铭》云：“……林氏……为余妻十九年。……生于庚戌十一月十七日，殁于戊子七月六日，年三十九。”戊子即绍定元年（1228年）。由林氏殁年回溯19年，他们结婚恰在本年。宋谱定本年婚，是；但将其父卒年定在本年，误。李光岱等简表作明年婚，显误。入京进卷事有《题旧记颜》诗云：“忆携束书来京师，洛下诸贤颇见推。”为证。又有《最高楼》词云：“臣少也，豪举泛星槎，飘逸吐奇葩。……”钱仲联笺注“星槎”语云：“……用以指嘉定二年二十三岁入京进卷事。”甚是。

二、为小官期（24—47岁）

嘉定三年庚午（1210年），刘克庄24岁。

克庄赴江南西路隆兴府靖安县主簿任。《杂记》云：“余……初筮靖安主簿，年二十四。”《哭常权》诗题注云：“予主靖安簿，君为令。”李光岱等简表云：“娶玉融林氏。父弥正卒。”俱误。娶福清林节为去年事；父弥正卒于六年，下证。宋谱云：“守制在籍。”误。

嘉定四年辛未(1211年),刘克庄25岁。

克庄为靖安主簿参豫章幕。《杂记》云:“庾使洁斋袁(燮)公被旨来摄豫章,辱致之幕。教官拟贺冬年,素不合,忽蒙改委。”《裘元量司直诗序》云:“辛未、壬申间,予仕南昌,获交二李君:国录字茂钦……司直字敬子,竹斋是也。”父弥正“四年为副使。自浙徂淮,凡比使送迎之事,经公裁定。后皆为成式”。克庄继室陈氏生。《山甫生母墓志铭》云:“……陈氏……辛未腊月二日生。”克庄从弟、起世之子刘希仁(字居厚)登进士第、除建阳簿。诗有:《豫章沟二首》《西山》等。

嘉定五年壬申(1212年),刘克庄26岁。

克庄仍参豫章幕。父弥正“召为吏部员外郎兼考功右司,进左司郎中,以直宝谟阁为运判,遂自副使为太常少卿、国史院编修、实录院检讨官。除起居舍人迁郎,遂为吏部侍郎”。克庄长子阿昌生。《亡室墓志铭》云:“男曰昌。”

嘉定六年癸酉(1213年),刘克庄27岁。

克庄官迪功郎隆兴府靖安县主簿参豫章幕。父弥正“六年七月六日卒,年五十七”。宋谱云卒于二年、李光岱等简表言卒于三年皆误。克庄《壬辰春上螺五首》之一《城南》悼父诗云:“一闭幽堂十九年,万松手种已参天。……此身只合安闾里,长为先君扫墓阡。”壬辰为绍定五年(1232年)回溯19年为嘉定七年甲戌(1214年),恰为弥正葬年,再后推一年即弥正卒年,与叶适《墓志铭》所记相同。

嘉定七年甲戌(1214年),刘克庄28岁。

3月,克庄归里葬父于莆田城南。克逊、克刚方以父之遗恩始任;克永年方8岁。

嘉定八年乙亥(1215年),刘克庄29岁。

克庄守制在籍。

嘉定九年丙子(1216年),刘克庄30岁。

上半年,克庄仍守制在籍。7月,制终,注福州右理曹,未上任。冬,改差真州录事参军。林希逸《行状》。

嘉定十年丁丑(1217年),刘克庄31岁。

春,克庄赴仪征录事参军任。因其地为前沿阵地,克庄未携林节同往。《二戴诗卷》序云:“余为仪真郡掾……年甫三十一。”钱仲联《后村词笺注》题笺《清平乐·丹阳舟中作》云:“知此与林夫人偕,何来‘别鹤’之感?惟《墓志》又载后村有妾，岂词主或因妾未偕行而发耶?”下《沁园春·维扬作》亦有“那边输了翡翠衾寒语，可互参。如谓客中冶游与所欢者别，亦可通。”此臆不敢苟同。因为《亡室墓志铭》中未说“有妾”，只说有“庶生一男一女，尚幼。”林节殁于绍定戊子(1228 年)7 月 6 日，葬于己丑(1229 年)7 月 7 日，离本年足一甲子。如果本年克庄有妾，“庶生一男一女”不得云“尚幼”。志云“庶生”，或为抱养，或为妾生，不可即断为有妾。如有纳妾，也不当本年就有。钱先生自然说出有据，即《墓志》谓“君不以远近必俱”。但凡林节俱者，志中均有提及，惟仪真没提。所以观上两首词而细味之，可以肯定都是眷念妻子林节并安慰之之意。又《行状》谓:“菊坡(崔与之号)崔公帅维扬，因公白事，喜曰:吾于闽得二子，君与子华也，锐欲致公。会李公珏建阃金陵，辟沿江制司准遣。”可见克庄任仪真录参不数月即为崔与之赏识。5 月，便为金陵制帅李珏抢先辟为幕府参军。有《丁丑上制帅》书云:“某之不肖，而厕于幕下之士，不可谓之不在其位矣;又蒙幸于左右有年，不可谓之交浅矣。”可证本年即跟随李珏巡边。此外，还有《油幕笺奏》5 篇。诗有《真州北山》等。词有《清平乐:丹阳舟中作》等。克庄戎马倥偬而文思诗兴勃发。

嘉定十一年戊寅(1218 年)，刘克庄 32 岁。

克庄仍在金陵幕，林节来建康居住。《亡室墓志铭》云:“君有至性，忠孝大旨皆暗与吾徒合。往年虏骑大人，余当从主帅督战，君适患悬痈，呻呼聒邻壁。余从(犹)豫未发，君曰:父(夫)病小挠;虏人大耻。若之何以小妨大也。余娩其言，即日渡江。”可见鸾凤同窠与夫妻和谐之至。《黄勉斋书卷后》云:“嘉定戊寅，勉斋来江淮谋制置使军事。其年三月，行台(李珏帅)驻扬州，勉斋与余子寿、黄德常及余同在军中，坐起寝食未尝离也。”又，《崔菊坡与刘制置书》云:“戊寅，余从制帅尚书李公行边。……明年，余出幕。”此外，文有:《戊寅与制帅论海州》、《赐历日谢表·嘉定十一年》等 11 篇。词有:《沁园春·维扬作》等。诗作甚多，《大全集》卷一“诗”题下注:“公少作几千首。嘉定己卯自江上奉祠归，发故箧尽焚之，仅存百首，是为南岳旧藁。”由此可知、《南岳旧稿》一卷百来首诗，均为明年(己卯)3 月辞幕归里之前作。可确定为本年者有《扬州作》《雨花台》等。

嘉定十二年己卯(1216 年)，刘克庄 33 岁。

春，克庄仍在金陵幕。3 月 3 日请南岳祠，夏归里奉祠。前后在幕只“一年阅十月”。为何辞幕?《行状》云:李珏“因谋进取，公有异议，主谋者(指李珏)忌之，公求南岳庙去”。克庄自己在《与方子默佥判》书中说得更为具体:

"某随幕府至淮东，见刘琸拥兵三万，端坐山城；而维扬之兵，不满千，始喟然悟筑城之害，妄意欲抽减极边戍兵，使屯次边，以壮根本。其说不行……"其主张正确否？克庄在《玉牒初草·宁宗皇帝·嘉定十二年》记一言官之疏云："六月……癸未，李楠奏：前江淮制置使李珏权重谋疏，泗上之役实珏逼行，损国家威，重启夷狄卿心，乞侯服阙夺职。"《庚辰与方子默佥判书》讲述辞幕经过云："二月二个二日，滁州围解，江面定迭。三月三日，宣城转厅相传天语：制帅谙悉江淮谒告。然移书光范，已为求祠。盖在幕之本末如此。"文有：《油幕笺表》："谢历日表"等 18 件。诗作甚丰，"诗"卷 2 题下注："嘉定己卯奉南岳祠以后作"。其中《蒙恩监南岳祠》为本年辞幕奉祠后作。《悼阿升》记载了归里后次子夭亡之痛；《葺居》记叙了"归来聊卜草堂基"之举。12 月真德秀帅江西，克庄有《送真舍人帅江西八首》送别诗。

嘉定十三年庚辰(1220 年)，刘克庄 34 岁。

克庄奉南岳祠在籍。诗作有：《立春二首》。题注："嘉定庚辰奉南岳祠"作，故卷 200 首、卷 3 中 26 首诗，均为本年之作。而《书考一首》证明克庄已奉祠一年；《暝色》记载其卜筑于县城之北三里远的徐潭村草堂已竣工。从兄刘希道(朔孙、起世子)登第。

嘉定十四年辛巳(1221 年)，刘克庄 35 岁。

克庄仍奉南岳祠在籍，流连兴化名山胜水，吟诗遣怀；冬赴广西。从卷 3 页 24《元日》，到卷 4 页 33《书第二考》诗均为本年作，其中包括后来竟成"文字狱"的《落梅》诗云："一片能教一断肠，可堪平砌更堆墙?! 飘如迁客来过岭，坠似骚人去赴湘。乱点莓苔多莫数，偶粘衣袖久犹香。东风谬掌花权柄，却忌孤高不主张!"《辞桂帅辟书作》记录了年内桂州(今桂林市)经略司胡榘元帅曾以书辟其人幕而克庄始辞之事。《哭五一弟先辈》二首为族弟某早背而作。《空村》诗透露克庄已移居徐潭村别墅。文有：《辛巳答傅谏议》书等。

嘉定十五年壬午(1222 年)，刘克庄 36 岁。

去冬携妻子林节同赴桂州，2 月入幕，冬因胡帅有他调而辞归田里，到家正逢除夕夜。《行状》云："八桂胡公榘以经司准遣辟公，辞不就，魏国力勉之。八桂佳山水，胡与公倡酬，几成集。"《赴辟广西通帅启》云："念高堂乏滫髓之奉，谓陋巷有箪瓢之忧，不甚馁而可以出矣。"诗作从卷 5 页 43《答妇兄林公遇四首》，到卷 6 页 60《乍归九首》，凡 2 卷，将往返途中及桂州佳山水尽写入诗卷。此外，尚有《柳州白水瀑泉赋》一首。在桂，克庄夫妇除气候水土

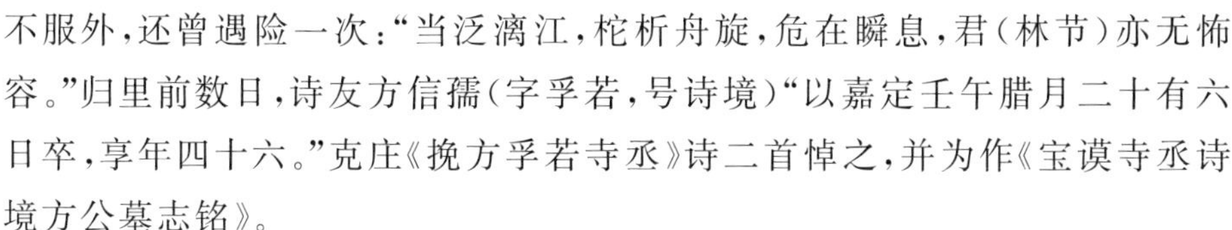

不服外，还曾遇险一次："当泛漓江，柁析舟旋，危在瞬息，君（林节）亦无怖容。"归里前数日，诗友方信孺（字孚若，号诗境）"以嘉定壬午腊月二十有六日卒，享年四十六。"克庄《挽方孚若寺丞》诗二首悼之，并为作《宝谟寺丞诗境方公墓志铭》。

嘉定十六年癸未（1223 年），刘克庄 37 岁。

克庄上年除夕自广西抵里，滞籍葬方信孺、送千里徒步来奔信孺丧的诗友孙惟信（字季蕃，号花翁）。8 月忘年之友方左钺（子武成）卒，时克庄仍在籍，故《行状》所言"入京进卷"，并不是自广西径往或归里后即往。《墓志》云："时《南岳稿》《油幕笺奏》初出，家有其书。叶公正则（适）评公诗，许以大将旗鼓。赵公履常称公散语与水心（叶适号）不相上下。"这是今冬明春之际事。冬，克庄怀揣二书冒寒上路，入京进卷，在临安受到先君之友叶适的高度评价推荐，与杭州书肆主人陈起（字宗之）、与翁卷诗人结识，并付《南岳稿》予宗之刊入《江湖集》。往返路上的诗作颇多：《福州道山亭·南丰作记》《建州》《入浙》，及在京、离京诗札《赠陈起》《赠翁卷》等，均为今冬明春间作。词有《沁园春·送孙季蕃吊方漕西归》等。12 月，叶适卒，克庄作了《挽水心先生》诗二首悼念之。

嘉定十七年甲申（1224 年），刘克庄 38 岁。

克庄在临安盘桓至春暖花开时节，尔后带着前程未卜之悒郁心情归里，在徐潭别墅附近买得五亩余荒山坡作为花圃，种艺吟诗以遣愁怀。《行状》、简表云，改宣教郎知建知县，误。《甲申同班小录》云："嘉定甲申春，上临轩引陈诚之等故事，有题名小录，因著其说于篇首，以移上恩、励同志云。"《出都》诗云："客子来时腊雪飞，出城忽已试单衣。湖边移店非无意，要共林逋话别归。"《赠陈起》诗云："陈侯生长纷华地，却以芸香自沐熏。谏句岂非林处士，鬻书莫是穆参军？雨檐兀坐忘春去，雪案清谈至夜分。何日我闲君闭肆？扁舟同泛北山云。"陈、刘之交深如许！方回《瀛奎律髓》卷 20 有云："当宝庆初，史弥远废立之际，钱塘书肆陈宗之能诗，凡江湖诗人皆与之善。宗之刊《江湖集》以售，《南岳稿》与焉。"以克庄《赠陈起》诗观之，此记为可信，但时间不在"宝庆初"，而在嘉定末。克庄之《南岳稿》付与宗之刊《江湖集》亦当在本年，而流传到兴文字狱的朝官手里却已到宝庆三年了。归里途中诗有：《马上口占》、《挽李尚书》二首和《桥西》等。归家后诗有：《挽林夫人·方孚若母》《李园有怀孚若》等。"宋谱"云在籍，而不知入京。本年 9 月，真德秀召为直学士院，此与克庄改官有关系。

宋理宗赵昀宝庆元年乙酉(1225年),刘克庄39岁。

克庄上半年仍在籍,秋,改迪功郎为宣教郎知建阳县,约十月中旬赴任。《游受斋集序》云:“宝庆初,余宰建阳。”《陈敬叟(名以庄)集序》亦云:“宝庆初元,余有民社之寄。平生嗜好,一切禁止,专习为吏。勤苦三年,邑无阙事,而余成俗人矣!”此二件一手材料确证克庄改宣教郎知建阳县始自本年。究在何月赴任?据《文公·丙戌秋祀并奉安新祠》祝文云:“某来此三百日,然后新祠落成。”由此可推知克庄于本年10月中旬上任。文有:《乙酉答傅谏议书》《乙酉与胡伯圜侍郎书》《谒夫子庙·以下并建阳作》等祝文4篇。词有:《满江红·送宋惠父(名普、慈)人江西幕》。钱仲联《后村词笺注》定此词作于嘉定十七年甲申(1224年),误,盖因沿袭《行状》定克庄甲申年改宣教郎知建阳县之误所致。克庄赴任时即携林节同往,并云:“君已胃弱恶食,抵官且愈矣。复感风痹,神色逾好,不类病人。”本年亡父弥正因克庄改官而封通奉大夫,有《宝庆乙酉·通奉大夫》祝文为证。年底,真德秀被劾落职罢祠而归浦城故乡,克庄因而师事之,可见人品之美!

宝庆二年丙戌(1226年),刘克庄40岁。

克庄仍知建刚县。《行状》云:新考亭之祠,祀朱、范、刘、魏四君子于学宫。庭无留讼,邑用有年,增籴赈粜仓二千(《墓志》作:“五千”斛)。大书其门曰:聊为尔民留饭椀,岂无来者续心,西山真公记之。更刱西斋,北山陈公篆其扁,为赋《于蔿于》之札。西山在朝,以公学贯古今、文追骚雅荐;西山还里,公以师事。自此学问益新。《墓志》亦云:“讲学问政,一变至道。祟风教,表儒先,如古循吏。去来四十年,父老迎送如一日。”状、志不谀,确实政绩显著。有《文公·丙戌春祀》等6篇祝文及少量劝农述地之诗。从弟刘宬(即“古田弟”)登进士第。

宝庆三年丁亥(1227年),刘克庄41岁。

克庄仍知建阳县。有丁亥春、秋祀文公等祝文6篇。《劳农》诗2首等。有词名作《贺新郎·送陈真州子华》云:“北望神州路,试平章这场公事,怎生分付?记得太行山百万,曾人宗爷驾驭。今把作握蛇骑虎!君去京东豪杰喜,想投戈下拜真吾父。谈笑里,定齐鲁。　两河萧瑟惟狐兔,问当年祖生去后,有人来否?多少新亭挥泪客,谁梦中原块土?算事业须由人作。应笑书生心胆怯,向车中闭置如新妇。空目送,塞鸿去。”其恢复北土的高昂激情与联络京东义军共同抗金的策略主张跃然纸上。

绍定元年戊子(1228年),刘克庄42岁。

克庄妻林节7月6日卒于县署。9月建阳县任满归里。因《落梅》诗案影响仍在,自此奉仙都观祠在籍6年不调。《亡室墓志铭》云:“余调建阳……垂满,君若脾浅,饵岁丹黄百粒不止。……既逝,邑人相吊如丧亲戚。……君讳节,封孺人,生于庚戌十一月十七日,殁于戊子七月六日,年三十九。明年小祥之翌日壬申,葬于寿溪西刘。”(也作“楼”:兴化方言同音)爱妻西归固可悲;更可悲者为《落梅》诗案“文字狱”,给克庄以沉重的精神打击及仕途坎壈。《行状》记云:“言官李知孝、梁成大(按:此二奸为当时臭名昭著的凶险)笺公《落梅》诗,与‘朱三’‘郑五’(按:今存《江湖集》中已无此句诗矣)之句,激怒当国,几得遣。安晚(清之之号)郑公时在琐闼,力为辨释以免。”此案虽解于当时,但对克庄的精神折磨和仕途影响却在10年以上。《杂记》云:“后余宰建阳,李知孝方兴乌台诗案(按:御史台署前栽有乌臼树,故称其为乌台。首罹文字狱者为苏轼,曾因诗而被逮入狱)。余踪迹危甚。(安)晚在琐闱,力劝远(史弥远)相不宜以言语罪人,其语遂解。”《与郑(清之)丞相书》亦云:“忆昨试邑建阳,适为要路所嫉,组织言语,横肆中伤,几逮对御史府矣。时大丞相方在琐闼,深惟国体,力解当权,谓文字不可罪人,谓明时不可杀士。某之所以获全,要领我公之赐也。”“杀士”,组织“文字狱”,虽非封建专制主义的特有现象,却无疑成为封建专制主义表征之一。可证克庄确在本年建阳任满者有《朱文公贴》云:“曩余宰建溪(建阳别称)三年。”《绍定戊子·正奉大夫》祝文云:“今上(理宗)初郊(宝庆三年十一月郊祀),诏加先君一秩。明年(绍定元年)不肖孤克庄试邑秩满,始奉纶命,归白松楸(弥正墓前)”。此外,尚有文:《谢叶尚书举政绩》、《戊子答真侍郎论选诗》。诗有:《熊主簿示梅花十绝诗至梅花已过因观海棠辄次其韵》20首等。词有:《风人松·福清道中》悼亡妻2首。

绍定二年己丑(1229年),刘克庄42岁。

克庄奉仙都观祠里居。7月7日葬夫人林节于寿溪西刘之原。《有宋林孺人墓志铭》结衔称“承议郎新通判潮州”。林森《刘克庄事略》亦言:“宰建阳,谪倅庐陵,又倅潮阳,赵至道犹以嘲泳滂讪弹之。毒由梁、李也。”可见克庄倅潮阳未上道,即被劾而寝新命,故本年实奉祠里居。《山甫生母墓志铭》云:“余年四十二(指去年林氏去世时克庄之龄),哭林淑人,哀逝者之贤而夭,遂不再婚。即葬淑人,左右无侍巾栉者(由此观之,并无纳妾),或言里中有孤女陈氏,本大簇,母微,携以适人,长无所归。先亲魏国为余纳之,事余三十五年。……年五十五以疾,辛未腊月二日生,壬戌六月二十七日卒。”由

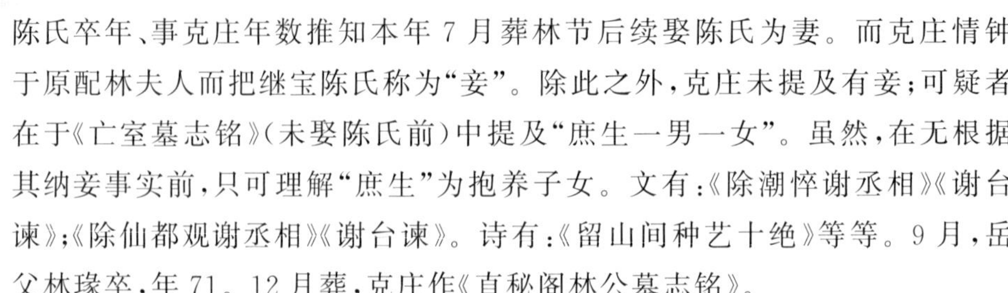

陈氏卒年、事克庄年数推知本年7月葬林节后续娶陈氏为妻。而克庄情钟于原配林夫人而把继室陈氏称为“妾”。除此之外，克庄未提及有妾；可疑者在于《亡室墓志铭》（未娶陈氏前）中提及“庶生一男一女”。虽然，在无根据其纳妾事实前，只可理解“庶生”为抱养子女。文有：《除潮倅谢丞相》《谢台谏》；《除仙都观谢丞相》《谢台谏》。诗有：《留山间种艺十绝》等等。9月，岳父林瑑卒，年71。12月葬，克庄作《直秘阁林公墓志铭》。

绍定三年庚寅（1230年），刘克庄44岁。

克庄仍奉仙都观在籍。

绍定四年辛卯（1231年），刘克庄45岁。

克庄仍奉仙都观在籍。《辛卯满天基节（理宗生日：正月癸亥）即事六首》之六诗云：“小臣无状挂丹书，还著青袍两载余。物色依然如碧鹤，阶衔久矣削绯鱼。”“青袍两载余”句说明：绍定元年九月到四年正月恰两年另5个月闲居。按常规：一祠为30个月，所以本年春祠满应调官。《墓志》云：“起倅庐陵。”当即今春事。但为何“未赴”再奉仙都观呢？《辛卯春日》诗云：“甫报弓旌召，俄闻弹射攻。”原因是又被弹寝新命了！此又为何？《和张薄尉额》诗云：“旧案依稀在柏台，寄声杭本莫翻开。”仍然是因为付与陈起刊行《江湖集》里的《落梅》等诗所累。居籍之事有一诗题亦可证：《余辛卯岁卧病（按：政治失意）郡城，陈宗之（起之字）胡希圣有诗问讯……》。文有：《绍定辛卯·岂奉大夫》祝文云：“去秋，天子有事于明堂（按：《续资治通鉴》页4492载：九月，辛丑，大响于明堂，赦天下。）。如惠溥率，无间幽隐。克庄虽触罪奉祠，犹得以追荣先君。”

绍定五年壬辰（1232年），刘克庄46岁。

克庄仍奉仙都观祠里居。《壬辰上冢五首》之一《城南》诗云：“一闭幽堂十九年，万松手种已参天。懒随人乞郭东祭，自与母耕绵上田。试问拂云施鹤表，何如籍地荐豚肩。此身只合安闾里，长为先君扫墓阡。”《西楼（刘）》诗云：“溪草林花净碧红，伤心黄壤闭芳容。短松明月易陈迹，断雨残云难见踪。伊昔老盆常共酌，即今败絮倩谁缝？臼间一斗陈仓粟，薄暮归来独自春！”扫祭父、妻之墓诗中显叙在籍踪迹及悱恻情怀。《悼阿驹七首》诗说明：克庄与陈氏所生的阿驹儿，至少一岁余（“隔日犹能唤女兄”能语之岁）夭亡。

绍定六年癸巳（1233年），刘克庄47岁。

克庄起倅吉州，已上道至福州，新命赴都堂审察而赴临安。时在11月左右。《除吉倅谢丞相启》云：“……屏穷巷者五期，食丛（祠）者再考。”说明克庄从绍定二年己丑(1229年)至六年癸巳(1233年),整5年才除吉倅。《贫居自警三首》之一诗云:"昨者匆匆掷印归,六年岑寂闭柴扉。……"这是自绍定元年建阳任满归里闲居到此,首尾已有6个年头未曾出任官职,全在籍奉祠二考(60个月余)。钱仲联《后村词笺注》第31页在驳方回《瀛奎律髓》卷20所言"时潜夫废闲恰十年矣"时云:"惟后村于绍定元年因诗案罢归,端平元年即出参真德秀幕,除宗正薄,奉祠里居仅二年,《律髓》谓废闲十年。非是。"按:《律髓》将克庄诗语"却被梅花累十年"(见卷10页89《病后访梅九绝》之一末句)看作实数"十年",固然拘泥不妥;但钱先生把七年说成"仅二年"却是算错了。何况《病后访梅九绝》并非作于端平元年,而是本年起为吉倅前!《与郑丞相书》云:"某兹以吉倅阙期迫近,挈累之官行至福州,承兴化军递至省札,刘某叨被恩旨赴都堂审察。"说明克庄赴吉倅只走到福州,就又被命赴都堂审察。盖其时必在本年10月或11月。因为真德秀从泉州调知福州兼福建安抚使是在10月(见宋史本纪理宗绍定六年),克庄到福州后有《陪西山游鼓山》《鼓山用余干赵相(汝愚)韵》二首。

三、一立朝期(48—59岁)

端平元年甲午(1234年),刘克庄48岁。

去冬今春之际,克庄至临安接受堂审。时真德秀帅闽,克庄以将作簿应辟兼闽幕帅司参议官,迎魏国林太夫人到榕城。6月6日饯真德秀人为户书,克庄奉母还里于7月。8月独入京。9月除宗正簿、轮对(与理宗当面答对)。《友人李先辈丑父尝以夷成诗二帙示余……因用其韵为谢》诗尾自注云:"端平初元,召审八士,余予焉。惟张洽、赵端颐、范炎三君子力辞不至。"此诗为"过延平"时作,说明克庄及另外四士确赴临安堂审了。《南剑州创延安桥记》云:"端平初元,上(理宗)既亲政,放黜贪浊,简拔循良,诏以延平通守太学博士温陵董公洪就绾州绂。余时蒙恩诣行在所,道出其州,公握手相劳苦。……明年,公治声闻京师。又明年,余去国至其所"。《总跋》云:"端平甲午,文忠真公帅闽,余参议幙,故尚书郑君伯昌主管机宜。其年真公召,余与伯昌相率祖饯,六月六日也。"表启有:《除匠簿福建参议谢西山》等六件。诗有:《呈黄建州》《过建阳二首》《过章戴二首》等。词有:《踏莎行·甲午重九牛山作》,还有《备对札子·端平元年九月》2篇、《贴黄》3篇。

端平二年乙未(1235年),刘克庄49岁。

克庄仍在朝,5月真德秀师卒,乞会葬不许。6月除枢密院编修官兼权侍右郎官。7月11日轮对。《杂记》云:"乙未六月,余为编修官兼侍右郎官,轮对至待班所。……及对,至论伦纪处,上反复论难累数百言。余一一条析以对。上色庄然,玉音温厚,不以为忤。"有文:《轮对札子·端平二年七月十一日》、《贴黄》3篇。《录圣语申时政记所状》详记轮对过程与理宗答对情形。此外还有《西山文忠公行状》等4篇,《端平乙未·安人》祝文一篇。

端平三年丙申(1236年),刘克庄50岁。

春,克庄被黜。归修"后村精舍",疏凿"金凤池",主玉局观,寻除漳州,迟迟未赴。为何被黜?《行状》《墓志》俱云:丙申,左府语泄有锡第表郎之传。鹤相(鹤山魏了翁)与吴舍人泳,疑其遏己,遂以吴泳之弟、侍御史吴昌裔疏罢。主玉局观,寻除漳州。印证:《建宁府新建谯楼记》云:"端平二年五月某日,秘书丞兼枢密院检详姚公以直秘阁出守建安兼漕全闽。……明年(即三年)春,余逐于朝,微服过建。"可见克庄本年春去国。其主要原因是:"在端平初妄论纪。"(轮对中说了竑济王蛇冤抑这一最敏感问题,引起理宗不快)。《杂记》云:"后余为季永(吴昌裔字)论,叔永(吴泳字)与游果山(名似)联骑饯余湖山。"归家后做"乾坤"之事,《黄明府宏溪庄图咏》跋云:"余所居门前隙地,极目尤卑湿,沙砾草林聚焉,故老相传云'金凤池'旧址也。由池而北,至官道稍高,是为后村。余少时欲疏凿其卑者,复池之旧而培筑其高者为书堂。复斋陈公为书'金凤池'三字,北山陈公为书'后村精舍'四字。楷篆极妙,藏之箧中久矣。然其地属数家,不可合。余官不遂,至端平丙申始地合。余逐于朝,始役三百夫而池成,始揭复斋旧匾。"在籍奉玉局观祠有《除玉局观谢二相》表为证。诗有:《出宿环碧》云:"逐客挑包水榭中,忽闻乾鹊噪东风。"《环碧寒甚移宿客邸》《桐庐舟中即事》《朱买臣庙》《江山道中》等途中作。归家后则有:《和吴教授投赠二首》之一诗云:"累臣方卧漳滨疾,错梦钧天听乐回。"可证其除漳州而卧疾。《和仲弟十首》之八云:"弟兄虽幸忝朱轮,各是人间五十人)(克逊实四十八)。只合共娱千岁母,可能少补二州民。"可见其除漳州仍居家未赴。此外还有题下注明写于"端、嘉"年间的"杂诗二十首",姑附此一笔带过。

嘉熙元年丁酉(1237年),刘克庄51岁。

春,克庄由漳州改知袁州,赴任才阅数月,又坐前言济王事被御史蒋岘劾,而与方大琮、王迈、潘昉4人同罢。8月解袁州印,9月底归主云台观。

《袁州到任表》云："遭蹟言而去国，自屏空山；奉明诏以典州，且叨善地。已临封域，且布诏条，臣中谢……"《答洪师("帅"之误)侍郎》书云："嘉熙丁酉，台官蒋岘劾大琮、刘某、王迈、潘昉四人在端平初妄论纪，乞坐无将不道刑。先皇(指理宗)圣度如天，悉从末减。大琮罢右史，某夺袁州，迈失漳倅，昉免官而已。"《除云台观谢丞相》云："某身十年而三黜，肠一日而九回。屡费保全自伤穷薄。已分衡茅之下，送老一生，但于香火之间，祝公千载！"外有文：《太夫人生日回张守·丁酉》《宴张都承("丞"之误)·袁州》乐语等。诗有：《丁酉重九日宿顺昌步云阁绝句七首呈味道明府》《丁酉九月十四日黄源岭客舍题黄瀛父近诗》等途中作，归家后有诗《田舍即事十首》等。词有：《一剪梅·袁州解印》。《赵崇彪诗序》云："委斋以嘉熙间通安于莆，与其民相尔汝，视其壬如亲戚。余时与方德润(大琮字)、王实之(王迈字)皆闲退杜门。"《嘉熙丁酉·特进》祝文云："去秋禋祀，先君以子升朝进秩二等。明年冬，克庄免官还里，克逊怀诏还家，克刚方忝邑寄命野。恭奉荆书，白于墓下。"

嘉熙二年戊戌(1238 年)，刘克庄 52 岁。

克庄奉云台观在籍。有《除云台观谢丞相》《谢诸府》表可证。词有：《最高楼·戊戌自寿》《鹊桥仙·戊戌生朝》《贺新郎·戊戌寿张使君九月十八日》等六首。启有：《太夫人生日回张守·戊戌》等 10 篇。张友以直秘阁知、赵时砺以承议郎充判兴化军，克庄有《题赵别驾委斋》《次张使君韵》诗及寿词 3 首与之酬唱。

嘉熙三年己亥(1239 年)，刘克庄 53 岁。

《行状》云："文清李(宗勉)相当国(正月)，擢公江西提举，改广东提举。公不以入岭为难，道出潮、患，谒昌黎祠，访坡公旧迹。庚子元日始至"。《江西仓辞免状·己亥》云："某九月九日申时伏准尚书递到省札一道：除某江西提举。……得旨改除广东提举。令疾速之任，不得再有陈请，仍免朝请"。李宗勉正月为相，克庄 9 月 19 日接到江西提举任职命令，故改命广东提举最快在 10 月，待其打点行装、携带母与妻从家乡赴广时，已是"天寒、路滑、马蹄僵。"的隆冬季候了。诗有：《洛阳桥三首》《泉州南郭二首》《同安》《龙溪道中》《木棉庵》《灵著祠》《潮惠道中》等，一路访胜观庵，行踪历历在集。词有：《水龙吟·己亥自寿》2 首、《水龙吟·自和前二首》及上引之《一剪梅·余赴广东实之夜饯于风亭》等。启有：《广东提举谢李丞相》《广东提举到任表》，还有《嘉熙己亥·少保》祝文一篇。

嘉熙四年庚子(1240 年)，刘克庄 54 岁。

克庄一路逶迤访古，正月元日始到任广东提举，政勤职清，8月升为广东漕，9月摄帅广州市舶司，政绩卓著。文有《广东除运判到任谢表》、《广东漕谢二相》、《诸庙再祷："属以庚子祷于祠下"》、《南海庙祝文》："某春持庾节，秋视漕印"；还有《通唐（伯玉）经略》、《宴唐经略·广东》乐语2篇；《菊坡崔（与之）丞相》祭文1篇。又有：《乞免循查惠州盐申省状·广东》，回降省札从其请，日期为："嘉熙四年六月二十七日。"诗多，如：《余哭蟾子，朝士锺大鸣有诗相宽次韵》云："……历引竺乾宽此老，未甘嬴博葬吾儿。……"《再和》云："彭聃俱未离乎死，况汝孩提未有知。自昔丈夫怜少子，即今王母惜孙儿。探环曾记曾游处，建鼓应无再见期。三纪七挥儿女泪，孰尸寿夭莽难推！"自克庄一婚始至今30年余，先后夭亡3男4女：女灵昭、男昇、女靖、女蘗（俱出林氏）、女婴（未名，庶生）、男驹、男蟾（俱出陈氏）。还有诗：《广州劝驾·庚子权郡》《广州都试·时摄帅》《挽崔丞相三首》等。词有：《贺新郎·题蒲涧寺》等四首。

淳祐元年辛丑（1241年），刘克庄55岁。

6月24日，召克庄赴行在奏事。侍御史金渊诬克庄"自拟清望"，寝召命。8月，克庄解任去广。9月，归主崇禧观。《广东被召辞免状》云："照会今月十四日准札枢密院辅字皮筒递到，六月二十四日省札奉圣旨令某赴行在奏事。……"《赵倅与灏条其轸腹事宜状》云："淳祐辛丑，余待罪广东漕。……"《除崇禧观谢丞相》启云："……犹赋三锺之粟，俾娱九秩之亲。"《谢三府》《谢史（嵩之）端明》。《辞夫子庙》祝文云："蒙恩赐召，敬诣学宫稽首以辞。"《三贤堂》祝文云："……解印遂行，不敢不告。"《诸庙》祝文云："某司臬兹土，俯仰岁余。民虽贫亦粗安，田虽瘠亦中熟。使某不获罪田里而去者，神之赐也。谨奉瓣香以告。"《土地》祝文云："获与其拏全璧而去。……"《杂记》云："余为广漕被召，为金渊所论予祠。"《与郑丞相》书云："某自辛丑秋出岭（按：离广），再叨台命除，再被论列（又一'列'衍字），擢发数罪，噬脐省愆。……"词有：《临江仙·庚子重阳……》和《水调歌头·喜归》等七首，均为本年所作。途中和归家后还有词：《临江仙·潮惠道中》《贺新郎·王实之喜余出岭命爱姬歌新词以相劳辄次其韵》《贺新郎·蒙恩主崇禧再用前韵》《贺新郎·三和》。诗有：《次韵实之二首》《陆贾二首》《浴日亭》《又追和坡韵一首》等。同年，居厚刘希仁从弟起而复寝，克庄有《送居厚弟堂稟二首》《居厚不果行二首》《闻居厚得祠复次韵二首》诗酬唱。文有：《王南卿集序》等。

淳祐二年壬寅(1242年),刘克庄56岁。

克庄奉崇禧观祠在籍。《墓志》云:"除侍右郎官。"误。《念奴娇·壬寅生日》云:"比如去岁前年,今朝差觉门庭静。……回首雪浪惊心,黄茅过顶,瘴毒如炊甑。山鬼海神俱长者,饶得书生穷命。不慕飞仙,不贪佛,不要钻天令。年年今日,白头母子家庆。"词意显系奉祠在籍。《魏国墓志铭》云:"淳祐壬寅进福国。"

淳祐三年癸卯(1243年),刘克庄57岁。

《行状》云:"癸卯元日除侍右郎官,又以初仆斗南疏罢,仍旧职天(按:'天'为'崇'字之误)禧。"记实不妄。《除侍右郎官辞免状·癸卯》云:"照会某今月十六日巳时,省札奉圣旨:刘某除侍右郎官。"诗《辛("癸"之误)卯春日》云:"甫报弓旌召,俄闻弹射攻。……"证明除侍右郎官确被罢而再主崇禧观。《再除崇禧观谢丞相》《谢史(嵩之)端明》《谢三府》等证明克庄再奉崇禧观为实。此外,有祝文2篇:《淳栢癸卯·宜人》祝告亡妻林节加三命为宜人;《淳祐癸卯,少师》祝告亡父弥正特赠师臣极品;有启一封《与郑丞相书·第六首》。诗有:《癸卯上元即席次阳使君韵二首》《癸卯春日》等。词有:《沁园春·癸卯佛生翌日将晓梦中有作既醒但易数字》《沁园春,和吴尚书叔永(泳》、《水调歌头·癸卯中秋作》、《木兰慢·癸卯生日》、《风入松·癸卯至石塘追和十五年前韵》,云:"残更难捱抵年长,晓月凄凉。芙蓉院落深深闭,叹芳卿今在今亡?绝笔无求凤曲,痴心有反魂香。起来休镊鬓边霜,半被堆床。定归兜率蓬莱去,奈人间无路茫茫。缘断漫三弹指,忧来欲九回肠。"缅怀妻亡15年,《风入松》云:"攀翻宰树暂徘徊,草草安排。……宿酒得风渐解,小舆侍月同回。"上冢祭妻悼妻。二词为克庄豪放主旋律的丛词中别有婉约凄丽一格。还有《水龙吟·癸卯生日再得明道祠》二首,据林希逸《行状》云:"六月,依旧职提举明道宫。"乃指宝祐元年癸丑(1253年)作,而不是"癸卯",故其题"癸卯"为"癸丑"之误也。诗友孙惟信(字季蕃,号花翁)卒,年65。克庄有《哭孙季蕃二首》悼亡诗。

淳祐四年甲辰(1244年),刘克庄58岁。

《行状》云:"甲辰秋,杜(范)与范(锺)同相,除江东提举。一意访求民瘼,泽物洗冤。劾广信贪守,黥南康黠吏,皆有奥援者,公论快。十一月,除将作监。未几,改直华文阁。范实忌公,因讬言岁旱民饥,艰于择代,沮其入也。"因此克庄仍滞江东提刑职,表现出高度的清明吏治和吏才。文有:《江东提刑辞免状·甲辰》《江东丐祠状·甲辰》《江东宪谢郑少保(清之)》《谢丞相》《谢给舍侍从》《谢台谏》《与都大司联衔申省乞为饶州科降米状》，以下并江东作："小贴""按信州守臣奏状""为戈阳知县王庚应申省状""减放盐钱申省状""为池州通判厉髯翁乞平反赏状""为苏梦申省状""按发张记等奏检""贴黄""按饶州路分叶淮奏状"等（按：其中也有明年之作，姑录题于"江东作"下）。表有《江东提刑到任谢表》《谢戒赃吏表·江东宪司》《除将作监直华文阁谢表》等六件。祝文有《诸庙》等。《江咨龙注梅百咏》序云："……忆江东时，作五言咏史绝句二百首，游（似）丞相爱之，置书芀中，虽入省以自随。书谓余曰：'每篇虽二十言，实一篇好论。宜令子弟注出处、版行。'"按：此 200 首诗创作时限为在江东近 2 年间，收在卷 14 页 124 至页 134 中。此外还有可确定为本年作之诗有：《甲辰春日二首》《题小室二首》《送表弟方时父》《甲辰书事二首》"十和"计 20 首，等。词有：《摸鱼儿·用实之韵》和名作《贺新郎·实之三和有忧边之语走笔答之》等。

淳祐五年乙巳（1245 年），刘克庄 59 岁。

克庄仍江东提刑职。诗有：《十一月二日至紫极宫，诵李白诗及坡、谷和篇，因念苏、李听竹时各年四十九，予今五十九矣，遂次其韵》《答王侍郎和紫极宫诗》《答庐陵彭士先》《题弋阳方友民所藏紫岩、西山二贴》《题方友民诗卷》等；又据《观社行·用实之韵》诗尾注："古观社行五首，淳枯乙巳亡友王实之唱和者"。这 5 首长诗出于 59 岁的提刑官克庄之手，其精力之充沛令人叹服。母因子官进魏国夫人。

四、二立朝期（60—64 岁）

淳祐六年丙午（1246 年），刘克庄 60 岁。

克庄于 4 月 24 日被命赴京奏事，7 月 9 日解除江东提刑司职务，18 日离饶州，25 日行至信州，道除太府少卿。9 月 16 日，理宗手书曰："刘某文名久著，史学尤精。可特赐同进士出身，除秘书少监，令与尤焴等同任史事。"17 日，兼国史院编修官，实录院检讨官。20 日，除御史兼崇政殿说书。10 月朔转对。孟祀时御笔命：暂兼中书舍人。因史嵩之（相）服阙除职予祠，克庄不肯草制，为侍御史章琰劾以"不合奏审、卖直欺君"之罪。12 月 24 日去国。在省仅 80 日，草 70 制。离京时，郑清之冒雪祖饯于湖滨予以慰勉。文有：《江东被召辞免状·丙午》云："某今年（'年'为'月'之误）初五日准省札，四月二十四日三省同奉圣旨:刘某令赴行在(临安)奏事。……"《再辞免》云:"……省札指挥:于七月初九日交割起离外,欲望钧慈检会某前申……得旨不允,令疾速前来奏事。"《辞免府少状·丙午》云:"某七月初九日解江东提刑司职事。十八日离饶州。二十五日行至信州,准札:刘某除太府少卿。"《辞免赐同进士出身除秘少状·丙午》云:"照会某伏准省札备奉御笔:刘某文名久著,史学尤精,可特赐同进士出身,除秘书少监,令与尤焴等同任史事者……"《再》、《三》、《四》辞免,得旨不允。《谢赐进士出身表》署日期为"九月十六日"。《耄耋十首》诗尾注:"丙午赐第。"《赐第谢丞相》等启三件。《辞免兼殿讲》第一、二、三状之三云:"已于十一日诣秘书省供职讫。"《辞免兼权中舍状》一、二件,《乞免行上四房申省状》。《进故事·丙午九月二十》讲:将相和。《进故事,丙午十二月初六》讲:奸相之罪须明于众,以防复用。《郑德言书画·坡公进紫薇花诗真迹》云:"……淳枯丙午十月二十七日,今上皇帝讲《礼记》彻章,诏宰执及讲读官十四人赐宴秘书省。克庄以少蓬(按:即少卿)说书崇政殿,兼权中书舍人,予为启事,书前人绝句赐群臣……"《杂记》云:"丙午十月一日,余为少蓬,当转对论国本大略。"《召对札子·淳祐六年八月二十三日》、《二》、《三》、《贴黄》、《录圣语奏申状》、《转对札子·十月一日》计 6 件。《包侍郎六官疑辨跋》云:"某丙午以少蓬兼说书,有旨请('讲'字之误)尚书……"《掖垣日记》载:"十一月初九日,御笔:史嵩之昨尝予乞挂冠,今已从吉,可守本官职致仕。"以下有刘克庄:《奏乞坐下史嵩之致仕罪名状·十二日》、《贴黄》、《录丞相柬·十三日》、《宣谕·十三日》、《回奏·十三日》、《十四日御笔:史嵩之除观文殿大学士致仕》、《乞寝史嵩之职名奏状·十五日,不付出》、《宣谕》:"得旨宣谕中书:史嵩之除职致仕,既已遵承,又复入奏!可依已降批谕,日下行词,仍具依应闻奏。十二月日伦恭准。"《第二奏状·十六日,不付出》、《宣谕》:"得旨宣谕中书:'史嵩之除职致仕,既是合系学士院降麻,可与向书行,仍具遵依闻奏'。十二月日伦恭准。"《回奏·十六日》《第三奏·十七日》《录谢侍郎回奏·十九日》。《乞祠申省状·二十日》。"二十一日得旨不允。丞相与杨右司谏云:'早间将上,谓上不必乐;而天颜甚和,必有区处。"《录丞相柬并御札·十二月二十二日夜》。"二十三日太学生上书"、"二十四日以殿中侍御史章琰论列去国"、《跋语》。按:此记忠实记录克庄婴鳞直谏、抗草史制,再三无效,被劾罢官的全过程。极见爱国悯民的刘克庄置个人安危福祸于不顾的鲠亮品格,至今读来令人惊叹其胆量之非凡!《挽卓元夫国博》五言一首诗注:"余丙年兼西掖(按:中书舍人)。

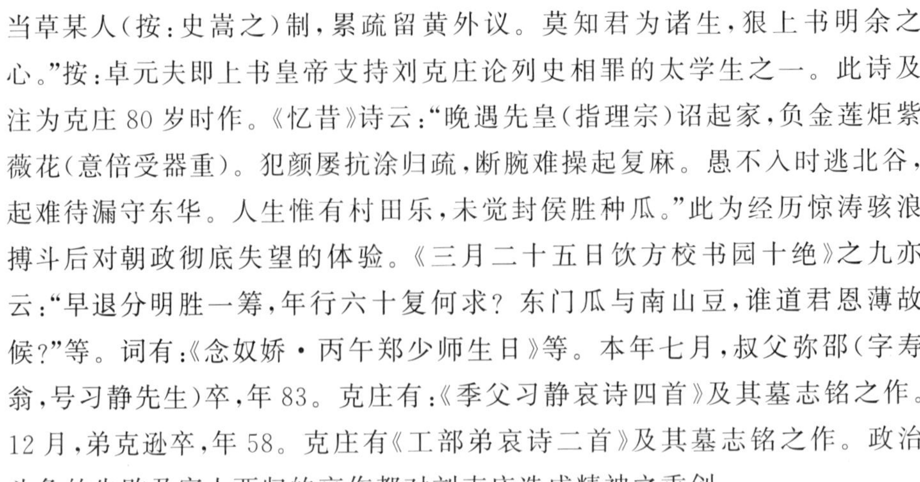

当草某人(按:史嵩之)制,累疏留黄外议。莫知君为诸生,狠上书明余之心。"按:卓元夫即上书皇帝支持刘克庄论列史相罪的太学生之一。此诗及注为克庄 80 岁时作。《忆昔》诗云:"晚遇先皇(指理宗)诏起家,负金莲炬紫薇花(意倍受器重)。犯颜屡抗涂归疏,断腕难操起复麻。愚不入时逃北谷,起难待漏守东华。人生惟有村田乐,未觉封侯胜种瓜。"此为经历惊涛骇浪搏斗后对朝政彻底失望的体验。《三月二十五日饮方校书园十绝》之九亦云:"早退分明胜一筹,年行六十复何求?东门瓜与南山豆,谁道君恩薄故侯?"等。词有:《念奴娇·丙午郑少师生日》等。本年七月,叔父弥邵(字寿翁,号习静先生)卒,年 83。克庄有:《季父习静哀诗四首》及其墓志铭之作。12 月,弟克逊卒,年 58。克庄有《工部弟哀诗二首》及其墓志铭之作。政治斗争的失败及家人西归的哀伤都对刘克庄造成精神之重创。

淳祐七年丁未(1247 年),刘克庄 61 岁。

《行状》云:"丁未二月,除直宝文阁知漳州。时有仲氏工部之戚,公以太夫人年高力辞。安晚(郑清之号)再相,除直龙图阁主明道宫。"有《除宝文漳州辞免状·丁未》云:"某三月初五日准省札奉圣旨:除直宝文阁知漳州……"《再辞免》云:"得旨:某除龙图阁,依所乞予宫观。"为证。诗有:《丁未春五首》之一云:"端平淳祐两匆匆,眼过光阴掣电同。六十一翁无出理,孤山常寄梦魂中。"之五云:"朝领诸儒上木天,夕同野老话茅椽。何须支枕思残梦?宫锦渔蓑总偶然。"《石塘感旧十首》之五云:"鬓边雪映眼中花,更阅人间几岁华?丁未老人开七秩,尚携鸡黍到君(林节)家。"还有《九日登辟支岩过丁元晖给事墓及仲弟新阡二首》等等。词有:《满江红·和叔永吴尚书,时吴丧少子》《沁园春·吴叔永尚书和余旧作再答》《木兰花慢·丁未中秋》《浪淘沙·丁未生日》《浪淘沙》。诗《重次臞轩韵二首》之二尾注:"某去岁侍经帷,尝恭和御制。""文章天子"宋理宗又怕克庄刺,又喜克庄才,对其仕途运命影响极大。

淳祐八年戊申(1248 年),刘克庄 62 岁。

《行状》云:"戊申元日,除宗正少卿,公又苦辞。……五日(按:'月'之误)依旧职知漳州。公以戍期远,方待命。是月,又除秘阁修撰、福建提刑,欲公便养也。公又辞,不允。九月朔,即家建台。公方申严使事,访疾苦,扶善良,以哀矜谳狱,以孤远拔士。甫及远月,丁魏国忧。哀慕毁瘠,三年如一日。"此时林希逸在朝,克庄手书曾经其手以白,故所记详且实。有克庄奏状为证:《除宗少辞免状·戊申》云:"照会某正月十六日承兴化军转递漳州递到枢密院晏字皮匣省札一道，奉圣旨：刘某除宗正少卿者……”《再辞免》；《除旧职知漳州回申状》云：“照会某昨再辞宗正少卿，恩命伏准，五月六日省札奉圣旨：某依旧直龙图阁知漳州……已于当月（五月）二十五日望阙祇受讫……”《除秘阁撰福建宪辞免状·戊申》、《除秘撰福建提刑谢到任表》、《除秘撰门宪谢丞相》、《谢三府》、《谢侍从给舍》。母魏国太夫人10月卒，年88。《杂记》云：“余年六十二，罹陟屺之哀，始得晕、滑二疾。”词有《临江汕·戊申和实之灯夕》。次子明甫，郊恩登朊士。

淳祐九年己酉（1249年），刘克庄63岁。

克庄守制在籍。《淳祐己酉·齐国》祝文云：“去秋禋霈，吾母自魏封齐，纶言及门，已不及见……”《淳祐己酉·恭人》祝文云：“……祭泽之行无间中外，明甫登朊士，恭人加封爵。”仲妹方采伯夫人刘氏卒于10月，年58。克庄作《祭文》、《墓志》及《哀仲妹》，诗云：“……弟忆雪中联汝句，兄行雷岸寄家书。自怜戴白龙钟叟，犹向原头驾素车。”克庄晕、滑二疾转甚。《病起夜坐读书》诗：“已脱坡翁赤猴月，并逃谢傅白鸡年。”自注云：“己酉灾厄，七月尤甚。”文有《贺郑丞相》启。

淳祐十年庚戌（1250年），刘克庄64岁。

克庄仍守制在籍。12月，除秘书监，以禫樨制未终辞免。《除秘监辞免申省状·庚戌》云：“照会某准枢密院递到存字黑牌皮筒，十年十二月十一日省札一道，三省奉圣旨：除秘书监，日下前来供职。……某幽忧三年，沉痼九死。……欲望……寝免除书……奉祠官之香火。”文有：《庚戌写真赠徐生》《赠陈汝用》。诗有：《梅花十绝答石塘二林》，题注：“公淳祐庚戌腊月作。时以人蓬召，未行。”此题一口气写“十迭”计百首。因近年沉痼愈甚，克庄于年内在徐潭西楼（刘）修生墓，有《徐潭即事二首》和《自和徐潭二首》诗记此事。又有《蒙恩除大蓬一首》。

五、三立朝期(65—73岁)

淳祐十一年辛亥（1251年），刘克庄65岁。

春，有旨令克庄赴行在。4月到阙，除以秘书监兼太常少卿直学士院。5月兼崇政殿说书。6月兼史馆同修撰。10月除起居舍人。闰10月兼侍讲。因其力阻史宅之出为工侍，是月以郑发疏除职予郡归里。归里途中闻恩相郑清之卒，哭甚哀。《杂记》云："辛亥，余以右史兼内制、侍讲。""辛亥明禋前，余以大蓬兼内制常少，又被勅摄卿。""辛亥，余召对再温前疏：愿采臣'自姪为子'之说……"有《召对札子·辛亥五月一日》2件；《贴黄》、《直前·十月十一日疏留中，闰十月论罢》各1件；《贴黄》1件。《辞免兼直院奏状·辛亥》云："臣今月（按四月）二十四日，恭维尚书省札子备奉圣旨：刘某兼太常少卿兼直学士院者……乞寝命。"《再辞免申省状》、《二》。《辞免兼殿讲奏状》、《二》；《辞免修史奏状》、《二》；《辞免兼史馆同修撰奏状》、《辞免兼侍讲奏状》、《奏申状》云："照对臣准十月初三省札备奉御笔：除臣起居舍人者……"《再》、《三》；《乞免兼太常少卿申奏状》。《求宸翰奏札·辛亥》云："……臣所居田舍地名后村，欲乞圣慈赐'后村'二大字；去家三里有小精舍，山多古木，取庄周语曰樗庵，乞赐臣'樗庵'二大字。……"理宗应求俱予。《乞祠状》云："某……偶感旋晕，遇其发作，坐立欲仆。神理错乱，心思迷罔。…自四月末，此症复作……"《再》、《三》、《四》至六状。《乞挂冠·辛亥》、《再》。《进故事·辛亥六月九日》：述杜衍为相，封还内降，杜绝倖侥；《进故事·辛亥七月初十日》：述不以外戚任朝事；《进故事·辛亥九月二十二日》：述不与民争小利；《进故事·闰九月初一日》：述学习东晋保守江南。《答乡守潘宫教》云："某一生坐虚名负累，所得毫芒，而所丧丘山。六十再人已误，六十五三人大误。幸皆不旋踵斥去，今距挂冠仅有一岁。"有《与郑丞相论史》文一篇。《淳祐辛亥·令人》祝文一篇。《次乡守赵计院鹿鸣韵》诗"昔忝禾词臣曾草诏"句注："辛亥科诏，某所拟，先帝所改。"查无辛亥科诏，应为"辛酉"之误；但有《内制·明堂大礼赦文·淳祐十一年》及《尾词》二件。《止酒赋》题注"辛亥"作。诗有：《宿囊山》题冠"辛亥三月九日"，为未赴京前作。有《九月初十日镇宿玉堂七绝》《辛亥冬口占十绝》等诗。词有：《水龙吟·辛亥安晚生朝》等。

淳祐十二年壬子（1252年），刘克庄66岁。

《行状》云："谢、吴并相。壬子正月，除右文殿修撰知建宁府。二月，兼福建运副。郑（发）愤前疏不行，再论褫职，寝公新命。六月，依旧职提举明道宫。公优游里巷，作为新居，揭宸翰所赐'樗庵''后村'二扁，日与宾客觞咏其间，曰：'吾得此足矣。'"有《辞免右文殿修撰知建宁府申省奏状·壬子》云："照对某二月初七日准省札奉圣旨：除某右文殿修撰知建宁府……"《辞免兼漕申省状》云："照对某，二月二十四准省札奉圣旨：某时暂权福建路运副使者……"《辞免右文撰提举明道宫申省状·壬子》云："照对伏准首札勃

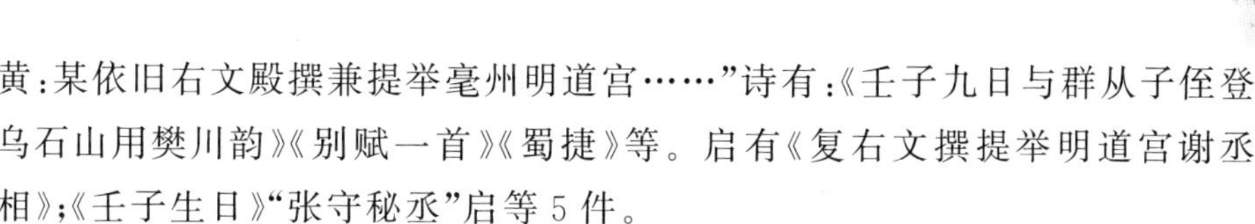

黄:某依旧右文殿撰兼提举亳州明道宫……”诗有:《壬子九日与群从子侄登乌石山用樊川韵》《别赋一首》《蜀捷》等。启有《复右文撰提举明道宫谢丞相》;《壬子生日》“张守秘丞”启等 5 件。

宝祐元年癸丑(1253 年),刘克庄 67 岁。

克庄奉明道祠在籍。词有:《水龙吟·癸丑生日时再得明道祠》等。诗有:《即事十绝》《北耗》《次韵赵克勤吏部六首》《冬夜读几案间杂书得六言二十首》等。有启《癸丑生日》“张秘丞”等 9 件。

宝祐二年甲寅(1254 年),刘克庄 68 岁。

克庄奉明道祠在籍。二弟克刚卒。《惠州弟墓志铭》云:“处和名克刚,先君先魏国林夫人之第三子。……以处和需次知惠州。……终于州治,年五十六,宝枯甲寅五月甲申也。”诗有:《甲寅元日二首》《立春一首》《席间即事》《和乡侯(宋遇)灯夕六首》《又和喜雨四首》等,从卷 20 到卷 21《甲寅岁除》止。启有《甲寅生日》“权郡黄倅”等 14 件。

宝祐三年乙卯(1255 年),刘克庄 69 岁。

克庄明道祠满。10 月依旧职除江淮等路都大提点坑冶铸钱公事。旋寝新命,再奉明道祠里居。《行状》作“宝祐丙辰”以“治(冶)使处分”,误。“简表”袭《行状》之说亦误。《辞免除都大申省状·乙卯》云:“照会某十月初六伏准省札奉至旨:某依旧职除江淮等路都大提点坑冶铸钱公事者……”可证之;但《行状》所记寝新命原因曰:“矩堂董(槐)相欲以治(冶)使处公。丁大全言于上前曰:刘某恃才傲物,遂有正言邵泽之疏,实丁意也。仍奉明道祠。”此说可信。有启:《除明道祠谢丞相》《谢二府》《贺程(元凤)枢参》《贺蔡(抗)枢密》《贺董丞相(槐)》。有诗:《余除铸使者,居厚除尚书令郎,俄销印即事二首呈居厚》《乙卯元日》《明道祠满》《乙卯端午十绝》《乙卯岁除》……从卷 21《乙卯元日》页 185 至卷 23《乙卯岁除》页 189 几为本年诗。词有:《最高楼·乙卯生日》二阙。从弟刘希仁起而复寝,主崇禧观。

宝祐四年丙辰(1256 年),刘克庄 70 岁。

克庄复奉明道祠在籍。《诗话》前后集 4 卷,从 60 岁到 70 岁闲居期间完稿。诗有:《丙辰元日》云:“二十宦游(荫补年二十三;此前曾邦办县署文书,故云)今七十,于身何损复何加?”《二月初七日寿溪十绝》(缺之二)、《四月八日三绝》、《村居即事六言十首》。词有:《水龙吟·丙辰生日》《又》。文有:《丙辰生日回启》“黄教授”等 17 件、《唐绝句续选》、《本朝绝句续选》和《中兴绝句续选》序 3 篇,落款分别署:“宝祐丙辰秋”、“宝祐丙辰露节”、“宝祐丙辰日南至"后村翁序。由此可知:《分门纂类唐宋时贤千家诗选》(简称《后村千家诗》共收录368位作家,其中有少数南北朝和五代诗人在内,录诗计1281首)一书的前期工作此前即已着手,才有本年作的"三选"序文。

宝祐五年丁巳(1257年),刘克庄71岁。

克庄仍奉明道祠居里。诗有:《新元二首》、《无题二首》、《即事二首》(诗中说及要盖茅堂、竹斋,买了几亩山地垒堰栽花树)、《二月十八日过梅庵追和主人二首》、《丁巳启建二首》、《岁除二首》等。从卷24(页210)至卷26(页228)几为本年所作诗,故其《岁除二首》之二云:"冰衔常恁么,雪鬓转皤然。二事差堪喜,多诗似去年。"词有:《满江红·丁巳中秋》《水龙吟·丁巳生日》等三首。启有:《丁巳 回启》"宋守监丞"等3件。

宝祐六年戊午(1258年),刘克庄72岁。

克庄仍奉明道祠里居。诗有:《戊午元日二首》之一云:"……再加孔子从心岁,三倍周瑜破贼年。自注:赤壁之瑜二十四(岁)。"《灯夕二首》、《戊午上巳谒何恭人坟三绝》、《戊午生朝和居厚弟五绝》、《余自戊申春得疾止酒十年,戊午秋口(开)戒小饮二首》、《余作生坟,何生谦致桧十株,答以六言二首》、《送山甫诠试二首并寄强甫》二首之一云:"二昆南北各驱驰,季复随群试有司"。此句说明强甫已做官、第三儿子山甫本年刚赴试。《送陈郎玉汝之官二首》。按:陈玉汝名琰,克庄唯一爱婿,曾官通直郎惠安知县。从卷26(第228页)至卷29(第250页)几为本年所作诗。词有:《解连环·戊午生日》。启有:《戊午生日回启》"宋监丞"等六件。

开庆元年己未(1259年),刘克庄73岁。

克庄仍奉明道祠里居。《己未元日》云:"久向优场脱戏衫,亦无布袋杖头担。化弥勒身千百亿,问绛人年七十三……"《淮捷一首》、《凯歌十首呈贾(似道)枢使》、《送强甫赴惠安六言十首》说及长子今年知惠安县。从卷30(页251)至卷末(页259)均为本年所作诗。词有:《木兰花慢·己未生日》、《贺新郎·居厚艮翁皆和余亦继作》、又用韵直至"七首"、《满江红·庆抑斋(陈桦字)元枢八十》等。启有:《己未生日回启》"徐监簿"等13件。2月,弟妇克逊妻卒,年70,克庄为作《弟妇方宜人墓志铭》。

六、四立朝期(74—77岁)

景定元年庚申(1260年),刘克庄74岁。

克庄于6月27日除秘书监。8月28日除起居郎。9月18日兼权中书舍人。11月权兵部侍郎兼直学士院兼中书舍人。十二月初九日兼史馆同修撰。是月初三日理宗宣索克庄文集。《行状》记云:"师相魏(了翁)公还朝。"不实。魏还朝在嘉熙元年丁酉(1237年),并卒于是年。克庄返朝既非魏了翁(已死)提携;也非贾似道荐举,从根本上说是理宗念其老臣、欣赏其文才史学。克庄与似道父贾涉故交,为此与似道有私交,写过《贺贾相启》、《贺贾太师复相启》、《再贺平章启》及应酬贺词。在皇帝都受其"再造之功"欺骗的情况下,克庄写了一些谀词并肩这是事实。但受明王士桢《蚕尾集·刘后村集跋》所说:"论扬雄作《剧秦美新》及蔡邕代作群臣上表,皆词严义正;然其《贺贾相启》……蹈雄、邕之复辙而不自觉。"的影响,后世惜克庄"和贾结交,成为晚节的污点"云云,均属表浅之论。就其爱国、悯民、勤政廉洁的本质看,克庄与贾似道走的是两条道,岂可凭几篇文字就与奸相似道牵连在一起!必须推倒王土祯以来贬损克庄晚年的酷论!文有《庚申乞休致申省状》《庚申辞免除秘书监》《辞免起居郎奏状·庚申》《辞免兼权中舍奏状》《再》;《辞免权兵侍直院兼中书奏状·庚申十一月》《再》《三》;《辞免兼史馆同修撰奏状·庚申十二月》《宣索文集回奏状》《再》。《行状》所记小有出入。《读大行(已故理宗)皇帝遗诏感恩哀恸六首》之六诗尾注:"宣索文稿,宸翰褒谕略云:赋典丽而诗清新,记腴赡而序简古。"《大行皇帝挽诗六首》之六诗尾注:"庚申被旨宣索文稿,奉宸翰有:醇儒哲匠之褒。"可见理宗极其器重克庄文才品德。诗多:从卷31(第260页)至卷32(第272页)大抵均为本年所作。词有:《鹊桥仙·庚申生日》。文有:《庚申生日回启》"乡守赵寺丞"等8件。札子有:《庚申召对》、(二)。

景定二年辛酉(1261年),刘克庄75岁。

《行状》云:"辛酉正月,将降科举诏,公以非科第辞。同院进稿不称旨,命庙堂改属曰:非刘某不可。三月兼侍读。四月,以疾辞西掖,从之。俄除兵部侍郎。八月再兼中书。是岁引年者再。九月,厉文翁除沿江制阃,不待黄至,与给事徐公缴奏。酉时,黄至,又奏。是夕一更,御笔至,逼趣书行,公

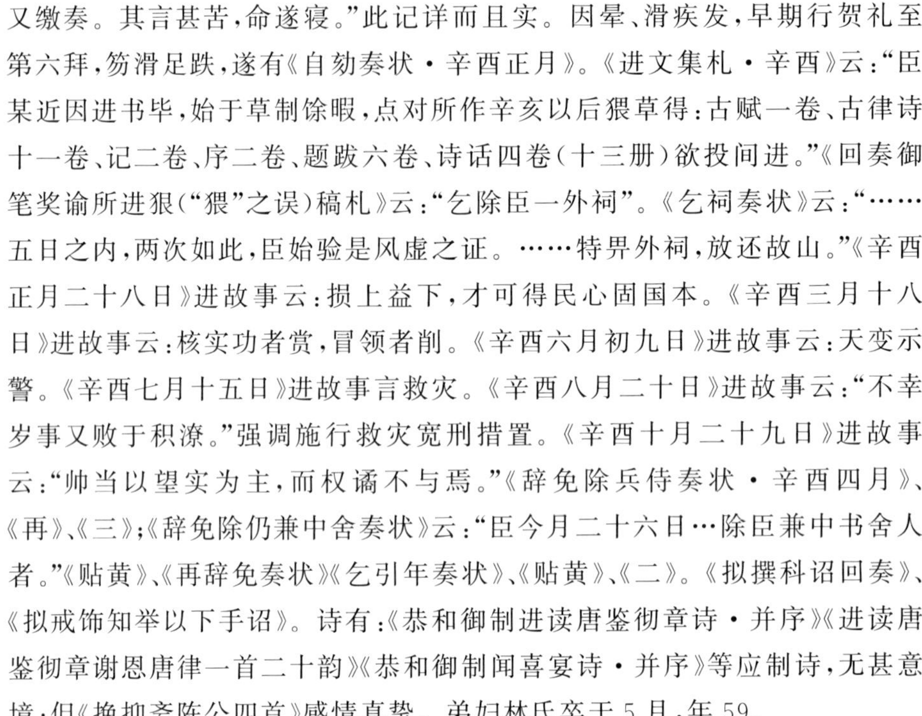

又缴奏。其言甚苦，命遂寝。”此记详而且实。因晕、滑疾发，早期行贺礼至第六拜，笏滑足跌，遂有《自劾奏状·辛酉正月》。《进文集札·辛酉》云：“臣某近因进书毕，始于草制馀暇，点对所作辛亥以后猥草得：古赋一卷、古律诗十一卷、记二卷、序二卷、题跋六卷、诗话四卷（十三册）欲投间进。”《回奏御笔奖谕所进狠（“猥”之误）稿札》云：“乞除臣一外祠”。《乞祠奏状》云：“……五日之内，两次如此，臣始验是风虚之证。……特畀外祠，放还故山。”《辛酉正月二十八日》进故事云：损上益下，才可得民心固国本。《辛酉三月十八日》进故事云：核实功者赏，冒领者削。《辛酉六月初九日》进故事云：天变示警。《辛酉七月十五日》进故事言救灾。《辛酉八月二十日》进故事云：“不幸岁事又败于积潦。”强调施行救灾宽刑措置。《辛酉十月二十九日》进故事云：“帅当以望实为主，而权谲不与焉。”《辞免除兵侍奏状·辛酉四月》、《再》、《三》；《辞免除仍兼中舍奏状》云：“臣今月二十六日…除臣兼中书舍人者。”《贴黄》、《再辞免奏状》《乞引年奏状》、《贴黄》、《二》。《拟撰科诏回奏》、《拟戒饰知举以下手诏》。诗有：《恭和御制进读唐鉴彻章诗·并序》《进读唐鉴彻章谢恩唐律一首二十韵》《恭和御制闻喜宴诗·并序》等应制诗，无甚意境；但《挽抑斋陈公四首》感情真挚。弟妇林氏卒于5月，年59。

景定三年壬戌（1262年），刘克庄76岁。

《行状》云：“壬戌三月，除权工部尚书，升兼侍读。……八月，再乞纳禄……特除宝章阁学士知建宁府。……御赐玉柄宝箑，宸制五言书其上，以金缬香茶侑之。……”此记为实。《辞免除权工书奏状·壬戌三月》云：“臣今月初八日……除权工部尚书兼职依旧。……”《再》、《三》；《辞免升兼侍读奏状》云：“臣今月二十四日……御笔除臣兼侍读者。……”《再辞免申省状》。《乞以楚王伯旴遗事宣付史馆奏状》。《壬戌乞引年奏状》《小贴》。《辞免除宝章阁学士知建宁府奏状·壬戌八月》、《再》、《三》。《壬戌寅月初十日》进故事述：“宽余党，非宽死党，赦轻罪，非赦重罪：以一人心以杜后患。”《壬戌七月初六日》进故事云：军国之纪纲，赏罚须分明。《壬戌三月初三日》又请求归老田里。《宗上人所藏杨文公刘宝学朱文公三贴》跋云：“……余景定壬戌九月告老得归。继室陈氏卒于6月27日，年55。三弟克永卒于闰9月，年56。11月与其妻林氏合葬城南广恩山。”诗有：悼陈氏《北苑一首》、《锦湖新亭》告成，宸翰大书“水村”二字以落之二诗，辄附贺客之后，共五和、十首。《席间次水村主人韵》按：克庄现存笔迹碑文：“水村游钓”四大字，落款署：“邻舍翁刘后村”（今移碑竖立在莆田城关影院大门内左侧），当即为贺锦湖新亭落成而制者也！还有《壬戌首春十九日锁宿玉堂四绝》《二月二十日再锁宿四绝》《三月二日被命祈晴上天竺舟中得六绝句》《挽六二弟二首》《送陈玉汝赴淮南计幕》等。词有：《贺新郎·傅相生日壬戌》《好事近·壬戌生日和居厚弟》《转调二郎神·余生日林(希逸)农卿赠此词经篇押一韵效颦一首》《再和》《三和》《四和》《五和》。启有：《壬戌生日回启》"陈正言"一件。《景定壬戌·硕人》祝文1篇。《除宝学知建宁府谢丞相》《谢除宝章阁学士知建宁府》《谢三府》表。

景定四年癸亥(1263年)，刘克庄77岁。

克庄挂冠里居，优游觞咏。晋封为莆田开国子加三三百户。3月27日葬继室陈氏于北阮。《谢进封开国子表》《贺天基节表·癸亥》等表、笺8件。《癸亥生日回启》"徐常丞"等11件。诗有：《禋霈进封一首》《买陈紫》《纪游十首》等。词作甚多：《满江红·次韵徐使君(直谅)癸亥灯夕》、《再和》、又《傅相生日·癸亥》、《汉宫春·癸亥生日》、又《吴侍郎生日》、《贺新郎·癸亥九日》。《洞仙歌·癸亥生朝和居厚弟题谪仙像》云："上林全树，曾借君栖宿。……便散发骑鲸去何妨。从我者谁欤？安期徐福。"

七、致仕晚期(78—83岁)

景定五年甲子(1264年)，刘克庄78岁。

克庄以目眚谢事，甲子秋除焕章阁学士守本官致仕。10月，理宗崩，年61。度宗赵禥即帝位。《甲子乞纳禄奏状》云："……圣旨许臣守本官躯职致仕。"《贴黄》、《荐林(希逸)中书自代奏·特除焕章阁学致仕日》、《贺天基节·甲子》、《大行皇帝升遐慰皇帝表》、《慰皇后表》、其他表笺八件、《致仕谢丞相》、《谢执政》。诗有：《七十八咏十首》《春寒一首》《首春九日寿溪三绝》《老病六言十首呈竹溪》《大行皇帝挽诗六首》《腊月二十二夜漏下数刻，小饮径醉，坐阁睡，傍无侍者，仆于户限，眉鼻伤焉，流血被面，记以六言九首》等。词有：《贺新郎·甲子端午》《满江红·傅相生日甲子》《又》《最高楼·"辛亥后"》《念奴娇·和诚斋休致韵》《又·再和》《又·三和》等。诗《杂兴》之五详述自己仕历及与理宗之间的关系始末。

宋度宗赵禥咸淳元年乙丑(1265年)，刘克庄79岁。

郊恩进克庄莆田开国伯，加三百户，仍致仕居籍。《郊恩进封开国伯加

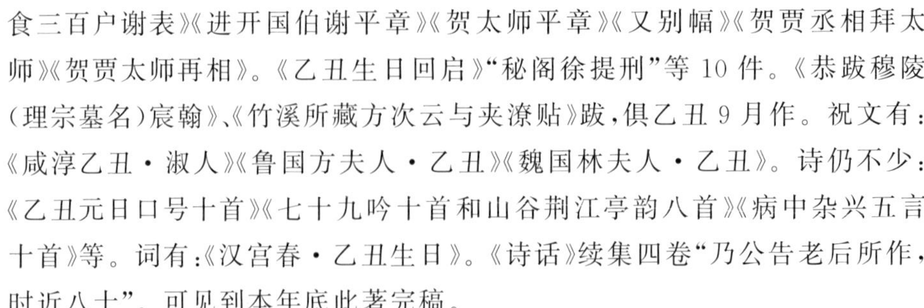

食三百户谢表》《进开国伯谢平章》《贺太师平章》《又别幅》《贺贾丞相拜太师》《贺贾太师再相》。《乙丑生日回启》“秘阁徐提刑”等10件。《恭跋穆陵(理宗墓名)宸翰》、《竹溪所藏方次云与夹潦贴》跋,俱乙丑9月作。祝文有:《咸淳乙丑·淑人》《鲁国方夫人·乙丑》《魏国林夫人·乙丑》。诗仍不少:《乙丑元日口号十首》《七十九吟十首和山谷荆江亭韵八首》《病中杂兴五言十首》等。词有:《汉宫春·乙丑生日》。《诗话》续集四卷“乃公告老后所作,时近八十”。可见到本年底此著完稿。

咸淳二年丙寅(1266年),刘克庄80岁。

《白发后赋》云:“今余之年平头八十。”克庄仍致仕里居。诗作仍多,从卷38(第321页)至卷40(第343页)几为本年所作诗。《凤孙余第六孙也,早慧忽夭,追悼一首》,可知本年克庄得七孙而夭六孙,等等。词有:《沁园春·和林卿(希逸)韵》10首、《念奴娇·丙寅生日》7首。文有:《寿崇节(按:度宗生日四月初九)贺表》等表笺7件;《丙寅生日回启》“陈尚书”等24件。11月少师致仕故相赵葵卒。葵号信庵,生前与克庄翰墨之交,克庄有《丞相赵公哀诗五首》。

咸淳三年丁卯(1267年),刘克庄81岁。

《行状》云:“丁卯,右目亦苦赤障,遗身自乐,裕如也,”克庄仍致仕里居,以作诗为乐,依然如故。自卷40(页342)至卷42(页356)大致都是本年所作诗。词有:《念奴娇·丁卯生朝》《水龙吟·丁卯生朝》。文有:《丁卯生日回启》“林中书”等16件,其中5件提及“某目有赤眚”之疾。《铁壁堂记》《乾会节贺皇帝表·丁卯》等表、笺计18件。

咸淳四年戊辰(1268年),刘克庄82岁。

5月8日,克庄特除龙图阁学士仍旧致仕家居。《辞免特除龙图阁学士仍旧致仕奏状·戊辰六月》云:“右臣某六月初一日伏准尚书省札备奏(‘奉’之误)御笔:刘某谢事先朝,年德愈高,特除龙图阁学士仍旧致仕者……”《申省状》亦云:“六月初一日。”《再奏》云:“……辞免……不允者。”《荐陈礼部自代表奏状·龙学致仕日》、《除龙学谢皇帝表》、《谢皇太后表》、《谢皇后笺》、《戊辰生日回启》“徐提举”等16件。《除龙学谢平章》、《谢宰执》、《贺年表笺》3件、《乾会节贺皇帝表·戊辰》表笺3件。诗仍不少:《送山甫赴岭口仓与黄兄来复同载》。自卷43(第361页)至卷46(第388页)为本年所作。《送山甫赴岭口五言二首》说明小儿子山甫已任福州岭口仓监。《小暑日寄山甫二首》《闻五月八日宸翰口号十首》说明知特除龙学仍旧致仕的诏命为五月

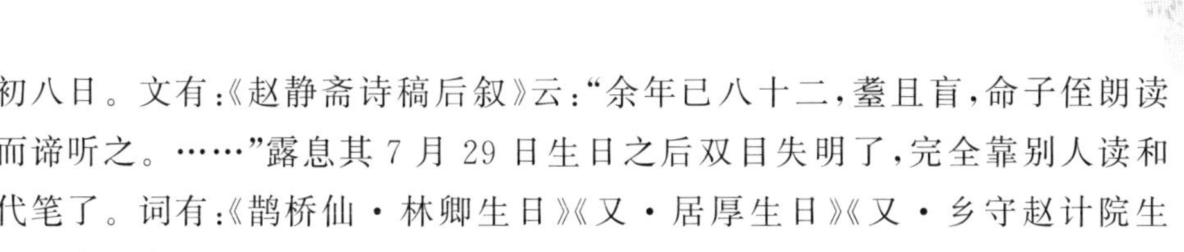

初八日。文有:《赵静斋诗稿后叙》云:“余年已八十二,耋且盲,命子侄朗读而谛听之。……”露息其 7 月 29 日生日之后双目失明了,完全靠别人读和代笔了。词有:《鹊桥仙·林卿生日》《又·居厚生日》《又·乡守赵计院生日》,应为本年所作。

咸淳五年己巳(1260 年),刘克庄 83 岁。

克庄于正月二十九日病卒于家,12 月葬于莆田城北徐潭之原。鄙于1989 年 5 月 10 日下午,由莆田市政协杨金远同志陪同到其岳父黄金德家,三人一起去访古览胜,得益匪浅:1.延寿溪由莒溪、荻芦溪、渔沧溪诸水汇合而成,经徐潭村而后分新港、芦浦、陈坎、端明四斗门以人海。延寿溪桥下段溪面宽可百丈,深约一竿,所以此段溪有“延溪钓艇”之景。刘克庄诗中提到买船游钓言之不妄。2.延寿村旧有状元坊,为宋熙宁九年(1076 年)殿试第一之徐铎(唐正字徐寅七世孙)而立,清同治十年(1871 年)9 月前迁往务巷去了,但有口“状元井”至今仍存,黄兄带子参观一过。路经徐潭村原祠堂旧址时,黄兄说,大门两旁原有一对联道:“寿溪家声大,徐潭世泽长。”但不知何朝何代,这“世泽”因何故断了。徐寅后代及慕名来居的克庄后代早已迁往他方。徐潭四个自然村黄、林、叶、张、谢各姓杂处,唯独没有徐、刘子孙居此。3.刘克庄墓地在“状元井”之南约半里的马坑山坡上。目击者叶加中老伯小时放牛还曾骑在墓前两旁的石人石马上;而今只见生长一派苍茏青翠的桃林、荔枝林、橄榄树。一代忠贤和杰出文豪刘克庄的英灵,想必早已化成一缕青烟飘升在不老的青天之上。

刘克庄卒时,有子男 3 人:强甫,朝奉郎三省架阁添差通判福州,明甫,奉议郎通判邵武军;山甫,承奉郎监福州岭口盐仓。女 1 人,适故通直郎知惠安县陈琰(玉汝)。孙男 8 人:沂、涣、洙、泽、汶、履、瀵、锦绚;孙女 5 人:2嫁、3 未及笄。访有后裔刘文钊三代十人。谥文定,即是对其学识文章的崇高评价。他生前为之竭忠尽力的宋王朝,他逝后 10 年赵昺祥兴二年己卯(1279 年)就为元朝所灭亡了;但他的《大全集》等珍贵的文化遗产仍像延寿溪一样浩浩荡荡向前流去,滋养着兴化人民的精神,成为我国人民的优秀文化遗产的一部分。

后　记

莆田是一方沃土，演绎中华文明的一处舞台。莆田依山面海，地理位置独特、优越。建置沿革千年基本稳定，独特的语言和习俗也延续千年不变。木兰溪哺育出世世代代莆田人，勤劳、勇敢、俭朴，开发莆田，敢为天下先，率先围海造田，改煮盐为晒盐，把自己脚下的土地开发为富饶、美丽的鱼米之乡、甘蔗之乡、水果之乡，荔枝、桂圆甲天下。古今莆田不但经济发达，莆田人更走南闯北，留下“无兴不成镇”之说。一方水土养活一方人。唐以降，重视历史文化资源开发，教育昌盛，人才辈出，创造了颇具特色的莆田文化。郑樵、刘克庄、陈文龙等就是杰出的代表。薪火相传。优秀的文化基因世代传承。近代，中共莆田地方组织领导武装斗争，二十二年“红旗不倒”，涌现王于洁等忠贞不渝的革命者，为中国革命胜利做出重要的贡献，红色文化也绽放光芒。

特别令人称奇、自豪的是，莆田在宋代，异军突起，经济繁荣，教育、科举昌盛，群星璀璨，英才辈出，典籍浩如烟海，还形成以刘克庄为领袖的江湖诗派和以郑樵、林光朝、陈宓为领袖的夹漈学派、红泉学派、仰止学派，在全国都有一定的影响。因此，当时就被誉为“文物之邦”。到了明代，又被誉为“文献名邦”和“海滨邹鲁”。滔滔木兰溪、巍巍壶公山见证了千年莆田灿烂的文明史。

为了研究、传承、创新莆田优秀地域文化，或者说莆田优秀传统文化，笔者曾发起、组织和主持一系列有关莆田历史文化的全国性学术研讨会，主持编写莆田历史文化丛书，并且提出“莆田学”概念，得到莆田市原市长、著名作家吴建华首肯。遗憾的是拟议中的全国性刘克庄和陈文龙学术研讨会尚未举办便退休了。2018 年 5 月，受福建省姓氏源流研究会刘氏委员会莆田分会会长刘玉祥先生邀请，协助组织“全国刘克庄学术研讨会”，并编印文集。承蒙错爱,就愉快地领受了任务,并请莆田文史学者李福生先生一起,开始策划,以福建省姓氏源流研究会刘氏委员会莆田分会名义,召开了座谈会,向全国征文。在大陆和台湾高校、科研部门与莆田市学者的大力支持下,收到六十多篇文章。从提交的论文看,都是围绕刘克庄生平、事迹、思想研究成果,涉及面广,内容丰富,其中不乏严谨扎实的精心之作,较大程度反映了迄今为止刘克庄文化研究的水平。我们从中筛选四十多篇,编成文集,由厦门大学出版社正式出版,了却了一件未了的心愿。

在本书即将付梓之际,谨向各位学者专家的辛勤劳动,向资助本书出版的刘汉清、刘国盛、刘光辉先生,向厦门大学出版社领导和编辑的鼎力支持,表示衷心的感谢!

由于时间匆促,水平有限,错误之处,敬请批评指正。

金文亨

2019 年 8 月 20 日